Eva Gesine Baur

Mozart

Eva Gesine Baur

Mozart

Genius und Eros

C.H.Beck

*Dem großen Mozart-Klarinettisten und Komponisten
Jörg Widmann zugeeignet, der sagt:
«Mozart bewundere ich auch als Meister
der falschen Fährten.»*

2. Auflage. 2015

© Verlag C. H. Beck oHG, München 2014
Satz: Janß GmbH, Pfungstadt
Druck und Bindung: CPI – Ebner & Spiegel, Ulm
Umschlaggestaltung: Geviert, Grafik & Typografie, Benjamin Zirnbauer
Umschlagabbildungen: Mozart,
wohl irrtümlich Johann Nepomuk della Croce zugeschriebenes Gemälde
(Ausschnitt), © akg-images; Schattenriss Mozarts von
Hieronymus Löschenkohl, © shutterstock
Gedruckt auf säurefreiem, alterbeständigem Papier
(hergestellt aus chlorfrei gebleichtem Zellstoff)
Printed in Germany
978 3406 66132 7

www.beck.de

Inhalt

Vorwort
Mozart, der große Widerspruch
11 Eine Gebrauchsanweisung für dieses Buch

I.
1756: Poros und Penia
19 Oder: Sohn eines Strategen und einer Bedürftigen

II.
1761–1763: Zwischen Unverstand und Weisheit
31 Oder: Ein Kleinkind tanzt, rebelliert und komponiert

III.
**1763–1766: Blüht auf und gedeiht,
ermüdet und stirbt dahin**
43 Oder: Reisen zwischen Todesnähe und Triumphen

IV.
1767 / 1768: Nirgendwo zu Hause
59 Oder: Auf der Flucht vor Pocken, Intrigen und
Unverständnis

V.
1769 / 1770: Kühn, stark, beharrlich
69 Oder: Eine Blamage in Bologna, ein Sieg in Mailand

VI.
1771: Strebt nach Höherem
85 Oder: Ein Teenager träumt von der Hofanstellung

VII.
1772 / 1773: Auswege finden und Fallen stellen
93 Oder: Strategien und Tricks von Vater und Sohn

VIII.
1774/1775: Auf der Schwelle
109 Oder: Die Entdeckung der Liebe

IX.
1776/1777: Nicht gut und schön
119 Oder: Ein Jungmann ohne Reize und Rücksichtnahme

X.
1778: Sohn der Penia, immer bedürftig
137 Oder: Reise nach Paris mit großen Verlusten

XI.
1779/1780: Bote zwischen Göttern und Menschen
157 Oder: Die Erfindung des Idomeneo

XII.
1781: Ein gewaltiger Jäger
169 Oder: Ein Künstler auf der Fährte des Menschlichen

XIII.
1782: Ein Ränkeschmied
185 Oder: Verleumdung und Lügen für Erfolg und Entführung

XIV.
1783: Was er heute gewinnt, zerrinnt ihm morgen
199 Oder: Eine Fahrt nach Salzburg bereichert und verarmt

XV.
1784: Schwebt wie Eros zwischen Himmel und Erde
215 Oder: Entrückung am Klavier, Vaterfreuden und Freimaurerleiden

XVI.
1785: Vom Dämon beseelt
227 Oder: Rastlos als Unternehmer und Erfinder

XVII.
1786: Ein Weisheitsliebender
243 Oder: Figaro *und das Verbergen der Wahrheit*

XVIII.
1787: Weder gut noch schlecht
269 Oder: *Die Feier des Wüstlings und Helden* Don Giovanni

XIX.
1788: Weder reich noch arm
293 Oder: *Sinfonische Juwelen und Bettelbriefe*

XX.
1789: Der Liebende aber ist anders beschaffen
313 Oder: *Ein sehnsüchtiger Ehemann allein unterwegs*

XXI.
1790: Trachtet nach Erkenntnis der Wahrheit
337 Oder: Così fan tutte *und die Abgründe des Alltags*

XXII.
1791: Bindet so das All zusammen
357 Oder: Zauberflöte, Requiem *und das Ende*

Anhang

Das Wesen des Eros
389 Der Dialog Diotimas mit Sokrates aus Platons *Symposion*
393 *Mozarts Wohnungen in Wien*
397 *Anmerkungen*
525 *Literaturauswahl*
551 *Abbildungen*
553 *Namenregister*

Herrn Prof. Dr. Laurenz Lütteken sei für das kundige und kritische Gegenlesen gedankt.

«Die Mozartsche Melodie ist – losgelöst von jeder irdischen Gestalt – das Ding an sich, schwebt gleich Platons Eros zwischen Himmel und Erde, zwischen sterblich und unsterblich – befreit vom ‹Willen› – tiefstes Eindringen der künstlerischen Phantasie, des Unbewussten, in letzte Geheimnisse, ins Reich der ‹Urbilder›.»

Richard Strauss[1]

Vorwort

Mozart, der große Widerspruch
Eine Gebrauchsanweisung für dieses Buch

Alles wäre so einfach, hätte Mozart keine Briefe geschrieben. Oder testamentarisch verfügt, sie verbrennen zu lassen. Obwohl nur ein Teil von ihnen erhalten ist, führte Mozart die Nachgeborenen damit selbst auf seine Fährte. Auf die Fährte eines Mannes, der seinen Vater belog und finanziell betrog. Der sich in Fäkalsprache und Obszönitäten erging. Der verdiente Künstler mit groben Worten herabsetzte. Der sich unflätig über Menschen äußerte, denen er viel verdankte. Der intrigierte und trickste. Der seine Gläubiger mit Ausreden hinhielt, seine Schwester im Unglück hängen ließ, über das Äußere von Frauen übel herzog und Unschuldige verleumdete.

Was Mozart in den Briefen von sich preisgab, zerrte ihn aus dem mythischen Dunkel, das Shakespeare bis heute vergönnt ist. Als Otto Jahn die bis heute umfangreichste Lebensbeschreibung zu Mozarts hundertstem Geburtstag veröffentlichte, konnte er noch so tun, als seien ihm viele Briefe unbekannt; sie lagen damals noch nicht vollständig in gedruckter Form vor. Das war noch immer so, als 1945 Alfred Einsteins Mozartbiographie erschien. Einstein vermutete, niemand wage sie zu drucken, weil sie Mozart *so sehr als Menschen dieser Welt enthüllen*. Der Kollege Jahn habe nämlich bereits den größten Teil der Briefe gekannt, aber *alle tieferen Dissonanzen in Mozarts Leben und Werk halb unbewusst, halb geflissentlich* übersehen. Einstein hatte hingesehen und erklärte im ersten Satz des ersten Kapitels: *Ein großer Mensch wie Mozart ist, wie alle großen Menschen, ein erhöhtes Beispiel und Exemplar jener sonderbaren Gattung von Lebewesen, die man im allgemeinen als eine Mischung von Körper und Geist, von Tier und Gott bezeichnen kann.*[1]

Zu Beginn der 1960er Jahre erschienen endlich alle damals erfassten Briefe. In der Folge widerlegten die Mozartforscher Stück für Stück die Geschichte von Mozart dem Opfer und förderten Fakten zu Tage, die eine Verklärung des Menschen Mozart unmöglich machten. Die war und ist auch nicht erforderlich.

Die Größe des Werks wird von menschlichen Schwächen nicht beeinträchtigt. Und dass Mozart ein Zotenreißer war, störte bereits in den 1970er Jahren kaum mehr jemanden. Trotzdem war das Bedürfnis, Mozart zu entlasten, damit nicht aus der Welt. Um es zu befriedigen, mussten seine Fehler wenigstens teilweise anderen angelastet werden. Die beiden Mozart am nächsten stehenden Menschen boten sich dafür an: sein Vater und seine Frau.[2] Doch wer die Rehabilitierung von Constanze und das zurechtgerückte Bild von Leopold Mozart nicht ignoriert, weiß: Sie taugen nicht als Sündenböcke, die an Stelle Mozarts in die Wüste gejagt werden könnten. Von Seiten der Medizingeschichte kam in den 1990er Jahren ein weiteres Hilfsangebot. Durch die psychiatrische Diagnose einer bipolaren Störung würden sich Mozarts Stimmungsschwankungen, durch die des Tourette-Syndroms zumindest manche verbalen Entgleisungen und Ticks Mozarts erklären lassen. Überzeugen konnten diese Bemühungen die meisten nicht.[3] Vielmehr neigt wohl jeder, der sich lange mit Mozart befasst, zu der Ansicht Hanns Eislers, der zugab, für ihn sei Mozart *immer ein seltsamer, ein unheimlicher Mensch* gewesen.[4]

Warum geben wir die Anstrengungen also nicht einfach auf? Warum zögern wir, das Verständnis für den Künstler Mozart und für seine Kunst von dem Verständnis für den Menschen Mozart zu trennen? Eine Antwort darauf gab 1991 ein Mozart-Buch des Soziologen Norbert Elias, das noch vor dem Tod des Dreiundneunzigjährigen aus Stücken eines unvollendeten Projektes zusammengestellt wurde. *Diese Trennung*, protestierte Elias, *ist künstlich, irreführend und unnötig. Der heutige Stand unseres Wissens erlaubt uns zwar nicht, die Zusammenhänge zwischen der sozialen Existenz und den Werken eines Künstlers wie mit einem Seziermesser offenzulegen; aber man kann sie mit einer Sonde ausloten.*[5]

Die Anatomie dieses Gewebes soll hier noch immer nicht riskiert werden. Aber der Versuch, beim Objekt Mozart mit einer neuen Sonde zu arbeiten. Wie kann diese Sonde aussehen? Wo genau kann sie zum Einsatz kommen? Und was soll sie ergründen?

Die Musik Mozarts und den Menschen Mozart verbindet etwas Wesentliches und Wesenhaftes: Sie sind im doppelten Sinn des

Wortes unfassbar. So nah, so fern. So vertraut, so fremd. Werk wie Person entziehen sich dem Zugriff. Nichts ist linear, auf nichts ist Verlass. Sobald wir etwas wörtlich nehmen, scheitern wir. Zum Beispiel bei Mozarts Briefen. Kaum hat er sich in der verbalen Kloake gesuhlt, philosophiert er über den Tod, kaum hat er im Ton tiefster Demut um Geld gebettelt, funkelt er vor Übermut, kaum hat er einem das Herz aufgerissen mit den Schilderungen seines Missachtetwerdens, leuchtet er vor Zuversicht. Schon Carl Dahlhaus hat es aufgezeigt: Diese Briefe sind Meisterwerke der Eigenregie. Mozart setzte sich in Szene, wie es ihm gefiel und opportun schien. Er stellte seine Situation und seine Mitmenschen so dar, wie sie der Adressat wahrnehmen sollte. Mit jeder Rolle, die er in diesem Theater spiele, sei er authentisch, erkannte Dahlhaus. Aber wer jenseits des Rollenspiels Mozarts Kern erfassen wolle, der greife ins Leere. Wenn wir meinen, ihn zu fassen, ist er schon wieder ein anderer oder anderswo.[6]

Oft wurde wiederholt, Mozart sei als Komponist kein Neuerer. Er habe die Formen seiner Zeit einfach übernommen und vollendet. Die meisten Werke wirken beim ersten Hören schön und klassisch ebenmäßig. Aber Mozart bricht mit Konventionen und mit seinen eigenen Versprechungen. Oft mit solchen, die er gerade erst gegeben hat. Der Komponist Wolfgang Rihm gestand 1991 in einer Umfrage zum Mozart-Jahr, er verstehe es, dass man Mozart vorgeworfen habe, unrein zu komponieren. Nichts sei richtig, alles sei irgendwie schief. Haydn wurde schon zu Lebzeiten zum Klassiker gekürt. Bei Mozarts Musik vermissten nicht wenige Zeitgenossen das, was für die klassischen Forderungen gilt: Ausgeglichenheit und Konsequenz. So erklärte der Schweizer Komponist, Musikalienhändler und Musiktheoretiker Hans Georg Nägeli, sechzehn Jahre nach Mozart geboren, in seinen *Vorlesungen über die Musik*, so wie Mozart dürfe man einfach nicht komponieren. Er kritisierte, dass Mozart in der Instrumentalmusik den Gesang nachahme. Er warf ihm vor, er entwickle nichts konsequent durch, er wolle vor allem *Effekt machen* durch das *übertriebene, ausschweifende Contrastieren*. Mozart sei zugleich *Schäfer und Krieger, Schmeichler und Stürmer; weiche Melodien wechseln häufig mit scharfem, schneidendem Tonspiel*. Unter den wichtigen Komponisten sei er *der allerstylloseste*, schlimmer: oft von *einer widerwärtigen Styllosigkeit.*[7] Auch wer gegen Nägelis Vorwürfe protestiert, muss eingestehen: Es gibt bei Mozart in den meisten größeren Werken diese radikalen Umschwünge. Johann Friedrich Reichardt bemängelte schon 1782, die Instrumentalmusik Mozarts sei *höchst unnatürlich*, weil es in ihr *erst lustig, dann mit einmahl traurig und straks wieder lustig hergeht.* Ihm missfiel wie dem Schweizer Kollegen diese *höchst unschickliche Mischung, wo Lachen und Weinen sich jagen.*[8] Auch in den Vokalwerken lässt sich das beobachten. Gerade war die Stimmung noch erotisch schwebend, da stürzt sie ab ins Tragische. Gerade noch wähnten wir uns geborgen in sommerlicher Heiterkeit, da bricht die Eiseskälte des Todes ein. Gerade noch haben uns beruhigende Klänge umschmeichelt, da bedroht uns ein aufziehendes Weltengewitter. Kaum fühlen wir uns auf sicherem Terrain, tut sich ein Abgrund auf. Der Trugschluss ist charakteristisch für den Menschen Mozart und für seine Musik. In seinen allerersten Kompositionen, Menuetten, die der Vater notiert, finden sich bereits Trugschlüsse. Seine Opern enden mit einem Frieden, der trügerisch ist im psychologischen Sinn. Seine Instrumentalwerke lieben den Trugschluss im Sinn der Harmonielehre. Lassen zwingend die Tonika erwarten, lösen aber diese Erwartung nicht ein.[9]

Eine ungestillte Sehnsucht treibt die Musik voran. Bei einer Berliner *Don Giovanni*-Aufführung 1791 regte sich ein Kritiker darüber auf, *unaufhörlich* werde man *ohne Ruhe und Rast von einem Gedanken zum andern gleichsam fortgerissen.*[10] Diese ungestillte Sehnsucht trieb den Menschen Mozart an und um. Er sei immer rastlos in Bewegung gewesen, bezeugte seine jüngste Schwägerin Sophie Weber. Nie habe er länger ruhig stehen oder sitzen können. *Dieses Ruhlose*, sagt der Dirigent Daniel Harding, *ist ein Aspekt seiner Persönlichkeit, der sich auch in seiner Musik wiederfindet.*[11] Jede Aufführung Mozarts, die das Nervöse unter der Oberfläche des Schönen und Harmonischen nicht hörbar zu machen wagt, hält Harding für verfehlt und für Ulrich Konrad ist Mozart der Fragment-Komponist par excellence.

Unablässig war Mozart unterwegs, nirgendwo war er wirklich zu Hause, nie war er von dem Gefühl erfüllt, angekommen zu sein. Fünf Monate vor seinem Tod schrieb Mozart an seine Frau: – *ich kann Dir meine Empfindung nicht erklären, es ist eine gewisse Leere – die mir halt wehe thut, – ein gewisses Sehnen, welches nie befriediget wird, folglich nie aufhört.*[12]

Eine Gebrauchsanweisung für dieses Buch

Der Widerspruch zwischen Tröstlichem und Furchterregendem, zwischen Optimismus und Pessimismus, zwischen Lebensfreude und Verzweiflung ist weder in Mozarts Wesen noch in seinem Werk zu leugnen. Doch warum sollten wir diesen Widerspruch auflösen oder nur widerwillig hinnehmen? Warum nehmen wir ihn nicht an? Mozarts Einverständnis haben wir. Schließlich hat er weder seine Briefe vernichtet noch die Unebenheiten im Nachhinein geglättet oder radikale Wechsel entschärft. Doch wenn wir den Widerspruch annehmen, stellt sich die Frage: Was bringt das? Wohin führt das?

Richard Strauss lieferte einen Hinweis, wie die Sonde beschaffen sein könnte, mit der wir weiter vordringen ins Gewebe des Widerspruchs, als er Mozart und den Eros aus Platons *Symposion* in einem Atemzug nannte. Er bezog seinen Vergleich jedoch nur auf die Musik Mozarts, nicht auf sein Wesen, nicht einmal auf die Struktur seines Werkes. Strauss erkannte in den Melodien etwas, das einem Aspekt des Eros, wie ihn Diotima schildert, entspricht.[13]

Diotima ist die einzige Frau, die im *Symposion* von Platon zu Wort kommt; sie tritt jedoch nicht auf. Sokrates stellt sie vor als weise Frau aus Mantineia in Arkadien. Ihr verdanke er, sagt Sokrates, die Einsicht in das wahre Wesen des Eros. Der Text der Passage aus dem *Symposion*, dem auch die Kapitelüberschriften dieses Buches entstammen, ist im Anhang wiedergegeben. An dieser Stelle der Gebrauchsanweisung soll es genügen, die Charakteristika des Eros anzusprechen, die in diesem Buch als Sonde dienen, um Mozarts dissonante Persönlichkeit zu erkunden.

Eros ist weder gut noch schlecht, weder schön noch hässlich.
Eros befindet sich zwischen Weisheit und Unverstand.
Eros ist nicht schön, aber er begehrt das Schöne.
Er ist nicht gut, aber er begehrt das Gute.
Eros gehört weder nur den Menschen noch den Göttern zu. Er ist ein Dämon,[14] ein Bote, ein Mittler. Durch ihn spricht das Göttliche zu den Menschen. Eros überbrückt die Kluft zwischen dem Irdischen und Überirdischen.

Mythologische Konstellationen können gesellschaftliche und psychologische Sachverhalte erhellen. Die Eltern des Eros sind Diotima zufolge Poros und Penia. Poros ist listig, gescheit und gewitzt. Sein Name erinnert nicht zufällig an die Pore: Er findet die Öffnung, den Ausweg. Poros stellt das Gegenteil der Aporie, der Ausweglosigkeit, dar. Er hat Talent darin, an die richtigen Menschen heranzukommen, ans Geld zu gelangen. Penia ist die Verkörperung der Bedürftigkeit, und doch gebiert sie ein außergewöhnliches Kind.[15] Eros, Poros und Penia bilden eine Familienkonstellation, die für das Verständnis Mozarts hilfreich ist. Sie ermöglicht einen neuen Blick auf seine Entwicklung und seinen Charakter, sein Leben und sein Werk.

Eros ist ein Jäger und Fallensteller: stark und beharrlich wie sein Vater und wie seine Mutter zugleich immer bedürftig. Denn was er gewinnt, zerrinnt ihm zwischen den Fingern.

Eros wurde gezeugt am Geburtstag der Aphrodite. Er kennt also das göttlich Schöne, das andere kaum erahnen, und fühlt sich ihm verbunden.

Eros ist immer unterwegs. Er ist unstet, ruhelos und heimatlos. Er schläft auf den Türschwellen. Gehört keinem und gehört nirgendwohin.

Eros ist ein Zauberer, sogar ein Giftmischer und Ränkeschmied, also ein Intrigant.

Eros ist ein Weisheitsliebender, wörtlich übersetzt: ein Philosoph.
Eros ist sich seiner Mangelhaftigkeit bewusst.
Er ist nicht der von allen Geliebte, er ist der große Liebende.[16]
Eros will das Gute besitzen, weil er es liebt, und diese Liebe teilt er mit allen Menschen.

So nah, so fern. Einer von uns und doch für uns unerreichbar.

Wir fühlen uns zu ihm hingezogen, schrieb der *New-York-Times*-Kritiker Edward Rothstein über Mozart, *aber er bleibt ein Fremder. Er ist in unserer Welt und doch nicht Teil von ihr*.[17]

Doch bevor das Experiment beginnt, Mozart mit der Sonde Eros zu ergründen, noch ein Hinweis auf eine andere, ältere Deutung des Eros. Hesiod zählte Eros zu den Urkräften, die mit Gaia aus dem Chaos geboren wurden. Durch diesen Eros kam die Verbindung zwischen Urmutter Gaia und Urvater Uranos zustande. Eros als das Verlangen brachte die Verbindung zwischen Erde und Himmel zustande. Zwischen Irdischem und Überirdischem. Er war als Energie an der Entstehung einer Weltordnung beteiligt.[18] Aus dieser Vorstellung leitet sich unsere Verwendung des Begriffs Eros für Schaffenskraft ab. Für jenen Eros also, ohne den Mozarts Leistung in sämtlichen Gattungen der Musik nicht zu erklären ist. Weder in ihrer Breite noch in ihrer Tiefe. Der Aristoteles-Schüler Theophrast definiert in seinen *Fragmenten* Eros als ein Übermaß an nicht rationalem Verlangen, das hochschießt und sich nur langsam wieder legt. Es war der Sänger Michael Kelly, ein Freund Mozarts, der behauptete, das sei ein Mann *auffahrend wie Schießpulver.*[19] An anderer Stelle aber betont Theophrast, es gebe zwei Erscheinungsformen dieser Energie. Bleibe sie gemäßigt, wirke sie wohltuend und schöpferisch. Verliere sie das Maß, wirke sie verstörend, sogar zerstörend.[20] Für Theophrast ist Eros also eine Energie, die gefährlich und gefährdet ist. Jederzeit kann sie umschlagen von einer, die Ordnungen stiftet, in eine, die Ordnungen vernichtet. Besitzt auch das Gültigkeit für Mozart?

Gemeinsam ist den Deutungen des Eros, dass sie ihn als Extremisten sehen. Und als der gab sich Mozart in seinen Briefen zu erkennen, als den erkannten ihn Menschen, die ihn erlebten. Er konnte an ein und demselben Tag, in ein und derselben Stunde in sich versunken und vergnügungssüchtig sein, Verklärtes komponieren und Obszönes reden, sich zärtlich besorgt geben und eitel, niedergeschlagen und bis zur Überheblichkeit selbstbewusst. Früh schon schleuderte ihn das Leben aus einer Umgebung in eine extrem andere, aus einer warmen in eine kalte, aus einer glänzenden in eine schäbige Welt. Die Sonde Eros kann vielleicht helfen, abzutasten, wie sich das auf Mozart auswirkte. Und ob der Widerspruch sich als eine andere Form der Stimmigkeit erweist, als ein Soseinmüssen.

Beweisen wird sich durch ihren Einsatz nichts lassen. Eindeutigkeiten sind so wenig zu erwarten, wie sie sich bei Mozart finden. Stellen wir das Experiment daher unter Mozarts Devise: *gemeint und geschissen ist zweyerley.*[21]

Hermann Abert war überzeugt vom *gänzlich unphilosophischen Mozart.*[22] Hier soll es um den gänzlich philosophischen Mozart gehen.

I.

1756
Poros und Penia
Oder: Sohn eines Strategen und einer Bedürftigen

Autodidakt (43), gezeichnet von einem Autodidakten (53): Franz Laktanz Graf Firmian (1709–1786), Neffe von Fürsterzbischof Leopold Anton Freiherr von Firmian, Oberhofmeister bei Colloredo und erster Hausherr von Schloss Leopoldskron, hatte sich seine künstlerischen Kenntnisse selbst angeeignet. Wie Leopold Mozart (1719–1787) als Komponist war er als Künstler begabter Laie und hoch produktiv. Von Mozarts Vater sind etwa 250 Werke überliefert. 1762, als dieses Porträt entstand, hatte er eine eigene Komponistenkarriere bereits weitgehend aufgegeben.

Am 26. Januar 1756 setzt sich in Salzburg ein Mann von sechsunddreißig Jahren an seinen Schreibtisch, um einen Geschäftsbrief zu schreiben. Ein kleiner, schlanker Mann mit skeptischem Blick. Der Schreibtisch steht in seinem Arbeitszimmer. Richtig hell ist es in diesem Zimmer nie. Es hat nur ein einziges Fenster zum Innenhof des Nachbarhauses hinaus. Das Zimmer daneben, in dem er mit seiner Frau und seiner kleinen Tochter schläft, ist noch dunkler. 182 Quadratmeter groß ist die Dreizimmerwohnung mit dem Kabinett und der Küche, die eine halbe Treppe tiefer liegt.[1] Repräsentativ ist sie nicht. Sie liegt im dritten Stock des Hagenauerhauses in der Getreidegasse 9, einer der längsten und lautesten Gassen der Altstadt.[2] Schon bevor der Tag anbricht, entladen und beladen hier die Lieferanten. Von morgens bis abends werden Lasten durchgekarrt. Für einen Umzug in eine bessere Lage und lichtere Räume verdient der Mann am Schreibtisch, auf dem sich die Bücher stapeln, zu wenig. Die Bücher gehen ins Geld. Aber er ist sicher, dass er mit ihrer Hilfe aus dieser Wohnung und aus seiner Situation herausfinden wird. Leopold Mozart ist gebildet und gewitzt. Bisher hat er immer einen Ausweg entdeckt.

Es hatte nicht nach einer außergewöhnlichen Laufbahn ausgesehen für ihn als ältestes von neun Kindern eines Buchbinders in Augsburg. Eher danach, dass er den Betrieb des Vaters übernehmen und kaum aus der Heimatstadt hinauskommen werde. Doch Leopold Mozart stand bereits mit nicht einmal fünf Jahren zum ersten Mal auf der Schulbühne des Jesuitenkollegs Sankt Salvator: als Tänzer, der trainierte, die Schwere zu überwinden. Er schaffte es, auch ins Gymnasium der Jesuiten aufgenommen, ein guter Geiger, Organist und Sänger zu werden und nebenbei noch Tonsatz zu lernen. Als er sechzehn war und gerade die Schule mit der Bewertung ‹gut› verlassen hatte, starb sein Vater. Leopold musste sich um die jüngeren Geschwister kümmern. Aus

Sohn eines Strategen und einer Bedürftigen

Sicht der Mutter hätte er nun wohl einsteigen sollen ins väterliche Gewerbe. Er aber begann nach dem Schulabschluss ein zweijähriges Studium der Dialektik und Logik auf dem Lyzeum der Jesuiten und eignete sich nebenbei die Technik des Notenstechens an. Warum er das Studium abbrach, verriet er niemandem. Er weiß: Schweigen kann der beste Ausweg sein, wenn das Ziel noch nicht feststeht. Vermutlich wollte er dem Bannkreis des Augsburger Patriziertums und dem geistlichen Beruf entkommen, über den er ungeniert lästerte.[3] Nach einer Auszeit tauchte er in Salzburg auf. Obwohl es viel über die Machtverhältnisse dort sagt, dass hier im Unterschied zu Augsburg der Dom deutlich höher ist als das Rathaus. Am 26. November 1737, zwölf Tage nach seinem achtzehnten Geburtstag, schrieb sich Leopold Mozart an der Benediktiner-Universität ein. Dieses Mal für Philosophie. Nach einem Jahr, in dem er auch Logik, Ethik, Mathematik und Geschichte gehört hatte, erreichte er ordnungsgemäß den Grad des Baccalaureus. Doch ein Jahr später kam es zum Skandal. Nachdem Leopold Mozart auf eine Verwarnung hin zwar Abbitte geleistet, aber weiterhin Vorlesungen geschwänzt hatte, wurde er im September 1739 wegen Faulheit ausgesperrt. Wer Leopold Mozart als ehrgeizigen Menschen kannte, wunderte sich darüber und vermutete einen passiven Widerstand gegen die Engstirnigkeit der reformbedürftigen Universität. Im Innersten mochte er selbst seinen Hinauswurf gewollt haben.[4] Nach außen hin aber war er mit zwanzig Jahren ein gescheiterter junger Mann, der froh sein musste, als Kammerdiener beim Domherrn Johann Baptist Graf von Thurn-Valsassina und Taxis unterzukommen. Sonst hätte er laut Gesetz als Studienabbrecher innerhalb von drei Tagen Salzburg verlassen müssen. Der Graf war den Künsten, den Armen und dem Wein zugetan und offenbar auch dem dreizehn Jahre jüngeren Augsburger. Er ließ seinem Kammerdiener genügend freie Zeit, um zu komponieren, sechs Sonaten für zwei Violinen und Bass.[5] Allerdings fehlte dem Kammerdiener Geld, sie zu drucken. Auch aus dieser Notlage konnte sich Leopold herausmanövrieren: Er hat seine Werke selbst in Kupferplatten gestochen und gedruckt. Der Arbeitgeber stellte Material und Werkzeug. Ihm widmete der Komponist sein Opus 1: der väterlichen Sonne, wie er es auf Italienisch formulierte, die ihn aus der harten Finsternis der Not auf den Weg zum Horizont seines Glücks gebracht habe.

Diesen Weg ging Leopold Mozart weiter, obwohl er steinig war. Chancen nutzte er ohne größere Skrupel. Seiner jesuitischen Ausbildung auf dem Kolleg Sankt Salvator verdankte er nicht nur seine Kenntnisse in Latein und Altgriechisch, in Geschichte und Grammatik, sondern auch in Dialektik und Rhetorik. Poros, der Listenreiche, war darin geübt, mit den richtigen Argumenten der vermeintlichen Ausweglosigkeit zu entkommen, Menschen und Situationen für sich zu nutzen.[6] Schon 1743 bemühte er sich, als Geiger für Hofmusikdienste übernommen zu werden. Wie üblich bei einem Erstbewerber, durfte er sich nur in die Warteschlange auf eine besoldete Stelle einreihen und musste bis dahin ohne jede Bezahlung als vierter Violinist spielen. Doch anders als viele seiner Musikerkollegen dort war der junge Leopold Mozart ein Mann mit Methode. Zur Methode gehörte bei Leopold die Findigkeit. Da sein Arbeitgeber als amtierendes Mitglied der Regierung Einblick in die Besoldungslisten hatte, kam auch sein Kammerdiener an diese geheimen Informationen heran. So erfuhr er, dass im Etat der Hofkapelle durch die Beförderung eines Hofgeigers und den Tod eines Hofflötisten zwei Besoldungen neu zu vergeben waren. Korrekt war das nicht, aber schlau. Umgehend bewarb sich der Vierundzwanzigjährige um eine der Stellen. Taktisch zum richtigen Zeitpunkt, geschickt formuliert und richtig kalkuliert, was die Höhe des geforderten Gehalts anging. Ende November 1743 wurde er als Hofmusiker des Fürsterzbischofs Leopold Anton Reichsfreiherr von Firmian für 20 Gulden im Monat eingestellt. Außerdem billigte man ihm die übliche Ration Wein und zwei Paar Semmeln pro Tag zu. Er schien erreicht zu haben, was er wollte. Doch bereits im Januar 1745 hob der zum Nachfolger des verstorbenen Firmian gewählte Jakob Ernst Graf von Liechtenstein die Besoldungen der jüngst eingestellten Musiker wieder auf. Erst im Mai 1746 wurden Leopold Mozart monatlich fünf Gulden Honorar zugebilligt, so viel wie eine Dienstmagd oder eine Küchenangestellte verdiente. Im Oktober wurde sein Sold dann auf elf Gulden erhöht, was ungefähr dem Lohn eines Lakaien entsprach. Hinzu kam das, was der Graf ihm weiterhin als Kammerdiener zahlte. Dass er schon seit 1745 nebenher höhere Geldbeträge für seine Oratorien kassieren konnte, brauchte außer der Bruderschaft Corpus Christi, die ihn beauftragte und bezahlte, keiner zu wissen.[7] Obwohl ihm bewusst war, dass er keinerlei Anspruch besaß und nur auf Gnade hoffen durfte, machte Leopold im Juni 1747 nach dem Tod Liechtensteins sofort sein Recht auf höhere Besoldung geltend und drängte auf Schadensausgleich. Mit Erfolg: Im September befand sich Leopold Mozart bereits wieder im Status eines festangestellten Musikers mit 26 Gulden Monatssold. Die erste Etappe war bewältigt. Zeit für einen Neubeginn: Am 19. Oktober 1747 versprach er in der kleinen Kirche von Aigen, einer Idylle vor der Stadt, Anna Maria Pertl die Ehe. Einen Monat später, am 21. November 1747, heiratete er sie im Salzburger Dom.

Die beiden galten als das schönste Paar in Salzburg.[8] Gutes Aussehen, gute Laune und Freude an Musik war alles, was Penia, nur ein Jahr jünger als ihr Poros, in die Ehe eingebracht hatte. Sonst besaß Anna Maria nichts. Nicht einmal eine Ausbildung oder solide Bildung. Ihr Vater war Jurist gewesen und im Amt eines Pflegers in St. Gilgen am Abersee, das zum Fürsterzbistum Salzburg gehörte, ein angesehener Mann.[9] Aber ein mittelloser, weil die notwendigen Ausgaben das magere Gehalt immer überstiegen hatten. Als er starb und seine Frau mit zwei Töchtern von vier und drei Jahren zurückließ, erbte sie nichts als Schulden. Ihre Mitgift war längst aufgezehrt. Sie musste Haushaltsgegenstände versilbern, in eine kleine Wohnung nach Salzburg ziehen und beim Landesherrn immer wieder aufs Neue um ein Gnadengeld bitten, mit dem Eva Rosina Pertl sich selbst und die Kinder durchbrachte. Acht Gulden pro Monat wurden ihr anfangs bewilligt, schließlich neun. Obwohl die ältere Tochter bereits mit neun Jahren starb, reichte das Geld kaum aus. Sowohl die Mutter als auch ihre Jüngere, Anna Maria, waren ständig krank. Das wurde aktenkundig. Weil sich zudem die Sehkraft der Mutter rasch verschlechterte, mussten sie sich eine Hausangestellte leisten und konnten sich mit Handarbeit nur wenig dazuverdienen. Für die Tochter gab es nur eine Möglichkeit, der Armut zu entkommen: eine Heirat.

Geld besaß ihr Mann nicht, nicht einmal Aussichten, in absehbarer Zeit genug zu verdienen, um guten Gewissens eine Familie zu gründen. Er sei, spottete er, mit seiner Heirat dem «Orden der geflickten Hosen» beigetreten.[10] Beide hatten keine betuchte Verwandtschaft, die ihnen im Notfall unter die Arme greifen konnte, und Leopold

Poros und Penia

verdiente zu wenig, um etwas anzusparen. Damit waren sie genauso dran wie der Großteil von Salzburgs 16 000 Einwohnern, deren Lage ausweglos wurde, wenn durch Krankheit oder Tod der Ernährer ausfiel. Eine Pensionsberechtigung gab es nicht einmal für landesherrliche Bedienstete, was schon Anna Marias Mutter zur Almosenempfängerin gemacht hatte.[11]

Penia, die Bedürftige, lernte ihren Poros kennen, als er noch um sein Gehalt kämpfte. Im Ton unterwürfig, in der Sache aber derart selbstbewusst auf sein Recht pochend, wie es wenige hier gewagt hätten. So einer war imstande, jedem Engpass zu entkommen. Schon in der Auswahl seiner beiden Trauzeugen hatte sich der ehemalige Jesuitenzögling aus Augsburg als strategisch klug erwiesen. Der eine, Sebastian Seyser, war im Vorjahr Chorvikar am Salzburger Dom geworden. Der andere, Franz Karl Gottlieb Spöckner, war Tanzmeister im Dienst des Erzbischofs und veranstaltete Bälle, für die Musiker gebraucht wurden. Außerdem war er Antecameradiener. Ein Experte fürs Antechambrieren, ohne das auch hier keiner ins Zentrum der Macht vordrang.

Noch im Jahr der Hochzeit beschloss Leopold Mozart, Unternehmer zu werden. Er fing an, privaten Musikunterricht zu geben. Und er wandte sich an den Augsburger Musikverleger Johann Jakob Lotter, der kurz darauf Leopold Mozarts erstes, selbstgedrucktes Werk, die sechs Triosonaten, vertrieb. Während Anna Maria Mozart jedes Jahr erneut schwanger wurde, erlebte sie mit, wie ihr Leopold unermüdlich weitere Türen öffnete. Er hatte sich zuerst das Kloster Lambach, dann den Hof Oettingen-Wallerstein als Abnehmer für seine Werke erschlossen, neue Vertriebswege für seine Stücke erkundet und durch Inserate oder Programmzettel auf sich aufmerksam gemacht. Den jesuitischen Pragmatismus, der nie davor zurückschreckte, mit ungewöhnlichen Mitteln für seinen Orden zu werben und dessen Pläne durchzusetzen, hatte er mitgenommen, als er sich von dem Gedanken, jesuitischer Geistlicher zu werden, verabschiedete. Werbung und Planung des Leopold Mozart galten jedoch der eigenen Sache und Person. Zwei Jahre nach der Hochzeit gab er ein Drittel seines Monatseinkommens aus, um ein viersprachiges Wörterbuch zu erwerben. Er war entschlossen, sich außerhalb Salzburgs, wo er einen schweren Stand hatte, einen Namen zu machen, auch im

Sohn eines Strategen und einer Bedürftigen

Ausland. Für Reisen fehlten ihm die Mittel. Also musste er etwas veröffentlichen, was seine Fähigkeiten einem größeren Publikum bekannt werden ließ.

Mit seinen Kompositionen ist ihm das noch immer nicht gelungen, als er sich am 26. Januar 1756 hinsetzt, um an den Musikverleger Johann Jakob Lotter zu schreiben.

Kein Verlag hat sich bisher bereit erklärt, Leopold Mozarts Werke auf eigene Verantwortung herauszubringen. Auch der junge Lotter hat es bisher abgelehnt. Er ist ein vorsichtiger Rechner, und der Erfolg gibt ihm Recht. Seit er 1747 mit einundzwanzig Jahren das Unternehmen seines Vaters übernommen hat, ist es zum führenden Musikverlag Süddeutschlands gewachsen. Außerdem verlegt Lotter Bücher zu Theologie, Geschichte, Medizin, Mathematik und Rechtswissenschaften und verfügt über eine Monopolstellung. Leopold Mozart bewundert den Geschäftsmann auch als Strategen, denn obwohl Lotter Protestant ist, verdient er vor allem mit der Edition katholischer Kirchenmusik sein Geld. Und er hat den Absatzmarkt ländlicher Gemeinden für leicht zu spielende Kirchenmusik entdeckt.

Das ist der richtige Mann. Ihn hat Leopold Mozart 1755 beauftragt, das Werk zu drucken und zu vertreiben, mit dem er 1756 den Durchbruch schaffen wollte: seine Violinschule. Allerdings musste der Verfasser die Druckkosten selbst bezahlen.

Lotter gegenüber bezeichnete Leopold Mozart sein Manuskript abfällig als *Schmiererei*, die er nur *Versuch einer gründlichen Violinschule* nennen will. Doch diese Bescheidenheit täuschte Leopold lediglich aus taktischen Gründen vor. Er setzte hohe Erwartungen in diese Arbeit. Mit ihr wollte er nicht nur als Pädagoge in Österreich, Deutschland, möglichst auch in Frankreich, Italien und England zu einem Begriff werden. Obwohl junge Geigenschüler das kaum erwarten und interessant finden, ist seine Anweisung gespickt mit Verweisen auf die Gelehrsamkeit ihres Verfassers. Lateinische und griechische Zitate, medizinische und historische Erläuterungen, etymologische und mythologische Erklärungen, astronomische und philosophische Exkurse führen vor, was dieser Leopold Mozart alles gelernt hat. Damit auch jeder seine Leistung erkennt, behauptet er in seinem Vorwort, die vorliegende Anweisung zum Violinspiel sei erstaunlicherweise die erste, die es gebe. Mozart weiß, dass das gelogen ist, und Lotter weiß es ebenfalls; er selbst hat im letzten Jahr erst die *Rudimenta Panduristae oder Geig-Fundamenta* verlegt und kennt als Augsburger wie Leopold Mozart die schon sechzig Jahre zuvor erschienenen Geigenlektionen im *Compendium* des Augsburger Stadtmusikers Daniel Merck. Außerdem hat Leopold Mozart in Briefen an den Geschäftspartner schon zwei Mal die Werke der Konkurrenten erwähnt, ihm sogar listig geraten, noch vorhandene Exemplare der *Rudimenta* loszuwerden, bevor sein Werk erscheint.[12]

Leopold Mozarts Eigenwerbung war nicht vergebens. Früh zeichnete sich bereits Interesse für sein Werk ab. Schon Ende November 1755 konnte er Lotter berichten, seine Violinschule werde in Leipzig sehnsüchtig erwartet. Außerdem habe er erfahren, dass man ihn dort zum Mitglied der *Korrespondierenden Sozietät der musikalischen Wissenschaften* ernennen wolle. Zwar bat er Lotter, die Nachricht von seiner Ernennung für sich zu behalten, weil es peinlich wäre, falls es sich nur um ein Gerücht handeln sollte, doch man spürt seinen Stolz. Ihm ist es wichtig, bei Lotter etwas zu gelten, und er macht ihm auch deutlich, als was. Gewiss hat er erklärt, Lotters Frau überschätze ihn, aber mehrfach betont, was für ein ehrlicher Kerl er sei. Aus gutem Grund. Lotter war in ein Vorhaben seines Salzburger Kunden eingeweiht, das Leopold selbst als Kriegsstrategie bezeichnete. Leopold Mozart wollte seine Mutter in Augsburg dazu bringen, ihm 300 Gulden seines Erbteils vorzuschießen, um so die Drucklegung der Violinschule vorzufinanzieren. Und Lotter als Augsburger Respektsperson sollte ihm dabei helfen, so viel wie möglich herauszuholen. Damit Lotter nichts durch Ehrlichkeit verdarb, erteilte ihm Leopold Mozart genaue Anweisungen, was er zu sagen habe, falls ihn der Nachlassverwalter seines Vaters und Vormund der Geschwister, Herr von Rehlingen, frage, wie hoch die Druckkosten voraussichtlich sein würden: Lotter solle behaupten, das sei noch nicht abzusehen. Es sei möglich, dass sich die Kosten auf 300 Gulden belaufen würden. Das war wohl die größtmögliche Summe, die Leopold Mozart glaubte herausholen zu können.[13] Und er hatte Erfolg.

Als er an diesem Januartag an seinem Schreibtisch sitzt, ist seine Hochstimmung längst verflogen. Das Jahr 1756, in das er so große

Sohn eines Strategen und einer Bedürftigen

Erwartungen setzte, hat schlecht begonnen. Eine Ischiasentzündung macht ihm zu schaffen. Aus der Berufung in die Leipziger *Sozietät* ist nichts geworden. Auch die Hoffnung, dass eine gelungene Aufführung seiner Werke Verleger doch überzeugen könnte, ihn unter Vertrag zu nehmen, hat sich zerschlagen. Mitte Januar waren zwei seiner Programmstücke im Augsburger Gasthaus *Zu den drei Königen* vom Collegium Musicum aufgeführt worden: die *Musikalische Schlittenfahrt* und die *Bauernhochzeit*. Rehlingen hatte Leopold Mozart schon im Vorfeld des Konzerts hinterbracht, wie abfällig in den Musikerkreisen seiner Heimatstadt darüber geredet wurde. Der Misserfolg war abzusehen gewesen. Für Leopold Mozart eine Blamage vor den Augsburger Bekannten und Verwandten. Und eine Blamage vor Lotter.

Der einzige Ausweg ist nun ein Erfolg seiner Violinschule. Dieses Kind soll ihn rehabilitieren bei allen, die ihn geringgeschätzt, herabgewürdigt oder schlecht behandelt haben. Für dieses Kind tut er alles. Und über diesem Kind vergisst er alles andere. Seine Schwiegermutter lag im Sterben, als Leopold Mozart einen seitenlangen Brief an den Geschäftspartner Lotter verfasste und Details verhandelte, bis hin zu dem Porträt, das mit den Unterrichtsmethoden des Leopold Mozart auch sein Gesicht in der musikalischen Welt berühmt machen soll.

Am 26. Januar 1756 ist er wieder dabei, die Geburt dieses Kindes so umsichtig und detailversessen vorzubereiten, dass nichts schiefgehen kann. Doch seine Zeit ist knapp bemessen. Er sei in Eile, beginnt er den Brief an Lotter. Wegen seiner Geigenschüler und wegen der italienischen Operntruppe aus Augsburg, die seit Anfang Januar in Salzburg gastiert. Leopold Mozart hat den Vertrieb der Textbücher zu den aufgeführten Werken übernommen, denn er arbeitet für Lotter als Kommissionsbuchhändler. Das bringt einen Nebenverdienst und Punkte beim Verleger. Dass seine Frau bald niederkommen wird, ist Leopold Mozart nur einen Halbsatz wert. Dann aber füllt er Seite um Seite mit Anweisungen, die seine Violinschule betreffen, mit Beschwerden über Intrigen in Augsburg gegen ihn und Mutmaßungen über deren vermeintliche Drahtzieher. Leopold Mozarts Verbitterung darüber dringt aus jeder Zeile. Seinem Brief an Lotter legt er den eines anonymen Absenders bei, der ihn warnt, weiterhin alberne

Stücke wie die *Schlittenfahrt* oder die *Bauernhochzeit* zu komponieren; das trage ihm mehr Schande und Verachtung als Ehre ein. Obwohl er sich in der Musikstadt Salzburg mittlerweile als Geiger wie als Komponist einen Platz erkämpft hat, ist es ein enttäuschter und gedemütigter Mann, der sich an jenem Montag im Januar in sein Arbeitszimmer an den Schreibtisch zurückzieht, während seine Frau die ersten Wehen erwartet.

Anna Maria Mozart ist nun schon fünfunddreißig Jahre alt. In den letzten Jahren war es ihr gesundheitlich schlecht gegangen; nach der Geburt des dritten Kindes hatte ihr Mann mehr als die Hälfte seines Monatsgehaltes für ihre Kur in Wildbad Gastein opfern müssen, damit sie wieder auf die Beine kam. Aber sie ist auch seelisch erschöpft nach sechs Entbindungen innerhalb von sechs Jahren. Nur das vierte Kind ist noch am Leben. Kindstode sind üblich. Weniger als ein Drittel der geborenen Kinder überstehen das Säuglingsalter. Trotzdem hat es Anna Maria Mozart angegriffen, fünf ihrer Söhne und Töchter begraben zu müssen, bevor sie sechs Monate alt geworden sind. Im letzten Winter ist auch noch ihre Mutter gestorben, die nach der Hochzeit in die Wohnung der Mozarts eingezogen war und schwach, krank und halbblind mehr Last als Stütze war. Aber doch ein Mensch, mit dem Anna Maria eng zusammengewachsen war in den Jahrzehnten, die sie zu zweit in ihrer Behausung in der Getreidegasse 48 verbracht hatten, oft beide im selben Zimmer im selben Bett liegend. Dass seine Frau kurz vor der Niederkunft steht, erwähnt Leopold Mozart nur kurz zu Beginn seines Schreibens. *Die meinige wird bald ihre Reise antreten.* Er weiß, dass es bei einer Frau in diesem Alter eine Reise in den Tod werden kann. Sie liegt im dämmrigen Zimmer nebenan.

Einen Tag später, am Dienstag, dem 27. Januar, um acht Uhr abends, wird sie von ihrem siebten Kind, dem dritten Sohn entbunden. Am Mittwoch, dem 28., tauft ihn morgens um halb elf im Dom der Stadtkaplan Leopold Lamprecht nach dem Kirchenvater Johannes Chrysostomus, der an dem Geburtstag des Täuflings Namenstag hat, nach dem mütterlichen Großvater Wolfgang Pertl und dem Taufpaten Johann Gottlieb Pergmayr. *Joannes Chrysostomus Wolfgangus Theophilus filius legitimus* lautet der lateinische Eintrag im Taufregister.

Sohn eines Strategen und einer Bedürftigen

Zwei Wochen später, am 9. Februar, berichtet Leopold Mozart dem Geschäftsfreund Lotter, dass seine Frau entbunden worden sei. Glücklich entbunden, schreibt er. Schließlich haben das Kind und die Mutter die ersten Tage überlebt. *Die Nachgeburt hat man ihr wegnehmen müssen,* vermeldet er. *Sie war folglich erstaunlich schwach.*[14] Dass die manuelle Entfernung der Plazenta, wenn sie nicht von selbst abgestoßen wird, notwendig, aber heikel ist, verraten schon die Gebühren, die Geburtshelfer für diesen Eingriff fordern; meist genauso viel wie für die Extraktion eines toten Kindes aus der Gebärmutter. Die Prozedur, die Anna Maria ohne Betäubung hinter sich gebracht hat, ist höllisch schmerzhaft gewesen, der Blutverlust erheblich. Ihrem Mann ist bewusst, dass sie in Lebensgefahr schwebte.[15] Doch als er drei Tage später erneut an Lotter schreibt, ist nichts von Sorge zu spüren, nur von Verdruss, weil ihm die Geburt seines siebten Kindes Geld und Zeit stiehlt. Die vielen Besuche halten ihn vom Arbeiten ab. Mit einer Wöchnerin im Haus sei ein ständiges Kommen und Gehen unvermeidbar, seufzt der Vater. Doch nach wie vor vertraut er darauf, dass ihm seine Violinschule, die im Juli 1756 das Licht der Welt erblicken soll, den Weg zu neuen Ufern bahnen wird. Dieses Kind soll makellos sein, die Öffentlichkeit beeindrucken und seinen geistigen Vater berühmt machen. Während seine Frau sich allmählich erholt, ist Leopold Mozart damit beschäftigt, herumzufragen, wie die Salzburger Bekannten sein Porträt für die Violinschule finden, und Lotter wissen zu lassen, wie schlecht es gelungen sei. Der Kopf sei zu groß geraten, der Hals zu dick, und das Gesicht wirke geschwollen. Er sehe viel zu fett und zu alt aus. Der Vater jenes Kindes, das er wider besseres Wissen als einzigartig ankündigt, darf so nicht aussehen.[16] Leopold Mozart ist verärgert, dass sämtliche Vorsichtsmaßnahmen solche Mängel nicht verhindern konnten. Die Geburt der Violinschule im Juli soll doch der Befreiungsschlag für ihn sein.

Noch ahnt er nicht, dass es sein anderes Kind sein wird, das ihm den Weg ins Freie und den Zugang zur Elite Europas ermöglicht. Und dass dieses Kind, nicht die Violinschule, seinen Namen unvergesslich machen wird.

II.

1761–1763
Zwischen Unverstand und Weisheit
Oder: Ein Kleinkind tanzt, rebelliert und komponiert

Erste Begabung in second hand: Das Galakleid, in dem Wolfgang Mozart Anfang des Jahres 1763 porträtiert wurde, hatte der jüngste Kaisersohn Erzherzog Maximilian Franz von Österreich (1756–1801) abgelegt. Vater Mozart war dankbar für die Garderobe: «Es ist solches von feinstem Tuch liloa=Farb, Die Veste von Moar [Moiré] nämlicher Farbe». Das Bildnis wird meistens Pietro Antonio Lorenzoni (1721–1782) zugeschrieben. Auch der vierzehnjährige Goethe 1763 sah am 18. August 1763 in Frankfurt Mozart wohl in dieser Aufmachung mit Perücke und der zur Gala gehörenden Waffe: «Ich erinnere mich des kleinen Mannes in seiner Frisur und Degen noch ganz deutlich.»

Keiner konnte damit rechnen, auch Leopold Mozart nicht. Was sich vor zwei Jahren abzuzeichnen begann und nun unbestreitbar ist, raubt ihm die Fassung. Ebenso geht es den Freunden und Bekannten, die in seinem Haushalt verkehren. Es wirft die Pläne Leopold Mozarts für seine weitere Karriere über den Haufen. Dabei ist seine Strategie aufgegangen. Wo er hineinwollte, ist er hineingekommen. Was er sich verschaffen kann, hat er sich, vor allem durch seine Violinschule, verschafft: Anerkennung, Beförderung und Zusatzverdienste. Bereits im Jahr ihres Erscheinens 1756 bekam er eine offizielle Stelle als Geigenlehrer am Kapellhaus, wo die Sängerknaben des Doms unterrichtet werden, und das begehrte Weihnachtssalz; da Salz teuer war, eine beliebte Form des Weihnachtsgeldes. Im Jahr danach erhielt er die Position des zweiten Geigers und den Titel eines Hof- und Kammerkomponisten. Hinzu kamen vielversprechende Kontakte zu Musiktheoretikern, Komponisten und wichtigen Geistlichen auswärts, eine Steuerermäßigung und eine offizielle Würdigung durch Friedrich Wilhelm Marpurg, einen der prominenten Vertreter der musikalischen Aufklärung in Berlin.[1] Was Marpurg 1757 in seinem Essay über die Salzburger Musikszene veröffentlicht hat, stellt Leopold Mozart genau so dar, wie er sich selbst sieht. Kein Zufall, heißt es in Kreisen von Eingeweihten, der Gerühmte habe den Text selbst verfasst. Der Zweck heiligt die Mittel, der Erfolg die Methode, scheint über Leopold Mozarts Aktionen zu stehen. Das gilt auch für das Schreiben an den Erzbischof, in dem er um Steuererleichterung nachsuchte. Leopolds Argument: Wegen seines Ischias vertrage er kein Bier, müsse also Wein trinken. Nachdem sich aber seine Lebenshaltungskosten bei gleichbleibender Besoldung um die Hälfte verteuert hätten, könne er sich nicht mehr das täglich nötige Quantum Wein leisten. Selbst sein preiswerter Hauswein aus Lambach sei nur bei einer persönlichen Steuerentlastung zu finanzieren.[2]

Die medizinische Begründung war nicht ehrlich, aber so erfolgreich wie die vermessene Behauptung, seine Violinschule sei die erste ihrer Art. Schon ein Jahr nach Erscheinen war ihr Erfolg gesichert. Im Juni 1759 erreichte Leopold Mozart ein Brief aus Berlin, adressiert an ihn als Hochfürstlich Salzburgischen Hofkomponisten. Absender war wieder Marpurg. Er wollte Mozart als Mitarbeiter für seine musikwissenschaftlichen Beiträge gewinnen. Marpurg musste einem lesenden Menschen wie Leopold Mozart ein Begriff sein. Nicht nur durch sein Fugentraktat und seine strafaktenkundige Streitlust. Marpurg, der einst in Paris mit Aufklärern und Enzyklopädisten zusammentraf, ist immer von denen umgeben, die in die Zukunft leuchten. Sein Freund Joachim Winckelmann gehört dazu. Aufgegangen ist dessen Stern in dem Jahr, als Leopold Mozart sein jüngstes Kind, als Poros Eros zeugte. Winckelmanns erste Veröffentlichung, die *Gedanken über die Nachahmung der Griechischen Kunst in der Mahlerey und Bildhauer-Kunst*, war ein Sensationserfolg geworden und hatte zwischen Rocaillen, Schnörkeln und Schleifen eine neue Diskussion über das einfach Schöne angefacht. Eine Schönheit ohne alles Zuviel. Eine Kunst ohne Übertreibung. Werke, die Gefühle zum Ausdruck brachten, aber gebändigt. In denen der Schmerz nicht schrie und das Grauen nie zum Ekel ausartete. Sollte das die Ästhetik der Zukunft sein?[3]

Leopold Mozart weiß, dass er Marpurgs Wertschätzung seiner Violinschule verdankt. Er hat Grund, von seinen Fähigkeiten als Pädagoge überzeugt zu sein. Auch privat nutzt er sie. Seine Tochter Maria Anna zeigt sich hochbegabt, und es reizt den Vater, sie als Beweis dafür vorzuführen, dass seine Unterrichtsmethoden auch am Klavier funktionieren. Zu ihrem Namenstag am 26. Juli 1759 hat er der Achtjährigen ein Notenbuch mit einfachen und schwierigeren Übungsstücken geschenkt, das viel benutzt werden soll. Der Halblederband hat lederne Stoßecken, der Einband ist mit Glanzpapier beklebt. Auf dem weißen Etikett steht die Widmung an *Mademoiselle Marie Anne Mozartin*, genannt Nannerl. Sie hat das Zeug zu einer Virtuosin. Das belegen die Werke, die sie bewältigt. Doch schon in diesem Jahr hat ihr kleiner Bruder mit seinen drei Jahren Aufmerksamkeit von ihr abgezogen. Jeden Abend hat er sich auf einen Sessel gestellt, ein Lied gesungen, dessen Text und Melodie er sich selbst ausgedacht hat, und danach seinen Vater, der dazu die zweite Stimme singen musste, geküsst. Zärtlich geküsst, wird die Schwester später berichten. Auf die Nasenspitze geküsst, wird er selbst als Erwachsener sagen. Es ist nur eine einfache Melodie und ein vermeintlich sinnloser Text. *Oragna figata fa marina gamina fa.*[4] Aber Leopold Mozart kann daran bereits erkennen, dass dieses Kind alles aufnimmt, was ringsum geschieht. Nicht nur, was die Geigenschüler seines Vaters lernen, was sein Vater mit Freunden im Streichtrio spielt, welche Menuette seine Schwester übt. Auch wie seine Mutter das *Ave Maria* betet. *Sancta Maria Mater Dei, ora pro nobis peccatoribus.* Was die Domkapellknaben an Italienisch lernen und wie das italienisch ausgesprochene Kirchenlatein klingt. Wie Solfeggio-Übungen auf die italienischen Silben der Tonleiter ohne Worte vom Blatt gesungen werden. *Do re mi fa so la si do.*

Sein *Oragna figata fa marina gamina fa* singt er, seit er drei ist, Abend für Abend. Seit er vier ist, spielt er, ohne eine Note lesen zu können, viele Stücke aus Nannerls Notenbuch. Spielt sie einfach nach. Hinter acht Menuetten im Notenbuch seiner Tochter konnte Leopold Mozart eintragen, die habe sein Sohn im vierten Lebensjahr gelernt. Dasselbe vermerkt er zu einem größeren Menuet in F-Dur und einem G-Dur-Allegro. Über die Fortschritte seiner Tochter hatte er nie Notizen gemacht und macht sie noch immer nicht. Erst recht nicht mehr jetzt, zu Beginn des Jahres 1761, wo ihn die Buchführung zu Wolfgangs Entwicklung in Beschlag nimmt. Am 24. Januar schreibt Leopold Mozart ins Notenbuch seiner Tochter zu einem Scherzo von Georg Christoph Wagenseil, drei Tage vor seinem fünften Geburtstag habe Wolfgang das abends zwischen neun und halb zehn gelernt. Am 26. Januar wird der nächste Rekord festgehalten: Wieder hat Wolfgang nur eine halbe Stunde gebraucht, um ein Menuett samt Trio auswendig zu lernen. Dabei wirkt das Kind unangestrengt. Als der Schnee schmilzt, erfindet es bereits eigene Stücke für Klavier. In den ersten drei Monaten nach dem fünften Geburtstag seines Sohnes zeichnet der Vater vier kleine Kompositionen auf, die Wolfgang ihm am Klavier vorspielt. Drei davon sind Menuette. Tänze für den Adel.[5]

Leopold Mozart bringt seinen Kindern nicht nur das Klavierspielen bei, sondern auch das, worin andere in der Schule unterrichtet werden. Seine Tochter lernt schnell, aber unauffällig. Sein Sohn lernt verblüffend schnell und auffällig. Leopold Mozart, der jeden Tag im Kapellhaus wie daheim seinen Schülern Stunden gibt, hat Vergleichsmaßstäbe. Johann Andreas Schachtner, Hoftrompeter, Freund und Streichtriopartner von Leopold, stellt fest, dass dieses Kind alles im Übermaß betreibt. Am Abend ist Wolfgang nicht ins Bett zu kriegen, und am Tag ist er ebenfalls unersättlich, was neue Reize und was Zuwendung angeht. Er buhlt um Liebe. Ständig führt er dem Vater vor, wie sehr er ihn liebt und vergöttert. Er hat aber das Gefühl, selbst zu kurz zu kommen, mehr zu lieben, als geliebt zu werden. Sogar den Hoftrompeter fragt er zehn Mal an einem einzigen Tag, ob er ihn lieb habe. Verneint der aus Spaß, fließen Tränen.[6] Der Vater versucht mit Prinzipien, Aufmerksamkeit und Wachsamkeit das Temperament seines Sohns zu kanalisieren. Trotzdem entgeht einem wie Schachtner nicht, dass es auszuufern droht. Ihn bedrängt das Gefühl, ohne die Erziehung des Vaters könnte aus diesem Kind ein skrupelloser Übeltäter werden, weil es für alles sofort Feuer fängt. Ob es gut oder schlecht ist, kümmert Wolfgang laut Schachtners Eindruck nicht.[7] Eros kennt keine Grenzen und ist so empfänglich für jede Art Neuigkeit, dass er darüber nicht nur Essen und Trinken vergisst, sondern auch das, was ihn gerade noch brennend interessiert hat. Sogar die Musik. Als der Vater ihm das Rechnen beibringt, schmiert er Tisch, Stühle, Wände und Fußboden mit Kreideziffern voll.[8]

Er ist erst fünf, als er sich in ein neues Betätigungsfeld wirft. Wieder im Übermaß. Wie üblich wird zum Ende des Schuljahres am Salzburger Gymnasium ein Drama aufgeführt, dieses Mal ein lateinisches Stück in fünf Akten über die Brautwerbung des ungarischen Königs Sigismund und anschließend eine vertonte biblische Brautwerbung. Damit die Zuschauer durchhalten, werden zwischen diesen beiden ernsten Programmpunkten ein komisches Zwischenspiel und ein Ballett eingeschaltet. Eigentlich hat der kleine Mozart hier, in der Aula der Universität, nichts zu suchen. Alle, die in dem strengen Renaissance-Saal vor Professoren, Geistlichen und Adligen auftreten, ob sie sprechen, singen oder tanzen, sind Schüler des akademischen Gymnasiums und Studenten der Benediktineruniversität, alle sind Edelknaben, alle aus ersten Familien und fünf bis zehn Jahre älter als er.[9] Dass Leopold hier seinen Sohn als Tänzer zwischen Grafen und Barone einschleusen kann, verdankt er seinem Freund und Trauzeugen Franz Gottlieb Spöckner, der als Tanzmeister für die Einlage zuständig ist. Aufgeführt wird das Stück zwei Mal, am 1. und am 3. September 1761, weil Fürsterzbischof Sigismund Graf von Schrattenbach in Fragen des Genusses sehr großzügig ist, in Fragen der sittlichen Moral aber kleinlich; er besteht darauf, dass Frauen und Männer die Aufführungen getrennt besuchen. Die Mitwirkung des kleinen Mozart lässt er zu, weil er in Kinder und Hunde gleichermaßen vernarrt ist. Und dem Kind gelingt, was es eigentlich noch gar nicht können kann, weil es bereits die richtige Vorstellung davon hat: Der Tanz ist etwas aus einem Zwischenreich. Zwischen Ordnung und dem Ausbruch aus ihr, zwischen Regel und Ausgelassenheit, zwischen erdverbundener Sinnlichkeit und luftiger Anmut. Das Tanzen ermöglicht ihm, die dunkle Behausung zu verlassen und sich in einem hell erleuchteten Festsaal auf einer Ebene mit denen zu bewegen, zu denen er so wenig gehört wie zu den Kindern seines Alters.

Der strategisch denkende Leopold plant mithilfe dieses Kindes umsichtig seinen Ausbruch aus der Enge. Als Musiker weiß er, wie wichtig die Generalprobe für eine gelungene Aufführung ist. Er setzt sie im nahen München an. Am 12. Januar 1762 bricht Leopold Mozart mit seinen beiden Kindern in die bayerische Residenzstadt auf. Die Geschwister sollen dort vor Mitgliedern des Hofes auftreten. Die Wittelsbacher gelten als Musikkenner. Ihr Urteil zählt. Über das Ergebnis schweigt Leopold sich zwar aus, aber es muss so ausgefallen sein, dass er nun die große Reise nach Wien riskiert. Die beiden Kinder haben funktioniert, allerdings die daheim gebliebene Mutter vermisst. Dass dieses Defizit zum Risiko wird, will der Vater vermeiden. Am 18. September 1762 verlässt die ganze Familie Salzburg, begleitet von Leopold Mozarts Studienkollegen Joseph Richard Estlinger. Der Erzbischof hätte Leopold Mozart kaum freigestellt, wenn er sich nicht nützlich machen könnte für die Hofkapelle, indem er neues Notenmaterial fürs eigene Orchester mit nach Hause bringt, Werke, die Estlinger vor Ort kopieren soll.

Auf der ersten Station in Passau zeichnet sich die Zukunft des Unternehmens und seiner beiden Kinder ab: Der Fürstbischof dort, Joseph Maria Graf von Thun und Hohenstein, lässt die Gäste vier

Tage warten. Die sollen wissen, wo ihr Platz ist. Dann will er den Sohn hören, nicht die Tochter. Ihn belohnt er mit einem Golddukaten. Leopold Mozart berichtet das seinem Hausherrn Johann Lorenz Hagenauer mit dem Vermerk, er solle darüber Stillschweigen bewahren. Der Aufenthalt hat ihn vier Dukaten gekostet. Noch rechnet sich das Ganze nicht. Bei der Weiterreise auf der Donau nach Linz schließt sich ein junger Adliger der Gruppe an, Johann Ernst Leopold Graf von Herberstein. Aus Bewunderung. Nicht für Leopold, nicht für die elfjährige Virtuosin Maria Anna, nur für Wolfgang. Unterwegs müssen sie zusehen, wie ein Bettler ins Wasser fällt und ertrinkt. Wolfgang, der sich gerade noch vor dem Fürstbischof produziert hat, zieht sich in sich selbst zurück. Eros versteht, was er noch nicht verstehen kann: die Endgültigkeit des Todes. Am 1. Oktober tritt Wolfgang zum ersten Mal öffentlich auf, im Linzer Rathaus, zusammen mit der Schwester. Als der junge Karl Hieronymus Graf Pálffy von Erdöd, der sich gerade auf der Durchreise befindet, von den Wunderkindern hört, lässt er vor dem Rathaus halten und ist zutiefst beeindruckt. In Wien aber wird er nur von dem Sohn reden, nicht von der Tochter. Als auf der Weiterfahrt donauabwärts im Franziskanerkloster Ybbs Station gemacht wird, gelingt Wolfgang erneut etwas, das er eigentlich nicht können kann, doch er hat die richtige Vorstellung davon: Er spielt im Stehen auf der Orgel so, dass die Franziskaner, die mit Gästen beim Mittagessen sitzen, ihren Braten vergessen, in die Klosterkirche laufen und nicht fassen können, was sie dort sehen und hören.[10] In Wien legt das Schiff am 6. Oktober am Hafen der Schanzlmauth an. Menschen wie Frachten, die auf dem Wasserweg nach Wien kommen, müssen hier den Zoll passieren. Die Zollbeamten im Mauthaus kontrollieren das Gepäck der Reisenden aus Salzburg. Die langwierige Prozedur wird abgekürzt. Nicht durch Leopold, durch seinen Sohn: Wolfgang zeigt dem Zöllner das Reiseklavier, packt seine Geige aus, spielt ein Menuett. Der Zöllner ist bezaubert, erlässt den Hauptzoll, winkt die Mozarts durch und verspricht, zum Konzert zu kommen. Nach einer ersten Unterkunft in einem der wenigen und schlechten Gasthöfe Wiens ziehen die Mozarts in eines der ebenfalls schlechten Privatquartiere, eine Behausung in der Fierberggasse bei einem Kupferschmied im ersten Stock. Düster, feucht, tausend Schritte lang und einen Schritt breit, sodass sich die vier auf die Hühneraugen treten, wie Leopold Mozart lästert, und mit zu schmalen Betten ausgestattet.[11] Als er allein in die Oper geht, hört er, dass Herberstein und Pálffy gute Arbeit geleistet haben: Von einer Loge zur anderen hinüber wird darüber palavert, dass ein wahres Weltwunder in Wien eingetroffen sei. Die Rede ist nur von Wolfgang. Bereits am 9. Oktober sollen beide Kinder abends um acht im Palais von Thomas Vinciguerra, Reichsgraf von Collalto, auftreten, unter den Zuhörern Grafen und Gräfinnen jeden Alters.

Von da an lebt Eros wochenlang auf der Schwelle. Zwischen der Schäbigkeit der Wohnung beim Kupferschmied und der barocken Pracht der Paläste, zwischen Regentagen in der klammen Unterkunft am Reiseklavier und Abenden in gleißenden Sälen. Auf den Dielen im Wohnschlauch ist Mutter Mozart unterwegs, flickt, kocht oder putzt. Über das Parkett der Palais führt die Kinder eine musikbegeisterte adlige Witwe, Eleonore Elisabeth Sinzendorf, Gräfin von Ernstbrunn, die in Wolfgang vernarrt ist. Als die Mozarts am 10. Oktober müde von einem Konzert zurückkehren, empfängt sie um elf Uhr noch die Nachricht, auf die der Vater seit ihrer Ankunft in Wien wartet: Am 12. Oktober dürfen sie vor Maria Theresia und ihrem Mann, Kaiser Franz I. Stephan, in Schloss Schönbrunn spielen. Ein günstiger Termin, denn erst für den Abend des 13. hat Leopold Mozart ein Konzert im Palais Rofrano beim Prinzen von Sachsen-Hildburghausen zugesagt. Am Morgen des 11. trifft die nächste Nachricht von der Kaiserfamilie ein: Weil an diesem 12. der jüngste Erzherzog Namenstag hat, soll der Auftritt der Mozarts nun doch erst am 13. stattfinden.

Die Tochter benimmt sich beim großen Anlass vollendet. Natürlich, höflich und dezent. Wolfgang fällt von einem Extrem ins andere. Springt Maria Theresia auf den Schoß, umarmt und küsst sie, ein Kind, das Zärtlichkeit sucht. Dann sitzt er am Klavier und soll sein legendäres Können vorführen. Jetzt ist der Sechsjährige ein erwachsener Künstler, der weiß, was er wert ist. Er denkt nicht daran, sich an Menschen zu verschwenden, die sein Talent kaum ermessen können. Hausfreund Schachtner hat schon in Salzburg beobachtet, dass Wolfgang nur dann vor Zuhörern spielen will, wenn sie ausgewiesen sind als große Kenner. Der Beifall von anderen ist ihm nichts wert.[12] Offenbar hält er auch nicht allzu viel von der Musikalität des Kaisers, der neben ihm am Klavier steht. Er fragt ihn, ob Herr Wagenseil nicht da sei, der verstehe was von Musik. Als Georg Christoph Wagenseil erscheint, erklärt das Kind dem Hofkomponisten, der sein Großvater sein könnte und als der wohl beste Klavierspieler seiner Generation gilt: *Ich spiele ein Konzert von Ihnen, Sie müssen mir umwenden.*

Während sich sein kleiner Sohn überstrapaziert, kassiert der Vater für das Gelingen seines Plans in bar. Die adligen Gastgeber zahlen meist um die sechs Dukaten am Abend, also 27 Gulden, das hieß etwas mehr, als Leopold in einem Monat als Lehrer der Domkapellknaben verdient. Maria Theresia zahlt nicht nur mit Galakleidern für Sohn und Tochter, die ihre Kinder abgelegt haben, sondern auch mit 100 Dukaten, also 450 Gulden, aus ihrer Privatschatulle. Für diese Summe muss Leopold Mozart acht Monate im Orchester des Salzburger Bischofs spielen.

Doch mit Geld lassen sich nicht die Extreme abpuffern, zwischen denen es seinen Jüngsten hin- und herschleudert. Abends um sieben Uhr noch der Triumph, von denen ganz oben wahrgenommen zu werden, ein zweites Mal mit der Schwester in Schönbrunn auftreten zu dürfen. Noch am selben Abend der Absturz. Die Haut Wolfgangs zeigt an den Schienbeinen, den Ellenbogen und am Hintern rote, leicht erhabene Flecken, was zuerst für Scharlach gehalten wird. Er hat Fieber, jede Bewegung schmerzt ihn. Was ihn quält, ist eine rheumatische Erkrankung, bei der sich die Gelenksinnenhaut entzündet, die Gelenke anschwellen, auch Knorpel und Bänder sich entzünden.[13] Das macht weitere Konzerte unmöglich, obwohl sich einer der besten Ärzte Wiens um ihn kümmert. Plötzlich bilden sich auch noch rote, schmerzhafte Knoten an den Unterschenkeln, Symptome einer akuten Entzündung des Unterhautfettgewebes.[14] Gerade noch hatte Leopold Mozart nach Hause vermeldet, sein Sohn bezaubere alle, Alte und Junge, Gräfinnen und Sängerinnen, Geistliche und Geistesgrößen; die Abende seien schon eine Woche im Voraus ausgebucht. Nun liegt der Hauptverdiener Tag für Tag in der düsteren Wohnung, lukrative Einladungen müssen abgesagt werden. Die elfjährige Virtuosin Maria Anna allein macht offenbar keine Furore. Als Wolfgang am 4. November endlich zum ersten Mal wieder ins Freie gelassen wird und ohne Beschwerden spazieren gehen kann, beziffert Leopold Mozart den Verdienstausfall auf 225 Gulden. Das

Konzert am Abend danach bringt nichts ein: Es ist der Dank an den behandelnden Arzt. Am 9. November darf Wolfgang zum üblichen Tarif, ohne seine Schwester, noch einmal den Zauberer spielen bei Vincenzia Marchesa Pacheco, Frau des Kämmerers und Freundin von Maria Theresia. Zweimal werden Mozarts eingeladen, als Stehgäste an einer kaiserlichen Galatafel teilzunehmen. Wie reimt es sich ein Sechsjähriger zusammen, dass er denselben Prinzen und Prinzessinnen, vor denen er zuvor gespielt hat, nun nur beim Essen zuschauen darf? In ganz Wien ist auf einmal nur noch wenig die Rede von den Mozarts, die von der Kaiserfamilie ausdrücklich gebeten worden waren, ihren Aufenthalt zu verlängern.

Dass Leopold Mozart sich mit seiner Familie bei verheerendem Wetter und lebensgefährlichen Straßenverhältnissen auf den Weg nach Pressburg macht, wohin sie vom ungarischen Adel eingeladen worden sind, ist eine schlechte Notlösung. Ihm ist bewusst, dass er seine Kinder überfordert.[15] Hagenauer kündigt er an, er werde, um sie zu schonen, langsam nach Salzburg zurückreisen. Und bequemer: Trotz der finanziellen Einbußen kauft er in Pressburg einen eigenen Wagen. Doch Wolfgang hat keine Gelegenheit, sich zu erholen. Er, nicht die Schwester, gibt in Pressburg ein Konzert im Palais Pálffy vor den einheimischen Aristokraten. Erst am Heiligen Abend landen sie abends wieder in Wien. Am 25. Dezember verteilt Graf Collalto bei einem Konzert in seinem Haus ein Gedicht, das ein Mann namens Puffendorf in seinem Auftrag verfertigt hat und das Collalto drucken ließ. Ein Huldigungsgedicht auf Wolfgang Mozart. Offenbar hat Collalto den Dichter unterrichtet. Dessen Hymne endet: *Nur wünsch ich, dass Dein Leib der Seele Kraft aussteh, Und nicht, wie Lübecks-Kind, zu früh zu Grabe geh.*[16] Auch in Wien ist vielen das Schicksal des Wunderkindes Christian Heineken bekannt, 1721 geboren und 1725 gestorben mit den Worten *Herr Jesu, nimm meinen Geist auf.* Er hätte sie auch auf Lateinisch, Griechisch oder Französisch sagen können und in Anwesenheit des Kaisers. Geholfen hätte es nichts.

Kaum sind die Mozarts am 5. Januar zurück in Salzburg, liegt Wolfgang erneut eine ganze Woche lang mit fiebrigem Gelenkrheumatismus im Bett. Für seinen Vater kein Anlass, an seinen weiteren Plänen für dieses Jahr etwas zu ändern.

Ein Kleinkind tanzt, rebelliert und komponiert

Als sein Sohn wieder auf den Beinen ist, führt er schließlich vor, dass er von der Musik besessen ist. Leopold Mozart hat den Hoftrompeter Andreas Schachtner und den Geigerkollegen Wenzel Hebelt zu sich nach Hause eingeladen, um Hebelts selbstkomponierte Streichtrios auszuprobieren, der Hoftrompeter soll dabei die zweite Violine spielen. Da taucht Wolfgang auf und will Schachtners Platz einnehmen. Sein Vater schimpft, das sei lächerlich, er habe ja noch gar keinen richtigen Geigenunterricht bekommen, und schickt ihn weg. Da fängt Wolfgang so heftig zu heulen an, dass Schachtner den Vater bittet, ihm eine Chance zu geben. Leopold erlaubt seinem Sohn, leise Schachtners Stimme mitzuspielen. Doch Schachtner legt nach wenigen Takten sein Instrument zur Seite. Als der Siebenjährige alle sechs Trios gespielt hat, verdrückt Vater Mozart Tränen der Rührung, die anderen applaudieren, und Wolfgang wird kühn: Er könne auch die erste Geige spielen. Nachdem er trotz einiger unpassender Zutaten und Ausrutscher kein einziges Mal hinausfliegt,[17] hat sein Vater keine Hemmungen, am 28. Februar den Sohn, begleitet von seiner Schwester, vor Fürsterzbischof Schrattenbach zur Feier von dessen 65. Geburtstag Violinsonaten vorspielen zu lassen. Und er protestiert auch nicht gegen einen absonderlichen Wunsch des absonderlichen Fürsterzbischofs: Wolfgang soll bei einem Festessen, das Schrattenbach für Ehrengäste gibt, mit seinem Cello unter einer Pastete versteckt als Überraschungsgang serviert werden.[18] Leopold Mozart hat auf der Wienreise die Gesetze eines Marktes kennengelernt. Der Sensationshunger muss bedient werden. Und ein Wunderkind muss verkauft werden, solange es noch ein Kind ist.

Leopold hat aus Wien neue Ideen zur Vermarktung seines Sohns mitgebracht. Sie sollen ihn dorthin bringen, wohin er selbst, mittlerweile dreiundvierzig, es sicher nicht mehr schaffen wird, auch wenn er gerade zum Vizekapellmeister der Hofmusik ernannt worden ist. Der französische Gesandte am k. k. Hof, der Comte de Châtelet-Lomont, hatte ihn mit den Kindern am 19. Oktober eingeladen und zu einer Paris-Reise angeregt. Schon am 17. Februar hat Leopold Mozart dem Verleger Lotter angekündigt, dass er mit seinen Kindern zu einer großen Konzerttournee aufbrechen will, sobald die Schwalben kommen. Er will. Und sein Sohn?

Wolfgang hat auf der Wienreise seine Wirkung kennengelernt: Er kann verzaubern. Einen Zöllner ebenso wie den Kaiser. Er hat aber auch erlebt, dass er auf nichts ein Anrecht hat und nirgendwo hingehört, nicht zu den normalen Menschen und nicht zu den privilegierten. Eros ist weder im Lüsterglanz noch in der Armseligkeit zu Hause. Er hat verstanden, dass zum Ruhm die Strapazen des Reisens gehören. Und er ist dem Tod begegnet, der Krankheit, der eigenen Hinfälligkeit. Alle Ängste, alle Schmerzen, alle Strapazen sind jedoch vergessen, sobald er in der Musik versinkt.

Das hat sein Vater bereits registriert. Hemmungen, dies der Weltöffentlichkeit vorzuführen und dabei vieles zu riskieren, schwinden spätestens an jenem Nachmittag, als er nach dem Dienst in Begleitung Schachtners nach Hause kommt. Er findet seinen Sohn dabei vor, wie er auf verschmierte Seiten Noten setzt. Dass er noch nicht gelernt hat, mit der Feder zu schreiben, ist kaum zu übersehen: Er tunkt sie auf den Grund des Tintenfasses und versaut das Notenpapier mit dicken Klecksen. Doch das kann seinen Schaffensdrang nicht bremsen: Mit der flachen Hand wischt er die Kleckse weg und schreibt tintenverschmiert weiter. *Was machst du?* fragt der Vater. *Ein Konzert fürs Klavier*, sagt sein Sohn. *Der erste Teil ist bald fertig.*

Das Gelächter vergeht dem Vater, als er sich genau ansieht, was sein Sohn geschrieben hat: Alles sei völlig richtig gesetzt, sagt er zu Schachtner. Nur leider sei das Stück so schwierig, dass kein Mensch es spielen könne. Die rechte Hand muss große Sprünge vollführen und sich mit der linken verschränken, der Zeigefinger muss blitzschnell über den Daumen greifen, Läufe galoppieren in abenteuerlichem Tempo einer aberwitzigen Steigerung zum Schluss entgegen. Aber sein Sohn erklärt: Darum sei es ein Konzert. Man müsse es eben so lange üben, bis man es beherrsche. Schachtner erstaunt die Antwort nicht. Für Wolfgang sei ein Konzert einfach ein Wunderwerk, schreibt er.[19] Und Wunder folgen nicht den Gesetzen der Vernunft.

III.

1763–1766
Blüht auf und gedeiht, ermüdet und stirbt dahin
Oder: Reisen zwischen Todesnähe und Triumphen

Bestes Werbematerial: Leopold Mozart ließ das Aquarell, das Louis Carrogis de Carmontelle (1716–1806) von ihm und seinen Kindern in Paris anfertigte, umgehend von Jean-Baptiste Delafosse (1721–1775) grafisch umsetzen und vervielfältigen (Kupferstich und Radierung). Die Verbreitung organisierte er strategisch perfekt. Im Reisegepäck führte er immer mehrere Exemplare des Blattes für die Öffentlichkeitsarbeit mit sich.

Der Siebenjährige ist eingesperrt worden. In einen Anzug, eine Pose, eine Aufmachung, die ihm fremd sind. In den abgelegten Kleidern der Habsburger Herrscherkinder werden Wolfgang und seine Schwester gemalt, er auch noch mit Galadegen an der Seite. Sein blondes Haar hat der Friseur mit der Brennschere an beiden Seiten gekreppt, stark gepudert und im Nacken mit einer Schleife zusammengebunden. Der Blick des Kindes aber ist radikal frei, der Blick eines Menschen, den keiner einsperren kann.[1]

Fürsterzbischof Schrattenbach hat am 28. Februar 1763, seinem Geburtstag, die Mozartkinder spielen lassen und den Vater zum Vize-Kapellmeister ernannt. Gnädigst, wie es heißt. Gnade verweist den Empfänger auf seine Abhängigkeit. Sie kommt oder sie kommt nicht. Leopold Mozart ist klar, dass die soeben zugeteilte Gnade sein Leben nicht entscheidend verändern wird. Nicht so, wie er es will und braucht, um seinen Sohn werden zu lassen, was er ist. Das kann nur die von ihm geplante Reise der ganzen Familie Mozart durch die Musikstädte Westeuropas, angelegt auf zwei, drei Jahre. In den Augen der Salzburger ein unermessliches Wagnis, in den Augen Leopolds eine unermessliche Chance. Für ihn und für seinen Sohn. Die Risiken sind geringer als die Verbesserungsmöglichkeiten. Er selbst kann Noten seiner Werke verkaufen, hat Gelegenheit, seine Geschäftsbeziehungen als Buchhändler und Notenhändler zu erweitern und Musiker vor Ort für den Vertrieb seiner Kompositionen zu gewinnen. Und er kann durch die Kinder mehr verdienen, als er am Hof bezahlt bekommt; wenn es wie in Wien und München läuft, werden sie Preziosen und Bargeld kassieren, verpackt in Tabaksdosen aus Gold oder Silber.[2] Vor allem aber kann sein Sohn Welt aufsaugen und Teil dieser Welt werden. Kann hören, was die Großen machen, was neu ist und erfolgreich. Geht der Plan auf, wird Wolfgang Mozart den Großen und den Mächtigen ein Begriff werden. Eines aber ist der Weg ins Ungewisse sicher: ein Ausweg aus der Begrenztheit Salzburgs.

Am 9. Juni 1763 brechen die vier Mozarts auf. Wolfgang ist noch keine siebeneinhalb Jahre alt. Leopold Mozart hat diese Reise klug vorbereitet. Das Abenteuer geordnet, soweit er es von Salzburg aus kann. Bare Münzen wiegen schwer, ihr Besitz ist gefährlich. Da Leopold Mozart das offizielle Kreditgewerbe und Wucherer umgehen will, hat er sich mit Kreditbriefen eingedeckt. Salzburger Geldgeber finanzieren so seine Reise und sichern sich untereinander ab.

Geld braucht Leopold Mozart nicht nur für Unterkunft und Kost. Er braucht Geld, um Eindruck zu machen. Er fährt in eigener Kutsche und mit einem eigenen Bedienten. Der Bediente muss wie die Kutsche für alles herhalten. Sebastian Winter ist ein Friseur, der nicht nur Perücken pudert, sondern auch das Pferd kuriert, den Wagen repariert, eine Panne behebt. Die Kutsche ist Spielzimmer, Musikzimmer, Schulzimmer für eine moderne Erziehung. Die Fahrt weg von Salzburg und von Schrattenbach, dem abergläubischen Glaubensmann, ist eine Fahrt weg aus einer Welt der starren Grenzen, hinein in eine Welt der grenzüberschreitenden Verbindungen. Leopold hat ein Netz geknüpft aus Leuten, die in Wirtschaft, Kirche, Politik und Adelskreisen wichtig und einflussreich sind. Sie werden ihm Türen öffnen, aber auch Tische decken und Betten machen lassen. Heimat auf Zeit zur Verfügung stellen. Er weiß, dass seine Kinder nun jahrelang auf der Schwelle leben werden, zwischen Daher und Dahin, in einem Alter, wo sie Geborgenheit brauchen. Leopold Mozart muss für seine Familie eine Straße durch Unberechenbarkeiten bahnen, indem er auf das Berechenbare setzt, die Ingredienzien des Erfolges: großer Auftritt, Diplomatie, Strategie und Werbung. Das heißt gute Kleider und das beste Hotel am Platz. Das heißt Empfehlungsschreiben und Unterwürfigkeit, wo sie etwas bringt. Und das heißt Vermarktung durch die Presse und Schau. Schon in Augsburg lässt Leopold den Sohn auf einer Tastatur spielen, die sein Schnupftuch verdeckt.[3] Am 18. August 1763 tritt Wolfgang mit seiner Schwester im Scharfischen Saal auf dem Liebfrauenberg in Frankfurt auf. Leopold Mozart zeigt, dass er auf dem Instrument der Öffentlichkeit als Virtuose zu spielen versteht. Das Konzert hat er in der Zeitung durch eine Annonce ankündigen lassen. Von beiden Kindern ist darin gleich viel die Rede gewesen. Die Werbung rechnet sich. Drei weitere Konzerte werden in Frankfurt verlangt. Leopold Mozart braucht das Geld. In den ersten zehn Tagen der Reise hat er bereits 1068 Gulden ausgegeben. Wieder platziert Leopold Mozart eine Anzeige. Darin wird seine Tochter nur in einem Halbsatz erwähnt, zwölf Mal so viel wird von dem Sohn berichtet, der Geige, Klavier und Orgel spielt, komponiert und mit Sensationen verblüfft. Nicht nur die Nummer mit den verdeckten Tasten wird angekündigt, auch dass er das absolute Gehör besitzt und jeden Ton, jeden Akkord, ob von einem beliebigen Instrument, von Glocken, Gläsern oder Uhren erzeugt, sofort benennen kann. Das Erstaunen sei groß gewesen, vermeldet Leopold Mozart nach Salzburg. Doch auch Hagenauer gegenüber, der in Salzburg als Verbreiter dient, gibt er sich gläubig und demütig. Er weiß: Vermessenheit kommt nicht gut an. Gott, sagt er, sei zuständig dafür, dass sie alle gesund bleiben und überall bewundert werden. Er vertraut darauf, dass Gott diese Aufgabe übernimmt.

Was ihn beunruhigt, ist, wie sich sein Sohn menschlich entwickelt: ein Kind der Extreme. Außerordentlich in allem. Außerordentlich lustig, aber auch außerordentlich schlimm sei der Wolfgang, vermeldet er Hagenauer. So, dass Maria Anna unter ihm zu leiden gehabt habe.[4] Nur eine strenge Struktur aus Werten kann diesem Kind inneren Halt geben, scheint Leopold Mozarts Einsicht zu sein. In seinen Briefen gibt er sich zu erkennen als Richter mit Prinzipien. Scharf, oft derb, beurteilt und verurteilt er Zustände, Kunstwerke, Menschen und ihre Angewohnheiten, ob in Mainz oder Koblenz, in Aachen, Lüttich oder Brüssel. Lobt, dass Kurfürst Carl Theodors Mannheimer Orchester *weder Säufer, weder Spieler, weder liederliche Lumpen* habe, empört sich über *die Lauigkeit, und schmutzige, ja nachlässige und echt bäurische Art,*[5] mit der in Koblenz die kirchlichen Zeremonien gehalten werden, findet die Stadt verdreckt und den Kölner Dom abscheulich.

Als die Mozarts mit Sebastian Winter am 18. November nachmittags um halb vier in Paris eintreffen, haben sie trotz mancher Enttäuschungen, Unfälle und Ärgernisse vor allem erlebt, was Leopold bei Gott bestellt hat: Bewunderung. Sie hat sich niedergeschlagen in barem Geld, goldenen Dosen, Etuis, Uhren und Schmuckstücken.

Leopold hat richtig kalkuliert und spekuliert. Aufmerksamkeit erregt und Kontakte genutzt. Maria Anna Rosalia Joly de Berre, die als Sallerl bekannte Freundin der Mozarts aus Salzburg, ist Kammerjungfer beim Grafen Arco. Sie hat hier eine Unterkunft im Palais des kurbayrischen Gesandten Maximilian Graf van Eyck arrangiert, der mit einer Tochter des Grafen Arco verheiratet ist.[6] Die Mozarts hausen zwar zu viert in einem Raum, dürfen aber die Zimmerflucht der Gräfin benutzen und das Gefühl auskosten, in einem prachtvollen Palais ein- und auszugehen. Das öffnet den Zugang zu anderen Palästen. Der Adel reicht den Geheimtipp herum. Das Interesse an den Kindern ist sofort so groß, dass bereits kurz nach der Ankunft Louis Carrogis de Carmontelle Leopold mit Tochter und Sohn aquarelliert. Eine Ehre, jedoch ohne Breitenwirkung. In Fragen der Vermarktung holt sich Leopold Mozart Rat bei einem universell gebildeten Regensburger, der sich in Paris durch Geist und Geschick Zugang zu den obersten Etagen verschafft hat: Friedrich Melchior Baron von Grimm, Literat, Aufklärer, Sekretär des Herzogs von Orléans und mit den wesentlichen Intellektuellen Frankreichs in regem Austausch. Grimm protokolliert das Erlebnis Mozart für die höchst renommierte *Correspondance littéraire, philosophique et critique*. Vor großen Vergleichen und großen Worten schreckt er nicht zurück: *Der geriebenste Kapellmeister* könne *unmöglich über eine tiefere Kenntnis der Harmonie und Modulationen* verfügen als dieses Kind. Grimm spricht von echtem Wunder, von Genie, und schwärmt von der bewunderungswürdigen Leichtigkeit, mit der dieser Siebenjährige komponiert, transponiert, fantasiert, variiert. Doch er gibt auch zu, dass ihm die dämonische Qualität des Kindes Angst einjagt, dass es ihm *den Kopf verdreht* und begreiflich macht, wie schwer es ist, *sich vor Wahnsinn zu bewahren, wenn man Wunder erlebt*.[7]

Grimm ist ein Mann, der Leopold Mozart imponiert; taktisch klug, strategisch gewitzt und begeisterungsfähig. In ihm erkennt er den idealen Karrierehelfer. Was Grimm rät, wird befolgt. Grimm empfiehlt, Carmontelles Aquarell in Kupfer stechen zu lassen und auf den Tourneen direkt, aber auch über einen Verlag zu vertreiben. Wo es Wunder gibt, gibt es auch den Bedarf nach Devotionalien. Umgehend beauftragt Leopold Mozart die Werkstatt des Stechers Jean Baptiste Delafosse, versorgt den Leipziger Verlag Breitkopf mit den

Abzügen und nimmt ein großes Kontingent an sich, um sie auf jeder größeren Station der Tournee bei den Buchhändlern vor Ort in Kommission zu geben.

Während Poros Öffentlichkeitsarbeit leistet und privat über die Pariser Verhältnisse herzieht, über das abscheuliche Trinkwasser, die schlecht geheizten Räume, die überteuerten Karossen, die stark geschminkten Frauen, die hochmütige, fett gewordene Marquise de Pompadour, die diebischen Hausangestellten, die seiner Ansicht nach zu Recht auf der Place de Grève gehenkt werden, ist Eros entweder damit beschäftigt, zu bezaubern oder zu lieben und zu leiden. Am 24. Dezember 1763 folgen die Mozarts der Einladung nach Versailles, wo sie ein Quartier in der Nähe des Schlosses beziehen. Als Wolfgang an Neujahr als Zaungast bei der öffentlichen Galatafel der königlichen Familie neben Königin Maria Leszczyńska zu stehen kommt, die mit ihm Deutsch spricht und ihn mit Delikatessen füttert, küsst er ihr ständig die Hände. Eros sucht die Nähe zu den Frauen, schwärmt für die Gastgeberin Maria Anna Felicitas Gräfin van Eyck, dreißig Jahre jünger als ihr Mann, ist in Tränen aufgelöst, als sie erkrankt.

Wolfgang setzt Regeln, Gewohnheiten und Verordnungen außer Kraft.

Dass König Louis XV. von der Tafel aufgestanden ist, um den Siebenjährigen in seiner Hofkapelle Orgel spielen zu hören, hat sofort in Paris die Runde gemacht.

Das königliche Dekret, dass öffentliche Konzerte ausnahmslos im *Concert spirituel* oder in der *Académie royale de musique*, also in der Oper, dem Französischen oder Italienischen Theater stattfinden müssen, wird aufgehoben. Auch die Dimensionen, in denen sonst unbekannte junge Musiker von auswärts entlohnt werden, sind außer Kraft gesetzt: Neben den üblichen Preziosen bis hin zu silbernem Schreibwerkzeug für Wolfgang und goldener Zahnstocherbüchse für Maria Anna werden dem Vater für ein einziges kurzes Konzert der beiden Kinder vor der königlichen Familie 1200 Livres ausgehändigt, eine gewaltige Summe.

Leopold Mozart beantwortet die Superlative mit Superlativen. Im Februar lässt er auf seine Kosten Wolfgangs Opus 1, zwei Sonaten für Klavier und Violine, bei einem Pariser Verlagshaus stechen, einem der bedeutendsten Unternehmen dieser Art im Land. Noch nie ist in der Musikgeschichte das Werk eines so jungen Komponisten im Druck erschienen. Auf dem Titelblatt macht der listige Leopold seinen Sohn noch ein Jahr jünger. Gewidmet sind die Sonaten Madame Victoire de France. Diese Adresse verkündet, dass Leopold Mozart darauf setzen kann, mit seinen Kindern in kürzester Zeit bei Hof den Durchbuch geschafft zu haben: Bei Madame handelt es sich um die zweite Tochter von König Louis XV. Formuliert hat die Widmung im Auftrag Leopold Mozarts besagter Baron Grimm. Das Werk wird auf Grimms Rat von dem angeblich siebenjährigen Komponisten als *mittelmäßig* bezeichnet und *mit tiefster Ehrfurcht von dem sehr demütigen, sehr gehorsamen und sehr kleinen Diener J. G. Wolfgang Mozart* unterzeichnet.[8] Das soll natürlich nur Erwartungen schüren.

Für den Vater ist dieses Werk keineswegs mittelmäßig und sein Sohn der große Sieger. *Herr Wolfgangus* oder *der große Wolfgang* nennt er ihn in den Briefen nach Salzburg. Diese Größe ist bereits dokumentiert: Eine dreizehnjährige Bourbonen-Prinzessin verkehrt mit dem kleinen Salzburger auf Augenhöhe. Louise-Maria-Thérèse Bathilde d'Orléans, Tochter von Grimms Arbeitgeber, hat Wolfgang Mozart ein Rondeau für Violine und Klavier gewidmet, das sie selbst komponiert hat.[9]

Er wird geliebt. Und er liebt. Zu verlieren, was er liebt, macht ihn krank. Als am 6. Februar 1764 die Gräfin von Eyck mit dreiundzwanzig Jahren stirbt, erkrankt das Kind. Seine hochfiebrige Angina muss ärztlich behandelt werden.[10] Dass am 3. März der von Wolfgang geliebte Sebastian Winter kündigt, um eine neue Stelle bei Joseph Wenzel Fürst von Fürstenberg anzutreten, wirft Wolfgang auf dem Weg der Genesung zurück. Aber bereits eine Woche später blüht er wieder auf und gibt mit seiner Schwester erneut ein Konzert, das erste in der Stadt Paris.

Leopold Mozart jedoch will mehr Aufsehen erregen, *Lärm machen*, wie er das nennt. Das scheint in Paris nicht möglich zu sein. Sogar der Wahlfranzose Grimm hat in der *Correspondance* beklagt, dass man in Frankreich zu wenig von Musik versteht. London, wurde Leopold Mozart gesagt, sei derzeit als Metropole der Musik wichtiger und lukrativer als Paris.

Sein Sohn ist für ihn mittlerweile zum *großmächtigen Wolfgang* herangewachsen. Leopold veröffentlicht noch rasch das Opus II des Großmächtigen und verlässt Frankreich am 10. April mit Frau, Kindern und zwei neuen Bedienten, einem Elsässer und einem Italiener. Gereist wird über Niveau: Leopold Mozart leistet sich ein eigenes Schiff, auf dem die Familie mit nur vier weiteren Passagieren übersetzt.

Am 23. April 1764 landen die Mozarts in London. Private Verbindungen fehlen. Die Mozarts beziehen kein Palais in einer Prachtstraße, sie müssen sich im dunklen Cecil Court in drei enge Kammern zwängen, die ihnen ein Friseur vermietet. London ist teuer. Während Leopold Mozart vor knapp zwei Jahren in Wien mit 4 Gulden am Tag auskam, braucht er hier 13. Doch das *Lärmmachen* hat Erfolg gehabt. Schon vier Tage nach der Ankunft werden die Mozart-Kinder zu einem dreistündigen Konzert zu König George III. und Königin Charlotte Sophie in den *Queen's Palace* geladen. Lohn auch für den weitblickenden Leopold, dessen Treffen mit dem englischen Gesandten in Wien vor zwei Jahren sich nun auszahlt. Die Königin ist jung, gerade zwanzig. Nicht schön, so wenig wie die Königin in Versailles oder des Königs Schwestern, aber schön angezogen. Wolfgang liebt alles Schöne. Es animiert ihn. Sein Vater lässt ihn auffahren, was er zu bieten hat, schwierige Stücke vom Blatt spielen, die Königin bei einer Arie begleiten, transponieren, improvisieren und durch sein Orgelspiel beeindrucken. Schnell scheint Leopold Mozart ans Ziel gelangt zu sein.

Doch am 22. Mai muss ein Konzert und alles Weitere abgesagt werden. Wieder liegt Wolfgang krank zu Bett. Wie gewohnt erholt er sich rasch. *Unüberwindlich*, also unverwüstlich, nennt Leopold Mozart seinen Sohn. Auf dem Nährboden Londons schießt seine Begabung jäh empor. Was Wolfgang vor der Abreise gewusst habe, staunt sein Vater, sei ein Schatten gegen das, was er nun wisse. Es übersteige jede Einbildungskraft,[11] erklärt er. Als *Wunder der Natur* kündigt er Miss und Master Mozart am 4. Juni 1764 mit einer Anzeige im *Public Advertiser* an: Am folgenden Tag, dem Geburtstag des Königs, werden sie ein Konzert geben. Zu diesem Anlass kehren die Adligen vom Land in die Stadt zurück, und Leopold Mozart kann mit einem Publikum von 600 Personen rechnen. Wieder macht er seine Kinder jünger. Dadurch wirkt das Etikett *Wunder der Natur* noch plakativer.[12] Am 5. Juni annonciert er den Auftritt erneut. Seine Rechnung geht auf: 20 Guinees hat er für die Veranstaltungen ausgelegt, 100 nimmt er ein.

Was Leopold in die Heimat vermeldet, sind Triumphe. Dass das Königspaar bei einer zufälligen Begegnung im St. James Park die Mozarts gegrüßt habe, dass der König sich aus der Kutsche heraus lachend vor *Master Wolfgang* verneigt habe und dass man nun in Westminster wohne, also *dem Adel nah* sei. In den Briefen an Hagenauer berichtet er detailgenau von den Londoner Erlebnissen. Doch einen, den in der Londoner Musikszene jeder kennt, erwähnt er mit keinem Wort: Johann Christian Bach. Wann und wo sein Sohn diesen wichtigen Mann des Londoner Opern- und Konzertlebens kennenlernt, wie diese Begegnung verläuft, wie oft die beiden sich danach treffen und was das bei seinem Sohn auslöst, verschweigt er. Dabei muss es eine Sensation gewesen sein, die sogar Baron Grimm in Paris zu Ohren drang. Der berichtet darüber, wie Bach den Jungen zwischen die Knie genommen hat, um mit ihm zwei Stunden lang ohne Unterbrechung abwechselnd auf demselben Klavier zu spielen, als wäre er sein eigenes Kind. Nicht vor einem beliebigen Publikum, sondern in Gegenwart des Königs und der Königin.[13]

Hält sich Leopold Mozart aus strategischer Vorsicht bedeckt? Es ist bekannt, dass Bach wegen einer Intrige in diesem Jahr keine Oper auf die Bühne bringen darf. Oder macht es ihm zu schaffen, wie viel dieser Komponist seinem Sohn bedeutet? Dass der das Zeug zu einem Ersatzvater besitzt mit ungleich mehr Begabungen und Verbindungen? Die Erfolge des jungen Bach als Opernkomponist in Italien haben die Aufmerksamkeit der englischen Königin geweckt. Sie hat ihn als ihren persönlichen Musiklehrer eingekauft und ihm eine leitende Position am King's Theatre verschafft. Beide Opern, die Bach letztes Jahr auf die Bühne brachte, waren sensationell erfolgreich. Wolfgang brennt, seit er in London ist, für alles, was mit der Oper zu tun hat. London ist eine Opernstadt. Mehrmals hat Wolfgang hier bereits Opern besucht. Seine Leidenschaft für diese Gattung wird noch heftiger, als der Kastrat Giovanni Manzuoli, derzeit der am meisten gefeierte Opernsänger Londons, ihn kostenlos in Gesang unterrichtet. Bei einem Frühstück im Haus eines anderen Kastraten namens Mazziotti treffen Leopold und sein Sohn auf ein komplettes Opernteam: eine Primadonna vom King's Theatre, einen Opernkomponisten und Dirigenten, einen weiteren Sopranpastraten, den engen Bach-Freund Giusto Ferdinando Tenducci und einen Bassisten.

Für die menschliche Stimme, für die Bühne, für solche bunten Gestalten hat Wolfgang *selbst jetzt immer eine Opera im Kopf, die er mit lauter jungen Leuten in Salzburg aufführen will.* Sein Vater redet ihm nichts aus. Willig zählt er ihm die Namen der Musiker auf, die in Salzburg sein Opernorchester stellen könnten. Wolfgang notiert sie. Es sind die ersten Notizen zum Lebensplan eines Opernkomponisten.[14]

Am 28. Mai 1764 gesteht Leopold dem Vertrauten Hagenauer, dass sein *Bub … alles in diesem seinem 8jährigen Alter weiß, was man von einem Manne von 40 Jahren fordern kann. Was er jetzt weiß,* stellt der Vater fest, *übersteigt alle Einbildungskraft.*[15] Er selbst ist mittlerweile fünfundvierzig. Johann Christian Bach ist noch keine Dreißig. Leopold Mozart ist bewusst, dass er als Komponist niemals mehr zu Ruhm gelangen wird, sein junger Kollege hat ihn bereits.

Genau einen Monat nach diesem Bekenntnis, am 8. Juli 1764, muss sich Leopold Mozart wegen einer Halsentzündung mit hohem Fieber ins Bett legen. Er aber blüht nicht rasch wieder auf. Am 6. August ist sein Zustand immer noch so schlecht, dass die Familie sich nach Chelsea zurückziehen muss, in ein billiges Quartier vor der Stadt. Was die Finanzierung des Aufenthalts angeht, ist das eine Katastrophe. Doch sie wirkt sich fruchtbar aus: Der Achtjährige, dem wie seiner Schwester verboten wird, die Bettruhe des Vaters durch Musizieren zu stören, schreibt ein kleinformatiges Notenbuch voll mit Kompositionen, ohne wie bisher deren Verlauf auf einem Instrument vorher zu erproben. Und ohne wie bisher von seinem Vater korrigiert zu werden. Innerhalb weniger Wochen sind es über vierzig Kompositionen. In diesem Skizzenbuch stammt kein Wort, keine Note, gar nichts von Leopold Mozarts Hand, nur Wolfgangs Name auf dem Einbanddeckel. Die meisten der größeren Instrumentalstücke darin enthalten mindestens einen Trugschluss, manche auch mehrere.[16] Eros sabotiert die Erwartung der Auflösung. In rein gar nichts mehr hält sich der junge Komponist an die Vorschriften des Vaters. Von dessen braven Quintabsätzen hat er sich verabschiedet. Unkontrolliert bricht sich hier etwas Neues Bahn. Ein Drang, alles zu riskieren, alles auszuprobieren, sich zu übernehmen. Der Wille zum Ausdruck zieht Wolfgang in Bann; er komponiert ein Andantino, ein Rondo, Contretänze und Sonatensätze für Klavier, die für ihn unspielbar sind.[17]

Innere Unruhe jagt Eros, einige Stücke bleiben Fragment. Wolfgang will mehr, als er können und kennen kann. Es ist, als treibe ihn ein Dämon an, der keinerlei Grenzen akzeptiert. Er wagt es, eine Sinfonie zu komponieren, wozu ihm die musikalischen und handwerklichen Kenntnisse fehlen. Wer besessen ist, schreckt nicht zurück vor einem Experiment, das misslingen kann. Diese erste Sinfonie setzt das Kind in Es-Dur, die Tonart des Schattens, des Dunkels.[18] Sie verdankt nichts mehr Leopold Mozart, vieles aber Johann Christian Bach. Die Viola beginnt sich vom Bass zu lösen. Und das Dunkle erhält Zutritt: Im langsamen Satz erschallen Hörner wie zu einem feierlichen Begräbnis. Dann vertont das Kind zum ersten Mal einen Text, eine Passage aus Metastasios Libretto *Ezio*, und wagt sich kurz danach an eine zweite Sinfonie. Fürchterlich beides in den Ohren strenger Richter, weil es Furcht erregt. Jäh lässt Wolfgang in der Arie wie in der Sinfonie das Unisono einbrechen, unvermittelt wie ein Dämon bricht es aus den Harmonien hervor.[19]

Leopold Mozart ist zwar bemüht, den Eros seines Sohnes zu bändigen, aber der entzieht sich dem Zugriff.

Das Dämonische muss in einem aufgeklärten Verstandesmenschen wie Leopold Ängste wecken. Und das Bedürfnis, einen Mann vorzulassen, der als Exorzist des Aberglaubens gilt: Daines Barrington. Er ist Mitte dreißig und bereits als Kapazität anerkannt. Rechtsanwalt, Antikensammler und Naturforscher, Sohn eines Viscount, graduiert in Oxford, Mitglied der Royal Society London. Er hat entschieden dagegen protestiert, die Sintflut habe so stattgefunden, wie die Bibel es schildert, und eine Gegendarstellung aufgrund fossiler Funde veröffentlicht. Daher hat die Royal Society ihn beauftragt, die Echtheit des angeblichen Wunderkinds zu prüfen. Leopold Mozart ist so einer willkommen. Er selbst interessiert sich für die neuesten Forschungen, für den präzisen Blick auf die Welt; hier in London hat er sich drei teure optische Geräte bei einem der renommiertesten Fachhändler gekauft.

Barrington geht vor wie bei einem wissenschaftlichen Experiment. Um auszuschließen, dass der kleine Salzburger etwas vermeintlich vom Blatt spielt, was er längst kennt, hat Barrington das Duett eines englischen Adligen im Gepäck, das der auf zwei bevorzugte Worte in Mattia Ventos Erfolgsoper *Demofoonte* komponiert hat, ein

Manuskript. Insgesamt hat das Werk fünf Stimmen, die zwei Gesangsstimmen, eine erste, eine zweite Violine und den Generalbass, in drei unterschiedlichen Schlüsseln geschrieben. Kaum liegen die Noten auf dem Pult, beginnt Wolfgang die Ouvertüre derart meisterhaft zu spielen, dass Barrington fassungslos ist. Dann übernimmt das Kind die obere, sein Vater die untere Gesangsstimme. Wolfgangs Stimme klingt dünn und kindlich, stellt Barrington fest, aber der Vortrag ist vollendet. Der seines Vaters nicht. Barrington protokolliert, dass Wolfgang den Vater verärgert ansieht, wenn er aus dem Konzept kommt, und ihn auf seine Fehler aufmerksam macht. Als das Duett beendet ist, fragt Wolfgang den Kontrolleur, ob er nicht noch mehr solche Musik mitgebracht habe.

Der Dämon Eros ruht nicht. Barrington hat gehört, dass Wolfgang oft von musikalischen Einfällen heimgesucht wird, sogar mitten in der Nacht. Er bittet den jungen Komponisten, eine Liebesarie zu improvisieren, wie sie sich sein Freund Manzuoli aussuchen würde. Ist Barrington bewusst, wie weit entfernt vom Denken eines Kindes die Arie, der Ausdruck eines leidenschaftlich Liebenden, sein muss? Doch der Achtjährige beginnt sofort, über den Begriff *affetto* zu improvisieren. Woher auch immer: Er hat davon die richtige Vorstellung. Nun wünscht sich Barrington einen Gesang der Wut, wie er sich für die Opernbühne eigne. *Perfido* – hinterhältig – ist das Wort, für das Wolfgang sich entscheidet und aus dem er nun das Wüten entwickelt. Er schlägt auf die Tasten ein, dass es ihn vom Sitz hebt. Die Arie wird Oper, das Musikzimmer Bühne, Wolfgang wird zum Darsteller, der nachahmt, was er auf der Londoner Opernbühne gesehen hat. Als er fertig ist, schenkt er Barrington, wie der protokolliert, *einen Blick voller Schalk*. Kein Kind, das sich anstrengt, ein Künstler, der die Echtheitsprüfung seines Genies als Spaß begreift. Und dabei doch ganz Kind bleibt: Als seine liebste Katze hereinschleicht, vergisst Wolfgang das Klavier, vergisst den Besucher, vergisst die Musik und sich selbst.

Eros vergibt sich immer nur ganz.[20] Ob er Opernsänger von Rang begleitet, die italienische Arien singen, ob er selbst erstmals italienische Arientexte vertont[21] oder ob er seine ersten Sinfonien dem Londoner Publikum vorführt. Der schaffende Eros bringt seine Begabung zu einer frühen Blüte.

Die Geschäfte des Leopold Mozart aber verblühen. Im Mai bereits verdienen die Mozart-Kinder Geld, indem sie in einem Privathaus in Soho täglich zwei Stunden für zahlende Privatkunden auftreten. Diese zahlen anscheinend nicht gut. Die letzte Anzeige, die Leopold Mozart am 11. Juli in den *Public Advertiser* setzen lässt, verrät, dass seine beiden Kinder nun jeden Tag drei Stunden, von zwölf bis drei Uhr, in einem Gasthaus in Cornhill für zweieinhalb Shilling Eintrittsgeld spielen und jeden Tag die Nummer mit den verdeckten Tasten vorführen. Im Saal einer Taverne, wo geraucht, getrunken, gerülpst werden darf. Es wird Zeit, abzureisen.

Leopold Mozart hat den Ausweg bereits gefunden. Eigentlich hatte er vorgehabt, sofort nach Paris zurückzukehren, wo die Familie einen Großteil ihres Gepäcks deponiert hat, und von dort aus vielleicht nach Italien weiterzuziehen. Aber der holländische Gesandte, den er in England traf, hat ihn überzeugt, über Belgien in die Niederlande nach Den Haag zu reisen. Das ausschlaggebende Argument war dabei die Aussicht auf hohe Einnahmen.

Am 1. August 1765 setzen die Mozarts von Dover nach Calais über, nehmen Quartier in einem neu erbauten Luxushotel und fahren mit eigenem Wagen weiter. Die Pressearbeit hat funktioniert: Hier wird Wolfgang Mozart bereits angekündigt als ein virtuoser Solist und grandioser Komponist, den man einfach kennen muss. Am 10. September bezieht die Familie in Den Haag das Künstlerhotel La Ville de Paris. Zwei Tage später tritt Wolfgang zum ersten Mal am Hof der Statthalter der Vereinigten Niederlande auf. Carolina Prinzessin von Oranien-Nassau ist zweiundzwanzig, ihr Bruder Willem siebzehn, beide sind sehr vermögend und zeigen das gerne. Wolfgang, verliebt in alles Schöne, genießt es.

Doch das Unheil lauert auch hier. Nach einem Konzert der Geschwister am 30. September bricht Maria Anna zusammen. Rote Flecken bedecken die Brust, den Rücken, den Bauch, das Fieber steigt täglich, Durchfälle schwächen sie. Sie nimmt erschreckend ab und ist nur noch Haut und Knochen, wie der Vater Hagenauer berichtet. Die Familie beschließt, ins Haus eines Uhrmachers umzuziehen. Dort lässt sich der kleine Bruder wegsperren vom Krankenbett. Es kann ihm aber nicht entgehen, dass am 21. Oktober ein Priester die Wohnung betritt, der hinter verschlossener Tür der Vierzehnjährigen Sünden vergibt, die sie nie begangen hat. Damit er sie in Ruhe sterben lassen kann. Im Nebenzimmer des Todes komponiert Wolfgang eine neue Arie, diesmal auf einen Text aus Metastasios Libretto *Artaserse*: Er vertont die Worte, mit denen sich die Schwester vom Bruder, dem Titelhelden verabschiedet. Italienisch hat Wolfgang noch kaum gelernt. Doch er versteht, was er nicht verstehen kann; Eros besitzt die *richtige Vorstellung*.

Der Abschied in der Oper ist nicht endgültig. Dass er es auch in der Wirklichkeit nicht wird, ist Prinzessin Carolina zu verdanken. Sie schickt den siebzigjährigen Thomas Schwenke zu den Mozarts, ihren Leibarzt, Professor der Anatomie und Chirurgie. Der erfahrene Mediziner diagnostiziert Bauchtyphus und verordnet das Richtige.

Ende der ersten Novemberwoche geht es mit Maria Anna aufwärts. Und abwärts mit ihrem Bruder. Am 15. November befallen ihn dieselben Symptome wie sie. Dieses unaufhaltsam steigende Fieber, diese roten Flecken, dieser erbsenbreiartige Durchfall, der angsterregende Gewichtsverlust. Anfang Dezember wird Wolfgang bewusstlos, für mehrere Tage. Geplante Konzerte müssen ausfallen. Eros erstirbt, stirbt jedoch nicht und *blüht wieder auf*, so rasch, dass er Ende Dezember bereits eine Sinfonie anlässlich der Installation von Carolinas Bruder als Statthalter der Niederlande im Jahre 1766 komponieren kann. Bis zum Abschied von Den Haag Ende März hat Wolfgang das neue Skizzenbuch, auf das sein Vater *Capricci* schrieb, gefüllt und außerdem neun abgeschlossene Werke geschaffen. Ohne Anzeichen von Schwäche besteht er vor dem Statthalter Willem V. und seiner Schwester in Den Haag, begeistert in Amsterdam, Utrecht und Antwerpen. Eros scheint sich an eine Existenz auf der Schwelle ebenso gewöhnt zu haben wie an den jähen Wechsel zwischen Höhen und Tiefen, der seinen Alltag prägt. Gerade noch war er als Solist in den Vierspiegelsaal des Temple zu einer Teegesellschaft des Prinzen Conti geladen, hat inmitten von Taft und Parfums, Rocaillen und Lüstern geglänzt, da erlebt er in Lyon aus nächster Nähe, wie auf einem stinkenden Platz ein zerlumpter Mann öffentlich gehenkt wird. Neben dem Schreckensbild nimmt Wolfgang aus Lyon neue Kleider mit, für ihn genäht aus der Seide, für die Lyon berühmt ist.

Er scheint sich auch daran gewöhnt zu haben, dass seine Begabung an einem Tag blind angebetet und am nächsten argwöhnisch überprüft wird. Dr. Samuel André David Tissot heißt der prominente Mediziner, der Wolfgang in Lausanne rund um die Uhr unter die Lupe nimmt. Tissot hat sich darauf spezialisiert, das Nervensystem genialer Menschen, vor allem im Kindesalter, zu untersuchen und ihre Bewegungsabläufe exakt zu protokollieren. Der dämonische Zug des zehnjährigen Wolfgang Mozart fällt ihm auf. *Er ging oft,* wird Tissot später in seiner Rede vor Kollegen berichten, *wider seinen Willen, wie von einer heimlichen Kraft gezogen, an sein Klavier.*[22]

Nichts kann die Rastlosigkeit dieses Kindes aufhalten. Nichts außer Krankheit. Schon fast zu Hause in Salzburg, muss sich Wolfgang in München erneut ins Bett legen, diesmal mit einem fiebrigen Gelenksrheumatismus.

Am 29. November kehrt die Familie nach Salzburg zurück. An demselben Tag bereits füllt Pater Beda Hübner in seinem Tagebuch Seite um Seite mit einem Bericht über die dreieinhalb Jahre währende Reise der Mozarts. Was Hübner nicht erstaunt: Leopold Mozart hat den Ausweg gefunden, den er suchte. Hier in Salzburg war für den Vizekapellmeister aus eigener Kraft nicht mehr an Geld und Lorbeeren zu holen. In der Ferne mit seinen Kindern gelingt ihm das durchaus. Nach Gott habe er nur den beiden seinen Ruhm und seinen Reichtum zu verdanken, erklärt Hübner nüchtern. Dass ihn 20000 Gulden Reisekosten belastet haben, nimmt Hübner Leopold ab. Nach einer genauen Bestandsaufnahme der Präsente und der günstig erworbenen Souvenirs, die hierzulande teuer verkauft werden können, ist ihm klar: Der Gewinn ist auf ein Vielfaches zu beziffern.

Neidlos erkennt Hübner am 8. Dezember an, dass dieser Leopold Mozart ein geschickter, findiger, aufgeweckter und vernünftiger Kopf sei.[23] Dabei ahnt er nichts von vielen Manövern des Vaters, der auf der glänzenden Karriere seines Kindes nicht den leisesten Flecken duldet. Weil Wolfgang gegen Ende der Reise bei einem kurzen Aufenthalt in Biberbach im Orgelwettstreit mit einem Zwölfjährigen zwar nicht als Verlierer, aber auch nicht als Sieger hervorgegangen ist, verschweigt Leopold das Spektakel lieber ganz.[24] Die Reisen seiner Kinder müssen Triumphzüge sein und bleiben.

Hier in Salzburg trauen sie diesem Unternehmer nun alles zu: Die Rede ist von Skandinavien, von Russland und von China.

IV.

1767 / 1768
Nirgendwo zu Hause
Oder: Auf der Flucht vor Pocken, Intrigen und Unverständnis

Kleiner Pianist in großer Gesellschaft: Verloren sitzt er da auf einem Gemälde von Michel-Bathélemy Ollivier (1714–1784), das eine hochadlige Teegesellschaft im Temple bei Louis-François Prince de Conti zeigt. Ganz am linken Rand wartet der zehnjährige Mozart als Begleiter am Cembalo (hier ein Ausschnitt) auf den Operntenor Pierre Jélyotte (1713–1797), der noch seine Gitarre stimmt. Dass während seines Spiels gegessen, getrunken und oft auch geredet wurde, erlebte Mozart auch noch in Wien bei seinen Konzerten im Augarten oder bei Jahn in der Himmelpfortgasse. Es hat ihn zeitlebens gequält.

Seit die Mozarts wieder in der Heimat sind, fühlen sie sich als Fremde.

Leopold Mozart hat es vorhergesagt: Auf Anhieb erkennt seinen Sohn in Salzburg keiner mehr wieder.[1] Dabei hat er sich äußerlich wenig verändert. Besorgniserregend wenig. Maria Anna hat sich körperlich so entwickelt, dass schon Baron Grimm sich freute, wie hübsch sie geworden sei, und Pater Hübner sie nun für heiratsfähig befindet. Wolfgang ist in den dreieinhalb Jahren so gut wie gar nicht gewachsen. Jedenfalls nicht so, wie ein Kind zwischen dem siebten und dem zehnten Lebensjahr wachsen müsste. Auch das hat Grimm in Paris festgestellt, und Hübner fällt es sofort auf, als er Wolfgang nach dreieinhalb Jahren zum ersten Mal wiedersieht.

Doch die Salzburger erkennen ihn aus anderen Gründen nicht wieder. Aus dem Kind ist ein selbstbewusster junger Komponist geworden. Damit die Einheimischen das begreifen, beginnt Leopold sogleich, ihnen den Sohn als Komponisten vorzuführen, der vor keiner Herausforderung zurückschreckt. Er sorgt dafür, dass der Elfjährige im Frühjahr 1767 den ersten von drei Akten eines Oratoriums vertont: *Die Schuldigkeit des ersten Gebots*. Es fragt sich nur, wie er den Inhalt verstehen soll: Ein frommer Christgeist und ein frivoler Weltgeist buhlen um die Gunst eines Christen. Die anderen Akte sind Michael Haydn und Anton Cajetan Adlgasser zugeteilt worden. Gleichberechtigt wird das Kind damit neben einen fast dreißigjährigen und einen bald vierzigjährigen Komponisten gestellt und soll sich zu den letzten Dingen des Daseins äußern.

Wolfgang schreckt vor dieser Herausforderung ebenso wenig zurück wie davor, Regeln zu brechen. Wer am Aschermittwoch 1767 in der Aula der Universität sitzt, hört, dass dieses Kind jede Grenze überschritten und jede Vorgabe missachtet hat. Kurz solle jeder Beitrag sein und frei von Koloratureneitelkeit, hatte der Auftrag gefor-

Auf der Flucht vor Pocken, Intrigen und Unverständnis

dert. Wolfgangs Werk dauert eineinhalb Stunden und glitzert vor Koloraturen. Er hat aus dem geistlichen Text ein Stück Oper gemacht, in der alles geboten wird, was auf der Bühne wirkt: Angst und Schrecken, Verfolgung, Versuchung und Verführung. Und es gibt auch die dramatische Umkehr; die Posaune des Jüngsten Gerichtes bringt den Christen zur Besinnung.

Schrattenbach bedenkt das Kind mit einer Medaille aus Gold im Wert von zwölf Dukaten und mit Argwohn. Wie viel von dieser Komposition ist wohl dem Vater zuzuschreiben?[2]

Der Fürsterzbischof ist bekanntermaßen vernarrt in Aberglauben und Wunderglauben. Dass er sich hier auf einmal skeptisch zeigt, verrät seine Furcht vor dem Phänomen Wolfgang Mozart. Bereits einen Monat später, am 17. April, lässt der Fürsterzbischof das nächste Werk des Elfjährigen aufführen. Man behauptet, Wolfgang habe es in Klausur verfasst; er sei von Schrattenbach in einem Raum seiner Residenz eingesperrt worden. Kindgerecht ist das Thema wieder nicht: *Grabmusik*[3] nennt sich die Kantate, in der eine Seele im Zwischenreich Halt und Hilfe bei einem Engel sucht. Wolfgang bewegt sich darin, als sei er hier zu Hause.

Das bestärkt Leopold Mozart in seinem Plan, den Sohn größeren Herausforderungen auszusetzen. Schon am 13. Mai 1767, als das Schuljahr endet und die Preise verteilt werden, ist in Salzburg das erste abendfüllende Bühnenwerk von Wolfgang zu hören, *Apollo et Hyacinthus*.[4] Innerhalb von sechs Wochen hat er die leblose lateinische Sprache des Librettos in lebendige Musik verwandelt. Wieder ist der Dämon Eros aus dem Gefängnis der Konventionen ausgebrochen. Wieder hat Wolfgang alles riskiert. Er hat für den Ausdruck die Form aufs Spiel gesetzt: Wenn der schöne junge Hyacinth stirbt, dann müssen doch die, die ihn liebten, hörbar die Fassung verlieren. Und er hat für die Glaubwürdigkeit des Stückes die Texttreue geopfert: Wo der Librettist Rufinus Widl, angesehen als Philosoph wie Theologe, dramaturgisch Unsinn verzapft hat, griff der Elfjährige ein und änderte das Libretto. Der Eros ist stärker als die Vernunft, der dramatische Instinkt des Kindes größer als der des Universitätsgelehrten. Zu groß, um sich hier in der Provinz zu verausgaben.

Leopold Mozart wird in Salzburg nicht geschätzt und nicht gemocht. Die Gewitztheit dieses Poros, der für sich und seine Kinder ständig Extrawürste heraushandelt, ist ihnen wohl verdächtig.[5] Das weiß er, das wissen seine Freunde und Bekannten. Sein Sohn ist das beste Argument, die Stadt bereits im September erneut zu verlassen.

Nur 286 Tage waren die Mozarts in Salzburg gewesen. In ihnen hat Wolfgang alles durchmessen, was es an musikalischen Ausdrucksmöglichkeiten gibt, bis auf die Oper. Doch sein Vater hat ihn schon vor der Abreise mit dem Textbuch zu einer *operetta*, einer kleinen Oper versorgt. Ein französisches Schäferspiel, vom Hausfreund Schachtner auf Deutsch arrangiert, mit drei Personen: dem Liebespaar Bastien und Bastienne und dem Zauberer Colas.[6] Es geht dabei nicht nur um Betrug und Eifersucht, es geht um die Begehrlichkeit des Zauberers und sein schillerndes Wesen, das sich in zweideutigen Bemerkungen äußert. Vor allem aber geht es um die zwiespältige Beziehung der beiden jungen Liebenden. Sie wanken zwischen Hingabe und Falschheit. Wolfgang vertont das Zweideutige, das Als-ob. Jeder hört, dass die Schäferin bei dem abgeklärten, sogar abgefeimten Dorfweisen Colas in die Schule der Verstellung geht. Und jeder hört, wem die Sympathien des Komponisten gelten: Die Partie des Zauberers Colas notiert Wolfgang anfangs für einen Knaben-Alt, die Stimmlage, in der er selbst singt. Colas, nicht das Liebespaar, nach dem das Stück heißt, wird von Wolfgang zum Protagonisten des Geschehens gemacht. Der Hokuspokus des Zauberers ist nicht ernst zu nehmen und von den Textdichtern nicht ernst gemeint. Die Musik aber ist es. In der Beschwörungsarie des Zauberers lodert das Dämonische. Eine Macht, die Mozarts Opern, selbst wenn sie sich heiter geben, von da an beherrschen soll.

In Leopolds Augen jedoch sind das nur Fingerübungen für Größeres, das in Wien auf Wolfgang warten wird, warten muss. Dort aber wartet unvorhersehbares Unheil.

Am 15. Oktober 1767 kommen die vier Mozarts in Wien an. An demselben Tag läuten die Trauerglocken in der ganzen Stadt: Maria Josepha von Österreich, die sechzehnjährige Tochter der verwitweten Maria Theresia, ist an den Pocken gestorben. Die Epidemie mordet in wachsender Geschwindigkeit. Acht Tage nach ihrer Ankunft fliehen die Mozarts aus der Stadt. Zu spät. Als sie am 26. Oktober in Olmütz eintreffen, zeigt Wolfgang die ersten Symptome der Ansteckung: hohes Fieber und beschleunigter Puls. Am Tag darauf beginnt er zu fantasieren. Leopold handelt besonnen. Poros findet den Ausweg aus dem feuchten Gasthauszimmer, in dem sein Sohn nicht gesund werden kann. Er setzt seine Beziehungen ein und kommt mit seiner Familie im Haus des Domdechanten unter. Wolfgang wird von dessen Leibarzt betreut. Am 29. Oktober ist sein Körper von roten Pusteln bedeckt, sein Gesicht geschwollen. Zum zweiten Mal in seinem Leben bewegt sich Wolfgang in Todesnähe und durchlebt Halluzinationen. Doch wieder erholt er sich rasch. Am 9. November fallen die Pocken ab. Nun wirft die Epidemie Maria Anna aufs Krankenbett.

Während Wolfgang gefiebert hatte, brachte ihm der Kaplan Kartenkunststücke bei, während seine Schwester fiebert, lernt Wolfgang Fechten und besucht ein Hanswursttheater.[7] Er wird eingeweiht ins Täuschen, in die Kunst des Irreführens, was bei Kartentricks wie beim Fechtkampf nötig ist. Und wird vertraut mit jener Gestalt, der er sich sein Leben lang verwandt fühlen wird: dem Trickster, ob er Kasperl oder Hanswurst oder Harlekin genannt wird. Mit jenem Schelm, der eine anarchische Kraft besitzt, die seine Lustigkeit und Lüsternheit gefährlich macht. Ein Wesen, das weder gut noch schlecht ist. Das nicht schön ist und daher nie die Schönen erobert.[8] Seit Wolfgang die Pocken überstanden hat, blickt ihm aus dem Spiegel ein fremdes Gesicht entgegen: bleich, vernarbt, fleckig. Aus dem Putto mit den glatten Wangen, die adlige Damen gerne getätschelt haben, ist ein verblühtes Geschöpf geworden. Äußerlich. Innerlich erblüht es rasch.

Schon bald nachdem Leopold Mozart mit seiner Familie am 10. Januar wieder in Wien angekommen ist, scheint seine Karriereplanung zu funktionieren. Anfang Februar 1768 erreicht Lorenz Hagenauer ein Brief seines Mieters aus Wien mit dem Vermerk: *Etwas für Sie allein*. Leopold Mozart ist am Ziel seiner Wünsche angelangt. Stolz vermeldet er Hagenauer, Kaiser Joseph II. persönlich habe im Januar Wolfgang gefragt, ob er denn nicht eine Oper komponieren wolle.[9] Zwei Mal sogar habe er ihn gefragt. Das muss seinem Vater willkommen sein, der in Wien einen Boykott zu beobachten glaubt. Er ist überzeugt, dass Komponisten und Pianisten Begegnungen mit seinem Sohn vermeiden, um weiter behaupten zu können, die Geschichte vom Wunderkind sei reine Erfindung. Der Opernauftrag des Kaisers wird dem ein Ende bereiten und das Interesse der Öffentlichkeit auf den jungen Komponisten lenken.

Leopold Mozart freut sich, dass nun bald auch die Boykotteure miterleben müssen, wie ein Kind von zwölf Jahren vom Klavier aus seine eigene Oper dirigiert. Genugtuung spricht aus jeder Zeile seines Briefes an Hagenauer. Und Zufriedenheit darüber, dass seine Strategie erfolgreich war. Triumphierend vermeldet er, sogar Christoph Willibald Gluck, den er zu den Neidern rechnet, auf seine Seite gebracht zu haben.

Am Faschingsdienstag ist der Vertrag für eine *opera buffa* mit dem Titel *La finta semplice* unterzeichnet, an Ostern liegen endlich die ersten beiden Arientexte vor. Der Eros seiner Arbeit nimmt dem jungen Komponisten jede Hemmung. Der Elfjährige scheut nicht davor zurück, eine Oper von zweieinhalb bis drei Stunden Aufführungsdauer zu schaffen.

An der Oberfläche wirkt das Stück komisch. Die Finten und Tücken, die Prügeleien, Saufereien, Schwindeleien und raschen Kehrtwendungen müssen einem Kind Spaß machen. Erst recht einem Kind, das seine Freude am Tricksen und am Trickster entdeckt hat. Doch Wolfgang erkennt offenbar, dass sich darunter die Abgründe des Liebesschmerzes verbergen. Dass aus vorgetäuschten Gefühlen auf einmal echte werden können und in der Komik die Tragik lauert. An der Schwelle zur Pubertät scheint ihn nichts mehr zu interessieren, als das Liebesleben der Erwachsenen, ihre Lügen und Intrigen zu durchschauen. Musik kann nicht lügen. Aber Wolfgang macht im Falschen das Echte erkennbar, in der Finte die wahren Gefühle. Er macht die Stimme des Herzens hörbar, die sich gegen das Lippenbekenntnis behauptet.[10]

Beim ersten Vorspiel und Vom-Blatt-Singen hatten die Sänger laut Leopold Mozart die Oper in den Himmel gelobt. Noch Ende Februar war Wolfgangs Vater überzeugt, wenn der Kaiser aus Ungarn zurückkehre, werde die erste Oper seines Sohns über die Bühne gehen und alle Zweifler mundtot machen. Doch als die Probenarbeit beginnt, sind die Sänger völlig unvorbereitet, bezeichnen ihre Arien als nicht singbar und fordern Änderungen. Trotzdem glaubt Leopold Mozart an das Gelingen des großen Projekts, denn er glaubt an die

Aufrichtigkeit des Kaisers. Seinen Feind sieht er im Intendanten Giuseppe Afflisio. Dem Strategen Leopold Mozart ist es wichtig, dass jetzt, da sein Sohn noch kindlich aussieht, der Beweis für sein Genie erbracht wird. Später wird das schlechter zu vermarkten sein. Dass Wolfgang zu klein für sein Alter ist, kommt seinem Vater gelegen. Keiner stutzte, als Leopold im Manuskript zu *Die Schuldigkeit des ersten Gebots* das Alter seines Sohnes gefälscht hatte, keinem fällt es auf, dass er ihn weiterhin für die Presse verjüngt.

Als kindliches Genie soll er nach dem Sieg als Opernkomponist in Wien das Heimatland der Oper erobern. Am 11. Mai 1768 kündigt Leopold Mozart dem Vertrauten Hagenauer an, er werde nun, bevor Wolfgang zu alt sei, energisch die Reise nach Italien planen.[11] Längst ist ihm klar, dass sein Sohn für die nächsten Jahre heimatlos bleiben wird. Seine Chancen werden im Ausland umso besser sein, je mehr Erfolge er bereits im Reisegepäck hat.

Nach wie vor setzt Leopold Mozart jedoch auf den Triumph in Wien. Erst im Juni beschleichen ihn Zweifel. Als der Juni zu Ende geht, klagt er Hagenauer, nun breche von allen Seiten die Missgunst über ihn und seinen Sohn herein. Er sieht schwarz. Und das mit Recht: Eine Oper über Intrigen fällt Intrigen zum Opfer. Poros, der Listenreiche, muss seine Niederlage eingestehen. Er wittert hinter dem Fiasko eine groß angelegte Verschwörung. Die Sänger seien von Wiener Komponisten aufgehetzt worden, die den kindlichen Konkurrenten aus dem Weg schaffen wollten. Afflisio behauptet, die Sänger hätten sich geweigert, Wolfgangs Oper zu singen, weil sie nicht bühnenwirksam sei. Die Sänger behaupten, Afflisio habe die Oper für theatralisch untauglich erklärt.

In den Augen von Leopold Mozart ist Gluck einer der Drahtzieher. Doch ausführende Instanz ist Afflisio, schon seit jungen Jahren mit allen Wassern gewaschen. Mit zwanzig hatte er seine Heimatstadt Neapel nach einem Duell fluchtartig verlassen, sich als Söldner, Bankhalter, Falschspieler, Heiratsschwindler und Liebhaber fürstlicher Mätressen durchgeschlagen und 1768 das Privileg für die Tierhetzen in Wien ergattert. Eine wahre Goldgrube, doch Afflisio verbraucht für Frauen und Glücksspiele immer mehr, als er einnimmt. Das verleiht ihm zusätzliche Energien. Einem solchen Mann ist Leopold Mozart nicht gewachsen.[12] Sein Rückzugsgefecht besteht in einem

Beschwerdeschreiben an den Kaiser, in dem chronologisch die Vorgänge protokolliert sind. *Species facti* hat er sein Schreiben betitelt, das er bei einer Audienz Joseph II. übergibt. Verbitterung spricht daraus, auch über den finanziellen Verlust: Was nicht aufgeführt wird, wird nicht bezahlt. 558 Seiten hat sein Kind zwischen April und Juli mit Noten gefüllt, hatte also weder Kraft noch Zeit, mit Konzertauftritten den üblichen Zusatzverdienst einzufahren. Das trifft den Vater ebenso wie das Erlebnis der Ohnmacht, als Afflisio ihm ins Gesicht sagt, falls Leopold Mozart seinen Sohn unbedingt prostituieren wolle, werde er die Oper auslachen und auspfeifen lassen.[13]

Den Sohn trifft wohl vor allem eins: das Gefühl, nirgendwo dazuzugehören. Er ist zwischen Anbetung und Verachtung hin- und hergeworfen worden. Er hat miterleben müssen, wie sein Vater von Afflisio vor Zeugen gedemütigt worden ist, wie er die Fassung verlor und erklärte, er wolle vor Verdruss Pomeranzen scheißen. Das Idol des allmächtigen Vaters ist gestürzt. Der Kokon der Geborgenheit ist zerrissen. *Armes Kind* nennt der Vater seinen Sohn in dem Schreiben an den Kaiser.

Leopold Mozart kann nicht mit Gewissheit sagen, ob die ganze Aktion des Kaisers nur scheinheilig war. Er muss es jedoch vermuten. Leicht hätte Joseph II. den Intrigen mit einem Machtwort ein Ende bereiten können. Das hatte er unterlassen und sich so dem Verdacht ausgesetzt, selbst bei diesem Intrigenspiel die Spielleitung übernommen zu haben. Schließlich war es nach Leopolds Schilderungen der Kaiser selbst, der zu Beginn des Jahres den Kleinen angeregt hatte, eine Oper zu komponieren.

Auf Leopolds Beschwerde hin beauftragt Joseph II. den Generalintendanten Johann Wenzel Graf von Sporck, die Vorfälle zu untersuchen. Das ist einer der Musikkenner, denen Wolfgang sein Werk auf dem Klavier im privaten Kreis vorspielte. Doch das Ganze verläuft ergebnislos: *La finta semplice* kommt nicht auf die Bühne.[14]

Beachtung findet Wolfgang trotz des Fiaskos. Johann Adolf Hasse, seit 1764 Hofkomponist in Wien, hat das Wunder geprüft. Dieser in ganz Europa angesehene Fachmann beglaubigt, dass in den Werken des Kindes etwas Wunderbares sei und Wolfgang Aussichten habe, selbst ein Wunder zu werden. *Nur darf der Vater ihm nicht zu viel schmei-*

cheln und ihn durch Beweihräucherung und überflüssiges Lob verziehen. Das sei das Einzige, was er für die Entwicklung des Kindes befürchte.

Hat Hasse Wolfgangs Hunger, gelobt und geliebt zu werden, erkannt? Ist in Hasses Augen Leopold Mozart dafür verantwortlich, der seinen Sohn idealisiert wie der Sohn seinen Vater? Hinter den Kulissen gibt Hasse zu, dass dieser Bewunderungstauschhandel ihn beunruhigt.[15] Vor den Kulissen verkündet er seine Bewunderung. Doch selbst das kann den Strategen Leopold Mozart nicht über sein Scheitern hinwegtrösten.

Genugtuung beschert ihm etwas anderes. Am 7. Dezember 1768 soll in Anwesenheit von Maria Theresia, vier ihrer Familienmitglieder und des Wiener Erzbischofs die Waisenhauskirche Mariae Geburt am Rennweg eingeweiht werden: mit drei Werken, die sein Sohn komponiert und einstudiert hat und nun auch dirigiert.[16] Es ist Leopold Mozarts Beziehungen zu verdanken, dass Wolfgang den Auftrag bekam; Leopold ist mit Ignaz Parhamer, dem kaiserlichen Beichtvater und Leiter des Wiener Waisenhauses, seit Langem befreundet. Dieser Auftrag und dieser Auftritt, erklärt Leopold Mozart seinen Salzburger Vertrauten, sei die Wiedergutmachung, nach der er gedürstet habe. Durch sie, hofft er, werde endlich die *Bosheit* seiner *Widersacher* offensichtlich werden.[17]

Der Publikumsandrang ist gewaltig. Wer einen Platz in der Kirche ergattert, wird Hasses Urteil unterschreiben: Was dieses Kind schafft, hat etwas Wunderbares.

Mit Vernunftgründen lässt sich vieles nicht erklären. Wolfgangs Abneigung gegenüber der Trompete ist seit früher Kindheit bezeugt. Vor ein paar Monaten erst hat ein hoher Geistlicher schriftlich festgehalten, wie stark der junge Komponist unter dem unreinen und kriegerischen Klang der Trompeten leide.[18] Nun setzt er sie vielfach ein. Er hat sich bei der Messe für c-Moll entschieden, nach dem damaligen Geschmack die Tonart der traurigen Empfindungen. Woher nahm er die Idee, in dieser Festmesse, in vielen Teilen verdunkelt, den Vorhang aufzureißen durch den Trompetenchor?[19] Die Trompeten spielen in leuchtendem C-Dur. Nur nicht im *Crucifixus*, einem Stück, das fahl wie der Tod ist. Und wenn am Schluss die Trompeten einstimmen in die Bitte um Frieden, klingen sie demütig. Die Krieger haben ihre Waffen abgelegt. Sie knien nieder mit den anderen.

Wolfgangs Oper war nicht auf die Bühne gekommen. Das Urteil der Sänger, sie sei nicht theatralisch, nicht bühnenwirksam, hatte die Runde gemacht. Aber diese Messe zeigt, dass er bereits das Geheimnis alles Theatralischen beherrscht: das Gestische. Die Geste, die der Tänzer beherrscht, für den die Musik im Tanz ihren Ursprung hat.

V.
1769 / 1770
Kühn, stark, beharrlich
Oder: Eine Blamage in Bologna, ein Sieg in Mailand

Selbstbewusstsein und Silberblick: Saverio Dalla Rosa (1745–1821), nicht etwa sein damals bereits siecher Onkel Giambettino Cignaroli (1706–1770), porträtierte den vierzehnjährigen Wolfgang Mozart 1770 in Verona im Haus des Steuereinnehmers Pietro Lugiati (1724–1788). Auf dem Notenständer des Cembalos liegt ein Blatt mit 35 Takten eines Molto Allegro (KV 72a). Weil die Existenz des Bildes aus den Briefen Leopold Mozarts bekannt war, ließ der Musiksammler Leopold von Sonnleithner (1797–1873) es 1856 suchen. Gefunden wurde es auf dem «Hausboden» der Società Filarmonica in Verona.

Beide müssen Angst haben, als sie am 13. Dezember 1769 bei Minusgraden in Salzburg die Postkutsche besteigen. Vater und Sohn wissen, dass sie zu einer Expedition ins Ungewisse aufbrechen. Nicht etwa, weil sie im Winter die Alpen überqueren. Leopold Mozart ist dabei, ein unabsehbares Risiko einzugehen. Jeder, der Italiens Opernszene kennt, hält sein Vorhaben für vermessen: einem vierzehnjährigen Deutschen,[1] der noch keine Oper auf die Theaterbühne gebracht hat und keinerlei praktische Erfahrung besitzt, dort einen Opernauftrag zu verschaffen. Ausgerechnet in Italien, wo der Opernbetrieb ein Räderwerk ist, dessen Mechanismen einem vertraut sein müssen.

Noch hat Leopold Mozart keine Ahnung, welches Rad in Mailand, Neapel, Rom oder Venedig in welches greift und wo wie oft geschmiert werden muss. Trotzdem soll sein Sohn im Geburtsland der Oper den entscheidenden Schritt vom bestaunten Phänomen zum professionellen Opernkomponisten tun.

Wolfgangs jugendliches Alter ist Leopold dennoch willkommen. Wer ein Spektakel bezahlt, will damit Aufsehen erregen. Ein Komponist in Kindergröße fällt auf. Doch er hat nur dann eine Chance, wenn ihn einflussreiche Adlige protegieren. Das ist Leopold Mozart bewusst, hemmt seinen Unternehmungsgeist aber nicht. Die häusliche Situation verstärkt den Druck, Salzburg zu verlassen und so die Lösung eines Problems aufzuschieben: Alle vier teilen sich ein einziges Schlafzimmer. Maria Anna ist nun mit achtzehn eine voll entwickelte junge Frau. Wolfgang ist zwar noch bartlos und klein, aber mit fast vierzehn biologisch kein Kind mehr. Nun, an der Schwelle zum Erwachsenendasein, kann er nicht mehr in demselben Bett wie Maria Anna schlafen.[2] Und er soll nach dem Plan seines Vaters den Durchbruch schaffen.

Die Niederlage in Wien konnte Leopold Mozart nicht entmutigen. Zurück in Salzburg hatte er bewiesen, dass er die Kunst, einen Ausweg zu finden, beherrscht. Dazu gehört das Briefeschreiben. Am 2. März 1769, zwei Monate nach der Rückkehr auf das heimische Terrain, ersuchte Leopold Mozart seinen Arbeitgeber, ihm sein Gehalt für das vergangene Jahr auszuzahlen. Anspruch besaß er nur auf einen geringen Teil davon. Weil er den genehmigten Urlaub um einige Monate überzogen hatte, war es zu Recht für diesen Zeitraum einbehalten worden. Leopold aber hatte den richtigen Ton gefunden, um seine Ansprüche plausibel zu machen. Seine Erklärung, der Wienaufenthalt habe ihm nur Verluste beschert, aber er habe ihn wegen der Ehrenrettung seines Sohnes nicht abkürzen können, wirkte. Bereits sechs Tage später war die Zahlung veranlasst worden.

Leopold Mozart hatte außerdem erreicht, dass die Oper seines Sohnes nicht in der Schublade endete. Im Mai war sie mit prominenter Besetzung in der Salzburger Residenz aufgeführt worden.[3]

Leopolds Vertrauen in seine strategischen Fähigkeiten ist wieder erstarkt.

Und wie steht es um seinen Sohn, sein *armes Kind*?

Wolfgang hat vorgeführt, dass er aus der intensiven Beschäftigung mit dem Fallenstellen gelernt hat. Er probierte es aus an Katharina Gilowsky von Urazowa, der Tochter des Hofchirurgen, offiziell als Hofbarbier bezeichnet. Wie viele Männer in Salzburg animierte auch den Halbwüchsigen das Image der Neunzehnjährigen. Nicht nur, weil sie die engste Freundin seiner Schwester war, erschien sie Wolfgang erreichbar. Von Kind an war er wie sie mit von der Partie beim Bölzelschießen im Kreis der Freunde und Bekannten. Er kennt die anzüglichen Schießscheiben, die jedes Mal ein anderer der Luftgewehrschützen nach seinen Angaben malen lässt. Er versteht die Schlüpfrigkeiten darauf in Wort und Bild. Dass Katharina Gilowsky auffallend oft Zielscheibe des anzüglichen Spottes ist, konnte Wolfgang nicht entgehen.[4] Zurück aus Wien, von einem Intensivkurs in Intrigen, ließ er nach einem Treffen am Vortag dem Gilowsky-Catherl von der Mozartischen Hausmagd einen Brief überbringen, mit Bitte um Antwort. Anscheinend hatte Katharina behauptet, sie verstehe jedes Wort aus Wolfgangs Mund, vielleicht in der Hoffnung auf intimere Geständnisse. Daraufhin schrieb Wolfgang ihr einen Brief, der zur Hälfte lateinisch war. Was er auf Lateinisch mitteilte, war bestimmt nicht das, was eine junge Frau ohne Bedeutung, die ihn, den Weitgereisten und Gefeierten, bewundern muss, hören will: *Ich möchte wissen, aus welchem Grund das Nichtstun von den meisten jungen Männern so hoch geschätzt wird, dass sie sich davon weder durch Worte noch durch Prügel abbringen lassen.* Wolfgang hatte ihr eine Falle gestellt. Des Lateinischen unkundig, hatte Katharina nur die Wahl, sich mit der Antwort zu blamieren oder jemanden um Übersetzungshilfe zu bitten. Damit hätte sie riskiert, eine nur für sie gedachte, möglicherweise zweideutige oder schmeichelnde Bemerkung zum Gegenstand neuer Frotzeleien zu machen.[5]

So narrt ein Dreizehnjähriger eine umschwärmte sechs Jahre ältere Frau nur, wenn er weiß, dass er sich das leisten kann. Wolfgang hatte mit dem lateinisch versetzten Billet sein Selbstbewusstsein zu erkennen gegeben.

Sein Vater hatte auf andere Weise die wiedergewonnene Selbstsicherheit gezeigt. Am 24. September hatte Leopold Mozart das Vorwort zur Neuauflage von seinem *Versuch einer gründlichen Violinschule* verfasst. Die bescheidene Einschränkung, das Ganze sei ein Versuch, ließ er weg. *Gründliche Violinschule* nannte er sein Erfolgswerk nun. Außerdem nutzte er die Gelegenheit, um anzukündigen, er werde demnächst eine Lebensgeschichte seines *Wundersohnes* veröffentlichen. Neu ist das Vorhaben nicht; Hagenauer hatte er davon schon vor zwei Jahren berichtet.[6]

Leopold Mozart hat keineswegs vor, seinen Sohn im Stil von Heiligenlegenden zu verherrlichen. Er will dessen *unbegreiflich schnellen Fortgang* ausführlich darstellen, sodass es wissenschaftlichem Anspruch genügt, und kritischen Geistern wie Barrington hieb- und stichfeste Fakten liefern. Dass er gerade jetzt, da er die Neuauflage seines pädagogischen Lehrwerks auf den Weg bringt, erneut daran denkt, die Lebensgeschichte seines Sohns zu verfassen, ist kein Zufall: Wolfgangs rasante Entwicklung werden die Leser den Fähigkeiten des Vaters als Pädagoge zuschreiben, was wiederum seiner Violinschule noch mehr Käufer bescheren wird.[7]

An Stoff für die Biographie des Halbwüchsigen mangelt es nicht. Ereignet hat sich in Wolfgangs Leben mehr als in dem der meisten, die drei Mal so alt sind. Selbst die Position, die er seit dem 27. Oktober dieses Jahres offiziell innehat, wurde noch nie einem Minderjährigen zuerkannt: Leopold konnte für sich den Erfolg verbuchen, dass

Eine Blamage in Bologna, ein Sieg in Mailand

sein Sohn zum dritten Konzertmeister der Salzburger Hofkapelle ernannt worden ist – unbesoldet. Das bringt statt Geld Ehre, die sich in Geld umsetzen lässt. Kapital für die Pressearbeit.

Als Leopold Mozart mit seinem Sohn am 13. Dezember zu der lange geplanten Reise nach Italien aufbricht, befindet sich Wolfgang in einer Phase, in der die körperlichen Veränderungen ihre Rechte einfordern. Stimmbruch, nächtliche Samenergüsse, hormonell bedingte Unruhe. Er aber muss sich nun ganz auf die vom Vater vorgegebenen beruflichen Interessen konzentrieren. Jetzt, da Bewegung zum Ventil des Überdrucks werden könnte, wird er stundenlang in Kutschen, Kirchen, Konzertsälen sitzen, am Klavier, an der Orgel, komponierend am Schreibtisch oder an der Tafel irgendwelcher Gastgeber. Jetzt, da Altersgenossen mit denselben Problemen die wichtigsten Helfer wären, um die inneren Turbulenzen zu überstehen und sich nicht verloren zu fühlen in der Unwirtlichkeit zwischen Kindheit und Erwachsensein, hat Wolfgang nur den Vater zur Seite. Der kann sich kaum um die Seelennöte seines pubertierenden Sohnes kümmern.

Bevor die beiden im Januar 1770, kurz vor Wolfgangs vierzehntem Geburtstag, in Verona eintreffen, hat Leopold auf den Stationen der Reise, die über Innsbruck, Brixen, Bozen und Trient geführt hat, bereits viele neue Maschen in seinem Beziehungsnetz geknüpft. Wiederkehrende Meldungen sind Kurzformeln für den Erfolg seiner Reiseplanung. Mit dem Wagen vom Quartier abgeholt, gnädig empfangen, Wagen zur Verfügung gestellt während des Aufenthalts. Wolfgang hat prima vista gespielt, Einladung zum Mittagessen, Einladung zum Abendessen, freudige Tafel, Hauskonzert.

Doch die erste Reise ohne Mutter entzieht seinem Sohn, was diese ihm bietet: Liebe ohne Gegenleistung. Sie muss mit ihrer Tochter daheim bleiben, da der Vater Maria Anna vom Alter her längst nicht mehr als Wunderkind verkaufen kann. Doch auch bei Wolfgang ist die Kindheit vorbei, das ist ihm anzusehen. Kurz bevor der zweiwöchige Aufenthalt in Verona zu Ende geht, wird er porträtiert. Nachdem er am 5. Januar sein erstes Konzert in Italien gegeben hat, sitzt er am 6. und am 7. Januar, an dem er öffentlich als Organist brilliert, dem fünfundzwanzigjährigen Maler Saverio Dalla Rosa Modell: im roten Rock, das Haar gepudert, an der Tastatur eines

Cembalos. In Auftrag gegeben hat das Bildnis Carlo Pietro Lugiati, Gastgeber der beiden Mozarts, der als Generalsteuereinnehmer von Venedig vermutlich den mäzenatischen Ablass sucht. Das blasse Gesicht des knapp Vierzehnjährigen ist ernst, die Hände haben die Kinderpolster verloren. Das leichte Schielen hat Dalla Rosa ebenso genau wiedergegeben wie den Diamantring am kleinen Finger der Rechten. Selbstbewusst wirkt Wolfgang hier kurz vor seinem vierzehnten Geburtstag, im Bildkommentar zwei Jahre jünger gemacht. Strahlend offen aber wirkt er nicht mehr; um den Mund liegt ein mokanter Zug. Das ist kein Kind, das gehätschelt werden will, das ist ein Komponist, der ernst genommen werden möchte. Auf das Notenpult hat er ein gerade erst komponiertes Werk gelegt. Zu sehen sind zwei Seiten mit 35 Takten, überschrieben *Molto allegro*.[8] Synkopen zucken hindurch, ein Achtelmotiv schraubt sich beunruhigend aus dem Bass herauf. Ein Werk voll Unruhe.

Sein Komponist ist unterwegs, innerlich wie äußerlich. Rasch begreift Wolfgang, dass er in diesem Land ein anderer sein muss. *Wolfgang in Deutschland, Amadeo de Mozartini in Italien*, vermeldet er aus Mailand Mutter und Schwester. Das ist mehr als nur ein neues Etikett. Halt bietet ihm in dieser Umbruchphase kaum etwas, kaum jemand. Da gibt es zwei Sänger, begabt, vergnügt, fast gleich alt wie er. Ohne Entgelt schreibt Wolfgang zwei lateinische Motetten für die beiden, weil er, wie sein Vater feststellt, ihnen nichts abschlagen kann.[9] Eros will geliebt werden. Der Preis für die Liebe ist auch hier Leistung. Bekommt er, was er dafür erwartet? Verständnis für das, was ihn umtreibt, wohl kaum. Wolfgangs Probleme sind nicht die der jungen Sänger. Sie sind kastriert.

Als Wolfgang mit acht Jahren in London Kastraten begegnet war, besaß das einen anderen Stellenwert als jetzt, da er sich mit seiner Geschlechtlichkeit befassen muss. Wolfgang flüchtet dorthin, wohin er sein Leben lang fliehen wird: ins Herumkaspern. Mit Lustigkeit verdeckt er seine innere Einsamkeit. Verabschiedet sich als *Hanswurst*, bezeichnet sich als *allseits bekannter Narr* oder als *Bruder Hans*.[10] Mutter und Schwester wissen, dass Bruder Hans eine Figur im Marionettentheater heißt, ungestüm, aggressiv und ungeschickt. Doch als Komponist ist Wolfgang das Gegenteil: kühn, stark und beharrlich. Er hält durch im Kampf um eine *scrittura*, einen Opernauftrag.

Eine Blamage in Bologna, ein Sieg in Mailand

Am 7. Februar werden die Mozarts von Karl Joseph Graf von Firmian eingeladen, dem Generalgouverneur der Lombardei. Vermittelt hat das dessen Bruder Franz Laktanz Graf von Firmian, der Salzburger Oberhofmeister. Einhundertfünfzig Gäste aus der obersten Etage, darunter Fachleute wie Giovanni Battista Sammartini, Organist, Komponist und mit siebzig noch immer die musikalische Autorität in Mailand. Wolfgang legt, meldet Leopold nach Hause, *Proben seiner Wissenschaft* ab. Das heißt, er hat Methode zu demonstrieren. Also nicht nur zu erstaunen, sondern zu überzeugen. Wolfgang überzeugt. Dass er ernst genommen wird, belegt Firmians Geschenk an den Komponisten: die Gesamtausgabe von Metastasios Operntexten. Dass er das wiederum ernst nimmt, beweist Wolfgang kurz darauf: Einen Monat später werden im Hause Firmians vier neue Sopranarien aufgeführt, die Wolfgang nach Texten von Metastasio komponiert hat.[11] Das genügt als Nachweis der Beharrlichkeit, ohne die keine *Wissenschaft* möglich ist. Am folgenden Tag erhält er von Firmian den ersehnten Opernauftrag. Thema: *Mitridate, re di Ponto*. Termin und Ort der Uraufführung: 26. Dezember dieses Jahres im Mailänder Regio Ducal Teatro. Leopold bleibt perfekter Diplomat; er bedankt sich sofort beim Oberhofmeister und verbindet den Dank mit einer Bitte: Der Salzburger Firmian solle beim Fürsterzbischof die Erlaubnis einholen, dass die Mozarts von der Reise gen Süden wieder nach Mailand zurückkehren dürfen, um die Oper des Mailänder Firmian aufzuführen.

Eine Tabaksdose mit umgerechnet 20 Dukaten und ein Bündel Empfehlungsschreiben von Firmian im Gepäck, reisen die beiden Mozarts über Lodi, Modena, Parma nach Bologna. Dort werden sie dank Firmians Empfehlung bei Padre Martini vorgelassen, berüchtigt als strenger Musiktheoretiker, gelehrter Komponist und Kontrapunktist. Dass Wolfgang sofort nach seinen Vorgaben Fugen komponiert, passt in die Strategie von Leopold. Es ist eine neue Probe der *Wissenschaft* seines Sohnes.

Seine Freizeit verbringt Wolfgang weiterhin hauptsächlich mit Kastraten; in Bologna mit Giuseppe Maria Manfredini oder dem legendären, längst von der Bühne abgetretenen Farinelli, der vor der Stadt ein Landgut besitzt. Er tritt auch auf mit Kastraten; mit Giuseppe Aprile und Giuseppe Cicognani. In Florenz verabreden Wolfgang und sein Vater sich mit Giovanni Manzuoli, der dem Kind in London Gesangsunterricht gegeben hat. Wolfgang versucht alles, Manzuoli für seinen *Mitridate* zu gewinnen. Auch Manzuoli verlangt von ihm eine Probe seines Könnens. Wolfgang stellt ihn zufrieden und wird dafür mit einem Vielleicht belohnt.

Krank ist Wolfgang am 30. März in Florenz angekommen, aber auch dort zeigt er sein Durchhaltevermögen. Bereits am 2. April wird er vom Florentiner Hofmusikintendanten der nächsten Prüfung in Kontrapunktik unterzogen. Ihm seien die schwierigsten Themen und die schwersten Fugen vorgelegt worden, berichtet sein Vater nach Hause. Doch er habe den neuen Nachweis seiner Kompositionswissenschaft so selbstverständlich erledigt, wie man ein Stück Brot isst.

Zwei Tage darauf geschieht es: Wolfgang verliebt sich in ein gleichaltriges Geschöpf, und das verliebt sich in ihn. Im Haus einer Dichterin, die sich Corilla Olimpica nennt, trifft er auf Thomas Linley. Einen Geiger aus England, hochbegabt und so schön, dass Gainsborough ihn zum Modell gewählt hatte. Am 5. April spielen sie im Gasthof der Mozarts, am 6. April, am Tag vor der Abreise der Mozarts, im Haus des großherzoglichen Finanzverwalters Giuseppe Maria Gavard des Pinets. *Nicht als Knaben, sondern als Männer* treten sie auf, lobt Leopold Mozart. Aber sie benehmen sich wie ein Liebespaar. Den ganzen Abend produzieren sie sich *unter beständigen Umarmungen*, wie der Vater irritiert bemerkt. Während er von jedem anderen Detail brühwarm nach Hause berichtet, erzählt er von Thomas Linley erst Wochen später. Auch davon, dass der Geiger die Mozarts zum Gasthof zurückbegleitet hat, beim Abschied von seinem Freund in Tränen ausgebrochen ist und kurz vor der Abfahrt am 7. April noch ein Gedicht vorbeigebracht hat; Thomas hatte die Olimpica gebeten, es in seinem Namen zu verfassen.[12] Anders als die Elogen greiser Verehrer und würdiger Mäzene hat Wolfgang dieses Gedicht wohl berührt, in dessen vorletzter Zeile steht: *Io ti amerò costante — Ich werde dich immer lieben.*

Wolfgang vergisst all das sein Leben lang nicht. Siebzehn Jahre später wird er dem Sänger Michael Kelly bewegt von dieser intimen Begegnung erzählen. Da ist Linley bereits neun Jahre tot.

Die Gefühlsangelegenheiten seines Sohnes müssen für Leopold Mozart nun zweitrangig sein. Für ihn zählt, dass Wolfgang weitere

Eine Blamage in Bologna, ein Sieg in Mailand

Proben seiner Wissenschaft absolviert. Erschöpft von den Strapazen einer Reise bei schlechtem Wetter, mit erbärmlichem Essen und widerwärtigen Unterkünften, wird Wolfgang von seinem Vater gleich nach ihrer Ankunft in Rom am Gründonnerstag in die Capella Sistina geschleift. Dort muss er das *Miserere* von Gregorio Allegri anhören. Eine A-Capella-Vertonung des 50. Psalms, die nur von der päpstlichen Kapelle aufgeführt werden darf. Es ist den Sängern streng verboten, die Noten außer Haus zu nehmen und zu kopieren. Jeder Verstoß, heißt es, werde mit Exkommunikation geahndet. Das macht dieses belanglose Stück interessant und reizt Leopold, einen Coup zu inszenieren. Nachdem sein Sohn das *Miserere* zwei Mal gehört hat, legt er die vollständigen Noten dazu vor, eine Probe seiner *Wissenschaft*. Im Vatikan ist man beeindruckt.

Kühn, stark und beharrlich sind nun Vater wie Sohn. Sie dringen bei der Fußwaschung in der Sistina in die nächste Nähe des Papstes vor und danach an der Schweizer Garde vorbei bis zur Kardinalstafel. Wegen ihrer Eleganz hält man Mozart für einen Prinzen und Leopold für seinen Hofmeister. Der Vierzehnjährige lernt: Kleider machen Leute. Die Menschen lassen sich blenden, auch betrügen. Sie wollen betört und verzaubert werden, dabei aber das Gefühl haben, keiner Täuschung zu erliegen.

In Neapel folgt wieder einer jener Auftritte, die für Wolfgang bereits Routine sind: als Solist vor einem fachkundigen Publikum. Im Conservatorio della pietà dei Turchini soll er auftreten, einem mächtigen Komplex in der Via Medina. Der Vierzehnjährige spielt so virtuos, dass die Zuhörer meinen, das könne nicht mit rechten Dingen zugehen. Sie bedeuten dem Pianisten, dass sie die Zauberkräfte in dem Diamantring vermuten, der am kleinen Finger seiner rechten Hand steckt. Wolfgang zieht ihn ab und spielt weiter. Eros ist zum ersten Mal für einen Magier gehalten worden.[13]

Doch nach solchen Höhenflügen folgt immer wieder ein jäher Absturz. Auch in Neapel wird Wolfgang zwischen den Extremen hin- und hergeworfen. Auf Bewunderung folgt Missachtung. Am 18. Mai wartet der Zauberer mit seinem Vater in Portici, der Sommerresidenz von König Ferdinando IV., stundenlang darauf, beim Premierminister Marchese Bernardo Tanucci vorgelassen zu werden. Vergeblich. Am Abend desselben Tages zittert Catherine Hamilton, die junge Ehefrau des englischen Gesandten, vor Angst, weil sie dem Zauberer vorspielen soll. Zwei Tage später wieder die Fahrt hinaus nach Portici, wieder stundenlanges Warten, wieder vergeblich. Zwei Tage danach lassen sich Vater und Sohn für eine neue leichte Sommergarderobe Maß nehmen. Nicht irgendwo, sondern beim Schneider des königlichen Haushofmeisters.

Auf Glücksfälle folgen Unfälle. Da leiht ihnen ein Ordensgeneral seine Sedia zur Weiterreise, eine teure Kutsche mit drei Pferden. Doch dann rattern darin beide siebenundzwanzig Stunden ohne Rast dahin, schlafen nur zwei Stunden, leben von einem kalten Huhn und altem Brot. Kurz vor Rom stürzt die Kutsche um, der Vater reißt sich das Schienbein auf, kann nicht gehen, muss das Bett hüten.

Wolfgangs Leben bewegt sich stets zwischen Erfolgsrausch und ernüchterndem Alltag, zwischen den Märchenwelten der Adelshöfe und den Strapazen auf häufig unwegsamen, gefährlichen Landstraßen. Am 5. Juli 1770 händigt ihm Kardinalstaatssekretär Graf Pallavicini die Ernennung zum Ritter vom Goldenen Sporn aus. Drei Tage später empfängt der Papst den jüngsten Cavaliere der Geschichte mit dem päpstlichen Orden am roten Band, Degen und den zugehörigen Sporen. Märchenhaft das Geschenk der römischen Gastgeberin, Signora Uslenghi, von der die Mozarts am 10. Juli ein zweites Mal Abschied nehmen: *Tausend und eine Nacht* auf Italienisch. Dann aber eine Rückreise nach Norden durch die schwarze Nacht, ohne Rast, ohne Bett, aus Angst vor Malaria. Und die Erlebnisse an der Adria-Küste, die von Loreto bis Rimini von Soldaten, Häschern und berittenem Militär besetzt ist, um eine Landung von Seeräubern zu verhindern. Wolfgangs Beharrlichkeit wird durch eine solche Berg- und Talfahrt offenbar nicht geschwächt.

Am Freitag, dem 27. Juli, erreicht ihn in Bologna das Libretto zu *Mitridate, re di Ponto*, fünf Monate vor der Uraufführung. Der Turiner Theaterdichter Vittorio Amedeo Cigna-Santi hat es nach einem Drama Racines verfasst. Am Sonntag beginnt Wolfgang, die Rezitative zu vertonen. Er braucht nun beste Arbeitsmöglichkeiten. Der Vater kann sie ihm bieten. Sein Planspiel, sich durch Empfehlungen Türen zu öffnen, geht auf: Giovanni Luca Markgraf von Pallavicini-Centurioni hat für sich und seine Familie das Landgut Alla Croce del Biacco gepachtet, nicht weit außerhalb von Bologna vor der Porta

Eine Blamage in Bologna, ein Sieg in Mailand

San Vitale gelegen. Vom 10. August an wird Wolfgang dort fast sieben Wochen lang mit Luxus verwöhnt. Die Leintücher sind laut Leopold Mozart feiner als die Hemden mancher Adliger. Sogar der Nachttopf und das Nachtlicht sind aus Silber. Zwei Diener stehen den beiden Gästen exklusiv zur Verfügung, jeden Morgen wird Wolfgang frisiert. Der junge Graf, einziger Erbe, ist in Wolfgangs Alter. Er und Wolfgang sind sofort beste Freunde, wie Leopold nach Salzburg meldet.

Doch obwohl er ursprünglich vorhatte, mit seinem Sohn direkt von dieser Insel des Wohlergehens aus die Reise nach Mailand anzutreten, drängt er nun zurück nach Bologna. Zu Padre Martini, dem großen Theoretiker, zur *Wissenschaft*, zur Accademia Filarmonica. Erst ab achtzehn können sich Komponisten um die Aufnahme in diese Akademie bewerben. Padre Martini, den beide nun täglich aufsuchen, erweist Leopold einen Dienst. Er erwirkt für Wolfgang eine Ausnahme, damit er weitere Proben seiner *Wissenschaft* ablegen kann. Das hält Leopold Mozart für besonders werbewirksam. Am 9. Oktober, mitten in der Arbeit am *Mitridate*, muss Wolfgang um 16 Uhr antreten. Zwei Zensoren geben dem Prüfling vor allen Mitgliedern der Akademie eine Magnificat-Antiphon vor. Dann wird er vom Hausmeister allein ins Nebenzimmer eingeschlossen und muss zum gregorianischen Cantus firmus drei weitere Stimmen exakt nach den Regeln der Kontrapunktik setzen.

Wolfgang selbst brennt nicht für strenge Kontrapunktik und Fugen, sondern für Rhythmik und Tänze. Auf dieser Reise hat er mit seinem Vater schon viele Bälle und Ballette besucht. Seiner Schwester hat er Menuette von Haydn geschickt und aus Rom einen Kontretanz mit genauer Anweisung, wie sie und die Salzburger Freunde ihn tanzen sollen. Er hört, kommentiert, kopiert alles, was mit Tanz zu tun hat. Selbst in seinen Briefen hüpft er wie ein Tänzer von einem zum anderen und vermeidet bodenständige Folgerichtigkeit. Nun soll er sich als Meister des strengen Satzes beweisen und nach starren Regeln drei weitere Stimmen zu einer vorgegebenen gregorianischen Stimme schreiben.

Trotz mangelnder Begeisterung hat Wolfgang bereits nach weniger als einer Stunde die Aufgabe erledigt. Das verblüfft die Jury. Was Wolfgang zu Papier gebracht hat, verstößt allerdings gleich an mehreren Stellen gegen die Gesetze der Kontrapunktik. Das Urteil der Gutachter ist daher nicht überschwänglich: Nur in Anbetracht der besonderen Umstände wird der abgelieferte Versuch als ausreichend bewertet. Der Bericht Leopolds nach Hause hört sich anders an. Mit schwarzen und weißen Kugeln hätten die Jurymitglieder Ablehnung oder Annahme der Komposition bekunden können, und alle hätten sich in seltenem Einvernehmen für Weiß, für die Annahme entschieden. Dann sei der Kandidat gerufen und beim Eintritt mit Applaus bedacht worden. Ein Triumph.

Drei Tage später, am 12. Oktober, stellt Padre Martini ein Zeugnis für das neue Akademiemitglied aus. Der Padre hat Leopold Mozart in den letzten Wochen kennengelernt. Offenbar weiß er, wie viel Leopold Mozart die Anerkennung seines Sohnes durch ein wissenschaftliches Gremium bedeutet. Das Zeugnis von Martini ist überragend. Was der Akademie ebenfalls am 12. Oktober nachträglich als Prüfungsdokument vorgelegt und archiviert wird, rechtfertigt sein Urteil: ein lupenreiner A-Capella-Satz, der nur den Themenkopf aus der Klausurarbeit aufgreift, ihn völlig anders fortführt und bis ins Detail den historischen Anforderungen entspricht. Das Blatt ist eindeutig in Wolfgangs Handschrift verfasst, ebenso die beigelegte Abschrift. Doch komponiert hat er das nicht. Beides sind Kopien einer Komposition, über der zwar Wolfgang Mozarts Name steht, die jedoch wie Mozarts Name eindeutig von Padre Martini geschrieben ist.[14]

Wolfgang hat bei dem Täuschungsmanöver mitgespielt. Nun ist er selbst aktiv im Reich der Finten, Tricks und Intrigen, das sein Vater in Wien noch als unmoralisch bekämpft hat. Aus dem Opfer ist ein Täter geworden. Kaum hat er das Diplom der Accademia und die Lobeshymne Martinis in der Tasche, verlässt er mit seinem Vater Bologna Richtung Mailand.

Dort muss Wolfgang beweisen, dass er in jeder Hinsicht als Komponist ernstzunehmen ist: künstlerisch und strategisch, theoretisch und praktisch. Eigentlich haben die Sänger kein Mitspracherecht bei den Rezitativen einer Oper. Doch die Wirklichkeit sieht anders aus; der Komponist muss bei den Proben nicht nur die Partien mit den Sängern einstudieren, sondern die Arien ihren Wünschen und Fähigkeiten anpassen. Wenn sie wollen, können sie dem Komponisten Schereien machen. In Mailand sind sie dazu entschlossen; einem so

Eine Blamage in Bologna, ein Sieg in Mailand

jungen Komponisten trauen sie nicht über den Weg. Sie verlangen Änderungen, sogar Neukompositionen von Rezitativen, Arien und Duetten. Zur Cavata des Mitridate, den Guglielmo D'Ettore singt, fertigt Wolfgang fünf Fassungen an, vier muss er verwerfen. Wie gefordert, baut er in alle Arien des Mitridate große Sprünge in die Vokallinie, damit der Tenor seine Gesangstechnik vorführen kann, macht sie aber kurz, weil D'Ettore krank ist. Todkrank – im Jahr darauf stirbt er, gerade dreißig Jahre alt.

Für den Alt-Kastraten Giuseppe Cicognani in der Partie des Farnace muss er zwei Arien völlig umschreiben. Der Sopran-Kastrat Pietro Benedetti, der den Sifare singt, trifft erst drei Wochen vor der Uraufführung in Mailand ein. Und obwohl Wolfgang bereits voll in der Probenarbeit steckt, muss er für ihn eine Arie ganz neu komponieren. Der Zeitdruck wächst, Wolfgangs Finger schmerzen vom stundenlangen Schreiben, seine Stimmung leidet. Auch darunter, dass seine Stimme nun oft ganz wegbricht, während er den Kastraten zuhört, deren Stimme keinerlei Bruch zwischen den Registern kennt. Wolfgang sei zu ernst, seit er sich mit den ernsthaften Dingen befasse, stellt der Vater fest.

Den Eros Wolfgangs bringt das nicht zum Erliegen. Wenn es nach seinem Sohn ginge, wären schon zwei Opern fertig, schreibt Leopold. Wegen der ständigen Reklamationen ist jedoch noch nicht einmal die eine vollendet. Wolfgang beweist Stärke und Beharrlichkeit, er komponiert die halbe Nacht durch, schläft kaum noch und fügt sich. Er bekommt mit, dass sein Vater schon wieder Feinde ausmacht, einen bösen Intriganten wittert, der Antonia Bernasconi, die Aspasia in *Mitridate*, überreden soll, keine einzige Arie des jungen Deutschen zu singen. Er liest die Briefe, in denen sein Vater wie damals in Wien von der Schlacht berichtet, die zu bestehen sei, und dass er aus Verdruss über die Intrigen schon wieder Pomeranzen scheißen will.

Dass Wolfgangs Werk den Sängern gefällt, ist überlebensnotwendig. Brav gibt Wolfgang den Virtuosen Futter. Er wird dafür geliebt, dass er sie bedient. Das braucht Eros. Als musizierendes Wunderkind war er unter Menschen und wurde umarmt. Als Komponist hockt er einsam in seinem Zimmer. Dass er Liebe wie früher durch seinen Liebreiz gewinnen kann, glaubt er selbst nicht mehr. Seine Arme sind länger, der Hals ist dicker, der Leib kräftiger geworden. Aber er ist wenig in die Höhe gewachsen und kam sich lächerlich vor, als der Vater ihn in Rom emporheben musste, damit er die Füße der Petrus-Statue küssen konnte. Der Mutter und der Schwester gegenüber bezeichnet Wolfgang sich im Brief nach Hause als *Fechs*, ein schlimmer Ausdruck, der Menschen als schwachsinnig und damit nicht gesellschaftsfähig brandmarkt. Als er zehn Jahre später bei seinem Hinauswurf vom Erzbischof Fechs genannt wird, soll er das als schwerste Beleidigung empfinden.[15]

Wie im Alltag passt Wolfgang sich auch musikalisch an, wo es gefordert wird – vordergründig. So rasch wie die Sprache des Landes hat er sich die Formensprache der barocken Oper angeeignet und bedient die Ansprüche der erzkonservativen Habsburger in Mailand. Doch Eros ist nicht nur beharrlich und stark, er ist kühn und ein Fallensteller. Im Hintergrund entlädt sich Wolfgangs subversive Energie. Den neapolitanischen König hat er einen *groben Kerl* geschimpft, die Mailänder Primadonna Maria Masi-Giura hat er in einer Oper von Hasse gehört und seiner Schwester gegenüber als *alten Hund* geschmäht. Wie seine Oper nicht klingen darf, erkannte Wolfgang in Neapel, als er eine Oper von Jommelli hörte: Viel zu gescheit und altmodisch, urteilte er sie ab. Eine bloße Probe der *Wissenschaft*. Das kann Wolfgang nicht genügen, dessen eigene *Probe der Wissenschaft* in Verona nicht der Prüfung standhielt.

In seiner Oper sprengt er die strenge Struktur der *opera seria* nicht – vordergründig. Aber er löst sie an einigen Stellen von innen her auf. Dort, wo es um das geht, was er selbst tief empfindet: um die Angst vor dem Tod und die Sehnsucht nach Liebe. Da bedrängen Halbtonrückungen in den Bässen, da erregt das Pochen in den Tonwiederholungen der Streicher, da schmerzen die chromatischen Gänge der Holzbläser, da ziehen die Wehmutsklänge des Horns. Die Sänger spüren das. Sartorino, der den Sifare singt, erklärt: Wenn sein großes Duett mit Aspasia, gesungen von Antonia Bernasconi, nicht ankomme, dann werde er sich freiwillig nochmals kastrieren lassen. Jenes einzige große Liebesduett, das der Komponist schamlos lange ausdehnt. Und Antonia Bernasconi ist außer sich vor Freude über ihre Arien.[16]

Das sind jene Fallen, in die Wolfgangs Zuhörer bereitwillig gehen. Sie applaudieren dem Komponisten bei der Premiere am 26. Dezember und in den Aufführungen danach, weil er geliefert hat, was sie erwartet haben. Doch Begeisterungsstürme brechen los nach eben jenen Stücken, in denen der Maestrino das Unerwartete tat, wo er ihnen ans Herz gegriffen hat: nach der von Todesangst bebenden Arie der Aspasia und dem Duett der Liebenden.

Der Vater liebt seinen Sohn dafür, dass er mit seinem Sensationserfolg auch ihn gerächt und voll entschädigt hat.

Sein Sohn aber vergisst nicht die Sehnsucht nach der Mutter, die ihn nur um seiner selbst willen liebt. Als er in den Mailänder Palast der Gräfin Marianna D'Asti von Asteburg, in Salzburg noch immer das Troger Mariandl, zum Festessen geladen wird und sich etwas wünschen darf, bricht sich das Heimweh Bahn: Er will Leberknödel mit Sauerkraut.[17]

VI.

1771
Strebt nach Höherem
Oder: Ein Teenager träumt von der Hofanstellung

Gut gelaunt und gut genährt: Von dem Dresdner Künstler Carl Christian Klass (1747–1793) stammt diese in ihrer Glaubwürdigkeit umstrittene Kreidezeichnung, die Wolfgang Mozart in der Zeit der Komposition von Lucio Silla in Mailand zeigen soll. Auch später vermeldete Wolfgang oft zufrieden, er sei «schon fetter» geworden; durch Krankheit oder Stress nahm er aber offenbar rasch wieder ab. Für einen Fünfzehnzehnjährigen wirkt der Dargestellte allerdings sehr kindlich. Auch hier ist der Einwärts-Strabismus, das Schielen nach innen, sichtbar, laut Augenheilkunde oft Folge schwerer Erkrankung in den ersten Lebensjahren. Sie ist bei Wolfgang für das Jahr 1767 verbürgt. Das würde erklären, dass er auf dem Bildnis von 1763 nicht schielt.

Bloß keinen Mittagsschlaf! Sich nach dem Essen nur für eine halbe Stunde hinzulegen, hasst Wolfgang.[1] Selbst als er am 18. August nach einer langen Fahrt über Schlaglochstrecken durch Staub und Hochsommerhitze erst kurz vor Mittag in Verona angekommen ist. Selbst wenn er weiß, dass eineinhalb Tage später die Weiterreise durch die Schwüle der Poebene bevorsteht. Leopold Mozart muss sich fragen, wie sein Sohn das durchhalten soll. Er ist blass, unmuskulös und wird immer wieder von rheumatischen Beschwerden gepeinigt. Längst ist es Wolfgang zur Gewohnheit geworden, sich abends ans Klavier zu setzen und bis Mitternacht zu komponieren. Das frühe Aufstehen am nächsten Morgen lässt sich auf Reisen oft nicht vermeiden. Doch Ruhen und Nichtstun sind für Wolfgang ein Horror. Unterm Kutschenrattern kann er keine Noten auf Papier setzen, aber neue Melodien erdenken. Der schaffende Eros kennt keine Pausen und keine Grenzen.

Nur dreieinhalb Monate hatte Wolfgang in Salzburg Zeit gehabt, wieder in einen geregelten Alltag hineinzufinden. Dreieinhalb Monate, in denen er neben einer Litanei, einer Sinfonie und einem *Regina coeli* ein komplettes Oratorium komponierte. Dass Not nicht nur erfinderisch, sondern auch findig macht, hat er mit fünfzehn bereits gelernt: Für die beiden letzten Chorteile seines Oratoriums *Betulia liberata* hat er den Chor aus einem Schuldrama Michael Haydns fast ohne Änderungen übernommen.[2] Da wusste er bereits, dass die nächste Reise nicht zu vermeiden war.

Kaum war Wolfgang mit seinem Vater Ende März, nach einem Jahr und drei Monaten in der Fremde, durch Winterstürme heimgekehrt, lag schriftlich ein neuer Auftrag aus Wien vor. Einer, der in keinem Fall abgelehnt werden konnte: Der sechzehnjährige Wolfgang soll die Hochzeitsserenata zur Vermählung von Maria Theresias siebzehnjährigem Sohn Erzherzog Ferdinand mit Maria Beatrice Ricciarda d'Este in Mailand komponieren.

Das Hauptwerk wird die bei ihm bestellte *Serenata teatrale* nicht sein. Die offizielle Festoper ist beim 57 Jahre älteren Johann Adolf Hasse in Auftrag gegeben worden. Es ist üblich, die *Serenata* nur als eine Einlage dieser Festoper zu kredenzen. Leopold Mozart macht seiner Frau klar, dass dieser Auftrag trotzdem *eine unsterbliche Ehre* bedeutet. Der Hof feiert damit sich selbst, denn Maria Theresia hat die Hochzeit ihres Sohnes auf den Tag gelegt, an dem er in Mailand die Regierung übernimmt und sie ihren Namenstag begeht. Die ganze Stadt soll zum Schauplatz von Maskenbällen, Pferderennen und einem Wagenkorso werden, mit einer *Schlaraffenland* genannten Lebensmittelschau und einem öffentlichen Bankett für 220 Brautpaare.

Nach Mailand wird sich der Blick der politischen und der musikalischen Prominenz richten. Also auch der Blick eines Mannes, der für seinen Sohn eine Karriere bei Hof plant. Der Mailänder Hof wird bald neu besetzt. Dort wären Höhenflüge möglich.

Trotzdem muss Salzburg als Basisstation der Mozarts gesichert werden. Der gewitzte Leopold sorgt vor. Im kommenden Jahr wird Fürsterzbischof Sigismund von Schrattenbach das fünfzigjährige Jubiläum seiner Priesterweihe feiern. Aus der Sicht des aufklärerischen Leopold Mozart ist Sigismund eine Gestalt von gestern: Der Fürsterzbischof glaubt an Hexen und Dämonen, an Zeichen und Wunder. Doch dieser Aber- und Wunderglauben richtet sich auch auf den örtlichen Wunderknaben, den Schrattenbach daher mit Nachsicht und Ehren, kostbaren Geschenken und barem Geld bedenkt. Das alles gilt es zu erhalten.

Wolfgang muss daher, bevor er in Mailand unter Hochdruck arbeiten wird, eine *Azione Teatrale* zum bevorstehenden Festakt vertonen: *Il Sogno di Scipione*.[3] Den Text des Einakters hatte Pietro Metastasio schon vor mehr als zwanzig Jahren zum Geburtstag von Kaiser Karl VI. verfasst; damals hatte Luca Antonio Predieri ihn vertont. Aber Metastasio ist ein Meister der Mehrfachverwertung. Er hat das Stück einfach umgewidmet: Bischof statt Kaiser, Sigismund statt Karl. Der Inhalt passt zu fast allem und fast jedem. Es geht darin um den Kampf zwischen Costanza, der Göttin der Beständigkeit, und Fortuna, der Göttin des Glücks. Feldherr Scipio träumt, er müsse sich zwischen beiden entscheiden. Und entscheidet sich brav für die Beständigkeit. Schrattenbach findet die Idee der Aufklärung gotteslästerlich und jede Art der Neuerung überflüssig. Das fügt sich bestens.

Aufregend ist diese Handlung nicht, aber Wolfgang verordnet den beiden Göttinnen so mörderische Koloraturen, dass sich kein Zuhörer langweilen wird.

Als die Mozarts am Abend des 21. August in Mailand ankommen, liegt der *Traum des Scipio* längst fertig vor. Wolfgang ist enttäuscht, dass ihn nicht bereits das neue Libretto zur *Serenata Ascanio in Alba* erwartet. Er leidet nicht unter zu viel, nur unter zu wenig Arbeit und Anregung. Sein Dämon schläft nie. Dass im Quartier der Mozarts in der Nähe des Theaters im Zimmer darüber und im Zimmer darunter je ein Geiger übt, auf der einen Seite ein Gesangslehrer unterrichtet und auf der anderen ein Oboist probt, wäre für jeden anderen Komponisten Qual. Wolfgang regt es an.[4] Er komponiert seine dreizehnte Sinfonie und für sein neues Auftragswerk das, wozu er kein Libretto braucht: eine lange Ouvertüre, deren zweiter und dritter Satz getanzt werden soll, und acht Chöre, von denen fünf ebenfalls getanzt werden.

Eine Woche nach der Ankunft wird Wolfgang von Abate Giuseppe Parini mit dem Libretto zu *Ascanio* versorgt. Obwohl Parini seinen Text gleich wieder zurückfordert und abändert, ist Wolfgang nach zwölf Tagen mit sämtlichen Rezitativen fertig, und sein Vater ist überzeugt, in weiteren zwölf werde das Ganze vollendet sein.

Bei den Ballettproben ist Wolfgang zugegen und in seinem Element. Er bewundert die Tänzer, die Tänzerinnen, vor allem aber die beiden Ballettmeister. Charles LePicq und Jean Favier sind Schüler jenes Noverre, von dem überall die Rede ist. Leopold Mozart klagt seiner Frau, nun müsse der völlig überarbeitete Sohn auch noch das in Italien übliche Handlungsballett zwischen den beiden Akten komponieren.[5] Für Wolfgang den Tänzer ist das kein Muss, so wenig wie die Vertonung von Parinis Libretto. Auf den ersten Blick handelt es sich dabei nur um die Beweihräucherung der Machthaber. Im Zentrum von *Ascanio* steht die Liebesgöttin Venere, die die Heirat zwischen der Nymphe Silvia und Ascanio stiftet. Jedem, auch Wolfgang, wird deutlich, wer mit Venus gemeint ist: Der Librettist schmeichelt damit der dick, alt und bitter gewordenen Bräutigamsmutter Maria Theresia, die hier als die Ehestifterin von Silvia, sprich Maria Ricciarda, und Ascanio, sprich Ferdinand, gepriesen wird. Damit keine Missverständnisse entstehen, hat Parini seine Venere

Ein Teenager träumt von der Hofanstellung

gleich noch zur Mutter Ascanios gemacht. Und wenn am Schluss Hirten und Nymphen der vom Wolkenwagen herabsteigenden Liebesgöttin zujubeln, sie könnten in keinem glücklicheren Land wohnen, hat jeder im Saal verstanden, wem nun das Publikum zuzujubeln hat. Ascanio tritt als Regent im idyllischen Land Alba an, Ferdinand als Regent in Mailand, das durch ihn nur idyllisch werden kann. Den Müttern Venere und Maria Theresia sei Dank. Auftragsgemäß verherrlicht das Musiktheater die politische Wirklichkeit.[6] Nach außen nichts Neues.

Auch Wolfgangs Vertonung bietet, was erwartet wird: Anmut, Leichtigkeit, Festlichkeit. Doch Parini ist kein Anpasser,[7] sondern ein aufgeklärter Geist im geistlichen Gewand. Sein Text sagt deutlich: Zu siegen hat in diesem Stück nicht nur die politische Vernunft, sondern der Eros. Wolfgang versteht. Wo es um die Macht des Eros geht, bricht er die traditionellen Formen auf. Da wechselt Aceste in seiner Freudenarie unerwartet von Dur nach Moll, da erheben sich über gleichmäßigen Streicherbewegungen erregt die Oboen. Und wenn Silvia die Verwirrung ihrer Gefühle gesteht, ihre innere Unruhe, ihre Angst vor der eigenen Leidenschaft, dann läuft mit Synkopen, Trillern und Staccati ein Beben durch die Musik. Wer Silvia hört, bebt mit. Immer wieder lässt Wolfgang den Eros aufbegehren. Das aber können weniger feine Ohren überhören.[8]

Am 17. Oktober 1771 wird *Ascanio in Alba* zum ersten Mal im Real Ducal Teatro aufgeführt. Nicht als Einlage der Festoper, sondern als eigenständiges Werk am Abend nach ihrer Uraufführung. Die *Serenata* wird umjubelt. Doch Leopold vergisst über dem Stolz nicht die Strategie. Was immer er nach Hause berichtet, es wird in Salzburg die Runde machen. Denn was Maria Anna Mozart ihrer Freundin Katharina Gilowsky erzählt, wird diese ihrem Vater erzählen, und der ist nicht nur Hofchirurg, sondern auch Antecameradiener des Fürsterzbischofs. Nur wegen seines sensationellen Erfolgs, schreibt Leopold an seine Frau, müsse Wolfgangs Werk überraschend vier Mal wiederholt werden. Dabei weiß er genau, dass diese Vorstellungen längst festgesetzt worden sind. Und natürlich weiß er auch, dass der *Ruggiero* des alten Hasse, die eigentliche Festoper, ein großer Erfolg war. Doch seiner Frau und allen Salzburgern bekundet er sein tiefes Mitleid für den armen alten Hasse, weil Wolfgangs *Serenata* dessen Oper völlig in den Schatten stelle.[9]

Wolfgang lernt von seinem Vater Zweck und Kunst der Lüge. Er kann aber auch beobachten, wie oft der Vater seine eigene Ehrlichkeit, Unbestechlichkeit und Standfestigkeit herausstreicht. Gerne brüstet sich Leopold Mozart mit Erfolgen, seinen wie denen des Sohnes, urteilt aber ohne Gnade über Menschen, denen es an Bescheidenheit fehlt. Hart verhandelt er die Gagen seines Sohnes, befindet jedoch Geldgier als verwerflich. Wer seine Briefe liest, sagt sich: Ein so strenger Richter muss selbst unanfechtbar sein.

Wie gut Eros dieses Prinzip des Poros begriffen hat, zeigen seine Zeilen an die Schwester, die er unter einen Brief des Vaters an die Mutter setzt. Es geht um Giovanni Manzuoli, der dieses Mal die Titelpartie übernommen hat. Von den Arien, die Wolfgang ihm geschrieben hat, war Manzuoli begeistert, nicht aber von seiner Gage für die beiden Hauptpartien in Hasses *Il Ruggiero* und Mozarts *Ascanio*. Manzuoli wollte das Doppelte. Als er schließlich nicht ganz das Doppelte in einer goldenen Dose erhielt, ließ er sie zurückgehen und reiste ab, in der Hoffnung, in Florenz vom reuigen Großherzog die ganze Summe zugesprochen zu bekommen. Wolfgang berichtet seiner Schwester, Manzuoli, *der sonst von allen Leuten als der Gescheiteste unter den Kastraten* angesehen werde, sei auf seine alten Tage plötzlich unvernünftig und überheblich geworden. Ganz im Ton seines Vaters kommentiert er die Skandalgeschichte: *Ich weiß nicht was für ein Ende diese Historie nehmen wird. Ich glaube ein übles.*[10]

Wolfgang weiß, dass sein Vater liest, was er schreibt. Der Vater soll glauben, sein Fünfzehnjähriger sei vernünftig und weit entfernt von jeder Vermessenheit. Der Dämon aber verlässt Wolfgang nicht, obwohl er alle Erwartungen und alle Sänger wie Sängerinnen perfekt bedient und *ungemeinen Beifall* geerntet hat. Hinter die Siegesfanfaren, die in den Briefen seines Vaters erschallen, setzt Wolfgang einen klirrenden Kontrast. *Ich habe auf dem Domplatz hier 4 Kerle henken sehen.* Und als wolle er Schwester und Mutter erschrecken, setzt er kalt hinzu: *Sie hängen hier wie in Lyon.*[11]

Leopold Mozart zeigt für die Niederungen der Wirklichkeit jetzt keinen Sinn. Er fiebert weiter dem hohen Ziel entgegen. Erzherzog Ferdinand hat ihn Ende November mit Wolfgang zur Audienz einbestellt. Der Siebzehnjährige hat sich von dem fünfzehnjährigen Komponisten begeistert gezeigt. Er besitzt die Macht, ihn zu engagieren, und offenbar auch die Bereitschaft. Wolfgang Mozart hat ohnehin schon zugegeben, er habe keine Lust mehr auf Salzburg.[12] Und Leopold Mozart berauscht die Vorstellung, Wolfgang mit sechzehn als Hofkapellmeister in Mailand am Habsburgischen Hof zu sehen. Dafür schiebt er die Abreise auf.

Sein Sohn nutzt die Zeit. Er komponiert ein Divertimento, ein Stück, das laut Bezeichnung zur Zerstreuung dient. Das aber ist Verpackungsschwindel. Im Inneren des Divertimentos herrscht Aufruhr. Kaum hat Wolfgang seine Pflichten absolviert, schon rüttelt er wieder am Gewohnten. Dass er in diesem Werk zum ersten Mal eine Klarinette einsetzt, genügt ihm nicht. Er besetzt gleich zwei. Außerdem fordert er zwei Hörner, zwei Englischhörner, zwei Oboen und zwei Fagotte.[13] Für den Auftritt bei Hof hat er seine musikalische Sprache so weit wie nötig angepasst, sich selbst aber nicht.

Die Audienz ist die Begegnung von zwei Halbwüchsigen. Trotz des Rangunterschieds eine eher freundschaftliche. Ferdinand wird nicht vergessen haben, dass vor neun Jahren, im Oktober 1762, Wolfgang Mozart in Schloss Schönbrunn seinen kaiserlichen Eltern vorgespielt und seine Mutter Maria Theresia abgeküsst hatte. Er wird sich auch daran erinnern, dass Wolfgang eine abgelegte Galaausstattung seines jüngeren Bruders erbte. Wolfgang hat Gründe, sich der Majestät nah zu fühlen, dem Sohn jener Liebesgöttin, die er in höchsten Tönen besingen ließ. Und offenbar fühlt sich die Majestät dem jungen Komponisten ebenfalls nah. Ferdinand schreibt umgehend an die Mutter in Wien und fragt, ob sie die Ernennung von Mozart zum Kapellmeister im Mailänder Hofdienst billigen würde.

Im Hochgefühl kehren Vater und Sohn Mozart am 15. Dezember heim nach Salzburg. Um diesen Tag herum erhält Erzherzog Ferdinand in Mailand die Antwort seiner Mutter, verfasst am 12. Dezember. Er solle sich nicht mit unnützem Gesindel wie den Mozarts belasten. Niemals, warnt sie, dürfe er einem wie dem jungen Salzburger einen Hofdienst antragen. *Es macht den Dienst gemein, wenn diese Leute dann wie Bettler durch die Welt ziehen.* Außerdem habe Mozart eine große Familie, die versorgt werden müsse.[14]

Strebt nach Höherem

Obwohl Ferdinand, das vierzehnte von sechzehn Kindern, mühelos in Erfahrung bringen könnte, dass Wolfgang Mozart nur eine einzige, bereits erwachsene Schwester hat, kann er die Drohung seiner Mutter nicht in den Wind schlagen. Im *Ascanio* hat Venere von ihrem Sohn unbedingten Gehorsam gefordert. Und Maria Theresia hatte ihrem Sohn noch kurz vor der Hochzeit vorgeworfen, er sei entschieden zu nachlässig und zu neugierig.

Ihr Brief ist das endgültige Aus für Ferdinands Pläne, als junger Regent mit einem jungen Kapellmeister den Aufbruch in ein neues Zeitalter zu wagen.

Noch weiß Leopold Mozart nichts vom Misslingen seiner Aufstiegspläne. Da zerstört ein Schlag die Basisstation des Strategen. Einen Tag nach der Rückkehr, am 16. Dezember 1771, stirbt Fürsterzbischof von Schrattenbach. Der verlässlichste Gönner der Mozarts ist tot.

Leopold Mozart scheint den Schock rasch zu bewältigen. Er wartet nicht starr vor Schreck die Wahl des Nachfolgers ab. Bevor der Neue es verhindern kann, holt er sich sein einbehaltenes Gehalt in voller Höhe zurück. Auch dass Wolfgangs *Sogno di Scipione* dem verstorbenen Fürsterzbischof zugeeignet ist, stellt für den Auswegfinder Leopold kein Problem dar: Was einmal umgewidmet wurde, kann auch zum zweiten Mal umgewidmet werden.

Sein Sohn wirkt unbehelligt von sämtlichen Turbulenzen. Mittagsschlaf kommt für ihn weiterhin nicht in Frage. Noch im selben Jahr beendet Wolfgang eine Sinfonie in A-Dur, seine vierzehnte. Mit den letzten Sinfonien hat sie nichts mehr gemeinsam: Sie ist mehrsätzig, voller Extreme und doch präzise durchgearbeitet. Sie birst im ersten Satz vor Ideen, berührt im langsamen zweiten mit Innigkeit, stampft im Menuett derb auf, verführt im Trio mit Nachtmusik und endet in einem Allegro, das an den Beginn italienischer Opern erinnert. Sinfonien in diesem Aufbau sind noch ungewohnt. Kühn betritt Wolfgang mit seinem Werk Neuland.[15]

Schildert helle Gegenden, wird sein Kollege Vogler diese Tonart kommentieren.

Es gibt lichtere Höhen als die des Mailänder Hofdienstes.

VII.

1772 / 1773
Auswege finden und Fallen stellen
Oder: Strategien und Tricks von Vater und Sohn

Totenblass, aber lebensfroh: Die Miniaturmalerei auf Elfenbein aus dem Jahr 1773,
nur stark 5 cm im Durchmesser, gehört zu den wenigen gesicherten Porträts Mozarts; auf der Rückseite findet sich in Eisen-Gallus-Tinte der Vermerk, dass es sich
um ein Konterfei Mozarts handelt. Nicht sicher ist, von wessen Hand es stammt.
Die Zuschreibung an Martin Knoller (1725–1804) ist aus stilistischen wie
technischen Gründen wenig glaubwürdig; Miniaturen des Tiroler
Malers sind ansonsten nicht bekannt.

Die Salzburger sind empört über den Neuen. Erst im dreizehnten Wahlgang hat es Hieronymus Graf Colloredo geschafft, am 14. März zum Fürsterzbischof gekürt zu werden, mit 23 gegen 22 Stimmen. Und nur mit Nachhilfe, nachdem der österreichische Wahlgesandte bei einem Abendempfang die Salzburger Domherren auf diesen Kandidaten eingeschworen hatte. Was über den Neuen bekannt wird, versetzt die Salzburger in Panik. Wie es heißt, hält er das Bistum in jeder Hinsicht für verlottert und ist entschlossen, es mit radikalen Einsparungen in allen Bereichen des Lebens aus dem Bankrott herauszuführen.

Leopold Mozart müsste der Neue eigentlich gefallen. Die Ansichten, Absichten, sogar die Kenntnisse von Schrattenbachs Nachfolger sind seinen eigenen sehr ähnlich. Colloredo ist ein Mann, der immer einen Weg findet, seine Ziele zu erreichen. Wie Leopold Mozart verachtet er Aberglauben und Fortschrittsangst. Wie Leopold Mozart ist er ein Freund der Aufklärung und hat Philosophie studiert. Wie Leopold Mozart versteht er sich als weltläufig und beherrscht außer Latein und seiner Muttersprache Französisch und Italienisch. Wie Leopold Mozart spielt er ausgezeichnet Geige und fördert ein junges pianistisches Talent in der Familie.[1] Wie Leopold Mozart ist er belesen und hat moderne Vorstellungen von Bildung und Ausbildung. Wie Leopold Mozart findet er das Schul- und Gesundheitswesen in Salzburg dringend reformbedürftig und die Salzburger rückständig.

Anders als Leopold Mozart hat Colloredo jedoch aktenkundige Erfolge nachzuweisen. In Rom war er nicht nur zum Doktor der Theologie promoviert worden, er hat dort ein Jura-Studium abgeschlossen, in kirchlichem wie weltlichem Recht.[2]

Ähnlich ist Colloredo seinem Angestellten Leopold Mozart wiederum darin, dass er an seiner Selbstdarstellung arbeitet, die sich von seinem wahren Ich in manchem unterscheidet. Wie es heißt, will er das Glücksspiel, die liebste Unterhaltung der Salzburger, verbieten lassen. Dass er privat Glücksspiele schätzt, darf im Volk keiner erfahren. Frankreichs Vordenker Voltaire oder Rousseau erklärt er für gotteslästerlich. Doch es heißt, er habe in seinem Gesellschaftszimmer in der Residenz deren Büsten stehen, die mit Lederhauben abgedeckt werden, wenn Besuch erwartet wird. Colloredo wettert wie Leopold Mozart gegen Verschwendung. Was die eigene Kleidung angeht, ist bei beiden nichts von finanzieller Zurückhaltung zu spüren. Wolfgang und sein Vater wurden nicht zufällig in Rom für Aristokraten gehalten. Colloredo lässt sich Kaseln wie Pluviale maßanfertigen und hat einen großen Verschleiß an weißen Ziegenlederhandschuhen. Auch sein Stand bei der Bevölkerung ähnelt dem von Leopold Mozart: Er wird von den meisten Salzburgern nicht gemocht. Daran vermag seine Kompetenz ebenso wenig zu ändern wie bei Wolfgangs Vater.

Die Befürchtungen der Mozarts, nun keinen wohlmeinenden Dienstherrn mehr zu haben, sind dennoch begründet. Vergünstigungen abzuschaffen ist Colloredos erklärtes Ziel. Er hat bereits angekündigt, dass er das Brot- und Weindeputat für Räte und höhere Bedienstete, das auch Leopold Mozart bezieht, streichen wird. Bezahlter monatelanger, oft jahrelanger Urlaub, wie er Vater Mozart bisher für die Tourneen mit seinem Sohn genehmigt wurde, ist nicht mehr zu erwarten.

Aber er ist nötig, denn Karl Graf von Firmian, der Generalgouverneur der Lombardei, hat Wolfgang erneut mit einem Auftrag bedacht. Schon Ende Dezember soll in Mailand die neue *opera seria* seines Salzburger Schützlings aufgeführt werden: *Lucio Silla*.[3] Die Reisedauer kann Leopold Mozart allerdings drastisch beschneiden, nachdem er nun aus Erfahrung weiß, wie spät die Sänger zu den Proben anreisen und ihre Sonderwünsche dem Komponisten mitteilen. Außerdem liegt das Libretto des jungen Theaterdichters Giovanni de Gamerra bereits vor. Trotzdem muss Leopold Mozart davon ausgehen, dass er für die veranschlagten zweieinhalb Monate mit keiner Gehaltsfortzahlung rechnen kann und auch kaum mit einer nachträglichen Erstattung. Schon bei der letzten wurde ausdrücklich vermerkt, es handle sich hier um eine Ausnahme, die zu keinerlei Ansprüchen in der Zukunft berechtige.

Bis zur Abreise Ende Oktober hat Wolfgang Zeit, sich bei seinem Dienstherrn beliebt zu machen und ihm sein Können vorzuführen. Doch Wolfgang begnügt sich dabei mit einem einzigen geistlichen Werk, einem *Regina coeli*.[4]

Er tut nicht, was er sollte, er tut, was er muss: sich einer Sache ganz und gar verschreiben. Nicht etwa der Kirchenmusik, sondern der Instrumentalmusik. Nachdem er ohne jeden Auftrag bereits im Februar eine neue Sinfonie komponiert hat, entstehen von Mai bis August sechs weitere Sinfonien. Nie mehr wird er in so kurzer Zeit so viel Sinfonisches hervorbringen. Rechnet er ernsthaft damit, dass Colloredo die Sinfonien für seine Hofmusik verwendet?

Obwohl jedes dieser sechs Werke in einer anderen Dur-Tonart steht, gehören sie zusammen: Alle haben etwas Exzentrisches und Bizarres. Meistens macht es sich in den Trios des Menuettsatzes bemerkbar. Einem musikalisch gebildeten Mann wie Colloredo dürfte es kaum entgehen, wie der Sechzehnjährige bewusst gegen Regeln verstößt, die er in seinem *Regina coeli* mustergültig befolgt hat. Wie er sich Eigenwilligkeiten herausnimmt und mit Harmonien brüskiert, die sich nicht gehören. Im Trio der F-Dur-Sinfonie riskiert er sogar ein harmonisches Skandalon.[5] Nur: Was bezweckt er damit?

Es scheint, als wolle Wolfgang damit den Mann provozieren, der ihm, dem in Mailand umjubelten Komponisten, noch immer nichts zahlt für seine Tätigkeit als Konzertmeister der Hofkapelle; aus seiner Sicht und der seines Vaters ohnehin ein viel zu unbedeutendes Amt.

War Colloredo hellhörig? Oder hätte sich Wolfgang diesen Affront ersparen können? Sicher ist, dass ihm am 21. August 150 Gulden jährliche Besoldung zugesprochen werden. Außerdem wird ihm erlaubt, mit seinem Vater nach Italien zu reisen, obwohl damit nun zwei bezahlte Mitglieder der Hofkapelle ausfallen. Es scheint, als sei Colloredo doch interessiert, den jungen Mozart zu halten. Dass der auf Salzburg schon länger keine Lust mehr hat, bleibt ihm vorerst verborgen. Und dass Leopold entschlossen ist, einen Posten für seinen Sohn in Italien zu ergattern, ahnt Colloredo ebenfalls nicht. Die erneute Reise der Mozarts nach Italien ist eine Flucht vor dem Sparprogramm des neuen Herrn.

Als Wolfgang mit seinem Vater am 4. November in Mailand eintrifft, sind von den Solisten für *Lucio Silla* erst zwei vor Ort: der Tenor Giuseppe Onofrio, der den Aufidio singen wird, und die Sopranistin Felicità Suardi, die den Lucio Cinna übernehmen soll, eigentlich die zweite Kastratenrolle. Wolfgang lernt, dass Stars auf sich warten lassen. Erst in der zweiten Novemberhälfte trifft Venanzio Rauzzini ein, der für die Sopranpartie des Cecilio vorgesehen ist. Auf Anhieb ist der Komponist von ihm überwältigt. Nur zehn Jahre älter als Wolfgang, wird Rauzzini von Venedig bis Wien, von Rom bis München gefeiert. Er sieht gut aus, hat Charme und wird von Damen umschwärmt. Offiziell gilt er als Kastrat, doch es wird gemunkelt, seine hohe Gesangsstimme sei natürlich und er in jeder Hinsicht männlich. Dafür spricht, dass sein Sopran nicht so kraftvoll ist wie bei Kastraten üblich.

Auch in Mailand ist der Klatsch aus Rom unterwegs. Dort hatte Venanzio schon mit elf Jahren als Solist an der Accademia di Santa Cecilia gesungen und war wenig später mit einer römischen Adligen namens Tolla Cherubini intim geworden, wie weit immer ihm das möglich war. Weil sie die Affäre keineswegs verschwieg, hatte sich die römische Gesellschaft das Maul darüber zerrissen. In München, wo Rauzzini nicht nur als Sänger, sondern auch als Gesangslehrer begehrt war, ist er offenbar einer seiner verheirateten Schülerinnen zu nahe gekommen: Hals über Kopf hatte er die Stadt verlassen müssen.[6]

Wolfgang scheinen die Gerüchte, die Rauzzini umwehen, zu beflügeln. Am 28. November hat er die erste Arie für ihn komponiert. Leopold findet sie unvergleichlich und lobt, Rauzzini singe sie wie ein Engel.[7] Anfang Dezember hat Wolfgang auch die letzten drei Arien für Rauzzini vollendet.

Der engelhaft singende Star, der ebenso als Pianist hätte Karriere machen können, besitzt jedoch auch weniger engelreine Qualitäten. Von Rauzzini kann jeder lernen, wie man das Publikum manipuliert. Im *Lucio Silla* singt er nicht die Titelpartie, aber er will die Hauptrolle spielen. Es sieht so aus, als müsse er dafür gar nicht viel tun. Der Zufall arbeitet ihm zu. Denn der eigentlich für die Partie des *Lucio Silla* engagierte Tenor fällt durch Krankheit aus, und der Einspringer Bassano Morgnoni ist ein Kirchensänger aus Lodi ohne Bühnenerfahrung. Keine Konkurrenz für Rauzzini, zumal der Ersatzmann erst in der Nacht zum 17. Dezember anreist und nur zehn Tage Probenzeit zur Verfügung hat.

Am 18. Dezember zeigt sich Wolfgang als der, auf den sein Vater stolz sein kann. Mit dem Durchhaltevermögen eines erfahrenen Komponisten beginnt er unverzüglich, die Arien für Morgnoni zu komponieren. Arien, in denen sich ein Tyrann nach Liebe sehnt. An demselben Tag aber zeigt sich Wolfgang als Kind, das Wärme braucht. Ein flammendes Herz zeichnet er für die Mutter in die Mitte des Briefbogens und Rauchschwaden, die von den Flammen aufsteigen. Um das Herz streut er vier Dreier, Glücksbringer im Spiel, für jeden in der Familie einen. Neben das Herz kritzelt er einen Vogel, der eine Sprechblase im Schnabel trägt: *flieg zu meinem Kind, es sey vorn oder hint!*[8] Eros bestellt, was ihm fehlt: dass seine Mutter beteuert, ihn bedingungslos zu lieben, um seiner selbst willen, nicht der erbrachten Leistung wegen.

Doch der Brief verrät auch, dass Wolfgang Mittelpunkt der Familie ist. Das bestätigt ihm sein Vater: Leopold Mozart, der sonst, um Geld zu sparen, jede freie Stelle auf dem Papier ausnutzt, schreibt seine neuen Nachrichten um die Zeichnung herum, an den vier Rändern entlang. Um die Nachrichten zu lesen, muss die Mutter den Brief ständig drehen.

Als Nachschrift verfasst Wolfgang ein Gedicht für die Schwester. Jede zweite Zeile steht auf dem Kopf. Um das Gedicht zu lesen, muss Maria Anna den Brief ständig drehen. Er geht davon aus, dass Mutter wie Schwester das tun werden. Alles dreht sich um ihn. Alles wird ihm nachgesehen, auch von seinem Vater, solange er seine Aufgaben mit der Disziplin eines Mönchs und der Souveränität eines reifen Künstlers erledigt. Wolfgang hat vergessen, dem Waberl, Tochter des Hofkanzlers von Mölk, ein versprochenes Menuett zu schicken, den Wunsch einer Tochter des Hofarztes Barisani jedoch erfüllt. Das sei ganz natürlich, erklärt Leopold seiner Frau; Maria Theresia Barisani ist hübsch, das Waberl offenbar weniger. Solange Wolfgang im Berufsleben funktioniert, darf er im Privatleben Schwächen zeigen.

Und Wolfgang funktioniert als Komponist wie ein Uhrwerk. Er arbeitet Nächte durch, ohne zu ermüden. Wach nimmt er wahr, was er welchem der Solisten zumuten kann. Den Fähigkeiten des Kirchensängers aus Lodi misstraut er offenbar. So sehr, dass er eigenmächtig in die Dramaturgie des Stücks eingreift. Obwohl es das Handlungsgefüge ins Wanken bringt, streicht Wolfgang zwei der vier Arien, die das Libretto für den Titelhelden vorsieht. In den letzten Wochen ist der Sechzehnjährige zum Theaterpraktiker gereift. Anders wäre dieses Werk nicht zu bewältigen, das ohne Zwischenaktsballette und ohne Pausen, die noch einmal zwei Stunden beanspruchen, eine Spieldauer von fast vier Stunden hat.

Nie zuvor hat Wolfgang ein so umfangreiches Libretto vertont, und nie mehr wird er eine längere Oper schreiben. Doch das Extreme schreckt ihn nicht, es fordert ihn. So auch Gamerras extreme Vorliebe für Ombra-Szenen, in denen das Jenseits und die Geister beschworen werden. Das Düstere, Nächtliche, Unheimliche des *Lucio Silla* regt Wolfgang an. Wenn es um eisige Gräber und tiefes Grauen geht, wenn Giunia Tote ansingt und die Schatten aufsteigen, dann ist die Musik am stärksten. Die Todesnähe inspiriert den jungen Komponisten zu aufwühlenden Szenen.[9]

Am 26. Dezember 1772 soll im Regio Ducal Teatro in Anwesenheit von Erzherzog Ferdinand und seiner Frau Maria Beatrice die Uraufführung des *Lucio Silla* stattfinden. Vor dreitausend Zuhörern. Bei der Besetzung des Orchesters hat Wolfgang ebenfalls Extremes gewagt: Allein sechzehn erste und sechzehn zweite Geigen verlangt er.

Rauzzini hat vor der Premiere verbreitet, er könne vor Aufregung nicht singen, wenn die Erzherzogin im Saal sei. Er hat auch dafür gesorgt, dass die Erzherzogin das erfuhr. Doch bevor sich die Ehrengäste in ihrer Loge zeigen, darf sich der Vorhang nicht heben. Um halb sechs Uhr abends müssen die Eingangstüren bereits wegen des großen Andrangs zugesperrt werden. Doch von den Ehrengästen keine Spur. Die Temperatur im überfüllten Theater steigt, die Sänger in voller Montur schwitzen und werden zunehmend nervös. An Rückzug ist nicht zu denken: Sie müssen bereitstehen, um sofort loszulegen, wenn der Erzherzog und seine Frau eintreffen. Doch Ferdinand hat verschlafen und dann seine Korrespondenz erledigen müssen, was bei ihm lange braucht, vor allem, wenn er an seine Mutter Maria Theresia schreibt. Ganze zwei Stunden zu spät erscheint das Herrscherpaar endlich. Die Musiker und Sänger können sich wie Wolfgang ausrechnen, dass sie nun bis zwei Uhr morgens durchzuhalten haben.[10]

Noch vor Lucio Silla hat Cecilio seine erste große Arie. Donnernder Applaus aus der Königsloge belohnt Rauzzini. Die Erzherzogin hat beschlossen, dem Sänger durch Ovationen die angeblich beklemmende Angst zu nehmen. Wie wenig dieser Routinier an Lampenfieber leidet, ahnt sie nicht. Der Darsteller des Lucio Silla, Bassano Morgnoni, hat dazu mehr Grund. Gut, dass auf seine Gegenspielerin Giunia, gesungen von Anna Lucia de Amicis, Verlass ist. Sie verfügt über alles, was nötig ist, um die Gefühlsumschwünge dieses Stückes spürbar zu machen. Es muss jeden packen, wenn de Amicis als Giunia im ersten Akt den Geist des toten Vaters beschwört und den des Geliebten, den sie ebenfalls für tot hält, bis ihr Schmerz in Hass auf Lucio Silla umschlägt. Silla hat auf ihre Beschimpfung zu reagieren. Der Opernneuling Morgnoni ist entschlossen, in dieser Premiere seines Lebens sein Äußerstes zu geben. Er fällt über die Begehrte her, als wolle er sie ohrfeigen oder ihr die Nase einschlagen. Das Publikum bricht aber nicht in Tränen, sondern in Gelächter aus. Doch es fasst sich ebenso wie die aus dem Tritt geratene de Amicis.[11]

Eros hat längst gelernt, was Morgnoni nicht mehr lernen wird: der Übertreibung entgegenzuwirken, wie es Winckelmann gebot. Und der war bis zu seinem Tod vor vier Jahren ein enger Freund von Wolfgangs Auftraggeber Graf Firmian, dem auch Winckelmanns Schriften vertraut sind.[12] Der junge Komponist stellt Silla als Bösewicht dar, aber doch als Menschen. Er durchmisst extreme Gefühlswelten, aber er schildert die Empfindungen in Nuancen. Er beginnt die Grenzen zwischen Rezitativ und Arie aufzulösen, verliert aber an keiner Stelle den Sinn für das Angemessene. Selbst wenn Giunia ihre Zerrissenheit, ihre Verzweiflung und ihre Todessehnsucht besingt, singt sie schön. Ganz im Sinn von Winckelmann.

Die Rechnung geht auf. Die von Venanzio Rauzzini, der am meisten Beifall kassieren kann. Und die von Wolfgang Mozart.

Ihm ist bekannt, dass die Mailänder Zensur streng ist. Was dem absolutistischen Weltbild widerspricht, wird geahndet. Doch an den historischen Fakten hat die Zensur sich nicht zu vergreifen. Sie belegen, dass Lucius Cornelius Sulla, hier nun Lucio Silla, nach einem Putsch zum Alleinherrscher aufgestiegen war, haltlos mordete und neue Territorien eroberte. Und dann völlig unerwartet abtrat und die Republik ausrief. Das rechtfertigt, was der junge Komponist riskiert. Drei Stunden lang baut er die Spannung auf. Erst ganz am Schluss lässt er sie mit Sillas Sinneswandel in sich zusammenfallen. Abrupt lässt er das Gute im letzten Moment siegen. Viel zu abrupt, um das Publikum im Wohlgefühl des *lieto fine*, des glücklichen Ausgangs, baden zu lassen.

Nur wer Wolfgang Mozart nicht kennt, hält das für ein Zeichen mangelnder Erfahrung. Seine Musik macht deutlich, dass diese Wendung Sillas Opfer in einen Abgrund stürzt. Sie ringen um Fassung. All die Gewaltakte des Lucio Silla erscheinen nun auf einmal maßlos und sinnlos. Endlich vereint stehen die Liebespaare da. Nicht glücklich vereint. Mit einem Trugschluss beendet Wolfgang Mozart die Oper: Ihr glücklicher Ausgang ist trügerisch. Es sieht nur so aus, als seien alle am Ziel ihrer Wünsche angekommen. Mozarts Musik zeigt sie anders: als Menschen, die ihren Halt verloren haben.

Wer will, kann das überhören. Mozart ist ein Fallensteller, der sein Handwerk versteht. Und der Beifall des Publikums für den Komponisten verkündet: Wir sind bedient worden mit dem, was wir erwartet haben.

Fünfundzwanzig Mal wird in den nächsten Wochen die neue *opera seria* des Salzburgers wiederholt. Leopold vermeldet triumphierend nach Hause, das Theater sei jedes Mal erstaunlich voll. Doch er ist keineswegs in triumphaler Stimmung. Vom Theater in Venedig, das einen Opernauftrag in Aussicht gestellt hatte, ist nichts mehr zu hören, und dass es mit einer Anstellung für Wolfgang in Mailand nichts wird, erkennt Leopold Mozart, auch ohne etwas von Maria Theresias Brief an Ferdinand zu wissen.

Womöglich haben einige Zuhörer ja doch bemerkt, dass irgendetwas mit diesem *Lucio Silla* nicht stimmte. Dass er unter einer gefälligen Oberfläche herausfordernd neuartig war. Und dass Eros die Zuhörer hineingelockt hat in jene Regionen, die ihn selbst an diesem Stoff fasziniert haben: ins Dunkel der Ombra-Szenen. Auf Friedhöfe und in Dialoge mit Verstorbenen. In das Jenseits im Diesseits, in den Tod mitten im Leben.

Leopold Mozart lässt nichts unversucht. Er wendet sich an Leopold, Großherzog der Toskana, den sieben Jahre älteren Bruder Ferdinands. Und er versucht Zeit zu gewinnen: Am 16. Januar schreibt er offiziell an Fürsterzbischof Colloredo in Salzburg, eine Woche später an seine Frau. Er behauptet, er leide an derartig schwerem Rheuma, dass er sich kaum bewegen könne und an eine Heimreise nicht zu denken sei. Während er agiert, komponiert sein Sohn seine Solomotette *Exultate Jubilate* für Venanzio Rauzzini, wieder einer, dessen Bitten er nicht widerstehen kann.

Sieben Tage später gesteht Leopold Mozart in einem verschlüsselten Postskriptum eines Briefes nach Hause ein, dass er versagt und gelogen hat: Der Großherzog lasse nichts von sich hören, und der Rheumatismus sei nur erfunden gewesen. Er weiß, dass die Zensur in Salzburg private Briefe liest. Obwohl das Geständnis in der familieninternen Geheimschrift abgefasst ist, legt er seiner Frau nahe, den unteren Teil des Briefbogens abzuschneiden, damit er nicht in falsche Hände falle.[13] Ihr gesteht er, wie sehr die Vorbereitungen zur Abreise ihn in Verwirrung stürzen und wie schwer es ihm fällt, Italien zu verlassen – als ein Verlierer, der nicht weiß, wohin.

Am 13. März 1773 treffen Vater und Sohn in Salzburg ein. Nicht zweieinhalb, sondern viereinhalb Monate waren sie unterwegs. Der gescheiterte Stratege ist gekränkt, weil Josef Mysliveček Wolfgang nicht wie versprochen einen Opernauftrag für Neapel besorgt hat. Mit so jemandem will er nichts mehr zu tun haben. Doch Myslivečeks Violinkonzerte haben Wolfgang, den Geiger, entflammt. Während Leopold Mozart die Niederlage mit einem Erfolg vergessen machen will und bereits für den Sommer eine Reise nach Wien plant, vergisst sein Sohn das Scheitern der Italienpläne im Schaffensrausch. Im April komponiert er in wenigen Tagen sein erstes Violinkonzert. Und bevor sie gemeinsam am 14. Juli in die Kutsche nach Wien steigen, entstehen Kammermusikwerke, eine Messe und vier Sinfonien.[14]

Leopold Mozart könnte beruhigt sein. Sein Sohn ist bereit, sich anzupassen. Ohne Murren befolgt er mit der Messe zum Dreifaltigkeitsfest die Vorschriften des neuen Fürsterzbischofs. Sie dauert nicht länger als eine Dreiviertelstunde, ist feierlich, aber nicht glanzvoll. Zum ersten und zum einzigen Mal verzichtet Wolfgang Mozart in einer Messe auf Solostimmen.

Strategien und Tricks von Vater und Sohn

Auch das Stück, das er nun für den Landschaftskanzler Johann Ernst von Antretter zu komponieren beginnt, beweist, wie sehr Wolfgang auf seine Auftraggeber eingeht: Dass im Vordergrund zwei Hörner ein Lied vom grasgrünen Wald zitieren, hat dem Jagdliebhaber gefallen.[15] Benimmt sich sein Sohn in Wien so willig, müsste dort eine Stelle für ihn zu ergattern sein.

Leopolds Zuversicht zeigt sich darin, dass er diesen Aufenthalt in Wien ohne jeden Auftrag auf eigene Rechnung plant. Den Erzbischof konnte er überzeugen. Colloredo will im August selbst nach Laxenburg in der Nähe von Wien reisen. Vermutlich hat Colloredo es Leopold Mozart abgenommen, er und sein Sohn würden dort dann als Teil der erzbischöflichen Entourage fungieren. Ihm ist es durchaus ein Anliegen, in der Kaiserstadt mit seinem Hofstaat Eindruck zu machen.

In Wien macht Leopold keineswegs Gebrauch von seinen Beziehungen zu Adelskreisen, wo sein Sohn Aufträge bekommen und mit Auftritten Geld verdienen könnte. Was aber plant er dann? Sorgsam versucht er, alle seine Unternehmungen so gut wie möglich geheim zu halten.[16] Er wittert Neider in Salzburg. Was er nutzt, sind private Kontakte, die seinem Sohn ständig neue Türen, neue Dimensionen, neue Erfahrungen eröffnen.

Am 16. Juli sind die beiden angekommen, und schon am Tag darauf besuchen sie einen gefeierten Arzt auf seinem Anwesen im Vorort Landstraße. In der Villa mit Park, Praxis und Laboratorium residiert Franz Anton Mesmer, ein Verwandter des Schuldirektors Joseph Conrad Mesmer, der beim letzten Wienbesuch hilfreich war; sie nennen sich Cousins. Mit neununddreißig Jahren ist der vielseitige Mann vom Bodensee in Wien jedem ein Begriff und sein offenes Haus eine Attraktion. Dass es nicht von seinem Geld, sondern von dem seiner zehn Jahre älteren Frau, einer vermögenden Witwe, finanziert wurde, weiß kaum einer. Der Garten mit einem Theater, einer Voliere, Statuen und einem Belvedere, von dem aus man bis zum Prater sehen kann, beeindruckt Leopold Mozart. So weit kann es ein Bürgerlicher bringen. Weil er Freimaurer ist?[17]

Leopold ist noch nicht der Münchner Loge *Zur Behutsamkeit* beigetreten, obwohl einige seiner Salzburger Freunde und Bekannten dazugehören. Er betreibt auch nicht wie diese eine Logengründung vor Ort. Doch seine Sympathien für die Freimaurer verhehlt er nicht. Als Favorit für die Nachfolge Schrattenbachs als Fürsterzbischof hatte Ferdinand Christoph Graf von Waldburg-Zeyl gegolten, als ranghöchster Domdekan beliebt, als Finanzmann und Diplomat bewährt. Er war auch Wunschkandidat von Leopold Mozart gewesen. Seit er nun in München Interessen des Erzbistums vertritt, ist er Mitglied der dortigen Loge.

Hier in Wien sind vor zwei Jahren gleich drei neue Logen gegründet worden. Der Andrang ist groß. Gerade Aufklärungsfreunde wie Leopold Mozart finden dort Gleichgesinnte. Die Loge ist zwar eine Kult- und Symbolgemeinschaft, vor allem aber eine Gesinnungs- und Handlungsgemeinschaft von Klein- wie Großbürgern und Aristokraten. Die Verbindungen dort bringen Vorteile für alle, die sonst bei Hof auf Protektion durch den Adel angewiesen sind.[18]

Am 18. Juli sind Vater und Sohn Mozart bei Joseph Conrad Mesmer eingeladen, zusammen mit Franz von Heufeld, Schauspieldirektor und wie sein Gastgeber Freimaurer. Heufeld beschäftigt sich mit der Theaterreform im Sinne Lessings und mit Shakespeare, dessen Stücke er bearbeitet. Ist er es, der Wolfgang Lust darauf macht, es einmal mit Theatermusik zu probieren, wenn schon kein Opernauftrag vorliegt? Kurz vor der Heimreise beginnt Wolfgang, zwei Chöre zu *Thamos, König von Ägypten* zu vertonen, verfasst vom Staatsrat und Dramatiker Tobias Philipp Freiherr von Gebler, auch er ein Freimaurer.[19]

Die Neugierde der Salzburger, was Leopold Mozart und Sohn in Wien treiben, bleibt ungestillt. Es wird durchsickern, dass die Mozarts am 5. August Audienz bei Maria Theresia hatten, ohne einen Auftrag zu ergattern. Es mag sich auch herumsprechen, dass sie eine Woche später in Wien von Colloredo empfangen wurden, der großzügig ihren Urlaub verlängerte. Aber davon, dass die meisten der Herren, mit denen Leopold in Wien verkehrt, Freimaurer sind, ist in keinem Brief die Rede.

Sogar Familienmitglieder des Kupferschmieds Gottlieb Friedrich Fischer, bei dem sie wieder wohnen, sind Logenbrüder. Vater und Sohn Mozart treffen in Wien auch Johann Ernst von Gilowsky, der mit dem Fürsterzbischof angereist ist und zu dessen offiziellem Begleittross gehört. Gilowsky ist nicht nur begeisterter Aufklärer, sondern auch überzeugter Freimaurer. Leopold Mozart hat offenbar durchschaut, dass hier ein Netzwerk entstanden ist, das außerhalb aristokratischer Beziehungsgeflechte funktioniert. Ein Netzwerk, das seinen Vorstellungen entspricht. Hier zählen nicht ererbte Vorteile, sondern menschliche Verdienste. Was Leopold Mozart in der Salzburger Gesellschaft vermisst, gehört hier zu den Grundprinzipien: Verschwiegenheit und Solidarität. Diskret und wirkungsvoll halten die Brüder zusammen.[20]

Schon bei ihrem Besuch im Juli hat Franz Anton Mesmer ein Instrument vorgeführt, das beiden unbekannt ist: eine Glasharmonika. Erdacht hat sie erst vor zwölf Jahren Benjamin Franklin, Erfinder, Unternehmer und Freimaurer. Mesmer ist der Einzige in Wien, der darauf spielen kann. Beim nächsten Besuch im August hat er bereits einen Konkurrenten. Wolfgang vermag auf Anhieb damit umzugehen. Die Glasharmonika fasziniert ihn. *Wenn wir nur eine hätten*, seufzt der Vater im Brief an die Mutter. Der Sphärenklang des Instruments wirkt hypnotisierend. Offenbar bannt den jungen Komponisten an diesem Klang dasselbe wie am Tanz: dass er nicht fassbar ist.[21]

Das Idol aller Tänzer, mit denen die Mozarts in Frankreich und Italien zu tun hatten, ist seit sechs Jahren in Wien engagiert: Jean Georges Noverre. Maria Theresia hat ihn als Choreograph, Tanzmeister, Zeremonienmeister höfischer Festlichkeiten und als privaten Tanzlehrer verpflichtet. Tanz gehört zum Lehrplan der Töchter und Söhne Maria Theresias.[22]

Am 29. August sind die Mozarts abends bei Noverre zu Hause eingeladen. Die Noverres sind für die Mozarts interessant. Nicht nur, weil Noverre beste Beziehungen zu den höfischen Kreisen und zu den arrivierten Musik- und Theaterleuten hat, nicht nur, weil Noverres älteste Tochter Marie Victoire, seit fünf Jahren mit dem Wiener Kaufmann Joseph Jenamy verheiratet, eine hervorragende Pianistin ist. Noverres Reform des Balletts begeistert den Tänzer Wolfgang Mozart. Der fast vierzig Jahre Ältere denkt wie der Siebzehnjährige: Alles Gezierte, Künstliche und Übertriebene ist ihm ein Graus. Hört auf mit dem Getrippel und den Grimassen, heißt seine Forderung. Wie Wolfgang sucht er nach Ausdruck, der bewegt. Nach Schönheit, die natürlich wirkt, wie Winckelmann es formuliert hat. Noverres Sympathie gilt ausgerechnet dem Deutschen Tanz, der in vielen deutschen Ländern untersagt ist, weil er keinen starren Regeln unterliegt und eine enge Körperhaltung vorsieht. *Der deutsche Tanz*, sagt Noverre, *ist einnehmend, weil alles von ihm Natur ist.*[23] Noverre hat die tanzenden Körper von dem befreit, was ihre Bewegungen behinderte. Er hat gefordert, alles zu verbrennen, was schwer, steif oder starr ist: die Masken, die Allongeperücken, die Prachtröcke der Tänzer. Wie Wolfgang und Winckelmann verlangt er aber auch, dass nichts außer Kontrolle gerät. Noverre lehnt die Übertreibung ebenso ab wie das Schematische. Leicht soll der Tanz daherkommen. Was daran schwer ist, darf das Publikum nicht bemerken. Wolfgang fühlt sich verstanden.

Die Streichquartette, die er in diesem Monat komponiert, federn tänzerisch. Doch was im September entsteht, scheint von anderer Hand zu stammen.

Leopold Mozart könnte zu dem Schluss kommen, ein Todesfall habe seinem Sohn zugesetzt. Anfang September war Franz Joseph Niderl, Hausarzt der Mozarts, aus Salzburg nach Wien gekommen, um sich hier operieren zu lassen. Leopold kennt ihn aus der Studienzeit, Wolfgang von Kindheit an. Am Tag seiner Ankunft hatten sich die Mozarts mit ihm getroffen. Drei Tage später war er tot.

Das letzte der Quartette, das Wolfgang schreibt, endet in einer chromatischen Fuge in d-Moll, die düster und radikal mit allem bricht, was er für diese Besetzung zuvor geschaffen hat.[24]

Doch das Tragische ist mehr als eine Episode. Am 5. Oktober 1773, neun Tage nachdem Vater und Sohn ohne etwas erreicht zu haben nach Salzburg zurückgekehrt sind, beendet Wolfgang seine 25. Sinfonie. Seine erste in einer Moll-Tonart. Gekleidet ist dieses Werk in g-Moll, wie es sich für das 18. Jahrhundert gehört. Aber in dem Gewand aus vertrauten Formen steckt ein Dämon. Der hält sich an nichts und ist nicht zu halten. Schon zu Beginn. Vier Töne werden jeweils einen ganzen Takt unisono und forte gespielt. Synkopen bedrängen, Dissonanzen beunruhigen, Tremolo-Passagen beben. Der Dämon sprengt alle Formen und lebt seine Exzesse aus. Das Dunkle erobert sich seinen Raum.

Leopold Mozart beschließt: Solche Hervorbringungen seines Sohnes darf die Welt nicht zu Gehör bekommen. Sie sind ihm unheimlich. Er verteidigt die Regeln des alten Jahrhunderts vor seinem Sohn. Doch Wolfgang lässt sich nicht hindern, sie zu durchbrechen.[25]

Leopold denkt ans Gutankommen und Durchkommen. Der Umzug ins Tanzmeisterhaus am Hannibalplatz auf der anderen Seite der Salzach mit seinen acht Zimmern im ersten Stock, einem Garten und dem ehemaligen Tanzsaal unten eröffnet ihm neue Möglichkeiten. Der Saal wird zur Verkaufsausstellung genutzt. Mit Klavieren, die Leopold in Kommission verkauft, ist Zusatzgewinn einzufahren.

Doch der Dämon stürmt weiter. Noch bevor das Jahr zu Ende geht, komponiert Wolfgang sein erstes eigenständiges Klavierkonzert.[26] Mit den sieben Kompositionen, die er davor für Klavier und Orchester schrieb, hat es nichts mehr gemein. Hier hatte keiner mehr mitzureden. Auch nicht sein früheres Vorbild Johann Christian Bach. Und schon gar nicht sein Vater.

Wer es hört, hört nur eins: die unverwechselbare Stimme von Wolfgang Mozart.

VIII.

1774 / 1775
Auf der Schwelle
Oder: Die Entdeckung der Liebe[1]

Frisch frisiert und toupiert: aile de pigeon (Taubenflügel) wurde die zur Zeit von Louis XV. modische Frisur genannt, die Mozart offenbar gefiel. Auf dem Konterfei als Ritter vom Goldenen Sporn trägt er sie ebenfalls. Die rechts und links antoupierten Haarsträhnen wurden mit einer großen Samtschleife zusammengebunden und in einem Haarbeutel im Nacken verstaut. Ein unbekannter Künstler malte diese Miniatur auf Elfenbein, vermutlich im Herbst 1777. Seit Deutschs Veröffentlichung 1961 gilt sie weitgehend unwidersprochen als authentisches Mozart-Porträt.

*W*üsste Leopold Mozart über seinen Sohn, was die Schwester weiß, wäre er gewarnt. Auf der Hut ist er ohnehin. Schon was Wolfgang musikalisch treibt, muss den Vater alarmieren. Er verstößt nicht nur gegen Regeln und Gewohnheiten. In vielen seiner neuen Werke reißt er den Hörern den Boden unter den Füßen weg.[2] Wie er das macht, verstehen die meisten nicht, aber sie spüren es. Mit achtzehn beginnt der Sohn, sich der Aufsicht des Vaters zu entziehen.

Geträumt hat Wolfgang davon schon lange. Seine Schwester erinnert sich daran genau. Als Kind liebte er auf Reisen ein selbst erfundenes Spiel. Er hatte sich ein Königreich ausgedacht. *Rücken* nannte er es und erklärte sich selbst zum König dieses Reichs.[3] Damals schon wusste Wolfgang, dass die Vorderseite des Körpers der Kontrolle unterworfen ist. Was im Rücken geschieht, jedoch nicht.

Leopold Mozart ist als Pädagoge erfahren. Ihm ist klar, was sein Sohn dringend braucht, um in Salzburg und bei ihm zu bleiben: Unterhaltung. Der Vater verschafft sie ihm, obwohl es ihn Überwindung kostet, wie er offen zugibt.[4] Dabei ist er selbst tanz- und theaterbegeistert und mit vielen Spielen vertraut, ebenso wie seine Tochter: An die siebzig Spiele kennt Maria Anna. Doch Leopold Mozart betreibt Unterhaltung aus Vernunftgründen. Aus rein strategischen Überlegungen hat Leopold seinem Sohn Spiele beigebracht. Ein Kavalier muss beherrschen, womit man sich in höheren Kreisen amüsiert. Nicht nur Tänze und Billard, auch Kartenspiele und all die anderen Gesellschafts-, Lotterie- und Pfänderspiele.[5]

Maria Anna spielt wie ihre Mutter, weil sie gerne in Gesellschaft ist. Und Wolfgang?

Früher war Leopold Mozart besorgt, wenn sein Sohn zu ernst war.[6] Spielte er, um sich zu erholen und Kraft zu sammeln für das nächste Werk, war das im Sinn des Vaters. Jetzt aber verändert sich etwas mit Wolfgang. Wie Wolfgang spielt, muss den Vater beunruhigen. Exzessiv und mit allem. Nicht nur mit Worten. Mit musikalischen Formen, mit Menschen, mit Vieldeutigkeiten und Risiken spielt er haltlos, manchmal rücksichtslos. Es ist kein Zufall, dass die Spielkasse im Hause Mozart nicht von Wolfgang, sondern von seiner Schwester verwaltet wird.

Im neuen Haus der Mozarts am Hannibalplatz ist viel Unterhaltung möglich. Das Anwesen gehört Maria Anna Raab. Sie hat es von ihrem Cousin geerbt, dem Tanzmeister Spöckner, vor über dreißig Jahren Trauzeuge der Eltern Mozart. Der ehemalige Tanzsaal im Erdgeschoss und der Garten hinterm Haus bieten Spielplatz für alles. Schon kurz nach dem Einzug hat Leopold Mozart eine Bölzelschützencompagnie gegründet. Sonntags und feiertags treffen sich am frühen Nachmittag bei den Mozarts Freunde und Bekannte, auch Durchreisende, die irgendeinen aus dem Schützenverein kennen, zum Windbüchsenschießen. Aus Gewehren mit Luftpumpen fliegen die Geschosse auf selbst gemalte Scheiben mit meist anzüglichen Bildern und Texten. Außerdem wird an drei bis fünf Tischen Karten gespielt und bei gutem Wetter im Freien gekegelt. Leopold nutzt diese Zusammenkünfte. Er wirbt für seine wie Wolfgangs Vorhaben, knüpft und pflegt Kontakte oder lässt sich neueste Nachrichten, gerne auch Gerüchte zutragen.

Wolfgang geht es um etwas anderes. Sein bevorzugtes Kartenspiel ist Tarock. Es gilt nicht als Glücksspiel, sondern als Geschicklichkeitsspiel. Schon als pockenkrankes Kind hat Wolfgang Kartenkunststücke gelernt und sich dabei geschickt angestellt. Tarock ist ein Spiel für Zauberer. Mit Tarockkarten lässt sich auch wahrsagen. Auf einer Karte ist ein Magier zu sehen. Wolfgang weiß, was sie bedeutet: Der Magier steht für das Wechselspiel von wirklicher Welt und Ideenwelt. Für die Verwandlung. Für das Vertrauen in die eigenen Fähigkeiten. *Darock* sprechen die Salzburger das Wort aus. Erwähnt er das Spiel, verwandelt Wolfgang *da Rock* spielerisch in *hier Kleid*.[7] Das ist ein Gewand, das ihm passt. So gut wie die Zahl Eins, die dem Magier zugeordnet ist: Symbol für die Einmaligkeit, die Einzigartigkeit. Aber auch für das All-Eine, das Universum.[8] Nur die Musik und das Spiel befreien Wolfgang Mozart aus einer Enge, in die er schon vor zwei Jahren nicht zurückkehren wollte.

Kommt kein neuer Opernauftrag, wird es schwierig werden, ihn ruhig zu halten. Das ist seinem Vater bewusst. Der Stratege legt sich ins Zeug. Dass Leopold sich in Wien mit Ernst von Gilowsky traf, hatte gute Gründe: Der Salzburger Vertraute ist seit letztem Jahr engster Mitarbeiter von Ferdinand Christoph Graf von Waldburg-Zeyl. Als Waldburg-Zeyl im Jahr 1772 Hieronymus Colloredo bei der Bewerbung um das Amt des Fürsterzbischofs unterlegen war, hatte der ihn zum Fürstbischof von Chiemsee ernennen lassen und zum offiziellen Vertreter des Erzstiftes und dessen Kulturbotschafter in München. Waldburg-Zeyl und Gilowsky sind einander eng verbunden; beide sind Brüder in der Münchner Freimaurerloge *Zur Behutsamkeit*. Waldburg-Zeyl ist vertraut mit Johann Anton Graf von Seeau, dem Münchner Hoftheaterintendanten. Leopold Mozart kennt diese Interna. Einige Gilowskys, auch Tochter Katharina, sind Stammgäste beim Bölzelschießen.

Doch es wird Spätsommer, bis das glanzlose Jahr den ersten Lichtblick eröffnet: Wolfgang wird vom Münchner Hof beauftragt, für die kommende Karnevalssaison eine Oper zu schreiben. Den Erfolg kann Leopold sich selbst zuschreiben. Es hat sich ausgezahlt, dass er eine Verbindung zu Gilowsky gepflegt hat. Offiziell hat Seeau Wolfgang Mozart den Auftrag erteilt, *La finta giardiniera* neu zu vertonen, das Verwirrspiel um eine falsche Gärtnerin, die in Pasquale Anfossis Fassung bereits Kasse machte.[9]

Bestellt ist eine komische Oper. Wolfgang hätte mehr Lust auf eine ernste. Doch Leopold erkennt, was an diesem Auftrag von Vorteil ist. Mit einer *opera buffa*, in der es um List und Intrigen ging, ist sein Sohn in Wien gescheitert. Mit einer *opera buffa*, in der es um List und Intrigen geht, soll er in München siegen. Ein Triumph mit *La finta giardiniera* würde die Niederlage mit *La finta semplice* vergessen machen.

Die Wiener Erfahrung, dass Sänger ein Projekt platzen lassen können, hat sich Vater und Sohn eingebrannt. Als sie gemeinsam am 4. Dezember nach München aufbrechen, ist nur ein Teil von der für die Karnevalseröffnung bestellten Oper auf dem Papier. Obwohl die Uraufführung bereits für den 29. Dezember geplant ist, soll das meiste erst vor Ort auf die Sänger maßgeschneidert werden.

Der Arbeitsdruck in München ist groß, wenn die Oper in drei Wochen komponiert und bühnenreif geprobt sein soll. Dass Wolfgang zwei Wochen nach Ankunft krank wird, lastet sein Vater aber nur der Kälte an, der er sich zu unvorsichtig ausgesetzt habe.

Die Entdeckung der Liebe

Kaum ist Wolfgang auf den Beinen, muss er die erste Probe vor den Verantwortlichen durchziehen. Diese sehen ein, dass die Sänger mehr Zeit brauchen, um nicht nur richtig singen, sondern auch glaubhaft agieren zu können. Die Uraufführung wird auf den 5. Januar 1774 verschoben.

Am 28. Dezember weiht Leopold Mozart Frau und Tochter in die aktuellen Intrigen am Münchner Hof ein. Weil der neuernannte Hofkapellmeister Antonio Tozzi sich in der letzten Karnevalssaison erfolgreich bemüht hatte, mit seiner *opera buffa* die *opera seria* des Kollegen Pietro Pompeo Sales auszustechen, reiben sich Tozzis Feinde und Sales' Freunde die Hände, dass nun Wolfgang Mozarts *opera buffa* vor der *opera seria* Tozzis herauskommt und diese gewiss ausstechen wird.[10] Daran zweifelt angeblich keiner. Triumphierend berichtet der Vater Frau und Tochter vom Erfolg des Probelaufs.

Wolfgang setzt eine Nachschrift an die Schwester darunter. Darin geht es nicht um seine Oper, nicht um den Erfolg. Er lässt in vielen Strichen Gedanken unausgesprochen. Trotzdem ist leicht zu erraten, was ihn umtreibt: die Liebe. Nicht die im Libretto, sondern die wirkliche. Maria Theresia Barisani, die *schöne und geschickte Schülerin von Maria Anna Mozart*, ist Mozarts *favorite Mademoiselle*. Er drängt die Schwester, *den bewussten Besuch abzustatten,* um seine *Empfehlung auszurichten*. Und zwar *auf das nachdrücklichste und zärtlichste*, beschwört er sie. Dass Maria Anna und Wolfgang eng vertraut sind, erkennt jeder Musikfreund: Ihr vierhändiges Klavierspiel ist für seine Innigkeit so berühmt, dass Salzburg-Touristen es hören wollen.

Wolfgang ist überzeugt, dass seine Schwester ihr Möglichstes tun wird. Nicht nur ihm zuliebe, auch aus Neugierde. Offenbar hat er bemerkt, dass sie bereits ihre Nase in seine Affäre gesteckt hat. In Salzburg lässt sich kaum etwas geheim halten.[11]

Leopold Mozart liest diese Zeilen wie üblich, bevor er den Brief versiegelt. Doch obwohl er selbst noch eine Nachschrift unter der des Sohns platziert, nimmt er keinerlei Bezug darauf. Weil er die Angebetete kennt? Weil das eine Schwiegertochter nach seinem Geschmack wäre?[12] Oder vor allem, weil er das Geschehen unter Kontrolle hat?

Zwei Tage später schwärmt Leopold Mozart wieder davon, wie begeistert alle Beteiligten von Wolfgangs neuem Werk sind. Sein

Auf der Schwelle

Sohn schwärmt in der Nachschrift seiner Schwester von den Reizen einer Jungfrau Mizerl vor. Sie solle an seiner Liebe nicht zweifeln, er habe sie immer in ihrem Negligee vor Augen. Trotz der vielen hübschen Mädchen hier in München habe er noch keine Schönheit wie sie gesehen.

Dass es sich bei Mizerl um die Hausbesitzerin Maria Anna Raab handelt, sechsundvierzig Jahre älter als Wolfgang, weiß die Schwester ebenso wie der Vater.[13] Eros erweist sich damit als Fallensteller. Er treibt seinen Spott mit dem Gerede über Amouren. Über den Abgrund echter Verliebtheit legt er die Zweige einer persiflierten. Das stört seinen Vater kaum. Von ihm hat Wolfgang gelernt, Gift zu mischen, Andeutungen zu verstecken und Hinweise zu kaschieren. Leopold Mozart versteht auch, was Wolfgang in diesem Brief von seiner Schwester außer den Grüßen an Mizerl noch erbittet: Sie solle seine Empfehlung an Roxelana ausrichten, die an diesem Abend mit dem Sultan Tee trinke.

Die Figur der Roxelana und ihres Sultans sind Leopold ebenso bekannt wie seinen Kindern. Der Stoff ist Mode und wird in Märchen wie Bühnenstücken verwertet. Vor vier Jahren ist ein Lustspiel von Charles-Simon Favart, der die Vorlage zu *Bastien und Bastienne* verfasste, auf Deutsch erschienen, bei Trattner in Wien: *Solimann der Zweyte; oder, Die drei Sultaninnen* [sic!].[14] Das Stück basiert wie andere ähnlichen Inhalts auf historischen Tatsachen aus dem 16. Jahrhundert. Sultan Soliman II. hatte sich in eine aus der Ukraine stammende Sklavin verliebt. In ihre Intelligenz, ihre Finesse und Belesenheit. Ihretwegen hatte er alle Gesetze des Hofes umgeworfen und sie zu seiner Lieblingsfrau erhoben. Sie nutzte diese Machtposition zu Intrigen.

Es gibt in Salzburg eine Frau, die Ähnliches vermag. Eine Frau, die Wolfgang imponiert: seine Gönnerin Antonia Maria Gräfin von Lodron, zweite Frau des einundzwanzig Jahre älteren Ernst Graf von Lodron, seines Umfangs wegen Graf Baucherl genannt. In ihrem Palast in nächster Nähe des Tanzmeisterhauses gehen die Mozarts ein und aus. Leopold unterrichtet die älteren Lodrons, Maria Anna die Töchter am Klavier. Leopold zieht wie seine Frau über die Gräfin her: Sie bezichtigen sie der Falschheit. Der Verdacht, sie verrate an offizieller Stelle, was ihr im privaten Kreis anvertraut wurde, liegt

Die Entdeckung der Liebe

nahe. Es gibt in Salzburg einen, der wie ein Sultan weltlicher und geistlicher Herrscher zugleich ist: den Fürsterzbischof. Das Gerücht, dass die Gräfin mit dem Fürsterzbischof sehr vertraut sei, ist den Mozarts wohlbekannt. Sie gilt als inoffizielle *first lady* des Bistums.[15] Durch seine anzüglichen Bemerkungen zeigt Wolfgang erneut, dass er etwas vom Ränkeschmieden versteht. Aber er gibt Vater und Schwester auch zu erkennen: Ich bin ein geschlechtsreifer Mann, der über Intimitäten spekuliert.

Eros treibt ihn um. Gut für die neue Oper. Darin gerät Sandrina, eine falsche Gärtnerin, eigentlich Herzogin Violante Onesti, in die Fänge ihrer eigenen Intrige. Der junge Komponist macht hörbar, was gar nicht im Text steht: dass Sandrina nicht mehr weiß, wer sie ist und was sie fühlt. Ob sie sich mehr nach der Liebe verzehrt oder mehr fürchtet, darin verloren zu gehen. Er kennt das Gefühl nun aus eigener Erfahrung.[16] Sehnsucht und Angst, Bestätigung und Verunsicherung liegen nah beieinander. Auch höchstes Glück und tiefe Enttäuschung.

Leopolds Hoffnung, die Oper seines Sohnes werde vor der von Tozzi aufgeführt und diese in den Schatten stellen, erfüllt sich nicht. Die Uraufführung wird erneut verschoben.

Doch am 13. Januar 1775 ist Wolfgang Mozart endlich ganz oben. Bravogeschrei dröhnt im überfüllten Salvatortheater. *La finta giardiniera* berauscht das Publikum. Der Applaus berauscht den Komponisten. Vater und Sohn weiden sich daran, wie ihr angereister Dienstherr verlegen die Lobpreisungen über sich ergehen lassen muss. Sie gelten nämlich nicht Tozzis offizieller Karnevalsoper, die Colloredo besuchte. Sie gelten der Oper seines jungen Konzertmeisters, die er nicht besuchte.

Die Mutter erlebt nichts davon mit. Nur die Schwester ist nach München gekommen und wird Zeugin von Wolfgangs Sensationserfolg. Auf zahllosen Maskenbällen eingeladen, genießt sie mit ihrem Vater und ihrem Bruder Tage des Hochgefühls.[17]

Siegessicher stellt sich Wolfgang einem Wettstreit auf dem Klavier. Ausgetragen wird er in aller Öffentlichkeit: im Gasthaus *Zum Schwarzen Adler* in der Münchner Kaufingerstraße. Der Wirt Franz Joseph Albert, ein Freund der Mozarts, stammt aus einer Musikerfamilie

Auf der Schwelle

und veranstaltet in seinem Spiegelsaal regelmäßig Konzerte. Der Rivale von Wolfgang Mozart heißt Notker Ignaz Franz von Beecke. Er ist dreiundzwanzig Jahre älter, Offizier, Hofmusikintendant bei Kraft Ernst Fürst von Oettingen-Wallerstein und ein Pianist, der seine eigene Schule entwickelt hat. Christian Daniel Friedrich Schubart, Musiker und Literat, der wegen aufsässigen Verhaltens aus Augsburg fliehen musste, ist bei dem Gigantentreffen zugegen. In *La finta giardiniera* hat er Genieflammen erkannt. Ihrem Komponisten hat er prophezeit, er könne einer der Größten werden, die es je gab. Doch nun siegt nach Schubarts Ansicht eindeutig Beecke. Die Reaktion des Publikums erklärt ebenfalls Beecke zum Gewinner.

Das macht in München die Runde.[18] Dazu passt dann auch, dass die Oper des jungen Salzburgers nach einer zweiten Aufführung im Redoutensaal und einer dritten Anfang März abgesetzt wird.

Leopold Mozart wird über den Klavierwettstreit kein Wort in seinen Briefen verlieren. Er verschweigt das Ganze so konsequent wie damals, als Wolfgang im Orgelwettstreit als Zehnjähriger dem zwölfjährigen Bachmann den ersten Platz überlassen musste. Doch wie sehr ihn und seinen Sohn die Niederlage trifft, ist beiden noch Jahre später anzumerken. Der Vater wird Beecke als Neider und Intriganten schmähen, der aus Eifersucht die Werke seines Sohnes vom Hof Oettingen-Wallersteins fernhält. Wolfgang wird es noch 1778 für nötig halten, sich gegen Schubarts Urteil über das Pianistenduell zu verteidigen und Gegenstimmen ins Feld führen.[19]

Ist es Zufall, dass er sich nun auf seine Qualitäten als Geiger besinnt? Zurück in Salzburg, komponiert er seine nächsten vier Violinkonzerte. Danach soll keines mehr entstehen.[20]

Doch in seinem Glauben an sich selbst hat die Niederlage beim Weinwirt Wolfgang Mozart nicht erschüttert. Der Magier und die römische Eins gehören zusammen: Er ist von seiner Einzigartigkeit überzeugt. Das soll ihn über die Krisen der nächsten Jahre hinwegtragen.[21]

Wolfgang Mozart weiß, was an Misserfolgen Schuld trägt: Sein Talent ist zu groß für den kleinen Verstand des Publikums. Und für Salzburg. Colloredos Prognose, dort sei für ihn *nichts zu hoffen*,[22] kommt Wolfgang Mozart nicht ungelegen. Ein einzigartiger Magier wie er gehört nicht einer Kleinstadt. Er gehört dem Universum. Zu

Salzburg gehören Musiker wie der Geiger, den er im Mai im Salzburger Redoutensaal erlebt: für die übrigen Zuhörer ein Virtuose, für ihn ein *schrecklicher Esel*.[23]

Wolfgang Mozart kann nur halten, dass er hier nun besser unterhalten wird. Am 16. November wird das erste öffentliche Theater im umgebauten Salzburger Ballhaus eröffnet. Zwei Wochen später kommt dort Shakespeares *Hamlet* auf die Bühne. Mozart schaut in einen Spiegel. Bei Shakespeare geschieht, was sich auch in seinen Bühnenwerken abspielt: die Vermischung des Tragischen mit dem Komischen. Da ist noch einer, der wie er unterwegs ist zwischen den Extremen.[24] Und der gilt nun auch hierzulande als einer der Größten, die es je gab.

IX.

1776 / 1777
Nicht gut und schön
Oder: Ein Jungmann ohne Reize und Rücksichtnahme

*Trotz Dekoration keine Attraktion: Mozart war erst vierzehn, als Papst Clemens XIV. ihn 1770 mit Ordenskreuz und Diplom als Ritter vom Goldenen Sporn 1. Klasse auszeichnete. Damit war und blieb er der jüngste Träger dieses Ordens. Kollege Gluck hatte ihn, nur 2. Klasse, 1756 mit 42 Jahren bekommen. Während Gluck sich stolz Ritter nannte, waren Mozart solche Würden gleichgültig. Dieses Porträt von Ritter Mozart ließ sein Vater aber erst Ende 1777 für Padre Martini (1706–1784) wohl in Salzburg anfertigen. Das Bildnis, von Leopold «äußerst ähnlich» genannt, zeigt Wolfgang mit fast 22 Jahren als einen wenig ansehnlichen jungen Mann mit leichtem Schielen. Meist wird es dem in München lebenden Johann Nepomuk della Croce (1736–1819) zugeschrieben,
es kommen aber auch ortsansässige Maler in Frage.*

Traurig nennt Leopold Mozart die Lebensumstände seiner Familie. Das wird kaum einer verstehen, der bei den Mozarts verkehrt. Sie bewohnen ein helles Haus in bester Lage, so groß, dass sechs Arbeiterfamilien damit zufrieden wären. Sie verfügen über eine Köchin, ein Dienstmädchen und einen Diener und über teure Instrumente. Sie haben viele Gäste und vermögende Freunde, in deren Palais, Landhäusern und Landschlössern sie willkommen sind. Sie besuchen Bälle, Konzerte, Theateraufführungen, wissen über die neueste Mode Bescheid und haben drei Verdiener in der Familie, denn Maria Anna wird als beste Klavierlehrerin der Stadt von Salzburgs angesehensten Familien stark beschäftigt und gut bezahlt. Gewiss: Verglichen mit Kollegen in Mannheim oder Stuttgart werden Vater wie Sohn schlecht bezahlt. Wolfgang wird trotz seiner auswärtigen Opernerfolge mit einem Praktikantengehalt abgefunden.[1] Aber das Leben in Salzburg ist auch deutlich billiger.

Außerdem ist die Auftragslage des jungen Mozart gut. Die Aufführung seines Zweiakters *Il Re Pastore*[2] im letzten Jahr, in der fürsterzbischöflichen Residenz zu Ehren eines durchreisenden Kaisersohns aufgeführt, war ein Publikumserfolg gewesen. Das Stück hatte gefallen, weil es gefällig war. Seither ist Wolfgang mit Musik beschäftigt, die der Unterhaltung dient und ihn selbst gut unterhält: Serenaden, Nachtmusiken, Divertimenti, Finalmusiken und Cassationen. Diese Stücke sind nicht zielgerichtet wie Sonaten, Sinfonien und Konzerte. Sie bewegen sich von hier nach dort, zerstreuen sich und kommen nicht an.

Das scheint dem jungen Komponisten zu liegen.

Im Frühsommer 1776 bestellt Salzburgs reichster Mann eine Serenade bei ihm. Sigmund Hafner will sie seiner älteren Schwester Elisabeth zum Polterabend vor ihrer Hochzeit im Juli schenken.[3] In der neuen Serenade greift Wolfgang ein Thema auf, das er für *Il Re*

Ein Jungmann ohne Reize und Rücksichtnahme

Pastore erfunden hat. In seiner Rondo-Arie schwört der Titelheld Aminta, ein Hirte königlicher Herkunft, seiner Geliebten ewige Treue. Für sie will er auf den Thron verzichten. Wohl jeden hatte diese Arie bewegt, Leopold Mozart vielleicht auch beunruhigt. Allzu überzeugend hatte sein Sohn hörbar gemacht, dass die Liebe des jungen Mannes größer ist als die rechnerische Vernunft. Das Liebesglück erscheint hier wichtiger als eine gesicherte Zukunft.

Der Auftraggeber Sigmund Hafner ist gleich alt wie Wolfgang Mozart. Seit dem Tod seines Vaters 1772 ist er Chef eines der größten Unternehmen des Bistums.[4] Mehr als eine Million Gulden soll sein Vater, Sigmund Hafner der Ältere, hinterlassen haben. Mit Bank, Spedition, Import und Export war er in Deutschland und Italien ebenso aktiv gewesen wie in Österreich. Die beiden Schwäger des jungen Erben kümmern sich mit Ehrgeiz um den Betrieb, während Sigmund an Geschäften kein Interesse hat. Er widmet sich lieber der Musik und der Literatur. Gesellschaft meidet er, und am liebsten übernachtet er bei den Stallburschen im Sommerhaus der Familie in der Loretogasse. Der Umgang mit Frauen und Männern aus den untersten Bevölkerungsschichten ist ihm am liebsten.

Eine solche Existenz schreckt Leopold Mozart. Struktur muss her im Leben eines jungen Mannes, der über zu viel verfügt. Sei es zu viel Geld, zu viel Muße oder zu viel Begabung. Leopold handelt.

Anfang September wird aus Salzburg ein Brief nach Bologna abgeschickt. Adressat: Padre Martini. Absender: *Wolfgango Amadeo Mozart.*

Wolfgangs Ton wirkt unterwürfig, aber seine Unzufriedenheit ist unüberhörbar. *Ich lebe hier in einer Gegend, wo die Musik wenig Glück hat,* klagt er. *Ums Theater steht es schlecht wegen des Mangels an Sängern. Wir haben keine guten Musiker und wir werden nicht so leicht welche bekommen, weil sie gut bezahlt sein wollen. Und Großzügigkeit kann man uns hier nicht vorwerfen.*[5]

Mit *uns* ist der Fürsterzbischof gemeint. Dass Colloredo für *Il Re Pastore* von der Münchner Hofoper einen teuren Soloflötisten und einen teuren Kastraten für die Titelpartie eingekauft hat, verschweigt der junge Mozart. Er streicht heraus, wie viel er seinem Vater verdankt, weil der Kapellmeister des Fürsterzbischofs ist. *Dadurch kann ich für die Kirche schreiben so viel ich will. Leider nicht, wie er will. Das*

Nicht gut und schön

Niveau der Kirchenmusik hier sei jammervoll. Sein Vater habe nämlich keinerlei Einfluss auf den Erzbischof: Der wolle keine alten Leute sehen.

Schon im April ist Leopold Mozart daher als Geiger vom Dienst freigestellt worden.

Beigelegt ist dem Beschwerdebrief die Kopie eines Offertoriums, das Wolfgang letztes Jahr nach der Uraufführung von *La finta giardiniera* in München komponiert hat. Wie bestellt, ein kontrapunktisches Werk. Am 5. März war es im Hochamt gespielt worden.[6] Es ist streng strukturiert und hochkompliziert. Das Vorführstück eines Musterschülers wie dieser Brief an Padre Martini in Schönschrift und gedrechseltem Italienisch, unterschrieben: *Ihr gehorsamster und ergebenster Diener Wolfgango Amadeo Mozart.*

Geschrieben hat den Brief aber sein Vater, der Wolfgangs Schrift perfekt fälschen kann. Nur die Unterschrift stammt von Wolfgang persönlich. Von sich aus hätte der so einen Text niemals verfasst. Leopold weiß, was er tut: Martini gilt als die größte Kapazität der Musikwissenschaft in Italien und hat Beziehungen zu Gremien im ganzen Land.

Der anbiedernde Ton des Briefs muss dem zwanzigjährigen Wolfgang zuwider sein. Trotzdem hat er unterzeichnet und sich der Bevormundung gebeugt. Wieder einmal.

Auch was Colloredo angeht, kuscht er. Dass der Fürsterzbischof der Ansicht war, Leopold Mozart solle Wolfgang zur Fortbildung nach Neapel schicken, hatte den Vater wie den Sohn empört.[7] Beide hassen ihren Dienstherrn mehr denn je. Trotzdem hat Wolfgang, wie es der Vater befahl, mit dem Fürsterzbischof, dessen Nichte Maria Antonia Gräfin von Lützow und ihrem Bruder Johann Rudolf Graf von Czernin musiziert. Colloredos Neffe studiert seit diesem Jahr in Salzburg. Für Colloredos Nichte, Schülerin von Leopold, hat Wolfgang ein Klavierkonzert komponiert, schön, aber technisch nicht anspruchsvoll.[8]

Es zahlt sich aus, dass man sich bei Colloredos Verwandtschaft angedient hat. Ende des Jahres 1776 setzt der Vater der beiden, Prokop Adalbert Graf von Czernin, Wolfgang Mozart eine Jahresrente von 90 Gulden für Auftragswerke aus.[9] Leisten könnte er sich mehr: Czernin bezieht als Einziger der adligen böhmischen Grundbesitzer

Ein Jungmann ohne Reize und Rücksichtnahme

eine satte Einkunft aus seinen Latifundien, mehr als 100 000 Gulden im Jahr.[10] In Prag residiert er in einem barocken Prachtbau in Sichtweite des Hradschin. Bereits für den nächsten Karneval hat er bei Wolfgang Mozart vier Kontretänze bestellt.[11]

Doch im Januar 1777, um seinen 21. Geburtstag herum, erfährt Wolfgang, dass der Graf gestorben ist. Sein Sohn sieht keinen Grund, die Jahresrente beizubehalten; er steckt sein Geld lieber in die bildende Kunst. Vielleicht ist auch durchgesickert, wie wenig Wolfgang und Leopold Mozart von den geigerischen Fähigkeiten des Colloredo-Neffen halten.[12]

Sicher ist, dass Mittelmäßigkeit in Wolfgang keinen Eros freisetzt. Weder mäßige Schönheit noch mäßige Begabung animieren ihn. Nur große Schönheit erotisiert ihn als Mann, nur große Begabung als Künstler. Die Tochter des Mundbäckers Feyerl, eines vermögenden Hausbesitzers, hat sich beim Tanzen im Gasthof *Stern* in den jungen Mozart verliebt. Aber trotz ihrer Komplimente spottet er nur über diese Anbeterin. Als sie kurz danach ins Salzburger Loreto-Kloster eintritt, schert ihn das nicht.[13] So wenig wie die pianistische Entwicklung der Gräfin Lützow. Durchschnitt lässt einen, der das göttlich Schöne kennt, kalt.

Ganz anders die achtundzwanzigjährige Pianistin, die in diesem Winter in Salzburg auftaucht: Victoire Jenamy, die Tochter von Noverre, ist auf dem Weg von Wien nach Paris, zu ihren Eltern. Offenbar will sie mit ihrem Ehemann, einem Blender und Verschwender, nichts mehr zu tun haben. Sie holt ein neues Klavierkonzert bei Mozart ab. Ihre Brillanz hat bei Wolfgang den Eros des Schaffens freigesetzt. Das ihr gewidmete Klavierkonzert ist sein neuntes. Aber das erste von der Kühnheit, die seine künftigen Klavierkonzerte auszeichnen wird.[14]

Dass Victoire Jenamy damit Wolfgang in Paris den Boden bereiten kann, kommt dem Vater gelegen. Dessen nächste Tournee ist unvermeidbar. Es scheint, als sei der Fürsterzbischof an Wolfgang Mozart nicht mehr interessiert, obwohl er Zeuge von dessen Erfolgen in München geworden war. *Mufti* nennen die Mozarts ihn, wie den Rechtsgelehrten des Islam, der die *fatwa* erteilt.[15] Nicht nur, weil Colloredo kirchliches und weltliches Recht studiert hat; gegen die *fatwa* gibt es keine Einspruchsmöglichkeiten.

Bitten um Gehaltserhöhung scheint der Mufti angesichts leerer Kassen generell zu überhören, Bitten um Reiseerlaubnis generell abzuschlagen. Leopold Mozarts Anläufe im März und im Juni scheitern. Dabei hat er seine Forderungen schon hinuntergeschraubt und nur noch um Reiseerlaubnis für seinen Sohn ersucht.

Im August bekommt der Mufti wieder Post aus dem Hause Mozart. Unterzeichner dieses Mal: der untertänigste und gehorsamste Wolfgang Amadé Mozart.[16] Es ist ein langer Brief, der aber weder untertänigst noch gehorsamst klingt. Der Verfasser belehrt den Rechtsgelehrten, dass laut Evangelium die hochbegabten Kinder Gottes verpflichtet seien, mit ihrem Talent zu wuchern. Außerdem erinnert er den Mufti daran, er selbst habe ihm geraten, sein Glück anderswo als in Salzburg zu suchen. Er bitte daher um Dienstentlassung. Aufgesetzt und geschrieben hat den Brief wieder Leopold Mozart, die Schrift seines Sohnes fälschend. Unterschrieben hat ihn Wolfgang.[17]

Der Mufti macht dieser Bezeichnung Ehre. Wenn ein anderer als der Mufti Rechtsgutachten abgibt, gilt das den Gläubigen als schweres Vergehen. Der handschriftliche Vermerk des Muftis zu dem Antrag ist kurz: Vater und Sohn hätten die Erlaubnis, ihr Glück nach dem Evangelium weiter zu suchen. Alle beide sind entlassen.

Der Stratege Leopold Mozart hat zu hoch gepokert. Ob der besserwisserische Ton den Erzbischof aufgebracht hat oder die für ihn durchschaubare Fälschung, ist unwichtig. Dramatisch ist, dass Vater und Sohn Mozart ab sofort ohne festes Einkommen dastehen.

Es gibt nur eine Lösung: Der Vater muss um Wiedereinstellung betteln, ein Freund, der Geld und Diskretion besitzt, muss um Kredit angegangen werden, der Sohn muss ohne Vater schnellstens aufbrechen. Leopold buckelt, Abbé Bullinger zahlt,[18] Wolfgang packt, vor allem Werke, mit denen er Eindruck machen kann. Ziel der Reise: eine feste Anstellung oder ein großer Opernauftrag. Wo, ist noch nicht klar.

Das Problem bei jeder Bewerbung ist dem Vater ebenso bewusst wie der Schwester. Eros begehrt das Schöne, weil er selbst hässlich ist. Aus dem hübschen Wunderkind ist ein unattraktiver junger Mann geworden. Als *klein, bleich, hager* beschreibt ihn die Schwester. Seine Physiognomie und seine Statur, erklärt sie, machen gar nichts her.

Ein Jungmann ohne Reize und Rücksichtnahme

Außerdem ist er für sie, wenn er nicht musiziert oder komponiert, *fast immer ein Kind*. In ihren Augen *ein Hauptzug seines Charakters auf der schattigen Seite*.[19]

Wer ein Amt bei Hof will, muss vorzeigbar sein und Manieren haben. Daher will Leopold den Sohn nicht allein reisen lassen, doch mitreisen kann er nicht. Die Mutter als Begleiterin auszuwählen, ist eine Notlösung. Das ist dem Strategen bewusst. Als Anna Maria und Wolfgang Mozart am 23. September abreisen, ist er nervlich am Ende. Sie brechen überstürzt ins Ungewisse auf. Bliebe der junge Komponist, würde er zum Gespött. Es hat sich schon bis Prag herumgesprochen, wie man in Salzburg mit den Mozarts umgesprungen ist.

Doch rasch blüht er auf. Gerade erst in München angekommen, vermeldet Wolfgang, er sei bester Laune, bereits fetter geworden und erleichtert, den Schikanen des Mufti entronnen zu sein. Auch seine Selbstsicherheit erblüht. Auf dieser Reise werde er die Rolle des Vaters übernehmen, erklärt er. Er ist überzeugt, dass er das kann.[20] Der Vater nicht. Der Sohn berichtet bereits am dritten Tag der Reise, wie gewitzt er war. Den ersten Termin bei Theaterintendant Seeau habe er zwar verpasst, weil er zu lange mit seiner Frisur beschäftigt war. Dann aber habe er bei Seeau vorgesprochen, gehört, dieser sei im Garten, und sich nicht in die Warteschlange gestellt. Er sei in den Garten gerannt und habe dort den Intendanten abgepasst. Leider ohne Erfolg: Der Intendant hatte von dem Zerwürfnis mit Colloredo gehört und war dadurch misstrauisch gegenüber dem jungen Rebellen. Er verwies ihn direkt an den Kurfürsten Maximilian III. Joseph.

Antrittsbesuche in München hat Wolfgang auftragsgemäß absolviert. Den Rat des Vaters, privates Klavierspiel möglichst nahe an die Essenszeit zu legen, um eingeladen zu werden und Geld zu sparen, hat er befolgt. Die Verbindungen des Vaters hat er genutzt, um Audienz beim Kurfürsten zu bekommen. Das genügt dem Vater nicht. Fast täglich traktiert er aus der Ferne den Sohn mit seitenlangen Briefen, gespickt mit Anweisungen, Vorschriften und Verboten. Der Sohn scheint das meiste zu überlesen. Er berichtet, wie er hier in München seine Zukunft sieht: *lustig und leicht*. Der Vater weist den Sohn an, die nachgesandten Diplome und das Attest von Martini den Verantwortlichen zu zeigen, um sie zu beeindrucken. Der Sohn zeigt sie dem Kurfürsten persönlich und erreicht damit das Gegenteil. Er beherrscht die Töne sonst bis in kleinste Nuancen, nur nicht, wenn es um Diplomatie geht. Sobald er sich gering geschätzt fühlt, haut er aufs Blech. Er habe die Aufnahmearbeit in Bologna, für die viele Meister vier bis fünf Stunden bräuchten, in einer erledigt, brüstet er sich unaufgefordert. Weil er über den Vertrauten Waldburg-Zeyl erfahren hat, der Kurfürst rate dem jungen Komponisten, sich erst einmal in Italien weiterzubilden, serviert er dem Kurfürsten Maximilian III. Joseph mit den Zeugnissen noch die Erfolgsstatistik aus Italien: Er habe dort bereits drei Tourneen hinter sich und drei Opern mit viel Beifall auf die Bühne gebracht. Daraufhin redet der Kurfürst den Einundzwanzigjährigen mit *liebes Kind* an und erklärt, es sei keine Stelle frei.[21] Nicht für ein Kind, das so unattraktiv ist und so unerzogen. Das trifft den Bewerber am wunden Punkt. Er will endlich als Erwachsener angenommen werden. Vom Vater, von den Frauen, von den Regenten.

Leopold rät dem Sohn, sich dem Kurfürsten und dessen musikalischem Geschmack anzubiedern. Aber sein Sohn will nicht umsonst Salzburg entronnen sein, der Bevormundung des Vaters und der Schleimerei gegenüber Colloredo. In seinen Augen sind es nur mittelmäßige Talente, die sich anpassen. Wolfgang erklärt, er sei in München überall sehr beliebt, Leopold warnt vor heimlichen Feinden.

Der Sohn glaubt dennoch daran, dass er *hier sehr beliebt* ist.[22] Der Plan, den sich Weinwirt Franz Albert erdacht hat, um den jungen Komponisten in München zu halten, ist für Wolfgang der Beweis dafür. Zehn gute Freunde sollen einen Verein von Mäzenen bilden, die Vereinsmitglieder dem Komponisten jeden Monat je einen Dukaten zahlen. Das wären im Jahr 600 Gulden, also vier Mal so viel wie er in Salzburg einnimmt. Der Vater entgegnet, Wolfgang solle sich bloß keine Illusionen machen: Der Weinwirt brächte niemals zehn geldige Gönner zusammen, die das für ihn leisten würden. Die Sache verläuft, wie Leopold ahnte, im Sande.

Während den Vater die Sorge um das Auskommen seines Sohnes umtreibt, treibt den Sohn der Eros um. In der Hofoper hat Wolfgang die junge Sopranistin Margarethe Kaiser gehört und vor allem gesehen. *Ich betrachtete die Kaiserin mit meinem Fernglas.* Er schwärmt dem Vater von ihr vor: *ein hübsches Mädel, eine schöne Stimme* und *gute Into-*

Ein Jungmann ohne Reize und Rücksichtnahme

nation. Gleich drei Superlative. Genau dieses Modell kann gefährlich werden. Leopold hat Wolfgang bereits ermahnt, *keinen Exzess* zu machen. Dabei dachte er an einen alkoholischen. Nun berichtet sein Sohn von Exzessen des Gefühls. Der Gesang von Margarethe Kaiser habe ihn zu Tränen gerührt und begeistert. *Ich sagte oft brava, bravissima*. Die Schönheit der neunzehnjährigen Diva hat ihn elektrisiert.[23] Sofort hat er alles über ihre Herkunft, Familienumstände und Ausbildung erkundet.

Sie, nicht seine Zukunft in München oder gar die Sippe in Salzburg, steht im Mittelpunkt seines Interesses. Drei Tage später bricht er einen Brief an seinen Vater mittendrin ab, nur weil der Vizeintendant Klemens Huber ihn zum Rendezvous bei der Angehimmelten einschleusen will. Doch Huber versetzt ihn, und das Rendezvous platzt: *Folglich kam ich nicht zu Mademoiselle Kaiserin, weil ich ihre Wohnung nicht weiß.*[24]

Und Leopold? Geht auf die Sache mit keinem Wort ein. Doch er wird es sich einprägen. Sein Augenmerk ist von diesem Moment an auf die erotischen Interessen seines Sohnes gerichtet. Ein halbes Jahr später wird er sich über seinen Sohn lustig machen, weil er für diese junge Frau in Flammen stand.[25]

Es kommt ihm zupass, dass sein Sohn bereits drei Tage nach dem geplatzten Rendezvous die Folgen des freien Liebeslebens zu Gesicht bekommt. Er besucht den zwanzig Jahre älteren Kollegen Josef Mysliveček im Herzogspital. Dem Mann, den die Frauen wegen seines Charmes und seines guten Aussehens liebten, hat die Syphilis die Nase weggefressen. Sein Zimmer stinkt nach Fäulnis, sodass Wolfgang sich lieber im Spitalsgarten mit ihm verabredet. Das Leid Myslivečeks ergreift ihn. Dass der einst Umschwärmte völlig verlassen ist und ihn kaum einer der vielen Bekannten in der Klinik besucht, erschüttert ihn. Dämmt das auch seinen erotischen Drang?

Margarethe Kaiser ist keine Gefahr mehr, die Weiterfahrt nach Augsburg beschlossen.

Schon nach drei Wochen sieht die Lage anders aus. Mutter Mozart, die zu Beginn der Reise noch jubelte, sie lebten wie Fürstenkinder, fristet ein Schattendasein. Auf Bälle und Galas geht ihr Sohn allein. Er tafelt bei adligen Gastgebern, sie isst allein auf dem Zimmer. Zum Spitalsbesuch hat er sie mitgenommen. Die Mutter sei verdrossen, vermeldet der Sohn, und habe dauernd Kopfweh. Sie selbst beschwert sich, dass sie, zum Umfallen müde, beim Kofferpacken alleingelassen sei. *Ich schwitze, dass mir das Wasser über das Gesicht läuft vor lauter Bemühung um das Einpacken*, stöhnt sie und flucht: *Hole der Plunder das Reisen. Ich meine, ich muss die Füße ins Maul schieben vor lauter Müdigkeit.*[26]

Der Sohn hat gelernt, in drei Sprachen Konversation zu führen. Sie beherrscht nur den Salzburger Dialekt und den Umgang mit einfachen Salzburger Freunden. Salonfähig ist sie nicht.

Am 11. Oktober 1777 trifft Wolfgang mit seiner Mutter in Augsburg ein. Maß halten, hat der Vater angeraten. Der Sohn mietet sich mit der Mutter im *Weißen Lamm* ein, einem der teuersten Gasthöfe der Stadt. Leopold setzt auf seine Augsburger Verwandtschaft, die Verbindungen zu den Patriziern hat. Von Leopolds Bruder Franz Alois wird er zum Stadtpfleger Langenmantel geführt. Als der ihn warten lässt, fühlt sich Wolfgang wie ein Dienstbote behandelt. Herabwürdigung erträgt er nicht. Er wird den Augsburgern und seinem Vater zeigen, wer er ist. Das Verfahren: Er macht andere schlecht und streicht seine Überlegenheit heraus. Den Augsburger Musikdirektor Friedrich Hartmann Graf verspottet er wegen seiner gestelzten Ausdrucksweise. Der mache das Maul auf, bevor er wisse, was er sagen wolle. Grafs Kompositionen schmäht er als ideenlos und plump. Den Sohn des Stadtpflegers Langenmantel nennt er *Esel vom kurzen Mantel*.

Leopold Mozarts Misstrauen ist erwacht. *Es bleiben mir manche Sachen unbeantwortet*, mahnt er.[27] Noch wittert er dahinter keine Absicht. Er drängt Wolfgang sein eigenes Rezept auf: immer einen Zettel bereit liegen zu haben und darauf sofort alles zu notieren.

Dass sein Sohn die diplomatischen Grundregeln ignoriert, entgeht dem Vater nicht. Wolfgang verkündet, er werde mit allen Leuten so umspringen wie sie mit ihm. Das kann nicht gut gehen. Der Vater warnt vor zu viel Hochmut und Eigenliebe. Der Sohn überhört das. Den Augsburger Patriziern wirft er vor, sie spielten sich als vornehme Herren auf, ohne irgendetwas von der Welt gesehen zu haben. Und als der junge Langenmantel sich über Mozarts Orden als Ritter vom Goldenen Sporn lustig macht, schlägt Wolfgang zurück: Eher bekomme er sämtliche Orden, die Langenmantel je ergattern könne, als dass der ihm jemals das Wasser reichen könne.

Ein Jungmann ohne Reize und Rücksichtnahme

Was seine Gefühle angeht, ist er dem Vater gegenüber aufrichtig. Doch der Vater ermahnt ihn, Fremden gegenüber nicht aufrichtig zu sein. *Alle Menschen seien Bösewichter*, warnt er.[28] Damit kann sein Sohn nicht leben. Er hungert danach, gelobt und geliebt zu werden. Als Musiker und als Mann.

Dass ihn seine Cousine Maria Anna Thekla anschwärmt, ist Balsam. Wolfgang empfindet das zwei Jahre jüngere Bäsle in jeder Hinsicht als eine Verwandte. *Wir taugen zusammen*, erklärt er dem Vater, *denn sie ist auch ein bisschen schlimm.*[29] Schlimm nennt er die erotische Begehrlichkeit. Die gefällt ihm bei der Cousine, solange sie ihm selbst gilt. Als der zwanzig Jahre ältere Pater Aemilian Angermayr davon in angetrunkenem Zustand animiert wird, vergisst sich Wolfgang. Dass Angermayr Professor der Theologie ist, kümmert ihn nicht. Er behauptet, der Pater mache in seinem Beruf eine lächerliche Figur, außerdem sei er ein hochnäsiger Esel. Als Angermayr mit Mozart und der Cousine einen Kanon singen will, lügt Mozart zuerst, er könne nicht intonieren. Dann setzt er als dritter ein. Mit leiser Stimme singt er statt des vorgegebenen Textes einen obszönen: *O du Schwanz du, leck mich im Arsch.*[30]

Zu verlieren hat er nicht gelernt und wird es nicht lernen. Eine Niederlage muss er in einen Sieg verwandeln. Auch die verjährte im Klavierwettstreit gegen Franz Ignaz Beecke.

Die achtjährige Tochter des Augsburger Klavierbauers Johann Andreas Stein ist Schülerin jenes Beecke. Also muss sie herabgesetzt werden. *Wer sie spielen sieht und hört und nicht lachen muss, der muss von Stein wie ihr Vater sein*, schreibt er. Eine Beecke-Schülerin kann von diesem Lehrer nur rettungslos verdorben sein. *Sie wird das Notwendigste und Härteste und die Hauptsache in der Musik niemals bekommen, nämlich das Tempo.*[31] Triumphierend meldet er die Bekehrung Steins: *Er war in den Beecke völlig vernarrt. Nun sieht und hört er, dass ich mehr spiele als Beecke; dass ich keine Grimassen mache und doch so expressiv spiele. Vor allem aber: dass ich immer akkurat im Takt bleibe, über das verwundern sie sich alle.*[32] Dass Beeckes Schüler wie ihr Lehrer die Augen verdrehen, große Gesten vollführen und bei jeder Wiederholung schmunzeln, findet er unerträglich.

Jede Übertreibung läuft für ihn der Schönheit des Ausdrucks zuwider. Ganz im Sinn von Winckelmanns Schönheitslehre, die entstand, als er gezeugt wurde. Das angemessene Tempo, erklärt Mozart dem Vater, sei für ihn das Wichtigste in der Musik,[33] Maßhalten wie Takthalten beim Spiel unverzichtbar. In seinem Verhalten ist von Mäßigung und Taktgefühl jedoch wenig zu bemerken.

Als Wolfgang Mozart mit seiner Mutter Augsburg am 26. Oktober verlässt, ist er kein Gewinner, sondern Verlierer, was Finanzen und gesellschaftliches Ansehen betrifft. Als Musiker hinterlässt er Eindruck, als Mensch verbrannte Erde. Nicht nur mit dem Stadtpflegersohn hat er sich angelegt. Allen Patriziern der Stadt hat er die Meinung gesagt. Aufgetreten sei er in Augsburg nur, damit sie sich nicht vor der Weltöffentlichkeit blamierten – als Ignoranten, die ihm in der Stadt seines Vaters keine Chance gegeben hätten.

Auf das kleinste Anzeichen mangelnder Anerkennung reagiert er verletzlich, auf Zurückweisung aggressiv. Das hindert ihn nicht, andere zu verletzen und zu verspotten, wenn sie seinem Anspruch nicht genügen. Als der Vater ihm berichtet, die Tochter des Mundbäckers Feyerl habe Hals über Kopf das Kloster verlassen, um Wolfgang von der Reise abzuhalten, und sei nicht mehr ins Kloster zurückgekehrt, höhnt er: Sie sei natürlich der Grund für ihn gewesen, die Abreise aus Salzburg hinauszuzögern. Der Vater möge diese Geschichte aber in Salzburg vertuschen.[34]

Ist Wolfgang Mozart selbst der Liebende, hört sich das anders an. Leopold Mozart hat von seinem Sohn erfahren, dass sich die Augsburger Base von Pater Angermayr Anzüglichkeiten gefallen ließ. Nun beleidigt er sie als Pfaffenschnitzel. Eine, die sich als Leckerbissen Geistlichen anbietet.

Es ist das erste Mal, dass der Vater ein weibliches Wesen herabsetzt, das sein Sohn als begehrenswert schildert. Es wird nicht das letzte Mal sein. Wolfgang verteidigt die Base. Doch er weiß, dass seine Begehrlichkeit in den Augen seines Vaters verwerflich ist. Als er die Cousine an ihr Versprechen erinnern will, ihm ein Porträt von sich zu schicken, verschreibt er sich. Er erinnert sie an das *Verbrechen*.[35]

Nicht verwerflich, sondern klug findet Leopold das doppelte Spiel seines Sohns. Er bestärkt ihn darin, einen wie Beecke als Provinzpianisten abzutun und ihn zugleich zu benutzen.

Am 27. Oktober 1777 ist Wolfgang privater Gast bei Notker Ignaz Franz Beecke in Schloss Hohenaltheim. Wolfgang berichtet, der

Ein Jungmann ohne Reize und Rücksichtnahme

Rivale habe ihn großzügig empfangen und bewirtet. Im selben Atemzug zieht er über den Gastgeber her. Das sei ein seichter Kopf, nicht fähig, Mozarts Musik zu begreifen.³⁶ Auch das ist im Sinn des Vaters. Er hat seinem Sohn oft genug gesagt, seine Begabung sei göttlich. Zu oft gesagt, wie Adolf Hasse meinte.

In Mannheim werden sie seine Musik begreifen und sein Genie erkennen. Davon sind Vater und Sohn Mozart überzeugt. Dort sitzt eines der besten Orchester Europas. Die Verbindung zum Konzertmeister Christian Cannabich ist bereits geknüpft. Leopold hat seinen Sohn instruiert, wie er hier die Fachwelt zu erobern habe.

Am 31. Oktober beendet die Mutter einen Brief aus Mannheim nach Hause mit dem Satz, sie bitte mit Nachrichten von ihrer *Wenigkeit* vorlieb zu nehmen.³⁷ Der Sohn hat keine Zeit zum Schreiben. Dann verfasst er aber doch eine Nachschrift und bittet, mit seiner Mittelmäßigkeit vorlieb zu nehmen. Die folgenden Zeilen entlarven diese Bemerkung als blanke Ironie. Wolfgang berichtet, dass er mit Cannabich eine Probe des Hoforchesters besucht hat und von ihm einigen Leuten vorgestellt wurde. Manche kannten ihn, viele aber nicht. Sie meinten offenbar, es sei nicht nötig, ihn zu kennen, und belächelten ihn. Weil er klein und jung sei, seien diese Ahnungslosen der Ansicht, es könne nichts Großes in ihm stecken. Aber siegessicher setzt er nach: *Sie werden es aber bald erfahren.*

Kurz danach hat Wolfgang Cannabich bereits durch sein Können überzeugt. *Er ist sehr für mich eingenommen,* meldet Wolfgang befriedigt.³⁸

Der Vater ist der Ansicht, sein Sohn solle Menschen vor allem durch *ehrerbietiges Betragen* zu Freunden machen. Das heißt für Leopold Mozart nicht, ehrlich oder offen zu sein, im Gegenteil. Er berät seinen Sohn, wie er sich bei dem Mannheimer Konzertmeister Christian Cannabich beliebt machen kann: indem er dessen Tochter unterrichte, ohne ihren Lehrer schlecht zu machen. Dass Wolfgang schlecht über den Lehrer denkt, ist zu erwarten. Vor allem aber müsse er den Vizekapellmeister Abbé Vogler gewinnen: *Vogler muss ein geschickter Mann sein, denn er steht in vielem Kredit beim Kurfürsten.*³⁹ Sich einzuschmeicheln, klärt Leopold seinen Sohn auf, habe nichts mit Intrige oder Betrug zu tun. Das sei *Politik* und Wolfgangs gutes Recht, weil sein unscheinbares Äußeres nicht vermuten lasse, was in

131

ihm steckt. Nur so könne er Zeit gewinnen. Zeit, die es brauche, um allen vorzuführen, wie groß die *göttliche Gnade* sei, die ihm durch sein Talent zuteil wurde.[40]

Doch sein Sohn sucht und braucht etwas anderes als Anpasserei und Schleimerei. Die Empfehlung des Vaters, Populäres zu komponieren, übergeht der Sohn ebenso wie die Ermahnung, sich zu mäßigen.[41] Er sucht und braucht im Alltag den Exzess, im Benehmen und in der Sprache. Nur das befreit ihn. Seine Briefe an die Base kennen keine Grenzen. Keine der Sprache, keine der Logik, keine des Anstandes. Ganz Spieler, kitzelt ihn das Risiko, alle Möglichkeiten auszureizen.

Die Lust an der Grenzüberschreitung lebt er in Mannheim auch mündlich aus. Ungeniert bekennt er dem Vater, dass er von abends zehn bis Mitternacht bei den Cannabichs zu Besuch war und *lauter Sauereien* gereimt habe.[42] Das scheint Leopold Mozart nicht zu beunruhigen. Er liest ja auch, dass seine Frau die Tochter bittet, sie solle statt ihrer der Hündin Pimperl *aufs Fotzerl ein Busserl geben*. Ihn beunruhigt jedoch, wie sein Sohn sich über Abbé Vogler äußert: ein elender Musiker, der sich viel einbilde, wenig könne und beim Orchester verhasst sei.[43]

Dem Vater schwant Unheil. Zu Recht. In einem Brief vom 13. November fällt sein Sohn über Vogler als Komponisten wie als Menschen her.[44] Der Vater habe nur eine gute Meinung von diesem Abbé, weil er dessen Kompositionslehre noch nicht gelesen habe. Rechnen könne man damit vielleicht lernen, aber bestimmt nicht komponieren. Hier in Mannheim war ein *Miserere* von Vogler aufgeführt worden. Laut Wolfgang fand das Publikum das Stück miserabel. Vogler aber sei zum Kurfürsten Carl Theodor gegangen und habe behauptet, am Misserfolg sei das Orchester schuld. Es habe absichtlich schlecht gespielt. Außerdem will Wolfgang bereits erfahren haben, dass Vogler *Schlechtigkeiten mit Weibern getrieben* und sie zu seinem Vorteil benutzt habe. Für ihn ist dieser Mann *ein Narr, der sich einbildet, dass nichts Besseres und Vollkommeneres sei, als er*.

Der Sohn weiß, wie er den Vater auf seine Seite ziehen kann. Angeblich hat Vogler ihm gegenüber eine Arie von Johann Christian Bach, den Leopold verehrt, eine abscheuliche, *im Punschrausch* geschriebene *Sauerei* genannt.[45] Als Beruhigungspille reicht er dem

Vater nach diesen Ausfälligkeiten die Nachricht, Vogler habe beim Kurfürsten ohnehin schon ausgedient.[46]

Nicht nur Vogler ist Zielscheibe seines Spotts. So höhnt er, man müsse in Mannheim für Instrumente schreiben, denn es gebe nichts Schlechteres als die Stimmen hier, wie er in der Messe beim Hochamt bemerkt habe. Wenn Anton Raaff, ein renommierter Tenor, genügend singe, merke man, was der Grund dafür sei, dass es grässlich klinge: seine Stimme.[47]

Ausführlich berichtet Wolfgang von den zahllosen Nichtskönnern. Sein Vater kann davon ausgehen, dass er sich auch in Mannheim mit seinem Urteil nicht zurückhält. Auf die strategischen Hinweise und Anweisungen des Vaters, was Reiseplanung, Einkünfte, Aufträge und Ausgaben angeht, reagiert er mit keinem Wort. Dass sein Vater unter der Last der Kredite ächzt und seine Schwester ihm ihr Erspartes zuschustert, interessiert ihn auch nicht. Mit zunehmender Schärfe ermahnt Leopold Mozart Frau und Sohn, den Blick verstärkt aufs Geld zu richten. Er erkennt, dass Wolfgang sich seinem Zugriff entzieht und Anna Maria nicht imstande ist, ihn daran zu hindern. Die Mutter beklagt nur, dass sie einsam ist und friert. Leopold ahnt auch, dass Wolfgangs mangelnde Umgangsformen und seine lose Zunge mit Grund dafür sind, dass er in Mannheim keine lukrativen Aufträge bekommt. Allerdings ist ihm klar, dass Wolfgang damit in Paris noch heftiger anecken wird. Dort seien geschliffene Umgangsformen und Besonnenheit unverzichtbar, schärft er ihm am Anfang seines dicken Briefs ein. Da ist sein Ton noch maßvoll, doch am Ende platzt ihm der Kragen: *Wo kein Geld ist, – ist auch kein Freund mehr*, droht er, *und wenn Du hundert Lektionen umsonst gibst, Sonaten komponierst, und alle Nächte statt wichtigeren Dingen von 10 bis 12 Uhr Sauereien machst. Begehre dann einen Geld-Kredit! – da hört aller Spaß einmal auf.*[48]

Den Sohn scheint das weniger zu entmutigen als seine Erfolglosigkeit bei den Frauen. Als Mann nimmt ihn offenbar keine ernst. Außer dem Bäsle, und dass dieses Pfaffenschnitzel beim Vater nichts gilt, weiß er. Gerade erst beginnt bei dem Einundzwanzigjährigen der Bart zu wachsen. Selbst die Mutter vermeldet mit spöttischem Unterton, die paar Barthaare ihres Sohnes seien *nicht barbiert worden, sondern nur mit dem Scherl geschnitten*. Komisch und tragisch unterzeichnet er am 22. November einen Brief als *Wolfgang Amadé Mozart, Ritter des goldenen Sporns, und so bald ich heirat, des doppelten Horns.*[49]

Der Vater ist der Wortspiele seines Sohnes überdrüssig. Er fordert Fakten, Daten, Zahlen ein, wirft ihm Nachlässigkeit, Sorglosigkeit und Faulheit vor. Nun offenbart Wolfgang, wie sehr er darunter leidet, in Mannheim nicht zu reüssieren. Dass es ihn schmerzt, hingehalten, ausgenützt, an der Nase herumgeführt oder geprellt zu werden. In seiner Antwort an den Vater verteidigt er sich nicht mehr gegen dessen Bombardement an Vorwürfen. Er führt nicht an, wie viel er in Mannheim aus Gefälligkeit komponiert hat, betont nicht wie die Mutter, dass er mit Unterricht rund um die Uhr beschäftigt ist. Als wäre er ein alter, lebensmüder Mann erklärt Wolfgang, er sei nicht sorglos, nur auf alles gefasst; *denn die Glückseligkeit besteht – – – bloß in der Einbildung.* Mozart verteidigt sich nicht mehr. Der Vater sei offenbar der Ansicht, er müsse den Misserfolg seines Sohnes in Mannheim dessen *Nachlässigkeit, Sorglosigkeit und Faulheit zuschreiben*. Gallebitter erklärt Wolfgang: *So kann ich nichts als mich für Ihre gute Meinung bedanken und von Herzen bedauern, dass Sie mich, Ihren Sohn nicht kennen.*[50]

Glaubt der Vater, er könne seinen Sohn durch mehr Kontrolle besser kennenlernen? Seiner Frau befiehlt er, zu lesen, was Wolfgang ihm schreibt, bevor sie die Briefe abschickt. Die Tochter teilt die Ansicht des Vaters: Immer hätte er *eines Vaters, einer Mutter oder sonst eines Aufsehers* bedurft.[51] Seinem Sohn befiehlt er, die väterlichen Briefe der letzten Wochen erneut durchzuackern und das Wichtigste herauszuschreiben. Seitenweise listet er auf, was Wolfgang seiner Meinung nach alles in Mannheim falsch gemacht hat.

Wolfgang entwirft einen neuen Plan. Es sei schonender für sie und billiger für alle, wenn er die Mutter in Mannheim zurücklasse und ohne sie nach Paris reise. Reisegefährten hat er schon. Es sind vier Mannheimer Bläsersolisten: sein Freund und Gastgeber Johann Baptist Wendling, Flötist, der Oboist Friedrich Ramm, der Fagottist Georg Wenzel Ritter und der Hornist Jan Vaclav Stich, der sich Giovanni Punto nennt. Als Musiker so makellos wie als Menschen, weiß er. Vor allem Ramm, *Oboist, welcher sehr schön bläst,* ist *ein recht braver lustiger und ehrlicher Mann.* Seine Eignung als Reisegefährte hat er bereits bewiesen. Er war mit von der Partie, als Mozart bei den

Ein Jungmann ohne Reize und Rücksichtnahme

Cannabichs *lauter Sauereien, nämlich vom Dreck, Scheißen und Arschlecken gereimt hat, mit Gedanken, Worten und – – – aber nicht mit Werken.*[52]

Die Mutter ist Wolfgang als Reisebegleiterin lästig. Und ihr ist es unangenehm, ihn überwachen zu müssen. Sie wäre damit einverstanden, allein heimzureisen. Sie hat es satt, tagelang allein im Zimmer zu hocken, zu waschen, zu stopfen und auf ihren Sohn zu warten. Meistens sieht sie von morgens bis abends niemanden. So kann sie ihren Sohn nicht kontrollieren, erkennt der Vater. Er verbietet ihm, die Mutter allein Trübsal blasen zu lassen und woanders zu schlafen als sie. *Das Zimmer mag so klein sein als es will, so wird ein Bett für Dich Platz finden.*[53]

Wolfgang Mozart übergeht Befehle wie Vorwürfe. Und Leopold Mozart entzieht ihm, was Eros zum Leben braucht: das Gefühl, geliebt zu werden. Prompt betont der Sohn, wie viel Liebe ihm hier geschenkt wird. *Übrigens weiß ich, dass mich der Kurfürst lieb hat. Auch die Ersten und Besten von der Musikszene hier haben mich sehr lieb.*[54] Die Cannabichs ebenfalls.

Die Klaviersonate, die er in Augsburg begonnen und hier vollendet hat, widmet er Cannabichs Tochter Rose. Sie ist noch keine vierzehn, auffallend begabt, frühreif und nach Ansicht des Malers Kobell auch auffallend schön.[55] Im Andante der neuen Sonate, berichtet Wolfgang dem Vater, habe er den Charakter von Rose Cannabich wiedergegeben. Anfangs hat er nur von ihr berichtet, sie spiele artig Klavier. Dann schreibt er von ihrer Schönheit, Intelligenz, Liebenswürdigkeit und Anmut. Schließlich davon, dass er weinen musste, als sie ihm die Sonate vorspielte. Alle seien übrigens in diese Sonate verliebt.

Der Vater wird sich an Margarethe Kaiser erinnert fühlen. Längst hat Wolfgang ihm, wie gefordert, eine Abschrift der Sonate nach Salzburg geschickt. Aber nun erst reagiert der Vater. Er zieht nicht über Rose her, sondern über ihr musikalisches Abbild. *Die Sonate ist sonderbar*, findet er. *Sie hat etwas vom manierierten Mannheimer goût.*[56] Allerdings nur zum Teil, sie werde davon nicht ganz verdorben.

Welcher Teil ihm missfällt, wird sein Sohn verstehen. Aber hat der Vater verstanden, was sein Sohn ihm damit anvertraut hat?

Dieses Andante kann niemals ein Mädchen abbilden, das schön, anmutig und liebenswürdig ist. Es ist ein Satz mit jähen Wendungen und vielen Pausen, er wird leidenschaftlich, hält inne, schreckt zurück. Verstörung wird hörbar. Es bildet nicht Rose Cannabichs Wesen ab, sondern Wolfgang Mozarts Empfindungen für sie. Hat sein Vater das gespürt? Hat er deshalb so ablehnend reagiert?

Der Sohn fragt am 1. Dezember nochmals beim Intendanten Louis Aurel Graf von Savioli an, ob er als Hoflehrer bei zwei Mätressenkindern des Kurfürsten antreten könne. Mehr war in Mannheim ohnehin nicht vorgesehen. Der Graf wimmelt ihn mit einem Vielleicht ab. Am 8. Dezember serviert er Mozart das endgültige Nein.

Weil Mozart nichts hermacht? Oder weil er nicht gesellschaftsfähig ist?

In seinen Briefen betreibt er ein Versteckspiel. Beliebtestes Versteck: Banales aus dem Alltag. Dass sein Sohn zwischen extremen Empfindungen hin- und hergeworfen wird, bleibt dem Vater trotzdem nicht verborgen. Wolfgang stürzt vom Gipfel der Selbstsicherheit in den Abgrund des Zweifels. Verfällt von Zärtlichkeit in Bösartigkeit. Er begeistert sich haltlos und lästert haltlos.

Ende Dezember lernt er Christoph Martin Wieland kennen. Er kennt das Renommee dieses Mannes. Aber er berichtet nichts von dem, was Wieland gesagt hat. Er spottet nur über dessen *kindische Stimme* und dessen Sprachfehler, schimpft über Wielands *gelehrte Grobheit* und *dumme Herablassung*. Vor allem aber lässt er sich über Wielands wenig geglücktes Erscheinungsbild aus: *Das Gesicht ist von Herzen hässlich, mit Blattern angefüllt, und eine ziemlich lange Nase.*[57]

Ende Dezember 1777 schickt Leopold durch Sigmund Hafners Spedition ein Porträt an Padre Martini. Der Padre hat es sich gewünscht.

Die Augen des dargestellten jungen Mannes stehen vor und schielen etwas. Seine Nase ist groß, aber nicht fein. Seine Gesichtsfarbe käsig. Sein Gesichtsausdruck leer. Um den Mund liegt ein mokanter Zug. *Künstlerisch tauge es nicht viel*, schreibt Leopold Mozart. Aber es sei *äußerst ähnlich*. Zu sehen ist sein Sohn als Ritter vom Goldenen Sporn.[58]

X.

1778
Sohn der Penia, immer bedürftig
Oder: Reise nach Paris mit großen Verlusten

*Handarbeitend und wartend: Anna Maria Mozart geborene Pertl (1720–1778) war
Mitte fünfzig, als die italienische Malerin Maria Rosa Hagenauer geborene Barducci
(ca. 1744–1786) sie um 1775 porträtierte. Die bei Mozarts als «Madame Rosa»
geführte Malerin war die Ehefrau eines Salzburger Bildhauers und entfernten Verwandten von Getreidegassen-Hauswirt Lorenz Hagenauer. Für das sogenannte
Familienbild sollte Mozart 1781 in Wien von der Malerin, die ebenfalls dort lebte,
das Porträt ausleihen. Sie wollte nicht; «mir fiel aber ein daß man mit den Italienern
in dergleichen fällen ein bischen grob seyn müsse; – und sagte ihr, daß sie ihren
schuß nicht verloren habe»; Mozart bekam das Porträt, das im Familienbild
an der Wand hängend zu sehen ist.*

Das Jahr beginnt verdächtig harmlos. *Still und langweilig* ist es hier, berichtet Anna Maria Mozart am 3. Januar nach Hause. Schuld daran trägt der Mann, der an Neujahr im Dunkel der Nacht Mannheim verlassen hat. Er ist direkt nach München gefahren. Dort ist Kurfürst Maximilian III. Joseph kinderlos gestorben. Der Pfälzer Wittelsbacher Carl Theodor erbt Bayern.

Schuld daran, dass es still und langweilig ist, trägt auch Anna Marias Sohn. Die Mutter sitzt allein in ihrem Zimmer, als sie schreibt. Wolfgang ist unterwegs. Wann er heimkehren wird, weiß sie nicht. Sie bekommt ihn kaum mehr zu Gesicht. Die Mutter entschuldigt ihn. Der Kerl müsse sich zerreißen. Die neue Unterkunft beim Kammerrat Serrarius finanziert er zwar mit Unterricht der Tochter hier im Hause. Aber ansonsten geht er dahin zum Essen, dorthin zum Komponieren und Unterrichten und woandershin zum Schlafen, berichtet Mutter Mozart.[1]

Nachrichten, die ihren Mann nervös machen. Leopold plant, seine Frau nach Salzburg heimzuholen.[2] Weil er seinem Sohn untersagt hat, von Paris noch einmal nach Mannheim zurückzukehren, kann der dort weder die Mutter noch einen Koffer zurücklassen.

Leopold geht davon aus, dass Wolfgang seine Reise nach Paris organisiert. Dazu hat er ihm genaue Instruktionen erteilt. Der aber ist mit der Garderobe beschäftigt, die er sich für Paris schneidern lassen will. Seine Mannheimer Reisegefährten haben einen schwarzen Rock aus einem derzeit modischen Stoff in Auftrag gegeben. So einen will er auch, schon weil er meint, ein Teil seiner Gala sei in Paris nicht mehr angesagt.

Bald abreisen will er jedoch nicht. Warum, kann Leopold nicht erraten. Seit November isst, komponiert, spielt und unterrichtet Wolfgang bevorzugt im Haus eines schlecht bezahlten Hoftheaterangestellten, der als Bassist, Kopist und Souffleur arbeitet. Doch das erfährt sein Vater erst spät. Am 17. Januar berichtet der Sohn, dass *ein gewisser Fridolin Weber* vier seiner Arien abgeschrieben hat. Singen soll sie seine sechzehnjährige Tochter, deren Stimme er als *schön und rein* anpreist. Ihre Technik findet er *vortrefflich*, ihr darstellerisches Vermögen einer Primadonna würdig. Den Vater rühmt Wolfgang als *grundehrlichen* Mann, und seine hohe Meinung von der Tochter wird angeblich von allen *ehrlichen Leuten* geteilt.

Aber der *grundehrliche* Weber ist ein Opfer seines ehemaligen Dienstherrn, der ihn um Geld, Ehre, Stelle und Heimat gebracht hat.[3] Seine Sippe ist also übel dran. Nur weil Weber ein Mann ist, *der seine Kinder gut erzieht*, behauptet Wolfgang, werde seine Tochter *hier verfolgt*.[4] Das hört sich an, als sei die Sechzehnjährige ins Visier der Mätressenjäger des Kurfürsten geraten, zu deren Verdruss aber standhaft geblieben. So etwas muss Leopold imponieren.

Dann fällt Wolfgang wieder über Abbé Vogler her. Nicht er brauche diesen Wichtigtuer, Vogler brauche ihn. Der Vizekapellmeister habe ihn zunächst bedrängt, ihm endlich einen Besuch abzustatten. Nun aber habe Vogler seinen Hochmut abgelegt und sei zu ihm ins Haus von Serrarius zur Soirée gekommen. Mozart habe *Voglers langweilige Sonaten* vom Blatt gespielt, worauf der Abbé gebettelt habe, Klaviersonaten Mozarts vom Blatt spielen zu dürfen.

Mozarts Urteil über Vogler ist hart: der Vortrag viel zu schnell und fehlerhaft, der Pianist selbst unausstehlich und angeberisch. Und seine Art, vom Blatt zu spielen, eine Katastrophe: *so ein Prima-Vista-Spielen und scheißen ist bei mir einerlei.*[5]

Der Vater ignoriert die Hymnen seines Sohns auf die Weber-Tochter ebenso wie die Ausfälligkeiten gegen Vogler. Auch für Herrn Weber interessiert sich der Vater anscheinend nicht. Seitenweise ergeht er sich über Wolfgangs Garderobe. Jede Borte und jeden Farbton kennt er auswendig. Er gibt Anweisungen, welches Kleidungsstück wo passend sei und was wie zu ändern oder auszubessern wäre. Fazit vieler Seiten: Einen neuen schwarzen Rock darf sich Wolfgang in Mannheim nicht nähen lassen.

Noch immer ist geplant, dass er mit den vier Bläsern nach Paris reist. Noch immer ist die Rede von der Heimreise seiner Mutter. Aber Leopold Mozart gibt zu, dass er Schlimmes befürchtet, wenn sein Sohn sich allein in Paris herumtreibt. Beim bloßen Gedanken daran befalle ihn *schwerste Traurigkeit.*[6]

Sohn der Penia, immer bedürftig

Leopold hat seinen Sohn erfolgreich bevormundet. Der Sohn bleibt unmündig. Ihn aus der Ferne zu steuern, erweist sich jedoch als schwierig. Leopold hält Wolfgang für verführbar und gefährdet. Der Salzburger Oberstallmeister, bekannt als Lebemann, hat Vater Mozart gewarnt. Paris sei ein gefährliches Pflaster für Fremde geworden. Die Französinnen sind angeblich hinter jungen begabten Männern her und legen sie herein, um sie zur Heirat zu zwingen.[7] Was *Frauenzimmer* betrifft, rette einen Mann nur *grösste Zurückhaltung* vor einem *Unglück*, das *meistens erst mit dem Tod endet*, klärt Leopold Mozart seinen Sohn auf. Als wäre der nicht zweiundzwanzig, sondern sechzehn. Die Natur sei nun einmal der größte Feind des Menschen, warnt der Vater.[8] Mit Natur meint er, was bei seinem Sohn mit dem Bart zu wachsen beginnt.

Wolfgang hindert das nicht daran, seinem Vater im nächsten Brief wieder von der Weber-Tochter vorzuschwärmen. Seine Meinung von ihr ist noch gestiegen, seit sie seine Sonaten langsam und fehlerfrei vom Blatt gespielt hat. Viel besser als Vogler, sagt Wolfgang.

Rapide gesunken ist dagegen seine Meinung von Männern, die er kurz zuvor noch anpries: Wendling und Ramm, zwei seiner Reisegenossen, werden auf einmal als unmoralisch geschmäht. Wendling sei *ohne alle Religion*. Dass seine Tochter Mätresse des Kurfürsten war, sage schon genug. Und Ramm sei ein *Libertin*, der ebenfalls *keine Religion* besitze. Unmöglich könne er mit solchen Gefährten reisen. Er wisse gar nicht, was er unterwegs mit Menschen reden solle, deren Gesinnung derart weit von seiner eigenen entfernt sei.[9]

Die Konsequenz daraus: Er will in Mannheim bleiben. Vorerst. So lange, bis Fridolin Weber eine Tournee zu den Opernhäusern in Oberitalien vorbereitet hat. Teilnehmer: Intendant Fridolin Weber, Gesangsstar Aloisia Weber, Pianist, Komponist und Impresario Wolfgang Mozart, Köchin und Garderobiere Josepha Weber, die älteste Tochter.[10] Das Geld für die Italientournee will Wolfgang mit den Webers vorher auf gemeinsamen Konzertreisen in die Schweiz und nach Holland verdienen.

Wolfgang gibt dem exotischen Vorhaben einen biederen Anstrich. Der Vater Weber sei wie sein Vater. Die Tochter Aloisia sei wie seine Schwester. Die ganze Familie Weber sei wie die Familie Mozart. Daher seien die Webers hier in Mannheim wie die Mozarts in Salzburg von Neidern umzingelt.

Bisher hat Wolfgang versucht, wie sein Vater zu organisieren. Ohne Erfolg. Jetzt versucht er, listenreich wie der Vater zu argumentieren. Wenn er die Gustl Wendling als kurfürstliche Mätresse und die Familie Wendling als verderbt darstellt, müssen Aloisia und die Familie Weber umso besser dastehen. Arm, aber sauber. Dass er als Stammgast der Wendlings Gustl regelmäßig sieht, ihre Schönheit anschwärmt, sie als Sängerin bewundert und mit einer Arie bedacht hat, ist schlagartig vergessen.[11]

Aus Wolfgangs Brief wird dem Vater eines klar: Er hat nicht nur die Einnahmen eines Gastspiels bei Mannheim, zu dem er geladen war, mit Aloisia geteilt. Er hat den Webers Geld gegeben und will ihnen noch mehr geben, obwohl der Vater sich für ihn verschuldet und er selbst fast nichts verdient. *Ich habe diese bedrückte Familie so lieb, dass ich nichts mehr wünsche, als dass ich sie glücklich machen könnte. Und vielleicht kann ich es auch.*[12]

Die Geberrolle macht ihn vor allem erwachsen.

Die Mutter hat, wie es der Vater befahl, noch ein Postskriptum unter diesen Brief gekritzelt. Heimlich und in aller Eile, während ihr Sohn beim Essen war.[13] Sie ist zutiefst besorgt. Erstens sei Wolfgang stets bereit, für neue Bekannte alles herzugeben, zweitens sei er lieber bei anderen Leuten als bei ihr, und drittens höre er nicht auf sie, wenn sie Einwände gegen seine neuen Bekanntschaften habe. Das reicht Leopold Mozart, um in den Webers eine Familienbande zu sehen, die seinen Sohn ausbeutet. Wer die Webers wirklich sind, versucht er nicht zu ergründen.

Jetzt bricht aus Leopold Mozart heraus, was er bisher zurückhielt. In einer Generalabrechnung führt er sämtliche Posten auf Wolfgangs Sündenkonto an: Margarethe Kaiser in München, Marianne Thekla Mozart in Augsburg, Rose Cannabich und schließlich Aloisia Weber in Mannheim. Jede habe auf ihre Weise seinem Sohn geschadet. Margarethe Kaiser habe seine Urteilsfähigkeit außer Kraft gesetzt.[14] Marianne Thekla Mozart habe ihn mit Frivolitäten vom Wesentlichen abgelenkt. Rose Cannabich habe ihn dazu gebracht, sich ausbeuten zu lassen. Aloisia Weber verleite ihn nun, seine Familie in eine finanzielle Katastrophe zu stürzen und seinen Vater in den Tod zu treiben.

Sohn der Penia, immer bedürftig

Kennt Leopold Mozart den Mythos von Zeus und Eros? Der Göttervater hasst den jungen Gott. Weil er Menschen dazu bringt, nicht mehr an ihre Arbeit, ihre Zukunft, ihre Verantwortung zu denken. Nur noch an die Liebe. Zeus gibt den Auftrag, Eros ermorden zu lassen.

Wolfgang schürt die Befürchtungen des Vaters. Als Leopold ihm berichtet, der Salzburger Familienfreund Schidenhofen habe eine lukrative Ehe mit einer wenig attraktiven Frau geschlossen, erklärt Wolfgang: Einer wie Schidenhofen müsse so etwas tun. Aber Menschen wie er selbst, *niedrig, schlecht und arm*, hätten die Freiheit, nur aus Liebe zu heiraten. *Ich will meine Frau glücklich machen, und nicht mein Glück durch sie machen.*[15]

Leopold Mozart ist alarmiert. Da schwärmt sein bankrotter Sohn von einer Liebesheirat! Rhetorik hat er bei den Jesuiten gelernt. Drastisch muss sie sein. Zwei Zukunftsvisionen entwirft er für den Sohn. Nicht für sein Leben, sondern für sein Sterben. Die helle Vision: Wolfgang Mozart endet als ein berühmter Komponist, von dem die Nachwelt in Büchern liest. Die finstere Vision: Wolfgang Mozart verendet als Opfer eines Weibsbilds auf einem Strohsack in einer Stube voll notleidender Kinder, von allen vergessen.[16] Es folgen Anklagen. Wolfgang habe durch seine Pläne mit Weber riskiert, seine Familie in Salzburg *dem Spott* und *der Verachtung auszusetzen*.[17] *... am Ende schüttet Ihr mir eine ganze Lauge von Verdrießlichkeiten auf einmal über den Kopf herab, die mich fast ums Leben bringen.*[18] Die Zukunftspläne seines Sohns mit den Webers sind für Leopold eine *Sauerei*, die ihn *schlaflose Nächte gekostet* hat.[19]

Die Ursache allen Übels ist in Leopolds Augen, dass sein Sohn ihm Informationen vorenthalten hat. Nur wenn Wolfgang ihm reinen Wein einschenkt, kann alles gut werden, droht der Vater. *Ihr wisst und habt 1000 Proben*, preist Leopold sich selbst an, dass er *in verwirrtesten Sachen oft einen Ausweg gefunden und eine Menge Sachen vorausgesehen und erraten* habe.[20] Der Auswegfinder in der Rolle des Poros streicht heraus, was er alles opfert: *Ich habe, obwohl ich halb tot war, wegen der Paris-Reise alles ausgedacht und in Ordnung gebracht.*

Früher sagte sein Sohn, nach dem lieben Gott komme gleich der Papa. Recht so, findet Poros.[21]

Reise nach Paris mit großen Verlusten

Der Brief endet mit einem Befehl: Wolfgang hat mit seiner Mutter nach Paris zu reisen. Für den Vater war der Mannheimaufenthalt eine einzige Niederlage seines Sohns. Für den Sohn bot er eine Bestätigung. Er ist nun völlig überzeugt davon, dass er dazu geboren sei, Kapellmeister und Komponist zu sein.[22]

Leopold Mozart verschweigt, dass er im Innersten getroffen ist. Er hält sich mit Recht für einen außergewöhnlichen Mann. Sein Sohn aber vergleicht ihn mit Fridolin Weber, der für den Vater bloß ein gewöhnlicher Notenabschreiber ist. Leopold Mozart ist stolz auf sein pädagogisches Können und sicher, seinen Sohn mit einer Mischung aus Kritik und Bewunderung, Vorschriften und Hilfestellungen, Drohung und Erfahrung im Griff zu haben. Nun muss er erfahren, dass Wolfgang seine eigenen Wege gegangen ist.

Die Enttäuschung des Vaters entlädt sich in einer Generalaburteilung. Wolfgangs Charakter habe sich seit der Kindheit und frühen Jugend *zum Schlechten* verändert. Er sei von einem *ernsthaften* zu einem *hitzigen* Menschen geworden. Ebenso gut könnte der Vater sagen, von einem für ihn berechenbaren zu einem für ihn unberechenbaren. Er kreidet ihm an, sobald ihn jemand *in den Himmel* lobe, sehe er dessen Fehler nicht mehr und schenke ihm sein *Vertrauen* und seine *Liebe*.[23] Dabei hat er sich selbst Vertrauen und Liebe seines Sohns mit derselben Methode erobert. Einer gefährlichen Methode, wie Hasse erkannte.

Seine Frau nimmt Leopold Mozart zwar aus der Verantwortung. Sie habe nicht gewagt, ihrem Sohn zu widersprechen. Doch Leopold legt auch ihr zur Last, ihn hinters Licht geführt zu haben.

Anna Maria geht in ihrem Antwortschreiben mit keinem Wort auf die Aburteilung ihres Mannes ein. Wolfgang hingegen scheint zu Kreuze zu kriechen. Dankbar sei er dem Vater für die Schelte, wie einen Schatz werde er diesen Brief hüten und regelmäßig zu Rate ziehen.[24] Dass er lügt, entgeht dem Vater nicht. Er verdächtigt Wolfgang umgehend, seine Briefe nur zu überfliegen und dann wegzuschmeißen.

Was sein Sohn fünf Tage später schreibt, liest sich, als wolle er sich dem Vater völlig unterwerfen. Alles, was er in Zusammenhang mit den weiblichen Wesen gesagt und getan haben soll, bereut oder bestreitet er. Die Reise mit den Webers habe er nie ernsthaft geplant.

Sohn der Penia, immer bedürftig

Sie sei ja unmöglich angesichts seiner finanziellen Lage, von der Fridolin Weber nichts ahne. Er gibt zu, in einer Art Rausch die Realität vergessen zu haben. Auch seine Begeisterung für Margarethe Kaiser in München sei idiotisch gewesen, sein Lob für sie nichts als eine *derbe Lüge*. Da alle sagten, die Kaiser sei die Größte in Europa, habe er das eben nachgeschwätzt, um sich Freunde zu schaffen. Schuld an seiner Charakterschwäche sei Salzburg, wo einem der Widerspruch ausgetrieben werde.

Sogar des Vaters skeptischer Meinung zu Aloisia Weber pflichtet er nun völlig bei. Sein Selbstvertrauen liegt offenbar am Boden.[25] Doch Wolfgang probiert nur zum ersten Mal aus, was er zur Methode machen wird: Er beschwichtigt den Vater, um unbehelligt tun zu können, was er will. Als Stratege ist Eros seinem Vater Poros unterlegen, als Fallensteller nicht.

Doch Wolfgangs Zerknirschung befriedigt den Vater nicht. In seinem nächsten endlos langen Brief geht er erneut hart ins Gericht mit seinem Sohn: Er sei zerstreut, unaufmerksam, verlogen, selbstverliebt, bewunderungssüchtig, hochmütig. Zu retten sei er nur, wenn er dem Vater aufs Wort folge, *weil ich die Menschen besser kenne, als du*. Noch einmal wirft er ihm vor, für Schmeichler und Schleimer anfällig zu sein. Doch er schließt damit, dass Millionen Menschen *keine so große Gnade von Gott erhalten haben* wie sein Sohn. Und dass es jammerschade wäre, wenn *ein so großes Genie* wie er auf *Abwege* geriete.[26] Wege, auf denen der Vater dem Sohn nicht mehr folgen kann.

Eros lebt auf der Schwelle. Zwischen Daher und Dahin. Er findet keine feste Position, keine Freunde, auf die Verlass ist, kein berufliches oder menschliches Zuhause. Er braucht, was ihm der Vater verweigert und Fridolin Weber ihm gibt: als Mann ernst genommen zu werden.

Leopold Mozart hatte einen Brief des Wiener Theaterschriftstellers Franz Heufeld an den Sohn weitergeleitet. Wolfgang findet, das hätte sein Vater besser bleiben lassen sollen. Dass Heufeld immer vom *Sohn* statt vom *Herrn Sohn* redete, empört ihn. Heufeld sei ein *Wiener Lümmel*, der sich einbilde, Wolfgang sei noch immer zwölf.[27]

Ganz anders Fridolin Weber. Als sich Wolfgang am 13. März abends von der Familie Weber verabschiedet, schenkt ihm Fridolin eine Ausgabe von Molières Komödien auf Italienisch, dem Freund

Reise nach Paris mit großen Verlusten

gewidmet als Zeichen des Dankes. Ein Umgang auf Augenhöhe von Mann zu Mann. Dass Weber der Mutter gegenüber den *Herrn Sohn* einen Wohltäter seiner Familie nennt, heißt, ihn als einen Versorger anzuerkennen. Als besonnenen Erwachsenen.

Die Fähigkeiten dazu spricht sein Vater ihm radikal ab. Wolfgang fehlt in seinen Augen alles, worüber er selbst als großer Stratege verfügt.[28] Der Sohn wehrt sich. Bisher seien er und der Vater in unterschiedlichen Disziplinen Spitzenklasse, *jeder in seinem Fach sehr gut, brauchbar und nützlich*. Aber er hofft, den Vater in dessen Disziplin einzuholen.[29]

Leopold übergeht diese Bemerkung. Er schickt Listen. Adressenlisten, Preislisten, Empfehlungslisten, Gönnerlisten, Auftragslisten, Vorschriftenlisten. Auf Platz eins in Leopolds Protektorenliste: Baron Grimm. Der hat sich bei der großen Reise damals bewährt.

Am 23. März kommt Wolfgang mit seiner Mutter in Paris an. Zum dritten Mal erleben beide die Stadt und erkennen sie kaum wieder.

Paris versinkt im Dreck. Die Bevölkerungszahlen sind explodiert, die Preise auch. Das mittelalterliche Gehäuse vermag die Menschen, ihre Abfälle, ihre Exkremente nicht mehr zu fassen. Mozarts Mutter stellt fest, dass seit 1763 alles um fünfzig Prozent mehr kostet. Die Wege sind weit und schmutzig.

Auch menschlich geht es in Paris nicht sauber zu. Der Kampf zwischen Gluckisten und Piccinisten, Parteigängern des Opernreformers Gluck und des Traditionalisten Piccini, ist zur Schlammschlacht ausgeartet. Leopold rät seinem Sohn, sich herauszuhalten. Doch ohne Parteigänger, Türöffner, Drahtzieher und Gönner geht in Paris gar nichts.

Im April 1778 wird bei den Mozarts das Geld knapp. Das Quartier ist weit von der Innenstadt entfernt, und die Kutschfahrten zu Mozarts Klavierschülern sind teuer. Die Mutter versteht kein Französisch. Ihr Dasein ist einsam und armselig. Wie im *Arrest*, sagt sie. Das Zimmer ist den ganzen Tag dunkel, die Kost ungenießbar. Ihr Sohn ist unterwegs. Und rasch wieder auferstanden zu neuem Leben und neuem Selbstvertrauen.

Paris bestätigt seinen Ruf als Stadt der neuen Moden. Auch was die Musik angeht. En vogue ist derzeit die *Symphonie concertante*, ein

Sohn der Penia, immer bedürftig

Konzert mit nicht nur einem, sondern mehreren Solisten. Das kommt an, vor allem wenn es beim *Concert spirituel* aufgeführt wird. Seit Neuestem leitet Joseph Legros dieses Konzertunternehmen, ein prominenter Tenor der königlichen Akademie.

Schon am 5. April vermeldet Wolfgang seinem Vater, dass er für das *Concert spirituel* eine solche *Symphonie concertante* komponieren wird. Ihr Erfolg hängt von der Qualität der Solisten ab. Wolfgang kennt vier brillante Musiker, die bereits vor Ort sind: die zuvor geschmähten Mannheimer Bläser. Nun ist ihre mangelnde Moral kein Hindernis mehr. Ihr Können setzt seinen Eros frei. Die Solisten seien in sein Werk *verliebt*, erklärt Wolfgang.[30]

Auch diese Liebe macht ihn blind und siegessicher. Erst bei einem Besuch im Haus von Legros, dem er die Partitur zum Abschreiben gegeben hat, stellt er fest, dass nichts kopiert worden ist. Legros hat Mozarts Noten unter anderen Werken vergraben. Jetzt ist es zu spät. Statt seines Werks wird am 19. April eine *Sinfonia concertante* von Giovanni Giuseppe Cambini aufgeführt. Der Komponist und Violinist hat sich auf diese Form spezialisiert. Seit fünf Jahren tritt er als Geiger im *Concert spirituel* auf.

Wolfgang fällt über den Italiener als den Strippenzieher her. Leopold Mozart hätte vermutlich herausgefunden, wer wirklich hinter der Intrige steckt: viele Männer, die etwas verbindet. Legros ist Freimaurer, Cambini ist Freimaurer, und die Mannheimer Solisten sind Mitglieder von Mannheimer Freimaurerlogen.[31] Auch im Orchester des *Concert spirituel*, das als eines der besten Frankreichs gilt, sitzen an allen ersten Geiger-Pulten Logenbrüder. Gemeinsam haben sie den Fremden ausgeschaltet.

Als Wolfgang dem Vater am 1. Mai von der Intrige berichtet, kommentiert er sie souverän. Er habe eben auch hier seine Feinde, doch das sei ein gutes Zeichen. Wodurch er sich Feinde geschaffen hat, interessiert ihn nicht. Dass der Tenor Raaff aus Mannheim, über den er dort lästerte, nun bei Legros wohnt, gibt ihm nicht zu denken.

Wolfgang lästert weiter. Nun über die *Grobheit* der Franzosen. Was die Musik anbelangt, befinde er sich in Paris unter lauter *Viechern und Bestien*.[32] Schon zuvor war er über den Musikgeschmack der Franzosen hergezogen, hatte ihren Gesang als *Plärrerei* bezeichnet und nur eines gelobt: sie hätten *eingesehen, dass ihre Musik schlecht* sei.[33] Leopold

hatte daraufhin nur erklärt, Wolfgang müsse sich trotzdem *nach dem Geschmack der Franzosen richten.* Was zählt, sei, dass sein Werk Beifall finde und gut bezahlt werde. *Das Übrige hole der Plunder!*[34]
Wolfgang braucht aus Sicht des Vaters einen, der ihn zügelt. Einen wie Baron Grimm. Leopold Mozart setzt seinen Sohn unter Druck. Nur durch *vollkommenes kindliches Vertrauen* könne er sich Grimms *Gnade, Liebe und Freundschaft* verdienen.[35] Was einem passiert, der kindlichen Gehorsam verweigert, führt er am Beispiel von Sigmund Hafner vor. Dem Klatsch aus Salzburg gibt Leopold Mozart in seinen Briefen oft viel Raum, so viel aber selten. Der reiche Erbe will ein Schloss des Grafen Lodron kaufen und dort mit seiner Frau einziehen. Einer Gastwirtstochter aus Bayern. Bisherige Stellung: Köchin eines hohen Militärs. Alter: knapp dreißig, acht Jahre älter als Hafner. Aussehen: laut Leopold *abscheulich. Schwarz* mit einem mageren *Affengesicht.* Ruf: schlimm. Sie soll angeblich diesem Militär sexuell zu Diensten gewesen sein, aber so wenig von Haushaltung verstehen, dass sie nach seinem Tod sofort davongejagt wurde. Der einfältige Hafner werde sie also wegen ihrer Keuschheit heiraten, höhnt Leopold Mozart. Der Fehltritt sei eine *Frucht schlechter Erziehung* und die *traurige Folge* von zu viel Freiheit, die man dem jungen Hafner gelassen habe.[36] Wolfgang weiß, dass dieser verlorene Sohn gleich alt ist wie er und dass sein Vater meint, er genieße auf dieser Reise zu viel Freiheit.

Warum die Verhinderer seiner *Symphonie concertante* etwas gegen ihn persönlich haben könnten, durchschaut Wolfgang nicht. Die Intriganten sind gute Schauspieler. Alle äußern sich empört darüber, dass Mozart nicht zum Zug kam. Legros klebt ein Trostpflaster auf die Wunde: Er gibt bei Mozart eine Sinfonie zum Fronleichnamstag am 18. Juni 1778 in Auftrag.

Wolfgang arbeitet hart daran, sich durchzusetzen. Sein Selbstvertrauen ist zurückgekehrt. Er lästert, dass hier eine Menge elende *Stümper* Erfolg haben, und fragt rein rhetorisch: *Und ich sollte es mit meinem Talent nicht können?*[37]

Freunde, Verbündete, Parteigänger müsse er suchen, drängt ihn der Vater. Schon kurz nach der Ankunft hat Wolfgang sich mit dem Ballettmeister Noverre in Verbindung gesetzt, der ihm ein Opernprojekt vorgeschlagen hat. Eines, das den Gluckisten entspricht. Außerdem

Sohn der Penia, immer bedürftig

soll Wolfgang eine Ballettmusik für ihn schreiben. *Les petits riens* heißt sie und dreht sich um die Liebe und den Liebesgott. Dem Vater gegenüber tut er so, als habe er das Werk gratis geliefert: ein Entgelt für Noverres Vermittlungsdienste. Was keiner, der Noverrres Funktion und Geschäftsgebaren kennt, glauben würde.

Gleichzeitig gibt Wolfgang vor, dem Vater zu folgen, sich anzupassen und aufs Geld zu schauen. Er schreibt ein bezahltes Auftragswerk für Harfe und Flöte. Nicht ungern, wie es scheint, weil der Duc de Guines *unvergleichlich die Flöte spielt* wie seine Tochter *magnifique die Harfe*. Doch Wolfgang kann bei solchen Aktionen nicht wie Leopold einen kühlen Kopf behalten. Da der Duc nicht zahlt, schmäht Wolfgang prompt die Tochter als *von Herzen dumm* und *von Herzen faul*. Und wird von da an erklären, Flöte und Harfe zu hassen.[38]

Auch was die Fronleichnamssinfonie für Legros' *Concert spirituel* angeht, folgt er dem Vater. Leopold hat ihm eindringlich die Arbeitsweise Voltaires angeraten, der seine Gedichte vor der Drucklegung Freunden vorliest und nach ihrer Kritik abändert. Mozart spielt im Vorhinein die neue Sinfonie zwei Bekannten am Klavier vor. Leopold hat ihn ermahnt, sich musikalisch den Erwartungen des Pariser Publikums anzubiedern und sich an die Pariser Höflichkeitsgebote zu halten.

Wolfgang behauptet, seine Sinfonie bediene nicht nur Kenner, sondern auch die *dummen Esel*. Die Pariser lieben das Spektakuläre. Er setzt so viele Instrumente ein wie noch nie. Und zum ersten Mal Klarinetten, die in Paris beliebt sind.

Doch er treibt, was ihm gefällt. Bei der Probe ist er über das Orchester entsetzt: In seinem ganzen Leben habe er nichts Schlechteres gehört. Das lässt er sich anmerken. Das Orchester wiederum ist über den Komponisten entsetzt. Gröbere Beleidigungen haben sie wohl in ihrem Leben noch nie vernommen.

Die Uraufführung findet wie geplant am Fronleichnamstag statt. Die Pariser sind gewohnt, dass der erste und der letzte Satz mit einem Forte des ganzen Orchesters beginnen. Nach der fanfarenartigen Eröffnung unterbricht das Publikum mit Szenenapplaus. Im dritten Satz aber wartet es vergeblich auf den Effekt. Die Leute im Saal schütteln die Köpfe über das Synkopenspiel. Sie zischen einander an, ruhig zu sein. Jeder will hören, was der junge Kerl vorhat.

Reise nach Paris mit großen Verlusten

Auf einmal fällt der erwartete Schlag. Lautstark macht das Publikum seiner Erleichterung Luft.[39] Wolfgang hat sie bedient und doch hereingelegt.

Auch so geht Erfolg. Nur von dem berichtet er nach Hause. Nicht davon, wie viel er verdient. Auch nicht davon, dass seine Mutter bereits am Tag nach Fronleichnam das Bett hüten muss, zwei Tage später hohes Fieber bekommt, sechs Tage später nichts mehr hört und er selbst nichts mehr unternimmt. Er komponiert nicht, er unterrichtet nicht, er bleibt rund um die Uhr bei seiner Mutter, die aus ihrer Not eine Tugend machte. Ihm statt Anweisungen Wärme gab und niemals Forderungen an ihn stellte. Am 3. Juli verliert Anna Maria Mozart das Bewusstsein. Sie stirbt am selben Tag, 21 Minuten nach 22 Uhr.[40]

Neben der Leiche seiner Mutter schreibt der Sohn an den Vater. Er lügt, die Mutter sei krank, aber nicht sterbenskrank. Er berichtet, Voltaire sei wie ein Hund verreckt, beschimpft ihn als gottlos und erklärt, ein solcher Tod sei sein gerechter Lohn. Voltaire, das Idol von Baron Grimm. Im selben Atemzug betont er, wie häuslich er sei und auch als Ehemann und Familienvater bleiben wolle. Er betrügt, trickst und lobt sich selbst als guten Christen. Parallel dazu beichtet er dem Familienfreund Abbé Bullinger seinen Schwindel und bittet ihn, Vater und Schwester auf die Wahrheit vorzubereiten. Mit einem Sicherheitsabstand von sechs Tagen gesteht er dem Vater den Betrug. Nicht zufällig folgen dem zerknirschten Geständnis üble Schmähungen gegen die Salzburger Musikerkollegen. *Grobe lumpenhafte* und *liederliche* Menschen, für die sich ein ehrenwerter Mann mit *Lebensart* wie er schämen müsse. Sie seien es, die ihn von der Rückkehr nach Salzburg abhielten.[41]

Anderen die Moral absprechen, um so die eigene Sittenstrenge vorzuführen, wird nun für ihn zum Prinzip. Die Pariserinnen sind Huren, die Kollegen Carl und Anton Stamitz, die in Paris gastieren, *Spieler*, *Säufer* und *Hurer*. Er selbst fühlt sich den obersten Kreisen zugehörig. Ein Kavalier könne keinen Kapellmeister abgeben, erklärt er. Aber ein Kapellmeister sehr wohl einen Kavalier.[42] Er hält sich dafür. Grimm ist da anderer Meinung: Wolfgang sei zu wenig aktiv und viel zu ungezwungen im Benehmen, verrät er dem Vater. *Es wäre sein Glück, wenn er halb so viel Talent, aber doppelt so viel Taktgefühl hätte.* Leopold versteht. Umgehend zitiert er Grimms Kommentar dem Sohn.

Wolfgang lässt das kalt. Grimm und seine Protektion sind ihm nichts mehr wert. Erstens ist er dahinter gekommen, dass Baron Grimm zu den Piccinisten hält, also zu den Italienern, in denen er seine Widersacher sieht. Zweitens weiß er, dass ihn auch Grimm nicht für voll nimmt. Baron Grimm sei imstande, Kindern zu helfen, aber nicht erwachsenen Leuten, verkündet Wolfgang dem Vater.[43] Drittens hasst er es, sich stundenlang Grimms Theorien zur Oper anzuhören. Es bringt Mozart in Rage, dass einer, der niemals eine Oper komponieren könnte, Gesetze verkündet, was Oper zu tun und zu lassen habe.

Am 11. September bricht er mit Grimm. Nicht etwa dem Vater, sondern Abbé Bullinger schreibt er, es sei höchste Zeit, dass die Musik *einen Arsch bekommt – denn das ist das Notwendigste; einen Kopf hat sie ... das ist eben das Unglück!*[44]

Wolfgang lügt dem Vater vor, er sehne sich nach ihm und der Schwester, *das Liebste auf dieser Welt.*[45] Zwei Tage vorher hat er einen langen Brief an Fridolin Weber geschrieben, die Pläne von einem Unternehmen zu dritt mit Aloisia aufgewärmt und geschworen: *Das Liebste* sei ihm, wenn er mit Fridolin Weber, Aloisia inbegriffen, an einem Ort leben könnte.[46] Dass er mit ziemlicher Sicherheit für *Les petits riens* sowie für die Drucklegung einiger Werke nach Tarif bezahlt worden ist, aber das Honorar den Webers zuschanzte, verhehlt er dem Vater. Vor Aloisia spielt er den erfolgreichen Komponisten und den erfahrenen Strategen. Seitenlang erörtert er in seinen Briefen an sie, mit welchen Täuschungsmanövern sie als Sängerin den Kurfürsten Carl Theodor heiß machen soll, um ihm eine gut besoldete Stelle abzuluchsen. Er rechnet alle Möglichkeiten durch, die Webers hier in Paris, in Mannheim oder Mainz zu treffen. Aloisias Vater, nicht seinem eigenen Vater, vertraut er seine *Affären* an, weil der es umgekehrt genauso hält. Doch auch den lügt er an. Seine Schulden gesteht er Weber ein, nicht aber, dass der Vater einen Kredit aufgenommen hat, um sie zu bezahlen. Er behauptet, nur weil er für den Unterhalt von Vater und Schwester sorgen müsse, könne er die Webers nicht großzügiger unterstützen.[47] Dabei ist er nicht einmal imstande, seine Schulden abzuzahlen. Etwas Geld kommt herein durchs Stundengeben rund um die Uhr und überall in der Stadt. Das treibt ihn aber an den Rand der Erschöpfung und läuft seinem *Genie* zuwider, stöhnt er.

Als der Juli zu Ende geht, steht trotz aller Misserfolge sein Selbstbewusstsein in voller Blüte. Gegen seine Konkurrenten hier will er nicht ankämpfen. *Ich raufe mich nicht mit Zwergen,* erklärt der kurz gewachsene Komponist dem Vater. Zu diesen Zwergen rechnet er auch Christoph Willibald Gluck.

Eros selbst befindet sich in höchster Erregung. Im ganzen Körper verspüre er Feuer, gesteht Wolfgang. Seine Hände und Füße zitterten *vor Begierde.* Nicht etwa in Gedanken an eine Frau, nein: in Gedanken daran, die Franzosen mit einer Oper zu beeindrucken.[48]

Der Stratege in Salzburg hat längst eingesehen, dass daraus nichts wird. Zwei Parteien hat sein Sohn gegen sich, keine eigene im Rücken. In Salzburg dagegen gibt es eine Partei, die auf dem durch Anton Cajetan Adlgassers Tod frei gewordenen Posten des Hoforganisten den jungen Mozart sehen will. Der jedoch zerschlägt Hoffnungen auf eine rasche Rückkehr. Er merkt, dass sein Vater die Salzburger Musikszene schönredet. Der Gesang des neu eingestellten Kastraten Francesco Ceccarelli fand bisher nicht Leopolds Beifall, jetzt äußert er sich bewundernd über ihn. Wolfgang durchschaut das Spiel. Ceccarelli sei ein *Tier,* erklärt er dem Vater. Und dem Hausfreund Bullinger erklärt er: *Sie wissen, bester Freund, wie mir Salzburg verhasst ist.* Er habe seinem Vater schon die Ursachen erklärt. *Begnügen Sie sich mit dieser, dass Salzburg kein Ort für mein Talent ist!* Ein überlegenes, wie er findet, *welches ich mir selbst, ohne gottlos zu sein, nicht absprechen kann.*[49]

Paris ist jedoch auch kein Ort für sein Talent. Vom *Concert spirituel* kommen keine Aufträge, die Klavierschüler verbringen den Sommer auf dem Land. Der Vater rügt, sein Sohn habe trotzdem keine neuen Werke fertiggestellt.

Bisher hat Wolfgang wie auf Knopfdruck funktioniert und rasch produziert. Nun auf einmal arbeitet er langsam und bedächtig.[50] Er erlebt es als Gewinn, dass er sich in Paris als Komponist verändert und die Qualität der Kürze entdeckt hat.[51]

Leopold Mozart verbucht Paris ausschließlich als Verlust. Einen Erfolg hat nur er zu vermelden, der Stratege. Dass sein Sohn eine Organistenstelle in Versailles abgelehnt hat, nutzte Leopold Mozart beim Pokern um die Hoforganistenstelle in Salzburg. Ende August triumphiert er. Wolfgang soll Adlgassers Nachfolger werden.

Am 26. September verlässt Wolfgang die Stadt in Richtung Nancy. Nicht auf Befehl des Vaters, sondern weil es ihn nach Mannheim zieht. Dort fühlt er sich geliebt. Stolz hat er dem Vater erklärt, viele beste Freunde zu haben. Der Vater kanzelt ihn ab. Seine sogenannten Freunde seien Schmarotzer und Schwätzer, die nichts zu sagen haben. Mit den angesehenen Wendlings, die viel bewirken könnten, habe er es sich wohl verdorben, weil er sich derart für die Webers begeisterte. *Eine Sängerin hasst die andere,* weiß er.

Für die Spekulation seines Sohns, Aloisia könne in München als Anfängerin ein Jahresgehalt von 1000 Gulden bekommen, hat Leopold Mozart nur Spott übrig. Vier Tage später schwenkt er um. Der Fürsterzbischof will unbedingt diese Aloisia Weber hören. *Da sollen sie bei uns wohnen,* erklärt er auf einmal bereitwillig.[52] Die Verhandlungen mit dem Fürsterzbischof müssten die Webers aber ihm überlassen. *Mir scheint, ihr Vater hat keinen Kopf, ich werde die Sache besser für sie einleiten.*[53] Ein Stratege hasst den anderen.

Vier Tage später legt Leopold nach, beschreibt, was Weber alles falsch und er richtig gemacht hätte. Er habe übrigens gar nichts dagegen, dass der Sohn Aloisia schreibe. Doch auch dieser Brief endet wie zahllose davor mit der immer gleichen Drohung und Erpressung: *Meine Natur ist von Eisen, sonst wäre ich schon tot.* Colloredo sei erschrocken, als er seinen angegriffenen Musiker sah. *Niemand anderer kann mich vom Tod erretten als Du.*[54]

Wolfgangs Reaktion: Er macht lange Station in Straßburg und reist trotz Verbot seines Vaters nochmals nach Mannheim. Die Webers sind nicht mehr da. Wie viele andere Vertraute Mozarts sind sie dem Kurfürsten nach München gefolgt.

Wolfgang bleibt trotzdem länger als einen Monat. Der Theaterneuerer Wolfgang Heribert von Dalberg ist Intendant des Mannheimer Nationaltheaters geworden. Seinen Dramaturgen kennt Wolfgang Mozart bereits. Otto Freiherr von Gemmingen ist keine drei Monate älter als er. Wie Mozart und Dalberg macht sich auch Gemmingen stark für die deutsche Oper. Das, was Wolfgangs Körper brennen und seine Gliedmaßen zittern lässt, scheint erreichbar: ein Opernauftrag. Ein deutscher. Das Libretto stammt von Gemmingen. Dass es auf dem Trauerspiel *Sémiramis* von Voltaire basiert, den er gerade noch als gottlos beschimpft hat, stört Wolfgang nicht.

Sein Eros kennt keine Grenzen. Während er dem Vater verspricht, schnellstens zu kommen, bietet er Dalberg am 24. November schriftlich an, noch zwei Monate in Mannheim zu bleiben, um die Oper zu komponieren und die Proben zu überwachen. Allerdings nur bei verbindlicher Zusage. Doch die bleibt aus.[55]

Stattdessen brechen Briefe des Vaters über ihn herein. Der erste, der ihn in Mannheim erreicht, bezichtigt ihn der Unterschlagung von 330 Gulden und mörderischer Ziele: *Deine ganze Absicht geht dahin, mich zu Grunde zu richten.*[56] Damit sein Sohn endlich kapiert, dass er nicht ungestraft mit seiner Befehlsverweigerung davonkommen wird, beschreibt er die lebensbedrohliche Operation des jungen Salzburgers Sigmund Lodron, eines Altersgenossen von Wolfgang. *Er liegt zwischen Tod und Leben; elendig schmerzhaft.* Das sei die *Strafe eines ungehorsamen Sohnes.*[57] Der nächste Brief bringt Zuckerbrot und Peitsche. Erst das Zuckerbrot: Ganz Mannheim redet angeblich davon, dass Leopold Mozarts Sohn in Aloisia verliebt ist. Er sei keineswegs dagegen, erklärt der Vater und lügt: *Ich wars damals nicht, als ihr Vater arm war, warum sollte ich's ... jetzt sein, da sie Dein Glück machen kann? Und von Salzburg käme man doch viel rascher nach München.* Dann die Peitsche: Wenn sein Sohn nicht umgehend den Dienst als Hoforganist antrete, seien seine Gedanken nichts als verdammenswert und boshaft und sein Ziel, den besorgten Vater in Schande und Spott zu setzen.[58] Wenn der Vater erst tot sei, könne der Sohn gern mit dem Kopf gegen die Mauer laufen, aber nicht bevor die Schulden abbezahlt seien.

Doch sein Sohn reagiert nicht mehr auf Befehle und Erpressung. Am 3. Dezember 1778 nennt er seinem Vater den Grund, warum er so spät und so kurz antwortet: Schuld daran ist der Vater selbst und was er schreibt. Es reicht. Wolfgang bricht in Richtung München auf und plant offenbar sein Leben als Ehemann von Aloisia Weber. Von Kaisheim, wo er Zwischenstation macht, schreibt er seiner Augsburger Cousine einen vielsagenden Brief. Sie müsse unbedingt nach München kommen. Dass er dort nicht im Wirtshaus wohnen werde, sondern bei jemand anderem, sei der Grund, dass er die Cousine brauche und sie vielleicht eine große Rolle spielen werde. Als Trauzeugin?[59]

Am 25. Dezember trifft Wolfgang in München ein. Die Adresse der Webers hat er in Mannheim erfahren. Sein Geld brauchen sie nicht

Sohn der Penia, immer bedürftig

mehr, wie Wolfgang dem Vater bereits hinterbracht hat. Aloisia verdient mit siebzehn als Hofsängerin mehr als doppelt so viel, wie er nun in Salzburg verdienen soll: 1000 Gulden pro Jahr. Ihr Vater bekommt als Bassist 400 und als Souffleur 200, also mehr als Leopold Mozart. Nur dass Wolfgangs Jahresgehalt mit Rückzahlung neuer Schulden, die sein Vater für ihn gemacht hat, bereits aufgebraucht sein wird.

Jetzt, da sie Erfolg hätten, wollten die Webers bestimmt nichts mehr von ihm wissen, hat Leopold Mozart seinem Sohn prophezeit. Obwohl er sich mit der Vorstellung, Aloisia als Gefährtin seines Sohnes zu sehen, angefreundet hat, seit ihr Erfolg in nackten Zahlen aktenkundig ist.

Wolfgang zieht bei den Webers ein. Kost und Logis gratis. Dann hört der Vater nichts mehr von ihm. Am 28. Dezember, zehn Tage nach dem letzten Brief des Sohnes, verliert Leopold Mozart die Fassung. Wolfgang benehme sich *abscheulich* und stemple ihn in Salzburg zum Lügner. Er hat allen versprochen, Wolfgang sei bis Weihnachten, spätestens Neujahr zurück.[60] Dem Sohn wirft er vor, seine *lustigen Träume* weiter zu träumen, anstatt endlich zu handeln.

Während er das schreibt, sitzt sein Sohn in Tränen aufgelöst bei einem Mann, mit dem er bisher wenig zu tun hatte: beim Flötisten Johann Baptist Becke. Er übernachtet zwar noch bei Webers, doch die Tage bringt er mit dem *lieben Freund* Becke zu. Weinend. Aloisia hat Wolfgang einen Korb gegeben. Und das, nachdem sein Vater sich mit einer Verbindung einverstanden erklärt hat. Er sieht ja, dass Aloisia Karriere macht und seinem Sohn nützen kann. Wie der Abgewiesene reagierte, wird Aloisias jüngere Schwester Constanze nie vergessen. Er setzte sich ans Klavier und sang ein unflätiges Lied.[61]

Becke verschweigt er die wahre Ursache seiner Tränen. Der meint, es muss die Angst vor dem Vater sein. Am 29. Dezember wendet er sich an Leopold Mozart, äußert sich lobend über Wolfgangs guten Charakter und seine Vaterliebe. Ebenfalls am 29. schreibt Wolfgang selbst an den Vater, dass er rund um die Uhr am Heulen sei. Den Grund nennt er nicht.

Am letzten Tag dieses Jahres schickt der Sohn dem Vater und der Vater dem Sohn einen Brief.

Der Brief des Vaters klingt drohend. Restlos überflüssig, was Becke da beteure! Unsinn, an seiner Liebe zu zweifeln! Er hoffe, dass es keinen anderen Grund für Wolfgangs Traurigkeit gebe! Und er lasse sich nicht länger zum Narren halten! Der Erzbischof erst recht nicht!

Der Brief des Sohnes klingt doppelbödig. Becke habe ihn zu Tränen gerührt mit seinen Reden von des Vaters Nachsicht und Güte. Aber Becke habe *übertrieben*. Die Zeilen dieses Briefes fallen stark ab, die Buchstaben ungewohnt stark auseinander, bei den Grüßen an die Freunde ist die Tinte verlaufen. Wolfgang verteidigt sich gegen den Vorwurf des Vaters, *lustigen Träumen* nachzuhängen. Lustig seien seine Träume nicht, notwendig schon. Nur die Träume machten sein vorwiegend *trauriges Leben* erträglich.[62] Das Zwischenreich ist sein Zuhause.

Das Jahr, das so verdächtig harmlos anfing, hat aus Sicht des Vaters zu einer Katastrophe geführt, an der sein Sohn Schuld trägt. Und aus der nur er, der Stratege, im letzten Moment noch einen Ausweg gefunden hat, indem er seinem Sohn die Stelle als Hoforganist sicherte. Dass er selbst gescheitert ist und als Vizekapellmeister nach dem Tod des Kapellmeisters Lolli dessen Posten nicht bekam, kehrt Leopold Mozart unter den Teppich.

Aus Sicht des Sohnes hat dieses Jahr ihn zu sich selbst geführt. Zum ersten Mal hat ihn die Macht der Erotik und der Liebe ergriffen. Vor allem hat er eine Erfahrung gemacht, die er sich nach eigener Aussage immer gewünscht hatte: einen Menschen sterben zu sehen. Er hat gespürt, dass diese Erfahrung seine Musik vertieft hat. Als seine Mutter starb, entstand eine Sonate für Klavier und Violine. Dass es die erste in Moll ist, mag Zufall sein. Aber es ist die erste, die mit einer anderen Stimme singt, die mit Einfachheit ergreift.[63] Er hat erlebt, wie sich Freisein anfühlt. Und dass es über Ängste hinwegträgt.

Auch wenn er in die *Sklaverei* des Fürsterzbischofs[64] und unter die Aufsicht des Vaters zurückkehrt: Wolfgang Amadé Mozart ist ein anderer geworden. Als Mensch und als Musiker. Halten kann ihn auf Dauer nichts und niemand mehr.

XI.

1779 / 1780
Bote zwischen Göttern und Menschen
Oder: Die Erfindung des Idomeneo

Verwechslung oder Entdeckung? Der schwedische Bildhauer Torolf Engström, der seit Jahrzehnten nach Mozart-Bildnissen jagt, hält den Dargestellten für Mozart, porträtiert von Franz Peter Kymli (1748–1813). Der Mannheimer Maler lebte seit 1775 in Paris, wo sich Mozart 1778 mit ihm angefreundet hatte. Für ein Mozart-Konterfei sprechen die Proportionen des Gesichts, der Silberblick und die Nasenform. Dagegen spricht die Augenfarbe: Mozart hatte blaue, nicht braune Augen, was die gesicherten Bildnisse deutlich zeigen.

*E*r ist nicht allein, als er sich Mitte Januar wieder in Salzburg einlebt. Überallhin wird Wolfgang Amadé Mozart begleitet von einer Achtzehnjährigen, die er selbst *geschickt, gescheit* und *schön* findet, außerdem etwas *schlimm*. Sie ist ins Haus der Mozarts eingezogen. Der Vater kann dagegen nichts einwenden, denn sie ist seine Nichte. Begeistert ist er nicht über ihren Besuch. Schon wie sein Sohn die Ankunft seiner Cousine in München beschrieben hat, ließ vermuten, dass sie für ihn inzwischen mehr als eine Cousine ist. Wolfgang Amadé Mozart hatte angedeutet, dass sie ihm nach dem Nein von Aloisia Weber als Lückenbüßerin hoch willkommen ist. Der Vater hatte schnell geschaltet. Er hatte seinem Sohn verboten, sich auf der Rückreise mit Marianne Thekla zusammen in eine Kutsche zu setzen, vielmehr solle er sich einem Bekannten, Eisenhändler aus Salzburg, anschließen. Die Augsburger Base müsse getrennt nachreisen.[1] Hier in Salzburg stehen beide unter seiner Aufsicht.

Am 17. Januar, nur zwei Tage nach der Rückkehr des jungen Mozart, erreicht den Fürsterzbischof dessen offizielles Gesuch um die Hoforganistenstelle von Anton Cajetan Adlgasser. Unterzeichnet hat es Wolfgang Amadé Mozart. Aufgesetzt und geschrieben hat es wieder einmal sein Vater.[2]

Bleibt doch alles beim Alten?

Die Stelle mit einem Jahresgehalt von 450 Gulden wird dem Bewerber zugestanden, zahlbar in monatlichen Raten. Das ist drei Mal so viel, wie er zuvor eingenommen hat. Aber es ist nur stark ein Drittel von dem, was der Hofkastrat Francesco Ceccarelli, Hausfreund von Leopold Mozart, bezieht. So viel scheint der Heimgekehrte Colloredo doch nicht wert zu sein.[3]

Das Interesse der Öffentlichkeit an Wolfgang Mozarts Entwicklung ist aber beträchtlich. Sogar aus Bayreuth und Gotha berichten Theaterfachleute, dass Mozart in Salzburg an Gemmingens *Semiramis* sitzt.

Nur bleibt er nicht lang daran sitzen. Die Nachwirkungen von Paris treiben ihn um, hinein in neue Welten. Er komponiert für den Dienstherrn: Kirchensonaten, Vespern, ein *Regina coeli* und eine Messe. Und er komponiert manches davon doch für sich selbst. Die neue Messe bietet an äußerem Glanz mit Pauken und Trompeten, was erwartet wird, wenn der Fürsterzbischof am Ostersonntag das Hochamt im Dom zelebriert. Sie endet aber mit einem *Agnus Dei*, das von innersten Gefühlen spricht in einer Sehnsuchtsmelodie, die jeder nachsingen kann.[4] Die Entdeckung der Einfachheit hat Mozarts Musik verändert. Sie hat die Sprache des Herzens gelernt.

Dass die große Reise ihn weitergebracht hat, will er in einer Oper zeigen. Das Hoftheater direkt gegenüber vom Elternhaus kitzelt die Begierde ständig wach. Es bietet nicht nur gesprochene Stücke. Auch Komödien mit Gesangseinlagen und Ballette mit Musik kommen auf die Bühne, selten einmal Singspiele. Mehr an Musiktheater auf den Spielplan zu setzen ist nicht ratsam. Colloredo hat zwar aus privater Tasche den Theaterbau vorfinanziert, ist jedoch erklärter Feind der Oper und der sogenannten Operetten. Für Wolfgang Mozart eher Ansporn als Hindernis.

Die Augsburger Cousine lenkt ihn nicht mehr ab, nicht mehr vor Ort. Zwei Monate war sie da, dann ist sie nach Augsburg zurückgereist. Offenbar wütend. Die ersten Zeilen im Brief des jungen Mozart vom 10. Mai sind Versuche, ihren *Zorn* zu beschwichtigen. Dass seine Empfindungen für sie nicht erloschen sind, ist unübersehbar. Er zeichnet ein Porträt der Cousine, über das er *Engel* schreibt. Es ist ein Bild im Profil, kein Brustbild, sondern ein Brüstebild. Obwohl von der Seite nur die Erhebung einer Brust sichtbar sein kann, setzt Mozart zwei Brüste mit Brustwarzen nebeneinander zu hoch auf den Oberkörper. Vor den Brüsten steht senkrecht die Zeile *Hier ist leer.*

Es fehlt etwas dort, wo das Gegenüber hingehört. Was fehlt, wird die Cousine verstehen: Wolfgang Amadé Mozart. Dem Porträt folgt eine Ode an sie. Dass er sich bei einer Ode von Klopstock bedient, die der in jungen Jahren an seine Geliebte adressierte, wird Marianne Thekla schwerlich erkennen. Doch eins wird ihr klar: Wolfgang bittet in dieser Ode das *süsse Bild* der Cousine, das ihm vor Augen steht, sich doch in die leibhaftige Cousine zu verwandeln. Der Brief endet mit Seitenhieben auf einen Salzburger Mitbewerber um die Gunst der Base und damit, dass Wolfgang, vermutlich ungefragt, den Segen seines Vaters und die Küsse seiner Schwester überbringt. *Und der Vetter gibt Ihnen das, was er Ihnen nicht geben darf.* Sie wird verstehen, was das Verbotene ist. Auf den Umschlag kritzelt er *Adieu Adieu Engel*.[5]

Offenbar hat er dem Augsburger Engel die Ehe oder zumindest eine Verlobung versprochen, sie unter dieser Aussicht nach Salzburg gelotst und dort einen Rückzieher machen müssen. Geld, um zu heiraten, hat er keines. Das wird sein Vater ihm mehr als deutlich gesagt haben. Und Mozart sagt es in diesem Brief mehr als deutlich der Cousine.

Er muss sich vom Vater gedemütigt fühlen. Die Cousine hat mitbekommen, wie Leopold Mozart seinem Sohn Zukunftspläne einfach verbietet und dem Dreiundzwanzigjährigen damit bedeutet: Du bist noch nicht erwachsen und als Mann nicht ernst zu nehmen. Dass der Vater nicht zusehen würde, wie sich sein Sohn die Karriere durch eine Trotzheirat verbaut, auch noch mit der Tochter seines als Versager verachteten Bruders, war abzusehen. Nur wollte das der Sohn nicht sehen.

Nachdem es nun dort leer ist, wo ein Engel sein könnte, wirft er sich in die Arbeit. Ohne Auftrag beginnt er eine weitere *Sinfonia concertante* zu schreiben. Die innere Unruhe von Eros scheint übermächtig. Wie *Semiramis* bleibt die *Sinfonia* als Fragment liegen.[6] Dann schreibt er ohne Auftrag eine Sinfonie in B-Dur.[7] Sie hat den Charakter einer Ouvertüre, für wen oder wofür sie auch immer gedacht sein mag.

Ständig besuchen die Mozarts das Theater gegenüber. Johann Heinrich Böhm, Direktor der Truppe, ist häufig Gast bei den Unterhaltungsnachmittagen der Mozarts. Wolfgang hungert nach einem Auftrag fürs Musiktheater. Als Böhm im Herbst die neue Saison des Hoftheaters am Hannibalplatz eröffnet, sitzt im Tanzmeisterhaus gegenüber der junge Mozart endlich an einer neuen Oper: *Zaide*. Wieder begegnet er darin einem Stück Voltaires, den er so gern wie ein Viech krepieren sah: *Zaïre*. Der Hoftrompeter und Familienfreund Andreas Schachtner hat es für sein Libretto zur *Zaide* genutzt.[8]

Das Stück passt zu der *Sklaverei*, in die Mozart zurückgekehrt ist. Es handelt von einer Europäerin namens Zaide, die Sklavin des tür-

Die Erfindung des Idomeneo

kischen Sultans ist und sich in den europäischen Sklaven Gomatz verliebt. Gegner der beiden: der Aufseher Osmin. Helfer der beiden: des Sultans Lieblingssklave Allazim.
Das Libretto ist schwach, die Musik ist stark.
Eros sprengt Ketten und missachtet Grenzen. Er schafft ein Fragment, das zugleich *opera buffa*, *opera seria* und Singspiel ist. Er macht das Aufbegehren hörbar. Wenn Allazim die Schwachen beschwört, sich gegen ihre Unterdrücker zu erheben, schreibt Mozart dem Bariton einen extremen Intervallsprung in die Noten: eine Oktave, erhöht um einen Tritonus, genannt *diabolus in musica*, Teufel in der Musik, und lange Zeit verboten.[9] Einer, der Verbote durchbricht und die Kraft zum Absprung hat, kuscht nicht vor seinem Herrn. Was seine Helden bewegt, kennt Mozart. Er versteht Allazim, der davon singt, dass die Mächtigen unfähig sind zu lieben. Er versteht Gomatz und Zaide, die daran glauben, dass Liebe allmächtig sei. Er ist bei ihnen, wenn sie ihre Machtlosigkeit erleben. Sie fliehen, die Flucht misslingt. Sie flehen um Gnade. Vergebens. Wie geht es weiter?[10] Mozart weiß es offenbar nicht.

Salzburg beengt den Weitgereisten. Er bekommt Hautausschlag. Dass die Webers im September nach Wien gezogen sind und Aloisia dort an der Hofoper angestellt worden ist, wird er bald erfahren haben. Von Fridolin Webers Tod im Monat danach wohl auch. Eine Tür fällt zu. Wie kann er hier in Salzburg ausbrechen aus der *Sklaverei*?
Mozart erlebt es als befreiend, gegen den Anstand zu verstoßen und unflätige Bemerkungen, sogar über die treue Dienstmagd des Hauses, in das Tagebuch seiner Schwester zu kritzeln. Grenzen zu verletzen ist seine Art zu sagen: Es drängt mich aus dieser Stadt und meinen Umständen hinaus. Hier ist alles zu klein für mich.
Gleich zu Beginn des Jahres 1780 begeht er einen Diebstahl. Das Risiko, erwischt zu werden, ist gering. Der Bestohlene siecht in Italien seinem Ende entgegen. Es ist der syphiliskranke Mysliveček. Mozart hat eine Arie aus seiner *Armida* entwendet, der letzten Oper des Freundes, die am 26. Dezember 1779 an der Mailänder Scala durchgefallen ist. Neu ist der unterlegte Text, ein kurzes italienisches Liebesgedicht. *Ridente, la calma* beginnt und endet es. In den ersten und den letzten Zeilen wünscht es der Seele Ruhe und dass in ihr keine Spuren der Verachtung und Angst bleiben mögen. Hat Mozart

es umgeschrieben, um sich Seelenruhe einzureden in Sachen Aloisia Weber? Der Name des Textdichters fehlt ebenso wie die Quellenangabe *Armida*.[11] Mit solchen und anderen Spielen entflieht Mozart dem Alltag.

Salzburg ödet ihn an. Die *Zaide* liegt unfertig herum. Die Böhmsche Truppe ist Ende März abgezogen, eine neue Truppe nicht unter Vertrag. Colloredos Ruf als Zensor des Spielplans schreckt ab. Mit dem, was erlaubt ist, hat es ein Direktor schwer, Kasse zu machen. Stumm steht das Hoftheater gegenüber. Mozarts übrig gebliebene Ablenkungen, vom Spazierengehen im Mirabellgarten über Tarock bis zum Bölzlschießen, sind immer die gleichen.

Auch seine Aufgaben sind immer die gleichen. Wie im Vorjahr komponiert er Kirchensonaten und eine Messe in Festtags-C-Dur für das Hochamt am Ostersonntag. Doch er protestiert gegen die Macht der Gewohnheit. Als die Fronleichnamsprozession unter dem Haus der Mozarts vorbeizieht, wirft er einen großen Zinnleuchter auf den Festzug.[12] Auf die Verschwiegenheit seiner Schwester kann er sich verlassen.

Doch nichts und niemand holt ihn heraus aus seinem Trott. Der neue Mozart bekommt keine neuen Aufgaben. Also gibt er sie sich selbst. Sein Konzert für zwei Klaviere, das er in diesem Jahr komponiert, stellt einen Anspruch, dem in Salzburg nur zwei Solisten gerecht werden: er und seine Schwester. Es ist unüberhörbar, dass der Komponist ein anderer geworden ist.[13] Im Zentrum des Doppelkonzerts steht der langsame Satz. Er will nicht beeindrucken. Er scheint von Wünschen und Erinnerungen zu erzählen, er endet in Seufzern. Mozart hat entdeckt, wie er den Hörer ergreift. Das im Musiktheater zu beweisen, ist sein Ziel. An einer Oper zu arbeiten, die keiner bestellt hat, fällt ihm schwer: Wie und wen soll sie ergreifen?

Im Juli ist ein neuer Theaterdirektor mit seiner Truppe in Salzburg zum Probespiel angetreten. Er erhofft sich einen Vertrag für die nächste Herbst-Winter-Saison. Fünf Jahre älter als Wolfgang Mozart, ist der gelernte Schauspieler bereits ein Theaterpraktiker mit Erfahrung und Verantwortung, der seinen eigenen Auftritt bühnenwirksam inszeniert und mit allen Wassern gewaschen ist. Ein Mann wie Mysliveček, gut aussehend und erfolgreich bei Frauen; zum Leidwesen der Starschauspielerin seines Ensembles, mit der er verhei-

Die Erfindung des Idomeneo

ratet ist. Schnell wird dieser Emanuel Schikaneder[14] ohne Ehefrau Stammgast bei den Mozarts und revanchiert sich mit Freikarten fürs Theater. Wolfgang Mozart wiederum verspricht ihm, eine Einlagearie zu schreiben, gratis.

Er ist zum Bersten prall von Ideen, wie seine Blödeleien zu erkennen geben. Am 26. August 1780 fabriziert er im Tagebuch seiner Schwester ein Kauderwelsch aus deutschen, italienischen, französischen und lateinischen Wörtern. So könnte Oper sein, aus ganz unterschiedlichen Elementen zusammengesetzt: aus deutschem Singspiel und italienischer *opera*, französischer Tanzmusik und lateinischer Kirchenmusik.[15]

Vier Tage vorher hat er in Maria Annas Tagebuch den Besuch von Abt Varesco protokolliert, sonst nie Gast im Tanzmeisterhaus. Der fünfundvierzigjährige Hofkaplan hat seit Schrattenbachs Tod einen schweren Stand. Da Colloredo ihn nicht leiden kann und seine Zulagen stark gekürzt hat, lebt er in Armut. Varesco muss froh sein, dass Mozart an ihn denkt, nachdem er aus München durch den Intendanten Graf Seeau von Kurfürst Carl Theodor den Auftrag zu einer Karnevalsoper erhalten hat.[16] Das Thema ist vorgegeben, der Librettist nicht. Die Auswahl an Librettisten ist groß, aber nicht vor Ort. Doch nur mit einem Ortsansässigen kann die Zusammenarbeit so eng werden, wie sich Wolfgang Mozart das vorstellt. Giambattista Varesco ist in Latein und Griechisch, in Homer und antiker Mythologie zu Hause. Der vorgegebene Stoff liegt ihm: Die Geschichte spielt kurz nach dem Trojanischen Krieg. Aber die Kürze, für die sich Mozart seit Paris begeistert, liegt ihm nicht. Und der *Effekt*, von dem Mozart seit der letzten Reise so viel redet, auch nicht. Das Problem für den Textdichter: Er muss sich für die Tragödie von König Idomeneo, der in Seenot schwört, den ersten Menschen zu opfern, dem er nach der Landung begegnet, und dann seinen Sohn Idamante trifft, ein glückliches Ende ausdenken. So hat man es bei ihm bestellt. Das Problem mit dem Textdichter: Er hat von Theater keine Ahnung.

Trotzdem hat die Wahl dieses Librettisten einen Vorteil. Auf die Arbeit eines Mannes mit so schwacher Position lässt sich stark Einfluss nehmen. Zuerst einmal halten die vielen Unstimmigkeiten des Buchs den Komponisten jedoch auf. Als am 5. November Schikaneder seinen neuen Freund Mozart zur Postkutsche begleitet, ist nur der erste Akt fertiggestellt, der zweite steckt in den Anfängen, mit dem dritten hat er noch gar nicht begonnen.

Achtzehn Stunden dauert die Fahrt. Zwei Stationen fährt Mozart, die Hände auf das Polster gestützt, den Hintern in die Luft haltend. Am 6. November mittags um eins kommt Mozart in München an. Bestens gelaunt. Eros erblüht. Die Mannheimer Elite an Sängern und Instrumentalisten samt Orchesterleiter Christian Cannabich ist mit dem Kurfürsten umgezogen. Mozart steht ein Ensemble zur Verfügung, wie er es sich erträumt: Anton Raaff als Idomeneo, Dorothea Wendling als Ilia, ihre Schwägerin Elisabeth Wendling als Elettra. Eine Notbesetzung ist in Mozarts Ohren nur Vincenzo dal Prato, ein Kastrat seines Alters, der für die Rolle des Idamante vorgesehen ist.[17] Drei Jahre lang war in München kein Kastrat beschäftigt; dass nun dal Prato engagiert worden ist, dient der Befriedigung des konservativen Publikumsgeschmacks.

Zentrales Anliegen Mozarts in München: Vater Leopold soll in Salzburg Varesco geschickt beibringen, was sein Sohn ihm an Änderungswünschen übermittelt. Eros aber hat inzwischen vom listenreichen Vater gelernt: Kühn und beharrlich beginnt er um seine Oper zu kämpfen, vielleicht die Eintrittskarte zum Hofdienst. Alles, was zu lang ist, muss gekürzt werden. Alles, was dramatisch oder psychologisch nicht überzeugt, muss geändert werden. Alles, was *unnatürlich* wirkt, muss weg. Wie viel lieber wäre ihm ein Bass in der Rolle des alten Königs, wie viel lieber ein Tenor in der des jungen Helden gewesen. Doch hier fügt er sich Seeau, ganz im Sinne Leopolds.[18] Nebenbei lässt Wolfgang Mozart den Vater wissen, dass er auch strategisch längst die Qualitäten seines Vaters besitzt: Er verkehrt bei Graf und Gräfin Paumgarten und hat herausgefunden, dass vermutlich sie hinter dem Kompositionsauftrag des *Idomeneo* steckt. Verschlüsselt gibt er dem Vater zu verstehen, dass die neunzehnjährige Gräfin Mätresse Carl Theodors ist.[19]

Über die Amoral der ehemaligen kurfürstlichen Mätresse Gustl Wendling war Mozart rüde hergezogen. Über die neue Mätresse Josepha Gräfin Paumgarten, die zudem verheiratet ist, berichtet er nur das Beste. Über sie als Sängerin, Mäzenin, Gastgeberin und Agentin in seinem Interesse. Gründe, sich zu rechtfertigen, sieht er weder menschlich noch beruflich.

Die Erfindung des Idomeneo

Dass der Vater ihn drängt, endlich die versprochene Arie für Schikaneder zu schicken, entnervt ihn. Dass Vater und Schwester krank sind, will er nicht so genau wissen. *Schreiben Sie mir keine so traurigen Briefe mehr!,* befiehlt er am 24. November dem Vater. Er brauche ein *heiteres Gemüt,* einen *leichten Kopf* und *Lust zum Arbeiten – und das hat man nicht, wenn man traurig ist.*[20]

Auch dass Maria Theresia am 29. November in Wien gestorben ist, beschäftigt ihn in keiner Weise. Obwohl ihn eine Darmgrippe niederwirft, er eine ganze Nacht durch *das Bett voll gespien, gebrunzt und geschissen* hat, ersteht Eros am nächsten Morgen neu. Ihn kümmert nichts, nur *Idomeneo* erfüllt ihn. Er bittet den Vater zwar, ihm auf alle Fragen zu seiner Arbeit rasch Antwort zu geben, ist aber von der Richtigkeit seiner radikalen Eingriffe in Varescos Libretto überzeugt. Konsequent verhindert er, dass durch Überlänge etwas *matt und kalt* wird. Er weiß genau, was er von den Sängern erwartet: *Geist und Feuer.*[21] Und Ausdruck im richtigen Maß. Die Mara, eine gefeierte Sopranistin, die er in München hört, kritisiert er wegen ihrer Übertreibung: *sie macht zu viel, um das Herz zu rühren.*[22] Die Wendlings machen es ihm recht. Dal Prato findet er miserabel, weil er *keine Intonation, keine Methode, keine Empfindung*[23] und keine Atemtechnik hat, außerdem sitzt seine Stimme falsch. Aber er bläut ihm energisch seine Partie ein. Eine heikle, wie alle anderen Partien auch. Durchkomponierte Szenen, nahtlose Übergänge, abrupt abgebrochene Arien und ein herausfordernd nuancenreiches Orchester. *Idomeneo* ist ein Werk der Grenzüberschreitungen.

Den Wendlings, vor allem Dorothea mit ihrer überragenden Technik und Bühnenpräsenz, kann er alles zumuten. Und tut es. Raaff aber vereitelt einiges an musikalischen Kühnheiten, die ihm Mozart in Soli und Ensembles auf die Stimmbänder komponieren will. Er ist fast 67 und kennt seine Grenzen. Mozart schimpft zwar, Raaff sei dem *Schlendrian* verfallen und stehe herum wie eine *Statue,* aber er setzt die Partie für ihn so, dass er sie bewältigt.

Wolfgang will sich als Leopolds gelehriger Schüler zeigen. Stolz berichtet er dem Vater, wie gut er mit Intrigen zurechtkommt, dass er die wichtigsten Adelshäuser hier auf seiner Seite hat und vor allem Cannabich ihn unterstützt.

Was aber die Glaubwürdigkeit betrifft, ist er nicht bereit, Zugeständnisse zu machen. Bei Varesco geht Idomeneo nach seiner Landung ganz allein am Strand entlang und sondert dabei eine Arie ab. Mozart kennt sich mit hohen Herrschaften aus. Um einen König scharen sich Militärs und Gefolgsleute. Außerdem: Der Sturm hat sich doch gelegt. Warum soll Idomeneo dann als Einziger das Schiff verlassen? Was ist währenddessen mit den anderen los? Das Publikum muss Zeuge sein, wie das Schiff anlegt, Idomeneo den Boden der Heimat betritt und einem seiner Leute anvertraut, in welche Gewissensnot er nun gerät. Dann erst wird begreiflich, dass er plötzlich allein sein möchte. Die Begegnung mit seinem Sohn Idamante muss ein Schock sein. Genau da hat Varesco ein nicht enden wollendes Rezitativ vorgesehen. Mozart kürzt gegen den Willen des Vaters und Varescos, damit dieser Höhepunkt nicht eingeebnet wird. Auch Neptuns Prophezeihung beschneidet er. Sein Argument: Wenn das Orakel zu lange dauert, werden *die Zuhörer immer mehr von dessen Nichtigkeit überzeugt*.

Das Verhältnis zum Vater nimmt an Spannung zu, der Ton an Gereiztheit. Mitte November hat Leopold seine Briefe an den Sohn auf einmal mit *Dein Vater und Freund* unterzeichnet. Dann fällt der Zusatz *Freund* wieder weg. Leopold muss es als provozierend empfinden, dass sein Sohn sich manchen seiner Ratschläge widersetzt. Wolfgang muss es als kränkend empfinden, dass der Vater fordert, seine Argumente zu respektieren, nur weil er der Vater ist – und das, obwohl die Gegenargumente seines Sohnes stichhaltig sind. Wolfgang will einen Dialog auf Augenhöhe führen, von Mann zu Mann, nicht von Sohn zu Vater.

Er will Erfolg haben, aber nicht um jeden Preis. Francesco da Paula Grua, der die Karnevalsoper im Vorjahr komponiert hat, ist in Wolfgangs Ohren ein Produzent von Massenware. Für *lange Ohren* schreibe er nicht, entgegnet er dem Vater, als der von ihm Sinn fürs *Populäre* verlangt. Er weiß, dass er sein *göttliches Talent* nicht verraten darf.

Eros ist als Bote zwischen den Göttern und den Menschen unterwegs. Er wagt, was keiner seiner Zeitgenossen gewagt hätte. Auf das hochdramatische Rezitativ, in dem Idomeneo den grausamen Gott anherrscht, in ihm den Schuldigen zu erkennen, lässt er keine Arie folgen. Das bringt ihn der Gegenwart nahe, dem modernen Schauspiel eines Lessing oder Schiller. Und damit den Menschen. Mozart nutzt die Mythologie für seine Zwecke. Die Götter verkünden seine Botschaft – eine menschliche. Wenn sich die Staatsräson gegen den Lebensentwurf richtet, ist es Zeit aufzubegehren.

Mozart höhlt die barocken Formen von innen her aus. Es treten keine stabilen *opera-seria*-Charaktere auf, sondern wunde Seelen. Keiner ist eindeutig, jeder ist zwiespältig. Mozart beleuchtet die Schattenseiten. Idomeneo ist verbraucht und müde, Idamante hilflos und verbittert, Elettra torkelt haltlos zwischen Extremen, Ilia steckt in einem tiefen Konflikt. Anhand der Figuren führt Mozart vor, dass die *opera seria* nicht mehr überleben kann, er zeigt ihre Krise. Und damit die Krise der Gesellschaft. Nach dem *Idomeneo* kann es auf der Opernbühne nicht weitergehen wie zuvor. Mozarts Musik legt offen, was sein Librettist verdeckt hat: den Riss durch die Gesellschaft und durch die Menschen.

Varesco lässt seine Figuren ihre Absichten verhehlen. Mozart lässt seine Figuren ihre innere Zerrissenheit zeigen.

Weil er sie selbst empfindet? Er genießt die Anerkennung, die ihm zuteil wird, gesteht aber seine Angst, wegen äußerer Mängel *ausgelacht* zu werden. Wieder hat er Bewunderung und Verachtung zugleich erfahren. Der Kurfürst hat ihn bei der Probe gelobt, aber im selben Atemzug herabgewürdigt: Es sei kaum zu glauben, dass etwas so Großes in einem so kleinen Kopf stecke.[24] Mozart weiß, dass sein Kopf zu groß für seinen Körper ist. Er versteht also, was mit dem kleinen Kopf gemeint ist: der eines Kindes, das mit fast vierundzwanzig Jahren noch immer nicht für voll genommen wird.

Mozart hat seine Methode, sich als Mann zu zeigen: Er gibt sich bei Stress gelassen und macht andere Männer klein. Als er den letzten Brief in diesem Jahr an den Vater schreibt, steht er unter enormem Zeitdruck. Der dritte Akt ist entworfen, aber noch nicht ausgeführt. *Komponiert ist schon alles, geschrieben noch nicht*, vermeldet er.[25] Er braucht die Diplomatie des Vaters, der Varesco wieder und wieder um Änderungen bitten muss. Denn der Librettist verliert allmählich die Geduld.

Der Vater versteht, dass sein Sohn sich im Sinn der Sänger gegen zungenbrecherische Reime wehrt. Die Diskussionen füllen Seiten. Die Zeit wird bedrohlich knapp.

Dennoch hat Mozart ein offenes Ohr für den neuesten Klatsch aus Neapel. Er dreht sich um den Kastratensopran Ludovico Marchesi, gleich alt wie Wolfgang, attraktiv und weltberühmt. Mozart kennt Marchesi persönlich aus München. Brühwarm berichtet er, der Sänger sei in eine Herzogin verliebt gewesen, was ihrem offiziellen Liebhaber nicht entging. Der habe drei oder vier gedungene Mörder zum Rivalen nach Hause geschickt, die ihn vor die Wahl stellten, Gift zu trinken oder *massakriert* zu werden. Weil sich Marchesi für die erstere Todesart entschieden haben soll, nennt der kleine Mann mit dem großen Kopf ihn einen *welschen Hasenfuß*. Großspurig verkündet Mozart, er selbst hätte an seiner Stelle ein paar der Mörder mitgerissen in den Tod.

Doch Mozart ist einem falschen Gerücht aufgesessen.[26] Marchesi wird ihn um fast vierzig Jahre überleben. Aber diese Geschichte gibt Wolfgang Gelegenheit, dem Vater zu zeigen, wie er seinen Sohn sehen soll: als Künstler wie als Mann ein ganzer Kerl.

XII.

1781
Ein gewaltiger Jäger
Oder: Ein Künstler auf der Fährte des Menschlichen

Großer Auftritt ganz privat: Das Bildnis, das Maria Anna, Wolfgang und Leopold Mozart im Tanzmeisterhaus zeigt, hat gewaltige Ausmaße: 140,4 × 187,6 cm. Die Umstände seiner Entstehung zwischen Spätherbst 1780 und Sommer 1781 ist bis zu Maria Annas Friseurin bestens dokumentiert, nicht aber der Name des Künstlers. Die Zuschreibung an den in Burghausen, zeitweise auch in Salzburg ansässigen Maler Johann Nepomuk della Croce stellte Dieter Goerge, Experte für diesen Maler, in Frage. Möglicherweise kam sie zustande, weil Georg Nikolaus Nissen in seiner Mozartbiographie das Familienbild als Stahlstich wiedergab, gedruckt von Jos. Lacroix, München.

*E*rgriffen sitzt Friedrich Ramm an seinem Pult im Münchner Hoftheater, als am 29. Januar 1781 die letzten Akkorde des *Idomeneo* verklingen. Mozarts Oper hat ihn tiefer beeindruckt als alles, was er bisher gehört hat. Und ein Mannheimer Staroboist hat viel gehört.

Mozart war monatelang auf der Jagd nach der Wahrheit. Er hat kein Risiko und keine Mühe gescheut. Die Wahrheit ist erschreckend. Abgründe haben sich aufgetan in den Seelen von vier Menschen, die behaupten einander zu lieben. Am Ende blicken sie sich fassungslos in die Augen. Wie haben sie sich ineinander getäuscht![1]

Die Liebe hat gesiegt, behauptet der Text. Doch die Musik fragt: Hat die Liebe gesiegt? Der Vater, sein Sohn und die beiden rivalisierenden Frauen sagen nicht die Wahrheit. Aber sie singen die Wahrheit.

Das Publikum verlässt das Hoftheater verstört, manche sind wohl schockiert. Sie haben gespürt, dass Mozart radikal mit Traditionen gebrochen hat. Wie viele Fragezeichen seine Musik setzt, wie trügerisch seine Idyllen sind und wie gefährdet seine Gestalten.

Am 1. Februar 1781 berichten die *Münchner Staats-, gelehrten und vermischten Nachrichten* von der Uraufführung des *Idomeneo*. Nur ein einziger Name wird darin genannt: Lorenzo Quaglio, Bühnenarchitekt der Münchner Hofoper. Seine Bühnenbilder: *Meisterstücke*. Text, Musik und Übersetzung: *Geburten von Salzburg*.[2] Das liest sich, als wären es Arbeiten von namenlosen Provinzkünstlern.

Nur drei Wiederholungen werden angesetzt. Leopold Mozart hatte mit seiner Tochter im Hoftheater gesessen, als dort die große *opera seria* zum ersten Mal über die Bühne ging. Er hat wohl rasch erkannt, dass sich sein Sohn damit zwar die Bewunderung der Künstler, aber wieder nicht den Zugang zum Hof verschafft hat. Am 12. Februar schreibt er bereits an den Leipziger Verleger Breitkopf und bietet ihm Werke seines Sohns zum Druck an. Der *Idomeneo* ist nicht dabei, von dem ist nur am Rande die Rede. Doch Leopold dient sich keineswegs an. Er sei nur auf diese Offerte verfallen, weil er so viel Gedrucktes sehe, das sein Mitleid errege.

Wolfgang reagiert anders auf den ausgebliebenen Erfolg. Er jagt nun dem Vergnügen nach, das ihm vergessen hilft. Haltlos liefert er sich dem Münchner Faschingstreiben aus, tanzt, trinkt, flirtet. Das ist nicht im Sinn des Vaters. Prompt wird ihm zugetragen, sein Sohn tanze auffallend oft mit einer bestimmten jungen Frau, die einen einschlägigen Ruf besitzt.

In solchen Versuchungen sieht er die größte Gefährdung seines Sohns.[3] Ist Leopold vor Ort, kann er dazwischenfahren. Aber was, wenn sein Sohn fernab von ihm lebt?

Nach einem kurzen Gastspiel in Augsburg, wo Wolfgang als Pianist mit der Schwester auftritt, reisen Vater und Tochter zurück nach Salzburg. Wolfgang Mozart dagegen wird harsch nach Wien beordert. Er hat seinen Urlaub eigenmächtig um fast drei Monate überzogen. Mozarts Arbeitgeber Colloredo ist in Wien auf Krankenbesuch bei seinem Vater und will dort vorführen, was seine Leute können. Er braucht seinen Hoforganisten als Pianisten. Am 12. März 1781 verlässt Wolfgang Amadé Mozart widerwillig München.

In Wien wird er im Haus des Deutschen Ritterordens einquartiert, wo Colloredo selbst residiert. Warum andere Hofmusiker wie der hoch bezahlte Kastrat Francesco Ceccarelli oder der Favorit des Erzbischofs, Konzertmeister Antonio Brunetti, außerhalb wohnen dürfen, er selbst aber nicht, durchschaut Mozart sofort. Ihn will der Dienstherr unter Aufsicht wissen.

Am Tag der Ankunft muss sich Mozart, obwohl er bereits seit vierzehn Stunden auf den Beinen ist, um vier Uhr nachmittags für Colloredo und dessen Vater ans Klavier setzen. Einen Tag später, am 17. März, gibt es auf Colloredos Anordnung ein Privatkonzert bei Dimitrij Fürst von Golizyn.

Nachts um elf berichtet Mozart dem Vater. *Mon très cher ami*, spricht er ihn zum ersten Mal an.[4] Zum ersten Mal und zum einzigen Mal. Weil er ihn nun als Freund erlebt hat? Oder weil er ihn auf seine Linie einschwören und zum Verbündeten machen will?

Eros, der Jäger, will nicht als Sammler in Salzburg festsitzen. Ein Jäger braucht Freiheit. Rasch hat er beschlossen, hier in Wien zu blei-

Ein gewaltiger Jäger

ben und den Dienst bei Colloredo zu quittieren. Jetzt muss er den Vater derartig gegen Colloredo einnehmen, dass er Ja sagt.

Mit diesem Ziel probiert er von nun an sein Talent als Intrigant und Zwecklügner aus. Dass er für den Auftritt am Tag seiner Ankunft von den Colloredos insgesamt 40 1/2 Gulden kassiert hat, also ein Zehntel seines Jahresgehalts als Zulage, erfährt Leopold Mozart nicht. Nur, dass Colloredo seinen Musikern die Gelegenheit zum Nebenverdienst raube, weil er sie ständig beanspruche.

Es geht Mozart keineswegs um die Kollegen, es geht ihm nur um sich selbst. Dass Brunetti und Ceccarelli an einem Tisch mit Köchen und Dienern sitzen müssen, stört ihn nicht. *Die beiden andern zähle ich nicht zu mir*, erklärt er.[5] Aber dass auch er dort platziert wird, findet er skandalös.

Mozart weiß, wo er eigentlich hingehört: zu denen ganz oben. Er will am Tisch von Karl Joseph Graf von Arco sitzen. Als Oberstküchenmeister ist der siebenunddreißigjährige Kammerherr, ein dekorierter Offizier a. D., Chef des mitgereisten Hofstaats. Graf von Arco stammt aus dem Tiroler Uradel. Sein Vater, Georg Anton Felix Graf von Arco, ist als Mittsiebziger nach wie vor einer der mächtigsten Männer in Salzburg und ein großer Förderer der Mozarts. Auf der Italienreise hatte Leopold die Beziehungen und Empfehlungen des alten Arco zu nutzen gewusst und hält ihn seither besonders hoch. Doch Mozart fühlt sich dem jungen Grafen von Arco nicht verpflichtet, er fühlt sich ihm ebenbürtig.

Brunetti und Ceccarelli zu denunzieren gehört also mit zum System. Ihre Späße bei Tisch verurteilt er als ordinär, er selbst hockt angeblich meistens schweigend dabei. Und wenn er von etwas rede, so nur *mit der größten Seriosität*. Ob ihm der Vater das abnimmt? Schließlich nennt sein Sohn im selben Brief die Schwiegertochter der Mesmers, bei denen er vorbeischaute, *dick und fett*.[6]

Brunetti und Ceccarelli sind Stammgäste im Tanzmeisterhaus. Den Geiger herabzusetzen ist eine leichtere Übung: Weil er mit Michael Haydns junger Schwägerin ein uneheliches Kind gezeugt hat und nach der Heirat mit ihr nun noch immer als Weiberheld gilt, ist er auch Leopold suspekt. Aber Ceccarelli, der alle drei Mozarts im Schattenriss porträtieren durfte, wird von Leopold Mozart wie ein Ersatzsohn behandelt. Eros, der Fallensteller, setzt auf das Vorurteil seines Vaters gegen alles Italienische, beschreibt beide Kollegen als Tölpel, die sich in Adelskreisen nicht zu benehmen wissen. Und streicht seinen souveränen Umgang mit den Aristokraten heraus, ob es um den Fürsten von Golizyn geht, um Baron von Braun oder den Grafen von Cobenzl.

Eros ist der Schönheitsgöttin nah und fühlt sich in Glanz und Reichtum zu Hause. Also besonders bei Gräfin Wilhelmine von Thun, deren drei schöne Töchter als Grazien tituliert werden. Mozart besucht sie fast täglich in ihrem Salon, der als der vornehmste in der Stadt angesehen wird: *ich gelte sehr viel bei ihr*,[7] berichtet er dem Vater. Beim Hofratsdirektor Graf von Arco gilt er nicht viel, denn Mozart denkt nicht daran, wie vorgeschrieben morgens im Vorzimmer Colloredos auf Anweisungen für den Tag zu warten.

Der Vater soll seinem Sohn Glauben schenken und seine Entscheidungen gut heißen. Damit er das tut, setzt Wolfgang auf die Taktik des Vaters. Er gibt vor, sich dem Geschmack der wichtigen Leute anzupassen, Kontakte zu pflegen, von sich reden zu machen und sich finanziell nicht ausbeuten zu lassen.[8] Persönlich will er beim Kaiser auftreten, verkündet er, nachdem er wegen der *Scheiß-Musik* bei Colloredo den Monarchen im Haus der Gräfin von Thun verpasst hat. Was er dem Kaiser vorspielen wird? Fugen, das sei nun mal nach dem Geschmack Josephs II.[9] Wie es der Vater wünscht, hat er den Kontakt zu Auernhammers aufgenommen, den Leopold bereits eingefädelt hatte. Deren Tochter Josepha Barbara, mit dreiundzwanzig bereits eine virtuose Pianistin, hat er als Schülerin angenommen.

Doch er setzt noch auf eine zweite Taktik. Sein Vater fühlt sich ebenfalls von Colloredo missachtet und schlecht bezahlt. Da liegt es nahe, den gemeinsamen Dienstherrn zum Feindbild zu erklären, ihm vorzuwerfen, er beschädige das Ansehen des jungen Mozart und bringe ihn um Verdienstmöglichkeiten. So werden Sohn und Vater Leidensgenossen. Wolfgang macht Leopold klar, was Colloredo ist: ein *Hindernis*.[10] Nur auf Druck des Wiener Adels soll Colloredo ihm widerwillig erlaubt haben, bei einem Wohltätigkeitskonzert anzutreten. Grund dafür laut Mozart: der üble Charakter des Fürsterzbischofs. Er *will nicht, dass seine Leut Profit haben, sondern Schaden.*[11] Der Mann sei ein *Menschenfeind*, das sei auch die Meinung der hiesigen Aristokraten.

Ein gewaltiger Jäger

Der Jäger hat in Wien längst Witterung aufgenommen. Das ist eine Klavierstadt, berichtet er. Geliebt wird nicht der Komponist, sondern der Pianist Wolfgang Amadé Mozart. Er berichtet von sensationellem *Silentium* bei seinem Auftritt, unterbrochen von spontanen *Bravoschreien* und nicht enden wollendem Applaus.[12]

Dass es mit einer Hofanstellung schlecht aussieht, gibt er zu. Selbst wenn der einundsiebzigjährige Hofkapellmeister Giuseppe Bonno bald sterben sollte, ist klar, wer nachrückt: Antonio Salieri. Und dass Salieris Stelle dann an Joseph Starzer geht, weiß er auch schon. Aber er rechnet dem Vater vor, dass er mit Klavierkonzerten und vier Klavierschülern das Doppelte bis Dreifache von dem verdienen könne, wofür er bei Colloredo in Salzburg *schmachten* muss. Dass die 450 Gulden, die ihm Colloredo zahlt, in Wien für einen festangestellten Musiker über der Obergrenze liegen und nur prominente Gesangssolisten mehr bekommen, verschweigt er. Die meisten Musiker werden hier wie Dienstboten bezahlt. Dem Vater gegenüber redet er nur noch von seinen 400 Gulden Hungerlohn in Salzburg. Als aber der Fürsterzbischof auf seine 500 Gulden Jahresgehalt verweist, nennt Mozart ihn einen *Lügner*.

Am 1. Mai wird ihm mitgeteilt, er habe sofort das Quartier im Haus des Deutschen Ritterordens zu räumen. Der Obdachlose weiß, wohin: ins Haus *Zum Auge Gottes*, direkt bei der Peterskirche. Dass der Blitzumzug problemlos funktioniert, ist kein Zufall. Auch privat hat der Jäger Witterung aufgenommen. Seine Vermieterin ist die Witwe Weber, die dort mit ihren drei unverheirateten Töchtern Josepha, Constanze und Sophie lebt. Längst geht Mozart wieder bei der Familie ein und aus. Davon weiß sein Vater bislang nichts. Mozart hat die Aversionen seines Vaters gegen die *Weberischen* nicht vergessen. Es ist zu erwarten, dass Leopold ihnen unterstellt, die Kündigungsgelüste seines Sohnes anzuheizen.

Am 9. Mai soll der Hoforganist Mozart unwiderruflich nach Salzburg zurückreisen. Colloredo braucht ihn als Kurier für eine wichtige Sendung. Mozart lügt, in der Kutsche sei kein Platz mehr für ihn gewesen. Als der Erzbischof ihm daraufhin zu Recht vorwirft, er vernachlässige seine Pflichten und mit so jemandem wolle er nichts mehr zu tun haben, nimmt Mozart das sofort zum Anlass, sich als fristlos entlassen zu betrachten. Colloredo hat ihn *Bursche* und *Bub* genannt, also nicht für voll genommen. Schon wieder diese Kränkung. Und er hat ihn als *Fechs* bezeichnet. Das hat Mozart selbst auch getan, weil etwas dran ist. Umso härter trifft es ihn nun. Er werde das Entlassungsgesuch schriftlich nachreichen, erklärt der kleine *Fechs* mit dem großen Kopf seinem Arbeitgeber.

Doch er hat die Rechnung ohne den Vater gemacht. Leopold weiß, dass es hier auch um seine Existenz in Salzburg geht. Über den alten Arco in Salzburg gelingt es ihm, die zugeschlagene Tür wieder zu öffnen. Ende Mai schreibt Leopold Mozart an dessen Sohn, den Oberstküchenmeister Karl Joseph Graf von Arco, der mit dem Erzbischof in Wien weilt. Briefe schreiben kann er. Umgehend bestellt der Oberstküchenmeister den jungen Mozart zu sich. Die Unterredung verläuft, wie Mozart zugeben muss, *ganz gelassen*. Arco redet mit ihm freundschaftlich, öffnet ihm sogar sein Herz. Er müsse auch oft Beleidigungen schlucken, gesteht er. Mozart zeigt kein Mitleid. Arco werde seine Gründe haben, das zu erdulden, entgegnet er ihm. Er habe Gründe, das nicht zu tun.[13] Dass Arco sich jedoch gar nicht ereifert und nicht einmal das Reisegeld annimmt, das Mozart ihm zurückgeben will, macht ihn als Feindbild ungeeignet.

Mozart beschließt, des Vaters Hass verstärkt auf den Erzbischof zu lenken. Der mache ihn hier in Wien systematisch vor anderen Leuten schlecht, behauptet er. Aber das falle auf Colloredo selbst zurück, *denn man schätzt mich hier mehr als ihn*. Jeder halte Colloredo für einen *hochmütigen eingebildeten Pfaffen*.[14] Wütend berichtet er dem Vater, er habe vier Mal vergeblich versucht, zu Colloredo vorzudringen, um die Sache zu klären, aber Arco habe ihn nicht vorgelassen. Dass er nur sein Entlassungsgesuch abgeben will, weil die Kündigung sonst nicht rechtskräftig und ein Verbleiben in Wien strafbar wäre, sagt er nicht. Vielmehr redet er von einer *Bittschrift*, so als wolle er die mündliche Kündigung revidieren, von der sein Vater weiß.

Am 8. Juni hat er es angeblich ein fünftes Mal versucht. Am 9. berichtet er außer sich vor Zorn, er sei von Graf Arco mit einem *Tritt im Arsch* hinausgeworfen worden.[15]

Es fragt sich, ob Leopold Mozart das glaubt. Er kennt seinen Sohn, und er kennt den jungen Grafen Arco, einen Mann mit freundlichem Stupsnasengesicht und ausgezeichneten Manieren. Wie Arcos Vater, wie sein Vetter Franz Lactanz Graf von Firmian und fast alle Verwandten, ist er den Mozarts zugetan. Leopold Mozart ahnt mittlerweile wohl auch, dass sein Sohn nur seine schriftliche Kündigung loswerden will und Arco den Auftrag hat, sie nicht zu akzeptieren.

Dass sein Sohn wieder mit den Webers verkehrt, hat ihm vermutlich Brunetti zugetragen, der schon vor Mitte April wieder nach Salzburg zurückgekehrt war. Für seinen Sohn ist er nur *der grobe schmutzige Brunetti*, und die *Neuigkeiten*, die er verbreitet, sind nur Verleumdungen. Prompt verdächtigt der Vater seinen Sohn, er habe mit Aloisia Weber erneut etwas angefangen. Sein Sohn gibt zu, er sei in sie verliebt gewesen, sie sei ihm auch noch immer nicht gleichgültig. Aber sie sei ja nun verheiratet, ihr Mann *ein eifersüchtiger Narr* und ein *Komödiant*, sie selbst ein schlechter Mensch; jetzt, da sie gut verdient, gibt sie angeblich der Mutter keinen Kreuzer.[16]

Mozart weiß, dass davon kein Wort wahr ist. Der *Komödiant* Joseph Lange ist einer der Stars am Hoftheater, ein grandioser Shakespeare-Darsteller, außerdem ein gutaussehender und gutverdienender Mann. Monatlich unterstützt er Mutter Weber mit einer ordentlichen Summe, wozu er sich im Ehevertrag verpflichtet hat.

Mozart setzt hier wieder auf das bewährte Muster: Nur wenn er andere schlecht macht, kommen seine aktuellen Favoriten und er selbst gut heraus. Cäcilie Weber, *die arme Mutter,* ist *eine dienstfertige Frau* und er selbst *der beste Kerl von der Welt*.

Doch offenbar verstummen die Gerüchte zu Hause nicht, dass Mozart mit den Webers oft und sehr vertraut verkehre.

Der Vater traktiert seinen Sohn, nach Salzburg zurückzukommen. Der aber hat aufgehört, den Vater als Strippenzieher zu bewundern. Was er bisher als klugen Rat zu befolgen versprach, ist für ihn nun Schleimerei: *nicht zu viel kriechen!*, empfiehlt er seinem Vater. *Das Herz adelt den Menschen*, belehrt er ihn. Und auf die seitenlangen Vorhaltungen entgegnet er: *keine solchen Briefe mehr*.[17]

Was er selbst sich unter einem idealen freundschaftlichen Dialog vorstellt, schreibt er in keinem Brief. Das setzt er in Töne. Im *Idomeneo* hat er es schließlich gezeigt: Musik ist nicht Sprache. Musik beginnt dort, wo die Sprache versagt.[18] In seiner neuen *Sinfonia concertante* führen die Violine, das Instrument des Vaters, und die Viola, Wolfgangs bevorzugtes Streichinstrument, einen Austausch, bei dem keiner den anderen unterbricht. Jeder lässt den anderen ausspielen, hört zu und antwortet dann. Sie haben oft dasselbe Thema und sind oft gleicher Meinung. Manchmal liegen Violine und Viola sogar auf derselben Tonhöhe und sind kaum voneinander zu unterscheiden. Das ist eine Verständigung, die dem Verstehen dient, ein inniger Austausch gleichberechtigter Partner. Und wenn im langsamen Satz die Violine so traurig klingt, dass es wehtut, dann scheint die Viola sie zu trösten.[19]

Musik kann nicht lügen, ein Musiker durchaus und ohne schlechtes Gewissen, wenn es der Freiheit dient, die er für seine Musik braucht. Weil in Salzburg nach wie vor geklatscht wird, er wolle eine Weber-Tochter heiraten, erklärt Mozart am 25. Juli, noch nie habe er weniger ans Heiraten gedacht als gerade jetzt. Gewitzt verwendet er eine Formulierung, die er aus einem Brief seines Vaters aus dem Jahr 1778 kennt: Gott habe ihm sein Talent nicht gegeben, damit er es an eine Frau hänge.[20]

Rastlos ist er auf der Jagd. Nach Anerkennung, Bewunderung, Liebe. Doch er lechzt auch nach ein wenig Sicherheit, wie er wieder und wieder schreibt. Ein fixes Einkommen, eine feste Teilzeitstelle. Mozart will nicht weiterhin auf der Schwelle nächtigen. Seit April hat er so wenig zustande gebracht wie noch nie.

Er weiß, dass er das Wiener Publikum nur mit einer Oper erobern kann. Schachtners Libretto zu *Zaide* findet er nach wie vor gut, aber für Wien nicht geeignet, *wo man lieber komische Stücke sieht.*[21] Auf der Jagd nach etwas Besserem lässt er sie als Fragment liegen. Er brennt auf das versprochene Buch des jungen Gottlieb Stephanie, obwohl der in Wien *das schlechteste Renommee als ein grober, falscher und verleumderischer Mann* hat. Doch wenn es um sein Werk geht, kennt Mozart keine Skrupel.

Am 30. Juli bekommt er das Libretto, zwei Tage später hat er drei von sieben Nummern des ersten Aktes vollendet. *Das Sujet ist türkisch und heißt Bellmont und Konstanze oder die Verführung aus dem Serail*, berichtet er dem Vater am 1. August und führt die Sänger auf, die schon dafür gewonnen sind. Als internationale Stars und Publikumslieblinge der Wiener Hofoper sind sie auch Leopold Mozart bekannt.[22]

Am 22. August ist der erste Akt vollendet. Das scheint Leopold Mozart zu besänftigen. Er wechselt nun das Lager. Am 10. August

Ein gewaltiger Jäger

1781 schreibt er an den Verleger Breitkopf, sein Sohn sei in Wien vom Erzbischof *außerordentlich misshandelt*, vom Wiener Adel aber außerordentlich gut behandelt worden und habe daher den Dienst quittiert.[23] Dass er selbst seinem Sohn unmögliches Benehmen vorgeworfen und Gehorsam angeraten hat, scheint vergessen.

Es müsste Leopold Mozart misstrauisch machen, wie sehr sein Sohn betont, dass er jeden Sonn- und Feiertag und möglichst auch werktags die Messe besuche, wie sparsam und häuslich er in der neuen Wohnung am Graben lebe. Falsche Fährten zu legen hat er vom Vater gelernt. Der Vater müsste auch stutzen, wenn er liest, wie der Sohn sich über seine Schülerin Josepha Auernhammer äußert, die *zum Entzücken* Klavier spielt[24] und sich als Komponistin unentgeltlich um die Drucklegung seiner Noten kümmert. Sie sei *dick wie eine Bauerndirne*, sei *abscheulich, schmutzig*, sogar nach eigener Erkenntnis *hässlich*, schwitze, dass man *speien möchte*, außerdem sei sie ein *Scheusal* und eine Nervensäge. Das Schlimmste: Sie verbreitet angeblich die Nachricht, Mozart werde sie heiraten. Das beleidigt Eros, den Boten Aphrodites, der weiß, was Schönheit ist.

Der Vater, der sich selbst seiner Voraussicht rühmt, müsste erkennen, was sich hier ankündigt. Über die Mutter der Schülerin, die aus einer Familie großer Musiker stammt, zieht Mozart genauso her. Frau Auernhammer sei eine Lügnerin, *dumm, boshaft* und *die närrischste Schwätzerin von der Welt*, außerdem habe sie zu Hause *die Hosen* an und unterdrücke ihren Mann.[25] Der Mann ist Wirtschaftsrat, hat Macht und Beziehungen.

Gerade die oberen Schichten in Wien sind durchlässig. Wer denkt und spricht wie Mozart, ist nicht gesellschaftsfähig. Doch der Vater kommentiert die Ausfälligkeiten seines Sohns mit keinem Wort.

Vor seinen Schmähungen ist in Wien keiner sicher. Schon gar nicht ein Kollege wie Vincenzo Righini, der sich als Komponist wie als Lehrer eine Position erobert hat. Das sei ein *großer Dieb*, erklärt Mozart. Er führe *seine gestohlenen Sachen* in so *ungeheurer Menge* auf, *dass es die Leute kaum verdauen können*.[26]

Um Leopold Mozart zu beruhigen, reicht es anscheinend aus, dass sein Sohn bei den Webers ausgezogen ist, im Haus des kaiserlichen Hoflieferanten Adam Isaac Arnsteiner ein möbliertes Zimmer bewohnt[27] und verkündet: *Wegwerfen darf man sich nicht hier.* Diese Beharrlichkeit verdankt er Leopold. Doch schon der nächste Satz verrät wieder, dass Mozart weder imstande noch bereit ist zu jener Diplomatie, mit der sich der nur sechs Jahre ältere Salieri die Gunst des Kaisers und der Elite erobert hat. Schon zuvor hat Mozart den Vater wissen lassen, er gehe mit jedem so um, wie der andere mit ihm.[28] Kein Wunder, dass Colloredo es seinem Hoforganisten nicht abnahm, als er seine eigene *Dienstfertigkeit* lobte und sein *Bestreben*, dem Dienstherrn *zu gefallen*. Nun heißt die Erkenntnis des Jägers: *Wer am impertinentesten ist, der hat den Vorzug.* Das heißt: Unverschämtheit siegt.

Doch Mozart irrt sich. Der Plan, in Wien den *Idomeneo* auf Deutsch zu bringen, scheitert. Mozart erklärt das so: Die vorgesehenen Solisten Bernasconi, Fischer und Adamberger sind mit gleich zwei anderen Operneinstudierungen mehr als ausgelastet. Denn von Gluck kommt überraschend nicht nur die *Alceste* in italienischer, sondern auch die *Iphigenie auf Tauris* in deutscher Sprache auf die Bühne. Antonia Bernasconi, mit 2250 Gulden im Jahr eine Spitzenverdienerin und Gegenstand von Mozarts Neid, hatte er kurz zuvor dem Vater gegenüber wegen ihrer Geldgier, ihrer miserablen Intonation, ihres breiten Wienerisch und ihres schauspielerischen Unvermögens verspottet. Die Bernasconi sei *so schlecht, dass kein Mensch für sie schreiben will*, außerdem ein Schützling Glucks. Der Adel schwärme für sie, aber der Kaiser und das Publikum könnten die Bernasconi im Herzensgrunde so wenig leiden wie den Hofkomponisten Gluck, höhnt er.[29] Vermutlich nicht nur dem Vater gegenüber.

Der Jäger hat nur sein Ziel vor Augen und übersieht, welche Ziele andere verfolgen, beruflich wie privat. Auf die Ankündigung seiner Schwester, sie wolle den altvertrauten Verehrer Franz Armand d'Yppold heiraten, reagiert er nicht wie erhofft mit dem Angebot, etwas zu ihrer Mitgift beizusteuern, denn d'Yppold ist in den Augen von Vater Leopold eine zu schlechte Partie. Dabei hat Wolfgang beträchtliche Summen, die die Schwester unterrichtend zusammensparte, auf Reisen verbraucht. Sein einziges Angebot ist die Idee, sie solle samt Mann und Vater nach Wien ziehen. Eine Ermunterung zur Liebesheirat, wie er sie wagen wird.

Offen ist Mozart dem Vater gegenüber nur noch, wenn es um die Musik geht. Was er zu seinem neuen Opernprojekt sagt, ist ganz im

Ein gewaltiger Jäger

Sinn Leopolds, denn es entspricht der Ästhetik Winckelmanns. Der Übertreibung entgegenzuwirken ist Mozarts großes Anliegen. Leidenschaften dürfen *niemals bis zum Ekel ausgedrückt* sein, erklärt er. Auch *in der schaudervollsten Lage* dürfe die Musik *niemals das Ohr beleidigen, sie müsse immer Musik bleiben*. Es wird dem Vater ebenfalls gefallen, wie kühn sein Sohn ins Textbuch eingreift und Stephanie am Zeug flickt, wenn dessen Worte Ohr und Publikum beleidigen. Auf der Rückseite eines Briefes kann Leopold Mozart einen Arientext der Konstanze lesen. *Schwur ihm Treue, dem Geliebten, gab dahin mein ganzes Herz, doch im Hui schwand meine Freude, Trennung war mein banges Los.* Das *Hui* unterstreicht und kommentiert Mozart: Stephanie könne doch *die Leute nicht reden lassen, als wenn Schweine vor ihnen stünden. – hui Sau.*[30]

Wenn andere Menschen ihre Fassung verlieren, in der Ausdrucksweise oder dem Benimm, gehören sie für ihn zum *Pöbel*. Anfang Dezember 1781 kommt es bei einem Ball in Schönbrunn zu einem unvorhergesehenen Chaos von der Art, die Mozart nicht schätzt. Einerseits genießt er es, dass im Karneval der Kaiser kein Kaiser mehr ist und der Diener kein Diener mehr. Andererseits stört es ihn, denn es spült die, die für ihn nach unten gehören, hinauf in die Sphäre, in der er selbst sich heimisch fühlt.

Bei der Vergabe von dreitausend Eintrittskarten war offenbar etwas schiefgelaufen. Auch Friseure und Stubenmädchen waren in ihren Besitz gelangt. Prompt sieht sich der Kaiser einer Menge ausgesetzt, die mit den Formalitäten eines höfischen Balls nicht vertraut ist. Die russische Großfürstin Maria Fjodorowna, die er an seinem Arm zum Tanz führen will, wird von ihm weggerissen und in die Menge der wild Tanzenden hineingestoßen. Der Kaiser schlägt um sich. *Pöbel bleibt doch immer Pöbel*, erklärt Mozart seinem Vater, indigniert über solche Manieren.

Seine eigenen Fauxpas vergisst er sofort. Erzherzog Maximilian Franz, der jüngste Bruder des Kaisers, hat ihn als Klavierlehrer empfohlen für die Braut seines Neffen Franz, die Prinzessin von Württemberg. Sonderlich dankbar hört sich Mozarts Kommentar aber nicht an. Seit der Erzherzog Geistlicher sei, salbadere er endlos und lächerlicherweise auch noch im Falsett. *Die Dummheit guckt ihm aus den Augen heraus.*[31] Mit seiner abschätzigen Meinung über den Gönner dürfte Mozart auch anderswo nicht hinter dem Berg gehalten haben.

Den Zuschlag, die Prinzessin zu unterrichten, bekommt Salieri. Doch daran sind nach Mozarts Ansicht keineswegs seine eigenen Indiskretionen schuld. *Der Kaiser hat es mir verdorben*, lautet seine Erklärung. Beim Kaiser gilt *nichts als Salieri*.[32]

Mozart ist nicht nur auf der Jagd nach Anerkennung. Er ist auf der Jagd nach Liebe. Die zeigt sich für ihn darin, dass ihm jemand Heiterkeit und Fürsorge zukommen lässt. Sein Vater reagiert nicht auf die wiederholte Bitte seines Sohns, ihn mit *verdrießlichen Briefen* zu verschonen, er habe Sorgen und Kummer genug. Leopold Mozart will es nicht wahrhaben, wie jäh die Stimmung seines Sohns von Lustigkeit in Traurigkeit umschlägt, seine Selbstsicherheit in Selbstzweifel. Er will es nicht wissen, dass sein Sohn eine Frau sucht, weil er Halt und sexuelle Befriedigung sucht.

Leopold beschäftigt sein eigener Verlust an Macht und Einfluss. Die Grüße der *Weberischen*, die Mozart ihm bestellt, schüren seine Befürchtungen. Noch mehr der neueste ihm zugetragene Klatsch: Mozart habe den Dienst bei Colloredo gekündigt, weil er in eine Weber-Tochter verliebt gewesen sei.

Offenbar hat Leopold Mozart Wind davon bekommen, dass seinem Sohn ein Vertrag zur Unterzeichnung vorgelegt worden ist, der seine Beziehung zu Constanze Weber betrifft. Nun wirft er dem Sohn vor, dass er kein Wort geantwortet hat, als der Vater ihn daraufhin ansprach.[33]

Da wird Mozart endlich deutlich. Er nennt seinen Geschlechtstrieb beim Namen. *Die Natur spricht in mir so laut wie in jedem andern und vielleicht noch lauter als in manchem großen starken Lümmel.* Er könne nicht leben wie viele seiner Altersgenossen. Erstens habe er zu viel Moral, um ein unschuldiges Mädchen zu verführen, und außerdem zu große Abscheu vor Geschlechtskrankheiten, als dass er sich *mit Huren balgen* könnte. In Wien muss man daraus kein Geheimnis machen. Da wird offen darüber diskutiert, ob Bordelle in der Stadt notwendig seien, um junge Männer nicht der Ansteckungsgefahr durch unkontrollierte Prostituierte auszusetzen. Doch Myslivečeks Beispiel wirkt nach. Nie im Leben habe er bisher mit einer Käuflichen etwas zu tun gehabt, betont Mozart, dafür sei ihm seine Gesundheit zu kostbar. Hemmungen, das zuzugeben, hätte er keineswegs, setzt er hinzu. Jeder Mensch sei fehlerhaft. Dann aber rückt er heraus, wer der *Gegenstand* seiner *Liebe* ist: *eine Weberische – aber nicht Josepha – nicht Sophie – sondern Constanza*. Dass er ihretwegen gekündigt haben soll, weist er als Unterstellung zurück. Erst durch Constanzes Fürsorge, als er bei den Webers Untermieter war, sei seine Liebe zu ihr erwacht. Er behauptet, nicht zu verstehen, was der Vater mit dem *Antrag* meint.

Seiner Methode zu argumentieren bleibt er auch in Liebesdingen treu. Josepha ist eine *faule, grobe, falsche Person, die es dick hinter den Ohren hat*. Aloisia, die gar nicht zur Wahl steht, ist eine *falsche schlechtdenkende*, außerdem eine *kokette*. Sophie ist *nichts als ein gutes, aber zu leichtsinniges Geschöpf*. Constanze aber ist *die gutherzigste, geschickteste*, ganz einfach die *beste* der Töchter. Dann porträtiert er sie als die mittelmäßige. *Nicht hässlich, aber auch nichts weniger als schön*. Ihre äußeren Reize bestünden nur in einer schönen Figur und zwei kleinen schwarzen Augen. Dabei sieht Constanze wie die anderen Weber-Schwestern gut aus, ihre Augen sind wie bei den Schwestern groß und ausdrucksvoll. Wolfgang behauptet, sie sei gewohnt, billig gekleidet zu sein, denn die Mutter stecke ihr Geld nur in die beiden älteren Töchter. Sie sei eine gute Hausfrau, patent in alltäglichen Dingen und so sparsam, dass sie sich selbst frisiert, anders als er und seine Schwester.

Mozart zeichnet hier das Porträt einer Frau, die seiner Mutter ähnlich ist, die sich auch selbst frisierte und als Einzige in der Familie niemals Galagarderobe trug. Er schildert eine Penia, die wie Anna Maria Mozart nur für ihren Mann und ihre Kinder da sein wird, ohne den geringsten Drang zur eigenen Karriere wie Josepha und Aloisia Weber.

Dass Constanze im Gegensatz zu ihm und seiner Schwester eine Schule von innen gesehen hat, dass sie wie alle Webertöchter Italienisch und Französisch gelernt hat, gut und sauber singt und Klavier spielt, unterschlägt er.[34] Sein Ziel: *diese Arme zu erretten und mich zugleich mit ihr.*

Dies ist nicht die einzige Formulierung, die dem Vater, der sich in Mozarts neuem Opernlibretto mittlerweile auskennt, verrät, dass sein Sohn die *Entführung aus dem Serail* als Spiegelbild der eigenen

Liebesgeschichte sehen will. *Martern aller Arten* wolle sie ertragen, singt dort die Konstanze. Wolfgang nennt seine Constanze eine *Märtyrerin*, die von allen anderen benutzt wird. Wie sehr er sich mit ihrem Geliebten Belmonte identifiziert, kann Leopold ebenfalls nicht entgangen sein.

Am selben Tag, am 15. Dezember, an dem Mozart dieses Bekennerschreiben fertigstellt, erreicht ihn ein Brief des Vaters. Peter Winter hat in Salzburg verbreitet, Mozart habe bereits ein intimes Verhältnis zu Constanze Weber und sie sei ein *Luder*.[35] Darauf setzt er sich an diesem 15. Dezember noch einmal an den Schreibtisch, obwohl er vor *Zorn und Wut* kaum *mehr schreiben kann*. Das verrät er nicht dem Vater, sondern der Schwester.

Eine Woche später hat Mozart vom Vater genauer erfahren, was über ihn und Constanze Weber geredet wird. Nun spricht er auch offen über den *Antrag*, auf den ihn sein Vater angesprochen hatte. Niemals, so schreibt er, hätte er sich weigern können, diesen Vertrag zu unterzeichnen, den ihm Constanzes Vormund Johann Thorwart vorgelegt hatte. Das hätte gewirkt, als wolle er Constanze sitzen lassen. Gefährlich könne ihm der Vertrag ohnehin nicht werden, mit dem er garantiert hat, 300 Gulden im Jahr zu zahlen, falls er Constanze innerhalb der nächsten drei Jahre nicht heirate. Erstens sei er sicher, dass er sie heiraten werde, und zweitens habe Constanze den Vertrag zerrissen und gesagt, sie glaube ihm auch so.

Diesmal argumentiert Eros, wie er es von Poros kennt: Er untergräbt die Glaubwürdigkeit des Zeugen. Ausgerechnet Winter, ein verheirateter Mann, hat angeblich zu ihm gesagt: *Sie sind nicht gescheit, wenn Sie heiraten. Sie verdienen Geld genug … halten Sie sich eine Mätresse.* Winter sei *in seiner Lebensart ein Vieh*. Dass Winter gegen ihn hetzt, findet Mozart ganz natürlich: Der Mann ist in seinen Augen ein enger Freund Abbé Voglers und damit automatisch sein *grösster Feind*.[36] Winter hatte zudem behauptet, Mozart sei *bei Hof*, beim Hochadel und beim Adel *verhasst*. Das sei eine Lüge, erklärt Mozart: Joseph II. habe an der Hoftafel die *grösste Eloge* auf ihn gesungen, nachdem er vor dem Kaiser und Großfürstin Maria Fjodorowna aufgetreten war. Zusammen mit einem Italiener namens Clementi.

Doch auf der Jagd nach Anerkennung als der Unerreichbare vergisst der Jäger sich wieder einmal. So, wie er dem Vater den Wettkampf schildert und den Rivalen heruntermacht, wird er es auch gegenüber anderen tun. Dieser Muzio Clementi sei ein leerer *Mechanicus* ohne jeden *Geschmack*, ohne jede *Empfindung*. Abschätzig erklärt er sich den anberaumten Wettstreit damit, dass der Kaiser den Fremden nur *verkosten* wollte. Seine eigene Meisterschaft sei dem Kaiser ja schon bekannt. Er berichtet dem Vater, er habe 50 Dukaten für den Auftritt bekommen, umgerechnet 225 Gulden, also ein halbes Salzburger Jahresgehalt. Und dass der Kaiser mit ihm sehr zufrieden war. Doch er verschweigt, dass Clementi, als Gast an vielen Höfen Europas in Kleiderfragen bewandert, ihn wegen seines eleganten Aufzugs zuerst für einen kaiserlichen Kammerherrn gehalten hat.[37] Er hat also einen großen Teil des Honorars schon im Voraus für neue Luxusgarderobe ausgegeben.

Eros begehrt das Schöne und ist überzeugt, ein Anrecht darauf zu besitzen. Auch darauf, sich als Genie bei kleineren Talenten zu bedienen: Das Thema, über das Clementi beim Kaiser improvisiert hat, wird am Anfang von Mozarts letztem Bühnenwerk stehen.[38]

XIII.

1782
Ein Ränkeschmied
Oder: Verleumdung und Lügen für Erfolg und Entführung

Pausbäckig und leutselig: Dass diese auf 1783 datierte Mozart-Miniatur von Joseph Mathias Grassi (1757–1838) als authentisch gilt, passt nicht ins gängige Mozart-Bild. Das auf Elfenbein gemalte Porträt wurde in eine Tabaksdose aus Schildpatt eingelassen und verglast. Die Qualität der Arbeit spricht allerdings gegen die Urheberschaft Grassis, der als Porträtist in Wien zu Recht gefeiert wurde. Als Argument für die Zuschreibung werden Grassis Freundschaft mit Aloisia und Joseph Lange und sein gemeinsamer Auftritt mit Mozart bei dessen Pantomime (KV 446) am Faschingsmontag 1783 angeführt, außerdem seine Zugehörigkeit zu den Freimaurern. Blaue Augen hat Mozart auf der Miniatur.

Von einem Mann, den er hasst, könnte Mozart viel lernen: von Johann Thorwart, dem Vormund Constanze Webers. Der Sohn eines Bierschankwirts hat es ohne nennenswerte Ausbildung zum Besitz von drei Stadthäusern gebracht. Von dem Gehalt, das er einst in Mozarts Alter als Kammerdiener erhielt, hätte er nicht ein einziges Haus ansparen können. Anschließend hatte er sich um eine Stelle als Leichenbeschauer bemüht – vergebens. Dann entdeckte er, wie viel Spielraum das Theater für Menschen mit Geld- und Geltungsbedürfnis bietet. Seit Jahren sitzt er auf einer Stelle, die sehr viel mehr einbringt als das, was offiziell auf der Gehaltsliste steht. Thorwart ist rechte Hand des Hoftheaterdirektors Franz Fürst von Orsini-Rosenberg und als Verwaltungschef des Hauses für alles zuständig, was nicht mit Kunst zu tun hat. Auch dafür, wer wann wo ins Theater eingelassen wird. Er platziert die Claqueure und kann damit Erfolg oder Misserfolg eines Stücks mitbestimmen. Zudem ist er für die Zulassung der *Akademien*, der von den Künstlern selbstständig organisierten Konzerte zuständig, entscheidet also, wer hier welche geben darf. Dass es Thorwart gelungen ist, als Vormund und Sittenwächter eingesetzt zu werden, obwohl seine Frau zwei Monate nach der Hochzeit das erste Kind zur Welt brachte, beweist seine Eignung für die hiesigen Verhältnisse.[1]

Gerüchte, Beziehungen, Intrigen und Bestechung gehören hier zum Alltag. Wer sich in dieser Stadt mit mehr als 200 000 Einwohnern behaupten will, muss durchschauen, wie in Wien Karrieren aufgebaut, untergraben und vernichtet werden können. Gegen die Gerüche in der Stadt wird viel getan: Zweimal täglich werden die Straßen gespritzt. Gegen die Gerüchte lässt sich nicht viel unternehmen. Seit Joseph II., ein Gegner dogmatischer Zensur, alleine regiert, darf fast alles gedruckt werden: Broschüren, dünne Hefte, Flugblätter, handgeschriebene Postillen und Zeitschriften, die vor allem Spott,

Klatsch, Skandalgeschichten, Unterstellungen oder Beleidigungen verbreiten. In der Innenstadt werden sie an jeder Straßenecke verkauft.

Mozart hat rasch verstanden, dass ohne Beziehungen nichts läuft. Das kleine Zimmer, das er überstürzt bezogen hat, weil der Auszug bei den Webers in Vormund Thorwarts Namen erpresst worden war, befindet sich im Haus des Adam Isaac Arnsteiner, Hoflieferant und einer der reichsten Männer in Wien. Seine Schwiegertochter Fanny, Frau seines Sohns Nathan, kennt die Webers: Aloisia ist mit Fanny am Klavier bereits privat aufgetreten.[2] Arnsteiners sind Kunden, sie kaufen Mozarts Noten.

In ihrem Kreis verkehrt auch die konvertierte jüdische Familie Wetzlar von Plankenstern, schon im ersten Wiener Jahr in Mozarts Konzerten gesichtet.[3] Oder Johann Adam von Bienenfeld, Heereslieferant der Habsburgermonarchie.[4] Alle Großhändler und Bankiers, alle Musikfreunde, viele der Verdienste wegen geadelt.

Mozart selbst hat in Maria Wilhelmine Gräfin von Thun eine Gönnerin gefunden, die überall einflussreiche Bekannte oder Verwandte sitzen hat. Und mit Gottfried Baron van Swieten, bestens vernetzter Diplomat a. D. und Präfekt der Kaiserlichen Hofbibliothek, einen weiteren Mäzen, den mit Fanny Arnsteiner, die sich wie ihr Mann nur noch Arnstein nennen wird, die Liebe zur Musik von Bach samt Söhnen verbindet.[5] Noch im Oktober des Vorjahres hatte Mozart nur eine einzige Klavierschülerin und keinen Fuß im Konzertbetrieb. Der Startschuss mit der Drucklegung von sechs Sonaten samt Widmung an Josepha Auernhammer, im November bei Artaria erschienen, hatte bereits Aufmerksamkeit erregt.[6] Jetzt gilt Mozart als einer der führenden Pianisten in der Stadt.

Gräfin von Thun und Baron van Swieten haben gute Arbeit geleistet und ihn in die richtigen Kreise eingeschleust. Wüsste Mozart, dass der Lieblingskomponist seiner Mäzenin jener Notker Ignaz von Beecke ist, gegen den er beim Klavierwettstreit im Münchner Gasthaus *Zum Schwarzen Adler* unterlegen sein soll, wäre das Verhältnis wohl weniger entspannt.[7]

Zu Mozarts wichtigsten Unterstützern gehört der Kabinettssekretär Johann Valentin Günther. Wer wissen will, was diesem Mann eine Sonderstellung verleiht, kann das jeden Tag im Augarten erfahren, der seit sieben Jahren für jeden zugänglich ist. Geht Günther nicht seinen Kabinettsgeschäften nach, sitzt er in einer einfachen grünen zweirädrigen Kutsche mit zwei Schimmeln neben einem anderen Mann, genau gleich angezogen wie er: langer dunkelblauer Kapuzenmantel, hirschlederne Hosen und Handschuhe, Reitstiefel und auf dem Kopf einen Dreispitz. Der Mann, der den Wagen lenkt, ist Kaiser Joseph II. Wenn sie nicht zusammen fahren, spazieren sie gemeinsam oder stärken sich beim Hoftraiteur Ignaz Jahn im Gartengebäude des Augartenschlosses. Abends hat Günther vom Kaiser frei. Dann hält er sich am liebsten bei Johann Anton Obermayer auf, einem Musik liebenden Kaiserlichen Rat, oder bei Fanny Arnsteiner, wo regelmäßig musiziert wird.[8]

Es hat seine Gründe, dass Obermayer den engsten Freund des Kaisers liebenswert, aber unvorsichtig nennt.[9] Sein intimes Verhältnis zu der Schwester von Bernhard Eskeles, dem Schwager Fanny Arnsteiners,[10] hält Günther zwar bedeckt und vor dem Kaiser geheim. Aber in einer Stadt wie Wien sickert so etwas durch. Dass Günther sich schon im ersten Regierungsjahr Josephs für das Toleranzedikt stark gemacht hat, das die Juden im Habsburger Reich von vielen entwürdigenden Einschränkungen, Vorschriften und Verboten befreite, ist bekannt. Dass er im Winter 1781 persönlich dem Kaiser eine Schrift jüdischer Freunde aushändigte, angeblich vom Bankier Bernhard Eskeles verfasst, hat sich auch herumgesprochen. Eleonore Eskeles ist zwar mit Moises Baron von Fließ in Berlin verheiratet, hat sich aber mit einem Scheidebrief von ihrem Ehemann getrennt, führt wieder ihren Mädchennamen und hat bereits zwei Kinder von Günther. Das stört manche eingesessene Wiener weniger, als dass sie wie Fanny Arnsteiner, geborene Itzig, Berlinerin ist, Tochter eines Oberrabbiners und auch noch als hoch gebildet gilt.

Mozart hat gelernt, wem man wo begegnet. Bei der Gräfin von Thun trifft er auf den Dichter seiner *Semiramis*, Otto Heinrich von Gemmingen, auf Ignaz von Born und Karl Fürst von Lichnowsky.[11] Beim Hofrat Franz Sales von Greiner begegnet er fortschrittlichen Geistern mit Kontakten zu Intellektuellenkreisen. Greiners Hofkanzlei hatte sich mit wirtschaftlichen Argumenten ebenfalls für eine völlige Gleichstellung der Juden mit den übrigen Bürgern ausgesprochen. Manche dieser Kreise verbindet adlige Verwandtschaft, manche, wie Gemmingen, Born, Günther und Sales, die Freimaurerei, manche die jüdische Herkunft, ob sie konvertiert sind oder nicht.

Zwei Jahre nach dem Tod von Maria Theresia, die Juden gehasst hatte, sich im Gespräch durch Wandschirme vor ihnen schützte und erklärte, dass sie *keine ärgere Pest im Staat kenne*, ist zu Jahresbeginn 1782 nun endlich das Toleranzpatent veröffentlicht worden. Eine völlige Gleichberechtigung garantiert es allerdings noch immer nicht. Steht dem auch der Neid auf Bankiers wie Eskeles und den jungen Arnsteiner entgegen?

Mozart ist mit ihnen und anderen reichen Persönlichkeiten der Stadt vertraut. Prompt schraubt er seine finanziellen Anforderungen nach oben. Er schimpft, der Kaiser sei *ein Knicker*. Die Ehre, vor Joseph II. aufzutreten, sei ihm nicht genug wert, um deshalb auf Geld zu verzichten. *Wenn mich der Kaiser haben will, so soll er mich bezahlen*, tönt er. Falls ihm der Kaiser 1000 Gulden im Jahr anbiete und ein Graf 2000, dann gehe er selbstverständlich zu dem Grafen.[12]

Als Fünfundzwanzigjähriger 1000 Gulden vom Kaiser zu erwarten, ist vermessen. Ein fest angestellter Musiker bekommt von ihm so gut wie nie mehr als 400.[13] Das ist Mozart bekannt. Aber er will sich dem Vater ebenbürtig erweisen, imstande zu heiraten und einen Hausstand zu gründen. Wo es nur geht, lässt er durchblicken, dass er sich perfekt auskennt im Wiener Konzertbetrieb und die Nase vorn hat, wenn sich neue Verdienstmöglichkeiten auftun.

Es gibt hier viele hochbegabte Laienmusiker, weibliche wie männliche, die öffentlich zeigen wollen, was sie können. Mit sogenannten Liebhaberkonzerten ist daher ein Geschäft zu machen. Das weiß keiner besser als Ignaz Jahn, ehemals Leibkoch von Maria Theresia und nach wie vor Hoftraiteur. In dem ebenerdigen Restauranttrakt des Augartenschlosses veranstaltet er wochentags zwischen sieben und acht Morgenkonzerte. Um diese Uhrzeit muss das, was Mozart *Pöbel* nennt, noch arbeiten. Man isst [sic!] unter sich. Jetzt hat Jahn durch den Regensburger Philipp Jakob Martin Konkurrenz bekommen. Der selbsternannte Konzertunternehmer veranstaltet im Prachtsaal des Kasinos *Mehlgrube* am Neuen Markt[14] jeden Freitag Dilettantenkonzerte. Im April wird bekannt, dass Martin auch noch für jeden Sonntagmorgen Konzerte in Jahns Gastronomie plant. Mit einem Laienorchester, das ein Mann mit bekanntem Namen leiten soll.

Ein Ränkeschmied

Mozart ist bewusst, dass dadurch das Frühstück aufgewertet und die Musik abgewertet wird. Schon als Kind wurde er wütend, wenn jemand, während er Klavier oder Geige spielte, etwas anderes tat als zuzuhören. Aber Jahn wie Martin sind als Konzertveranstalter dick im Geschäft, und Mozart will der Erste sein, der bei dem neuen Projekt dabei ist. Schon im Mai tritt er am Sonntag mit eigenen Werken im Augarten auf.[15] Ein Kraftakt in der Endphase seiner Arbeit an dem neuen Singspiel.

Im Vorfeld der Uraufführung hat er die Konkurrenz scharf im Blick. Von seinem Vater, der sie gehört hat, will er wissen, wie Salieris Oper *Semiramide*, ein Stoff, dem er sich selbst gewidmet hatte, in München aufgenommen worden ist. Seine Kenntnisse über den Wiener Publikumsgeschmack verdankt er jedoch nicht mehr Leopold, sondern einer Frau, die gut informiert ist und in der Stadt etwas zu sagen hat: Gräfin von Thun. Ihr spielt Mozart die *Entführung* komplett auf dem Klavier vor, ihr präsentiert er seine Braut.

Mozart will endlich landen, beruflich wie privat. Seit Monaten bedrängt er seine Geliebte mit seiner Gier nach Nähe. In ihrem Gebetbuch hat er auf die Rückseite jedes Bildes einen Nonsens-Text gekritzelt, bis auf eines, das doppelt vorhanden ist und das er sich als Geschenk ausbedingt. *Seien Sie nicht zu andächtig*, hat er bei einem Gebet hineingeschrieben. Auch die Andacht entfernt sie von ihm.

Die Eifersucht Mozarts in seiner Rolle des Eros ist begreifbar. Er spürt, dass er der Liebende ist, nicht der Geliebte. Dass seine Zukünftige ihn bewundert, aber nicht begehrt. Drei Mal schon hat sie ihm einen Korb gegeben. Er hat weder eine feste Stelle noch öffentliches Ansehen oder gutes Aussehen zu bieten wie Constanzes Schwager Lange. Das, worauf er selbst stolz ist, seine Fülle an feinem blondem Haar, lässt einen kleinwüchsigen, dünnen, blassen Mann nicht männlicher erscheinen.[16]

Macht, Ansehen, auch Geld kann er durch seine Kunst gewinnen, wenn er sie mit den richtigen Methoden vermarktet. Beziehungen zu nutzen gehört dazu. Sein neues Singspiel könnte ihm zum Durchbruch verhelfen, schon weil der Kaiser deutsches Musiktheater fördert, doch es müssen genügend Parteigänger im Theater sitzen.

Verleumdung und Lügen für Erfolg Entführung

Da geschieht etwas Vielversprechendes. Mozart wird am 17. Juni zu einem privaten Abendessen bei Günther eingeladen, zusammen mit seinem Librettisten Gottlieb Stephanie und seinem Belmonte, dem Tenor Johann Valentin Adamberger. Eine willkommene Gelegenheit, den Strategen zu spielen, mit dem besten Freund des Kaisers über Pläne zu reden, von denen auch Joseph erfahren wird.

Doch wenige Tage später berichtet die Presse von Wien bis Frankfurt und Berlin, dass Günther am Morgen des 18. Juni verhaftet worden ist. Der Kaiser hat seinem Intimus jedes direkte Gespräch verweigert und Günther wegen Geheimnisverrats verhören lassen. Auch der Inhalt eines handschriftlichen Befehls von Kaiser Joseph wird bekannt, in dem er anordnet, die gesamte *Brut* auszuheben. Am 28. Juni wird Eleonore Eskeles zum Verhör ins Polizei-Stockhaus gebracht.

Das sind die Fakten, alles andere sind Mutmaßungen. Angeblich hat Günther Papiere, an denen Preußen interessiert ist, bei der Preußin Eleonore Eskeles nach dem üblichen nächtlichen Besuch liegenlassen. Sofort kursieren Gerüchte, die Berlinerin habe das Material umgehend in ihre Heimat schaffen wollen.

Dass hinter dem Ganzen zwei Betrüger stecken, die mit gefälschten Dokumenten Geld erpressen wollten, dass Zufälle auf die falsche Spur zu Günther und Eskeles führten, dass sich bald darauf ja die Vorwürfe gegen Günther und Eskeles als haltlos erwiesen haben, ist die juristische Wahrheit.[17] Kolportiert wird aber die Version, die dem Kaiser und allen Klatschmäulern gefällt: Eleonore Eskeles habe den Geliebten in den Schlamassel geritten und ihn um Amt, Ehre und die Freundschaft des Kaisers gebracht. Angeblich soll sie außerdem Details aus dem Intimleben von Joseph II., die er Günther anvertraut hatte, verbreitet haben. Auch das ist falsch. Tatsache ist, dass bei einer Gegenüberstellung die bereits überführten Täter weder Günther noch Eskeles oder deren gemeinsamen, mit in die Sache hineingezerrten Arzt Joseph Ferdinand Müller wiedererkannt haben.[18]

Für Mozart ist die Frau, die mit seinem Gönner Wetzlar eng befreundet und mit seinen Gönnern im Hause Arnsteiner verwandt ist, nur noch die *Haupt-Sau Eskeles* und *die einzige Ursache an dem Unglück* Günthers. Die Verbannung von Eleonore Eskeles nach Berlin ist ein Justizskandal, um den sich Mozart nicht schert. Die Strafversetzung

Ein Ränkeschmied

Günthers nach Hermannstadt in Siebenbürgen ist ein Rückschlag für ihn: weil ihm Günther, *wenn es beim Alten geblieben wäre, gute Dienste beim Kaiser hätte tun können*.[19] Und nicht nur dort. Günther hätte auch gewusst, wer wie beeinflusst oder bestochen werden muss, wenn Mozarts neues Werk auf die Bühne kommt.

Mozart ist zum Aktivisten für die Deutschen, gegen die Italiener geworden. Die Entschlossenheit seiner Gegner hat er bereits zu spüren bekommen. Er weiß, dass sie alles versucht haben, die Aufführung hinauszuzögern und zu erreichen, dass dieses deutsche Singspiel wie die meisten anderen wegen mangelnden Erfolges bald abgesetzt wird.

Doch Verstrickungen in irdische Niederungen hindern Mozart nicht daran, überirdische Musik zu schaffen. Er vollendet ein Instrumentalwerk, das er in München begonnen und zur Seite gelegt hat. Es soll das längste seines Lebens bleiben und eines der ungewöhnlichsten Stücke: eine Serenade für zwölf Bläser und Kontrabass in sieben Sätzen.[20] Mehr als eine Dreiviertelstunde dauert sie. Und was im Adagio geschieht, ist unerhört. Am Anfang schreiten Bläser dahin in gelangweiltem Gleichmaß. Der Hörer wähnt sich im Gewohnten geborgen und sicher. Da setzt die Oboe ein. Mit einem einzelnen hohen, lang ausgehaltenen Ton, aus dem eine singende Melodie herabsinkt, *losgelöst von jeder irdischen Gestalt, befreit vom Willen*, die eindringt in *die Tiefen des Unbewussten*.[21] Diese Melodie ergreift so, dass es wehtut. Sie kündet von etwas Großem, zu groß für die Menschen.

Eros lässt das Göttliche ahnen. Und weckt eine Sehnsucht danach, die *nie befriedigt werden kann*. Seine Sehnsucht.

Am 16. Juli wird *Die Entführung aus dem Serail* im Burgtheater uraufgeführt.[22] Mozart ist klar, dass er mit diesem Stück unter der gefälligen Oberfläche etwas radikal Neues tut. Die Götter hat er für immer aus seiner Bühnenwelt verbannt. Es geht um die Fähigkeit, zu lieben oder einfach ein Freund zu sein. Um das, was den Menschen ausmacht und ihm den Himmel auf Erden beschert. Die vordergründige Heiterkeit überdeckt Abgründe, die Eingängigkeit der Arien verbirgt Extreme. Die Partie des Haremswächters Osmin hat Mozart nicht für einen

Kastraten komponiert, sondern als die tiefste Basspartie, die er jemals geschrieben hat und schreiben wird.

Belmonte durchlebt Gefühlsschwankungen, die Mozart nur allzu gut kennt, ist gerade noch *ängstlich*, dann schon wieder *feurig*. Was in ihm vorgeht, sagen nicht die Worte, das sagt die Musik. Sie macht das Herzklopfen und das Seufzen hörbar, das Zittern und Wanken spürbar.

Mozart hat die Handlung aus den Dialogen in die Musik verlagert. Dort geschieht das Eigentliche. Die Musik macht klar, warum Konstanze niemals Bassa Selim lieben kann, Mozart verweigert ihm das Gesangliche und damit den Ausdruck seiner Gefühle. Zwischen ihm und Konstanze liegt eine unüberbrückbare Kluft. Sie ist singend emotional, er ist sprechend rational. Musik darf sprachlos werden, wie in Konstanzes Martern-Arie, wo der Text zerfällt und kaum mehr verstehbar ist. Belmonte verstünde sie dennoch, über die Musik. Der Bassa und Constanze können einander nicht verstehen.

Sprache ist nicht Musik und Musik ist nicht Sprache, zeigt Mozart der Tänzer. Sie ist Geste. Sie übersetzt nicht Worte in Töne, Sätze in Takte, Reden in Arien. Sie drückt das Unsagbare aus, das Ach und Oh, das Erschauern und Staunen. Musik wird notwendig, wenn die Sprache versagt.[23]

Wer in Wien Mozarts Privatleben kennt, sieht vor allem in der Handlung Parallelen dazu. Trennung, Befreiung und Aufbruch sind das Thema. Doch unter der Handlung beben Mozarts tiefe Zweifel.[24] Auf dem dramatischen Höhepunkt des ersten Finalquartetts fragt Belmonte seine Konstanze:

Ob du den Bassa liebst? Und sie antwortet: *O, wie du mich betrübst.*

In diesem Moment schlägt die Komödie um in Tragödie. Konstanze erkennt, dass ihre Liebe zu Belmonte auf einem Trugschluss gründet: Er vertraut ihr nicht. Eine einmal gemachte Erfahrung verändert den Menschen für immer. Die Illusion ist zerschlagen. Bassa Selim erkennt bitter, wie wenig Liebe zu bewirken vermag. *Wen man durch Wohltun nicht für sich gewinnen kann, den muss man sich vom Halse schaffen*, erklärt er am Schluss. Die Größe des Bassa hat jedoch die vier Liebenden schockiert und in ihren Grundfesten erschüttert. Die Frauen wissen ebenso gut wie die Männer, dass sie dem Bassa, nicht etwa dem Heldenmut ihrer misstrauischen Geliebten die Freiheit verdanken. Nach dem, was sie erlebt haben, können sie nie mehr so sein wie zuvor.

Wird die *Entführung* der Konstanze aus dem Serail Mozart *etwas Gewisses* einbringen? Eine Festanstellung, damit er seine Constanze entführen kann, wovon in Wien bereits geredet wird?

Constanze Weber hat Ja gesagt, aber der Vater hat seinem Sohn die Heirat noch immer nicht erlaubt.

Mozart hätte damit rechnen können, was passiert. Parteigänger der Gegner, wer immer sie bestochen hat, haben den ganzen ersten Akt über so laut gezischt, dass die Musik unterging. Obwohl Mozarts Verehrer Bravo schreien und Szenenapplaus spenden, hören die Störenfriede nicht auf. Am zweiten Abend geht es noch schlimmer zu. Zwei erfahrene Sänger geraten prompt aus dem Konzept und brechen ab. Wütend berichtet Mozart dem Vater von der Intrige gegen ihn.[25]

Trotz der Störer sieht es so aus, als habe Mozart es geschafft, mit einem deutschen Werk das Publikum zu erobern. Arien und Ensembles mussten wiederholt werden. Bereits vier Tage später wird das Singspiel erneut auf den Spielplan gesetzt. Mozart fühlt sich stark. Am 29. Juli erhält er die amtliche Heiratserlaubnis, am 30. Juli geht die *Entführung* zum vierten Mal über die Bühne. Am 31. Juli, zwei Tage nachdem er die offizielle Heiratserlaubnis erhalten hat, beschwert Mozart sich bei seinem Vater über dessen *kaltes gleichgültiges Schreiben*. Er bettelt nicht mehr um Leopold Mozarts Zustimmung, er erwartet sie. Ohne zu mucken hat er völlig überlastet getan, was Leopold von ihm verlangt hat, damit er selbst in der Salzburger Gesellschaft nicht sein Renommee verliert. Zur Feier der Adelserhebung von Sigmund Haffner hat Mozart in Nachtschichten eine Sinfonie geschrieben. Haffner war die Heirat mit seiner *Küchenbraut* verboten worden. Daraufhin hat er für immer aufs Heiraten verzichtet, ist zum erfolgreichen Geschäftsmann geworden, zum Wohltäter und jetzt auch noch zum Verdienstadligen. Ist das eine Laufbahn, wie sie Leopold für seinen gleichaltrigen Sohn vorschwebt?

Als am 3. August der Heiratsvertrag zwischen Wolfgang Mozart und Constanze Weber unterzeichnet wird, ist die Einwilligung des Vaters noch immer nicht da. Sie ist auch nicht nötig. Vormund Thorwart wie Mutter Weber haben längst erkannt, dass der schmächtige Musiker finanziell eine gute Partie ist. Thorwart kennt sich aus in der Szene, er weiß, was bei Akademien, wo der Komponist auch noch als Pianist auftritt, hereinkommt, wie viel an Subskriptionskonzerten verdient ist und was ein Opernauftrag von Hof einträgt. Vermutlich stellen die beiden Hochrechnungen an, dass Mozart in diesem Jahr über 3000 Gulden einnehmen könnte.

Am 4. August findet im Stephansdom die kirchliche Trauung statt. Zwei Tage später wird auf Glucks Initiative die *Entführung* wiederholt, Mozart vom Altmeister und Musikkönig Wiens mit Komplimenten bedacht und zum Essen eingeladen. Eine Sensation. Am 7. August berichtet Mozart dem Vater von seiner Trauung. Dass Braut und Bräutigam geweint haben, vor Rührung oder vor Erschöpfung. Und dass Elisabeth Baronin von Waldstätten bei sich das Hochzeitsessen hat ausrichten lassen.

Trotz seines Erfolgs, trotz der Erfahrung, Opfer einer Intrige geworden zu sein, ist Mozart weiter als Ränkeschmied unterwegs. Manche Ranküne ist harmlos, so etwa die Art, wie er die Baronin Waldstätten benutzt. Die Baronin lebt von ihrem mittellosen Ehemann getrennt. Dem überweist ihr Liebhaber Georg Anton Freiherr von Grechtler für die Gattin jährlich 6000 Gulden Pacht. Letztes Jahr hat sie eine Tochter von Grechtler bekommen. Um klare Verhältnisse zu schaffen, macht sie der Hoflieferantensohn zu seiner Erbin. Sie hat Constanze in der Krisenzeit, als die Mutter und Thorwart ihr die Polizei auf den Hals jagten, Unterschlupf gewährt, was angesichts des Rufs der Baronin ihrer Mutter Cäcilie und dem Vormund Thorwart nicht ohne Grund verdächtig schien. Mozart schilderte sie dem Vater, auch nicht ohne Grund, als mütterliche Mäzenin. Constanze gegenüber, die sich dort auf das frivole Pfänderspiel des Wadenmessens eingelassen hat, bezeichnete er die Baronin als *eine übertragene Frau, die unmöglich mehr reizen kann*. Als nicht mehr jugendfrische Frau, die solche Spiele nötig hat.[26] Eros besitzt Talent als Intrigant.

Nun macht er der Baronin Komplimente, für die eine Frau von achtunddreißig Jahren durchaus empfänglich ist. Er behauptet, Constanze sei eifersüchtig, weil ihn der Anblick der Gräfin auf einem Ball völlig um den Verstand gebracht habe. Dabei liefert er seiner Frau

Liebesbeweise, schreibt ihr Liebesbriefe, selbst wenn sie im Haus ist. Doch mit seinem doppelten Spiel bringt er die Baronin dazu, seinem Vater das Loblied auf seine frisch Angetraute zu singen. Von einer Baronin vorgetragen, deren Ruf Leopold Mozart nicht kennt, wird das seinen Zweck erfüllen.

Die Baronin erledigt den Auftrag bereitwillig, erklärt Leopold, wie hoch sie Wolfgang und sein Werk schätze, und lädt ihn ein, bei ihr zu wohnen, falls er nach Wien kommen sollte. Mozart erbettelt vom Vater vier der teuren Salzburger Pökelzungen, um sich bei der Gräfin auf Leopolds Kosten zu bedanken, zweigt zwei für sich ab, schimpft auf Gerüchtemacher und verbreitet selbst unhaltbare Gerüchte.

Zwar räumt er ein, dass Eleonore Eskeles ihrem Geliebten Günther nichts *von Wichtigkeit* anvertraut hat. Dennoch behauptet er noch immer, sie habe *Günther aufs Stärkste beschuldigt* und damit ihm, als Günthers Schützling, geschadet.

Wer Mozart vermeintlich schadet, wird denunziert. Wer ihm nützt, wird hofiert. Da Gluck von der *Entführung* schwärmt und Mozart samt Constanze zum Mittagessen einlädt, wird er vom Pariser Feind zum Wiener Freund.

Doch Leopold kennt seinen Wolfgang. In seiner Antwort an die Baronin schüttet er ihr sein Vaterherz aus. Der Hauptfehler seines Sohnes sei, dass er immer zwischen Extremen hin- und hergerissen werde. Mal sei er *zu bequem*, dann wieder *zu hitzig*, mal *gar zu geduldig*, dann wieder *zu ungeduldig*. Er kenne nur *zu viel oder zu wenig und keine Mittelstraße*. Dass er sich damit *Hindernisse in den Weg* legt, erkennt der Vater.[27] Der Sohn erkennt es nicht.

In der Musik ist es sein größtes Anliegen, jeder Übertreibung entgegenzuwirken. Im Leben übertreibt er in allem und mit allem. Beim Gedanken an die geplante Salzburgreise brechen er und Constanze angeblich vor Sehnsucht in Tränen aus. Aber Mozart hat keineswegs vor, die heikle Mission bereits jetzt anzutreten. *Meine Abwesenheit würde ein wahrer Triumph für meine Feinde und damit schädlich für mich sein,* erklärt er dem Vater. Den Grund dafür, dass er viele Feinde hat, bei sich zu suchen, weist er von sich. Es heißt, *die ganze Welt behaupte*, dass er durch seine Großsprecherei und sein ständiges Kritisieren die Musikgelehrten *und auch andere Leute zu Feinden habe*. Aber bei dieser ganzen Welt handle es sich nur um *die Salzburger Welt,* die dem verlorenen Sohn den Erfolg nicht gönnt.²⁸ Eros ist sich seiner äußerlichen Mängel ebenso bewusst wie seiner inneren Größe. *Mozart magnus, corpore parvus – Mozart der Große, vom Körper her klein*, unterzeichnet er einen Brief an die Baronin Waldstätten.

Ein Mann, der weiß, wie wenig er hermacht, bemüht sich üblicherweise, durch bescheidenes Auftreten und Höflichkeit die Gunst der anderen zu erobern. Mozart nicht. Als seine Hoffnung scheitert, mit Hilfe seiner *sehr guten Freunde* doch noch die Stelle als Klavierlehrer bei Prinzessin Elisabeth zu ergattern, wird er ausfällig. Er sei *sicher, dass der Kaiser seine Schmutzigkeit selbst fühlt*. Das Gefühl, unattraktiv zu sein, kompensiert er mit teurer Garderobe. Das Geld für seinen neuen roten Rock und sündteure Knöpfe leiert er ungeniert der Baronin aus dem Kreuz. *Ich möchte alles haben, was gut, echt und schön ist*, erklärt Eros, überzeugt, als Gefährte der Schönheitsgöttin darauf Anspruch zu haben.²⁹

Was der Vater von ihm hören will, weiß er. Leopold wünscht einen kompromissbereiten Sohn. Ende des Jahres 1782 berichtet Mozart dem Vater über seine neuesten Klavierkonzerte. Sie seien *das Mittelding zwischen zu schwer und zu leicht. Brillant*, aber nicht erschreckend virtuos, sondern *angenehm*, ohne dabei leer zu wirken. Auch die Nichtkenner seien damit hochzufrieden, triumphiert er, *ohne zu wissen, warum*. Fazit ist genau das, was sein Vater immer von ihm verlangt, er aber weit von sich gewiesen hat: Populär muss man sein. *Um Beifall zu erhalten*, erklärt Mozart nun selbst, *muss man Sachen schreiben, die so verständlich sind, dass es ein Fiaker nachsingen könnte*. Doch da Eros ein Fallensteller ist, setzt er nach: *Oder so unverständlich, dass es ihnen ... eben deswegen gefällt.*³⁰ Genau das probiert er in seinen Klavierkonzerten aus. Keine Auftragswerke, also Experimentierfelder, wo er niemandem Rechenschaft für seine Kühnheiten schuldet.³¹

Skrupel behelligen Mozart nicht, wenn er trickst und lügt. So auch nicht, wenn er den Vater mit immer neuen Ausreden hinhält, was den Besuch in Salzburg angeht. Er habe Angst, von seinem ehemaligen Dienstherrn eingesperrt zu werden. Der Beweis für sein Vorhaben, nach Salzburg zu reisen, sei schließlich die Messe, die er zur Hälfte fertiggestellt habe;³² er steht im Wort, sie in Salzburg aufzuführen. *Ich habe es in meinem Herzen wirklich versprochen, und ich hoffe es auch wirklich zu halten.* Versprochen hatte er es aber nicht dem Vater, sondern der damals erkrankten Constanze – *da ich fest entschlossen war sie bald nach ihrer Genesung zu heiraten.*

Im Dezember beziehen die Mozarts eine neue Wohnung, im *Kleinen Herbersteinschen Haus.* Vermieter ist Raimund Baron Wetzlar von Planckenstern, ein Gönner Mozarts und eifriger Opernbesucher. In seiner Loge in der Hofoper sitzt seit einigen Monaten nicht mehr die Frau neben ihm, mit der er über alles fachsimpeln konnte: Eleonore Eskeles, die *Haupt-Sau.*

XIV.

1783
Was er heute gewinnt, zerrinnt ihm morgen
Oder: Eine Fahrt nach Salzburg bereichert und verarmt

Unbedeutende Frau und Analphabetin? Dazu wollten Generationen von Biographen und Biographinnen Constanze Mozart geborene Weber herabwürdigen, die im Gegensatz zu ihrem Mann im auch für Mädchen schulpflichtigen Mannheim eine Schule besucht hatte, fließend Italienisch und Französisch sprach, so gut Klavier spielte, dass Wolfgang sich als Geiger von ihr begleiten ließ, und so gut sang, dass er ihr Soli in der großen Messe in c-Moll (KV 427) zueignete. Der Schwager Joseph Lange (1751–1831), Ehemann von Constanzes Schwester Aloisia Weber, porträtierte seine Schwägerin 1782/83 mit Anfang zwanzig als wache, agile Persönlichkeit.

Sie hat wie er die Nacht bei viel Champagner durchgetanzt, obwohl sie im fünften Monat schwanger ist. Das ist in seinem Sinn. Auch wenn er drei Monate vorher fand, eine Salzburg-Reise sei für seine Frau zu gefährlich und zu anstrengend.

Neben Mozarts Wohnung stehen auf derselben Etage zwei große Zimmer leer. Dieser Verlockung kann der Tänzer Mozart nicht widerstehen. Der Vermieter Raimund Baron von Wetzlar war samt Gattin Theresia mit von der Partie in der Champagner-Nacht, außerdem der *Entführungs*-Librettist Stephanie, der Belmonte Adamberger, alle mit ihren Frauen, Constanzes Schwester Aloisia Lange mit ihrem Mann Joseph und so viele andere, dass der Gastgeber sie seinem Vater *unmöglich aufzählen kann.*[1]

Mozart hat ein Zuhause, aber er lebt nach wie vor zwischen Daher und Dahin. Lebt auf in leeren Zimmern, im Inszenieren und Improvisieren.

Keine drei Monate nach dem Einzug in die Wohnung des Freundes Raimund von Wetzlar im *Kleinen Herbersteinschen Haus* zieht er mit Constanze um in eine Behelfsunterkunft am Kohlmarkt. Angeblich mit Rücksicht auf Wetzlar, der die andere Wohnung teurer vermieten kann. Doch nicht nur Leopold Mozart bezweifelt, dass das der wahre Grund ist.

Wolfgang hat trotz der guten Einnahmen im letzten Jahr Schulden gemacht.[2] Im *Kleinen Herbersteinschen Haus* hat er kein einziges Mal Miete bezahlt, am Kohlmarkt übernimmt sie Wetzlar, der auch den Umzug finanziert.

Auch innere Unrast treibt ihn. Sein Vater muss sich fragen, warum sein Sohn angeblich eine große Messe für Salzburg ohne Auftrag komponiert. Nur weil er sie seiner Frau versprochen hat? Ebenfalls ohne Auftrag sitzt er zu Beginn des Jahres an einer deutschen Oper nach einem italienischen Stoff: der Komödie *Il servitore di due padroni* von Goldoni. Den ersten Akt hat Johann Nepomuk Binder von Krieglstein bereits in Mozarts Auftrag übersetzt. Zentrale Figur ist Truffaldino, ein Geistesbruder des Harlekin. Ständig durstig und hungrig, auch erotisch und sexuell, jederzeit schlagfertig, immer unbefriedigt. Alles sei noch ein großes Geheimnis, schreibt Mozart dem Vater, als sei Großes zu erwarten. Doch *Der Diener zweier Herren* bleibt Fragment.[3]

Ruhelos sucht Mozart weiter nach einem Stoff, versucht sich selbst als Textdichter. Drei Prosatexte fängt er an und lässt sie unfertig liegen. Alle drei verraten mehr über ihn als über seine musikalischen Absichten: *Der Salzburger Lump in Wien*, *Die Liebesprobe* und ein Stück, das irgendwo zwischen Posse und Zauberkomödie angesiedelt ist.[4]

Auch was er als Pauseneinlage für den großen Maskenball am 3. März im Redoutensaal der Hofburg komponiert, bringt weder Ruhm noch Geld: die Musik für eine Pantomime, die er sich ausgedacht hat und die der Tanzmeister mit den Sängern einstudiert. Aloisia Lange und Mann sind mit von der Partie. Die Rolle, die Mozart für sich auswählt: der Harlekin. Dieses Kostüm ist keine Verkleidung.[5] Der Harlekin ist eng verwandt mit denen, mit deren Namen er so oft unterschreibt: Hanswurst, Narr, Fechs. Ob er *Arlecchino* oder *Harlequin* heißt, der Harlekin ist ein Trickster, ein Possenreißer, ein Spaßmacher. Aber einer mit dämonischen Zügen. Seine Halbmaske ist schwarz, seine Kopfbedeckung trägt Hörner, sein Name erinnert an die Hölle und an den Teufel. Mozart zieht sich nicht zum ersten Mal das Kostüm des Harlekins an.

Er lässt es sich vom Vater aus Salzburg schicken. Eros, der große Jäger, weiß, dass auch Harlekin ein Abkömmling des großen Jägers ist, der in Volksmärchen und Sagen die Menschen das Fürchten lehrt.[6]

Mozart selbst ist nur vermeintlich ein Behauster. Nach wie vor ist er auf der Jagd nach Geld, Ruhm und Ehre. Er tritt bei Privatkonzerten mächtiger Männer auf, etwa bei Anton Freiherr von Spielmann, einem hohen Staatsbeamten, oder bei Johann Baptist Reichsgraf Esterházy von Galantha. Beides Kontakte, die er van Swieten verdankt.

Endlich will Mozart auch die Protektion Glucks erjagen, der hier wie in Paris souverän die Fäden zieht. Wie viel dieser unangefochtene Starkomponist vermag, zeigt die Laufbahn seines Schülers und Freundes Salieri, dem er in Paris den Zugang zu den entscheidenden Kreisen verschaffte.

Am 11. März schon hat Mozart den alten Gluck überzeugt, als bei einem Konzert neben der Konzertarie KV 294, die seine Schwägerin Aloisia Lange sang, seine Pariser Sinfonie zu hören war, er selbst ein Klavierkonzert spielte und sein Konzert-Rondo in D so brillant darbot, dass er es wiederholen musste. Außerdem hat er über ein Thema aus Paisiellos Oper *Die eingebildeten Philosophen* improvisiert.[7]

Es ist in Wien bekannt, dass Mozart mehr als jeder andere Pianist mit seinen Improvisationen betört. Er liebt es, musikalisch unterwegs zu sein, während er fest auf dem Stuhl sitzen muss.

Gluck ist neugierig geworden auf den jungen Kollegen. Er hatte in einer Loge mit Mozarts Frau und Aloisias Mann gesessen und die Mozarts und Langes am 16. März zum sonntäglichen Mittagessen eingeladen.

Eine Woche danach geht Mozart aufs Ganze. Am 23. März gibt er auf eigene Initiative hin ein Konzert im Burgtheater. Auf dem Programm stehen elf Werke, ausschließlich von Mozart, ob mit oder ohne Mozart am Klavier. Opernarien, Konzertarien und -szenen, eine Sinfonie, eine Serenade, zwei Klavierkonzerte, eines mit neuem Rondo, beide mit Mozart als Solisten. Der Kaiser ist da. Eine Ehre. Gluck ist wieder da. Eine Chance. Wieder improvisiert Mozart, diesmal über ein Thema von Gluck. Die meisten Zuhörer kennen es. Sein Singspiel *Die Pilgrime von Mekka* war ein Publikumserfolg, und viele Arien daraus sind Gassenhauer geworden. Mozart sucht ein Thema aus, das für Lacher sorgt. *Unser dummer Pöbel meint*, beginnt der zugehörige Text. Ein witziges, aber plumpes Thema. Doch wer etwas Simples erwartet, sieht sich getäuscht. Die zehn Variationen Mozarts überraschen mit unerwarteten Harmonien, ungewohnter Chromatik und übertölpeln, wie eben ein Genie den dummen Pöbel übertölpeln kann.[8]

Finanziell ist Mozart auf der Gewinnerseite. Er nimmt an diesem Tag die höchste Summe ein, die er je für ein Konzert bekommen hat: 1600 Gulden brutto für eine einzige Veranstaltung. Das vermeldet sogar *Cramers Magazin der Musik* in Hamburg.[9]

Eine Fahrt nach Salzburg bereichert und verarmt

Der Pianist Mozart gilt als genial, der Komponist nicht. Da gilt er nur noch als ein gewesenes Wunderkind, und neue Wunderkinder sind interessanter. Dasselbe Magazin, das Mozarts Rekordeinnahmen verzeichnet, bezeichnet als Genie einen Mann, den in Wien noch gar keiner kennt. *Louis van Bettboven* schreiben sie ihn.[10]

Was seine Improvisationskunst angeht, halten allerdings viele Mozart für einen Schwindler. Reines Täuschungsmanöver, dieses geniale Spontane, tratschen sie in Mozarts Rücken. Auch sein Kollege Johann Georg Albrechtsberger verbreitet, Mozarts Stegreifspiel sei einstudiert. Der Wien-erfahrene Komponist, zwanzig Jahre älter als Mozart, hat Überblick über das Mögliche und Unmögliche. Gegen Gerüchte, die ein solcher Mann ausstreut, ist Mozart machtlos.

Doch dann kommt Abbé Stadler nach Wien. Er hat Mozart gehört, als der im Kindesalter auf der Orgel im Kloster Melk spielte, ohne es je gelernt zu haben. Stadler ist überzeugt, dass Mozart improvisiert, was sich anhört wie auskomponiert und einstudiert.[11] An seiner Seite besucht Albrechtsberger eine private Abendveranstaltung, auf die auch Mozart eingeladen ist. Albrechtsberger gibt ein Thema vor, ein vergessenes deutsches Volkslied. Mozart führt es durch, variiert, fugiert, kadenziert, *ohne vom Thema abzuweichen*. Eine ganze Stunde lang, *zur allgemeinen Bewunderung*. Nun ist auch Albrechtsberger *vollends überzeugt*, dass Mozart es *nicht nötig hat, sich zu einem freien Spiel aus dem Stegreif vorzubereiten*.[12]

Als Kind in London musste er den Wunderkindtest von Barrington bestehen, in Salzburg mit elf in Einzelhaft komponieren, später, als Halbwüchsiger in Genua, den Brillantring ablegen, um zu beweisen, dass er nicht dem sein unfassliches Können verdankt. Auch nun überzeugt erst der Beweis die Zweifler. Doch mit ihrem Misstrauen bestätigen sie Eros, dass er ein Zauberer ist.

Das, wonach er hungert, kann er sich aber nicht herbeizaubern. Die Hoffnung auf etwas *Gewisses*, eine Festanstellung als Komponist, zerschlägt sich kurz darauf erneut. Joseph II., der große Förderer des deutschen Musiktheaters, hat seinen Kurs geändert. Am 22. April 1783 wird die italienische Oper im Burgtheater wieder eröffnet, die er sieben Jahre vorher geschlossen hatte, um dem nationalen Singspiel nach vorn zu helfen. Damals verlor Antonio Salieri Boden, nun gewinnt er ihn zurück. Wie auch seine Stelle als Kapellmeister.

Eröffnet wird mit seiner Oper *La scuola de' gelosi*. Mozart hört sich an, was der Kollege macht. Salieri ist angekommen: als Musiker, als Ehemann, als Familienvater und als Stratege, der über Schlangengruben Bretter legt und weitergeht.

Mozart will wieder die Rolle des Poros, des gewitzten Strategen, spielen. Als Schnellster und Erster jede Gelegenheit nutzen, koste es, was es wolle. Im letzten Jahr befand er sich am Rand der Erschöpfung wegen der Haffner-Sinfonie, als bekannt wurde, dass der Kaiser eine Harmoniemusik engagiert hat. Ein Bläserensemble, wie es jetzt Mode ist, das während des Essens oder im Freien spielt, bevorzugt die Hits aus den neuesten Opern. Über Nacht hat Mozart daraufhin selbst seine *Entführung auf Harmonie gesetzt*, um zu verhindern, dass ihm jemand zuvorkam.

Jetzt lässt er seinen deutschen Goldoni liegen und beginnt ein italienisches Libretto zu vertonen: *Lo sposo deluso*.[13]

Er ist in jeder Hinsicht rastlos. Sieben Wochen vor Constanzes Niederkunft mutet er seiner Frau den Umzug in eine neue Wohnung am Judenplatz zu. Nach wie vor findet er nicht die *Mittelstraße*, wie sein Vater das nennt. Er schwankt zwischen Euphorie und Resignation, Gutmütigkeit und Bosheit.

Der Hornist Joseph Leitgeb bat Mozart schon lange um ein Rondo für sein Instrument. Darauf ist der sonst unbeholfene Mann souverän. Constanze ist Zeugin, wie ihr Mann Leitgeb beim soundsovielten Besuch nachgibt. Entworfen hat er das Stück bereits. Jetzt verspricht er, das Rondo sofort niederzuschreiben. Unter einer Bedingung: Der Hornist muss währenddessen hinter dem ungeheizten Ofen auf den Holzdielen knien. Der Salzburger Freund ist über fünfzig. Jedes Mal, wenn er aufstehen will, droht Mozart, die Noten zu zerreißen. Zwischen Takt 23 und 24 ist zu lesen: *Leitgeb bittet um Hilfe*. Sein Leiden inspiriert den Komponisten. Nach zwei Stunden ist das Rondo vollendet. Leitgeb, der sich mit wunden Knien und schmerzenden Gelenken erhebt, fühlt sich als der *Esel*, zu dem Mozart den Hornisten in seiner Widmung ernannt hat.[14]

Mozart kann andere leiden lassen. Mitleiden kann er auch.

Während Constanze im ersten Stock des *Burgischen Hauses* in den Wehen liegt, sitzt er nebenan an seinem neuen Streichquartett in d-Moll. Noch als alte Frau wird Constanze den Mozart-Spurensuchern

Mary und Vincent Novello vorsingen, wo er die Schmerzschübe der Wehen hörbar gemacht hat. Nach neu geborenem Leben klingt das Ende des Stückes aber nicht. Wie ein Totentanz aus dem Mittelalter endet der Schlusssatz des *Siciliano*.[15]

Auch bei seinen Urteilen über andere Menschen findet er nie auf die *Mittelstraße*. Die Baronin Waldstätten, im letzten Herbst noch die *Allerliebste, Allerbeste, Allerschönste, Vergoldete, Versilberte und Verzuckerte*, erklärt er in diesem Jahr auf einmal zu einer fragwürdigen, schwachen Person. Kein Wunder, dass man *zweideutig von ihr spricht*, erklärt Mozart. Was ihn nicht daran hindert, kurz darauf *Euer Gnaden 1000 Mal die Hände* zu *küssen*, weil er dringend Geld braucht, um ein Darlehen zurückzuzahlen, und *die gnädige Frau Baronin* in seinem und Constanzes Namen als *gehorsamste Kinder* zu grüßen. Constanzes Mutter, nach der Eheschließung laut Mozart noch eine herrschsüchtige, bösartige Alkoholikerin, die ihre Töchter ebenfalls zum Saufen verleiten will, ist nun, da sie rund um die Uhr ihre Tochter betreut, *eine gute Seele*.[16]

Am 17. Juni 1783 ist das erste Kind der Mozarts auf der Welt. Ein Sohn. Leopold Mozart erwartet, dass er mit erstem Namen Leopold getauft wird. Eros hat jedoch von Poros gelernt. Es nach dem Vater zu nennen, würde bestenfalls eine Stimmungsaufhellung in Salzburg bescheren, es nach dem Gläubiger und vermögenden Freund Raimund Baron Wetzlar zu nennen und ihn zum Taufpaten zu machen, könnte sich auszahlen.

Acht Tage nach der Entbindung sind die Mozarts bereits in Salzburg, im Gepäck kein Kind, nur die unfertige Messe.[17] Raimund Leopold haben sie einer Ziehmutter in der Vorstadt Neustift überlassen. Dass Constanze stillt, will Mozart ohnehin nicht.

Drei Tage früher als erwartet sind sie eingetroffen. Eine Überraschung, über die sich Maria Anna Mozart so wenig freut wie über die einundzwanzigjährige Frau an der Seite ihres Bruders. Die Briefe, die sie kurz zuvor noch geschrieben hatte, waren voll von Vorwürfen und Unterstellungen gewesen. Sie hatte sich auf die Seite ihres Vaters geschlagen, die Ausreden ihres Bruders für Lügen gehalten und seiner Versicherung, er sehne sich, Schwester und Vater zu sehen, keinen Glauben geschenkt.[18] Nun werfen die verfrühten Gäste ihren Haushaltsplan und das Besuchsprogramm über den Haufen.[19]

Doch der Sommer in Salzburg ist schön. Constanze erwartet, dass Mozart sie mit seiner Heimat bekanntmacht. Die Mozarts besuchen Freunde in der Innenstadt oder auf ihren Landsitzen, spazieren im Mirabellgarten oder im Park von Aigen, gehen zum Schwimmen in der Badeanstalt an der Salzach, zum Zungenessen und Biertrinken, zum Tanzen oder ins Theater, besuchen die Ruperti-Dult, wandern hinaus zur Schießstätte vor dem Mirabelltor oder hinauf zur Gastwirtschaft auf dem Mönchsberg. Sind sie im Tanzmeisterhaus, wird gespielt, gekegelt, musiziert oder Bölzl geschossen. Manchmal kehren sie vom Tanzen auswärts erst morgens um sechs heim und schlafen am nächsten Tag bis um ein Uhr mittags. Bei solchen Unternehmungen ist Leopold Mozart nicht dabei. Er ist Mitte sechzig.

Nachdem die Heiratsabsichten von Maria Anna Mozart und Franz Armand d'Yppold spruchreif sind, haben sich auch dessen Schwester und Schwägerin in Salzburg eingefunden. Die jungen Paare hätten miteinander genug zu bereden. Doch tun sie es auch?

Mozart findet keine Ruhe. Weil er sie nicht finden will?

Wenn er nicht mit Constanze unterwegs ist, komponiert er, als sei er nicht im Urlaub, sondern im Wiener Arbeitsalltag. So oft wie möglich besucht er Michael Haydn, was Zusatzarbeit beschert. Der Freund muss laut Vertrag zwei Violinduette abgeben, ist aber krank. Mozart rettet ihn, indem er im Rekordtempo die Stücke komponiert, die Haydn termingerecht als seine aus- und abgeben kann.[20]

Ständig ist Mozart zwischen einander entgegengesetzten Welten unterwegs. Geht ganz auf in den kleinen Gelüsten, geht ganz auf in der Begierde nach dem Großen.

Die große Messe in c-Moll ist noch immer nicht vollendet. Was Mozart nach Salzburg mitbrachte, war nicht mehr als das, was schon zu Jahresbeginn fertig war. Was ihn dazu bewogen hat, diese *Missa solemnis* zu komponieren, hat Mozart dem Vater nie geschrieben. Nur, dass er damit sein Versprechen einlöst, mit einer Messe zu danken, wenn Constanze ihre Krankheit übersteht und seine Ehefrau wird. Ihr hat er die Messe gewidmet und sie für eine der beiden Solosopranpartien vorgesehen.

Eine Fahrt nach Salzburg bereichert und verarmt

Aber allein dafür hätte er ein derartiges Werk kaum in Angriff genommen. Eine *Missa solemnis*, die in Umfang und Anspruch jeden gewohnten Rahmen sprengt. Leopold Mozarts Versuch, dieses Monumentalwerk im Dom aufführen zu lassen, ist an Colloredos Nein gescheitert. Das war zu erwarten und Mozart bekannt. Die üblichen Musiker von St. Peter wären diesem Werk niemals gewachsen. Auch das wusste er.

Verschweigt er dem Vater eine gescheiterte Hoffnung? Falls Mozart beim Besuch des Papstes in Wien letztes Jahr damit glänzen wollte, ging der Plan nicht auf. Und falls er die große Messe 1782 zur 1200-Jahrfeier des Erzstifts St. Peter mit Galabesetzung aufführen wollte, hat er das selbst vereitelt. Eine solche Unterwerfungsgeste gegenüber Colloredo hatte der Vater sich erhofft, doch der Sohn hatte die Reise ständig aufgeschoben, bis es zu spät war.[21]

Eigentlich wollten die Mozarts schon Ende August nach Wien zurückkehren. Nun aber soll die Messe doch noch in St. Peter aufgeführt werden, wozu gute Beziehungen verholfen haben. Auf die Schnelle aber ist dieses Werk nicht einzustudieren und auch die nötige Besetzung nicht zusammenzutrommeln. Außerdem ist die Messe nach wie vor unfertig.

Anstatt an ihr weiterzuarbeiten, trifft Mozart sich mit Giambattista Varesco, dem Textdichter des *Idomeneo*. Der hat Stoff für den ewig Hungrigen, ein Libretto mit dem Titel *L'oca del Cairo*.[22] Mozart diskutiert mit Varesco über dramatische Schwächen. Da gibt es viel Stoff zum Reden. Die Handlung der *Gans von Kairo* ist weit hergeholt und unübersichtlich: ein Liebesverwirrspiel um den titelgebenden Vogel, der als trojanisches Pferd eingesetzt wird und einen Liebhaber zur eingesperrten Liebsten schleust. Mit dem, was Mozart musikalisch umsetzen will, scheint das kaum vereinbar. Aber die Sehnsucht, eine Oper zu komponieren, ist stärker als jede Vernunft.

Mozart brennt. Nur nicht darauf, mit seinem Vater allein zu sein. Der Termin für die Aufführung der Messe steht fest. Die Abreise rückt näher. Zwei neue Sätze hat Mozart geschrieben, das Sanctus und das Osanna mit Benedictus. Vom Credo existiert nach wie vor nur eine Skizze. Trotzdem dauert diese groß besetzte *Missa solemnis* achtzig Minuten. Die Hofmusik muss den Musikern von St. Peter aushelfen.[23] Mozarts Vater wird als Konzertmeister am ersten Pult der Geigen sitzen, wenn Constanze eine der beiden Sopransolopartien singt und ihr Mann die Aufführung leitet.

Das Werk enthält viel von dem, was Padre Martini Mozart beibrachte und sein Vater bewundert. Und wenn der Solosopran das *Incarnatus est* singt, müsste er, der Prediger des Eingängigen, dahinschmelzen. Das ist doch Musik zum Mitsingen.

Alles sieht aus nach einem neuen Familienfrieden.

Doch was in den letzten Wochen geschehen ist, spricht dagegen. Maria Anna Mozart hat so gut wie jeden Tag die Messe besucht. Constanze und Wolfgang keineswegs; sie waren vor allem ohne sie unterwegs. Hektisch ist Mozart die Nähe des Vaters geflohen. Mit Abbé Bullinger, der sich früher als Vermittler zwischen Vater und Sohn bewährt hat, gab es Streit. Mozart und Constanze hatten den Rest des Abends getrennt von Leopold, Maria Anna und dem Hausfreund verbracht.[24] Offenbar hatte Bullinger sich auf die Seite von Vater und Schwester gestellt. Über die Webers weiß er nur, was die beiden ihm gesagt haben, also wohl wenig Gutes. Als die vier Mozarts im Tanzmeisterhaus gemeinsam das Abschiedsquartett aus *Idomeneo* gesungen hatten, übernahm Leopold die Partie des Königs, Wolfgang die seines Sohns Idamante.

Da war Wolfgang in Tränen ausgebrochen, hatte den Raum verlassen und lange gebraucht, um sich zu beruhigen.[25]

Am Sonntag, dem 26. Oktober, wird die Messe in St. Peter aufgeführt.

Noch am selben Tag packen Wolfgang und Constanze. Als sie am Montagmorgen Abschied nehmen, gleicht die Szene einem Opernfinale Mozarts. Die Versprechungen wurden eingelöst, die Pflichten wurden erfüllt, die Höflichkeitsbesuche absolviert. Die Oberfläche wirkt beruhigt. Doch darunter gären ungute Gefühle. Jeder fühlt sich betrogen.

Leopold Mozarts Erwartung, dass der Sohn sich hier in Salzburg vor allem ihm widmet und um Vergebung für die Heirat ohne väterliche Erlaubnis fleht, wurde enttäuscht. Eine wirkliche Aussöhnung zwischen Vater und Sohn war offenbar nicht möglich. Den Gefallen, sich mit einem Kniefall vor dem Erzbischof zu entschuldigen, hat

Mozart dem Vater ebenfalls nicht getan. Maria Annas Erwartung, der Bruder werde etwas zu ihrer Hochzeit beisteuern, hat sich nicht erfüllt. Von der gewaltigen Summe, die Mozart in diesem Jahr bereits eingenommen hat, ist nichts mehr übrig. In Salzburg wurde so wenig gespart wie in Wien. Theater, Bälle, Geschenke, Kutschenfahrten, Friseurbesuche, Bäder, Einkäufe, Porto, Trinkgelder, Eintrittsgelder, Schmiergelder und am 19. Oktober dann noch der Abschiedsball im Müllner Gasthaus haben mehr verschlungen, als die Mozarts dabeihatten. Die Aufführung der Messe hat hohe Kosten für Kopisten und Notenmaterial verursacht, eingebracht hat sie wenig.[26] Für die Hinreise mit der Extrapost mussten sie drei Mal so viel hinlegen, wie Leopold Mozart im Jahr verdient. Für die Rückreise müssen sich die beiden Geld vom Vater leihen.

Constanzes Versuch, Mozarts Schwester, der sie aus Wien selbstgenähte und selbstbestickte Modeaccessoires geschickt hat, als Freundin zu gewinnen, ist gescheitert. Darüber konnten auch ein paar gemeinsame Ausflüge und Gottesdienstbesuche nicht hinwegtäuschen. In ihrem Tagebuch findet Mozarts Schwester die erste Begegnung mit der Schwägerin keiner Erwähnung wert. Die Hoffnung von Constanze, als sichere Sopranistin wenigstens musikalisch vom Schwiegervater anerkannt zu werden, ist wohl ebenfalls gescheitert. Die Erwartung von Wolfgang, sein Vater werde der Schwiegertochter als verspätetes Hochzeitsgeschenk ein paar der Preziosen vermachen, die sein Sohn als Kind auf Reisen geschenkt bekam, wurde enttäuscht. Durch das *Bewusstsein*, damit im *Unrecht* zu sein, wirken Leopold und Maria Anna aus Sicht der Wiener Gäste *gezwungen*.[27]

Wie im Finale von Mozarts Opern blicken sich am Ende dieser Wochen vermeintlich vertraute Menschen wie Fremde an. Sein Vater und seine Schwester sollten seine Frau kennenlernen. Doch Leopold Mozart hat seinen Sohn, Maria Anna hat ihren Bruder nicht wiedererkannt. Er ist ein anderer geworden. Wolfgang ist einem Vater begegnet, der in den letzten Salzburger Jahren seine Weltläufigkeit verloren hat und erstarrt ist in kleinstädtischer Enge, wo jeder jeden kontrolliert.

Ahnt Maria Anna, dass sie ihren Bruder nie mehr sehen wird? Dass er gar nicht vorhat, noch einmal nach Salzburg zurückzukehren? Er hat sogar Freunde ermuntert, seiner Vaterstadt den Rücken zu kehren und wie er das Glück in Wien zu suchen.[28] Ahnt Constanze, dass selbst wenn sie später in nächster Nähe zu ihrer Schwägerin wohnen soll, diese nichts mit ihr zu tun haben möchte? Ahnt irgendeiner, dass die c-Moll-Messe, Schlussakkord der Versöhnungsreise, Fragment bleiben wird?

Mozart hatte geweint, als er die Worte des Idamante sang, der sich von seinem Vater verraten und vertrieben sieht.

Andrò ramingo e solo. Morte cercando altrove, fin che la incontrerò.

Ich gehe, umherirrend und einsam, den Tod anderswo suchend, bis ich ihm begegnen werde.

Er hatte verstanden, dass er hier in Salzburg, hier bei der Familie nicht mehr zu Hause ist.

Er hat die Heimat besucht und sie dabei verloren.

Am 30. Oktober treffen Constanze und Wolfgang in Linz ein. Am Stadttor holt sie ein Bedienter von Johann Joseph Anton Graf von Thun-Hohenstein ab, der seine Gäste im Starhembergischen Freihaus am Minoritenplatz einquartiert. Dort erfährt Mozart, dass sein Gastgeber am 4. November ein Konzert für Mozart und mit Mozart am Linzer Wassertheater arrangiert hat. Im Mittelpunkt soll eine Sinfonie von ihm stehen. Aber Mozart hat keine einzige im Gepäck. Ihm bleiben 96 Stunden, um eine neue Sinfonie zu komponieren, die Stimmen auszusetzen und das Ganze einzustudieren. Die meisten Kopisten schaffen es in 96 Stunden nicht einmal, eine Sinfonie dieses Umfangs abzuschreiben. Es wird eng. Doch Mozart nimmt sich Zeit, um in einem Brief an seinen Vater Margarethe Marchand zu verreißen, die er in Salzburg singen gehört hat. Dass sich die ganze Münchner Familie Marchand mit Leopold Mozart eng angefreundet hat, dass Margarethe und ihr Bruder bei ihm Gesang, Klavier und Komposition lernen und sogar wohnen und Margarethe erst fünfzehn ist, hält Mozart nicht ab, sie wegen ihres Gesangstils abzukanzeln. Schlecht kann sie nicht sein. Wenige Jahre später wird sie an die Münchner Hofoper engagiert. Aber Mozart findet alles an ihrem Stil *übertrieben*. Unecht, verlogen, gefallsüchtig, schmeichlerisch sei ihr Auftritt, erklärt er dem Vater. *Nur dumme Esel kann man mit so was betrügen*, schimpft er. Er würde *lieber einen Bauernkerl gedulden, der sich nicht scheut,* vor seinem *Angesicht zu scheißen und zu brunzen.*[29]

Eine Fahrt nach Salzburg bereichert und verarmt

Dann macht er sich an die Arbeit. Und bewältigt etwas Unfassliches: In weniger als drei Tagen schafft er ein Werk, in dem kein Takt Routine, kein Einfall Wiederverwertung ist.

Am 4. November hören die Besucher im voll besetzten Linzer Wassertheater eine Sinfonie, die feierlich beginnt. Langsam und leuchtend. Mozart eröffnet zum ersten Mal so. Er hat erkannt, dass die Sinfonien seines Kollegen Joseph Haydn damit beim Publikum besonders gut ankommen. Er beweist auch musikalisch strategische Qualitäten. Doch er wäre nicht Mozart, wenn die Feierlichkeit nicht sabotiert würde. Seufzermotive stellen die Heiterkeit in Frage, harte dynamische Gegensätze die Ausgeglichenheit. Unter den Geigen, die das Schöne besingen, künden Bässe von kommendem Leid. Pauken und Trompeten hören sich nicht festlich an, sie klingen apokalyptisch. Mozart balanciert zwischen Ideal und Abgrund. Doch all das, was beunruhigt, lässt sich überhören. Wer nicht will, braucht nichts von den dunklen Seiten des Eros wahrzunehmen. Die neue Sinfonie ist ein Meisterwerk des Fallenstellers.

Die gesamten Einnahmen des Konzertes gehen an Mozart. Davon berichtet er dem Vater so wenig wie von seiner Seelenlage. Seiner Frau offenbart er sie. Im Palais des Grafen von Thun, den Beifall noch in den Ohren, das üppige Honorar in der Tasche, barocke Pracht vor Augen, den reich gedeckten Tisch in Aussicht, fertigt Mozart eine Zeichnung an, die er Constanze widmet. Die Szene auf dem Blatt kennt jeder Christ. Sie zeigt den Sohn, der tat, was sein Vater von ihm verlangte. Nun steht er da, leidend und gedemütigt, und wird verspottet: *Ecce Homo*.[30]

Meint Mozart damit sich selbst?

Hat er vergessen, wie er den Hornisten Leitgeb gedemütigt und verspottet hat? Sogar musikalisch. Im Rondo für den *Esel* hat Mozart ein Karfreitags-Lamento zitiert.[31]

Als Constanze und Wolfgang Mozart Ende November nach Wien zurückkehren, erfahren sie, dass ihr Kind seit mehr als drei Monaten tot ist.[32] Raimund Leopold ist nur acht Wochen alt geworden.

Als Mozart am 6. Dezember an seinen Vater schreibt, bedrängt ihn aber schon wieder eine andere Sorge. Über den Umweg Sigmund Hafner ist bei ihm die Geldforderung eines Straßburger

Kaufmanns gelandet, der eine Schuld in Höhe von 132 Gulden eintreiben will. Mozart kann nicht leugnen, dass er den mit Hilfe des Vaters gewährten Kredit aufgenommen hat. Aber er ist sich keiner Schuld bewusst. Erstens sei er davon ausgegangen, der Vater habe damals das Ganze beglichen, zweitens sei die Sache verjährt und der Kaufmann unverschämt. *Glaubte er vielleicht, er hätte es mit einem Dummkopf zu tun, der zahlen würde, was er nicht schuldig ist?*, haut er aufs Blech. Ein Dummkopf ist in seinen Augen der Gläubiger selbst. Schließlich ist in Straßburg Mozarts *Entführung* gezeigt worden. Es sei also eine einfache Übung, deren Komponisten in Wien aufzuspüren. Mozart findet es geschmacklos von seinem Gläubiger, Hafner in die Sache hineinzuziehen. Nur aus Freundlichkeit dem Gläubiger gegenüber, erklärt er gnädig, werde er ohne Kommentar die ganze Summe zahlen. Jetzt allerdings nicht. Er sei dazu *nicht im Stande*.

Um den Vater zur Zahlung zu bewegen, bedient er sich eines Lieblingsbegriffs Leopolds: Ehre. Etwas, worüber einer wie Leitgeb offenbar in den Augen Mozarts nicht verfügt. Als *Mann von Erfahrung* könne sich der Vater doch *leicht vorstellen*, wie peinlich es sei, sich ausgerechnet vor Hafner *zu entblößen*.[33] Verhindert der Vater nicht, dass sein Sohn vor dem Salzburger Freund nackt dasteht, hat er es zu verantworten, wenn dort die Ehre seines Sohns und damit seine eigene beschädigt werden.

Leopold Mozart kann nicht verstehen, in welche Kanäle die hohen Einnahmen seines Sohnes bei den Konzerten in Wien gesickert sind. Er weiß über den Veranstalter Philipp Jakob Martin nur das, was sein Sohn ihm schrieb: dass der Impresario aus Regensburg freitags die Konzerte in der *Mehlgrube* und sonntags im Augarten organisiert.[34] Er weiß nicht, dass Martin sich nicht nur für Klavier- und Geigenspiel, sondern auch für Glücksspiele interessiert. In den Nebenräumen der *Mehlgrube* am Neuen Markt sind Tische aufgestellt, wo Lotto gespielt wird und alles andere, was Geldeinsatz fordert. Reisenden ist das bekannt. Mozart auch.

Der Eros, der ihn treibt, duldet nichts Halbes. Er nötigt ihn, alles ganz zu tun. Martin hat ein Berechnungssystem erdacht, das die Gewinnchancen in der Lotterie erhöhen soll. Mozart lernt dieses System, bis er es beherrscht.

Seine Frau hat eingesehen, dass niemand ihren Mann daran hindern kann. Eros ist ein Dämon. Ein Dämon ist nicht aufzuhalten mit vernünftigen Argumenten. *Bei allem was er unternahm, verleugnete er nie seinen Charakter: mit ganzer Seele an dem zu hängen, was er vor hatte,* wird Constanze später zugeben. *Er ruhte nicht, bis er begriff, was er lernen wollte.*

Ganz gleich, ob es um *Sprachen, Rechnen, Mathematik, Algebra* geht, um vollendete Komposition oder ums Spiel.[35]

Das lukrativste Jahr[36] im bisherigen Leben Mozarts endet mit dem Bekenntnis, zahlungsunfähig zu sein. Wie gewonnen, so zerronnen.

XV.

1784
***Schwebt wie Eros zwischen Himmel und Erde*[1]**
Oder: Entrückung am Klavier, Vaterfreuden und Freimaurerleiden

Vollendet oder unvollendet? Joseph Lange, als großer Schauspieler und großer Maler eine Doppelbegabung, schuf 1782/83 eine Miniatur, die Wolfgang Amadé Mozart versunken am Klavier zeigte. Nur den Kopf, ohne Klavier. Das in jeder Hinsicht vollendete Miniatur-Bildnis von 19 × 15 cm sollte 1789 zu einem repräsentativeren Bild mit Klavier erweitert werden. Das aber wurde nicht zu Ende geführt. Diese Entdeckung gelang den Mozart-Forschern Robert Münster und Michael Lorenz erst vor einigen Jahren (2009–2012). Modell für dieses Verfahren, so Lorenz, ist das Constanze-Porträt in Glasgow, in dem das kleine Originalbildnis Langes (18 × 13 cm) auf ein Format von 32,2 × 24,8 cm vergrößert wurde.

*D*as Buch mit den leeren Seiten sieht aus wie das Poesiealbum einer höheren Tochter. Pastellfarben, mit Punkten und Streublumen bedruckt. Am 9. Februar schreibt sein achtundzwanzigjähriger Besitzer auf den Pappeinband: *Verzeichnüß aller meiner Werke vom Monath febraio 1784 bis Monath 1*. Die Lücke zwischen dem Wort Monat und der 1 verweist auf einen zeitlichen Abstand. Er rechnet damit, nach 1800 noch Werke in dieses Register einzutragen.[2] Da wird er 44 sein. Erst in diesem Alter kamen bei Gluck das große Geld und der große Ruhm. Unter den Zeitangaben zieht er eine Linie, darunter setzt er seinen Namen. *Wolfgang Amadé Mozart*.

Dass sein Vater ihm Ordnung und System ans Herz legt, hat ihn bisher nicht beeindruckt. Kollege Salieri hingegen, der im Januar zu den Proben für *Les Danaïdes* nach Paris abgereist ist, gilt überall als ein Mann der Ordnung. Obwohl Salieri wie Mozart aufbrausend ist, wird seine Fähigkeit, sich sofort in den Griff zu bekommen und eben auch Strukturen zu schaffen, allgemein gelobt. Längst hat er ein Werkverzeichnis angelegt. Das hilft, bei einem Ortswechsel, ob nach London, Mailand oder Paris, den Überblick zu behalten.

Im März fängt Mozart außerdem an, ein Haushaltsbuch zu führen. Dass er es kein Jahr später bereits wieder aufgeben wird, hätte sein Vater wohl vorausgesehen.

Das Werkverzeichnis ist jedoch mehr als die Bemühung um Systematik. Es ist Ausdruck seines Selbstbewusstseins. Salieri auf absehbare Zeit weg von Wien zu wissen, befreit ihn anscheinend. Was er letztes Jahr erlebt hat, kann Mozart nicht vergessen.

Im Juli 1783 hatte Mozart wie bestellt drei Einlagestücke zu Pasquale Anfossis Oper *Il curioso indiscreto* geschrieben: zwei Arien für seine Schwägerin Aloisia Lange und ein Rondo für seinen Belmonte Valentin Adamberger. Die Oper aus dem Jahr 1777 war für den Geschmack der Wiener bereits abgestanden. Um ihnen Appetit zu machen, musste sie mit Neuem gewürzt werden. Doch noch bevor Mozart sein Rondo für Adamberger kopiert hatte, hieß es, Kapellmeister Salieri habe den Sänger bei einer Probe gewarnt, der Generaldirektor des Hoftheaters, Franz Xaver Graf von Orsini-Rosenberg, sei gegen diese Einlage. Als Freund rate er Adamberger dringend, die Finger davon zu lassen. Laut Mozart war Adamberger eingeknickt und hatte getönt, einer wie er habe es nicht nötig, seinen Ruhm in Wien durch solche Extraauftritte zu vergrößern.

Dass Salieri Mozart schaden wollte, glaubte außer Mozart kaum einer. Salieri galt nicht als Komplize Orsini-Rosenbergs. Er hatte auch offenbar nicht versucht, Aloisia ihre Zusatznummern auszureden. Das waren Bravourarien. Adambergers Rondo hingegen war ein nach innen gewandtes Stück, mehr als sechs Minuten lang. Dass es den Fortgang der Handlung aufhielt, also aus dramaturgischen Gründen hinderlich war, zog Mozart, sonst Meister der Dramaturgie, nicht in Erwägung. Er tobte und erklärte, er werde Adamberger dieses Stück auch später nie mehr singen lassen.

Nach der Premiere tischte er dem Vater den Hintergrundbericht auf. Es habe sich herausgestellt, dass Orsini-Rosenberg keineswegs etwas gegen die Zusatzarien gehabt habe. Das Ganze sei nur ein *Pfiff* des Salieri gewesen. Warum Salieri pfiff, erklärte sich Mozart ganz einfach: Seine Feinde hätten im Vorhinein verbreitet, dieser Mozart wolle Anfossi mit seinen Stücken die Schau stehlen. Er lasse ja an dem Kollegen kein gutes Haar. Wie bei dem Klüngel zu erwarten, habe der Italiener Salieri dem Italiener Anfossi unter die Arme gegriffen. Schließlich habe er auch, kaum war die Italienische Oper wieder eröffnet, seinem Landsmann Da Ponte einen Posten als Theaterdichter verschafft. Und dies, obwohl der aus seiner Heimat verbannte Priester bis dahin noch kein einziges Libretto verfasst hatte und sein Ruf als sexueller Abenteurer keine Empfehlung für diese Stelle war.

Eros hat gelernt, Intriganten auszumachen und sich so das Recht zu nehmen, gegen sie zu intrigieren.

Triumphierend vermeldete Mozart, an der Oper Anfossis habe dem Publikum nichts gefallen außer seinen beiden Arien für Aloisia.[3] Dass er damit bestätigte, was seine *Feinde* ihm nachgesagt hatten, selbstherrlich aufzutreten und hart über andere zu urteilen, fiel ihm offenbar nicht auf.

Was anderen nun auffällt, ist, dass Salieris Abwesenheit Mozart Aufwind gibt.

Am 20. März 1784 schickt Mozart an seinen Vater ein dickes Kuvert. Es enthält den Nachweis seines Erfolges: die Liste der Subskribenten für seine Mittwochskonzerte. Ein Who's who der Stadt Wien. Hochadel, Kleinadel und Geldadel, Räte und Wissenschaftler, Agenten und Kaufleute, Diplomaten und Bankiers, hohe Militärs und hohe Beamte. 169 Abnehmer haben unterschrieben.[4] Diese Liste verrät, dass Mozart das Konzertleben in Wien beherrscht. Nicht als Komponist, sondern als Pianist. Dass er Pianist eigener Werke ist und als Klavier-Komponist alles riskiert, bemerken nur Kenner.

In diesem Frühjahr ist Mozart mächtig wie noch nie. Allein im März gibt er neunzehn Konzerte mit eigenen Werken, die meisten im Palais von Johann Graf von Esterházy oder Dimitrij Fürst von Golizyn. Drei von den neunzehn sind Subskriptionskonzerte, deren Gewinn im Voraus gesichert ist. Für die muss er nicht einmal das Haus verlassen. Seit Januar wohnen die Mozarts am Graben in dem Baukomplex des Johann Thomas von Trattner, einem der größten Miethäuser Wiens. Der siebenundsechzigjährige Landwirtssohn, Verleger und Buchdrucker, der über einen Konzern von Bleigießereien, Buchbindereien, Papiermühlen, Buchdruckereien und Buchhandlungen verfügt, hat sich einen Konzertsaal eingerichtet,[5] wo er seinen Mieter präsentiert. Und dieser Mieter präsentiert dort sein Können und sein Ideal vom Klavierspiel. In einem alles andere als idealen Ambiente. Der Saal war ein hohes, 80 Quadratmeter großes Zimmer, in dem nicht einmal alle Besucher sitzen konnten.

Für jede der drei Veranstaltungen bei Trattner in der Fastenzeit schreibt er sich ein neues Klavierkonzert auf die Hände.[6] Eros will geliebt werden. Er hat gelernt, dass er dafür durch Leistung beeindrucken muss. Alle drei Konzerte sind bravourös, fordern eine überragende Technik und geben ihm Gelegenheit zu zeigen, wie souverän er schwierigste Passagen mit überkreuzten Händen spielt.[7]

Was Mozart am Herzen liegt, ist aber keineswegs das technische Brillieren. *Die Melodie ist die Essenz*, hat er dem irischen Tenor Michael Kelly eingeschärft, der seit letztem Jahr in Wien ist und bei Mozart Kompositionsunterricht nimmt. Eros kennt die Macht einer großen Melodie. Wie er selbst ist sie ein Bote, unterwegs *zwischen Himmel und Erde.* Wie er selbst will sie das Unsagbare übermitteln. Ausdrücklich hat Mozart Kellys melodische Kompositions-Einfälle gelobt und ihn gewarnt, sie durch zu viel Kunstfertigkeit zu verderben.[8] Das Gesangliche ist Mozart das Wichtigste, bei der Improvisation, bei der Komposition, beim Vortrag.

Wie sehr er für jede talentierte Sängerin schwärmt, fiel schon seinem Vater unangenehm auf. Auch in Wien entgeht es keinem aus der Szene. Dass ihm Aloisia nach wie vor *nicht gleichgültig* ist, gesteht er sogar dem Vater ein. Es sind nicht die äußeren Reize, die er bewundert. Die mit Kelly angereiste Nancy Storace ist klein und dick, Caterina Cavalieri hat mit Mitte zwanzig bereits ein Dreifachkinn. Mozart himmelt sie an, wenn sie Melodien singen können.

Storace wie Kelly sind Schüler von Venanzio Rauzzini, dem Kastraten, der in London das Kind Mozart durch seine langen melodischen Bögen behexte. Für seine Kastratenfreunde hat Wolfgang schon als Halbwüchsiger Arien geschrieben, die genau das zur Geltung brachten. Nun stehen ihm in Wien Sängerinnen von Weltklasse zur Verfügung, die für ihr Legato berühmt sind.

Mozart weiß besser als jeder andere, wie eine Melodie Menschen im Innersten erreichen kann. Er weiß, dass ihre Wirkung besonders groß ist, wenn sie sich unerwartet erhebt, eine Stimme aus einer anderen Welt.

Kelly, Freund und Trauzeuge von Nancy, begeistert sich für die überragende linke Hand des Pianisten Mozart, die über das melodische Vermögen der rechten verfügt. Nichts stört Mozart mehr, als wenn seine Klavierschülerinnen die gesanglichen Linien zerstören. Sogar die hochbegabte Josepha Auernhammer *verzupft alles,* bemängelt Mozart. Auch ihr fehle *der wahre feine singende Geschmack im Cantabile.*[9]

Am 23. März erleben die Besucher im Burgtheater, was Mozart mit diesem *wahren feinen singenden Geschmack* meint. Nicht er selbst führt es vor, sondern ein Schustersohn von einunddreißig Jahren, wegen seiner pickligen Haut für Mozart nur das *Ribiselgesicht.* Die Presse hat groß angekündigt, dass dort der Hofmusiker Anton Stadler bei einem Benefizkonzert zu seinen Gunsten *eine große blasende Musik von ganz besonderer Art* von Mozart aufführen wird, die große Serenade.[10] Er gilt als der beste Klarinettist des Landes und wird gefeiert für sein scheinbar müheloses Spiel. Stadler singt auf seinem Instrument. Sogar der Kritiker Johann Friedrich Schink staunt, dass eine Klarinette die *menschliche Stimme so täuschend nachahmen* kann.[11] Jedenfalls wenn Stadler sie spielt. Wie eine vollendete Sängerin scheint er nicht zu atmen, nimmt die Melodie der Oboe auf, singt sie fort und lässt sie in jeden eindringen.[12] Das ist ein Musiker, wie ihn Mozart braucht, einer, der verstanden hat, dass die Melodie *die Essenz* ist. Stadler wiederum braucht Mozarts Stücke, um sein ganzes Können zu zeigen, und auch das Geld für Zusatzauftritte. Er haust mit Frau, Kindern, Bruder, Schwägerin und Mutter auf der Schottenbastei, bei den Wienern als Elendbastei bekannt. Dabei ist er wie sein Bruder seit 1782 Mitglied der kaiserlichen Harmoniemusik. Dort werden Musiker vergleichsweise gut bezahlt und für Extradienste zusätzlich honoriert. Verglichen mit Mozarts Einkommen ist ihres allerdings kläglich.

Bereits eine Woche später treten Stadler und Mozart wieder im Burgtheater gemeinsam auf. Am 1. April gibt Mozart dort ein Benefizkonzert. Zu seinen Gunsten. Neun Werke stehen auf dem Programm, bis auf drei Arien alles von ihm. Er weiß, was von ihm erwartet wird: *ein ganz neues Konzert auf dem Forte piano* kündigt er an und *eine ganz neue große Symphonie*. Die Wiener Musikfreunde sind gierig auf Neues. Erwischen sie einen dabei, dass er ihnen Aufgewärmtes als frisch verkauft, wird er abgestraft und bloßgestellt. Das ist Mozart bekannt. Er riskiert es trotzdem. Diese *ganz neue große Symphonie* ist nicht neu. Doch er geht davon aus, dass kaum einer, der sie im Linzer Wassertheater gehört hat, nun im Wiener Burgtheater sitzt.

Gefährlicher ist es, was das *ganz neue Konzert* angeht: Mit ihm selbst am Klavier war es gerade erst bei Trattner zu hören gewesen. Ganz neu, wie angekündigt, ist nur ein Stück: das Quintett für Klavier und Bläser. Mozart ist überzeugt, es sei *das Beste*, was er in seinem *Leben geschrieben habe.*[13] Es aufzuführen ist dennoch ein Risiko: Kammermusikalische Werke haben bei Konzerten in diesem Rahmen nichts zu suchen. Und schon gar nicht ein Werk wie dieses. Mozart lässt in seinem Quintett den Zuhörer jede Orientierung, jeden Halt, jede Sicherheit verlieren. Er verwirrt und betört.[14] Doch das Publikum vergisst in der Begeisterung alles. Dazu trägt Stadler bei, der auf der Klarinette Mozarts Melodien singt. Dafür wird Mozart ihm mit einem Vertrauen danken, das der ständig verschuldete Stadler nach Ansicht anderer in keiner Weise verdient. Sie halten ihn für einen Lügner mit kriminellen Neigungen.[15]

Doch wer singen kann, mit seiner Stimme oder auf seinem Instrument, ist für Mozart ein Freund, dem er alles gibt und alles vergibt. Am 27. Mai holt er sich einen singenden Freund ins Haus. *Vogel Star 34 Kreuzer* trägt er in sein Ausgabenbuch ein. Darunter setzt er die Anfangstakte einer Melodie in G-Dur, die der Star ihm vorgesungen hat. *Das war schön!*, schreibt er dazu.[16]

Zweieinhalb Wochen später fährt er hinaus nach Döbling, auf den Landsitz des Hofagenten Ignaz von Ployer, Onkel seiner Meisterschülerin Barbara. Menschenkenntnis hat Mozart noch nicht erworben. Er bedauert es, nicht den Kollegen Giuseppe Sarti mitnehmen zu können, weil der Wien bereits an diesem Tag wieder verlassen hat. Sartis Intrigen sind berüchtigt. Für Mozart ist er ein *rechtschaffner braver Mann*. Variationen auf seine Arien, die Mozart komponiert und ihm vorgeführt hat, fanden schließlich Sartis Beifall. An seiner Stelle hat Mozart nun den Kollegen Giovanni Paisiello eingeladen, der von ihm *das Beste* kennenlernen soll. Sein Klavierquintett wird an diesem warmen Sommerabend erneut aufgeführt. Danach spielt Barbara Ployer das zweite, ihr gewidmete Klavierkonzert zum ersten Mal.[17] Wer bei Mozarts verkehrt, erkennt die ersten Takte wieder: Es sind die, die sein Star pfeifen kann. Doch dann trübt sich die Stimmung ein. Mollklänge, Seufzermotive, Dissonanzen und jähe Trugschlüsse jagen den Hörer aus einer sicheren, lichten Welt in eine gefährdete, düstere. Eros gehört beiden Welten an. Nach wie vor ist er unterwegs zwischen ihnen.

Nach außen wirkt es so, als sei er angekommen. Mozarts Position in Wien ist gefestigt. Es schmerzt ihn wenig, wenn aus Paris die Nachrichten vom Triumph der *tragédie lyrique Les Danaïdes* nach Wien dringen, einem Gemeinschaftswerk von Gluck und Salieri. Es stört ihn auch nicht, dass allmählich durchsickert, das Werk sei ausschließlich von Salieri, Gluck habe sich nur als Wegbereiter nützlich gemacht. Was zählt, ist, dass Salieri durch den Erfolg seines ständig gespielten Stücks in Paris festgehalten wird.

Währenddessen läuft Mozart in Wien als verantwortlicher Konzertveranstalter zum Rekordhalter auf. Überall trifft man ihn: beim

Traiteur Jahn, im Trattnerhof, im Augarten, im Burgtheater, in der *Mehlgrube*, in den privaten Salons. Er findet keine Ruhe, obwohl er zugibt, völlig erschöpft zu sein vom vielen Klavierspielen. Tritt er nicht als Pianist auf, dann eben als Bratschist. Stephen Storace, der Bruder von Nancy, veranstaltet im Juni eine *quartett-party* in sensationeller Besetzung mit vier erfolgreichen Komponisten: erste Violine Haydn, zweite Violine Johann Carl Ditters von Dittersdorf, Violoncello Johann Baptist Vanhal. Es verblüfft Storaces Freund Kelly, dass Mozart Viola spielt. Doch dieses Instrument, das sich im Dazwischen befindet, liegt ihm.

Er hat es geschafft, als Pianist eigener Werke anerkannt zu werden. Und doch kennt ihn kaum einer, verlässt er die üblichen Schauplätze. Einem so unscheinbaren Wicht traut keiner viel zu. Nur folgerichtig, dass Mozart zunehmend Geld für repräsentative Zwecke ausgibt. Für einen pelzgefütterten Mantel, einen seidenen Frack, Feste mit Austern und Champagner, Ballbesuche in Gala. Trattners niedrige Zimmer sind nicht mehr angemessen. Bereits für September plant Mozart den Umzug ins Camesina-Haus, erste Lage, direkt beim Stephansdom. Der Mietpreis liegt in der obersten Kategorie.[18]

Gespart wird am Personal. Nun hat sein Dienstmädchen einen Brief an ihre Mutter in Salzburg geschrieben. Das weckt Mozarts Misstrauen. Unter dem Vorwand, die Adresse sei unlesbar, bricht er ihn auf und liest ihn. Was nach Salzburg über ihn und seinen Haushalt kolportiert wird, muss er wissen. In diesem Fall das Schlechteste: Das Mädchen erklärt ihr Gehalt, die Arbeitsumstände und die Verköstigung für unzumutbar. Und das, wie Mozart sich empört, in den *impertinentesten Ausdrücken*. Für ihn ist die junge Salzburgerin *außer im Nähen die ungeschickteste und dümmste Person von der Welt*.[19] Dass seine Angestellte nicht zufrieden ist mit den 12 Gulden, die er ihr im Jahr zahlt, findet er schamlos, wenngleich er in ihrem Alter seine 450 Gulden Jahresgehalt als Hungerlohn anprangerte.[20] Ihre Vorwürfe findet er ungerecht. Die Runde machen werden sie trotzdem. Eine nahe Verwandte des Mädchens ist Therese Päncklin, seit Jahrzehnten das Faktotum im Haus des Vaters.

Mozart hat gelernt. Er entkräftet nach bewährtem Muster die Glaubwürdigkeit der Klägerin. Ausführlich berichtet er dem Vater, dass sich die Haushaltshilfe bereits zwei Mal während seiner und Constanzes Abwesenheit in der Wohnung ihrer Arbeitgeber mit einem sogenannten Bekannten getroffen hat. Der ließ Wein kommen und machte sie angeblich so betrunken, dass sie ihr Bett vollspie.[21]

Eros ist Gefährte der Aphrodite. Mit der Welt der Dürftigkeit will er nichts zu tun haben. Er liefert das Beste und erwartet das Beste. Mit weniger ist er nicht zufrieden. Gut, dass er nicht weiß, auf welchem Niveau seine Werke aufgeführt werden.

Zum Beispiel im nahen Baden, wo ein Mann namens Karl Philipp Hasenhut den Sommer über das Theater gepachtet hat. Er ist als Tänzer, Schauspieler und Bühnenschriftsteller gleichermaßen unbekannt, aber mit Anfang zwanzig risikofreudig.[22] Mozarts *Entführung* will er auf die Bühne bringen. Von ihrem Erfolg vor zwei Jahren in Wien ist noch immer die Rede. Das Badener Theater ist klein, das Orchester nur als Streichquartett besetzt, und dem Quartett fehlt noch ein Bratscher. Hasenhut lernt seit Kurzem Geige, mit dem Bratschenschlüssel ist er nicht vertraut. Besser irgendetwas als gar nichts, denkt er und nimmt sich das Instrument vor. Der Anfänger hat Glück: Während der Probe mischt sich ein Besucher unter die Musiker, greift sich eine Viola und setzt sich neben Hasenhut. Nach zehn Takten bereits treffen den Dilettanten abschätzige Blicke seines Nachbarn. Je länger er spielt, desto heftiger gibt der Mitbratscher seinen Missmut zu erkennen. Als die Ouvertüre zu Ende ist, platzt dem Fremden der Kragen. Er legt die Viola ab und fällt Hasenhut an, beschimpft ihn als *Krautesel* und geht wütend davon. Trotzdem hätte Hasenhut gerne diesen Mann bei der Aufführung am Bratschenpult gewusst. Aber keiner vom Ensemble kennt diesen Musiker, laut Hasenhut *ein kleines Männchen*.

Die Premiere hätte jeder Wiener fluchtartig verlassen. In Baden wird sie zum Erfolg. Mehrmals füllt Hasenhuts *Entführung* das Haus. Der Jungunternehmer ist in Hochstimmung. Er will sich bei seinem Ensemble mit einem Diner bedanken. Da hört er, Mozart sei angereist, um seine Frau zu besuchen, die hier ihre offenen Beine behandeln lässt. Der Komponist soll als Ehrengast sein Fest schmücken. Baden ist klein, der Kontakt rasch hergestellt. Den Gast, der sich bei ihm als Mozart vorstellt, erkennt Hasenhut sofort: Es ist das *kleine Männchen*, der Aushilfsbratscher. Der steht zu seinem Rüffel. Ein

Pfuscher bleibe ein Pfuscher, auch wenn er Intendant ist. Nicht einmal *der Teufel* hätte *dieses falsche Kratzen aushalten können*.[23]

Kompromisse sind für Eros schwer zu ertragen. Das ist Sache der normalen Sterblichen. Dass seine Schwester statt des Mannes, den sie liebt, nun auf Anordnung des Vaters einen kleinadligen Pfleger aus St. Gilgen, Witwer mit fünf unerzogenen Kindern, heiraten und ins Abseits ziehen muss, ist für sie ein Drama. Mit dreiunddreißig verliert sie alles, was ihr wichtig war. Ihrem Bruder ist das nicht mehr als ein Gratulationsgedicht wert. Der Spott der wohlgereimten Verse muss sich für die Adressatin schlimm anhören.

> *Drum wenn Dein Mann Dir finstre Mienen,*
> *die Du nicht glaubest zu verdienen,*
> *in seiner üblen Laune macht:*
> *So denke, das ist Männergrille,*
> *und sag: Herr, es gescheh Dein Wille*
> *bei Tag – – – und meiner bei der Nacht.*[24]

Bei der Hochzeit fehlt der Bruder. Für einen Besuch in St. Gilgen hat er keine Zeit. Die neuen englischen Freunde interessieren ihn mehr als die Sippe am See. Schon vor drei Jahren hat er sich seinem Vater gegenüber als *Erz-Engländer* bezeichnet.[25] Am Hochzeitstag seiner Schwester sitzt Mozart in der Uraufführung von Giovanni Paisiellos Oper *Il Re Teodoro in Venezia*. In der weiblichen Hauptrolle: Nancy Storace.

Geht ihm ihr Auftritt bei einem Konkurrenten oder die Überforderung an die Nieren? Koliken werfen ihn danach tagelang aufs Krankenlager. Drei Wochen nach seiner Genesung, am 21. September, wird Constanze von ihrem zweiten Kind entbunden. Thomas von Trattner ist zwar nur noch ein paar Tage lang Vermieter der Mozarts, aber nach wie vor Gönner mit Geld und Einfluss. Carl Thomas wird der zweite Sohn getauft. Eine Woche nach seiner Geburt steht der Umzug an. Einen Tag danach komponiert Mozart das nächste Klavierkonzert.[26]

Kompromisse müssen nur die anderen machen. Seine Frau, der er im siebten Monat für acht Tage Übernachtungsgäste aufgenötigt hatte, weil er mit denen so gut musizieren kann. Der Vater, der seiner Tochter klagt: *Ich lebe wie die Soldaten, – hab ich was, so eß ich was.* Die

Entrückung am Klavier, Vaterfreuden und Freimaurerleiden

Schwester, die dem Bruder nur noch einmal schreibt und ihre Ambitionen unter Alltagsenttäuschungen begräbt. Die selbstständigen Theaterunternehmer, die mehr Mut als Geld haben.

Am 5. November 1784 wird das Kärntnertortheater eröffnet, fünf Minuten zu Fuß von Mozarts neuer Wohnung entfernt. Eröffnet wird mit dem Gastspiel einer aus Pressburg angereisten Truppe und Mozarts *Entführung*. Einen der beiden Chefs dieser Truppe kennt Mozart aus Salzburg: Emanuel Schikaneder. Die Konstanze kennt er aus München: Margarethe Kaiser. Auch wenn die Sopranistin die zweite große Arie weglassen muss, weil die Pressburger Musiker den Orchesterpart nicht bewältigen, heizt jede Melodie aus der Kehle seiner *Kaiserin* Mozarts Heißhunger auf einen neuen Opernstoff an.

Mindestens hundert Libretti habe er gelesen, stöhnt er im Brief an den Vater. Keines habe er für tauglich befunden. Er ist auf der Suche. Nach einer Geschichte, zu der seine Musik den Menschen anvertrauen kann, was Eros weiß: dass jeder von ihnen ein Suchender ist und die Sicherheit, anzukommen, eine Illusion.

Nur eine Melodie, *die Essenz* der Musik, kann ihnen die Ahnung von dem vermitteln, was sie nie erreichen werden.

Am 11. Dezember klappt Mozart erneut den Band mit Streublumen auf und trägt ein neues Klavierkonzert ein. Das sechste in diesem Jahr. Anders als in den fünf Konzerten davor ist hier der Pianist auf der Suche. Schon im ersten Satz übernehmen die Bläser die Führung, als wollten sie dem Klavier den Weg weisen. Im letzten Satz schweigen die Streicher zu Beginn auffällig lange und lassen dann den Bläsern den Vortritt. Eine Zeit lang hört es sich so an, als habe Mozart vergessen, dass er ein Konzert für ein Soloinstrument schreibt. Als habe er auf der Suche nach der Melodie das energische Wollen aufgegeben und lausche den Bläsern, wohin sie ihn führen.[27]

Kann das Suchen Inhalt sein?

Am Dienstag, dem 14. Dezember, kurz vor halb sieben Uhr abends steht Mozart vor dem Haus *Zum Rothen Krebs* am Kienmarkt. Er steigt die Treppe in den zweiten Stock hinauf. 900 Gulden zahlen die beiden Mietparteien dort für die Räumlichkeiten. Mozart weiß nicht genau, was ihn erwartet.

Er hat sich angemeldet als Kandidat zur Aufnahme in die Loge *Zur Wohltätigkeit*, die dort neben der Loge *Zur wahren Eintracht* ihren Sitz hat. Im *Logen-Buch*, zweiter Teil, ist nachzulesen, als was dort ein Kandidat gilt. Das Buch nennt ihn *einen Suchenden*.[28]

XVI.

1785
Vom Dämon beseelt
Oder: Rastlos als Unternehmer und Erfinder

Ein «wunderbares Pferdegesicht»: das attestierte Wolfgang seiner «Schwester Canaglie» Maria Anna Walburga Ignatia Mozart (1751–1829). Als Pianistin hatte sie das Zeug zur Weltkarriere, als Frau eine Leidenschaft für ausgefallenen Kopfputz und als Liebende wenig Glück. Als ein unbekannter Maler um 1785 dieses Porträt von ihr malte, hatte sie eine sogenannte Vernunftehe mit dem Witwer und fünffachen Vater Johann Baptist Reichsfreiherr Berchtold von Sonnenburg (1736–1801) geschlossen und war zu ihm ins Geburtshaus ihrer Mutter nach St. Gilgen gezogen. Kaum war er tot, kehrte die Witwe nach Salzburg zurück.

*E*igentlich hat Mozart keine Nerven für seinen Vater. Es ist Freitagmittag, der 11. Februar. Da steht Leopold Mozart in der Wohnung beim Stephansdom und staunt, welche fürstlich stuckierten Räume sein Sohn mit Frau und Kind bewohnt.[1]

Die letzten Wochen waren zum Bersten vollgepackt mit Terminen. Am 7. Januar war Mozart in seiner Loge *Zur Wohltätigkeit* zum Gesellen befördert worden, drei Wochen nach seiner Aufnahme. Eine Blitzkarriere. Daraufhin muss er sich dort öfter zeigen. Am 10. Januar vollendete er ein neues Streichquartett in A-Dur, vier Tage später das nächste in C-Dur. Am Abend danach kam Joseph Haydn vorbei, dem er die sechs neuen Quartette widmen will.[2] Zusammen mit Haydn und zwei Freunden übte Mozart an der Viola fünf Quartette und spielte sie dann nochmals durch. Das war wie Probe und volles Konzertprogramm. Einen Tag bevor der Vater sich auf unbestimmte Zeit als Hausgast einquartiert, hat sein Sohn das neueste Klavierkonzert vollendet und ins Verzeichnis eingetragen.[3]

Wenn es ums Schöpferische geht, erlahmt Mozarts Eros nicht. Wenn es um die Bewältigung des Alltäglichen geht, sehr schnell. Am 11. Februar, an dem sein Vater eintrifft, hat Mozart an die *Tonkünstler-Societät* geschrieben und gebeten, ihn aufzunehmen. Ein wichtiges Gesuch, was die Altersversorgung angeht. Aber er müsste eine Abschrift seines Taufscheins beilegen, und den findet er nicht. Er wird die benötigten Unterlagen auch in den nächsten Wochen und Jahren nicht finden. So wird nichts daraus, ebenso wenig wie aus allen anderen Vorhaben, die der finanziellen Absicherung dienen.[4]

Dem Vater präsentiert sich sein Sohn jedoch als eine einzige Erfolgsgeschichte. Leopold soll erkennen, dass er es geschafft hat, beruflich, gesellschaftlich und wirtschaftlich. Er soll bewundern, welches Pensum sein Sohn bewältigt.

Leopold Mozart ist aus München angereist, müde und angeschlagen. Doch sein Sohn schleppt ihn am Tag der Ankunft abends an den Neuen Markt zu seinem ersten Subskriptionskonzert im Festsaal des Kasinos *Mehlgrube*. Leopold wird Zeuge, wie sein Sohn die Reichen bedient. Die *große Versammlung von Menschen von Rang* dort verblüfft ihn, das musikalische Niveau der Musiker und die Werke seines Sohnes imponieren ihm. Alles findet er *unvergleichlich* und *vortrefflich*.[5] Vor allem das System dieser Abonnementkonzerte, durch das dem Komponisten im Voraus die Größe des Publikums und damit die Höhe seines Einkommens bekannt und garantiert sind.[6]

Bereits am Samstag liefert der Sohn dem Vater den nächsten Beweis dafür, was er erreicht hat. Joseph Haydn, im Gegensatz zu Bruder Michael Abgott von Leopold Mozart, gibt dessen Sohn die Ehre; außerdem erscheinen die Freiherren Anton und Bartholomäus von Tinti. Im Musiksalon von Mozart führen sie drei von Mozarts neuen Streichquartetten auf. Auch das gerade erst fertiggestellte.[7] In dem gibt sich Eros zu erkennen – als *Dissonanzenjäger* (so Hanns Eisler) ohne Hemmungen. Gleich in den langsamen ersten 22 Takten wagt er Ungeheuerliches. Dur und Moll schillern bedrohlich. Klänge zwischen Diesseits und Jenseits steigen auf. Wer sie hört, denkt nach über den Tod. Nach einer kurzen Aufhellung geht es weiter mit Harmonien, die zutiefst beunruhigen. Doch Eros ist unterwegs zwischen gegensätzlichen Welten. Im zweiten Satz, einem *Andante cantabile*, lebt er seine Leidenschaft für die Macht der Stimme aus. In den schönsten Tönen singen die vier Streicher. Aber Eros lässt nicht ab von seinem Spiel mit dem Hörer. Sofort jagt er ihm wieder Angst ein, um ihn dann überraschend zu erlösen.

Es ist, als treibe ihn ein Dämon, an die Grenzen zu gehen. Als wolle er allen vergegenwärtigen, wie nah Licht und Düsternis, Glück und Qual, Ideal und Abgrund beieinanderliegen.

Wie die Hörer reagieren werden, ist abzusehen. *Kann der gesunde Menschenverstand die erste Violine so dissonant einsetzen lassen?*, wird sich Giuseppe Sarti erregen, der *brave, rechtschaffene Mann*. Nicht nur er wird Mozart böse Absichten unterstellen. *Hat der Verfasser das vielleicht getan, um den Spieler zu blamieren, sodass die Zuschauer schreien, der spielt daneben? Kann man die Musik derart verhöhnen?*[8]

Leopold Mozart erfährt nichts von solchen Anfeindungen. Nach dem dissonanzenreichen Quartett, das für jeden Befürworter des strengen Satzes eine einzige Ansammlung von Regelverstößen darstellt, erklärt Haydn persönlich Mozarts Vater, sein Sohn sei der größte Komponist, den er kenne. Er verfüge über *die größte Kompositionswissenschaft*. Genau das will Leopold hören. Wenn Haydn über dieses Stück so spricht, kann es nicht skandalös sein.

Dass Haydn mit Komplimenten großzügig ist und Komponisten, die Leopold Mozart kaum kennt, mit dem Genietitel bedenkt, weiß der Vater nicht. Auch nicht, dass Haydn ein schlechtes Gewissen Mozart gegenüber hat. Trotz seines Termindrucks war Mozart zur Aufnahme des Freundes in die Loge *Zur wahren Eintracht* gefahren, Haydn aber verschwitzte den Termin.

Am Sonntag, seinem dritten Tag in Wien, wird Leopold Mozart der dritte Teil der Erfolgsgeschichte aufgetischt. Beim Konzert der Sängerin Luisa Laschi Mombelli, wo Mozart sein neuestes Klavierkonzert vom 10. Februar spielt, ist der Kaiser anwesend.

Am Montag geht es weiter. Da tritt Mozart auf bei der Akademie der Wiener Koloraturenheldin Caterina Cavalieri und der sechzehnjährigen Elisabeth Distler, einem der aufgehenden Gesangssterne.[9] Sein Vater ist geschmeichelt, dass er nur zwei Logen entfernt *von der recht schönen württembergischen Prinzessin* sitzt, also nah dran an des Kaisers Familie. Das ist für ihn Indiz höchster Anerkennung.

Doch Leopold Mozart wird das Ganze rasch zu viel. Kein Mensch hält sich hier an Fastengebote. Im Kraut liegt satt Geflügel, und in vielen Haushalten geht es verschwenderisch zu. Dass beim Librettisten Stephanie zur Vorspeise Austern und flaschenweise Champagner serviert werden und zum Kaffee eine halbe Konditoreiwarenhandlung, beunruhigt ihn. Die Fahrten durch die eiskalte Stadt, das späte Zubettgehen, nie vor ein Uhr nachts, das späte Mittagessen, frühestens um zwei oder halb drei, all das strengt ihn an. Er kränkelt.

Mozart will seinem Vater auch vorführen, wie gut sein Haushalt funktioniert, obwohl er kaum zum Durchatmen kommt und der Kleine zahnt. Leopold wird mit Holunderblütentee und Klettenwurzeltee versorgt, warm eingepackt, ins Bett gesteckt und vom Arzt zu

Hause untersucht. Constanzes jüngere Schwester Sophie wird dem Patienten zur Unterhaltung an die Bettkante gesetzt.

Mozarts Vater ist fünfundsechzig. Seine Beobachtungsgabe ist nach wie vor scharf, sein Geist beweglich. Seiner Tochter schreibt er beruhigt, dass bei ihrem Bruder *die Hauswirtschaft, was Essen und Trinken betrifft, in höchstem Grad ökonomisch* ist. Sogar an den Heizkosten wird gespart. Unvoreingenommen nimmt er wahr, dass er sich in manchem getäuscht hat. Seine Vorurteile gegenüber den *Weberischen* nebst Anhang baut er ab: gegen seine Krankenpflegerin Sophie, die ihm auch auf der Bühne des Burgtheaters gefällt, gegen das Ehepaar Lange, das ihn zum Abendessen bittet, gegen Joseph Lange, der ihn zu seiner Zufriedenheit porträtiert, sogar gegen die Schwiegermutter seines Sohns, früher für ihn Inbegriff der verwahrlosten Sitten. Cäcilie Weber hat *unvergleichlich gekocht*, vor allem *nicht zu viel und nicht zu wenig*, und damit Magen und Herz des ehemaligen Feindes erobert.[10] Er erlebt mit, wie Constanze am musikalischen Leben seines Sohns teilnimmt, singt und spielt, was er komponiert.

Leopold Mozart stört jedoch, dass Wolfgang nie zur Ruhe kommt. Sein Sohn, dieser besessene Sammler von Uhren, jagt der Zeit hinterdrein. Kein Wunder, dass er dünner geworden ist. Schon am ersten Abend in der *Mehlgrube* bekam Leopold Mozart mit, dass beim Eintreffen Wolfgangs am Veranstaltungsort noch nicht einmal die Noten des Klavierkonzerts vollständig abgeschrieben waren. Er musste die Kopien überprüfen und hatte keine Chance, alles vorher einmal durchzuspielen. Fast täglich sind die Mozarts zum Mittagessen oder zum Abendessen eingeladen, bei Hofbeamten, hochadligen Gönnern, Kollegen oder Bekannten aus der Theaterszene.

Auch die Stadt selbst ist ruhelos. Ganz Wien ist eine Großbaustelle. Krankenhäuser, Schulen, eine geschlossene psychiatrische Verwahrstation, Anstalten für Blinde und Taubstumme werden errichtet. Die Wohnung Mozarts erinnert leider ebenfalls an eine Baustelle. Als Veranstalter hat er bei den Konzerten für Kerzen, Orchestermusiker, Notenpulte und den Druck der Eintrittskarten zu sorgen und zu zahlen und lässt jedes Mal seinen eigenen Flügel antransportieren, ein spezial angefertigter Pedalflügel, der *erstaunlich schwer ist*. Ständig sind die Möbelpacker zugange.

Dämonen sind nicht gemütlich. Der Hausgast fühlt sich allmählich unerwünscht in der zugigen Wohnung.

Am 10. März gibt Mozart eine Akademie im Burgtheater, wo er sein neues C-Dur-Klavierkonzert spielt. Am 11. März findet sein fünftes Subskriptionskonzert in der *Mehlgrube* statt. Am 13. März wird in der Hofburg als Benefizkonzert für die *Tonkünstler-Societät* Mozarts Kantate *Davidde penitente* erstmals aufgeführt, vor 660 Besuchern. Am 15. März wird sie dort wiederholt, erneut zugunsten der Versicherungsgesellschaft. Am 18. März folgt Mozarts sechstes Subskriptionskonzert in der *Mehlgrube*.

Täglich Akademie, immer Lernen, Musikschreiben etc. Wo soll ich hingehen?, klagt Leopold Mozart der Tochter. Es sei *unmöglich, die Scherereien und Unruhe* hier zu beschreiben.[11]

Die Existenz des jungen Mozart befindet sich auf dem Prüfstand, und der alte Mozart sieht genau hin. Der schlampige Umgang seines Sohns mit seinen älteren Partituren entgeht Leopold Mozart nicht. Außerdem stellt er fest, dass es mit der Ökonomie so weit doch nicht her ist. Kaum blitzt der Einfall auf, den Vater eine Teilstrecke Richtung Salzburg zurückzubegleiten, lassen sich Wolfgang und Constanze jeweils sechs Paar neue Schuhe anfertigen. Das bestätigt, was Leopold und seine Tochter beunruhigt: dass Wolfgang *das Geld nicht zu dirigieren* weiß.

Eins spürt Leopold Mozart jedoch offenbar nicht: wie einsam sein Sohn trotz all dem ist. Das Klavierkonzert, das er vor der Ankunft des Vaters vollendete, hat Leopold Mozart gehört. Hat er nicht wahrgenommen, welche Wehmut aus der Kantilene aufsteigt?

Mit Sophie Weber hat Leopold geredet. Aber wohl nicht darüber, was ihr auffällt: dass der Schwager keine Sekunde still sitzen kann. Ständig, so beobachtet Sophie, sind seine Hände und Füße in Bewegung.[12] Bleibt er stehen, schlägt er die Fersen aneinander, sitzt er beim Essen, fährt er mit einer zusammengedrehten Serviette unter der Nase herum, hat er nichts zu tun, spielt er auf seinem Hut, auf dem Tisch oder auf dem Stuhl Klavier, fingert am Uhrband oder an einer Tasche herum. Sie hat das Gefühl, er sei dauernd weit weg in Gedanken, auch wenn er überlegt auf Fragen antwortet.

Dort, wo er in Gedanken weilt, ist er allein. Von der jungen Schwägerin, die das wahrnimmt, fühlt sich Mozart verstanden. Zu ihrem Namenstag hat er ihr sogar schriftlich seine ewige Freundschaft versichert.[13]

Mozart schreibt seine neuen Werke am liebsten, wenn um ihn her geredet, gelacht, gespielt wird. Er sucht jede Art von Gesellschaft. Bälle, private Essenseinladungen, Salons, Billardspiele, Kegelspiele, Zirkel wie den um van Swieten oder den geschlossenen Kreis der Freimaurer. Zu Hause aber ist er nirgends. Der Gemeinschaft, die er zu suchen scheint, entflieht er in seine Innenwelt.

Mozart hat ein neues Lied zu komponieren begonnen. Woher der Text stammt, hat er nicht notiert. Er könnte von ihm sein. Schließlich schreibt er seiner Frau sogar dann Briefe, wenn sie sich mit ihm unter einem Dach aufhält.

> *Einsam bin ich, meine Liebe, / denke dein und härme mich.*
> *Wie ist mir die Welt so trübe, / wie so traurig ohne dich.*[14]

Dass dieses Lied Fragment bleibt, macht es noch trauriger.

Mozart ist ein einsamer Mensch, und kaum einer scheint das verstehen zu wollen. Dämonen sind nicht gesellschaftsfähig. Sie sind ständig unterwegs.

Festlegen kann Mozart keiner und seine Gedanken erst recht nicht. Was treibt ihn an, dem Vater ebenfalls zum Logeneintritt und zum blitzartigen Aufstieg zu verhelfen? Ein ungewöhnlicher Vorgang. Üblich ist, dass der Vater den Sohn einführt. Am 6. April wird Leopold Mozart als Lehrling in Wolfgangs Loge aufgenommen, am 16. April wird er in der Loge Haydns, der Schwesterloge *Zur wahren Eintracht* auf derselben Etage nebenan, zum Gesellen befördert. Sein Sohn bezahlt dafür mit der Komposition eines Lieds zur Gesellenreise.[15] Eine von drei Kompositionen, die er für die Brüder innerhalb weniger Monate unentgeltlich schreibt. Bei den Maurern geht es nicht ums Ankommen. Jeder Bruder bleibt auch als Meister ein Suchender. Es geht nicht um das, was einer ist. Es geht um Verwandlung, um Metamorphose. Vielleicht sollte der Vater das verstehen, um seinen Sohn zu verstehen.

Am Montag, dem 25. April, muss Leopold Mozart aufbrechen, sonst dreht ihm Colloredo den Geldhahn zu. Mozart begleitet mit seiner Frau den Vater bis nach Purkersdorf und isst dort mit ihm zu Mittag. Dass es die letzte Begegnung mit seinem Vater sein könnte, beschäftigt ihn kaum und der anfängliche Plan, den Vater heimzubringen, schon gar nicht mehr.

Eros ist unterwegs. Er ist in Gedanken längst wieder dort, wo er sich besonders alleingelassen fühlt: auf dem Weg zu einer neuen Oper. Es fehlt ein Auftraggeber, ein Libretto, ein Librettist.

Schönen Stimmen kann er auch ohne das etwas zu tun geben. Drei Lieder komponiert er an einem einzigen Maitag. Eines davon heißt *Der Zauberer*. Eros, der Zauberer, komponiert in wenige Minuten hinein die ganze Verwirrung der Gefühle einer Verliebten. Den Wechsel von Schüchternheit und Begehrlichkeit, von Liebesglut und Erschaudern. Und der Zauberer zeigt, wie viel er vom Drama versteht. Auf jede Strophe folgt ein Klaviernachspiel, das den harmlosen Text Lügen straft und die Zuhörer hinabreißt in die dunkle Welt des Magiers. Widerstand zwecklos.[16]

Drei Jahre ist es her, dass Mozart mit der *Entführung* in Wien als Opernkomponist trotz aller Intrigen ein sensationelles Debüt hingelegt hat. Zwei Jahre ist es her, dass er im Palais Damian, Wohnsitz seines Freundes Raimund von Wetzlar, Lorenzo Da Ponte begegnet ist, konvertierter Jude wie Wetzlar, Glücksspieler wie Wetzlar. Damals hatte dem mittellos in Wien Gestrandeten vor allem die italienische Seilschaft Verbindungen verschafft. Dass Priester Da Ponte wegen sexuellem Verkehr und Zusammenleben mit einer verheirateten Frau für fünfzehn Jahre aus dem heimatlichen venezianischen Territorium verbannt worden war, störte seine Landsleute ebenso wenig wie sein mangelhaftes Deutsch. Noch nicht einmal Mitte dreißig, hatte der geistliche Lebemann mit seiner Belesenheit, seiner scharfen Zunge, seiner Menschenkenntnis und seinem Witz genau das zu bieten, was man in Wien von einem Bühnenautor erwartete.[17] Sofort hatte Da Ponte, wie Mozart damals bemerkte, *im Theater rasend zu tun* und einen Vertrag, für Salieri ein Libretto zu verfassen. *Dann hat er mir ein neues zu machen versprochen*, hatte Mozart dem Vater berichtet, sofort aber in Frage gestellt, ob dieser Da Ponte *sein Wort halten kann – oder will*. Das Vorurteil, alle *Welschen* seien verlogen, saß fest. *Die Herren Italiener sind ins Gesicht sehr artig – genug, wir kennen sie.*[18] Mozart sah damals schwarz für seine Chancen auf ein Buch von Da Ponte, solange der sich mit Salieri einig war.

Ende letzten Jahres, am 6. Dezember, war deren erstes Gemeinschaftswerk dann auf die Bühne des Burgtheaters gekommen: *Il ricco d'un giorno. Der Reiche für einen Tag* lebte wirklich kaum länger. Die Oper war durchgefallen. Den Misserfolg hatte Salieri Da Ponte angelastet und war zu seinem Gegenspieler Giovanni Battista Casti übergewechselt. Dagegen erklärte Da Ponte, Salieri habe erstens instinktsicher den am wenigsten geeigneten unter den angebotenen Stoffen ausgesucht und zweitens sein Libretto zur Unkenntlichkeit entstellt. Da konnte Mozart, ganz Stratege, einen Fuß in die Tür stellen. Bei Wetzlar lief man sich ohnehin über den Weg.

Mozarts Begierde auf eine italienische Oper brennt und versengt ihn schier. Ein Stoff gibt ihr Zunder. Wie heiß er ist, haben die Wiener vor ein, zwei Monaten mitbekommen. Zumindest diejenigen, die Karten erworben hatten für die Theateraufführung im Kärntnertortheater am 3. Februar. Eine ausverkaufte Vorstellung. Es war bekannt, dass das angekündigte Stück im französischen Original letztes Jahr, nur einen Tag nach der Uraufführung von Salieris *Danaïdes*, die Pariser hingerissen und Salieris Erfolgsstück sogar den Rang abgelaufen hatte. So viel politische Aufmüpfigkeit hatte es noch nie auf der Bühne gegeben.

Wenn Schwester und Schwager von Kaiser Joseph das in Paris schließlich tolerierten, konnte der tolerante Bruder hier in Wien kaum etwas dagegen haben. Außerdem hatten die Veranstalter ihren Übersetzer geschickt ausgesucht. Johann Rautenstrauch war Jurist, Biograph von Maria Theresia und Verteidiger von Kaiser Josephs umstrittener Ungarnpolitik.

Noch am 2. Februar hatte das *Wienerblättchen* angekündigt: *Herr Rautenstrauch hat das in Paris mit so außerordentlichem Beifall aufgenommene Lustspiel Les Noces de Figaro kürzlich ins Deutsche übersetzt. Morgen wird selbiges von der Gesellschaft des Herrn Schikaneder und Kumpf zum erstenmal aufgeführt.*[19]

Am Abend standen die Besucher vor verschlossenen Türen. Anschlagzettel informierten sie, das Stück sei von der Zensur am selben Tag verboten worden. Im Druck war es zu haben. Mozart kaufte es.

Mozart wird erfahren haben, dass dieses Aufführungsverbot seinem alten Bekannten Schikaneder samt Kompagnon ein finanzielles Fiasko beschert hat. Kostüme, Bühnenbild, Proben mit den Musikern und Sängern, alles hatten die beiden Unternehmer bereits bezahlt. Schikaneder war nichts anderes übrig geblieben, als das vom Kaiser angebotene Gnadenbrot anzunehmen. Er schlägt sich seither im Burgtheater mit Nebenrollen durch.

Ausgerechnet das Stück von Beaumarchais aufzugreifen birgt ein großes Risiko. Der politische Sprengstoff wird nicht leicht zu entschärfen sein. Trotzdem juckt es Mozart wie Da Ponte in den Fingern, genau diese Komödie in eine Oper zu verwandeln. Sie teilen die Überzeugung, dass keiner mehr wert ist, bloß weil er als Aristokrat geboren worden ist. Da Ponte würde ohne Zögern Mozarts Satz unterschreiben: *Wenn ich schon kein Graf bin, so habe ich vielleicht mehr Ehre im Leib, als mancher Graf.*[20] Beide haben erfahren müssen, wie ihr Leben überwacht wurde und wie sich Erniedrigung anfühlt.

Doch vermutlich wurde Mozart bereits zugetragen, dass Salieri seit letztem Jahr mit Beaumarchais zusammenarbeitet. In Paris haben sie eine Vertonung von Beaumarchais' *Tarare* vereinbart, einem Stück, das noch schärfer sein soll als der *Figaro*.[21] Salieri hat das Textbuch mit nach Wien gebracht, Beaumarchais macht in Paris bereits Werbung für das neue Werk.

Reizt es Mozart, Salieri zu überholen und hier in Wien vor ihm ein Werk des Provokateurs Beaumarchais auf die Bühne zu bringen? Der Ehrgeiz gehört zum Dämon und ist selbst ein Dämon.

Angeheizt wird Mozarts Begierde auch durch das Sängerangebot vor Ort. Vor allem durch Nancy Storace und Francesco Benucci. Beide hatte er bereits für Hauptpartien in seinem *Sposo deluso* vorgesehen.[22] Aus der Oper war nichts geworden, die Sänger aber sind beide zu Publikumslieblingen aufgestiegen, auch wegen ihrer erotischen Ausstrahlung.

Am 1. Juni wird die erste Oper von Mozarts neuem Freund Stephen Storace uraufgeführt.[23] Der dreiundzwanzigjährige Anfänger hat einen Trumpf in der Hand: Seine Schwester Nancy singt eine der Hauptpartien. Über ihrem Spiel, ihrem Sex-Appeal und ihrer Stimme vergisst jeder im Publikum, worüber Kaiser Joseph lästert: *Die Storace hat den Vorteil dass sie so ziemlich das ganze Jahr durch die Taille einer schwangeren Frau hat.*[24] Was die Gerüchte nicht zum Verstummen bringt, sie sei eine Mätresse des Kaisers. Dafür spricht ihre Verlegenheitsheirat. Verehelicht wurde sie im letzten Frühjahr mit dem doppelt so alten Geiger und Komponisten Dr. John Abraham Fisher, laut Kelly ein Spinner, Angeber und Scharlatan. Am 30. Januar dieses Jahres ist Nancy bereits von einer Tochter entbunden worden, die schon am 17. Juli sterben wird.[25] Der Kaiser hat Fisher mittlerweile aus Wien verbannt. Angeblich, weil der seine Nancy verprügelt hat.

Sie kann ihrem Bruder einen Erfolg bescheren. Da bricht ihr mitten im Stück, mitten in der Arie die Stimme weg. Ende der Vorstellung.

Eine Woche darauf ist Mozart, wie so oft, in einen musikalischen Salon eingeladen. Zum Geheimrat Franz Bernhard Ritter von Keeß, Subskribent Mozarts und Schirmherr der Augarten-Konzerte. Die Dame des Hauses singt wie fast jede Dame des Hauses, nur besser: Karoline von Keeß wird als Sängerin geschätzt. Mozart hat ihr ein neues Lied versprochen. Die ganze Gesellschaft wartet auf ihn, doch Mozart taucht nicht auf. Schließlich werden mehrere Diener des Hauses losgeschickt. Wo Mozart Stammgast ist, weiß man offenbar. Er wird gefunden, nur ohne das Mitbringsel in der Tasche.

Es ist der 8. Juni. Mozart hätte Grund, sich einen anzutrinken. Vor exakt vier Jahren war es, dass ein symbolischer oder tatsächlicher *Tritt im Arsch* ihn aus dem Dienst des Fürsterzbischofs katapultierte.

Der Diener beschafft Notenpapier, und Mozart komponiert am Gasthaustisch auf einen Text Goethes, den er auswendig kann. Nicht ganz genau, ziemlich genau. *Ein Veilchen auf der Wiese stand.* Flüssig, ohne jedes Zögern schreibt er es nieder, das Lied von dem großen Liebenden, nicht dem Geliebten.[26] Das Lied des Eros, der die singende Schäferin, diese nur an ihrem Fortschreiten interessierte Sängerin, auch dann noch liebt, wenn sie ihn mit Füßen tritt.

Das hat Mozart bei Aloisia bewiesen, die er nach wie vor mit Arien bedenkt.

Was er hinnimmt, wenn er liebt, beweist Mozart auch seinen Freunden. Nicht nur Stadler, seinen neuen englischen Freunden genauso. Sie alle verkehren in einem Etablissement am Graben, wo sie sich treffen, um zu trinken, zu reden, zu spielen, bis in den Morgen hinein. Mit England verbindet Mozart Erinnerungen an große Gefühle. Von seinem englischen Kindheitsfreund Thomas Linley trennte er sich unter Tränen. In England erlebte Mozart als Kind erstmals große Oper, große Stimmen und die Nähe zu Opernstars.

Die englische Clique um die Geschwister Storace ist ganz nach seinem Geschmack. Auch wenn längst durchgesickert ist, dass Nancy Storace die Rolle der Ofelia in Salieris nächster Oper *La Grotta di Trofonio* singen soll. Die Partie des Trofonio wird Francesco Benucci, Mozarts anderer Lieblingssänger, übernehmen. Dass Nancys Stimme weggebrochen war, hatte kaum mit der überstandenen Schwangerschaft zu tun. Eher damit, dass sie ihre Stimmbänder schon mit fünfzehn, sechzehn Jahren überstrapaziert hat, um einen konkurrierenden Kastratensänger auszustechen.[27]

Nancys Wohl und Wehe beschäftigt Mozart. Das seiner Schwester weniger. Acht Tage, nachdem Nancys Tochter gestorben ist, wird Maria Anna im Haus ihres Vaters von ihrem ersten Kind entbunden. Mozart erfährt von der Geburt des kleinen Leopold Alois Pantaleon. Auch davon, dass Leopold das Kind bei sich aufziehen will. Er kann sich denken, dass sein Vater mit dem Enkel noch einmal das Wunderkind-Experiment starten möchte und auf einen Wolfgang II. setzt, nachdem Wolfgang I. sich seinem Einfluss entzogen hat. Aber all das interessiert den Onkel in Wien nicht im Geringsten.[28] Er zeigt stattdessen seinen Freunden, was er für diejenigen zu opfern bereit ist, die er liebt: Zeit, Kraft, Geduld, Geld und Genius.

Er hasst das Stundengeben. Trotzdem nimmt er im Sommer 1785 einen neuen Schüler an. Im August ist Thomas Attwood in Wien angekommen, ein zwanzigjähriger Organist und Komponist aus London. Attwood erkennt sofort, mit wem er es zu tun hat. Als er Mozart sein Buch mit Kompositionsstudien zeigt, wirft der nur einen Blick hinein und sagt sofort: «Ich würde das so anfangen.» Oder: «Hier würde ich auf die Art weitermachen.» Aus dem Stand wirft er Passagen aufs Papier, die Attwoods Machwerke so weit überragen, dass der Schüler von da an das Buch wie einen Schatz hüten wird.

Der Lehrer Mozart gibt nicht auf. Eineinhalb Jahre lang bringt er dem Freund nicht nur Kontrapunkt und Generalbass bei, sondern auch die Komposition von freien Sätzen. Attwood leistet sich Kardinalfehler, setzt Einschnitte falsch, hat kein Gespür für innere Dynamik, komponiert das Melodische und das Harmonische getrennt. Mozart korrigiert die Bemühungen seines Freundes geduldig dort, wo es etwas bringt. Eine große Melodie zu erfinden kann er keinem beibringen, doch die Außenstimmen gekonnt zu setzen, der Übertreibung entgegenzuwirken, einen natürlichen Tonfall zu beherrschen, das kann ein halbwegs begabter Mensch lernen.[29]

Wenn er liebt, vergisst Eros Bedenken, Einwände und Abneigungen. Attwood ist ein Freund und ein Bewunderer, der alles für Mozart zu tun verspricht.

Da Ponte hat einen Text auf die Genesung von Nancy Storace geschrieben. Er will, dass Salieri und Mozart ihn gemeinsam vertonen. Er verspricht sich wohl zu Recht einen Verkaufserfolg davon. *Per la ricuperata salute di Ofelia* heißt die Kantate für Sopran und Klavierbegleitung auf *die wieder gewonnene Gesundheit* der Sängerin. Am 26. September wird bereits in der Presse angekündigt, dass die Noten bei Artaria zu haben sind. Außer den Namen Mozarts und Salieris wird noch der eines dritten, angeblich berühmten Komponisten genannt: *Cornetti*.[30] Keiner kennt einen, der so heißt. Jeder versteht, was mit den kleinen Hörnern gemeint ist, die unter Umständen recht große sind. Nicht nur Fisher, sondern auch anderen Bewerbern, vermutlich sogar dem kaiserlichen, hat Nancy sie aufgesetzt. Man munkelt, ihr Interesse am Kollegen Francesco Benucci, der als Zauberer Trofonio neben ihr auf der Bühne steht, sei keineswegs nur professionell.

Doch weg von Spaß und Spott treibt es den Dämon wieder ins Dunkle. Kaum ist die Kantate fertig, komponiert Mozart ein Quartett für Klavier, Violine, Viola und Violoncello.[31] Es beginnt furchterregend. Und auch wenn es sich dann beruhigt und in ein Finale mündet, das von der Idylle träumt, endet es so, dass es wehtut.

Am 12. Oktober kommt Salieris neue Oper auf die Bühne des Burgtheaters. Weder Eros, den Zauberer, noch Mozart, den längst zum Meister beförderten Freimaurer, kann *La Grotta di Trofonio* kalt lassen. Der Titelheld ist ein Zauberer und seine Höhle ein Ort der Verwandlungen. Die Gestalt des Trofonio hat Casti den *Metamorphosen* des Ovid entlehnt, das Geschehen ist im antiken Böotien angesiedelt.

Dass die Oper einen Sensationserfolg feiert, ist für Mozart eine gute Nachricht: Dann wird Salieri seinem neuen Librettisten Casti wohl treu bleiben. Da Ponte ist frei.

Mit ihm will Mozart nun den wankenden Boden von *Le Nozze di Figaro* betreten. Was ihn reizt, den brisanten Stoff zu vertonen, werden einige erraten. Aber was gibt ihm den Mut, zum ersten Mal eine Oper ohne jeden Auftrag zu komponieren? Bei diesem Inhalt ist das ein großes Wagnis.

Was ihn trägt, können vielleicht die erraten, die ihn am 15. Dezember im Haus des Barons Moser in der Landskrongasse hören. Dort tritt er in der Loge *Zur neu gekrönten Hoffnung* bei einem Benefizkonzert auf. Der Meister vom Stuhl, Johann Wenzel Fürst von Paar, ist ein Vertrauter seit Kindertagen. Der Erlös des Konzerts soll zwei Brüdern zukommen, den Bassetthornspielern Anton David und Vincent Springer. Ohne Geld sind die beiden in Wien aufgeschlagen. Bruder Mozart wird ein Klavierkonzert spielen und fantasieren, kündigt die Einladung an alle Schwesterlogen an.

Wenn er schon honorarfrei spielt, kann Mozart den Auftritt zur Eigenwerbung nutzen. Am 7. Dezember hat in der *Wiener Zeitung* der Verlag Artaria *Neue Musikalien* angekündigt. Darunter *eine Fantasie und Sonate fürs Forte-Piano*.[32] Wie üblich wird Mozart nicht nur das spielen, was in den Noten steht. Das ist nicht mehr als eine Gebrauchsanleitung für andere. Was jeden bezaubert, ist sein freies Fantasieren, das die Grenzen zwischen Komponiertem und Improvisiertem auflöst.[33]

Vier Tage nachdem die Anzeige erschienen war, fiel der Schlag. Am 11. Dezember hat Kaiser Joseph II. die radikale Bereinigung der Freimaurerszene im ganzen Reich angeordnet. In Wien müssen die acht Logen mit ihren über 800 Mitgliedern noch in diesem Jahr zu zwei, höchstens drei Logen zusammengelegt werden. Das gesamte Logenwesen steht unter Aufsicht. Jedes Mitglied und jedes Treffen müssen von jetzt an polizeilich gemeldet werden. Ein Verstoß kostet ein Vermögen: 300 Dukaten, also 1350 Gulden. Davon leben in Wien drei Handwerkerfamilien ein ganzes Jahr.

Das Argument des Kaisers für sein Vorgehen: Es seien zu viel *Gaukeleien* unterwegs in diesen Kreisen, für ihn Aberglauben, der seinem aufklärerischen Geist zuwider ist.[34] Die Brüder werden durchschauen, dass dahinter die Angst Josephs steht, die Freimaurer nicht mehr im Griff zu haben. Ihr wachsender Einfluss ist spürbar, kontrollierbar ist er nicht. Das soll sich nun ändern.

Ein Schlag aus heiterem Himmel?

La Grotta di Trofonio hatte der Kaiser in Auftrag gegeben. Der treusorgende Vater Aristone ist darin bemüht, seine beiden Töchter Ofelia und Dori gut zu verheiraten und mit zwei handverlesenen Männern glücklich zu machen. Leider liegen sich die Brautpaare ständig in den Haaren. Daher sucht Aristone Hilfe beim Zauberer Trofonio. Mit Erfolg: Nachdem sie dessen Grotte durchquert haben, sind die Töchter und ihre Männer sofort friedlich. Der Vater gibt zu, dass das nur Trofonio zu verdanken ist, dessen Höhle einen Sinneswandel bewirkt. Dankbar erweist sich Aristone nicht. Kaum sind die Probleme aus der Welt, wendet er sich radikal ab von dem Zauberer und erklärt dessen Welt für verwerflich.

Das Publikum hat verstanden. Schon bald werden die Übersetzungen des Librettos Klartext reden. Dann sagt Trofonio:

> *Seht in mir vom Höllenpfuhle*
> *Den Gebieter und Patron!*

Und ihm antworten alle:

> *Du bist Meister von dem Stuhle*
> *Der Satanschen Legion!*[35]

Mozart muss es getroffen haben, dass der Landesvater ihm wie allen seinen Brüdern Gaukelei vorwirft und sie wie Vater Aristone schädlich findet. Gaukelei ist das, was Gaukler tun, sagt ihm das Wörterbuch. Und unter dem Stichwort *Gaukler* wird als erstes Synonym der *Zauberer* genannt.[36]

Ein Zauberer, ein Verwandlungskünstler will Mozart sein. Es ist achtzehn Jahre her, dass er sein erstes Bühnenwerk komponierte. Und mit *Apollo et Hyacinthus* eine der *Metamorphosen* des Ovid vertonte. Doch er ist auch stolz darauf, über *die größte Kompositionswissenschaft* zu verfügen. Mozart ist ein Meister der Struktur. Zugleich ist er der Dämon, der sie auflöst.

Von denen, die ihm im Festsaal des Moserschen Hauses zuhören, werden einige verstehen, was er mit seinem Auftritt verkündet: eine Utopie.[37] Dass sich Vernunft und Fantasie, Nüchternheit und Zauber, Aufgeklärtheit und Magie vertragen.

XVII.

1786
Ein Weisheitsliebender
Oder: Figaro *und das Verbergen der Wahrheit*

Fromm, freundlich und erfolgreich: Als Mozart sich 1781 in Wien niederließ, war der sechs Jahre ältere Antonio Salieri (1750–1825) dort bereits fest etabliert. Seine Liebenswürdigkeit, seine Fähigkeiten als Kapellmeister wie als Komponist und sein pädagogisches Können als Gesangs-, Klavier- und Kompositionslehrer sicherten ihm eine unangefochtene Position. Das Bild von Antonio Salieri wurde lange entstellt durch die Legenden, er sei Mozarts Rivale und vielleicht Mörder gewesen. Dass Constanze ihm, dem Lehrer von Beethoven, Schubert, Czerny, Liszt und Moscheles, ihren jüngsten Sohn Franz Xaver anvertraute, sagt genug. (Hier in einem Porträt aus dem Werk: Die Componisten der neueren Zeit, *Kassel 1855)*

Die meisten Wiener lieben die *Hetz*. Sie hassen den Kaiser dafür, dass er ihnen Tierhatzen vermiest hat, eines ihrer Lieblingsspektakel. Joseph II. hat erklärt, das verrohe die Menschen. Im Rundbau des Hetztheaters hatten noch in den 1770ern über 50 Tierhatzen jährlich jedes Mal 3000 Leute erfreut und auf den Logenplätzen auch Grafen samt Mätressen sexuell erregt. Nun finden dort sehr viel öfter artistische Vorführungen und ähnliche Harmlosigkeiten statt.[1]

Doch auf anderem Niveau schätzt der Kaiser die *Hetz* durchaus. Rivalitäten machen ihm Spaß, sie anzuheizen noch mehr. Als Hofopernexecutor kann er hier aus der Deckung heraus agieren, indem er Graf von Orsini-Rosenberg Anweisungen erteilt, wer wie zu bezahlen, wer loszuwerden und wer wem vorzuziehen ist. Oder er agiert in aller Offenheit.

Für den 7. Februar 1786 hat er prominente Gäste in die Orangerie von Schönbrunn zu einer *Hetz* geladen. Sie findet zu Ehren seiner Schwester, der Erzherzogin Marie Christine statt, die sich mit ihrem Mann Albert Herzog von Sachsen-Teschen, Generalgouverneur der österreichischen Niederlande, gerade in Wien aufhält. Zwei Musikgruppen sollen mit zwei neuen Werken gegeneinander antreten. An diesem 7. Februar heißt es: Italien spielt gegen Deutschland. *Opera buffa* konkurriert mit Singspiel. Das Publikum wird entscheiden, wer gewinnt. Vielleicht will der Kaiser, der selbst ein Wechselwähler ist, endlich einmal Klarheit darüber gewinnen, was eigentlich besser ankommt.

Damit die *Hetz* so auch abläuft, wie er sich das vorstellt, hat er selbst das Thema vorgegeben, den Ablauf und die Inszenierung bestimmt. Der Kaiser ist Intendant, Regisseur und Bühnenbildner. Als Komponisten hat er sich Mozart und Salieri ausgesucht. Bei Mozart hat der Kaiser das deutsche Singspiel in Auftrag gegeben, bei Salieri die italienische *opera buffa*.[2]

Figaro *und das Verbergen der Wahrheit*

Um vier Uhr nachmittags treffen die Gäste in Schönbrunn ein und werden in der Dämmerung mit Windlichtern durch den verschneiten Schlosspark geführt. Das Winterquartier für Orangen- und Zitronenbäume ist zur Arena umgerüstet worden. Es sieht nach Wettkampf aus. An einem Ende des langgestreckten Gebäudes ist eine Bühne für Mozarts Stück, am anderen eine für Salieris Werk aufgebaut. Dazwischen steht eine Tafel, gedeckt für 45 Personen, bunte Reihe. Zwanzig Lüster erhellen Tisch und Bühnen.[3] Als das Essen beendet ist, wird die gesamte Tafel samt Dekoration, Geschirr und Besteck abgetragen.

Die Erwartung ist groß. Jede *Hetz* muss den Zuschauern einen Nervenkitzel bieten. Im Hetztheater sind es Blutrünstigkeiten. Hier sollen Pikanterien und der gesangliche Wettstreit von sieben Frauen eine Elite in Stimmung bringen. Alle sind jung, alle sind hochbegabt, fast alle sind schön. Auch die Männer sind im Berufsleben Stars und Konkurrenten, die sich befehden. Sämtliche Akteure sind Hauptdarsteller im Theaterklatsch. Dass beide Stücke den Musiktheaterbetrieb zum Thema haben, verspricht also Prickelndes. Was hinter den Kulissen geschieht, ist spannender, als was davor passiert. Das weiß in Wien jeder. Am allerbesten der Kaiser als Theaterdirektor beider Häuser: Er ist in sämtliche Interna eingeweiht und wird an der *Hetz* am meisten Spaß haben.

Da Ponte ist nicht mit von der Partie, das sagt Eingeweihten schon einiges. Intendant Orsini-Rosenberg macht keinen Hehl daraus, dass er Casti protegiert und seinetwegen Da Ponte ausbooten will im Kampf um die Stelle als Hoftheaterdichter. Der Kaiser gibt vor, Da Pontes Freund zu sein. «Wir haben gesiegt», hat er ihm angeblich vor vier Wochen nach dem Erfolg von *Il burbero di buon cuore* erst zugeflüstert. Denn der Kaiser hatte wie Da Ponte und der Komponist Martín y Soler an die Geschichte vom gutherzigen Rauhbein geglaubt, über die Orsini-Rosenberg und Casti die Nase rümpften.[4]

Doch Salieri hat nun seinen neuen Mann, Giambattista Casti, engagiert. Und Mozart, der einen deutschen Librettisten brauchte, hat sich an Johann Gottlieb Stephanie gewandt, den bewährten Librettisten der *Entführung*. *Der Schauspieldirektor* heißt Mozarts Kurzsingspiel. *Prima la musica, poi le parole* heißt Salieris Einakter.[5]

Bereits die Besetzung ist ein gefundenes Fressen für alle, die in der Gerüchteküche zu Hause sind. Der Kaiser hatte dabei mitgeköchelt. Diese Mischung ist ganz nach seinem Geschmack.

Bei Mozart stehen drei Ehepaare auf der Bühne: Valentin und Maria Anna Adamberger, Aloisia und Joseph Lange, der Librettist Stephanie und seine Frau Anna Maria. Die Titelpartie des Schauspieldirektors, eine Sprechrolle, hat Stephanie selbst übernommen, der ein großes Renommee als *mächtigste und zuverlässigste Säule des Intrigantentums am k. u. k. Burgtheater* genießt. Wo er steht, kann keiner genau sagen. Dafür sehr genau, wovon er nicht genug bekommen kann: Alkohol, Streitigkeiten und Verleumdungen.[6] Stephanie sitzt im Inspizientenausschuss des Burgtheaters, der festlegt, an welche Vorschriften sich die Künstler zu halten haben. Dort sitzt auch Johann Franz Hieronymus Brockmann, der Erste, der Hamlet auf deutschen Bühnen von Hamburg bis Berlin spielte. Hier in Wien ist jedoch Joseph Lange, ebenfalls im Inspizientenausschuss, der große Hamlet, und Brockmann geistert mit Ende dreißig als greiser Lear herum. Beide sind gefeierte Shakespeare-Helden, doch Brockmann hat mehr Geld und Einfluss, aber offenbar nicht genug, um den Hamlet spielen zu dürfen. Im *Schauspieldirektor* gibt er den Bankier, ohne den nichts geht.

Aloisia Lange und Caterina Cavalieri sind ebenfalls Konkurrentinnen, die um dieselben Koloraturpartien wetteifern. Dass Aloisia Lange vor drei Wochen erst ihr viertes Kind begraben hat, interessiert keinen. Dass sie jedes Mal im Wochenbett lebensgefährlich erkrankt und für ein bis zwei Monate ausfällt, interessiert den Kaiser als Theaterdirektor. Dass ihr Mann, der Starschauspieler Joseph Lange, sie mit seiner Eifersucht verfolgt und vielleicht deswegen, kaum hat sie das Wochenbett überlebt, von Neuem schwängert, interessiert schon mehr.

Ihre Rivalin auf der Bühne, Caterina Cavalieri, ist älter, fülliger und belastbarer. Sie hat ihre nicht allzu große Stimme, die Salieri von Jugend an betreut hat, stets geschont. Da Ponte verbreitet ungeniert, was die anderen sich seit Jahren zuraunen: dass sie nicht nur die Schülerin, sondern auch die Geliebte des Familienvaters ist.[7]

Mozarts Belmonte, Valentin Adamberger, steht als Ehemann seiner wirklichen Ehefrau Maria Anna auf der Bühne, deren körperliche Reize angeblich auch Intendant Orsini-Rosenberg nicht gleichgültig lassen. Dass sie, obwohl sie keine ganz großen Partien spielt, für die Galerie des Hoftheaters porträtiert wurde, liefert Anlass zu Spekulationen. Die zickige Frau Krone in Mozarts Stück wird gesungen von Johanna Sacco, die für ihre Launen bekannt ist.[8] Seit Jahren reizt sie Stephanie bis aufs Blut. Ständig verstößt sie mit ihren Starallüren gegen die Regeln des Ausschusses. Die Bloßstellung ihrer Zickigkeit hat Stephanie an seine Frau delegiert, die in der Rolle von Madame Pfeil ein Geschütz nach dem anderen auf die Kollegin abfeuert.

Salieris Bühne wirkt übersichtlicher. Nur vier Darsteller treten auf in *Prima la musica, poi le parole*. Als Kapellmeister und Komponist Francesco Benucci, derzeit ein Liebling des Kaisers, als Theaterdichter Stefano Mandini, der in den vertraulichen Rezensionen des Kaisers ebenfalls gut wegkommt, außerdem Celeste Coltellini und Nancy Storace. Die Coltellini, groß, fast zu groß für die Bühne, ist in der Achtung des Kaisers seit zwei Jahren steil gestiegen. Anfangs fand er, die Italienerin habe *viel weniger Stimme und eine weniger angenehme als die Storace*, und bemängelte, ihr Spiel sei *übertrieben*.[9] Doch dann hat er sie engagiert, und zwar, wie sie verlangte, zu denselben Bedingungen wie die Storace. Mittlerweile würde er eher auf Nancy Storace als auf sie verzichten. Ein besonderer Anreiz war für sie, dass *ihr Freund* Benucci bereits in Wien engagiert war, mehr als nur ein Kollege, wie der Kaiser wusste. Nun sind jedoch Benucci und Storace intim. Die Coltellini hat bereits neue Interessenten: Es wird gemunkelt, Salieri habe ihre körperlichen Vorzüge erkannt. Und Da Ponte will wissen, dass Casti ihr *feuriger Verehrer* ist, zwar zwanzig Jahre älter als Benucci und zwanzig Mal weniger attraktiv, dafür aber dank Orsini-Rosenbergs Rückendeckung mächtig.

Warum spielt Mozart bei diesem Zirkusspektakel mit? Er hat weder die Zeit noch das Hirn frei für so etwas, auch nicht die Kraft dazu. Vor vierzehn Tagen erst musste er sich mit Magenkrämpfen und Kopfschmerzen herumschlagen. Er brennt auf seinen *Figaro*, und der beansprucht ihn ganz. In wenigen Wochen soll seine neue Oper auf die Bühne kommen. Sie muss zügig fertig werden, weil zwei Kollegen, Giuseppe Gazzaniga und Vincenzo Righini, ebenfalls mit einem neuen Werk in der Hand vor der Tür des Burgtheaters scharren und jeder als Erster drankommen möchte. Aber Mozart kann sich die

Ein Weisheitsliebender

Chance in Schönbrunn nicht entgehen lassen. Erstmals wird er als ebenbürtig mit Salieri vorgeführt. Dabei zu sein zählt, koste es, was es wolle.

Dass Salieris Stück beim Publikum siegt, ist vorprogrammiert. Mozart hat nur eine Ouvertüre und vier Nummern komponiert. Eine spannende Handlung fehlt bei Stephanie. Casti hingegen hat ein Libretto voller Pointen geliefert, Salieri hat den Einakter komplett vertont. Vor allem hat die Storace in Salieris Stück an diesem Abend den Trumpf in der Hand. Sie hat keine Hosen-, sondern eine Frauenrolle, doch sie imitiert darin den Kastraten Luigi Marchesi, den der Kaiser bei seinem Gastspiel hier wie die meisten Zuschauer lächerlich gefunden hat. Kastraten sind gestrig. Auch Mozart ist dieser Meinung. Er will in vier Wochen seinen *Idomeneo* im Palais Auersperg aufführen, nur konzertant. Den Idamante wird kein Kastrat mehr singen, sondern ein Tenor.

Nancy Storace stand in Florenz oft neben Marchesi auf der Bühne. Sie persifliert ihn perfekt. Die Lacher bescheren der *opera buffa* die Palme.

Salieri bekommt 100 Dukaten, Mozart 50 für das Auftragswerk. Das ist keineswegs ungerecht, denn Salieri hat eine Kurzoper komponiert. Für das, was Mozart abgegeben hat, sind umgerechnet 225 Gulden, mehr als die Hälfte seines früheren Jahresgehalts, ein gutes Honorar.

Doch bei ihm zerrinnt, was er gewinnt. Mozart gibt seine 50 Dukaten Anton Stadler. Der Uhrenfetischist Mozart möchte gerne zwei seiner Prunkstücke wiederhaben. Er hatte sie seinem Lieblingsklarinettisten ausgehändigt, damit der im Leihhaus Kredit bekam. Ausgelöst hatte Stadler die Uhren bisher nicht.[10]

Eros ist kein Geschäftsmann, er ist Philosoph. Auch als Musiker. Aber sein Vater hat es offenbar überlesen und überhört, als der Sohn ihm sagte, dass er *gern spekuliere, studiere, überlege*.[11] Er ist ein Zweifler. Aber wer will das schon wissen?

Am 19. Februar 1786 betritt der dreißigjährige Mozart im Kostüm des antiken persischen Philosophen Zoroaster einen der Wiener Redoutensäle. Nur hier darf das Publikum während der Faschingszeit in Maske und Kostüm erscheinen. Früher waren die Bälle in den

Figaro *und das Verbergen der Wahrheit*

Redoutensälen der kaiserlichen Familie und den Adligen vorbehalten. Erst Kaiser Joseph hat sie der Öffentlichkeit zugänglich gemacht. Diese Bälle sind ebenfalls eine *Hetz*. Die Wiener sind tanzbesessen. Getanzt wird bis zum Umfallen von abends zehn bis morgens um sieben. Kopfschüttelnd stellt der Brite Kelly fest, dass die riesigen Ballsäle der Hofburg in der Karnevalszeit hoffnungslos überfüllt sind. Selbst hochschwangere Frauen denken nicht daran, zu Hause zu bleiben. Neben den Sälen sind Zimmer *mit jeder Bequemlichkeit für ihre Niederkunft* eingerichtet worden, mokiert sich Kelly.

Mozart ist dabei, als ein Tänzer, der alles vollendet beherrscht: vom höfischen Menuett über den bürgerlichen *Contredanse* bis zum bäuerlichen Deutschen Tanz. An diesem Abend trägt er einen Zauberermantel und verteilt Flugblätter mit selbstdachten Rätseln und *Fragmenten* von *Zoroaster*. Auf eigene Rechnung hat er sie drucken lassen.

Der persische Philosoph aus ferner Zeit ist Mozart nah. Auch wenn er nicht komponiert, ist er als Eros in gegensätzlichen Welten unterwegs. Er studiert Algebra und Wahrsagerei. Neben einem Buch über *Rechenkunst* besitzt er ein Werk über *Punktierkunst*, in dem es um ein arabisches Verfahren zur Schicksalbefragung geht. Für Mozart sind Wissenschaft und Magie, Physik und Metaphysik vereinbar. In seinem Bücherschrank steht auch das Werk eines schwäbischen Universalgelehrten über *Metaphysik in Connexion mit der Chemie*. Der Verfasser Friedrich Christoph Oetinger glaubt, dass nur die Musik, die *Zahlen auf eine erhabene Art in sich hat*, imstande sei, *die unsichtbaren Kräfte der Seele* zu entdecken. Musik ist für ihn Magie.[12] Das muss Mozart, dem Magier, gefallen.

Er weiß, dass auf der Bühne sexuelle Themen nicht offen thematisiert werden dürfen. Weder von Unzucht noch vom Liebesakt, weder von Ehebrechern noch vom Hörneraufsetzen darf anders als in verschlüsselter Form geredet werden.

Eines der Rätsel heißt: *Man kann mich haben, ohne mich zu sehen. Man kann mich tragen, ohne mich zu fühlen. Man kann mich geben, ohne mich zu haben.*

Die Lösung steht in verdrehter Buchstabenfolge darunter: *Die Hörner.*

Mozart kann nicht anders, als Risiken auszureizen. Obwohl sein Vater ihm gerade erst mitgeteilt hat, dass sein letzter Brief nach Salzburg aufgebrochen und von Zensoren gelesen worden war und dass der Geiger Brunetti in Salzburg als Spitzel des Erzbischofs gilt, schickt Mozart die zoroastrischen *Fragmente* an den Vater. Eines davon beginnt mit den Worten: *Bist du ein armer Dummkopf, so werde Kleriker.*

Ein Fragment, das Mozart selbst beherzigt, lautet: *Bist du arm, aber geschickt, so bewaffne dich mit Geduld; arbeite. Wirst du nicht reich, so bleibst du wenigstens ein geschickter Mann.*[13]

Auch der *Figaro* ist nach wie vor ein riskantes Unterfangen. Da Ponte hat das Angebot des gemeinsamen Freundes Baron von Wetzlar abgelehnt, das Buch an ihn zu verkaufen. Wetzlar wollte sicherstellen, dass die Oper anderswo aufgeführt werden kann, falls der Kaiser, die Zensur oder Intrigen des Hofs eine Aufführung in Wien verhindern sollten.

Da Ponte aber ist sicher, dass er die Zensur umschiffen wird. Doch im Vorfeld ist von allen möglichen Machenschaften die Rede. Sogar in Salzburg.

Leopold Mozart sieht in Salieri den Mann, der seinem Sohn schaden will. *Erstaunlich starke Kabalen* seien zu erwarten, raunt der Vater seiner Tochter Ende April zu. *Salieri mit seinem ganzen Anhang* werde *wieder Himmel und Erde in Bewegung* setzen. Aus Neid, weil Wolfgang *wegen seinem besonderen Talent* in *großem Ansehen* stehe.[14]

Glaubt man Da Ponte, ist es mit dem Ansehen von Mozart nicht weit her. Als der Librettist dem Kaiser anbot, mit Mozart aus dem *Figaro* eine Oper zu machen, soll der Kaiser gesagt haben: *Er hat bis jetzt nur eine Oper geschrieben und die hatte keinen besonderen Wert.*[15]

Von seinem Sohn hat Leopold Mozart das Gerücht über Intrigen Salieris jedenfalls nicht. Den Klatsch haben alte Prager Freunde aus Wien mitgebracht, die Sängerin Josepha Duschek und ihr Mann, die von dort nach Salzburg weitergereist sind. Wie die Mozarts glauben auch die Duscheks, die Italiener in Wien hielten zusammen wie Pech und Schwefel. Widersacher seien also immer in dem Lager der *Welschen* zu suchen.

Aber durch die italienische Fraktion in Wien verläuft ein Graben. Es ist nicht Salieri, der mit Mozart konkurriert. Salieris letzte Oper, *La Grotto di Trofonio*, kam schon im letzten Jahr heraus, noch bevor Mozart überhaupt mit der Arbeit am *Figaro* begonnen hatte. Seine nächste Oper *Tarare* ist für Paris vorgesehen. Der Kaiser hat seinem Kapellmeister die Reise dorthin bereits bewilligt. Es sind vielmehr die Kollegen Gazzaniga und Righini, die mit Mozart um das Vorrecht kämpfen, wessen Oper zuerst auf die Bühne kommt. Sie haben eigentlich nichts gegen Mozart, dessen Schwägerin Josepha Gesangsschülerin von Righini ist. Doch sie haben einiges gegen Da Ponte, der für alle drei Komponisten die Libretti geschrieben hat und es offenbar nicht für nötig hielt, die Konkurrenten davon zu informieren.

Da Ponte wittert aus gutem Grund Unmut von Seiten seiner Landsleute.

Wie sein Buch für Gazzanigas 32. Oper aussieht, die bereits im Januar fertiggestellt und beim Hoftheater eingereicht wurde, wissen Salieri und Casti selbstverständlich. Darin hatte Da Ponte bereits komponierten Stücken eine andere Geschichte unterlegt und die Resteverwertung dann als frische Ware serviert. Das haben früher die Vivaldis gemacht, doch seit der Reformer Gluck diese Praktiken der barocken Musikindustrie verurteilt hat, gelten sie als unredlich. Nun aber hat Da Ponte sie für Gazzaniga angewendet, wie er selbst zugibt. Im Rekordtempo und mit dem Zynismus des Routiniers, das Auge starr aufs Honorar gerichtet.[16]

Zu Recht hat sich Da Ponte in Castis Text zu *Prima la musica, poi le parole* wiedererkannt. Nicht nur, weil der Dichter dort gekleidet und frisiert ist wie er. Das Stück macht sich lustig über einen Librettisten, der einem Serienkomponisten neue Texte auf alte Nummern schreibt. *Prima la musica, poi le parole* meint keineswegs, die *Poesie müsse der Musik gehorsame Tochter* sein, wie Mozart das ausdrückt. Der Titel meint: Die Musik ist schon da, dann kommen die Wörter.

Die italienischen Landsleute fühlen sich von Da Ponte offenbar verschaukelt. Im Januar hat er bereits für den spanischen Kollegen Martín y Soler gearbeitet, der mit seinen Erfolgen sämtliche Kollegen in den Schatten stellt. Nun geht er auch noch mit Mozart fremd. Dass er demnächst noch den Engländer Storace bedienen wird, spricht sich wohl bereits herum. Da Ponte hat hier in Wien an Widersachern keinen Mangel, als Librettist wie als Libertin.

Mit den Frauen wird er sich in Zukunft allerdings schwerer tun. Acht Zähne hat er in den letzten Monaten verloren. Ein Barbierssohn, laut Da Ponte *ein niederträchtiger Italiener*, hatte ihm zur Heilung

Ein Weisheitsliebender

eines Zahnfleischgeschwürs eine Tinktur ausgehändigt, die sein Vater in solchen Fällen verschrieben haben soll. Brav hatte Da Ponte sie täglich angewendet, bis seine Vermieterin las, was auf dem Etikett seines Medikaments stand: Scheidewasser. Die Salpetersäure hatte Folgen gezeigt, wie sie der Barbierssohn erhofft hatte. Denn eine Schönheit, hinter der er erfolglos her ist, wohnt in Da Pontes Haus und hat den lästigen Verehrer abgewimmelt, indem sie von den Qualitäten Da Pontes als Liebhaber schwärmte, die sie nie erprobt hatte.[17]

Aber nicht nur Da Pontes Ruf nährt die Gerüchte, dass Gegner den *Figaro* zu Fall bringen wollen. Auch die Verschiebung der Uraufführung trägt dazu bei. Von Seiten der Zensur dürfte nach Da Ponte keine Gefahr drohen. Dem Kaiser hat er versichert, alles Bedenkliche sei getilgt.

Aber was hat Da Ponte verändert? Er hat einiges gestrichen, vor allem den großen Monolog des Figaro im fünften Akt bei Beaumarchais. Wie er selbst sagt, hat er *alles das weggelassen und abgekürzt*, was gegen die Regeln des Anstandes und der Sittlichkeit verstößt. Da Ponte ist klug. Er hat den Kaiser richtig verstanden. Joseph hatte Schikaneders Aufführung nicht aus politischen Gründen untersagt. Da hält er sich an sein Wort, *Kritiken, wenn es nur keine Schmähschriften sind, sie mögen treffen wen sie wollen, vom Landesfürsten bis zum Untersten*, sollten *nicht verboten werden, da es jedem Wahrheitsliebenden eine Freude sein muss, auf diesem Wege* korrigiert zu werden.[18] Er hat den *Figaro* bei Schikaneder aus sittlichen Gründen verboten. Es war ihm nach eigenen Worten zu viel *Anstößiges* in diesem Stück. Schon dass die Gräfin und Susanna einen jungen Mann bis auf die Unterwäsche ausziehen, ist anstößig. Schlimmer aber: Wie bei Beaumarchais wurde auch bei Rautenstrauch deutlich, dass die Gräfin den halbwüchsigen Cherubino erotisch begehrt. Schließlich lässt Beaumarchais im letzten Teil seiner Trilogie die Gräfin einen Sohn vom Pagen haben.[19] Das musste den Kaiser, der die Bühne als Ort der Volkserziehung betrachtet, stören. Der dritte Teil der Trilogie kam durch die sich überschlagenden Ereignisse der Französischen Revolution erst 1792 auf die Bühne unter dem Titel *L'autre Tartuffe ou La Mère coupable*, deutsch: *Der neue Tartüff oder Die schuldige Mutter*. Der Sohn von Gräfin Almaviva und Cherubino heißt León, das Werk ist ein Rührstück und hatte nur beschränkten Erfolg. Doch Da Ponte und sein Komponist würden sich selbst untreu, hätten sie nichts von der erotischen Brisanz bewahrt. Mozart ist ein Meister der musikalischen Doppeldeutigkeit, Da Ponte ist als Geistlicher, Satiriker und Libertin ein Meister der sprachlichen.

Ah ah, capisco il gioco! Ich kapiere das Spiel, sagt Conte Almaviva bei Da Ponte. Doch was wirklich gespielt wird, sollen nur wenige verstehen. Dafür hat Da Ponte gesorgt. Auch wer gut Italienisch spricht wie der Kaiser, wird kaum auf Anhieb durchschauen, was der Graf der Damenwelt in der vorausgehenden Zeile vorwirft: *Le donne ficcan gli aghi in ogni loco. Die Frauen stecken sich die Nadeln überall hin.*

Dass die Nadel, *ago,* im Italienischen männlich ist und das Wort *ficcare* nachweisbar als *ficare* – Geschlechtsverkehr treiben – verstanden wird, ist Da Ponte, Casti, Salieri und all den Italienern auf der Bühne und im Saal klar.[20] Sie kapieren auch, warum so oft von *fare,* von machen die Rede ist. Cherubino *macht* laut Susanna *alles gut, was er macht.* Figaro staunt, dass selbst die zwölfjährige Barbarina *in so zartem Alter* schon genug weiß, um *alles so gut zu machen,* wie sie es macht. Ungeniert fragt Cherubino Susanna: *Und warum darf ich nicht machen, was der Graf gleich machen wird?*

Da Pontes Widersacher Casti hat das Wort *fare* in seinen *Novelle galanti* ganz eindeutig für den Geschlechtsakt verwendet. Jeder Italiener sagt sich, *capisco il gioco.*

Mozarts Musik zeigt, dass auch er von diesen Bedeutungen weiß. Die Zusammenarbeit mit Da Ponte war und ist so eng, wie er es sich wünschte. Doch eben diese Unfeinheiten darf und wird der Kaiser nicht verstehen. Er müsste es als offene Majestätsbeleidigung empfinden, würde er die Obszönitäten erkennen, die er offiziell untersagt hat.

Doch er merkt nichts. Als dem Kaiser in seinen Räumen in der Hofburg Kostproben aus der Oper vorgeführt werden, ist er begeistert. Das spricht sich herum. Laut Da Ponte sind Graf Orsini-Rosenberg und sein Intimus Casti verärgert über das kaiserliche Lob. In diesen beiden, nicht in Salieri, sieht er die Saboteure. Kelly teilt diese Ansicht. Salieri gesteht er zu, geschickt und klug zu sein und über das zu verfügen, was Bacon *crooked wisdom* nannte: die Kenntnis der verschlungenen Wege. Aber Righini bezeichnet er offen als *Maulwurf,* der im Dunkeln seine Gänge gräbt, um zum Ziel zu kommen.[21]

Ein Weisheitsliebender

Mozart nimmt nichts davon wahr. Er steht unter großem Zeitdruck. Doch Eros liebt es, auch in prekären Situationen vom geraden Weg abzuweichen.

Im April kommen Elise und Johann Nepomuk Peyerl in Wien vorbei, sie Sopranistin, er Tenor und Komponist. Ein schönes und amüsantes Paar auf dem Weg nach Graz, wo er die Leitung des Theaters übernehmen soll. Leopold Mozart hat die Peyerls während eines Gastspiels in Salzburg kennengelernt und sie bei seinem Sohn vorbeigeschickt. Dem fällt sofort auf, dass der Bayer Peyerl maulfaul ist und Wörter verschleift. Anlass genug für den Fallensteller, ihm zwei Kanons zu widmen. Die Textdichtungen stammen von Mozart selbst. *Difficile lectu mihi mars et jonicu difficile*, lautet die erste auf Latein. Das ergibt zwar keinen Sinn, aber einen obszönen Effekt, wenn Peyerl es singt, wie Mozart es vertont hat. Der Jesuitenschüler spricht *difficile* wie gewohnt *difickile* aus, das *lectu* unscharf wie *leck du*, und durch Silbenteilung und Wiederholung werden aus *jonicu* auf dem Papier *coglioni*, die Hoden, in Peyerls Mund. Dass er das vorausgeahnt hat, führt Mozart umgehend vor. Auf der Rückseite des Blattes ist bereits der zweite Kanon notiert. *O du eselshafter Peierl, o du peierlicher Esel, du bist so faul als wie ein Gaul, der weder Kopf noch Haxen hat. Mit dir ist gar nichts anzufangen, ich seh dich noch am Galgen hangen.* Er gipfelt in der Aufforderung: *O lieber Freund, ich bitte dich, o leck mich doch geschwind im Arsch.*[22]

Er kennt den Mann erst seit wenigen Tagen. Gut, dass Peyerl Mitte April in Graz antreten muss, zwei Wochen vor der Uraufführung des *Figaro*. Mozart hat nun nichts mehr im Sinn als die neue Oper. Da Ponte hört die Flöhe husten und überall die Anzeichen eines heraufziehenden Unwetters heraus.

Bei den ersten offiziellen Proben im Theater mit voller Besetzung sitzt der Kaiser in seiner Loge, im üblichen unscheinbaren grauen Rock zur üblichen ledernen Reithose. Wie Mozart ist ihm bewusst, dass er nicht attraktiv ist. Dem Maler Pellegrini, der sich wie Hunderte seiner Kollegen darum bemüht hat, ihn porträtieren zu dürfen, sagte Joseph: *Wenn Sie gern ein Bild von mir haben wollen, porträtieren Sie irgendeinen hässlichen Menschen mit einem großen Mund und langer Nase und Sie werden mein Ebenbild haben.*

Figaro *und das Verbergen der Wahrheit*

Eros aber fühlt sich dem Schönen nah. Sein Auftritt ist atemberaubend. Was sich der Kaiser dabei denkt, ist ihm egal. Mozart trägt einen roten Pelzmantel und einen Hut, der mit goldenen Tressen besetzt ist. Die Künstler scheint das nicht zu stören.

Als Benucci in der Arie *Non più andrai* sein *Cherubino alla vittoria, alla gloria militar* singt, sind alle völlig elektrisiert. Die Orchestermitglieder klopfen mit den Bögen auf die Notenpulte, die Sänger schreien *Bravo*. Dasselbe geschieht beim Finale des ersten Aktes. Noch ist die Oper nicht fertig, doch es sieht aus, als sei ihr ein durchschlagender Erfolg sicher.[23]

Da Ponte bleibt trotzdem misstrauisch. Ihm schwant Ungutes, als er wenige Tage vor der Premiere zu Orsini-Rosenberg zitiert wird. Der Intendant hat erfahren, dass im *Figaro* eine Ballettszene vorgesehen ist. Da Ponte behauptet, Francesco Bussani, Sänger am Hoftheater, außerdem Generalinspizient der Bühne und der Kostüme, habe das aus Hinterhältigkeit dem Intendanten verraten. Bussani beherrsche *jedes Gewerbe, außer dem eines ehrlichen Mannes*, lästert Da Ponte.

Doch warum sollte ausgerechnet Bussani der Aufführung des Stückes schaden wollen? Er wird in der Premiere als Doktor Bartolo und als Gärtner Antonio neben seiner frisch angetrauten Frau Dorothea Bussani, dem Cherubino, auf der Bühne stehen. Da Ponte müsste wissen, dass Bussani als fest Angestellter die Sparvorschriften von Kaiser Joseph II., im Nebenberuf Hoftheaterdirektor, zu beachten hat. Bussani wundert sich nicht, dass der Intendant Da Ponte die Ballettszene verweigert. Sie würde das Haus teuer zu stehen kommen, denn es verfügt über kein eigenes Ballettcorps. Eine klein besetzte Tanzeinlage brächte keine Schererein. Hier aber sind 24 Tänzer vorgesehen, die man für teueres Geld von anderen Häusern vor Ort ausleihen müsste. Solche Kosten scheut der Kaiser.

Da Ponte deutet die Verweigerung jedoch als Ergebnis feindlicher Einflussnahme. Er bläht den Zwischenfall auf und behauptet, Orsini-Rosenberg habe die zwei Seiten mit der Regieanweisung zum Tanz aus seinem Buch gerissen und ins Feuer geworfen. Selbst das wäre berechtigt. Getanzt wird dort nämlich ein Fandango, und den hält nicht nur Casanova für den wollüstigsten aller Tänze. Als er ihn zum ersten Mal in Madrid erlebte, hätte er beinahe vor Erregung aufgeschrien. Für ihn wird im Fandango der *gesamte Liebesakt* ausgedrückt, *vom ersten verlangenden Seufzer bis zur Ekstase des Genusses.* Doch es bedarf keines Kommentars von Casanova, um die sexuellen Gesten dieses Tanzes zu begreifen. Mozarts Figaro, Francesco Benucci, hat den Fandango während seines dreijährigen Engagements in Madrid kennengelernt.[24]

Dass es unverschämt war, diesen groß besetzten Fandango in seine Oper hineinzukomponieren, war Mozart bewusst. Doch als er erfährt, dass die Tanzszene ersatzlos gestrichen werden soll, führt er sich auf, als sei ihm schweres Unrecht geschehen. Er droht, sofort zum Kaiser zu laufen und die Partitur zurückzuziehen. Der Fandango am Ende des dritten Aktes ist eine Gelenkstelle. Während das Orchester Fandango spielt, wird eine Dreiecksgeschichte getanzt. Susanna steckt dem Grafen das Billett zu, in dem er zum Rendezvous bestellt wird, Figaro beobachtet das Ganze, ebenfalls tanzend. Der Graf ist begierig auf den Seitensprung, Figaro bereit, sofort dazwischenzufahren, Susanna dabei, Hingabebereitschaft vorzutäuschen. Das macht die Musik mit sprunghafter Rhythmik, geladener Dynamik und lasziver Harmonik spürbar. Erotische Spannung, die unter die Haut geht. Casanova hätte jeden Grund zu einem Lustschrei.

Bei der Generalprobe sitzt der Kaiser wieder im Theater, außerdem die Hälfte des Wiener Adels. Das Ende des zweiten Akts wird mit lautem Beifall bedacht. Am Ende des dritten wird es still. Stumm fuchteln der Graf und Susanna mit den Händen. Sonst passiert nichts. Der Kaiser fragt, was los sei. Da Ponte händigt dem Kaiser eine Abschrift seines Buchs aus, in der die Regieanweisung zur Szene wie ursprünglich drinsteht. Da Ponte hat richtig kalkuliert. Prompt will Joseph wissen, warum der Tanz nicht gespielt wird. Orsini-Rosenberg erinnert ihn daran, dass sein Hoftheater über keine eigenen Tänzer verfügt. Der Kaiser befiehlt, sie aus anderen Häusern zu beschaffen. Innerhalb von dreißig Minuten stehen die 24 Tänzer bereit.[25]

Ein Sieg Mozarts.

Erst am 29. April beendet Mozart die Arbeit an *Le Nozze di Figaro*.

Am 1. Mai kommt die Oper auf die Bühne. Um halb sieben setzt die Ouvertüre ein. Sie verrät schon, was den Hörer erwartet. Rastlos, hinterhältig, voller Täuschungsmanöver ist sie. Auch die Auswahl der Hauptdarsteller sagt einiges. Alle sind für ihre erotische Ausstrahlung

Figaro *und das Verbergen der Wahrheit*

berühmt oder gar berüchtigt, besonders der Figaro Francesco Benucci und die Susanna Nancy Storace. Dass Barbarina von der zwölfjährigen Anna Gottlieb verkörpert wird, ist brisant.

Diese Besetzung erhitzt bereits die Stimmung. Das offensichtlich Anstößige hat Da Ponte gestrichen. Doch Mozarts Musik lässt keinen Zweifel daran, dass hier auf sexueller Ebene ein Machtkampf ausgetragen wird.

Wer Mozart kennt, weiß: Er *möchte alles haben, was gut, echt und schön ist*. Vorenthalten lässt er sich nichts. Weder Brillantknöpfe noch Champagner, weder Pelzmäntel noch höfische Tänze wie das Menuett. Vor fünf Jahren schon hat er erklärt, ein Mensch wie er sei mindestens so viel wert wie ein Graf. Das führt er nun vor.[26]

Gleich zu Beginn sagt Figaro, der Diener, in *Se vuol ballare, signor contino* seinem Herrn im Rhythmus eines Menuetts den Kampf an. Der Graf und sein Diener befehden sich als Männer, auf Augenhöhe, in derselben Stimmlage. Doch die Frauen sorgen von Anfang an dafür, dass der Graf nicht gewinnt. List, Intrige und Verstellung beherrschen die Szene. Keiner sagt die Wahrheit über seine Gefühle. Da geschieht etwas Ungeheuerliches: Cherubino betritt die Szene und legt ein Geständnis ab. Er lässt jeden in seine zerrissene Seele blicken, wenn er singt: *Non so più cosa son, cosa faccio – Ich weiß nicht mehr, was ich bin, was ich tue*. Violoncello und Bass lassen den beschleunigten Puls Cherubinos pochen. Der Geschlechtstrieb treibt ihn, wohin er will. Er taumelt zwischen den Extremen, zwischen Glut und Kälte, zwischen Euphorie und Schmerz. Und er ist einsam. Auch daraus macht er kein Geheimnis. *Wenn mir niemand zuhört, dann spreche ich von der Liebe mit mir selbst*, erklärt er am Ende seiner Arie. In vier Takten, in denen das Orchester fast ganz verstummt.

Diese Arie sei seine Lieblingsarie, hat Mozart seiner Frau gesagt. Warum, ist nachzulesen in Beaumarchais' Stück, das Mozart besitzt. Dort schreibt Beaumarchais im Vorwort über den Pagen: *Der Grundzug seines Wesens ist ein unbestimmtes, unruhiges Sehnen*. Weil er sich immer einsam fühlt. Das liest sich wie eine Diagnose von Mozarts Seelenlage.

Mozart selbst dirigiert vom Klavier aus. Doch wer im Theater versteht, dass er auch selbst in der Gestalt Cherubinos Teil seiner Oper ist?

Cherubino wird hin- und hergerissen zwischen Begierde und Verzweiflung, zwischen Frechheit und Angst. Wie Mozart, wie Eros. Er ist weder Kind noch Erwachsener, weder Herrscher noch Diener und von der Erscheinung her androgyn. Eine Existenz im Dazwischen. Wie Mozart, wie Eros. Nicht fassbar, ähnlich dem Wind, der Luft, dem Echo, die er besingt.

Als Cherubino im zweiten Akt seine zweite Arie bringt, wirkt es, als ob er sein *unruhiges Sehnen* im Griff habe. Mozart zeigt, dass der Schein trügt. Obwohl sich Cherubino bemüht, die Strophenform einzuhalten, bricht er immer wieder aus. Eros lässt sich von den Gesetzen der Gesellschaft nicht bändigen. Jeder Frau im Haus soll sein Lied vorgesungen werden, verlangt Cherubino. Wie Eros droht er, mit seiner Liebestollheit alle anzustecken. Eine gefährliche Seuche. Das wusste Zeus, das weiß der Graf. Die Herren haben Gründe und Möglichkeiten, den Überträger unschädlich zu machen.

Dass Mozarts ganze Empathie Cherubino gehört, kann nur erkennen, wer Mozart aus nächster Nähe kennt. Dass seine Sympathien Susanna gehören, ist für jeden erkennbar. Ihr hat er die längste Sopransolopartie gegeben, die er je geschrieben hat und schreiben wird. Überall mischt sie mit, in Duetten, Terzetten, Sextetten. Ohne Susanna geht nichts. Ganz in Susannas Sinn setzt Mozart am Schluss des zweiten Aktes ihrem eifersüchtigen Geliebten Figaro musikalisch die Hörner auf. Sie ertönen statt revolutionärer Fanfaren.[27]

Doch auch im dritten Akt ist nicht Susanna die treibende Kraft der Handlung. Das ist Cherubino, der Satansbraten mit Engelsnamen. Immer taucht er genau dann und dort auf, wo er den Grafen stört. Ständig vereitelt er die sexuellen Unternehmungen seines Herrn. Cherubino verkörpert die umstürzlerische Energie des Eros, den Zeus ermorden lassen wollte. Eros ist so begehrlich wie Zeus, Cherubino so begehrlich wie der Graf. Sie müssen einander in die Quere geraten. Cherubino ist nicht nur hinter Susanna und Barbarina her, sondern auch hinter der Gräfin.

Scheinbar hat Da Ponte alle Hinweise getilgt, dass der Page als sexueller Rivale bei der Gräfin ernst zu nehmen ist. Doch er hat diesen Skandal nur gut versteckt. Die Italiener im Saal hören es unmissverstehbar in musikalischen Gesten. Die Damen ziehen den jungen Kerl Cherubino aus und als Mädchen an, damit er sich unter Mädchen verstecken kann. Susanna soll ihm zeigen, wie sich ein weibliches Wesen bewegt. Aber sie unterbricht sich ständig, wenn ihr Blick den Pagen trifft.

Weil sie sieht, was bei Cherubino los ist?

Diritissimo ruft Susanna aus. Steil sticht dieser Ausruf zwischen Pausen hervor. *Ah, ah, capisco il gioco*, sagen sich die italienischen Besucher. *Diritto* oder *ritto* heißt es in ihrer Sprache, wenn das männliche Glied sich aufrichtet.[28] Eros, der Fallensteller, ist in seinem Element. Die Abgründe verdeckt er mit Anspielungen und Spielwitz. In der Tiefe lauern ungemütliche Erkenntnisse. Für Mozart sind wie für die Gräfin Liebe und Tod nicht voneinander zu trennen. Der Verlust von Liebe ist für beide gleichbedeutend mit dem Ende. Wie ernst es ihm und ihr damit ist, steht in den Noten der großen Arie der Gräfin, *Dove sono*. Mozart zitiert sich selbst darin: die Melodie des *Agnus Dei* der Messe in C-Dur aus dem Jahr 1779.[29] Doch er kann davon ausgehen, dass kaum einer der Zuhörer diese Messe kennt. Spricht er wie Cherubino von der Liebe und dem Tod nur zu sich selbst?

Die Oper jagt ihrem Ende entgegen. Beeinträchtigt wird sie nur von den Schwierigkeiten, die Mozart Sängern und Musikern zugemutet hat. Unmöglich, nach so knapper Probenzeit alles so zu gestalten, wie es sein soll. Trotzdem stört kein Buhgeschrei, kein Pfeifen, kein Zischen den Ablauf. Bei vielen Nummern erklatscht sich das Publikum ein *Da capo*.

Mozart wie Da Ponte können aufatmen. Sie haben hoch gereizt und gewonnen. Zumindest an diesem Abend.

Mozart hat sich als Fallensteller bewährt wie nie zuvor. Nicht die politische Angriffslust von Beaumarchais hat er in Musik übertragen. Er hat die Gefährdung, die Risse im Gefüge vertont und den Verlust der Glaubwürdigkeit feudalistischer Herren. Jeder konnte hören, wie Susanna, die Kleinbürgerin, den pöbelnden Grafen in die Schranken gewiesen hat. Er stand da mit der Brechstange, sie trat hervor im Rhythmus eines aristokratischen Menuetts. Jeder kann am Ende vernehmen, dass dem Grafen keiner glaubt, egal was er sagt. Mozart hat dafür gesorgt, dass niemand die Reue Almavivas für echt hält. Die Aussöhnung der Parteien am Ende genauso wenig. Die wird zwar besungen, aber das Orchester klingt ganz anders.

Zum Schluss stehen da sieben Menschen, die alles in sich tragen, was die Menschheit an Seelengröße und Kleingeist, an Reinheit und Verschlagenheit, an Liebesfähigkeit und Bosheit bietet. Der Aktschluss präsentiert einen Waffenstillstand, keine Lösung des Konflikts. Hier geht keiner auf die Barrikaden, ebenso wenig wie in den Straßen Wiens. Hier wird getanzt. Und im Tanz wird alles ausgelebt. *Sposi, amici, al ballo, al gioco. Geliebte, Freunde, auf zum Ball, auf zum Spiel,* singen sie. Dann fällt der Vorhang.

Hat Mozart das Publikum überfordert?

Noch am Abend des 1. Mai schreibt Karl Graf von Zinzendorf in sein Tagebuch, ohne Rücksicht auf Orthographie: *Abends 7 Uhr in der Oper die Hochzeit des Figaro. Der Text ist von daponte, die Musik von Mozhardt. Die Oper hat mich gelangweilt.*

Am 3. Mai wird die Oper zum zweiten Mal gegeben. Die Musiker sind sicherer, die Ensembles gelingen, der Beifall ist noch größer, die *Da-capo*-Rufe sind noch häufiger. Zinzendorf ist nach wie vor nicht überzeugt. Am 4. Juli notiert er in sein Tagebuch: *Mozarts Musik ist sonderbar: Hände ohne Kopf.*[30]

Am 9. Mai, einen Tag nach der dritten Vorstellung, befiehlt der Kaiser seinem Intendanten Orsini-Rosenberg, öffentlich bekannt zu geben: Von nun an ist es untersagt, Stücke im *Figaro* zu wiederholen, in denen mehr als einer singt.

Regulär dauert die Oper dreieinhalb Stunden, mit Zugaben doppelt so lange wie hier üblich. Die Erfolgsopern von Salieri oder Martín y Soler gehen in zwei Stunden über die Bühne. Josephs Argument klingt plausibel: Es müsse verhindert werden, dass die Aufführungszeit weiter überzogen wird. Die Sänger, so der Kaiser, ließen sich in ihrem Geltungsbedürfnis von Wiederholungen nicht abhalten. Also sei ein offizielles Verbot die vornehmste Methode, Einhalt zu gebieten.

Orsini-Rosenberg verkauft es als Gebot zur Schonung der Sänger. Michael Kelly, der als Basilio und Don Curzio auftritt, erklärt, er wolle gar nicht geschont werden. Wie Da Ponte wittert er etwas anderes hinter dem Verbot, die Ensemblestücke zu wiederholen. Denn in ihnen, nicht in den Soloarien, geschieht Pikantes und Provokantes.

Figaro *und das Verbergen der Wahrheit*

Befürchtet der Kaiser, dass die Flamme der Begeisterung zum revolutionären Feuer wird?

Am 12. Mai wird das Verbot am Burgtheater öffentlich ausgehängt.[31] Das Ballettcorps ist für die weiteren Vorstellungen gestrichen. Aus Kostengründen? Das Aushilfsballett nur für die drei ersten Vorstellungen zu finanzieren, wäre begründet. Die ersten drei gelten in Wien als Premieren.

Oder hat der Kaiser doch mehr verstanden, als vermutet?

In dieser Tanzszene und in den Ensembles geht es erotisch zur Sache. Hat der Kaiser erkannt, welche subversive Macht Eros besitzt? Zu seinem engsten Kreis gehören genügend Italiener, die ihn aufgeklärt haben können. Auch Venezianer, die wissen, was es heißt, wenn Susanna dem Grafen, der um ihre Hand bittet, antwortet: *lo do*. Derber kann im Dialekt des Veneto eine Frau ihre sexuelle Bereitschaft nicht bekennen.[32]

Mit Graf Zinzendorf hat Orsini-Rosenberg sehr vertrauten Umgang. Vielleicht erscheint auch dem Grafen die Oper zu sexuell aufgeladen. Womöglich meint er das mit *Hände ohne Kopf*.

Im Juni ahnt Mozart bereits, dass *Le Nozze di Figaro* ihm hier in Wien keinesfalls den Erfolg bescheren wird, auf den er gesetzt hat. Er wird wie Eros ein Außenseiter bleiben.

Direkt nach dem *Figaro* trägt er am 3. Juni 1786 in sein Verzeichnis das Klavierquartett in Es-Dur ein.[33] Ein Werk, mysteriös und verschattet, das sich nur wenigen erschließt.

Mozarts Vorstellung von dem, was wichtig ist, hat sich verändert. Er ist seltener in den Salons der Aristokraten zu sehen. Kelly stellt fest, dass Mozart sich am liebsten bei der Musikerin Marianna von Martines aufhält, die mit ihrem Bruder das Alte Michaelerhaus am Kohlmarkt bewohnt.[34] Ein großes Haus ohne äußeren Glanz, aber voller Geschichten. Pietro Metastasio, der große Librettist und Dichter, hat hier sechzig Jahre lang gewohnt und bei seinem Tod vor vier Jahren sein Vermögen, Noten und Instrumente inklusive, Marianna und ihrem älteren Bruder vererbt. Hier gingen Mariannas musikalische Lehrer ein und aus, Weltberühmtheiten wie Hasse und Porpora. Unterm Dach hat der junge Joseph Haydn gehaust, der Marianna ebenfalls unterrichtete. Marianna Martines beeindruckt Mozart wie

Ein Weisheitsliebender

auch Kelly durch ihr mädchenhaftes Temperament, ihre Bescheidenheit und den Umgang mit ihren Gästen. Sie sei immer höflich und unaffektiert, niemals überheblich, betont Kelly. Das scheint in Wien die Ausnahme zu sein. Marianna Martines macht kein großes Wesen darum, wer sie ist: Tochter des Zeremonienmeisters beim päpstlichen Gesandten, Komponistin, Cembalistin, Pianistin, Sängerin, eine Frau, die sechs Sprachen beherrscht, Sinfonien und Messen, Opern und Oratorien, weltliche und geistliche Lieder geschaffen hat. Schon dass sie im Gegensatz zu Mozart die Aufnahmeprüfung der Accademia Filarmonica di Bologna geschafft hat und dort Mitglied ist, muss Mozart beeindrucken. Kelly lästert zwar, sie sei ein Blaustrumpf, aber das wird Mozart kaum stören. In seiner Bibliothek steht ein Werk von Miss Hannah More, *Percy. A Tragedy*. Miss More ist gleich alt wie Marianna Martines und prominentes Mitglied des Londoner *Blue Stocking Circle*. Das Nachwort ihres Buchs hat David Garrick verfasst, der weltweit berühmteste Shakespeare-Darsteller.[35]

In Wien gilt Marianna mit Anfang vierzig bei den meisten als schrullige alte Jungfer. Nur Kenner schätzen sie. Wenn bei ihr einmal die Woche zur musikalischen Abendunterhaltung eingeladen wird, ist Mozart dabei und setzt sich oft neben Marianna ans Klavier.

Die Geschwister Martines wohnen in der Inneren Stadt, zu den inneren Zirkeln gehören sie nicht.

Vermehrt verbündet Mozart sich mit Außenseitern, so etwa mit dem Salzburger Freund Franz Jakob Freystädtler.

Als Mozart im Mai bis über die Ohren in seinem *Figaro* steckte, ist Freystädtler auf der Flucht vor seinen Gläubigern in Wien aufgeschlagen.[36] Doch die Gläubiger haben ihn sofort eingeholt. Anton David Haißer, ein bayerischer Offizier, der seinerseits bei Freystädtler in der Kreide steht, hat die Wiener Polizei auf den Flüchtigen angesetzt. Der hat ein Klavier, das Haißer gehört, mitgenommen. Dass Freystädtler es zur Begleichung von Haißers Schuld verkaufen sollte, gibt der Schuldner nicht an.

Ein Freund, mit dem man Staat macht oder gewinnbringende Verbindungen öffnet, ist Freystädtler nicht. Die Abzahlung seiner Schulden in München hat er seinen Eltern in Salzburg überlassen. In Wien hält er sich nur mit Klavierunterricht über Wasser. Mozart gibt ihm

Figaro *und das Verbergen der Wahrheit*

Stunden in strengem Satz und Kontrapunktik. Zahlen kann Freystädtler dafür nicht.[37]

Noch bewohnen die Mozarts die helle Wohnung im Camesina-Haus. Doch es wird dunkler um Mozart. Die Auftritte werden seltener und weniger glanzvoll. Am 27. Juli vermerkt er auf dem Manuskript zu einem Hornduo, das er am Vortag begonnen hat, es sei *unterm Kegelschieben* entstanden.[38] Unter Menschen, die ihm keine Pracht, aber Verständnis, Unterhaltung und Ablenkung bieten. Drei Tage später, am 1. August, komponiert er eine Sonate für Klavier zu vier Händen.[39] Eine Auster, die eine Perle birgt. Ein schwer zu knackendes Werk mit außergewöhnlichem Anspruch. Ein Außenseiterstück, das eine pianistische Ausnahmebegabung an seiner Seite verlangt. Unter seinen Schülern dürfte es neben Babette Ployer nur Franziska von Jacquin bewältigen.

Doch öffentliche Aufführungen sind ohnehin nur noch dünn gesät. Als Konzertunternehmer war Mozart im Vorjahr Rekordhalter. In diesem Jahr fiel er nicht auf.

Der Kollege Ditters von Dittersdorf umso mehr. Der Endvierziger hat angekündigt, im großen Saal draußen im Augarten seinen ganzen Zyklus von Sinfonien auf Ovids *Metamorphosen* aufzuführen. Denn er braucht dringend Geld, um die Schulden für sein Anwesen abzuzahlen. Der Kartenvorverkauf ist gut gelaufen, aber das schlechte Wetter hat ihm einen Strich durch die Rechnung gemacht. Bei Dauerregen fährt keiner in den Augarten hinaus. Ditters will verschieben. Dafür aber braucht es eine Sondererlaubnis. Als er bei Joseph II. deswegen einen Audienztermin hat, kommt das Gespräch auf Mozart. Ditters selbst diktiert kurz vor seinem Tod, was dort angeblich geredet worden ist.

Was sagen Sie zu Mozarts Komposition?, fragt der Kaiser.

Der geadelte Herr Ditters spürt die Skepsis des Kaisers. Ditters fühlt sich Mozart verpflichtet. Er hat mit ihm zu Hause Streichquartett und Billard gespielt.

Er ist unstreitig eines der größten Originalgenies, erklärt Ditters, *und ich habe bisher noch keinen Komponisten gekannt, der einen so erstaunlichen Reichtum von Gedanken besitzt. Ich wünschte, er wäre nicht so verschwende-*

risch damit. *Er lässt den Zuhörer nicht zu Atem kommen; denn, kaum will man einem schönen Gedanken nachsinnen, so steht schon wieder ein anderer herrlicher da, der den vorigen verdrängt, und das geht immer in einem so fort, so dass man am Ende keine dieser Schönheiten im Gedächtnis aufbewahren kann.*

Die Getriebenheit des Eros versteht Ditters so wenig wie der Kaiser. Noch weniger verstünde er, dass ausgerechnet Mozart ständig bemängelt, es werde viel zu schnell gespielt. Vor allem seine Musik. Das *unbestimmte Sehnen*, das Mozart ausmacht, kommt nirgendwo besser zum Ausdruck als in den langsam gespielten Sätzen.

Jetzt rückt der Kaiser heraus mit seiner Kritik. In seinen Ohren hat Mozart *einen einzigen Fehler, dass er, wie die Sänger sich beklagen, diese mit der Begleitung erdrückt.*[40] Zu viele Noten, lautet seine Beschwerde. Zu viel für ihn, und für seine Wiener genauso.

Nach nur neun Aufführungen wird *Le Nozze di Figaro* abgesetzt. Zu wenig gefällig. Das Singspiel *Doktor und Apotheker* von Ditters von Dittersdorf, das im Juli Premiere hatte, läuft nach wie vor. Das ist eingängige Musik.

Mozarts Konsequenz: noch weniger gefällig zu komponieren. Schon die Instrumentierung seines neuen Klaviertrios verstößt gegen jede Gewohnheit: Klarinette, Viola und Klavier. Das heißt für den Verleger, auf den Noteneinband drucken zu lassen: *Für Klavier, Violine und Viola.* Und nur ganz klein: *Die Violinstimme kann auch auf einer Klarinette ausgeführt werden.*[41]

Für Mozart heißt es, sich mit seiner Bratsche im Haus der Jacquins einzufinden, wo ihn Anton Stadler an der Klarinette und Franziska von Jacquin am Klavier begleiten. Nikolaus Freiherr von Jacquin, der Vater der siebzehnjährigen Pianistin, ist ein renommierter Gelehrter, der als Professor für Botanik und Direktor des Botanischen Gartens auch gut verdient. Aber das Haus am Rennweg, direkt neben dem Garten gelegen, ist ein Außenseitertreffpunkt, wo vor allem gespielt wird: Billard und Klavier, Geige und Kegeln, Karten und Trio. Franziskas neunzehnjähriger Bruder Gottfried ist außerdem Experte für Liebesspiele, bevorzugt außer Haus.

Mozarts Trio ist ein Dokument der Freundschaft, ein Gedankenaustausch, bei dem jedes Instrument zuhört und gehört wird, wenn es sich äußert. Mozarts Instrument, die Bratsche, hat viel zu sagen. Bei den Jacquins hat Mozart viel zu sagen.

Figaro *und das Verbergen der Wahrheit*

Dass Mozarts Umgang sich geändert hat, erfährt auch die Justiz. Ende September wird Freystädtler wegen Klavierdiebstahls festgenommen und bleibt zwei Wochen im Polizeigewahrsam. Am 13. Oktober wird der Haftentlassungsbescheid ausgestellt. Der Kapellmeister Mozart hat eine Kaution hinterlegt und mit einer schriftlichen Haftungserklärung für seinen Freund gebürgt.[42]

Dabei hätte er eigentlich andere Sorgen. Fünf Tage später wird Constanze Mozart von ihrem dritten Kind entbunden. Johann Thomas Leopold wird es getauft. Thomas nach dem reichen Trattner, in dessen Saal Mozart sich im Winter noch einmal gute Einnahmen mit ein paar Subskriptionskonzerten erhofft. Leopold nach dem Vater, von dem Wolfgang sich eine Geste der Versöhnung erhofft. Leopold Mozart korrespondiert fast nur noch mit seiner Tochter in St. Gilgen. Ihr hat er in diesem Jahr über siebzig Briefe geschrieben, seinem Sohn nur sieben Mal.

Beide Hoffnungen sterben so rasch wie der dritte Sohn. Am 15. November wird der Totenschein für das Kind ausgestellt. Leopold sollte es gerufen werden, gerufen wurde es nie.

Von Subskribentenlisten mit Angehörigen des Hochadels ist bei Mozart auf einmal nicht mehr die Rede. Obwohl er das Stundengeben hasst, nimmt er ständig neue Schüler an. Seine ersten waren Gräfinnen und Baronessen, die gut zahlten. Auf die war er vor vier, fünf Jahren stolz. Jetzt akzeptiert er sogar Außenseiter, wie sie ihm Freystädtler vermittelt.

So meldet sich einmal ein Mann namens Johannes Hummel an. Er wartet auf die Stelle als Orchesterdirektor am Theater auf der Wieden, einem Theater fürs Volk. Nächstes Jahr soll es eröffnet werden, im Freihaus, Wiens größtem Mietkomplex, weit außerhalb der Stadtmauern und noch weiter weg von den wichtigen Kreisen. Hummel ist ein Kleinbürger ohne Namen, Ruhm und Geld, der bei der Waisenhausstiftung in Wartberg unweit von Pressburg arbeitete, bis Joseph II. sie auflöste.

Dass Hummels kleiner Sohn angeblich alles vom Blatt spielt, hat sich bis zu Mozart herumgesprochen. Freystädtler will es gewesen sein, der den siebenjährigen Johann Nepomuk Hummel zum Vorspielen überredet hat.

Mozart empfängt die Besucher im Hausnegligee. Vater Hummel

muss sich neben ihn aufs Sofa setzen. Mozart legt eine leichte Sonate aufs Notenpult des Klaviers. Der Kleine zittert vor Angst. Mozart versteht, warum. Er selbst spielt den ersten Satz. Daraufhin spielt der Siebenjährige, ohne in die Noten zu schauen, die anderen beiden Sätze fehlerfrei. Er kann das meiste von Mozart längst auswendig.

Alles ausgezeichnet, nur viel zu schnell, findet Mozart. Er will Johann Nepomuk Hummel unterrichten. Unter einer Bedingung, erklärt er dessen Vater: *den Buben, so lange ich ihn unterrichte, bei mir zu behalten.*

Ohne Gegenleistung nimmt Mozart den kleinen Hummel als Schüler und als Hausgast an.[43] Dabei zeichnet sich jetzt schon ab, dass sein Jahreseinkommen radikal eingebrochen ist. Das Gleiche gilt für seine Chancen.

Es drängt ihn hinaus aus dieser Welt. Schon vor einem Jahr, als der Komponistenkollege Adalbert Gyrowetz Richtung Italien aufbrach, hatte er geseufzt: *Ach! Könnte ich mit Ihnen reisen, wie froh wäre ich!*[44] Nun bindet er sich mit Schülern an Wien. Weil ihn sonst wenig festhält? Mozart sehnt sich weg.

Nur wohin?

Vielleicht nach Prag. Am 11. November ist in der Zeitung nachzulesen, wie gut dort Mozarts *Figaro* ankommt. *Kein Stück*, schreibt die *Prager Oberpostamtszeitung*, *hat je soviel Aufsehen gemacht als die italienische Oper: Die Hochzeit des Figaro, welche von der hiesigen Bondinischen Gesellschaft der Opernvirtuosen schon einigemal mit dem vollsten Beifall gegeben wurde.*[45]

Vielleicht sehnt er sich auch nach London. Alle seine englischen Freunde wollen zu Beginn des nächsten Jahres Wien verlassen und dorthin zurückkehren. London verfügt nicht nur über zwei so gut ausgestattete Opernhäuser wie *Covent Garden Opera* und *King's Theatre*, an das Nancy Storace engagiert wird. Deutsche haben dort gute Aussichten. Über Georg Friedrich Händels Londoner Karriere ist Mozart unterrichtet, eine Händel-Biographie und ein Englisch-Lehrbuch hat er sich zugelegt.[46] Johann Christian Bachs Erfolg in jungen Jahren hat Mozart als Kind selbst dort miterlebt. Seit vier Jahren ist Bach tot. Ersetzen konnte ihn bisher keiner. Ein anderer Deutscher sorgt in London seit 1781 als Konzertunternehmer für Furore und füllt die größten Säle und Kathedralen: Johann Peter Salomon aus Bonn.

Am 27. November wird in Wien die zweite Oper von Mozarts englischem Freund Stephen Storace uraufgeführt, *Gli equivoci*. Da Ponte hat das Libretto dazu geschrieben, seine Vorlage war Shakespeares *Comedy of Errors*.

Glaubt man seiner Frau, liest Mozart nicht nur begeistert Shakespeare in deutscher Übersetzung. Ab und zu habe ihr Mann Shakespearsche Laune, behauptet Constanze.[47] Sie verrät nicht, was sie damit meint.

Den jähen Stimmungswechsel, der bei Shakespeare häufig ist? Oder die Melancholie eines Hamlet, die Verzweiflung eines Lear, die Mozart von den Wiener Bühnen kennt?

Dazu hätte er allen Grund.

Am 5. Dezember 1786 veranstaltet Mozart ein Adventskonzert im Trattnerhof. Eigentlich waren mehrere Konzerte geplant gewesen, doch es gab keinerlei Interesse dafür. Die Erfolgswelle Mozarts als Veranstalter ist verebbt. Für immer.

Sucht er auf andere Weise an Geld zu kommen?

Mit Raimund von Wetzlar pflegen die Mozarts nach wie vor engen Umgang. Dass der Baron, seine Mutter und seine Schwester Pharao spielen, ist im Freundeskreis bekannt. Dass darüber keiner ein Wort verlieren darf, versteht sich von selbst, denn Hasardspiele sind streng verboten. Vor allem Pharao, wo es um hohe Einsätze geht. Wer dabei erwischt wird, hat 1400 Gulden Strafe zu entrichten. Das wäre für Mozart ruinös. Erst recht, wenn Constanze, die bei all seinen Unternehmungen mitspielt, ebenfalls zur Kasse gebeten würde.[48]

Doch Constanze kennt ihren Mann nicht nur als einen, der gerne spielt, sondern auch als Fallensteller und Liebhaber der Algebra. Was er auf einem Zettel unter dem Stichwort *Cassa* notiert, könnte man für Angaben zu einer Spielkasse halten. Aber am Ende der Zahlenkolonnen steht: *Den Rest habe ich in 5 Teile geteilt. Und darunter: Nun ist die Frage wie viel jeder bekommen hat?*

Narrt ein Rätselliebhaber Neugierige, die ihn als Spieler kennen? Oder kaschiert ein Spieler seine Leidenschaft in einem Zahlenrätsel? Kursieren deswegen Gerüchte, Mozart wolle weg aus Wien?[49]

Ein Weisheitsliebender

Am 26. Dezember vermeldet die *Prager Oberpostamtszeitung*: *Der berühmte Compositeur Herr Mozart schickt sich an, auf künftiges Frühjahr nach London zu reisen, wohin er die vorteilhaftesten Anträge hat. Er wird seinen Weg über Paris nehmen.*

XVIII.

1787
Weder gut noch schlecht
Oder: Die Feier des Wüstlings und Helden Don Giovanni

Wenige Zähne, aber bissig: Lorenzo Da Ponte, eigentlich Emanuele Conegliano (1749–1838), als Sohn jüdischer Eltern geboren, entzückte und erschreckte die Wiener mit seiner scharfen Zunge. Fromm war der Lebenswandel des Abbate und guten Freundes von Giacomo Casanova keineswegs. Das bescherte ihm den chemischen Angriff eines vermeintlich Gehörnten, der den Dichter viele gesunde Zähne kostete. Letztes Abenteuer des dramaturgischen Großtalents, dem Mozart drei der besten Libretti verdankt: die Erstaufführung des *Don Giovanni* 1826 in New York mit Maria Malibran als Zerlina (Aquarell von Pietro de Rossi).

*A*m 8. Januar um fünf Uhr morgens schreibt Mozart seinem Übernachtungsgast Edmund Weber ins Album: *Seien Sie fleißig – fliehen Sie den Müßiggang.*¹ Dann führt er vor, was er Constanzes zwanzigjährigem Vetter geraten hat: Bei Dunkelheit und Eiseskälte besteigt er mit seiner Frau die Kutsche nach Prag. Dass die Reise eine Strapaze wird, weiß er. Trotzdem bricht er auf. Ein Auftrag erwartet ihn dort nicht, aber ein Publikum, das ihn verehrt. Eingeladen hat ihn eine *Gesellschaft großer Kenner und Liebhaber.*²

Mozart flieht nicht nur den Müßiggang. Er flieht vor dem Erfolg eines Kollegen, selbst ausgehungert nach Erfolg. In Prag wird sein *Figaro* gefeiert, in Wien jedoch die Oper eines anderen: Seit der Uraufführung vor eineinhalb Monaten versetzt Martín y Solers *Una cosa rara* die Stadt in einen Ausnahmezustand. Wie Mozarts *Figaro* eine *opera buffa*, wie sein *Figaro* nach einem Libretto von Da Ponte, wie sein *Figaro* angesiedelt in Spanien. Sogar die Solisten, die darin jede Woche wieder auf der Bühne stehen, sind großenteils dieselben wie bei seinem *Figaro*.

Der Begeisterung, die Martín y Solers Oper ausgelöst hat, entkommt in Wien keiner. Textil- und Accessoirehersteller sorgen dafür. Überall tragen die *Aficionados* nun Hüte, Fächer, Hosen, Mieder, Halstücher, Uhren und Röcke, wie sie in der Oper zu sehen sind. Die Frage, was dem Konkurrenzunternehmen diesen Sensationserfolg beschert, muss Mozart umtreiben. Sind es die original spanischen Kostüme? War es die List Da Pontes, seine Feinde in die Irre zu führen und seinen Namen bis zur Uraufführung geheim zu halten? Oder ist die eindimensionale Musik von Martín y Solers leichter zu verstehen als Mozarts vieldeutiges Werk?

Von seiner Lust am doppelten Boden lässt Mozart aber erst recht nicht ab. Nicht einmal privat. Das bekommen seine Reisegefährten zu spüren.

Die Feier des Wüstlings und Helden Don Giovanni

Mit in der Kutsche nach Prag sitzen Vertraute, Bekannte und eine Fremde. Der mittellose Geiger Franz de Paula Hofer, der für Constanzes älteste Schwester schwärmt, der Klarinettist Anton Stadler, Kaspar Ramlo, Geiger und Bratscher bei der Münchner Hofkapelle. Außerdem eine vierzehnjährige Sängerin und Geigerin namens Maria Antonia Crux aus Mannheim mit ihrer Begleiterin Elisabeth Barbara Qualenberg, der frisch verwitweten Frau des Mannheimer Klarinettisten Michael Qualenberg.[3]

Bei den Namen, die Mozart ihnen unterwegs verpasst, kann sich jeder denken, was er will. Die Akzente und Endungen, die vorbereitend ans Tschechische anklingen, verschleiern Mozarts Anzüglichkeiten kaum. Hofer wird zu *Rozka-Pumpa*. Weil er im Winter erkältet ist und die Nase hochzieht? Stadler wird *Nàtschibinìtschibi*. Weil jeder seine unsauberen Machenschaften kennt und er daher von sich sagen sollte: Ein *Natsch bin i*, wienerisch für ein Schwein? Ramlo wird zum *Schurimuri*. So nennt man in Wien einen Hektiker, der sich über alles aufregt. Die Vierzehnjährige aus Mannheim, *Runzifunzi* getauft, weiß wohl kaum, dass man in Wien *Funzen* zu einer unangenehmen Weibsperson sagt. Runzelt sie oft die Stirn zu Mozarts Obszönitäten?

Ihre Begleiterin jedenfalls scheint sich zu schämen. *Schamanuzky*, nennt Mozart Frau Qualenberg. Sich selbst macht er, weil er punkert, also mollig geworden ist, zum *Púnkitititi*. Constanze muss es sich gefallen lassen, dass ihr Mann sie zu einem doppelten Depperl erhebt, nichts anderes sagt ihr neuer Adel *SchablaPumfa*. Er gibt es offen zu: *Ich muss halt immer einen Narren haben.*[4]

Noch lieber sind ihm mehrere Narren. Selbst Abwesende werden mit Spitznamen bedacht: Der hinkende Freund Gottfried von Jacquin wird ohne Gnade zum *HinkitiHonky* ernannt, sein Bruder, Botaniker wie der Vater, zum *Blatteririzi* und Freystädtler zum *Gaulimauli*.[5]

Wer Mozart kennt, nimmt ihm das nicht krumm. Er ist oft *kurz angebunden*, aber *gutmütig*, er lästert ausfallend, aber er lobt auch rückhaltlos. Er kann verleumden, aber auch treu zu Gestrauchelten wie Freystädtler halten und seinem bankrotten Jugendfreund Franz Anton Gilowsky unbesehen 300 Gulden leihen.[6] Er kann überheblich auftreten, aber gleich danach in Selbstzweifeln versinken.

Doch wer überlegt, woher das kommt?

Vom Vater als Kind mit Lob gefüttert, als Wunderkind überall mit Bewunderung gemästet, ist Mozarts Hunger nach der großen öffentlichen Anerkennung kaum zu stillen. Wien hat sie ihm wieder einmal versagt. Prag gönnt sie ihm. Und dies schon am Abend nach seiner Ankunft im Ballsaal des Palais Bretfeld. Berauscht berichtet Mozart seinem Freund Gottfried von Jacquin, dass er zum Tanzen zu müde war, aber *mit ganzem Vergnügen* zusah, *wie alle diese Leute auf die Musik meines Figaro*, zu Tänzen umgewandelt, *herumsprangen; denn hier wird von nichts gesprochen als von – Figaro; nichts gespielt, geblasen, gesungen und gepfiffen als – Figaro.*[7] Bei den Pragern ist sein Werk, was bei den Wienern *Una cosa rara* ist: Kult. Mozarts zufriedener Kommentar: *große Ehre für mich*.

Einen Tag später kann Mozart in der *Prager Oberpostamtszeitung* lesen: *Gestern Abends kam unser großer und geliebter Tonkünstler Hr. Mozart aus Wien hier an. Wir zweifeln nicht, dass Herr Bondini diesem Manne zu Ehren die Hochzeit des Figaro, dieses beliebte Werk seines musikalischen Genies, aufführen lassen werde*. Die Prager hätten das Stück zwar *schon oft gehört*, aber der Verfasser ist sicher, dass sie sich trotzdem *sehr zahlreich einfinden* werden, wenn die Truppe des Pasquale Bondini es von Mozart dirigiert noch einmal bringt.[8]

Anerkennung bedeutet es für Mozart auch, dass Johann Graf von Thun-Hohenstein ihn bereits am Tag seiner Ankunft aus dem Gasthof *Zu den drei Goldenen Löwen* abholen und in sein Palais *Zur Eisernen Tür* einquartieren lässt.

Am 19. Januar 1787 gibt Mozart ein Konzert im Prager Theater. Er dirigiert eine Sinfonie vom letzten Jahr, die er hier erstmals aufführt, fantasiert über eigene Themen am Klavier und beendet seine Improvisation mit Figaros *Non più andrai*, für die kriegsmüden Böhmen eine willkommene Antikriegsmusik.

Er bekommt, was er braucht – Hymnen. Das sei einer der glücklichsten Tage seines Lebens, sagt er. Die Aufführung seines *Figaro* drei Tage später, die er selbst dirigiert, wird zum Triumph. *Alles, was man von diesem großen Künstler erwarten konnte, hat er vollkommen erfüllt*, erklärt die *Prager Oberpostamtszeitung* und nennt den *Figaro* das *Werk eines Genies*.[9]

Aber das Genie verlässt am 8. Februar Prag ohne das, was er erwartet hat: einen neuen Opernauftrag. Der Theaterunternehmer Pasquale Bondini hat noch nie einen Opernauftrag vergeben und spielt nur nach, was bereits in Wien gegeben wurde. Ihm fehlen Mut, Geld und freie Entscheidungsgewalt.[10]

Als Mozart wieder in Wien eintrifft, erfährt er, dass am 31. Januar sein Freund August Clemens von Hatzfeld in Düsseldorf gestorben ist. Domherr in Eichstätt, Hofbeamter in Köln, vor allem aber ein Geiger, dessen Spiel Mozart ergriffen hat. Noch immer ist in Wien von *Una cosa rara* die Rede, aber auch von einem Reisenden aus Bonn, der auf Mozart wartet. Ludwig van Beethoven ist kurz nach Mozarts Abreise in Wien angekommen. Sein Anliegen ist es, hier bei Mozart Kompositionsunterricht zu nehmen.[11] Beethovens Förderer in Bonn, darunter die junge Frau Hatzfelds, sehen die Zukunft des siebzehnjährigen Pianisten und Komponisten in Wien.

Aber Mozart hat mit der Planung seiner eigenen Zukunft genug zu tun. Wie schnell es vorbei sein kann, hat ihm die Nachricht vom Tode Hatzfelds bewusst gemacht. Keine 33 Jahre war sein Freund alt. Mozart ist knapp zwei Jahre jünger, aber er glaubt, es sei höchste Zeit, sein Leben zu ändern. Er hatte sich fest vorgenommen, mit den englischen Freunden und Constanze jetzt, im Februar, Wien Richtung London zu verlassen. Schon im letzten November hatte er den Vater gebeten, für die Dauer der Tournee seine beiden Kinder zu übernehmen. Leopold Mozart hatte das abgelehnt. In einem *nachdrücklichen Brief*, wie er zufrieden mit sich selbst der Tochter berichtete. Er empfand es als eine Unverschämtheit von Sohn und Schwiegertochter, ihm das überhaupt anzutragen. *Sie könnten sterben, – – – könnten in England bleiben, da könnte ich ihnen mit den Kindern nachlaufen.* Ihnen und der *Bezahlung für die Kinder* und *die Menscher,* das Personal, das er zusätzlich einstellen müsste. Schließlich hat er schon mit Maria Annas Sohn Leopold ein Pflegekind zu versorgen. Am 17. November, als Leopold der Tochter von seiner Zurechtweisung berichtete, hätte er nur noch ein Kind ablehnen müssen. Das jüngere Kind der Mozarts war da bereits seit zwei Tagen tot.[12]

Leopold fand seine Absage *lehrreich, falls der Sohn die Lehre benützen will.*

Wollte er nicht. Sogar in Salzburg bekommt Leopold Mozart mit, dass Wolfgang seine Pläne keineswegs begraben hat. *Die Rede,* schreibt er seiner Tochter, *dass dein Bruder nach England reisen wird, bestätigt sich noch immer von Wien, von Prag und von München aus.*[13]

Fühlt Mozart sich in Wien, Prag und München verkannt und verfolgt? Schmerzt es ihn, dass seine Haydn gewidmeten Streichquartette, die nun im Druck erscheinen, als *zu stark gewürzt* und daher ungenießbar verrissen werden? Tut es noch mehr weh, weil Hatzfeld gerade sie so vollendet gespielt hat?[14]

Mozart hat sich ein Stammbuch zugelegt. Vielleicht, um Bewunderung einzuholen. Es tut gut, zu lesen, wie ihn die Freunde in deutschen oder lateinischen Versen als *Apoll* rühmen, als göttlich, himmlisch, unerreichbar. Aber die meisten schreiben auch von Neid, von Missgunst und Verfolgung. Wie viel ist daran wahr? Wie viel nur ein Versuch, Mozart zu erklären, warum er weder in Prag noch in Wien oder in München erreicht hat, was er wollte?

Die Freunde wissen, dass er es ernst meint mit den Englandplänen. An Gottfried von Jacquin hat Mozart schon aus Prag geschrieben, dass ihm die *Freundschaft und Achtung*, die er für *Jacquins ganzes Haus* hege, erst jetzt bewusst werde; *wenn ich bedenke dass ich nach meiner Zurückkunft nur eine kurze Zeit noch das Vergnügen genießen kann, in Ihrer werten Gesellschaft zu sein.*[15]

Gyrowetz, Kelly, Freystädtler, Vater Hummel: Alle reden von Mozarts *Gutmütigkeit*, *Leutseligkeit* und *Herzensgüte* und erklären, er sei *ein wahrer Menschenfreund*. Er schenkt sein Kostbarstes her: seine Schaffenskraft. Constanze schneidet ihm aus beschriebenen Notenbögen kleine ungenutzte Stücke heraus, auf die er seine *Ba-Ba-Opuletten* wirft, kleine Gelegenheitskompositionen, die er Freunden zum Abschied schenkt. Auch solchen, die seine Freundesgaben dann mit Rotwein versauen. Unentgeltlich unterrichtet er den kleinen Hummel, obwohl er Stundengeben hasst. Gratis bringt er Freystädtler, für den er auch noch eine Bürgschaft unterschrieben hat, Kontrapunktik bei. Ohne Auftrag und Honorar komponiert er eine Szene mit Rondo und Klaviersolo, das er selbst übernimmt, zum Abschiedskonzert für Nancy Storace. Ihr bringt der ganze Abend angeblich 4000 Gulden ein, ihm keinen Kreuzer.[16] Für seinen Freund Gottfried von Jacquin komponiert er Werke, die der mit Mozarts Erlaubnis als seine eigenen verkauft.[17]

So gesehen ist es gut, dass dieser Beethoven schon wieder abgereist ist. Den Bewerber aus Bonn hätte Mozart nehmen müssen, schon weil er mit zwei Beethoven-Anbeterinnen aus Bonn befreundet ist, mit der Gräfin von Hatzfeld und mit Walburga Willmann, einer Lieblingsschülerin.

Als großzügig erleben Freunde und Schüler Mozart, als abgeklärt und gelassen jedoch nicht. Dabei würde er das gerne sein. Er träumt davon, zur Ruhe zu kommen.

Am 30. März 1787 schreibt Mozart in das Stammbuch von Johann Georg Kronauer, seinem schweizerischen Englischlehrer: *Patience and tranquillity of mind contributes more to cure our distempers as the whole art of medicine.*[18]

Mozart hat erfahren, dass sein Vater, vom Münchner Fasching zurück, schwer erkrankt ist. Auch ihm gegenüber gibt sich der Sohn abgeklärt.

Da der Tod [...] der wahre Endzweck des Leben ist, schreibt er am 4. April, *so habe ich mich seit ein paar Jahren mit diesem wahren, besten Freunde des Menschen so bekannt gemacht, dass sein Bild nicht allein nichts Schreckendes mehr für mich hat, sondern recht viel Beruhigendes und Tröstendes.* Er dankt Gott dafür, dass er den Tod als *Schlüssel* der *wahren Glückseligkeit* erkannt hat; *ich lege mich nie zu Bette, ohne zu bedenken, dass ich vielleicht den andern Tag nicht mehr sein werde*, schreibt der Einunddreißigjährige seinem bettlägerigen achtundsechzigjährigen Vater.[19] Mozart drängt den Kranken, ihm die Wahrheit über seinen Gesundheitszustand zu gestehen, damit er *so geschwind als es menschenmöglich ist*, zu ihm reisen könne. Doch er reist nicht.

Am 11. April bezeugt Gottfried von Jacquin seinem Freund Mozart, dass der ein großes Herz hat. *Wahres Genie ohne Herz – ist Unding – denn nicht hoher Verstand allein; nicht Imagination allein; nicht beide zusammen machen Genie – Liebe! Liebe! Liebe! ist die Seele des Genies*, schreibt er ihm ins Stammbuch.[20]

Es muss nicht die Liebe zum Vater sein.

Wohl seiner schwangeren Frau, seinem Sohn und dem kleinen Hummel zuliebe mietet Mozart Ende April ein neues Domizil im Vorort Landstraße.[21] Im Sommer wird ihnen die Luft draußen besser bekommen als die in der Stadt, stickig, oft stinkend.

Leopold Mozart hat auf den Brief seines Sohns nicht geantwortet. Am 10. Mai schreibt Mozart ihm erneut. Am selben Tag setzt sich der

Vater hin und schreibt ebenfalls. An seine Tochter. Er meldet guten Stuhlgang, guten Appetit und Abschwellen seiner Füße. Über seinen Sohn, der ihm seitenweise sein Innerstes offenbart hat, verliert er nur ein paar Worte. Abschätzig äußert er sich über Nancy Storace; sie habe dem Sohn nur großmäulig leere Versprechungen, wie er sagt: *das Maul gemacht.* Seinen Sohn hält er für einen Absteiger. *Dein Bruder wohnt jetzt auf der Landstraße Nr. 224. Er schreibt mir aber keine Ursache dazu. Gar nichts! Das mag ich leider leicht erraten.*[22] Er weiß nicht, dass Mozart die teuerste und größte Wohnung in diesem Haus gemietet hat: sechs Zimmer, 200 Quadratmeter, Garten, Pferdestall und Schuppen für eine Kutsche. Sie kostet jedoch erheblich weniger als die kleinere Wohnung im Camesina-Haus mit nur vier Zimmern.[23]

Fünf Tage vor dem Umzug hat Mozart seine Bürgschaft für Freystädtler zurückgefordert. Er ist vorsichtiger geworden.

Am 20. Mai bekommt Leopold Mozart Krankenbesuch. Nicht von seinem Sohn, sondern von seinem früheren Geigenschüler Heinrich Marchand. Der einstige Ziehsohn aus München ist zutiefst beunruhigt. Und der Sohn in Wien?

Beweist anderen seine Liebe.

Am 26. Mai 1787 klingelt Mozart im Haus der Jacquins. Er hat Gottfried bereits *Notturni* geschenkt und eine Arie, mit der der Freund seine schöne Bassstimme vorführen und Damen verführen kann. Für Gottfried ist Musik offenbar ein Mittel zum Zweck. Es wirkt umso besser, je besser es gemacht ist. Er selbst komponiert ebenfalls Liebeslieder, aber einem Lied von Mozart traut er mehr zu.

Die beiden sitzen in seinem Zimmer. Gottfried nimmt den *Wienerischen Musenalmanach* des Vorjahres aus dem Bücherschrank und schlägt ihn auf bei einem Gedicht, überschrieben: *Als Luise die Briefe ihres ungetreuen Liebhabers verbrannte.* Unterschrieben von Gabriele von Baumberg. Gottfried lästert, offensichtlich sei Gabriele von Baumberg diese Luise. Die zwanzigjährige Dichterin gehört zum Freundeskreis der Mozarts und der Jacquins. Dort ist jeder im Bilde über die Affäre Gabrieles mit Anton Bernhard Eberl, einem gutaussehenden Dichter und Schauspieler. Jeder weiß auch, dass er dieses Jahr nach Brüssel berufen worden ist und Gabriele ihre Heiratshoffnungen damit begraben musste.[24] Unterstellt Jacquin diesem Eberl, was er selbst treibt?

Die Feier des Wüstlings und Helden Don Giovanni

Mozart liebt, wie seine englischen Freunde bezeugen, seine Frau leidenschaftlich und ergeben. Der neun Jahre jüngere Jacquin hat mit Treue wenig im Sinn und *hinkt* ständig hinter neuen Eroberungen her. Über das Schicksal der Fallengelassenen denkt er wohl nicht nach. Mozart bringt bereits in den ersten Takten der Vertonung von Baumburgs Gedicht mit einer auffahrenden musikalischen Geste zum Ausdruck, wie sehr er mit der Betrogenen leidet.

Erkennt Jacquin diese Geste wieder? Mozart hat sie nicht nur im Andante seines c-Moll-Streichquartetts verwendet, sondern auch in einigen seiner Messen. Acht Mal nimmt er diese Gebärde auf, ein neuntes Mal im Klaviernachspiel.

Was er in Klausur *in Herrn Gottfried von Jacquins Zimmer* komponiert und dem Freund mit anderen Liedern zur Veröffentlichung unter dem Namen Jacquin überlässt, ist keine Oper in Kurzform. Es ist ein Psychogramm.[25] Harte Kontraste durchziehen das Lied, die Stimmung schlägt um von Schmerz in Traurigkeit, von Traurigkeit in Wehmut. Aber Eros bleibt ein Fallensteller.

Die Briefe hat Luise verbrannt. *Doch ach! Der Mann, der euch geschrieben*, klagt sie, *brennt lange noch vielleicht in mir.* Im Text geht das Wort *vielleicht* unter. Mozart hebt es auffallend hervor. Damit bricht er den Weltschmerz auf. Eros, der Fallensteller, sabotiert das Gesagte. Der Hörer sieht Luise vor sich, die ihre Augen trocknet und augenzwinkernd zugibt: Ewig dauert ihr Liebeskummer nicht.

Gewidmet ist das Lied Katharina von Altomonte, einer jungen Sängerin. Will Jacquin bei ihr mit diesem Meisterwerk Eindruck schinden? Mozart erlaubt seinem Freund, darüber zu verfügen, als wär's ein Stück von ihm.

Ein Liebesbeweis.

Der Vater muss darauf verzichten. Am 28. Mai morgens um sechs Uhr stirbt der Kapellmeister Leopold Mozart, ohne seinen Sohn wiedergesehen zu haben.

Wie im Leben hat er genau festgelegt, was mit ihm nach seinem Tod passieren soll. Bescheiden soll es wirken und doch Gelegenheit bieten, ihn zu ehren. Am Abend des 29. Mai wird seine Leiche in der Kommunalgruft von St. Sebastian versenkt.[26]

Mittlerweile ist Mozart vom Tod des Vaters unterrichtet. Der ehemalige Verlobte seiner Schwester, Franz d'Yppold, hat ihm geschrieben.

Am 31. Mai, drei Tage nach Leopold Mozarts Tod, wird um neun Uhr morgens in der Sebastiankirche eine Seelenmesse für ihn abgehalten. Das Ereignis, worauf es ihm ankam. Dass dort alle Salzburger Freunde und Honoratioren, die seinen Vater kannten, anwesend sein werden, ist dem Sohn bewusst. Auch dass die Schwester, die mit ihrem ungeliebten Ehemann angereist ist, seinen Beistand brauchen könnte.

Aber Mozart macht sich nicht auf den Weg.

Doch am 4. Juni tritt er in Trauerkleidung, begleitet von seiner schwarz verschleierten Frau, von Verwandten und Freunden, zu einer Trauerprozession an. Sie führt nicht nach Salzburg, nur hinter das Haus in Wien, in den Garten.

Von seinem Vater sind Mozart Sätze in Erinnerung, in denen es ums Müssen geht. *Man muss alles wissen. Man muss sich alle Leute zu Freunden machen. Man muss Sorge tragen alsogleich die Bekanntschaft eines ehrlichen Mannes zu haben. Man muss die Leute kennen lernen. Man muss sich aber immer die Ehre geben und sich ein bisschen kostbar machen. Man muss nichts übereilen. Man muss nichts unversucht lassen. Man muss flicken so lange man flicken kann. Jeder vernünftige Mensch muss ... an der Verbesserung der Sitten arbeiten. Der Mensch muss seine Gesundheit vor Gott verantworten. Man muss sich dem Willen Gottes überlassen, allein auch allezeit sein möglichstes tun.*

Der Freund, den Mozart am 4. Juni begräbt, bleibt durch anderes in Erinnerung. Er hatte wohl Ähnlichkeit mit Mozart selbst. Nachdem Mozart mit der Trauergemeinde Trauerhymnen und Beerdigungslieder abgesungen hat, wird sein Nachruf auf den Seelenverwandten verlesen.

Hier ruht ein lieber Narr, beginnt er. Ein paar Zeilen weiter heißt es: *Er war nicht schlimm; / Nur war er etwas munter, / Doch auch mitunter / Ein lieber loser Schalk, / Und drum kein Dalk.*[27]

Sich selbst hat Mozart auch nur *ein bisschen schlimm* gefunden, oft als *Narr* und *Schalk* bezeichnet.

Der Star ist tot. Vier Jahre ist er alt geworden. Vier Jahre lang hat er jeden im Haus erfreut. Mozart bittet den Leser des Nachrufs: *schenk / Auch du ein Tränchen ihm.*

Wer Mozart nicht kennt, muss diese Totenklage um einen Vogel für übertrieben halten. Wie echt sein Schmerz ist, verrät Mozart selbst zwanzig Tage später.

Da vollendet er sein nächstes Lied, das sechste innerhalb weniger Wochen. *Abendempfindung* von Johann Heinrich Campe. Ein Lied, in dem es heißt: *mir weht wie Westwind leise / Eine stille Ahnung zu*. Eine Todesahnung. Mozart vertont Worte, die nicht seine, sondern die des Dichters sind: *Schenk' auch du ein Tränchen mir*.[28]

Seine Schwester und sein Schwager, auch einige der alten Salzburger Vertrauten, verurteilen Mozarts Verhalten in Sachen Leopold Mozart. Ein Verrat am Andenken des Vaters, der für ihn alles gab. Sie werden in Zukunft auf Distanz zu ihm gehen. In Wien gilt Mozart unter Freunden als ein guter Kerl mit Lust an bösen Streichen, als harter Arbeiter und Frühaufsteher mit Durst auf Unterhaltung. Musikalisch wie menschlich liegen die Extreme bei ihm nah beieinander. Mitte Juni hat er ein Sextett komponiert. *Ein musikalischer Spaß* trägt er als Titel in sein Verzeichnis ein. Es ist nicht nur ein musikalischer Spott über komponierende Provinzmusiker, über stümperhafte Hornisten und Bratscher. Es ist auch ein Spiel mit Hörerwartungen und eine Warnung davor, das Einfache zu meiden und ambitionierten Unsinn zu produzieren. Kurz danach trägt Mozart *Eine kleine Nachtmusik* ein, das Gegenstück dazu. Es zeigt, wie einfach und elementar ein Komponist werden kann, *ohne ins Leere zu fallen*.[29]

Im neuen Domizil der Mozarts bekommt Freystädtler seinen Unterricht nun oft, wenn sein Lehrer im Garten beim Kegeln ist. An einem kleinen Tisch abseits der Kegelbahn sitzt der Schüler. Gelegentlich wirft Mozart einen Blick auf dessen Arbeit, gibt ihm einen Rat oder berichtigt ihn. Freundschaftlich. Doch als Freystädtlers Vater stirbt und er reicher Erbe ist, bezichtigt Mozart ihn als Erbschleicher und macht ihn zum Gespött in einem dramatischen Entwurf, genannt *Der Salzburger Lump in Wien*. Damit keine Zweifel aufkommen, wer damit gemeint ist, verwendet Mozart für den Lumpen denselben Beinamen wie in dem Freystädtler gewidmeten Kanon *Lieber Freistädtler, lieber Gaulimauli*: Er nennt ihn *Herr Stachelschwein*. Sicherheitshalber erwähnt Mozart in dem dramatischen Entwurf auch noch, dass der Vater des Lumpen gestorben ist und der Lump bald sein Erbe einkassieren wird.[30]

Weder gut noch schlecht

Ob er Noten oder Texte schreibt: Er reizt die äußersten Grenzen aus. Sein *Gedicht vom kunstreichen Hund* beginnt mit einer Anrufung der Musen im Stil eines Heroenhymnus. Doch es landet rasch bei der Hündin, die nicht vorgibt, *dass sie noch nicht wüsste, wo einstens das membrum virile, nein müsste.*

Mozarts Entwurf zu einem Lustspiel, genannt *Die Liebesprobe*, bringt eine *Riesin* und eine *Zwergin* auf die Bühne, einen *Leander* aus antikem Mythos und einen *Wurstl* aus dem Prater.

Ob er Noten oder Buchstaben schreibt: Die Ruhelosigkeit bleibt sein Thema. Auch seine Texte lässt Mozart großenteils als Fragmente liegen.[31]

Eros ist unterwegs zwischen Gegenwelten, zwischen irdisch und überirdisch, allzu menschlich und göttlich. Er kann demselben Menschen heute Gutes und morgen weh tun.

Nach dem Tod des Vaters hatte Mozart seiner Schwester geschrieben, zum ersten Mal nach fast drei Jahren. Er hatte ihr vorgelogen, Ende Mai habe er Wien unmöglich verlassen können, obwohl er es gerne getan hätte. Schon *um das Vergnügen zu haben, dich zu umarmen*. Ein Vergnügen, das er vor vier Jahren zum letzten Mal hatte.

Doch dann kämpft er mit harten Bandagen um sein Erbe. Mozart will nichts Emotionales vom Vater, nur Bares. Sämtliche Erbstücke des Vaters soll die Schwester versteigern lassen und ihm dann seinen Anteil auszahlen. Leopold Mozart hatte die Zurschaustellung des Privaten verabscheut. Die öffentliche Feilbietung seiner Hinterlassenschaft, seiner Kleider und Wäsche, seiner Küchengeräte und Möbel, Bücher und Schmuckstücke hätte ihn entsetzt.

Die Schwester weiß, dass ihr Bruder nicht auf dem Trockenen sitzt. Wie Leopold der Tochter berichtet hatte, durfte Mozart in Prag für ein einziges Konzert am 19. Januar 1000 Gulden einstecken. Woher auch immer er das wusste, es stimmte.

Der Schwester gegenüber, die nicht nur für die Pflege ihres eigenen Kindes beim Vater zahlen musste, sondern auch fünf Stiefkinder großzuziehen hat, verteidigt Mozart seine unverhohlene Geldgier. *Ich würde*, schreibt er im nächsten Brief, *Dir alles mit wahrem Vergnügen überlassen; da es Dir aber nun, so zu sagen, unnütz ist, mir aber im Gegenteil zu eigenem Vorteil ist, so halte ich es für Pflicht, auf mein Weib und Kind zu denken.*[32] Dass er einen neuen Opernauftrag aus Prag erhalten hat, für den er 450 Gulden bekommt, verschweigt er.

Am 1. August trägt er der Schwester brieflich auf, *der Sache so bald möglich ein Ende zu machen*, ihm seine sämtlichen Partituren aus des Vaters Schränken umgehend zuzusenden und die ausgehandelten 1000 Gulden als Scheck, *nicht in Reichsmark sondern in Wiener Geld* auszustellen.[33] Das Wiener Geld ist mehr wert.

Mozart scheint nicht wahrzunehmen, dass sein Verhalten dem vom *Salzburger Lump in Wien* ähnlich ist. Freystädtler hatte sich um den kranken Vater in Salzburg auch nicht gekümmert. Fünf Wochen nach Leopold Mozart war Freystädtlers Vater gestorben und auf dem Salzburger Sebastian-Friedhof beigesetzt worden, für den Sohn ebenfalls nur noch als Erblasser von Interesse.

Das Klima in Salzburg wird durch Mozarts Vorgehen weiter vergiftet. Das ist ihm bewusst. Daher soll d'Yppold, den alle schätzen, nach Mozarts Wunsch seine Interessen vertreten und für ihn den Vergleich aushandeln. Doch d'Yppold lehnt ab. Joseph Anton Ernst von Gilowsky übernimmt die Aufgabe und lernt einen anderen Mozart kennen als den vertrauten.

Am 11. August schreibt Mozart wieder an seine Schwester. Sie antwortet ihm nicht.

Von Montag, dem 25., bis Donnerstag, dem 28. September, kommt der Nachlass von Leopold Mozart unter den Hammer. Im Tanzmeistersaal seines Wohnhauses, wo er so oft als Gastgeber, Klavierfachmann und -verkäufer, Lehrer und Weltmann aufgetreten war. Die Auktion bringt deutlich weniger als erwartet. Die 579 Nummern waren auf knapp 1000 Gulden geschätzt worden. Nur 314 wurden für etwas mehr als 150 Gulden verkauft.[34]

Mozart kümmert das nicht. Am selben Tag informiert er die Schwester *in aller Eile*, der Scheck solle an Michael Puchberg, einen befreundeten Geschäftsmann in Wien, adressiert werden. *Dieser hat Order das Geld zu übernehmen, da ich Montag in aller Frühe nach Prag reise.*[35] Bei Puchberg verzinst sich das Erbe, während Mozart dort sein wird, wo er sich in Gedanken seit Juni ständig aufhält: in Prag, bei seiner neuen Oper.

Bondini hat ihm endlich doch einen Auftrag erteilt. Aus gegebenem Anlass. Im Oktober wird Erzherzogin Maria Theresia, eine zwanzigjährige Nichte des Kaisers und älteste Tochter seines Bruders Leopold, Großherzog der Toscana, zu ihrem Bräutigam, dem sächsischen Prinzen Anton Clemens, fahren. Auf dem Weg vom Papa in Florenz zum Zukünftigen in Dresden soll sie zuerst in Wien, dann in Prag Station machen. Für die beiden Stationen werden daher zwei Gala-Opern gebraucht. Nachdem es keine Hochzeitsopern sind, belasten auch nicht die dafür geltenden Vorgaben das Libretto. Es muss weder die Braut noch das Hymen verherrlicht werden.[36]

Als Librettist hatte Da Ponte gleich zwei Mal den Zuschlag bekommen. Für Wien sollte sein Textbuch vom Erfolgskomponisten Martín y Soler vertont werden, für Prag von Mozart. Am Tag von Mozarts Abreise am 1. Oktober geht im Burgtheater *L'arbore di Diana* über die Bühne. Ein Stück, das Da Ponte für Martín y Soler wie eine Pflichtübung heruntergeschrieben hat. Die Kür war das Buch für Mozart.

Sich mit Da Ponte auf den Stoff zu einigen, war nicht schwierig gewesen. Schon weil beide Spaß an kleinen Racheakten hatten, zu denen sich nun Gelegenheit bot. Gazzaniga, aus Da Pontes Sicht einer der intriganten Widersacher im letzten Jahr, hatte im Februar Erfolg mit einer neuen Vertonung des alten Don-Juan-Stoffes gehabt. *Don Giovanni o sia Il Convitato di Pietra* hieß sein Einakter, der in Venedig uraufgeführt wurde, *Don Giovanni oder der Steinerne Gast*. Maulwurf Righini, der angeblich ebenfalls versucht hatte, Mozart und Da Pontes *Figaro*-Pläne zu untergraben, war in Wien vor genau zehn Jahren mit demselben Stoff zum ersten Mal als Opernkomponist in Erscheinung getreten. Es den beiden zu zeigen, bereitet Mozart wie Da Ponte Vergnügen. Ein Titelheld, von Rastlosigkeit getrieben, fasziniert sie.

Der Vorteil des offiziellen Anlasses: Dafür gibt es zusätzliches Geld aus der Kasse des Hofs und der Böhmischen Stände. Wenn der *Don Giovanni* von Da Ponte und Mozart wie geplant am 14. Oktober im Nostitzschen Nationaltheater zu Ehren der Hochzeitstouristin aufgeführt wird, kann Mozart mit weiteren 450 Gulden rechnen, Da Ponte mit der Hälfte. *Il dissoluto punito o sia Il Don Giovanni, Der bestrafte Wüstling oder Der Don Giovanni*, haben sie das Stück genannt. Ein *dramma giocoso*: ein Drama mit Tragik und Elementen der Komö-

Die Feier des Wüstlings und Helden Don Giovanni

die. Dass das geht und wie es geht, hat Shakespeare gezeigt. Dass ihm das liegt, weiß Mozart, der selbst im Dazwischen lebt.

Die Reise im Frühherbst ist angenehm. Jedenfalls für Mozart. Weniger für seine Frau, die im siebten Monat schwanger ist. Das private Quartier vor der Stadt in der Villa Bertramka der Duscheks inmitten von Weinbergen und Obstgärten ist ebenfalls angenehm. Glatt laufen kann das Vorhaben aber nicht. Das hätten Mozart und Da Ponte sich denken können. Der für die Zeremonie zuständige Beamte fordert das Libretto ein und zieht sofort die Notbremse: Eine Oper, in deren erstem Akt eine Braut mutmaßlich vergewaltigt wird, ist für eine Braut kaum geeignet. So wird beschlossen, statt der neuen Oper *Le Nozze di Figaro* vom selben Autorenpaar auf den Spielplan zu setzen.

Die Braut reist ab, ohne den *Don Giovanni* gehört zu haben. Ebenso wie Da Ponte. Acht Tage nach seiner Ankunft in Prag zitiert ihn der Kaiser zu einer neuen Arbeit nach Wien. Es geht um Salieris *Tarare*. Zu dieser Oper, die in Paris seit Juni alle Rekorde bricht, hat Da Ponte ebenfalls das Libretto geschrieben. Nun soll er es für die Wiener Premiere im Januar aus dem Französischen ins Italienische übertragen. Warum ausgerechnet jetzt? Will der Kaiser dem Prager Unternehmen schaden?

Mozart lässt sich nicht beirren. Er nimmt sich die Zeit, die er braucht. Die Musiker hier, stellt er fest, lernen nicht so schnell wie die in Wien. Die Arien stellen hohe Anforderungen, eine Sängerin meldet sich prompt indisponiert.

Mozart ist mit einer unfertigen Partitur angereist. Bei den Duscheks draußen kommt er besser zum Arbeiten als in der Stadt. Kost und Logis sind gratis. Die Dienste der Hausherrin Josepha, die selbst die heiklen Koloraturpartien der Donna probesingen kann, sind willkommen. Mozart verspricht, sie mit einer Konzertarie zu entlohnen.

Doch zunächst muss *Don Giovanni* vom Tisch. Bei den Proben mit der italienischen Truppe fehlt Da Ponte, der mit seinen Landsleuten anders umspringen könnte.

Die Uraufführung wird zuerst auf den 21., dann auf den 24., schließlich noch einmal um fünf Tage verschoben. Erst am Vorabend der Uraufführung, am 28. Oktober, trägt Mozart die Oper als vollendet in sein Werkverzeichnis ein. Die Kopisten müssen die Nacht durcharbeiten. Der Sand vom Tintetrocknen wird im Orchestergraben knirschen. Das kümmert Mozart nicht.

Am 29. Oktober betritt kurz nach sieben Uhr abends jener Eros die Bühne des Nostitzschen Theaters, den Zeus umbringen lassen wollte. Jener Eros, von dem Platon sagte, er sei *von jeher ein Tyrann*. Er kennt kein Gesetz und kein Maß und keine Mäßigung. Er giert nach Leben und bringt den Tod. Sein Handeln steht außerhalb jeder Moral.[37]

Mozart hat gesagt, er habe diese Oper für sich selbst und seine Prager Freunde geschrieben. Doch im überfüllten Theater sitzen am 29. Oktober nicht nur Freunde Mozarts, sondern auch Staatsgäste, die wegen der Braut angereist waren. Vor allem aber Prager Bürger. Dieses Haus ist kein Hoftheater. Errichtet hat es Franz Anton Graf von Nostitz-Rieneck auf eigene Kosten als Nationaltheater. Eröffnet wurde es vor vier Jahren mit Lessings *Emilia Galotti*, einem Trauerspiel, in dem die feudale Amoral über die bürgerliche Vorstellung von Sittlichkeit siegt und doch verliert. Kein Wunder, dass hier der *Figaro* gut ankam.

Den Don-Juan-Stoff kennen die meisten in irgendeiner Form. Oft genug ist er verwertet worden. Immer geht es dabei um einen Abenteurer, der zuletzt seine gerechte Strafe erfährt. Aufregende und moralisch korrekte Unterhaltung.

Aber die Prager spüren deutlich, was der Komponist dieser Don-Juan-Oper schon in der Ouvertüre mit ihnen anstellt. Allerdings durchschauen nur wenige, wie er es macht. Dass er den *passus duriusculus* verwendet, eine Abfolge von absteigenden Halbtönen, die in der Oper seit ihren Anfängen Schmerz, Leid und Tod ausdrückte, aber auch Erotik. Doch sie kennen diese Klänge, und sie erkennen ihre Gefühle wieder. Zwischen Liebe und Tod, sagt Mozarts Musik gleich zu Beginn, werden wir unterwegs sein.[38] Ein *dramma giocoso* kündigt das Programm an, wörtlich ein heiteres Drama.

Heiter? In den ersten Minuten bereits sticht Don Giovanni den Vater der Achtzehnjährigen nieder, die er soeben vermutlich vergewaltigt hat. Amüsant ist es nicht, was da passiert, übersichtlich auch nicht. Warum singt der sterbende Vater: *Son tradito!* – *Ich bin verraten?* Warum singt er nicht: *Son ferito* – *Ich bin verletzt?*

Die Feier des Wüstlings und Helden Don Giovanni

Weist er schon darauf hin, dass hier Sicherheiten und Gewohnheiten verraten werden?

Vor allem aber: Was ist das für ein Held, der hier auftritt? Don Juan war bisher stets ein Aristokrat, der aus sexueller Begierde gegen die Regeln der Gesellschaft verstößt, zu der er gehört. Dieser Don Giovanni aber gehört nirgendwo dazu. Er ist heimatlos. Was das heißt, versteht Mozart.

Die Freunde, für die er diese Oper geschrieben hat, wissen: In Wien gilt auch Mozart als einer, dem angekreidet wird, wie unstet er lebt, wie wenig er sich ihren Ordnungen fügt. Als einer, der nicht daran denkt, seinen Haushalt nach ihren Vorstellungen zu führen. Ein Vagabund, der noch immer zu dem gehört, was Maria Theresia *fahrendes Gesindel* nannte. Gluck, Haydn, Salieri, die sind fassbar und übersichtlich. Mozart ist es nicht.

Don Juan war greifbar. Don Giovanni ist es nicht. Er entzieht sich.[39] Denen, die ihn jagen, und denen, die wissen wollen, was in ihm vorgeht. Nie singt er von sich selber und seinen Gefühlen. Weder von Freude noch von Trauer, weder von Liebe noch von Hass, weder von Angst noch von Hoffnung.

Verstehen die Menschen im Theater, dass es Eros ist, den sie hier erleben? Jener Eros, der alle Systeme aushebelt?

Spätestens bei der Tanzszene im Finale des ersten Aktes erkennt jeder im Publikum zumindest eines: dass hier etwas Skandalöses geschieht.

Ein Hausball bei Don Giovanni. Die Tanzmusik wird auf der Bühne gespielt. Don Giovanni hat alle gewarnt. *Senza alcun'ordine la danza sia* – ohne jede Ordnung soll der Tanz sein. So begann die dritte Strophe seiner Arie *Finch'han dal vino*.

Bühnenmusik kennen die Zuschauer als nette Unterhaltung. Ein Spiel mit der Illusion. Hier musizieren drei Ensembles gleichzeitig auf der Bühne. Ein Ensemble spielt das Menuett, den Tanz der Aristokraten, den auch Aristokraten tanzen, Don Ottavio und Donna Anna. Ein Ensemble spielt den Kontretanz, den Tanz der Bürger, die sich zwischen dem Adligen Don Giovanni und der Bäuerin Zerlina befinden. Die beiden tanzen ihn. Ein Ensemble spielt den derben Deutschen Tanz des einfachen Volkes. In ihm werden zwei von unten, der Bauer Masetto und der Diener Leporello, zum Tanzpaar zusammengezwungen. Die Taktarten der drei Tänze sind unvereinbar. Dissonanzen zerschneiden die Harmonie, die ein Fest festlich macht. Die gesellschaftliche Ordnung bildet sich sonst im Tanz ab. Doch die drei Parteien zersetzen die gemeinsame Ordnung, indem jede Partei auf ihrer besteht.[40] Miteinander vertragen können sich diese Welten nicht.

Eros ist in seinem Element. Der Grenzüberschreiter löst die Grenzen auf. Tanzend bewegt Don Giovanni sich von einem Raum in den anderen, von der höfischen Welt des Menuetts in die geordnete des Kontretanzes mit seinen komplizierten Figuren und in die ungezügelte des Deutschen Tanzes. Der war in Mozarts Heimat Salzburg 1772 verboten worden, weil es dabei zu unzüchtigen Berührungen kommen kann.

Niemand und nichts ist in dieser Oper entweder gut oder schlecht. Keiner hier sagt die reine Wahrheit oder die reine Unwahrheit. Es gibt naive Irrtümer, Heucheleien, Schmeicheleien, Schwindeleien, Tricks und Lügen, die Wahres sagen. Und doch weiß der Zuhörer, wem er wie viel glauben darf. Die Musik teilt es ihm mit. Sie verrät ihm, dass Leporello maßlos übertreibt mit dem Arbeitspensum seines Dienstherrn. Sie verrät ihm, dass für Don Giovanni Liebesschwüre leere Routine sind. Sie verrät ihm, dass Donna Anna durch Don Giovanni erst erlebt hat, was Leidenschaft ist. Sie verrät ihm, dass Donna Elvira, die stur barocke Arien singt, eine Frau von gestern ist.

Im zweiten Akt ist es bereits offenkundig: In dieser Oper wird aus dem Wüstling ein Held. Einer, dem die Lügen erlaubt sind, mit denen er entkommt. Schuld daran ist die Musik. Sie verleiht Don Giovanni eine Magie, der alle verfallen, obwohl sie wissen, dass er sie betrügt, hereinlegt, ausbeutet und hintergeht. Das Libretto zeigt ihn als einen Antihelden, der sich skrupellos nimmt, wonach er giert. Dem es nur um Masse, nicht um Klasse geht. Der sich nicht verlieben, sondern beweisen will. Die Musik zeigt ihn als Wesen von elementarer Wucht, das Ordnungen umwirft, Werte nicht anerkennt, Konventionen sprengt. Als einen Mann, der die Menschen, die ihm begegnen, erst ihrer Existenz bewusst werden lässt.

Don Giovanni rüttelt alle wach aus ihrem Dämmerdasein. Was Elvira singt, glüht bis zum Schluss vor Liebe für diesen Betrüger. Ihr Ton sagt, warum sie zum Schluss ins Kloster gehen will. In ihrer Drei-Tage-Beziehung mit Don Giovanni hat sie erstmals Leidenschaft erlebt und kann nun keine lauwarme Ehe mit einem anderen führen. Donna Anna hört sich erregt an, wenn sie von ihrem Vergewaltiger singt, aber gelangweilt, wenn sie von der Zukunft mit Don Ottavio singt. Zerlina fällt hörbar um, als Don Giovanni sie umschwärmt. Die Schmeicheleien, mit denen sie Masetto versöhnen will, klingen unaufrichtig, ihre Racheschwüre gegen Don Giovanni angestrengt. Masetto erstarkt musikalisch, er hat kapiert, dass er um seine Frau kämpfen muss. Der Komtur vollzieht dem Texbuch nach erfolgreich die Strafe an Don Giovanni. Doch wie er von Don Giovannis Abgesang überwältigt wird, sagt die Musik: Es gibt eine Größe, die nicht den üblichen Vorstellungen entspricht.[41]

Don Giovanni macht das Dasein aller zum Ereignis. Das der Figuren des Dramas und das der Zuschauer. Elf Mal wird sein *Viva la libertà* wiederholt, bis jeder Böhme, jeder Separatist auf der obersten Galerie des Ständetheaters es mitsingen kann.

Mozart aber würde sich selbst untreu, wenn er über Liebe und Tod das Spiel vergäße. Den Spaß an Anspielungen, den er mit Da Ponte teilt.

Am Ende des letzten Aktes sitzt der Wüstling ungestraft an seiner reich gedeckten Tafel. Nicht, ohne im Angesicht des Todes noch ans Spiel zu denken. Dafür haben Mozart und Da Ponte gemeinsam gesorgt.

Da Ponte spielt mit Namen. Teresa Saporiti, eine Künstlerin ganz nach Mozarts Geschmack, singt in der Uraufführung die Partie der Donna Anna. *Ah, che piatto saporito! Ah, was für ein schmackhaftes Gericht!*, lobt Don Giovanni, was ihm serviert wird. Auch der Mann am Cembalo, Johann Baptist Kucharz, ist ausgezeichnet. *Sì eccellente è il vostro cuoco! Euer Koch ist so ausgezeichnet!*, entschuldigt sich Leporello, als er beim Mundraub ertappt wird. Kucharz, tschechisch Kuchař, heißt auf Deutsch: der Koch. Da Ponte hat auch an sich selbst gedacht. Der *marzimino*, den Don Giovanni im Glas hat, ist ein Wein aus seiner Heimat, Mozarts Anspielungen liegen in den Tönen und liegen tiefer. Böhmen ist das Land der großen Bläsersolisten. In Prag treten sie als Harmoniemusik in den Palais zum Essen auf. Wie sonst beim Grafen von Thun oder beim Grafen von Nostitz sitzen nun auf der Bühne neben der Tafel je zwei Oboisten, Klarinettisten, Fagottisten und Hörner.

Aber was spielen sie?

Zuerst den Schluss des Finales aus dem ersten Akt von Martín y Solers *Una cosa rara*. Dann die Arie *Come un agnello* aus Giuseppe Sartis *Fra due litiganti il terzo gode*. Schließlich das *Non più andrai, farfallone amoroso*, die Arie des Titelhelden aus *Le Nozze di Figaro*.

Mozart kann davon ausgehen, dass sein Prager Publikum die Anspielungen versteht. Die Werke, aus denen er zitiert, sind hier aufgeführt worden.

Das Publikum weiß, was die drei Stücke an ihrem ursprünglichen Platz bedeuten. In der zitierten Arie Sartis singt die Sopranistin, sie wolle folgen wie ein Lamm, das zum Schlachter geht. Dass sich Don Giovanni auf dem Weg zur Schlachtbank befindet, ist absehbar. Im Finale aus dem ersten Akt von *Una cosa rara* besingen die Paare ihre glückliche Wiedervereinigung trotz der Verführungsversuche, mit denen ein Adliger ein einfaches Mädchen ausspannen wollte. Das erinnert an Don Giovannis gescheiterten Plan, Zerlina vom Bauernhof ins Schlafzimmer seines Schlosses zu locken. Figaro erklärt in seiner Arie dem Pagen, dass es nun auf in den Krieg geht und das gute Leben ein für allemal vorbei sei.

Noch sitzt Don Giovanni am reich gedeckten Tisch. Aber auch er wird bald antreten zum letzten Gefecht.

Nun ist das Ungeheuerliche spürbar: Die Menschen im Saal bangen um den Wüstling wie Elvira auf der Bühne. Keiner will, dass er stirbt. Jeder hofft, der Trickster möge noch einmal entkommen.[42]

Jeder, der sich das wünscht, muss sich fragen: Darf ich das?

Don Giovanni hat doch vorgeführt, dass alle Ordnungen, die Menschen errichten, missachtet werden können.

Darf man so einen bewundern?

Mozart lässt Don Giovanni zur Hölle fahren mit der Unerbittlichkeit des Jüngsten Gerichtsvorsitzenden.

Und dann?

Questo è il fin di chi fa mal! Das ist das Ende dessen, der Böses tut!, verkünden die Überlebenden die Moral der Geschichte. Doch Mozart zwingt sie in ein tönendes Perpetuum mobile. Wie aufgezogen drehen sich Automatenfiguren zu den Klängen einer Drehorgel. Sie bewegen sich nicht von der Stelle, weil sie nichts mehr bewegt. Sie besingen die Wiederherstellung der Ordnung. Doch zufrieden klingt das nicht. Leere bleibt zurück, nachdem Don Giovanni aus ihrem Leben verschwunden ist.

Don Giovanni hat sie und ihre Welt verändert. Erschrocken sehen sie der Erkenntnis ins Gesicht: Es ist eine Illusion, dass gut und schlecht klar voneinander zu trennen sind.

Dreimaliger Jubel ruft den Komponisten heraus. Er hat hoch gesetzt und gewonnen. Weil er auf das Prager Publikum gesetzt hat, das ihn versteht.[43]

Man wendet hier alles mögliche an um mich zu bereden, ein paar Monate noch hier zu bleiben und noch eine Oper zu schreiben, berichtet er seinem Freund Gottfried von Jacquin; *ich kann aber diesen Antrag, so schmeichelhaft er immer ist, nicht annehmen.*[44] Warum, kann sich der Freund denken. Prag ist nicht London, nicht Paris, nicht einmal Wien. Es ist *kein Ort* für sein *Talent*.

Ein Ort für den Fallensteller durchaus. Josepha Duschek fordert ihre Arie ein. Mozart will sich drücken, doch Josepha weiß, wie sie an ihr Honorar kommt: Sie sperrt den Dauergast mit Papier und Tinte ein. Als er mit der fertigen Komposition entlassen wird, droht er *seiner despotischen Freundin*, die Notenblätter zu zerreißen, falls sie die Arie nicht fehlerfrei vom Blatt singt. Josepha schreckt die Drohung nicht. Bis sie zu singen anfängt.

Den Text hat Mozart einer Jommelli-Oper entnommen. Darin steht, was Josepha bei einer Passage erleben wird: *Quest' affano, questo passo / È terribile per me. Affano* kann Kummer heißen, aber auch Atemnot. *Passo* kann Schritt heißen, aber auch Stelle. Beides jedenfalls ist schrecklich für die Sängerin. Gleich zu Beginn des Arienteils muss sie diese infame Passage überstehen und dann noch zwei weitere Male. Jedes Mal wird es noch gemeiner. Doch Mozarts Boshaftigkeit ist damit nicht erschöpft: An den schlimmsten Stellen entzieht er ihr die harmonische Stütze. Wo er nur kann, sorgt er für Verunsicherungen durch die begleitenden Instrumente. Das Ganze ist ein Albtraum für die Sängerin. Kaum hat sie eine Klippe hinter sich gebracht, ragt die nächste vor ihr auf.

Mozart hat es ihr heimgezahlt und sie zugleich beschenkt mit einem Meisterwerk, das die Essenz des *Don Giovanni* in sich birgt.[45]

Weder gut noch schlecht

Gesättigt mit Bewunderung bereitet Mozart seine Abreise vor. Er will aber auch geliebt werden. Als gäbe es nichts Wichtigeres zu tun, komponiert er am 6. November in Prag ein weiteres Lied für Gottfried von Jacquin. Der Freund scheint den Liebesbeweis erpresst zu haben, Mozart liefert ihn. *Ich hoffe aber*, setzt er hinzu, *dass Sie auch ohne dieses Lied* [von] *meiner wahren Freundschaft überzeugt sind*.[46]

Der Komponist des *Don Giovanni* erklärt dem jungen Freund, was Liebe ist. Mozart ist stolz darauf, dass er Gottfried in *kleinen Strafpredigten* von seiner *unruhigen Lebensart* abgebracht hat. Das *Vergnügen einer flatterhaften, launigten Liebe* ist für Mozart *himmelweit von der Seligkeit* entfernt, *welche eine wahre, vernünftige Liebe verschafft*. Jacquin hat auf die Vorhaltungen reagiert. Marianne von Natorp, der Gottfried nachstellt, hat ihn offenbar erhört. Gehör verschafft hat ihm wohl Mozart, der Nanette und ihrer Schwester Babette eine vierhändige Klaviersonate gewidmet hat.[47] *Sie sind mir doch im Grunde ein bisschen Dank schuldig*, erklärt Mozart.[48] Doch nicht Jacquin dankt. Eros, der Liebende, der sich immer zu wenig geliebt fühlt, dient sich dem Freund mit einem neuen Geschenk an, mit dem der Eindruck machen kann. Das Haus der Jacquins bietet Mozart Heimat. Die braucht Eros, der auf der Schwelle zur großen Welt lebt und sich aus vielen adligen Salons verabschiedet hat, mehr denn je.

Als die Mozarts nach Wien zurückkehren, trägt die Stadt Trauer. Christoph Willibald Gluck ist tot. Eine Ära ist zu Ende. Mozart ist längst in eine neue aufgebrochen. Als einziger musikalischer Nachfolger von Gluck gilt Salieri, der Schüler. Angeblich hat er seinem Lehrer weinend die rechte Hand geküsst, als er ihn nur Stunden vor seinem Ende zu Hause besuchte. Selbstverständlich dirigiert Salieri am 17. November bei Glucks Totenamt dessen Werk *De profundis*.

Der Tote wird geehrt als *ein rechtschaffener deutscher Mann. Ein eifriger Christ*. Als *Christoph Ritter Gluck, der erhabenen Tonkunst großer Meister*.

Mozart, Ritter desselben Ordens zum Goldenen Sporn, wird sich nie so nennen und nie so nennen lassen. Aber er würde sich gerne wie Gluck *Wirklicher Königlich Kaiserlicher Hof Compositor* nennen und wie Gluck dafür 2000 Gulden im Jahr beziehen, ohne jede Gegenleistung.[49]

Eros will ankommen.

Doch er ist weiter unterwegs. Keine drei Wochen bevor Constanze mit ihrem vierten Kind niederkommt, ziehen die Mozarts zurück in die Innenstadt. Es ist der zweite Umzug innerhalb eines Dreivierteljahres.

Da geschieht das Unerwartete. Am 7. Dezember 1787 erhält Mozart eine offizielle Stelle als *Königlich Kaiserlicher Kammermusicus* mit 800 Gulden Jahresgehalt. Es ist nicht die Stelle von Gluck, sondern die von Joseph Starzer, zuständig für Tanz- und Ballettmusik. Starzer ist bereits im April gestorben. Das Anstellungsdekret ist ausgefertigt auf Befehl von Orsini-Rosenberg.[50] Unterzeichnet aber hat es Johann Thorwart, Hofsekretär des K. K. Oberst-Kämmeramts und ehemaliger Vormund von Constanze, dem sich Mozart vor fünf Jahren beugen musste. Mozart wohnt nun Unter den Tuchlauben, keine zwei Minuten entfernt vom Haus *Zum Auge Gottes*, wo Thorwart ihn seine Machtlosigkeit spüren ließ.[51]

Ein Sieg auf ganzer Linie.

Es sieht aus, als sei das Dasein von Eros auf der Schwelle vorbei. Und es wirkt so, als sei er zufrieden, obwohl er vor fünf Jahren noch erklärt hatte, die Ehre, beim Kaiser angestellt zu sein, sei ihm nicht wert, auf Geld zu verzichten. *Wenn mir der Kaiser 1000 fl gibt, und ein Graf aber 2000, – so mache ich dem Kaiser mein Kompliment und gehe zum Grafen.*[52] Er hat zurückgesteckt.

Dass ich in Prag den Don Juan geschrieben, und zwar mit allem möglichen Beifall, wirst Du vielleicht schon wissen – dass mich aber jetzt Seine Majestät der Kaiser in seine Dienste genomen, wirst Du vielleicht nicht wissen, schreibt er der Schwester am 19. Dezember.[53] Es ist erreicht, lässt er sie wissen.

In keinem Jahr hat er mehr verdient als in diesem. Die Wahl der Patin seines Kindes zeigt, dass er die Beziehungen zum Geldadel der Stadt keineswegs eingebüßt hat: Theresia Trattner, Mozarts Schülerin und Frau des mächtigen Monopolisten, soll es in der Peterskirche über die Taufe heben.

Am 27. Dezember wird Constanze von ihrer ersten Tochter entbunden. Gegen das offizielle Gebot wird Theresia im Haus getauft.[54] Ihr Zustand ist besorgniserregend.

Das letzte Werk, das Mozart 1787 schreibt, ist ein Kinderlied. Ihm liegt viel daran, dass es in einer Kinderzeitschrift veröffentlicht wird.[55] Kinder sind Zukunft. Er schreibt es fast auf den Tag genau vier Jahre vor seinem Tod.

XIX.

1788
Weder reich noch arm
Oder: Sinfonische Juwelen und Bettelbriefe

Blonde Mähne statt Perücke: Der aus dem Zillertal stammende Bildhauer, Medailleur und Wachsbossierer Leonhard Posch (1750–1831) porträtierte Mozart 1788 mit der Fülle von blondem Haar, auf die er laut Michael Kelly so stolz war. Bereits um die Mitte der 1780er Jahre hatte Mozart, ganz im Sinn des Kaisers, aufgehört, eine Perücke zu tragen. Neben diesem Gips-Medaillon ist auch ein alter Positiv-Guss erhalten. Das Medaillon aus rotem Wachs hingegen, vermutlich die Urversion, ist nicht mehr auffindbar. Am 30. Januar 1799 schrieb Constanze an den Verlag Breitkopf & Härtel, der Mozartporträts erbat: «Ich habe zwey schöne in Wachs poussirt, aber en silhouette, von denen ich Ihnen das schönste leihen will, wenn Sie es brauchen können. Er war nicht glücklich en face getroffen zu werden.» Wegen des Silberblicks?

Die Kisten aus Salzburg sind schwer. Zweimal hat Mozart von der Schwester seine Partituren eingefordert, die noch in den Schränken des Vaters gelegen hatten. Zeit zum Sichten und Ordnen hat Mozart nicht. Außer Haus rumort die Angst vor einem siebten Feldzug gegen die Türken, zu dem der Kaiser bereits Truppen zusammenzieht. Im Haus sorgen ein Säugling, ein Kleinkind und zu viele Besucher für Unruhe. Ums Haus herum tost Baustellenlärm, der einem den Verstand raubt.

Friedhöfe müssen hinaus aus der Stadt, hat der Kaiser schon vor vier Jahren in einem Hofdekret verkündet. Der alte Friedhof von St. Stephan ist aufgelassen. Jetzt werden die Torbauten und die ersten Häuser vor der Domfassade abgerissen. Alles keine fünf Minuten zu Fuß von Mozarts neuer Wohnung entfernt.

Mozart verspürt kein Bedürfnis, sich bei der Schwester für die Mühen und Kosten der Sendung zu bedanken. *Du weißt auch recht gut, dass ich zum Briefeschreiben etwas faul bin*, wird acht Monate später seine einzige Reaktion sein.[1] Brauchen kann er den Inhalt der Kisten. Geistliches ist gefragt im Zeichen des drohenden Krieges. Seit der Messe in c-Moll, die er unfertig liegen ließ, hat Mozart das Interesse an Sakralem verloren. In den Kisten schlummert ein satter Vorrat aus den Salzburger Jahren. Aber aus Zeitmangel wird er irgendwo unter dem Flügel verstaut.[2]

Seine neue Stelle macht Mozart bisher kaum Arbeit und bringt nach Abzug der Steuer 760 Gulden. Nicht einmal ein Zehntel von dem, was er schon 1783 an Einnahmen verbucht hat.[3] *Zu viel für das, was ich leiste*, erklärt er seiner Frau, *zu wenig für das, was ich leisten könnte*.[4]

Eine Oper könnte er leisten und würde es gern. Den Anlass für ein großes Auftragswerk hätte es gegeben: Am Dreikönigstag 1788 heiratet des Kaisers Neffe Erzherzog Franz endlich Elisabeth Prinzessin von Württemberg, die seit ihrem Übertritt zum katholischen Glauben 1782 von den Salesianerinnen getrietzt worden ist, damit sie eine perfekte Kaiserin wird. Das Libretto zur Festoper, die zwei Tage später über die Bühne des Hoftheaters geht, stammt von Da Ponte, geschrieben nach einer Vorlage von Beaumarchais. Nicht Mozarts *Le Nozze di Figaro*, sondern *Axur, Rè d'Ormus*, vertont von Salieri, steht auf dem Programm. Auch das eigentlich nichts Frisches, nur *Tarare* vom letzten Jahr auf Italienisch. Vieles aus der französischen Version wurde allerdings gestrichen, geändert, gekürzt oder durch Neues ersetzt. Dazu hat Da Ponte und Salieri nicht etwa die Zensur genötigt. Sogar das heimtückische Verhalten der Priesterschaft durfte Thema bleiben. Sie haben den Stoff aus eigenem Antrieb überarbeitet. Keineswegs aus politischen, sondern aus theaterpraktischen Erwägungen. Der Versuch, das Ganze nur zu übersetzen und musikalisch beim Alten zu lassen, war gescheitert. *Die Musik*, erkannte Salieri, *für französische singende Schauspieler geschrieben, fällt für italienische schauspielende Sänger immer zu mager an Gesang aus.* Selbst *wenn der Dichter mit seinen Versen zufrieden war, schmeckte die Musik – um mit Gluck zu reden – allzusehr nach Übersetzung, um mein Gehör zu befriedigen.*

Da Ponte wurde das unerwartete Arbeitspensum durch die Tochter seiner Haushälterin erleichtert, *ein sehr schönes sechzehnjähriges Mädchen,* das er eigentlich *nur gleich einer Tochter lieben wollte ...* Die Tochter folgte auf den Glockenton, und *zwischen Tokajer, Tabak von Sevilla, dem Glöckchen und der jungen Muse* kam Da Ponte zwölf Stunden am Tag zum Arbeiten.[5]

Salieri erleichterten seine sieben Töchter, sein Sohn und seine Ehefrau die Arbeit. Sie umsorgten ihn wie einen Pascha, während er mit einem rheumatischen Knie drei Wochen auf dem Krankenbett lag und den *Axur* nochmals umschrieb. Das Ergebnis: ein Werk aus einem Guss, nahezu durchkomponiert, saftig, fast ohne ein *recitativo secco*, das nach Wiener Geschmack zu Recht so heißt – trockenes Rezitativ. Die Oper, die sie am Dreikönigstag bieten, ist reicher. Um Duette, Da-capo-Arien, Quartette, vor allem aber um eins: das Schillern der tragischen und der komischen Elemente, die der Untertitel verspricht.[6]

Da Ponte und Salieri werden für die Mühen der Neufassung entschädigt: mit sensationellem Erfolg und entsprechenden Einnahmen.

Axur beherrscht das Burgtheater, *Axur*-Parodien beleben die Volkstheater, *Axur*-Paraphrasen das Geschäft.

Am Dreikönigstag bekommt Mozart trotzdem Arbeit. Die Ballsaison beginnt. Bis in die frühen Morgenstunden des Aschermittwochs wird sie dauern. Der frisch getraute Kaiserneffe und seine Frau sind bekannt als begeisterte Tänzer. Für ihn ist Mozart nun zuständig. Die Prager wissen das besser als die Wiener: Dort hatte die *Oberpostamtszeitung* schon kurz vor Neujahr gemeldet, Mozart sei zum Hofmusikus bei Erzherzog Franz ernannt worden.[7] Vermutlich ein Einfall des Kaisers. Weil sein Neffe als Sohn des Zweitgeborenen ebenso wenig Anspruch auf einen Türsteher wie auf eine eigene Hofmusik besitzt, der Kaiser ihn aber schon zum Nachfolger ausersehen hat, kann so das Protokoll umgangen werden. Der Kaiser ermöglicht damit Franz, der sich selbst *Kaiserlehrling nennt*, trotz seines relativ schmalen Budgets in seinem Appartement Hausbälle zu veranstalten, wie er es liebt.[8]

Mozart, den Tänzer, muss es befriedigen, dass nun zum ersten Mal bei den Redouten in der Faschingssaison seine Tanzkompositionen aufgeführt werden. Schon am 14. Januar vollendet er einen Kontretanz, den er *Das Donnerwetter* nennt. Meint er das, was Kaiser Joseph über die Türken ergehen lassen soll? Dass ihn die Kriegsgefahr beschäftigt, zeigt der Titel des nächsten Kontretanzes. Am 23. Januar trägt Mozart in sein Verzeichnis ein: *La Bataille – Die Schlacht*. Am 27. Januar hat er bereits sechs neue Tänze fertiggestellt. Deutsche Tänze, Tänze aus dem Volk für das Volk. Nicht elegant, sondern rasant. Kritiker finden es sittenlos und haltlos, wenn die Paare in großen Schritten den Saal durchmessen, anstatt sich in komplizierten Figuren zu drehen.[9]

Am 9. Februar erklärt Kaiser Joseph II. der Hohen Pforte den Krieg. Finanzieren kann er ihn wie sein Großvater den letzten wieder nur mit Hilfe der jüdischen Bankiers. Der sechste Türkenkrieg hatte den Großteil der Gewinne aus dem fünften verbraucht.

Die Staatsschulden werden durch den Feldzug erheblich steigen, selbst wenn es bei dem geplanten Blitzkrieg bleibt. Trotzdem gibt der Kaiser zu erkennen, dass ihm die Musik und manche Musiker ein Anliegen sind. Drei Tage nach der Kriegserklärung, am 12. Februar

1788, schreibt er seinem Obersthofmeister Georg Adam Fürst von Starhemberg, dass er den altgedienten Hofkapellmeister Giuseppe Bonno mit vollem Gehalt in Pension schicken will, ebenso den Konzertmeister der Hofkapelle, Josef Trani. *An die Stelle des ersten ernenne ich den Salieri zum Kapellmeister.*

Am 29. Februar bricht der Kaiser auf zur Hauptarmee. Am 1. März wird in den Hofzahlamtsbüchern bereits die Änderung eingetragen.[10] Sie beschert Salieri ein Jahresgehalt von 1200 Gulden zusätzlich zu seinen Bezügen an der Oper.

Für Mozart kein Grund zur Aufregung. Zum einen hat er das schon vor vier Jahren genau so vorausgesehen, als er seinem Vater schrieb: *wenn der Bonno stirbt, so ist Salieri Kapellmeister – dann anstatt Salieri – wird Starzer einrücken, anstatt Starzer – weiss man noch keinen. Basta.*[11] Wer anstatt Starzer einrücken wird, weiß er seit Dezember. Wie viel Salieri nun verdient, ist Mozart bekannt. Doch dessen neuer Posten ist verglichen mit seinem eigenen schlecht bezahlt. Als Chef der Hofkapelle muss Salieri deren Mitglieder auswählen, also regelmäßig Probespiele abhalten. Außerdem hat er die ganze Verwaltungsarbeit am Hals, womit er als Direktor des Hoftheaters schon mehr als genug zu tun hat.

In Wien gibt es bereits die ersten Profiteure dieses Krieges. Mozarts Freund Trattner bringt eine neue verbilligte Ausgabe der Abhandlung Haynes über *Die Kriegskunst der Türken* heraus. Und es gibt die ersten Leidtragenden, darunter die Familienangehörigen der Soldaten, die in den Sümpfen von Semlin an Malaria erkranken oder sterben.

Am 24. Februar vollendet Mozart ein Klavierkonzert.[12] Aufgeführt wird es nirgends. Die Fastenakademien kommen in diesem Jahr zu kurz, und virtuose Klaviermusik ist weniger gefragt als getragene geistliche.

Was seine gesellschaftliche Existenz angeht, hat Mozart nach wie vor nichts von Poros gelernt. Was seine musikalische angeht, durchaus. Wach nimmt er Stimmungsänderungen und neue Moden wahr und reagiert sofort darauf. Spirituelles hat der Kaiser wie Zeremonielles für gestrig erklärt. Die Angst vor einem Niedergang, vielleicht sogar Untergang weckt aber gerade jetzt das Bedürfnis danach. Am 26. Februar dirigiert Mozart bei Johann Graf von Esterházy eine Kantate von Carl Philipp Emanuel Bach, *Die Auferstehung und Himmelfahrt*

Jesu. Eine Arie darin, *Ich folge Dir,* hat er selbst bearbeitet. Am 4. März wiederholt er das Ganze im selben Haus.

Patriotismus ist nicht angesagt. Als radikaler Reformer hat es der Kaiser rasch geschafft, unpopulär zu werden. Nun, mit dem Krieg gegen die Türken, hat er seine Unbeliebtheit noch beachtlich gesteigert. Dass kaisertreue Autoren und Organe die Türken als Erbfeinde hinstellen, die vernichtet werden müssen, nützt ihm wenig. Die meisten verstehen, dass die gemeinsame Reise von Joseph II. und Zarin Katharina nach Sewastopol, wo die Russen einen Kriegshafen bauen, von Sultan Abdul-Hamid als Provokation empfunden worden ist. Seit Jahrzehnten hat sich gerade die geistige Elite im Habsburger Reich mit der osmanischen Kultur befasst und lässt sich das Feindbild vom blutrünstigen *Türkenhund* nicht mehr einreden. Mozarts edler Türke Bassa Selim ist auch im Jahr 1788 auf der Bühne des Kärntnertortheaters präsent. Die *Entführung aus dem Serail* wurde in den letzten Jahren ständig wieder aufgeführt.

Vor allem wittern die Menschen, dass der Krieg sich ausweiten wird. Der Kaiser hat sich nicht damit begnügt, mit dem Hilfscorps von 30 000 Mann gegen die Osmanen ins Feld zu ziehen. Die Rekrutenforderungen sind rapide angestiegen. Schon jetzt heißt es, der Kaiser werde das Zehnfache an Soldaten in den Krieg schicken.[13]

Mozart ist in der Klemme. Gewiss, der Kaiser versteht nicht viel von Musik. Bis vor fünf Jahren waren ihm die Namen von Bach und Händel fremd, er schätzte vor allem Johann Joseph Fux, dessen Kompositionslehre *Gradus ad parnassum* er kannte.[14] Doch ohne den Kaiser hat Mozart als Opernkomponist in Wien keine Chance. Er muss zu ihm stehen, zumindest in der Öffentlichkeit.

Am 5. März, einen Tag nachdem er die *Auferstehung* zum zweiten Mal dirigiert hat, komponiert Mozart zu einem Benefizkonzert ein *teutsches Kriegslied* für Bassstimme. Der Text, ein Gedicht von Johann Wilhelm Ludwig Gleim, ist patriotisch: *Ich möchte wohl der Kaiser sein.* Die Begleitung gibt sich militärisch: Neben Fagotten, Oboen, Hörnern und Streichern hat Mozart Piccoloflöten, Becken und große Trommel eingesetzt. Der Text wurde schon vor zwölf Jahren gedruckt. Aber Mozart sabotiert die Erwartungen rückhaltloser Kriegsbegeisterung. Ausdrücklich hat er das Lied dem fünfundzwanzigjährigen Bassisten Friedrich Baumann gewidmet. Am 7. März trägt der Sänger das Lied erstmals öffentlich vor. Nicht im Burgtheater, sondern im Leopoldstädter Theater, Heimat der Komödie. Dort ist Baumann angestellt und zum Lieblingskomiker der Wiener aufgestiegen.

Vielen im Leopoldstädter Theater kommt die Melodie von Mozarts deutschem Lied bekannt vor. Aus einer Haydn-Oper namens *List und Liebe*, die von der Truppe Kumpf-Schikaneder im Kärntnertortheater 21 Mal aufgeführt wurde. Dort sang ein Fischer namens Masino: *Ich möchte gern ein Bräut'gam sein.* Und darauf reimte sich: *Auch Dummheit ist nicht gern allein.* Wenn nun ein Komiker verkündet, er wolle gern der Kaiser sein, und sich darauf reimt: *Konstantinopel wäre mein!*, ist eher mit Lachern als mit Hurrageschrei zu rechnen. Und wenn der mitgedachte Text den im patriotischen Lied gerühmten Krieg für eine *Dummheit* erklärt, haben die meisten verstanden, wo Mozart steht. Auch wenn sie nicht wissen, dass Mozart unter den Subskribenten für eine kaiserfeindliche Sammlung von österreichischen und deutschen Kriegsliedern ist, die demnächst erscheinen soll.[15] So etwas leistet sich Eros, der Ränkeschmied, auch in einer privaten Finanzkrise.

Trotz der Erschwernisse, die der Krieg jetzt schon den Wienern beschert, müsste Mozart guter Stimmung sein. Am 7. Mai wird ihm ein Wunsch erfüllt. Angemeldet hatte er ihn im letzten November, als er Gottfried von Jacquin vom Erfolg seiner neuen Oper in Prag berichtete; *vielleicht wird sie doch in Wien aufgeführt? – ich wünsche es.*[16]

Nachdem seine London-Pläne sich zerschlagen haben, will und muss er sich hier nun gegen die Erfolgskomponisten Martín y Soler und Salieri behaupten. Salieris *Axur* ist bis Ende April bereits zehn Mal wiederholt worden. Trifft der Italiener den Geschmack der Wiener besser als Mozart? *Dramma tragicomico* heißt das Gemeinschaftswerk von Da Ponte und Salieri. In der überarbeiteten Version hat Salieri die tragischen und komischen Elemente so zusammengefügt, dass sein Wiener Publikum weint und lacht und nach dem Wechselbad erfrischt applaudiert.

Wieder zeigt Mozart, dass er als Musiker durchaus Poros Ehre macht. Am 24. April beendet er eine neue Arie für den Wiener Don Ottavio Francesco Morella, vier Tage darauf ein neues Duett für

Zerlina und Leporello, gesungen von Luisa Laschi-Mombelli, vor zwei Jahren Mozarts Gräfin Almaviva, und Francesco Benucci, Mozarts Figaro. Zwei Tage danach trägt er ein neues Rezitativ und eine neue Arie für die Wiener Donna Elvira, Caterina Cavalieri, in sein Werkverzeichnis ein. Er muss damit rechnen, dass nun spekuliert wird, warum er das gemacht hat. Morella bewältigt die Koloraturen in der Prager Arie nicht, wird es heißen. Deswegen hat er eine getragene bekommen. Oder: Die Cavalieri hat sich ein Bravourstück ausbedungen, in dem sie glänzen kann. Oder: Benucci will mehr von seinem komischen Talent vorführen. Im neuen Duett wird er an einen Stuhl gebunden und von Zerlina schikaniert. Doch Mozart hat von Salieri gelernt.

Das Tragische eines Don Ottavio tritt nun deutlicher zutage als zuvor. Er ist ein Mensch, der in die Welt eines Don Giovanni, in die ganze Oper nicht hineinpasst. Seine neue Arie zeigt ihn als einen, der außerhalb des fieberhaften Treibens steht und zugleich weit darüber. Als einen, der nicht kämpfen wird um die Frau, die er liebt, der sie nicht rächen wird, weil er in anderen Sphären denkt und fühlt. Das Komische der Zerlina ist ebenfalls plastischer. *Traditore, Verräter* schmäht sie in dem neuen Duett Don Giovannis Diener Leporello. *Traditore* nennt Elvira Don Giovanni. Zerlinas Rache an Leporello, dem kleinen Don Giovanni, ist die bäuerliche Variante der großen Rache, die Don Giovanni am Schluss durch den Komtur erlebt. Bei Donna Elvira wird wiederum das Tragische deutlicher. Sie kann nicht anders, als für den Mann zu flehen, der sie so schwer verletzt hat. Sie ist durch ihn ein für allemal eine Zerrissene, hassend und liebend. Mozart hat den *Don Giovanni* ganz neu überdacht.[17]

Nun erst schillert diese Oper zwischen dramatisch und heiter. Ein wahres *dramma giocoso*. Nun öffnet sich an einer Stelle, in Ottavios *Dalla sua pace*, die Tür zu einer anderen Welt. Eine unaussprechliche Sehnsucht scheint in dieser Arie auf. Die Sehnsucht nach etwas Überirdischem.

Am 7. Mai 1788 wird der *Don Giovanni* erstmals am Hoftheater aufgeführt. Es befriedigt Mozart, dass auf dem Theaterzettel endlich unter seinem Namen zu lesen ist: *Kapellmeister in wirkl. Diensten des kaiserl. Hofes.*[18] Und das am Jahrestag seines endgültigen Hinauswurfs bei Colloredo.

Was den Erfolg des *Don Giovanni* in Wien angeht, haben Da Ponte und Mozart schlau kalkuliert. Schon die Besetzung ist strategisch vielversprechend. Die Wiener Zerlina und der Wiener Leporello sind in der Premiere von *Axur* umjubelt worden und durch die zahlreichen Wiederholungen jedem Operngänger ein Begriff. Die Titelpartie des Don Giovanni singt Francesco Albertarelli, der am 4. April sein Wiener Debüt in *Axur* gegeben hat. Dass die Sängerin der Zerlina unübersehbar im siebten Monat schwanger ist, kann das Gerede und damit die Neugier nur anheizen.

Da Ponte hat erreicht, dass bereits am 9., 12. und 16. Mai *Don Giovanni* erneut auf dem Spielplan steht. Dass er durchfällt, wie Mozarts Schwager Joseph Lange später behaupten wird, trifft nicht zu. Doch einen Triumph, dem *Axur* vergleichbar, erlebt *Don Giovanni* nicht im Mindesten.[19]

Elisabeth von Württemberg schreibt ihrem Mann, der zwei Wochen nach seinem Onkel ebenfalls in den Krieg gezogen ist, die Oper habe *wenig Erfolg*. Franz berichtet das wohl seinem Onkel, der im Feldlager von Semlin weilte, als der *Don Giovanni* am 7. Mai in seiner Abwesenheit über die Bühne ging.

Aber selbst mitten im Krieg beschäftigt den Kaiser, was an seinem Theater passiert. Aus der Ferne weist er Orsini-Rosenberg an, er solle *die Gelegenheit wahrnehmen,* sich der zickigen Celeste Coltellini samt Schwester *zu entledigen.* Sie sind zu ihrem neuen Engagement an der Hofoper verspätet angetreten, haben den ganzen Opernbetrieb durcheinandergebracht und Kosten verursacht. Laut Orsini-Rosenberg füllt auch Mozarts *Don Giovanni* die Kassen nicht. Die Oper sei nicht gut angekommen, vermeldet der Intendant dem Kaiser. Bei ihm selbst offenbar, denn er schreibt das eine Woche vor der Premiere. Vier Tage davor, am 3. Mai, antwortet Joseph ihm bereits. *Der Misserfolg der Oper erstaunt mich nicht. In Wien wird nur das Neue wertgeschätzt.* Schon am 16. Mai diagnostiziert er die Ursache des angeblichen Wiener Misserfolgs von *Don Giovanni*, obwohl er keinen Ton daraus gehört hat: *Viel zu schwer zu singen.*[20]

Nicht nur der Kaiser findet, Mozarts Musik verlange zu viel. Ein wohlmeinender Rezensent aus Weimar hat seit dem letzten Winter an verschiedenen Orten ein neues Streichquartett von Mozart gehört. Nur wie! *Dieses Mozartische Produkt ist kaum anzuhören, wenn es unter mittelmäßige Dilettanten-Hände fällt*, regt er sich 1788 im *Journal des Luxus und der Moden* auf, weil es *die äußerste Präzision aller vier Stimmen erfordert*.[21] Sogar die Prager Fans hatten nach der Uraufführung des *Don Giovanni* gewarnt: *Die Oper ist übrigens äußerst schwer zu exequiren*.[22]

Mozart muss solche Einwände ignorieren. Er weiß, was er seinem Anspruch schuldig ist. Und es sieht so aus, als setze sich sein *Don Giovanni* allmählich durch. *Mit jeder erneuten Vorstellung nahm der Beifall zu*, registriert Da Ponte zufrieden. Doch Mozarts Mittel nehmen ab. Sein Honorar für den *Don Giovanni* und das von Da Ponte war wegen des Krieges auf die Hälfte zusammengestrichen worden.[23]

Der achtfache Familienvater Salieri ist in der finanziellen Sicherheit angekommen. Mozart keineswegs. Trattners Buch über *Die Kriegskunst der Türken* verkauft sich, Mozarts Noten verkaufen sich nicht.

Schon am 2. April hatte er in der *Wiener Zeitung* drei neue Quintette zur Subskription angeboten für 18 Gulden. Interessenten sollten sich bei *Herrn Puchberg am hohen Markte* eintragen. Aber dort meldete sich keiner. Am 5. April hatte Mozart erneut annonciert. Wieder ohne Erfolg. Am 9. erschien die Anzeige zum dritten Mal. Zum dritten Mal ohne nennenswerte Resonanz.[24]

Im Mai macht sich Mozart mit kleinem Gepäck auf den Weg zum ehemaligen Dorotheerkloster in der Dorotheergasse. Das *Versatz- und Fragamt*, 1707 gegründet, ist letztes Jahr zu seinem 80. Geburtstag hier eingezogen. Doch weit genug kommt Mozart nicht mit dem, was ihm für die versetzten Silbersachen ausgezahlt wird. Er pumpt sich von Michael Puchberg zusätzlich 36 Gulden. Der Tuchhändler ist ein gewitzter Geschäftsmann und ein besonnener Rechner. Trotzdem verbindet Mozart viel mit ihm. Puchberg ist wie Mozart Freimaurer und ebenfalls mit den Trattners, mit Joseph Haydn und mit Anton Stadler befreundet. Wie Mozart ist er Vater von zwei Kindern. Obwohl er fünfzehn Jahre älter ist als Mozart, ist er nun voller Zukunftshoffnung. Vor drei Jahren ist seine Frau, die Witwe seines ehemaligen Chefs, mit 36 Jahren gestorben. Ihm blieben ihre Kinder aus erster Ehe, das Unternehmen und eine gemeinsame Tochter Josepha. Im letzten Herbst hat er sich mit 45 zum zweiten Mal verheiratet, mit einer dreiundzwanzigjährigen Bierwirtstochter. Schon am 29. April hat sie Franz Xaver Georg, ein gesundes *Frühmensch* zur Welt gebracht. Dass Puchberg die Musik liebt, ist nicht nur daran zu erkennen, dass sein Name sich auf vielen Subskriptionslisten findet. Er hat Haydn Geld geliehen und im letzten Jahr für Anton Stadlers sechsten Sohn Michael die Patenschaft übernommen, was für das Kind eine finanzielle Absicherung bedeutet.[25]

Michael Puchberg ist der richtige Adressat. Obwohl Mozart die geliehenen 36 Gulden noch nicht zurückgezahlt hat, wendet er sich erneut an ihn. Anders als Gottfried van Swieten gilt Puchberg als gütig und freigiebig.

Der Brief hätte selbst dem Vater Leopold zur Ehre gereicht. Mozart appelliert an Puchbergs *wahre Freundschaft und Bruderliebe*. Sein *liebster Bruder* muss es fast für eine Ehre halten, von ihm erneut angepumpt zu werden. *So geht mein Vertrauen gegen Sie so weit, dass ich Sie zu bitten wage, mir nur bis künftige Woche (wo meine Academien im Casino anfangen) mit 100 fl. auszuhelfen; – bis dahin muss ich notwendigerweise mein Subscriptions-Geld in Händen haben und kann Ihnen dann ganz leicht die 136 fl. mit dem wärmsten Dank zurück bezahlen.*[26]

Puchberg vermerkt ordentlich auf dem Brief: *100 fl. überschickt.*

Die hundert Gulden sind rasch verbraucht. Und die Akadamien im Casino *Mehlgrube* werden abgesagt. Die meisten Adligen haben sich aus der Stadt auf ihre Landsitze zurückgezogen. Nicht nur, weil der Sommer kommt. Wien ist durch Josephs Sparmaßnahmen grau und glanzlos geworden.

Mozarts Lage wird prekär. Die große Wohnung in der Innenstadt hat er bereits gekündigt und eine neue im Alsergrund angemietet. In die akute Notlage ist Mozart laut eigenem Zeugnis geraten, *weil mein Hausherr auf der Landstrasse so indiskret war, dass ich ihn gleich auf der Stelle um Ungelegenheiten zu vermeiden auszahlen musste.*[27] Offenbar hatte Josef Urban Mozart zu Hause heimgesucht, um Mieten einzukassieren, die dieser ihm seit dem Auszug Ende letzten Jahres schuldig geblieben ist.

Am 17. Juni beziehen die Mozarts ihr neues Quartier im Haus *Zu den 3 Sternen* in der Währingergasse. Nachdem die vier Mozarts das erste Mal dort übernachtet haben, richtet Mozart den nächsten Darlehensantrag an Puchberg. Der ist nun bereits ein *verehrungswürdiger Bruder* und ein *liebster, bester Freund*.

Doch Mozart ist ein Extremist geblieben, den die gesellschaftlichen Regeln und das rechte Maß nicht interessieren. Nach der Anrede vergisst er jede *Ziererei*. Er geht Puchberg an, ihn *auf 1 oder 2 Jahre, mit 1 oder 2 tausend Gulden gegen gebührende Interessen* zu unterstützen. Den Glauben daran, dass sein Schuldner *Interessen*, sprich Zinsen zahlen wird, hat Puchberg als Pragmatiker wohl schon begraben. Mozart hingegen erklärt, an seiner absoluten Zuverlässigkeit hege Puchberg bestimmt keinen Zweifel. Nachdem er dem *wahren Freund* auf zwei Seiten auseinandergesetzt hat, dass er nur *mit sorgloserem Gemüt und freierem Herzen arbeiten, folglich mehr verdienen* könne, schwant ihm offenbar, dass seine Forderung etwas unbescheiden ist. Denn mit 2000 Gulden im Jahr müssen in Wien vier vierköpfige Familien mittlerer Beamter auskommen.[28] *Wenn Sie vielleicht so bald nicht eine solche Summa entbehren könnten, so bitte ich Sie mir wenigstens bis morgen ein paar hundert Gulden zu entlehnen.* Um Puchbergs Vertrauen in seine Kreditwürdigkeit zu stärken, gibt Mozart sich am Schluss des Briefes genügsam, strebsam und sparsam. Außerhalb der Stadt sei er *den vielen Besuchen nicht ausgesetzt*, komme also besser zum Arbeiten, und außerdem sei das *neue Logis wohlfeiler* als das letzte.[29]

Dass es sich um eine Gartenwohnung mit sieben Zimmern, Küche, Holzgewölbe, Stall für zwei Pferde und Schuppen für den Wagen handelt, wird Puchberg bei seinem ersten Besuch dort erfahren. Dass sie 250 Gulden kostet, 50 Gulden mehr als die letzte, wohl nicht.[30]

Dafür erfahren die Leser der *Wiener Zeitung*, dass Mozart nicht mehr gefragt ist. Dort heißt es am 25. Juni: *Da die Anzahl der Herren Subskribenten noch sehr gering ist, so sehe ich mich gezwungen, die Herausgabe meiner 3 Quintette bis auf den 1. Jänner 1789 zu verschieben … Kapellmeister Mozart, In wirkl. Diensten Sr. Majestät.*[31]

An den Kriegszeiten liegt es nicht: Haydn verkauft weiterhin prächtig.

Mozarts Eros bleibt jedoch unbehelligt davon, dass er keineswegs *mit sorgloserem Gemüt und freierem Herzen arbeiten* kann. Puchberg hat ihm nicht 2000, sondern 200 Gulden geschickt. Am 26. Juni trägt Mozart in sein Verzeichnis als vollendet ein: einen Marsch für Streichtrio, Flöte und Horn, eine Klaviersonate, eine Fuge für Streicher und eine Sinfonie in Es-Dur.[32]

Auch die Sinfonie hat er ohne Auftrag geschrieben. Hofft er, sie bei einer Akademie in diesem oder dem nächsten Sommer aufführen zu können? Oder spekuliert er nur darauf, dass die Notenverlage Sinfonien gut honorieren? Haydn darf pro Sinfonie 75 Gulden einstreichen. Auch pro Streichquartett, aber nachdem seine letzten drei Quintette sich als Ladenhüter erwiesen haben, traut Mozart der Kammermusik keinen Verkaufserfolg mehr zu.

Wie Mozart frei von jeder Vorgabe komponiert, offenbart die neue Sinfonie. Nichts an ihr erfüllt die Erwartungen, die sie selbst weckt. Sie beginnt in der kindlichen Vertrautheit barocker Opernrhythmen und wird dann fremd. Sie erinnert sich und vergisst. Sie entzündet helles Es-Dur-Licht und verdüstert sich zu des-Moll. Sie singt, seufzt, tanzt, klagt und lässt mit einem abrupten Schluss den Hörer allein mit dem ungelüfteten Geheimnis. Indiskretion hat Mozart ein paar Tage vorher seinem ehemaligen Vermieter angekreidet. Verschwiegenheit gilt als eines der obersten Gebote bei den Freimaurern. Diese Sinfonie in Es-Dur verschweigt, wie es in Mozarts Dasein und in seiner Seele aussieht. Nichts verrät Mozart darin über sich, aber vieles über das Wesen des Eros, der *zwischen Himmel und Erde, zwischen sterblich und unsterblich*, unterwegs ist. Unfassbar wie diese Sinfonie.

Einen Tag nachdem er sie vollendet hat, wendet Mozart sich schon wieder an Puchberg. Dass der nun nicht nur als *verehrungswürdiger*, sondern als *verehrungswürdigster Bruder* tituliert wird, lässt bereits vermuten, was Mozart von ihm braucht. Dankbar für das, was der *verehrungswürdigste Bruder* bisher für ihn getan hat, erweist er sich nicht. Im Gegenteil: Er macht seinen Gläubiger dafür verantwortlich, schon wieder Geld aufnehmen zu müssen. *Dass die Umstände*, erklärt er, *so sind und Sie mich nach meinem Wunsch nicht unterstützen können, macht mir viele Sorgen!* Für Mozart ist die Sache klar: Schuld an seiner Bredouille ist Puchberg, der kommentarlos nur ein Zehntel dessen geschickt hatte, was Mozart wollte. *Eben deswegen wünschte ich*, klagt dieser nun, *eine etwas ansehnliche Summe auf einen etwas längeren Termin zu haben, um einem solchen Falle vorbeugen zu können.*[33]

Seiner Schaffenskraft setzt die Finanzkrise nicht zu. *Ich habe in den 10 Tagen, dass ich hier wohne, mehr gearbeitet als im andern Logis die 2 Monate, und kämen mir nicht so oft schwarze Gedanken (die ich mir mit Gewalt ausschlagen muss) würde es mir noch besser von Statten gehen.*[34]

Zwei Tage später bewohnen nur noch drei Mozarts und das Dienstmädchen die Siebenzimmerwohnung im Alsergrund. Der kleine Hummel ist als Pianist auf Wunderkinder-Tournee mit dem Papa. Und Theresia ist tot.

Anfang Juli bekommt Puchberg von Mozart 2 *Versatz-Zettel* vom Dorotheum zugeschickt. Als Gegenleistung ersucht er ihn, *etwas Geld vorzustrecken*. Vor zwei Wochen hat er sich für Puchbergs diskrete Rettungsaktion noch mit einem Trio bedankt, das er für ihn komponierte. Nun geizt er nicht mit Vorwürfen. *Ach! Hätten Sie doch das getan um was ich Sie bat.*[35]

Dass Puchberg ebenfalls Sorgen hat, scheint Mozart nicht zu beschäftigen. Ein Händler für Samt und Seide muss nun mit Umsatzeinbrüchen zurechtkommen. Der Blitzkrieg ist zum Stellungskrieg erstarrt. Zigtausende sind im Semliner Lager des Hauptheeres an Ruhr und Malaria erkrankt. Der alte Feldmarschall Graf Lacy zaudert und versagt auf ganzer Linie. Soldaten kehren als Schwerverwundete heim, vor der Hofburg wird offen gegen den Krieg protestiert. *Wenn die Kasse leer ist, werden Steuern ausgeschrieben*, kündigt eine Anti-Kriegsbroschüre an.[36]

Mozart jagt nur seinen Ideen und Absichten nach. Am 25. Juli, vier Wochen nach der Sinfonie in Es-Dur, hat er die nächste fertiggestellt, die zweite in Moll von mittlerweile neununddreißig Sinfonien, und zugleich die zweite in g-Moll. Diese gilt bei seinen Zeitgenossen als Tonart der Trauer.

Fragend beginnt die Sinfonie. Kein Ton wird direkt angespielt, auf jedem sitzt ein Vorschlag, mal von unten, mal von oben. Fragende Zeichen, die verunsichern und verunsichert zurücklassen. Wie der Tod eines Menschen die, die ihn liebten und überleben. Für den Toten hat der Tod nichts Trauriges mehr, nur für diejenigen, die an seinem Grab stehen.

Zwei seiner engsten Freunde hat der Tod Mozart im letzten Jahr entrissen. Nicht nur Hatzfeld, auch Sigmund Barisani, seinen Vertrauten aus Salzburger Zeiten, in Wien Mozarts Arzt. Nach Hatzfelds Tod hatte er dem Vater erklärt: *ich bedaure ihn nicht – aber wohl herzlich mich und alle, die … ihn so genau kannten wie ich*. An Barisanis Todestag, dem 3. September, hatte Mozart in sein Stammbuch das Ende von diesem *liebsten besten Freund* und *Erretter* seines *Lebens* vermerkt, und dahinter: *Ihm ist wohl! – aber mir – uns – und Allen die ihn kannten – uns wird nimmer wohl werden – bis wir so glücklich sind ihn in einer bessren Welt – wieder – und auf nimmer scheiden – zu sehen.*[37]

Mozart arbeitet bereits an einer neuen Sinfonie, als er sich am 2. August endlich aufrafft, der Schwester in St. Gilgen nachträglich zum Namenstag zu schreiben. In die knappe Entschuldigung für sein langes Schweigen wickelt er sofort wieder eine Forderung ein. Geistliches ist gefragt, also auch Anregungen zu neuen geistlichen Werken. Michael Haydn soll ihm die Partitur seiner beiden *Tutti-Messen* und seiner *Graduali* leihen, verlangt Mozart. Auf den Weg schicken muss das Paket die Schwester. Da Haydn in Salzburg sitzt, drängt der Bruder sie, den Kollegen nach St. Gilgen zur Hausmusik einzuladen. Gespielt werden kann unter anderem das Trio für Puchberg; er legt es in Abschrift bei, Zweitverwertung. Seine Schwester wird auf diesen Brief nicht antworten, und Mozart wird ihr nie mehr schreiben.[38]

Am selben Tag weist der Kaiser von Semlin aus Graf Orsini-Rosenberg an, die Italienische Oper zu schließen und die Sänger von Aloisia Lange und Caterina Cavalieri bis Valentin Adamberger zu entlassen. Nachdem er von einer schweren Grippe genesen ist, hat der Kaiser den Finanzbericht des Hauses durchgeackert: Mit 800 000 Gulden steht es in den roten Zahlen. Als der Beschluss des Kaisers den Sängern und Salieri verkündet wird, hat Mozart bereits das Finale seiner 41. Sinfonie in C-Dur fertiggestellt.

Ein Finale, wie er noch keines schrieb. Der Kenner wird es hören, dass Mozart darin seine gesamte *Compositionswissenschaft* verdichtet hat. Er führt sie vor in einem Bravourstück der Kontrapunktik, zitiert Motive von Joseph Haydn, von Johann Sebastian Bach, von Johann Joseph Fux. Tut er das, um den Freund Haydn, den Bach-Liebhaber van Swieten, den Fux-Liebhaber Joseph II. oder einfach sich selbst zu erfreuen? Er greift auch jenes sehnsuchtsvolle Vier-Noten-Motiv aus dem ersten Satz seiner allerersten Sinfonie auf, das seither oft wiederkehrte.

Wozu?

Verwundert wird der Kenner am Anfang bemerken, dass Mozart schon im Seitenthema des Allegro vivace sich selbst zitiert. Mit einer

Arie, die er drei Monate vorher für seinen Don Giovanni Albertarelli als Einlage zu einer Anfossi-Oper komponiert hat: *Un bacio di mano – Ein Handkuss*. Was hat diese *buffo*-Arie, locker und lasziv, in jener Sinfonie zu suchen, die so komplex endet?

Mozart gibt keinen Hinweis. Vermutlich rechnet er damit, dass sich seine Zuhörer nicht einig werden über dieses Werk. Ist es erhaben oder sinnlich, unendlich ernst oder grenzenlos heiter, göttlich entrückt oder irdisch lebensfroh?[39]

Für Mozart ist das alles kein Widerspruch. So wenig wie Tod und Leben.

Dem Vater hatte Mozart in seinem letzten Brief geschrieben, der Tod habe für ihn *nichts Schreckendes mehr*. Vielleicht hat ihn Moses Mendelssohn dazu gebracht. In Mozarts Besitz befindet sich dessen Schrift *Phädon Oder über die Unsterblichkeit der Seele*.[40] Dort ist genau davon die Rede: dass Tod nur Veränderung bedeutet. Eine, die für die Lebenden nicht zu erkennen ist. Doch Mozart schrieb nicht von Unsterblichkeit, er schrieb, dass der Tod *Schlüssel zur wahren Glückseligkeit* sei. Jener Besitz also, den Eros als einzig wahren anstrebt. Doch auch darüber können die Hörer nur Vermutungen anstellen.

Auf etwas Eindeutiges festlegen lässt sich diese Sinfonie, die Mozarts letzte bleiben soll, nicht. So wenig wie Mozart. Wer meint, ihm auf der Spur zu sein, tappt in die Falle.

Mozart sucht den Weg zurück zur Kirche, könnte man glauben. Einer der drei dänischen Bewunderer, die Mozart am 24. August besucht haben, hat nach der Visite festgehalten: *Er produziert in Wien jetzt Kirchenmusik*.[41] Auch wer Mozarts Eintrag im Werkverzeichnis vom 2. September 1788 liest, muss denken wie der Däne: ein *Alleluja*, ein *Ave Maria* und eine Arie auf die Worte *Lacrimoso sono io, Ich bin von Tränen erfüllt*. Drei vierstimmige Kanons, gewidmet der Gläubigkeit, der Andacht und Innerlichkeit.[42] Doch an demselben Tag trägt Mozart dort zwei Werke ein, die sich ums sommerliche Unterhaltungsprogramm drehen. Beim ersten geht es ums Ausflugsziel: *Gehn wir im Prater, gehn wir in d' Hetz?* Das zweite behandelt einen familiären Disput um das Problem: Ausgehen oder nicht?, den ein Schlichter mit dem Befehl: *Grechtelt's enk* beantwortet.[43] Also: Macht euch zurecht, ausgehfertig.

Sinfonische Juwelen und Bettelbriefe

Das ist theoretisch ganz im Sinn von Vater Leopold, praktisch aber sinnlos. Mozart könnte sich darauf berufen, dass er im Dienst Colloredos fünfzehn Messen komponiert hat, außerdem Vespern, Grabmusiken, Litaneien, geistliche Oratorien und kleinere Einzelwerke. Die Partituren hat er sich von seiner Schwester auserbeten, aber sie liegen unsortiert und ungenutzt in seiner Wohnung herum; hier in Wien kennt sie keiner. Der Vater als trickreicher Wegefinder hätte sich ihrer bedient, um in Wien eine Karriere als Kirchenmusiker voranzutreiben, Mozart denkt über so etwas nicht nach.

Puchberg wartet vergebens auf Schuldenrückzahlung, Mozart verkürzt ihm die Wartezeit mit einem ihm gewidmeten Stück zur Zerstreuung, einem Divertimento in Es-Dur.[44] Viel Musik für das viele gestundete Geld; das Stück dauert eine Dreiviertelstunde, nur die Bläser-Partita ist genauso lang.

Lukrative Aufträge aber rücken in weite Ferne. Am 13. November wird eine Kriegssteuer verkündet. Sie trifft alle Bürger mit einem Einkommen über 100 Gulden. Wiens Musikmäzene müssen ihr Geld zusammenhalten. Ein Ende des Krieges ist nicht abzusehen, ein Ende des Wachstums der Staatsschulden auch nicht, also auch kein Ende der Zusatzsteuern.

Doch Mozart hat gelernt, Auswege zu suchen. Vielleicht liegen die an neuen Orten. An volksnahen, wie dem letztes Jahr eröffneten Theater auf der Wieden, dem Leopoldstädter Theater oder dem Theater in der Josefstadt, das in diesem Oktober aufmacht. Vielleicht auch in neuen Veranstaltungskonzepten. Der Traiteur Ignaz Jahn hat ein Haus in der Himmelpfortgasse gekauft, das er *Jahns Traiteurie* nennt. Er betreibt dort im Erdgeschoss ein Restaurant und bespielt im ersten Stock den *Jahn'schen Saal*.[45] Gourmets können so im Winter auf den Geschmack an Musik kommen, wie im Sommer draußen im Augarten.

Mozart ergreift die Chance. Gegen Jahresende führt er bei Jahn seine Bearbeitung von Händels Oratorium *Acis und Galatea* auf. Doch er leidet. Der Saal ist zu niedrig und zu schmal, um die Musik zur Geltung zu bringen. Und zu klein, um Mozart Geld zu verschaffen. Selbst wenn man vierhundert Besucher hineinzwängt, fährt das nicht genügend Gewinn ein, weil Mozart als Veranstalter das Orchester selbst bezahlen muss.[46]

Am 5. Dezember kehrt der Kaiser schwerkrank von der Front zurück. Er hat eine Malaria durchgemacht und wieder mit seiner Lungentuberkulose zu kämpfen. Seine Strategie ist gescheitert, seine Hoffnungen haben sich zerschlagen, trotz einzelner Siege ist der Feldzug misslungen.

Am 15. Dezember könnte der Kaiser zum ersten Mal Mozarts *Don Giovanni* hören. Er weiß, dass sich darin alles um einen Mann dreht, der hinter Frauen her ist. Einen Mann, der eigentlich durch seine Position jede kriegen könnte. Einen Mann, dem es nicht um Liebe, nur um sexuelle Befriedigung geht. Einen Mann, dem in den vierundzwanzig Stunden des Geschehens alles misslingt. Und je mehr schiefgeht, desto haltloser wird der Wüstling.

Der Kaiser steht nicht in dem Ruf, ein Wüstling zu sein. Probleme mit der Befriedigung seines sexuellen Appetits hatte er aber schon in jungen Jahren. Sein Bruder Leopold behauptet, Joseph sei in Schönbrunn jedem Dienstmädchen nachgestiegen.[47] Leopold weiß, dass sein Bruder immer noch seine Schwierigkeiten hat. Joseph offenbart sie ihm schonungslos. *Ich habe die Wahl zwischen drei Dingen*, hatte er ihm gestanden, *zu Hause bleiben, die Gesellschaft eines Menschen zu suchen, den ich verachte, oder mich mit dem Umgang zu begnügen, der sich mir durch Zufall bietet. Oder durch Bezahlung. Ich habe auch die Lösung versucht*, gab er zu, *und bin öffentlichen Mädchen nachgelaufen. Aber diese Lösung schließt so viele körperliche Unannehmlichkeiten ein, und sie erniedrigt den Geist so sehr, dass sie mich mit Ekel erfüllt.*

Auf Dauer abgehalten hat ihn der Ekel anscheinend nicht. Friedrich Freiherr von der Trenck, preußischer Offizier, Dichter und Abenteurer, ist im Wiener Rotlichtmilieu ein gern und oft gesehener Kunde. Von einer der käuflichen Damen hat er erfahren, dass der Kaiser *nur wenig zahle*.[48]

Zu wenig. Letztes Jahr machte es die Runde, dass der Betreiber eines Hinterzimmer-Bordells auf dem Spittelberg einen Kunden vor die Tür gesetzt hat, der nicht genügend Geld für die genossenen Liebesdienste bei sich hatte. Erst im Nachhinein erfuhr er, dass er den Kaiser hinausgeworfen hatte.[49] Einen, der zum Don Juan nicht taugt und deshalb für die körperliche Liebe zahlen muss. Und zu wenig zahlt – weil sie ihm zu wenig bringt?

Befriedigen können Joseph diese Ausflüge nicht; *weder Herz noch Geist haben sich daran erfreut*, hat er dem Bruder erklärt.[50]

Der Kaiser besucht den *Don Giovanni* nicht. Er lässt ihn absetzen. Die Vorstellung am 15. Dezember 1788 wird die letzte zu Josephs und zu Mozarts Lebzeiten sein.[51]

Wohin?, muss sich Mozart am Ende des Jahres 1788 fragen, als die Preise für Nahrungsmittel aufs Doppelte angestiegen sind.

Wohin?, muss er sich fragen am Ende des Kriegsjahres, der Verluste, der Einbußen.

Dorthin, wo er zu Hause ist, zwischen Luft und Boden: im Tanz.

Schon am 6. Dezember hat Mozart sechs neue Deutsche Tänze vollendet. Am Heiligen Abend trägt er die Fertigstellung von zwölf neuen Menuetten in sein Verzeichnis ein.[52] Das Jahr der Kriegsmärsche war für ihn ein Jahr der Tänze. Ein Jahr, in dem er sich wieder und wieder Geld erbettelt hat. Und in dem er die Welt mit seinen drei größten Sinfonien beschenkt hat.

XX.

1789
Der Liebende aber ist anders beschaffen
Oder: *Ein sehnsüchtiger Ehemann allein unterwegs*

Púnktititi mit Doppelkinn: Bei seinem Aufenthalt in Dresden porträtierte Dora (eigentlich Dorothea) Stock (1760–1832) Mozart im April 1789 mit Silberstift auf Elfenbeinkarton. Das lebensvolle Bildnis entstand im Haus von Doras Schwager, dem Schiller-Freund Christian Körner, wo Mozart sich wohlgefühlt zu haben scheint und stundenlang improvisierte. Auf der Prag-Reise zu Beginn des Jahres 1787 hatte sich Mozart selbst den Spitznamen Púnktititi verpasst, abgeleitet vom Dialektwort punkert für untersetzt, mollig.

Mozart hat sich betrunken. Karl Graf von Zinzendorf ist in seinem Urteil nie zimperlich, ob er es über Musik, Literatur oder Menschen fällt. Knapp protokolliert der sächsische Jurist am 14. März 1789 in seinem Tagebuch das Besäufnis des Komponisten, dessen Musik ihn meistens langweilt. Der *Don Giovanni* war Mozarts erste Oper, die er immerhin *annehmbar* fand.

Vermutlich hat Zinzendorf Mozart im Salon der Gräfin von Thun beobachtet, wo er häufig verkehrt. Dort hatte der Präsident der Hofrechenkammer Mozart am 14. Dezember 1782 zum ersten Mal spielen gehört. Ohne Begeisterung.[1]

Grund, sich zu betrinken, hätte Mozart. Seine Auftragslage ist miserabel. Wien hat nur von einem zu viel: von Soldaten, denen Arme und Beine fehlen, und von Deserteuren, die sich das Überlebensnotwendige zusammen betteln oder -stehlen.[2] Die Aristokraten, den Winter über wieder in der Stadt, waren an deren Glanz gewöhnt. Der trostlose Anblick, der sich jetzt bietet, macht sie lustlos; außerdem setzt ihnen die Kriegssteuer zu. Der Auftrag des Barons van Swieten, Händels *Messias* neu zu instrumentieren, ist ehrenvoll, nicht lukrativ. Ein Opernauftrag lässt auf sich warten, obwohl der Kaiser die Italienische Oper doch nicht eingestellt hat.

Das ist einzig und allein Da Ponte zu verdanken. Zumindest sieht das Da Ponte selbst so. Er hatte im letzten Sommer Einspruch erhoben und die rettende Idee gehabt, durch Subskribenten für die nächste Saison die benötigte Summe von 100 000 Gulden zusammenzukratzen, die die Fortsetzung des Theaterbetriebs garantiert. *Ich machte allen jenen Damen die Aufwartung, welche besonders unser Theater liebten.* Da Ponte fehlen zwar Zähne, aber der Italiener mit dem Dandy-Auftritt, dem bei Rührung sofort die Tränen kommen, hat Erfolg bei *jenen Damen. In weniger als acht Tagen hatte ich auch vollständig die Unterschriften für hunderttausend Gulden.*[3]

Ein sehnsüchtiger Ehemann allein unterwegs

Der Einsatz hat sich gelohnt, jedenfalls für ihn. Am 11. Februar kam *Il pastor fido* auf die Bühne, Libretto Da Ponte, Musik Salieri. Parodiert wurde darin eine Nummer aus *Don Giovanni*. Wenig später, am 27. Februar, wurde eine neue *Commedia in musica* aufgeführt, Text Da Ponte, Musik von verschiedenen Komponisten, doch Mozart war nicht dabei. Ist Da Ponte, den Mozart für seine Listigkeit bewundert, einfach Opportunist und setzt auf den Partner, der besser angeschrieben ist? Oder hatte Mozart die Beziehung vernachlässigt, seit er im Alsergrund wohnte?

Zu Jahresbeginn 1789 ist Mozart mit seiner Frau und seinem Sohn wieder in die Innenstadt gezogen, an den Judenplatz, wo er im Nebenhaus vor sechs Jahren schon einmal gewohnt hat. Geplant war der Umzug keineswegs. Mozart hatte Puchberg ausdrücklich angekündigt, dass er in der Währingergasse *Sommer und Winter bleiben* wolle. Einsparen kann er hier am Judenplatz nichts. Die billigste der drei Sechszimmerwohnungen im Haus kostet 300 Gulden,[4] die teuerste in der Beletage 400.

Hatte Mozart es in der Stille draußen nicht ausgehalten? Auch wenn er Puchberg etwas anderes erzählt hat: Arbeiten kann Mozart am besten, wenn der Geräuschpegel um ihn her nicht zu niedrig ist. Zur Not muss Constanze ihm vorlesen, während er komponiert.

Hatte Mozart den Eindruck, im Alsergrund sei er zu weit ab vom Schuss? Oder treibt ihn nur seine Rastlosigkeit schon wieder zum Ortswechsel?

In vielen Kreisen gilt er als unstet, als Mensch wie als Musiker. Und damit als unberechenbar.

Dass er sein Leben ändern muss, ist Mozart bewusst. Was hinter den Kulissen in Wien geredet wird, weiß er großenteils nicht, doch er kann sich durch die Reaktionen einiges zusammenreimen. Vor allem auch, wenn sie ausbleiben.

Von Johann Graf von Cobenzl, dem österreichischen Botschafter in Russland, könnte ein Auftrag kommen. Doch es kommt keiner.

Schon in seinen ersten Wiener Jahren war Mozart zu Gast auf Cobenzls Schloss am Kahlenberg über Wien, dessen Park samt Grotte sogar Zinzendorf Bewunderung abnötigt. Mozarts allererste Schülerin, Marie Karoline Gräfin Thiennes de Rumbeke, war eine geborene

Cobenzl; Mozart hatte Cobenzls Frau Therese drei Klaviersonaten gewidmet.

Seit letztem Jahr ist der junge Philipp Stahl beim Grafen Privatsekretär. Dass Cobenzl sich in der Wiener Musikszene auskennt und Stahl damit ebenfalls, weiß man unter Aristokraten. Daher hat sich die Schriftstellerin Isabelle de Charrière dieses Jahr an Stahl gewendet: Sie sucht einen Komponisten, der ihr Stück *Les Phéniciennes* vertonen könnte. *M. Stahl kennt Salieri*, berichtet sie einem Freund, *und glaubt, dass die Phéniciennes in seinen Händen nicht schlecht aufgehoben wären.* Im Dialog mit Stahl war die Rede auch auf Mozart gekommen. Aber *bei Mozart, den Stahl ebenfalls kennt, findet er, dass sein Genie nicht ausreichend geregelt ist, was den Geschmack und die Erfahrung angeht.*[5]

Der preußische König Friedrich Wilhelm II. hat angeblich Interesse signalisiert, Mozart am Berliner Hof zu beschäftigen. Karl Fürst von Lichnowsky, seit Jahren Stammgast bei Gräfin von Thun und seit letztem November ihr Schwiegersohn, hat Mozart überraschend eingeladen, mit ihm nach Berlin zu reisen. Er hat dort zu tun. Im preußischen Schlesien gehören der Familie Lichnowsky, einer der reichsten im Land, Dörfer, Güter und Schlösser. Der Fürstentitel wurde Karl Lichnowskys Vater 1773 nicht in Wien, sondern in Berlin von König Friedrich II. verliehen.

Was hat Lichnowsky auf die Idee gebracht, Mozart einzuladen? Brauchte er nur einen Gesellschafter, hätte er sich eine Person von Stand aus dem aristokratischen Freundes- oder Familienkreis gesucht. Als Förderer Mozarts hat er sich bisher noch keinen Ruhm erworben, und mit ihm als Schüler rühmt Mozart sich nie. Dass sie beide Freimaurer sind, beide in der Loge *Zur wahren Eintracht*, der Lichnowsky seit 1784 angehört, zu Gesellen wurden, ist auch kein Grund, den fünf Jahre älteren Mozart zum Reisegefährten zu wählen. Aber die Exkursion soll mit Auftritten Mozarts verbunden werden, die ihm bares Geld einbringen dürften.

Hat Mozart auch bei Lichnowsky größere Summen geliehen? Gedenkt der Fürst, sich auf diese Weise sein Geld zurückzuholen?[6]

Mozart hat Grund, nervös zu sein und sich zu betrinken. Wie er von Friedrich Ramm erfahren hat, bleibt ihm wenig Zeit, auf das Angebot des Königs zu reagieren. Der Oboist ist einer der vier Mann-

Ein sehnsüchtiger Ehemann allein unterwegs

heimer Bläsersolisten, den Mozart seinem Vater zuerst als idealen Reisebegleiter nach Paris angepriesen, dann als *Libertin*, als fragwürdige Existenz *ohne alle Religion* geschmäht hatte. Ramm trägt Mozart offenbar nichts nach. Er hat wohl nicht vergessen, dass Mozart ihm ein Oboenquartett gewidmet und ihn mit seinem *Idomeneo* in München zutiefst ergriffen hat. Bei seinem zweiten Gastspiel am Hof des Preußenkönigs, der den Solisten vergeblich für seine Hofkapelle zu verpflichten versuchte, hat Ramm die Lage sondiert. Anscheinend hat es Friedrich Wilhelm eilig, den Kandidaten aus Wien kennenzulernen.[7]

Reisen darf Mozart in Lichnowskys privater Kutsche mit den von ihm bezahlten Pferden. Doch Hotels und Restaurantbesuche werden trotzdem ins Geld gehen – Geld, über das Mozart nicht verfügt.[8]

Die Reise nach Berlin ist eine Chance, die Mitfahrgelegenheit auch. Nur: Wie soll er sie nutzen?

Ende März schreibt Mozart einen Brief an Franz Hofdemel. Der Hofkanzlist ist Mozart in letzter Zeit nähergekommen. Hofdemel möchte gern in die Loge Mozarts eintreten.

Bei Hofdemel spart sich Mozart die Wortgirlanden, mit denen er Puchberg bedenkt. *Ich bin so frei, Sie ohne alle Umstände um eine Gefälligkeit zu bitten*, lautet der erste Satz; *könnten oder wollten Sie mir bis 20ten des künftigen Monats 100 fl lehnen*. Seine Begründung wirkt ebenfalls unverblümt. In Erwartung von 100 Dukaten aus dem Ausland habe er sich *zu sehr vom Gelde entblößt*, also zu viel ausgegeben. Doch der Briefschreiber Mozart vergisst nicht, dass er die Kunst des Fallenstellens beherrscht. Mehr als Bekenntnisse tiefer Verbundenheit, die bei einem Verehrer wie Puchberg funktionieren, bringt hier der Hinweis darauf, dass Meister Mozart etwas für den Adepten Hofdemel in Sachen Logeneintritt tun kann. *Nun werden wir uns bald mit einem schönern Namen*, dem Brudernamen, *nennen können!*, verspricht er und raunt: *Ihre Sache ist dem Ende sehr nahe*.

Hofdemel lebt in der Grünangergasse, vielleicht zehn Minuten zu Fuß von Mozarts neuer Wohnung am Judenplatz entfernt. Anders als Puchberg aber schickt er nicht einfach Bargeld ohne Quittung. Der Mann ist Beamter, Kanzlist an der Obersten Justizstelle. Am 2. April muss Mozart ihm einen Wechsel ausstellen. Juristisch einklagbar versichert er: *Leiste zur Verfallzeit richtige Zahlung und unter-*

*werfe mich einem k. k. Niederösterreichischen Merkantil- und Wechsel-Gericht.*⁹

Noch hält Mozart sich für einen Auswegfinder. Er konzentriert seine Energien vollständig auf die Lösung seiner eigenen Probleme.

Am 22. März ist seine Schwester in St. Gilgen von ihrem zweiten Kind, ihrer ersten Tochter, entbunden worden. Sie ist mit Ende dreißig keine junge Mutter mehr. Das Risiko, bei der Entbindung zu sterben, ist groß. Direkt und offiziell erfährt Mozart nichts davon, braucht es also nicht zu wissen. Vermutlich ist er froh darüber.¹⁰ Die Brücken zur Vergangenheit hat er abgebrochen. Nur: Wohin führt der Weg in die Zukunft? Nach Berlin? Nach Petersburg? Nach London?

In Wien hält ihn immer weniger. Da Ponte hat ein neues Libretto geschrieben. Für Salieri, nicht für Mozart. Es soll die Fortsetzung seiner Erfolgsoper *La scuola de' gelosi* werden, zu der Caterino Mazzolà den Text verfasst hatte und für die sogar Goethe schwärmt. Titel: *La scuola degli amanti*. Es könnte ein Renner werden, wenn auf *Die Schule der Eifersüchtigen* nun ein paar Jahre später *Die Schule der Liebenden* folgt. Die Volkstheater führen vor, dass musikalische Fortsetzungsromane die Kassen füllen.

Am 8. April frühmorgens brechen Mozart und Lichnowsky in einem Vierspänner auf. Mozart hat dafür gesorgt, dass Constanze, die nach der vierten Schwangerschaft und dem neunten Umzug an offenen Beinen leidet, betreut wird.¹¹ Für die Zeit seiner Abwesenheit hat er sie mit Sohn Carl Thomas bei den Puchbergs auf dem Hohen Markt einquartiert. Außerdem hat er seinem Freund Franz Hofer, seit letztem Jahr Ehemann von Constanzes Schwester Josepha, das Versprechen abgenommen, möglichst oft nach ihr zu sehen. Auch Aloisia und Joseph Lange hat er darum gebeten.

Wie Lichnowsky führt Mozart seine beste Garderobe mit, in einem Futteral aber noch etwas Intimes. In Budwitz lässt Lichnowsky die Pferde wechseln. Erst einen halben Tag ist Mozart getrennt von seiner Frau, doch er muss ihr schreiben: *alle Augenblicke betrachte ich Dein Portrait – und weine – halb aus Freude, halb aus Leide! – erhalt mir Deine mir so werte Gesundheit und lebe wohl, Liebe! – Habe keine Sorgen meinetwegen, denn auf dieser Reise weiß ich nichts von Ungemach – von Verdrieß-*

lichkeit – nichts außer Deiner Abwesenheit ... mit tränenden Augen schreibe ich dieses ... ich küsse Dich Millionen mal auf das Zärtlichste und bin ewig Dein bis an den Tod getreuester stu-stu Mozart.[12]

Am 10. April, es ist der Karfreitag, kommen die beiden Reisenden in Prag an. Sie übernachten auf der Kleinseite im Hotel *Zum Goldenen Einhorn*, einem der teuersten Häuser in der Stadt. Abgesehen von einer Blitzvisite bei den Duscheks, wo Mozart erfährt, dass die Frau des Hauses in Dresden weilt, nimmt er sich keine Zeit für Privatbesuche in Prag. Dafür wird er bei Domenico Guardasoni, dem Impresario der Bondinischen Truppe, vorstellig. Der Publikums- und Kassenerfolg des *Don Giovanni* hat Mozarts Position in Prag gefestigt. Guardasoni bespricht mit ihm den Auftrag für eine neue Oper, handelt bereits das Honorar und den Reisekostenzuschuss aus. Stolz berichtet Mozart seiner Frau, Guardasoni habe versprochen, *220 Dukaten für die Oper und 50 Dukaten Reisegeld zu geben*, also 990 Gulden Honorar, doppelt so viel wie üblich, und eine enorme Unkostenzulage. Sagt Mozart die Wahrheit oder will er nur seine Frau beruhigen? Thema soll der Titus-Stoff sein. Abgedroschen, aber gut aufzubereiten, wenn sich ein Librettist daran macht, die steifen Figuren einer *opera seria* in Menschen zu verwandeln. Der Don-Juan-Stoff war ja auch erst durch Da Pontes Neufassung packend geworden.[13]

Zeit für längere Diskussionen hat Mozart nicht. Es drängt ihn nach Berlin. Er hat Constanze geschrieben, warum es pressiert. Ramm, sein Kontaktmann am preußischen Hof, hat auf dem Rückweg von Berlin vor acht Tagen hier in Prag Station gemacht und in der Musikszene die Nachricht hinterlassen, *dass ihn der König oft und zudringlich gefragt hätte*, ob Mozart *auch gewiss kommen werde*. Nachdem Mozart sich nicht ankündigte, sei Friedrich Wilhelm schon nahe daran, die Hoffnung aufzugeben. *Ich fürchte er kommt nicht*, hatte er zu Ramm gesagt. Der hatte sich bemüht, dem König *das Gegenteil zu versichern*.

Gute Nachrichten. Siegessicher erklärt Mozart seiner Frau, offenbar stünden seine Karten in Berlin nicht schlecht. Nervös macht ihn nur eins: dass er keine Post von Constanze bekommen hat. Er giert nach Liebesbeweisen seiner Frau und findet, dass sie ihm zu wenige gönnt. Erst zwei Tage ist er von ihr getrennt. Aber er stöhnt: *Ich sehne mich so sehr nach Nachrichten von Dir.*[14]

Glatt verläuft die Weiterreise trotz Vierspänner nicht. Erst am Ostersonntag, dem 12. April, sechs Uhr abends, nicht wie geplant am 11. zur Mittagessenszeit, treffen sie in Dresden ein. Nach fünfundvierzig Stunden auf der Straße. Wieder ist die Unterkunft erstklassig: das *Hôtel de Pologne*. Schon am nächsten Morgen *um 7 Uhr früh* nimmt sich Mozart die Zeit, einen langen Brief an seine Frau zu schreiben. Am Abend ist er bei Johann Leopold Neumann eingeladen, Kriegsratssekretär, Dichter und Komponist, der Josepha Duschek ein Zimmer vermietet hat. Neumanns Frau, die Pianistin Natalie Bassemann, ist für ihr Spiel wie für ihre Schönheit berühmt.

Falls Constanze eifersüchtig sein sollte, beruhigt Mozart sie kurz und knapp mit einer Lüge. Die Gesellschaft im Haus der Neumanns, vermeldet er, habe *aus lauter meist hässlichen Frauenzimmern* bestanden.[15] Constanze soll spüren, wie sehr er sie auch in der Ferne begehrt. Ihr Miniaturporträt benutzt er als Fetisch bei einem ritualisierten Liebesakt. Zieht er Constanzes Bild aus dem Futteral, wird sein *Spitzbub* in Erregung versetzt. – *wenn ich Dir alles erzählen wollte, was ich mit Deinem Portrait anfange, würdest Du wohl lachen. – Zum Beispiel, wenn ich es aus seinem Arrest herausnehme, so sage ich: grüß Dich Gott Stanzerl! – grüß Dich Gott. – Spitzbub – knallerballer – Spitzignas – bagatellerl – schluck und druck! – und wenn ich es wieder hinein tue, so lasse ich es so nach und nach hinein rutschen, und sage immer Nu – Nu – Nu – Nu!, aber mit einem gewissen Nachdruck, den dieses viel bedeutende Wort erfordert, und beim letzten schneller: gute Nacht; Mauserl, schlaf gesund! Nun glaube ich so ziemlich was Dummes (für die Welt wenigstens) hingeschrieben zu haben – für uns aber, die wir uns so innig lieben, ist es gewiss nicht dumm; – heute ist der 6te Tag, dass ich von Dir weg bin, und, bei Gott, mir scheint es schon ein Jahr zu sein.*[16] Der Wagen steht schon unten vor der Tür, um ihn abzuholen, da kritzelt Mozart seine inflationären Küsse an die *Liebe, Einzige* auf das Papier.

Nach einem Opernbesuch findet er den *so lange mit heißer Sehnsucht gewunschenen Brief*. Obwohl die anderen unten auf ihn warten, lässt er sich Zeit. *Ich küsste den Brief unzählige Male*, berichtet er seiner Frau, und *verschlang ihn mehr, als ich ihn las. – ich blieb lange in meinem Zimmer, denn ich konnte ihn nicht oft genug lesen, nicht oft genug küssen.*

Dann folgen *eine Menge Bitten* an seine Frau.

1. mo bitte ich Dich, dass Du nicht traurig bist;

2. do dass Du auf Deine Gesundheit achtest und der Frühlingsluft nicht trauest.

3. tio dass Du nicht alleine zu Fuß – am liebsten aber – gar nicht zu Fuß ausgehst.

4. to dass Du meiner Liebe ganz versichert sein sollst; – keinen Brief habe ich Dir noch geschrieben, wo ich nicht Dein liebes Porträt vor meiner [mich] gestellt hätte.

6. to und ultimo bitte ich Dich in Deinen Briefen ausführlicher zu sein. – Ich möchte gern wissen, ob Schwager Hofer den Tag nach meiner Abreise gekommen ist? Ob er öfters kommt, so wie er mir versprochen hat; – ob die Langischen bisweilen kommen? – ob an dem Portrait fortgearbeitet wird? – wie Deine Lebensart ist? – lauter Dinge die mich natürlicher Weise sehr interessieren.

Da fällt ihm auf, dass 5. fehlt. Er hängt eine weitere Bitte an.

5. to bitte ich Dich nicht alleine auf Deine und meine Ehre in Deinem Betragen Rücksicht zu nehmen, sondern auch auf den Schein.[17]

Am Tag darauf schont Lichnowsky Mozarts Geldbeutel und lädt ihn samt Josepha Duschek und den Neumanns im *Hôtel de Pologne* zum Mittagessen ein. Während des Essens wird serviert, worauf Mozart wartet: die Einladung, am selben Abend um halb sechs in einem improvisierten Kammerkonzert bei Hof, im Appartement der Kurfürstin Amalie aufzutreten. Neben Josepha Duschek, Johann Friedrich Prinz, einem Flötisten in Mozarts Alter, und dem zehnjährigen Cellisten Nikolaus Kraft, der mit seinem Vater, Cellist bei der Kapelle des Fürsten Esterházy, auf Wunderkind-Tournee ist. Am nächsten Morgen wird Mozart diskret verpackt das Honorar überbracht: 100 Dukaten, also 450 Gulden, das Doppelte von dem, was die beiden Krafts kassieren. Schließlich ist ein Auftritt bei Hof *ganz was Außerordentliches*. Seiner Frau berichtet Mozart nur, dass er *eine recht schöne Dose* erhalten habe.[18]

Mittags speist er beim russischen Gesandten Fürst Alexander Michailowitsch Belosselskij-Beloserskij am Neustädter Kohlmarkt. Der zweiunddreißigjährige Petersburger ist russischer Botschafter in Turin und Dresden und hier einer der wichtigen privaten Konzertveranstalter, ob in seinem Palais oder im *Hôtel de Pologne*. Mit vollem Magen hat Mozart um vier Uhr nachmittags in der Hofkirche zum Orgelwettstreit anzutreten. Sein Gegner ist der Organist und

Pianist Johann Wilhelm Häßler, neun Jahre älter als Mozart und ein Enkelschüler von Bach. Der Erfurter kennt die Dresdner Silbermann-Orgel in- und auswendig, Mozart nicht. Wer auf diesem Orgelwerk wirkungsvoll spielen will, muss mit der Vielfalt ihrer Registrierungsmöglichkeiten umgehen können und wissen, wie stark der Nachhall in dieser Kirche ist. Doch Mozart erfasst das offenbar sofort.

Danach geht es zurück zum Palais des russischen Fürsten am Kohlmarkt. Dort wird der Wettstreit auf dem Flügel fortgesetzt. Häßler selbst gibt zu, Mozart sei ihm weit überlegen. Auch die Presse berichtet, *dass er alles übertraf, was man bisher kannte.*[19]

Wie aber der Fürst Mozart erlebt, wird er kurz danach literarisch verewigen, in einem fingierten Dialog zwischen einer Marquise und einem Prinzen. Der Prinz, unschwer als Alter Ego des Fürsten zu erkennen, erklärt darin: *Mozart ist sehr kenntnisreich und sehr schwierig. Folglich bei den Instrumentalisten geschätzt.* Doch er selbst empfindet Mozart als einen Mann, der nicht lieben kann, sein Spiel als gefühlskalt. *Niemals kam eine Modulation aus seinem Herzen.*[20]

Am 16. April setzt sich der Mann, der angeblich nicht lieben kann, *nachts um ½12 Uhr* müde hin, um seiner Frau zu schreiben. Die letzten achtundvierzig Stunden war er völlig ausgefüllt. Nach dem Klavierduell beim Fürsten war Mozart wieder in die Oper gegangen, danach noch mit dem Komponisten und Hofkapellmeister Johann Gottlieb Naumann und dessen Frau unterwegs. Zwischendrin muss er seine Urteile über alles abgeben. Naumanns Messe und Dirigat *sehr mittelmäßig*, Häßler *nicht im Stande, eine Fuge ordentlich auszuführen*, die Oper *wahrhaft elend.*[21]

Die Drähte der Freimaurer funktionieren auch in Dresden. Naumann ist Mitglied in der Loge *Minerva zu den drei Palmen* und kennt Christian Gottfried Körner, Bruder in derselben Loge, Oberkonsistorialrat, Schriftsteller und Schiller-Intimus. Körner wiederum kennt in Dresden jeden von Interesse, singt mit vollem Bass jedes von Mozarts Liedern, sobald ein neues erscheint, und lädt großzügig ein. Ein Freund der Körners, Daniel Friedrich Parthey, Flötist, Pianist, Verleger und ebenfalls Bruder bei der *Minerva*, begleitet den Hausherrn beim Mozartsingen am Klavier. Das Trio aus Ehepaar Körner und Dora Stock ist dafür bekannt, dass es Künstler versteht, verehrt und durchfüttert.

Ein sehnsüchtiger Ehemann allein unterwegs

Doch satt ist Mozart nicht, als er um Mitternacht an seine Frau schreibt. Dora Stock, Schwägerin Körners und bekannte Porträtistin, versichert glaubwürdig, Mozart habe über dem Improvisieren am Klavier den gedeckten Tisch nebenan vergessen, und die Tischgäste hätten über Mozarts Musik das Essen vergessen. *Man ließ die Suppe kalt werden, und den Braten verbrennen.* Aber schließlich, so Parthey, *machte man kurzem Protest* mit Mozart und schickte Dora Stock, um ihn zu holen. *Werde gleich kommen*, hatte Mozart ihr versprochen. *Aber wer nicht kam, war Mozart.*[22] Nach dem Essen hatte er noch immer am Klavier gesessen. Und die Malerin hatte sein Profil mit dem Silberstift auf einem handtellergroßen Stück Elfenbeinkarton festgehalten.

Mozart ist inmitten der Menschen einsam. *Denke, dass ich alle Nacht, ehe ich ins Bett gehe, eine halbe Stunde mit Deinem Portrait spreche*, und so auch beim Erwachen, schreibt er seiner Frau.[23]

Am Montag, den 20. April, kommt er mit Lichnowsky in Leipzig an. Der Fürst hat hier studiert und will Bekannte aufsuchen. Mozart stattet einen Besuch bei einem Toten ab. Am 22. April sieht der aus Paris in die sächsische Heimat zurückgekehrte Kollege Johann Friedrich Reichardt beim Besuch der Thomaskirche *einen jungen, modisch gekleideten Mann* auf der Orgelbank sitzen, der eine Stunde lang *mit der größten Leichtigkeit* über Themen von Johann Sebastian Bach *aufs Herrlichste aus dem Stegreif* improvisiert. Sodass Thomas-Kantor Johann Friedrich Doles dort glaubt, sein Lehrer sei *wieder auferstanden.*[24]

Am Abend schreibt der junge, modisch gekleidete Mann seiner Frau sehnsüchtig nach Wien. *Dein ewig getreuer, Dein zärtlich liebender, Dein treuester, Dein Dich aus ganzem Herzen, aus ganzer Seele liebender Mann, Dein einziger wahrer Freund.* Seine Unterschriften sind immer Beschwörungen seiner unverbrüchlichen großen Gefühle für Constanze. Dann ist er wieder unterwegs.

Am 25. April trifft Mozart endlich in Berlin ein, am Ziel der Reise. Doch König Friedrich Wilhelm ist nach Potsdam hinausgefahren. Mozart beschließt, sich anzumelden. Am 26. April wird dem König als Punkt 5 der Kabinettordnung vorgelesen, dass ein Mann *namens Mozart, der* sich *beim Einpassieren für einen Kapellmeister aus Wien angegeben* habe, wünsche, *seine Talente zu Ew. Königlichen Majestät Füßen zu legen und dass er Befehl erwarte, ob er hoffen dürfte, dass Ew. Königliche Majestät ihn vorkommen lassen werden.*[25]

Mozart hat auch seinen Reisegefährten Lichnowsky ausdrücklich genannt. Der Name könnte dafür sorgen, dass die Tür sich schneller öffnet. Der König kennt Lichnowsky und dessen Vermögensverhältnisse.

Gut, dass Mozart nicht liest, was Friedrich Wilhelm auf den Antrag schreibt: *Directeur du Port*. Sein Cellolehrer, der Kammermusikdirektor Jean Pierre Duport, soll sich des Kapellmeisters aus Wien annehmen.

Hat Mozarts Kontaktmann Ramm gelogen oder übertrieben?

Dass Duport, der Mozart als knapp Achtjährigen in Paris erlebte, alles andere als sein Verehrer ist, kann Mozart nicht wissen. Duport ist Freimaurer, in derselben Loge wie Joseph Legros, der vor elf Jahren Mozart in den Rücken fiel und die Aufführung der *Symphonie concertante* im *Concert spirituel* vereitelte. Hat Duport mitbekommen, wie sich Mozart vor elf Jahren mit den Pariser Logen-Brüdern im Orchester angelegt hatte, die das fremde Rumpelstilzchen daraufhin auflaufen ließen?

Mozart macht, was er für listig hält. Er komponiert Variationen auf ein Menuett von Duport, das angeblich ein Ohrwurm des Königs ist.

Beim Antrittsbesuch in Potsdam fordert Duport, Mozart solle Französisch reden.

Was sich Mozart denkt, wird Duport spüren. Laut einem Zeugen soll er gesagt haben: *So ein welscher Fratz, der jahrelang in deutschen Landen war und deutsches Brot fraß, müsste auch deutsch reden oder radebrechen*.[26]

In Potsdam wird Mozart auf die Wartebank gesetzt. Nicht genug damit. Auch Lichnowsky lässt ihn im Stich. So zumindest erlebt es Mozart. Dass Lichnowsky am 29. April im vierhundert Kilometer entfernten Brieg vor Gericht von seinen Freunden, der Grafenfamilie Haugwitz, gebraucht wird, interessiert ihn nicht. Ihn empört es, dass ihm der Feudalherr Lichnowsky bei seiner Abreise noch 100 Gulden abknöpft. *Ich konnte es nicht gut abschlagen, Du weißt warum*, berichtet Mozart seiner Frau.[27] Sie weiß es offenbar.

Anscheinend hat Lichnowsky Mozart bisher ausgehalten. Denn der beschwert sich bei seiner Frau, dass er von da an *im teuren Orte Potsdam selbst zehren* musste.[28]

Ein sehnsüchtiger Ehemann allein unterwegs

Am 30. April kehrt Lichnowsky zwar noch einmal zurück, aber nicht nach Potsdam, sondern nach Berlin. Wenige Tage später fährt er mit seiner Kutsche heim nach Wien.[29]

Am 8. Mai ist Mozart wieder in Leipzig, angereist auf eigene Rechnung mit der Postkutsche. Anscheinend hat ihm Lichnowsky vor seiner Abreise eingeredet, dort könne er jetzt noch, gegen Ende der dreiwöchigen Messe, mit Auftritten Geld verdienen. Die Messe zieht Besucher an, die Geld und abends Lust auf Unterhaltung haben. Am 12. Mai darf Mozart auch wirklich im Gewandhaus spielen und erntet mit zwei Klavierkonzerten und einer Fantasie viel Applaus. Befriedigen kann ihn das nicht. Das Ganze war *von seiten des Beifalls und der Ehre glänzend genug*, gibt Mozart zu, *desto magerer aber die Einnahme betreffend*. Er habe also, beschwert sich Mozart, *mit Rückweg 32 Meilen fast umsonst gemacht*. Die Verantwortung dafür schiebt er seinem bisherigen Gönner zu: *Daran ist Lichnowsky ganz alleine schuld, denn er ließ mir keine Ruhe, ich musste wieder nach Leipzig.*[30]

Allerdings hätte er dort nicht bis 17. Mai verlängern müssen. Leopold hatte seinem Sohn einst eingeschärft, *dass man sich nicht länger an einem Ort aufhalte, als es höchst notwendig ist*, erst recht, *wenn man sieht, dass nichts zu tun ist*.[31] Also wenn sich kein Geld verdienen lässt.

Zurück in Berlin sind Mozarts Hoffnungen geschrumpft und die Mittel erst recht. Gewachsen ist seine innere Unruhe. Vor allem, weil er von seiner Frau nichts hört. Seine letzten vier Briefe blieben ohne Antwort. Dass sie ihm mittlerweile sechs Mal geschrieben hat, ahnt er nicht, als er sich bei ihr beschwert, siebzehn Tage ohne Nachricht gewesen zu sein. Er erinnert sie an seine Ermahnungen und *Bitten* und fleht sie erneut an: *liebe mich so, wie ich Dich liebe; – ich bin ewig Dein einzig wahrer Freund und getreuer Gatte*. Als Constanze nun ihrerseits Zweifel an der Liebe ihres getreuen Gatten bekundet, wird er deutlich: *wie kannst Du denn glauben, ja nur vermuten, dass ich Dich vergessen hätte? – Wie würde mir das möglich sein? Für diese Vermutung sollst Du gleich die erste Nacht einen derben Schilling auf Deinen liebens-küssenswürdigen Aerschgen haben, zähle nur darauf.*[32]

Als er vier Tage später in einer Wirtschaft im Berliner Tiergarten den nächsten Brief an Constanze verfasst, beschwert er sich erneut, wie sehr er gelitten habe ohne Nachrichten von ihr. Penibel listet er

auf, wann er ihr von wo geschrieben hat und wann er von ihr wo einen Brief erhalten hat. *Gottlob sei das bald überstanden. – an Deinem Halse hangend werde ich es Dir dann erst recht erzählen, wie es mir damals war!*
Kleinlaut gesteht er, dass der König von ihm nichts wissen wollte. *Die Königin will mich Dienstag hören; da ist aber nicht viel zu machen; ich ließ mich nur melden, weil es hier gebräuchlich ist und sie es übel nehmen würde.* Dass er keine Ausbeute heimbringt, nur einen Trostpreis, wohl für den entgangenen Auftritt vor dem König und den Ersatzauftritt vor der Königin. *Du musst Dich bei meiner Rückkunft schon mehr auf mich freuen, als auf das Geld.* Er berichtigt auch, dass die 100 Friedrichs d'or, die er erhalten hat, nicht, wie Constanze umrechnete, 900, sondern nur 700 Gulden in Wiener Währung wert sind.[33]

Seine sexuelle Begierde bringen diese Misserfolge keineswegs zum Erliegen. *Richte Dein liebes schönes Nest recht sauber her, denn mein Büberl verdient es in der Tat, er hat sich recht gut aufgeführt*, drängt er; *stelle Dir den Spitzbuben vor, dieweil ich so schreibe, schleicht er sich auf den Tisch … ich aber, nicht faul, gebe ihm einen derben Nasenstüber. Jetzt brennt der Schlingel noch mehr und lässt sich fast nicht bändigen.*[34]

Liebe braucht er, begehrt werden will er.

Friedrich Wilhelm begehrt seine Dienste nicht. Es wird Zeit, den Traum von einer Anstellung am Hof des Preußenkönigs zu begraben.

Ist Berlin also doch kein Ort für Mozarts Talent?

Immerhin für seine Musik. Umjubelt werden zwar die Singspiele und Opern des Kollegen Ditters von Dittersdorf, aber bei dem, was unter dem Titel *Belmonte und Constanze* im Königlichen Nationaltheater am Gendarmenmarkt gespielt wird, handelt es sich um Mozarts *Entführung*. Doch Mozart kann sich ausrechnen, dass er für den Berliner wie für den Münchner Hof und viele andere Höfe einfach zu wenig hermacht. Als er spontan vorbeischaut, erkennt ihn keiner, niemand hält ihn für irgendetwas Besonderes, wenn er keine Gala trägt. *Klein, rasch, beweglich und blöden Auges, eine unansehnliche Figur in grauem Überrock*, beschreibt ihn der sechzehnjährige Opernfan Ludwig Tieck, der mit dem Unbekannten vor Aufführungsbeginn ins Gespräch kommt. Und erst später kapiert, dass es sich um Mozart gehandelt hat.[35]

Ein Konzert wird angekündigt: *Heute sonnabends den 23. Mai wird sich im Corsikaschen Concertsaal ein 9½ jähriger Virtuose, Monsieur Hummel*

Ein sehnsüchtiger Ehemann allein unterwegs

aus Wien, durch das Orchester Ihro Majestät der regierenden Königin unterstützt auf dem Forte Piano hören lassen. Er ist ein Schüler des berühmten Herrn Mozart und übertrifft an Fertigkeit, Sicherheit und Delikatesse alle Erwartung.

Die Karten waren sofort ausverkauft. Der Solist trägt *eines der schwersten Konzerte Mozarts* vor. Er ist zwar zehneinhalb Jahre alt, aber was Vater Mozart recht war, ist Vater Hummel billig.

Das Publikum ist hingerissen. Applaus unterbricht den Pianisten mehrmals. Doch es ist etwas anderes, was ihn ablenkt. Er sieht einen Besucher, der zu spät kommt, spielt mit rotem Kopf weiter, reckt sich, um dorthin schauen zu können, wo der Mann sitzt. Nun wird auch das Publikum neugierig. Nach dem Mann, der den kleinen Pianisten nervös macht, würde sich kaum einer umdrehen. Klein, leicht schielend, *eine unansehnliche Figur in grauem Überrock*. Kaum hat der Solist des Abends sein Programm beendet, verlässt er noch während des Beifalls das Podium, rennt zu dem Besucher hin und schreit nach hinten: *Vater, Vater! Komm schnell hierher, unser Meister, mein Lehrer, der Herr Mozart ist da.*

Nun bricht der Jubel los, den Mozart braucht: *Mozart ist hier, es lebe Mozart!*[36]

Das Publikum liebt ihn. Sein Schüler liebt ihn.

Allein reist Mozart nach Prag. Die Fahrt dorthin ist lang und beschwerlich in der normalen Postkutsche. Aber nach zwei Übernachtungen bricht er schon wieder auf nach Wien, wo das *Nest* auf seinen *Spitzbuben* wartet. Unterhalb eines wachsenden Bauchs. Dass Constanze zwei Wochen nach Mozarts Rückkehr bereits im fünften Monat schwanger sein wird, ändert nichts an seiner anschwellenden Begierde.

Brünn liegt direkt an der Strecke. Dort lebt ein Freund der Duscheks, der Organist, Pianist, Komponist und Geiger Gotthard Pokorny. Er ist Kapellmeister an der Kathedrale St. Peter und Paul und hat eine Tochter, die als Geigerin wie als Klavierspielerin virtuos sein muss. Hier ist der Vater ihr einziger Lehrer. Nun, mit Anfang zwanzig, hätte Maria Magdalena in Wien sicher bessere Chancen, sich musikalisch fortzubilden. Eine Stippvisite bei Pokorny gibt Mozart nicht nur Gelegenheit, Magdalena und ihren Vater zu hören, vielleicht mit einer Mozart-Sonate, sondern sich Geld zu beschaffen. Er spendet der Tochter *seinen Beifall* und verpfändet dem Vater eine seiner schönsten Taschenuhren. Wo das Geld hingeraten ist, das er unterwegs eingenommen hat, verschweigt er seiner Frau. Mindestens 1500 Gulden müssten es sein. Eine Taschenuhr kann auf einer solchen Reise leicht abhanden kommen.[37]

Fürchtet Mozart zu Hause berechtigte Nachfragen? Oder zweifelt er daran, dass Constanze sich mehr auf ihn als auf das Geld freut?

Doch zurück in Wien, nimmt er einen neuen Kompositionsschüler an, der kein Geld hat: den zehnjährigen Franz de Paula Roser, Sohn des Domkapellmeisters in Linz. Dafür wird er ihm Liebe einbringen.[38]

Die Auftragslage ist nicht besser geworden. Der Krieg gegen die Türken hat nicht nur auf dem Schlachtfeld Opfer gefordert. In der Sumpfgegend um Semlin sind bis Ende Mai dieses Jahres 172 000 Soldaten an Ruhr und Malaria erkrankt, 33 000 sind der Seuche erlegen. Die habsburgischen Truppen belagern Belgrad. Am Krieg verdienen Leute wie Hieronymus Löschenkohl. Früher hat er Schattenrisse der Wiener Prominenz gemacht, auch von Mozart. Jetzt verkauft er Blätter mit türkischen Zeremonien, Landkarten der Kriegsschauplätze und Schlachtenszenen und hat *28 Siege in Kupfer gestochen, bei welchen allein tote Türken auf dem Schachtfelde liegen.*[39]

Nicht die weltpolitischen, die privaten Katastrophen bedrängen Mozart. In seiner Abwesenheit hat Franz Hofdemel sich Mozarts Wechsel im Modegeschäft *Zum Meerfräulein* von Matthias Anzenberger auszahlen lassen. Das lässt darauf schließen, dass von Hofdemel in Zukunft nichts mehr zu holen ist.

Nun steht Mozart bei Anzenberger in der Kreide, einem Mann, der ihn nicht bewundert, nicht einmal kennt, also die Schulden einklagen wird.

Schlägt sich zum ersten Mal die finanzielle Not auf Mozarts Schaffenskraft nieder? Er trägt im Juni nichts außer einem Streichquartett in sein Werkverzeichnis ein. Aufträge gibt es nicht. Hofft er, wenn er dieses und ein paar andere Quartette mit eingängigem Cellopart dem Preußenkönig widmet, doch noch Arbeit von ihm zu bekommen? Sechs Quartette plant er für den gut Cello spielenden König, sechs leichte Klaviersonaten für dessen mäßig Klavier spielende Tochter.[40]

Ein sehnsüchtiger Ehemann allein unterwegs

Von Guardasoni ist nach seinen hochdotierten Versprechungen kein Muckser mehr zu hören. Schuld daran ist die politische Situation der Landstände, Guardasonis Arbeitgebern am Ständetheater in Prag.[41]

Guardasoni hat sich seit Ende 1789 als Impresario in Warschau verpflichtet, wo, anders als in Prag, niemand neue Auftragswerke will. Aufgewärmtes genügt.

Mozart bemüht sich auch um Da Ponte, obwohl der ihn offenbar abgeschrieben hat. Als Billardkundiger spielt er ihn von der Bande her an. Er komponiert zwei Einlagearien zum *Figaro*, der Ende August wieder aufgenommen werden soll.[42] Für Francesca Gabrieli, verheiratete del Bene, die sich Adriana Ferraresi oder einfach *La Ferrarese* nennt, weil sie aus Ferrara stammt. Da Ponte hat sich nach eigener Aussage zwar *das feierliche Versprechen gegeben, nie eine Schauspielerin oder Sängerin zu lieben*, und sich angeblich während der letzten sieben Jahre daran gehalten. Ausgerechnet eine Sängerin *ohne große Schönheit* bringt ihn dazu, mit seinem Gesetz zu brechen. Dem Publikum gefällt *sie beinahe in allen Opern unaussprechlich*. Vor allem gefällt sie Da Ponte. Ihre Stimme findet er *himmlisch*, ihre *Methode ganz neu und außerordentlich ansprechend*. Leider hat *La Ferrarese* auch *einen außerordentlich heftigen Charakter*, der *weit mehr geeignet ist, die Übelwollenden zu reizen, als sich Freunde zu erwerben*. Besonders zwei Sängerinnen hat sie daher *unter ihre Feinde zu zählen*. Eine ist ausgerechnet diejenige, die *ein wenig zu viel von dem guten Salieri protegiert worden war*: Caterina Cavalieri. *Die andere eine Italienerin*, laut Da Ponte *hässlich und ohne Verdienste, die sich durch ihre Verstellungsgabe, Possenreißen und vielleicht noch durch mehr theatralische Mittel einen großen Anhang unter Köchen, Reitknechten, Kutschern, Bedienten, Kammerdienern und Perückenmachern erobert hatte*, also das Haus füllt, wenn auch auf den billigen Plätzen.[43] Weshalb sie über eine lautstarke Fangemeinde verfügt.

Da Ponte steht zu seiner Leidenschaft und zur Ferrarese, die schon in *L'arbore di Diana* und in *Il pastor fido* mit ihrem immensen Stimmumfang beeindruckt hat und nun eine der beiden Hauptrollen in *La scuola degli amanti* übernehmen soll. Er weiß wohl, dass der Kaiser ähnlich über die Ferrarese denkt wie er: *versteht viel von Musik, hat aber eine hässliche Gestalt*, war sein Kommentar gegenüber dem Intendanten Graf Orsini-Rosenberg.[44]

Geld kommt mit der neuen Arie kaum herein. Trotzdem ruft Mozart einen der Closset-Brüder zu sich nach Hause, die als Prominentenärzte in Wien ein Vielfaches von dem kassieren, was etwa Mozarts verstorbener Freund Sigmund Barisani als Primarazt verdient hat. Dr. Thomas Closset soll sich um Mozarts *Liebe, Einzige* kümmern. Die offenen Geschwüre an den Knöcheln heilen nicht und haben die schwangere Patientin aufs Krankenbett gezwungen.[45]

Mozart erweist sich als der große Liebende. *Tränenden Auges* sitzt er bei ihr. Er leidet mit seiner Frau. Seine Arbeit leidet auch. Eine Frau, der es unmöglich ist, seine Bedürfnisse nach Unterhaltung, Tanzengehen und Sex zu befriedigen, stimmt Mozart trübselig. Constanzes Schwester Sophie und er halten abwechselnd Wache am Bett. *Durch diese unglückselige Krankheit* sei er an jeder Art Geldverdienen gehindert, klagt Mozart am 12. Juli Puchberg. Constanzes Zustand macht ihn *bestürzt und verzweifelnd*. Trotzdem hat er versucht, noch einmal als Veranstalter von Subskriptionskonzerten mit dem Solisten und Komponisten Mozart Geld hereinzuholen.

Kurz danach scheint es so, als ginge es endlich mit Constanze aufwärts. *So würde ich wieder arbeiten können,* meint Mozart, *wenn nicht dieser Schlag dazu käme*. Gegenüber Puchberg bekennt er, welcher Schlag das ist. Er hat es weiß auf weiß, dass das Wiener Konzertpublikum von ihm nichts mehr wissen will: *ich habe 14 Tage eine Liste herumgeschickt, und da steht nur der einzige Namen Swieten*.[46]

Mozart ist wohl bewusst, dass in Wien von ihm als Schuldenmacher die Rede ist. Lichnowsky ist für seinen zynischen Charakter,[47] nicht für seine Verschwiegenheit bekannt, der Modehändler hat keinen Grund, diskret zu sein, Hofdemel ebenso wenig. Mozart befallen Hemmungen, den Brief abzuschicken. Am 14. Juli nimmt er endlich den nächsten Anlauf und sendet das Schreiben an Puchberg.

Am Tag darauf ist in der *Wiener Zeitung* zu lesen, dass die Lage in Frankreich brenzlig wird. Die Wachen des Königs wechseln die Fronten: *Der bedenkliche Schritt der Französischen Leibwache, sich für die Truppen des Vaterlandes zu erklären und den Dienst zu verweigern, hat die Aufmerksamkeit der Regierung auf das höchste gespannt … Inzwischen hat am 30. Juni ein Haufe von mehreren 1000 Menschen die Gefängnisse zu*

Paris, wo einige Garden verhaftet waren mit Gewalt aufgesprengt und hat selbige in Freiheit gesetzt.

War es unklug, gerade jetzt Puchberg gleich um 500 Gulden anzugehen?

Ein Samt- und Seidenhändler verdient mit dem Adel sein Geld.

Puchberg antwortet nicht. Das war noch nie da. Am 17. Juli schreibt Mozart wieder an ihn. *Sie sind gewiss böse auf mich, weil Sie mir gar keine Antwort geben!* Mozart macht Puchberg klar, dass er selbst nicht so viel Geld bräuchte. *Wenn mir nicht entsetzliche Kosten wegen der Kur meiner Frau bevorständen.* Closset, an reiche Klientel gewöhnt, hat Constanze eine Kur in Baden bei Wien verschrieben.

Geht es mit ihr abwärts, geht es auch mit ihrem Mann abwärts. *Meine Frau war gestern wieder elend*, schreibt er im Postskriptum an Puchberg. Heute, nach der Blutegelbehandlung, *befindet sie sich Gottlob wieder besser; – ich bin doch sehr unglücklich! – immer zwischen Angst und Hoffnung!*[48]

Die Antwort von Puchberg: Er schickt 150 Gulden.

Ende Juli hat sich Constanze bereits wundgelegen und kann nicht mehr schlafen. Closset befürchtet, der Knochen sei durch das Beingeschwür angegriffen.

Sophie, Constanzes jüngere Schwester, hat die Mutter in Mozarts Wohnung geholt und heimlich in einem Nebenzimmer einquartiert. Die beiden wollen Mozart nicht merken lassen, wie schlecht seine Frau dran ist. Mozart versucht, neben dem Bett zu komponieren. Als Constanze endlich einmal einschläft, platzt ein Dienstbote herein. Mozart schreckt auf, *aus Furcht, seine liebe Frau würde in ihrem sanften Schlummer gestört*, hat aber *gerade das Federmesser offen in der Hand. Zwischen dem Sessel und seinem Schenkel* spießt es sich *bis ans Heft in das dicke Fleisch hinein*. Mozart, *der sonst wehleidig* ist, verbeißt *seinen Schmerz* und bedeutet nur Sophie, mit ihm das Zimmer zu verlassen. Mutter Weber kommt aus ihrem Versteck und verarztet ihn. Obwohl er in den nächsten Tagen *etwas krumm vor Schmerzen* daherkommt, gelingt es ihm, Constanze seine Verletzung zu verheimlichen.[49]

Constanze *erwartet Besserung oder Tod mit philosophischer Gelassenheit*. Doch Mozart bedrängt nicht nur die Angst um seine Frau. Er hat

Der Liebende aber ist anders beschaffen

Puchberg gestanden, dass ihm noch etwas anderes im Nacken sitzt. Ende Juli bittet er den Freund ausnahmsweise nicht um Geld, sondern um seinen *Besuch* und *Rat und Tat ... in bewusster Sache*. Schon am 12. Juli hat er von der *Sache* geredet, in der sein Schicksal in ein paar Monaten entschieden sein müsse. Offenbar droht einer seiner Gläubiger, juristisch gegen ihn vorzugehen.[50]

Anfang August reist Constanze mit Kind und Kanarienvogel nach Baden ab. Mozart bleibt in Wien, obwohl er noch immer keinen neuen Auftrag hat, *weil man jetzt bald Figaro geben wird, wozu ich einige Abänderungen zu machen habe und folglich bei den Proben notwendig bin*.[51]

Sehnsucht ist der Antrieb des Eros. Sehnsucht nötigt Mozart, Mitte August, zwischen den Proben, eine Exkursion nach Baden zu unternehmen, die ihn kostet, was er nicht hat, Zeit und Geld. Aber: *Bis 19. ten hier zu bleiben ohne Dich, das wäre mir unmöglich*. Er nimmt alles auf sich, *bloß um das Vergnügen zu haben, Dich wieder zu sehen und wieder zu umarmen*. Doch er spürt, dass er der große Liebende ist, nicht so sehr der Geliebte, wie er es ersehnt. *Du hast einen Mann, der Dich liebt, der alles, was er nur im Stande ist, tut*, beschwört er seine Frau.

Dass Constanze zwei Bekannten Mozarts sehr erreichbar schien, wirft dieser nun seiner Frau vor: *mich freut es ja, wenn Du lustig bist – gewiss – nur wünschte ich, dass Du Dich bisweilen nicht so gemein machen möchtest*. Er findet ihr Benehmen *zu frei*. Das ist in seinen Augen der Grund dafür, dass diese Bekannten *mit keinem Frauenzimmer, das sie vielleicht besser kennen als Dich, so grob sind, als mit Dir. Einer der beiden, sonst ein artiger Mensch und besonders Frauen gegenüber hochachtungsvoll, selbst er muss dadurch verleitet worden sein, in seinem Brief die abscheulichsten und gröbsten Sottisen zu schreiben – ein Frauenzimmer muss sich immer in Respekt erhalten – sonst kommt sie in das Gerede der Leute – meine Liebe! – verzeihe mir dass ich so aufrichtig bin, alleine meine Ruhe erheischt es sowohl als unsre beiderseitige Glückseligkeit – erinnere Dich, dass Du mir einmal selbst eingestanden hast, dass Du zu nachgebend seist – Du kennst die Folgen davon – erinnere Dich des Versprechens, welches Du mir tatst – O Gott! – versuche es nur, meine Liebe! Sei lustig und vergnügt und gefällig mit mir – quäle Dich und mich nicht mit unnötiger Eifersucht – habe Vertrauen in meine Liebe. Du hast ja doch Beweise davon*.[52]

Den nächsten Beweis liefert er umgehend. Morgens um fünf bricht er nach Baden auf, um nur für einen Tag bei ihr zu sein. Denn in

Ein sehnsüchtiger Ehemann allein unterwegs

Wien hat sich etwas getan, was ihn dort noch mehr festbindet als die Proben zu *Figaro*.

Salieri hat von Da Pontes neuem Libretto über die *Schule der Liebenden* nur ein paar wenige Nummern vertont und es dann zur Seite gelegt.[53] Es heißt, Komponist und Textdichter seien in Streit geraten. Ging es Salieri zu weit, den Partnertausch von zwei verlobten Paaren in Musik zu setzen? Oder hat er sich mit Da Pontes neuem Konzept nicht anfreunden können?

Salieri ist abonniert auf Libretti, in denen gegensätzliche Charaktere einander gegenüberstehen. Hier aber ist jeder Charakter in sich widersprüchlich, weil der Widerspruch Teil seiner Menschlichkeit ist.

Genau das hat Mozart offenbar angezogen. Weil er sich selbst darin erkennt?

Er unterzeichnet den Vertrag mit der Hofoper, um Da Pontes heikles neues Libretto zu vertonen.

Noch vor der ersten Bühnenprobe zur Neuinszenierung des *Figaro* am 19. August schreibt Mozart eine weitere Einlagearie für die Ferrarese und einen Brief an seine Frau. Ohne sie ist er hilflos. Er stand am Judenplatz vor verschlossener Tür, musste hinaus auf die Wieden, ins Freihaus, wo die Hofers wohnen, um sich dort umzuziehen. Doch er möchte, dass nicht er, sondern seine Frau hilfsbedürftig ist: *gehe nie allein – ich erschrecke bei dem Gedanken.*[54] Sie soll ihn brauchen.

Ende September fährt Mozart wieder hinaus auf die Wieden. Der ehemalige Direktor Johann Friedel, der erst im letzten Jahr das verschuldete Theater im Freihaus übernommen hatte, ist im März gestorben. *Lungenschwindsucht*, vermerkte das Protokoll. Seine Lebensgefährtin Eleonore hat daraufhin Kontakt zu ihrem abgängigen Ehemann gesucht, der ohnehin wieder in Wien aufgetaucht ist. In Deutschland ist ihm der Boden zu heiß geworden, denn er hat nicht nur zahlreiche Erfolge zu verbuchen, sondern auch zahlreiche nebeneheliche Kinder und Skandale. Seine letzte Station, Regensburg, hat er überstürzt geräumt, weil ihn Gerüchte und Gerichte verfolgten. Dass er mit der Mätresse des Fürsten Thurn und Taxis eine Affäre hatte, ist unbewiesen, dass er angeklagt ist, eine Magd geschwängert zu haben, ist aktenkundig.[55]

Eleonore kümmert das wohl nicht, sie hat ihn zu Friedels Nachfolger gemacht. Ob sie es getan hat, weil sie als Frau das Theater nicht

Der Liebende aber ist anders beschaffen

allein leiten dürfte oder weil sie ihrem Mann zutraut, es aus der Krise zu führen: Offenbar ist Emanuel Schikaneder einer, dem man seine Sünden vergibt.

Am 26. September bringt das Theater im Freihaus ein neues Stück von Schikaneder. *Die verdeckten Sachen*, heißt es und ist die Fortsetzung seines Erfolgsstücks *Die zween Anton*, das nach der Uraufführung am 12. Juli sofort zum Kassenschlager geworden war.[56]

Ist es das Gespür für das, was aus Frankreich dräut, das Mozart in die Regionen des Volkstheaters treibt? Ist es seine Rastlosigkeit? Oder inspiriert es ihn, zwischen den gegensätzlichen Welten von Hoftheater und Theater im Freihaus, zwischen vergoldeten Logen und ungepolsterten Bänken unterwegs zu sein?

Drei Tage nach der Uraufführung auf der Wieden, am 29. September 1789, trägt Mozart ein neues Werk für Stadler in sein Werkverzeichnis ein: sein erstes Klarinettenquintett. Ein Stück, so wenig greifbar wie Eros. Ein Stück der rapiden Stimmungswechsel, wie Mozart sie kennt, der zwischen *Angst und Hoffnung* hin- und hergerissen wird, der *tränenden Auges* am Krankenbett seiner Frau sitzt, der er kurz darauf vorwirft, sie würde sich *so gemein machen*. Ein Stück, das gegen die Regeln der Satztechnik verstößt, wie Eros gegen die Regeln der Gesellschaft.[57]

Zwischen Angst und Hoffnung beutelt ihn auch der Zustand des Kaisers, der nun mit der neuen Oper endlich wieder sein Auftraggeber, sein Hoffnungsträger ist.

Wie krank der Kaiser ist, hat sich in Wien herumgesprochen. Nach der überstandenen Malaria hat ihn seine vermeintlich geheilte Lungentuberkulose erneut aufs Krankenlager geworfen. Bereits im Juni hat er bei einem italienischen Geistlichen seine Grabinschrift bestellt und den Satz diktiert: *Hier liegt ein Fürst, der mit den besten Absichten keinen seiner Pläne durchsetzen konnte.* Vom Bett aus verfolgt er, wie General Laudon gegen Belgrad zieht. Mozart weiß, was es bedeutet, mit dem Kaiser seinen Gönner zu verlieren. Was aus dem neuen Opernauftrag wird, nach dem er sich so lange gesehnt hat, ist dann fraglich.

Im Oktober, als in Paris die *Poissardes*, die Fischfrauen, nach Versailles ziehen und den König zur Rückkehr nach Paris zwingen, rückt der zweiundsiebzigjährige General Ernst Gideon von Laudon

Ein sehnsüchtiger Ehemann allein unterwegs

auf Belgrad vor. In Wien wird fast zur selben Zeit der Triumph der Marktfrauen und der des alten Generals gemeldet.

Zeit, sich über dessen Sieg im Osten des Reiches zu freuen, bleibt dem Kaiser nicht. Am 24. Oktober gibt es im Westen Neues. Unliebsames. Brabanter Rebellen gehen gegen den Josephinismus auf die Barrikaden. Nicht zum ersten Mal, aber diesmal mit Erfolg. Sie wollen sich Toleranz gegenüber den Protestanten im Land nicht gesetzlich verordnen lassen. Nun bricht der Aufstand in den Österreichischen Niederlanden los. Wie nervös der Kaiser ist, zeigt sich daran, dass er Graf von Cobenzl, den er zur Brandbekämpfung dorthin schickt, mit allen Vollmachten ausstattet.

Wäre es für Mozart doch ratsam, Wien zu verlassen?

Auf dem Weg nach Esterházy, wo er Haydn treffen will, kommt der Londoner Verleger John Bland in die österreichische Hauptstadt. Er zeigt Interesse, auch Mozart nach England zu holen.

Da meldet der Hof, dass es dem Kaiser besser gehe. Er will sich bei einem Opernbesuch zeigen. Am 5. und am 13. November steht wieder *Figaro* auf dem Spielplan. Der Kaiser aber erscheint am 9. zur Wiederaufnahme von Salieris *Burbero di buon cuore*.

Drei Tage nach der vierten *Figaro*-Aufführung, am 16. November 1789, wird das fünfte Kind der Mozarts geboren und auf den Namen von Mozarts Mutter Anna Maria getauft. Noch am selben Tag stirbt das Mädchen. Geld hat ihr kurzes Leben Mozart trotzdem gekostet. Er ließ es sich nicht nehmen, einen weiteren Prominentenarzt ins Haus zu bestellen, damit nicht seine *Liebe, Einzige* im Kindbett stirbt. Johann Nepomuk Hunczowsky ist Leibchirurg und Freimaurerbruder, aber bei den Rechnungen hört die Brüderlichkeit auf.

Das Jahr 1789 geht zu Ende. Im Dezember schreibt Mozart an Puchberg, er käme über die Runden, *wenn nicht Neujahr wäre, wo ich die Apotheken und Doctores (welche ich nicht mehr brauche) ganz zahlen muss.* Wie üblich hat er es an Umgangsformen fehlen lassen und Hunczowsky, den er auch nicht mehr brauchte, *auf eine (wegen gewissen Ursachen) etwas unfreundliche Art* weggeschickt. Weshalb es Mozart, um sich nicht auch noch mit diesem prominenten Mann zu überwerfen, *doppelt am Herzen liegt, ihn zu contentiren.*[58] Doch das Geld fürs *Contentiren* fehlt.

Der Liebende aber ist anders beschaffen

Doch *künftigen Monat,* so Mozart an Puchberg, *bekomme ich von der Direktion [...] 200 Dukaten für meine Oper; – können und wollen Sie mir 400 fl. bis dahin geben, so ziehen Sie Ihren Freund aus der größten Verlegenheit.*[59]

Puchberg gibt ihm 300 Gulden. Dass Mozart ihn anlügt und hochstapelt, kann er nicht durchschauen. Mozart aber weiß genau, dass das Hoftheater nur 100 Dukaten für ein abendfüllendes Werk zahlt. Er selbst hat noch nie mehr bekommen.

Am 22. Dezember 1789 wird Mozarts Klarinettenquintett beim Adventskonzert der *Tonkünstler-Societät* aufgeführt. Mit Anton Stadler, der es in jeder Nuance versteht. Aber in einem Rahmen, der zeigt, dass es die Veranstalter nicht verstehen: zwischen den beiden Teilen von Vincenzo Righinis Kantate *Das Geburtstagsfest des Apoll.* Das Werk eines Grenzgängers eingebettet in ein Werk leeren Virtuosentums.

Doch Mozart ist bereits unterwegs, dorthin, wo ihn keiner erreicht und nichts stört. Er sitzt an seiner neuen Oper, die Da Ponte nun *Così fan tutte* nennt.

Bereits am Silvesterabend wird Puchberg belohnt. Zusammen mit Haydn lädt ihn Mozart zu sich nach Hause an den Judenplatz ein. Puchberg erlebt die erste Probe zu *Così fan tutte.* Eine Oper, die wie viele zuvor von einer Treueprobe handelt. Dies ist aber nur die Oberfläche. Darunter kreist sie um das Wort *desir.* Um das, was Mozart so gut kennt: das sehnende Verlangen, das nie gestillt werden kann.

Gut, dass der Gläubiger, als er mit Mozart auf das neue Jahr anstößt, eines noch nicht weiß: dass *Così fan tutte* der größte Misserfolg unter den Opern seines Schuldners werden soll.

XXI.

1790
Trachtet nach Erkenntnis der Wahrheit
Oder: Così fan tutte *und die Abgründe des Alltags*

Wunsch und Wahrheit: Der Sammler und Kunsthändler Albi Rosenthal (1914–2004), der diese Bleistiftzeichnung zu Beginn der 1970er Jahre erwarb, wollte sie verständlicherweise als authentisches Mozart-Porträt identifiziert sehen. Das Bild stammt aus der Sammlung des Grafen Charles de Graimberg (1774–1864), der Mozart nie begegnet ist. Kenner wie H. C. Robbins Landon bezeugten Rosenthal dennoch, die Ähnlichkeit gerade mit dem Porträt von Dora Stock spreche für ein Mozart-Bildnis. Als Wahl-Heidelberger war der Sammler Graimberg im Großraum Mannheim unterwegs, also auf Mozartschem Terrain.

*W*ien ist im Karnevalsrausch. Mozart auch. Dass der Kaiser im Sterben liegt, dass es in den Österreichischen Niederlanden und Ungarn brennt, dass der Türkenkrieg vor Belgrad festgefahren ist und eine Kriegserklärung aus Berlin droht, ändert daran nichts. Sechs Tage sind es noch bis zur Uraufführung von *Così fan tutte*, als Mozart kurz vor seinem 34. Geburtstag ausgenüchtert einen Brief aufsetzt.

Dass er die Geduld seines Dauer-Gläubigers nicht überstrapazieren darf, weiß Mozart. Seinen Schuldner Anton Stadler hat Puchberg schon vor fünf Jahren zum ersten Mal pfänden lassen und 1787 ein weiteres Mal, obwohl der Klarinettist in eben diesem Jahr seinen Gläubiger zum Paten seines sechsten Kindes machte.[1] Mitleid verdient hätte Stadler eher als Mozart: Er wohnt erbärmlich, hat mehr Menschen durchzufüttern und erheblich weniger Einkommen. Mozart scheint bei Puchberg jedoch eine andere Position einzunehmen. Nachdem er von Mozart an Silvester als Vertrauter im engsten Kreis auf eine Ebene mit Haydn gehoben worden war, hatte Puchberg seinem Schuldner von sich aus 100 Gulden angeboten. Dabei steht Mozart bei ihm inzwischen mit 750 Gulden in der Kreide.

Ausgerechnet die Grußbotschaft mit Puchbergs Neujahrsangebot wurde Mozart nicht gleich ausgehändigt, warum auch immer. *Folglich konnte ich auch nicht eher darauf antworten*, dankt Mozart am 20. Januar. *Ich bin ganz gerührt von Ihrer Freundschaft und Güte; können und wollen Sie mir die 100 fl. noch anvertrauen, so verbinden Sie mich recht sehr.*

Die Silvester-Einladung hat Puchberg offenbar spendabel gemacht. Prompt fragt Mozart seinen Gläubiger in demselben Brief, ob er am 21. zusammen mit ihm und Haydn zur ersten Orchesterprobe ins Burgtheater gehen wolle. Puchberg will und schickt die 100 Gulden.[2]

Näher läge es, Geld bei Baron von Wetzlar zu pumpen, nicht nur weil die Mozarts nun am Judenplatz wieder in seiner nächsten Nachbarschaft wohnen. Anders als Puchberg besitzt Wetzlar ein Vermögen; gerade plant er den Bau einer Sommervilla am Park von Schönbrunn. Mozart nennt ihn einen *rechtschaffenen Freund*. Aber Wetzlar hat von seinem Vater das Geschäft des professionellen Kreditwesens gelernt. Fürchtet Mozart, Wetzlar würde auch bei ihm nicht auf Zinsen verzichten? Oder kann Mozart den *rechtschaffenen Freund* nicht ansprechen, weil er zu dessen Spielgesellschaft gehört, Wetzlar also wüsste, wofür er das Geld braucht? Eben doch nicht nur für Apotheker und Ärzte.

Puchberg ist im Gegensatz zu Wetzlar ein hochbegabter Laienmusiker, der lieber in kostbare Streichinstrumente als in einen Sommersitz investiert. Er bewundert die göttliche Begabung an Mozart und sieht ihm seine irdischen Schwächen nach.

Dass Mozart sich mit Schwächen auskennt, können diejenigen hören, die am 26. Januar im Burgtheater sitzen. Sie können es aber auch überhören.

Da Pontes Stück über die Schule der Liebenden verdankt wohl Mozart seinen Namen *Così fan tutte* und bringt ein Experiment auf die Bühne, das zum Karneval passt. Es handelt von Larven und vom Entlarven. Vom Maskieren des Körpers und der Seele und von der Demaskierung.

Der Anfang des Stücks entspricht ganz dem derzeitigen Geschmack des Wiener Theaterpublikums. Es beginnt in einem neapolitanischen Kaffeehaus. Das lässt bereits auf Verwerfliches hoffen, denn Neapel hat einen einschlägigen Ruf.[3]

Dort geht der Kaffeehausphilosoph Don Alfonso mit den beiden jungen Offizieren Ferrando und Guglielmo eine Wette ein. Er wettet, dass die Treueschwüre ihrer Bräute Fiordiligi und Dorabella so falsch sind wie alle Treueschwüre dieser Welt, weil Treue nicht möglich sei, so wenig wie Liebe. Bei Frauen jedenfalls. Alfonso erklärt den Verlobten, wie er das experimentell beweisen will. Die beiden Liebhaber lassen sich auf den Versuch ein. Sie geben vor, in den Krieg ziehen zu müssen, und tauchen als Albaner wieder auf, bis zur Unkenntlichkeit verkleidet und mit angeklebten Schnurrbärten. Jeder der beiden Männer muss nach Don Alfonsos Versuchsanordnung nun die Braut des anderen verführen. Mit allen Mitteln, bis hin zur Selbstmorddrohung, versuchen sie ihre sechzehnjährigen Verlobten zu Fall zu bringen. Mit Erfolg, zu dem Despina, die von Don Alfonso bestochene Dienerin der Schwestern, ihren Teil beiträgt. Als Arzt kostümiert, entreißt sie die suizidalen Bewerber dem Tod, um dann als Anwalt verkleidet die neuen Paare zu trauen. Gleich darauf verkündet ein Militärmarsch die Heimkehr der eigentlichen Liebhaber. Der Schwindel fliegt auf, beschämt kehrt jede der beiden jungen Frauen zu ihrem Verlobten zurück und heiratet ihn unter dem Hohngelächter des Gewinners Don Alfonso: *Così fan tutte – So machen es alle*. Alle Frauen, nicht alle Männer. Das sagt der Titel einwandfrei.[4]

Da Pontes Stück bietet, was eine *opera buffa* braucht. Verwechslung, Verkleidung, Überraschung, Überzeichnung und Frivoles. Dass die Partie der Fiordiligi von der *Ferrarese* gesungen wird, bekannt als Da Pontes Geliebte, und die Schwestern als *dame ferraresi*, Damen aus Ferrara bezeichnet werden, würzt das Bühnengeschehen. Ebenso wie das Gerücht, *La Ferrarese* sei auch in Wirklichkeit die Schwester Dorabellas, gesungen von Louise Villeneuve. Pikant wird es durch das Gerede, vielleicht von Da Ponte in Umlauf gebracht, dem Libretto liege eine Episode zu Grunde, die sich wirklich ereignet habe, auf einem Faschingsball. Wer Italienisch spricht, schmeckt noch mehr Anzügliches heraus. Da Ponte geizt nicht mit Zweideutigkeiten. Die Albaner tun so, als gehe es um Liebe, doch in Wirklichkeit geht es um Sex. *Vi voliamo davanti … / ed ai lati ed a retro*, singen sie. *Wir umflattern Euch von vorn, von der Seite, von hinten*. Und Da Ponte wird eindeutig. Despina erklärt den Schwestern, zwei junge Frauen wie sie, schön und galant, könnten ohne Liebe leben, aber niemals ohne Liebhaber – *Da giovani qual voi, belle e galanti, / Che pon star senza amor, non senza amanti.*

Da Ponte lässt die Männer lügen, um die Frauen als Liebeslügnerinnen zu entlarven. Die Musik aber kann nicht lügen. Das zeigt Mozart bereits im Terzett von Fiordiligi, Dorabella und Don Alfonso, indem er auf Da Pontes Wort *desir* für Wunsch und Verlangen eine dissonante Harmonie setzt. Sie verrät, was die beiden spüren: Mit unseren Wünschen stimmt etwas nicht. Das zeigt er kurz darauf noch deutlicher, am Ende des ersten Aktes, als sich die Männer von ihren Geliebten verabschieden. Da Ponte wollte die Szene rasch abwickeln und hatte nur ein Rezitativ vorgesehen. Mozart aber wollte hier innehalten. Er hatte ein Quintett für beide Paare und Alfonso gefordert.⁵ Was die Frauen und die Männer hier von sich geben, klingt maßlos übertrieben. Im Text wirkt ihr Abschiedsschmerz komisch. Doch in der Musik wirkt er tragisch. Mozart enthält dem Hörer die Tonika vor, die Auflösung, die Erlösung. Quälend lange. Und macht so eine unerfüllte Sehnsucht spürbar: nach der großen, der wahren Liebe. Mozart kennt diese Sehnsucht.

Im zweiten Akt täuschen laut Libretto Ferrando und Guglielmo Liebe und Leidenschaft vor, um die Braut des anderen zum Treuebruch zu bewegen. Bei Mozart aber hört es sich echt an, wenn sie von ihren Gefühlen singen.

Bemerkt einer von denen, die da unter Kronleuchtern auf rotem Samt sitzen, dass erst nach dem Partnertausch die beiden Paare Liebesduette singen?

Fällt es irgendeinem auf, dass Guglielmo und Dorabella sich in ihrem Duett ganz aufeinander einlassen?

Musik ist nicht wie Sprache an die Gesetze der Logik gebunden. Musik muss nicht wie Sprache eins nach dem anderen erzählen. Sie kann das Gleichzeitige gleichzeitig darstellen und im Duett spürbar machen, wie sich die Liebenden aufeinander zubewegen.⁶

Erst in der Vertauschung finden jene Stimmen zusammen, die in der Oper eigentlich zusammengehören, die beiden hohen und die beiden tiefen. Fiordiligi und Ferrando, Guglielmo und Dorabella.

Da Ponte deckt die Abgründe einer verlogenen bürgerlichen Moral auf. Er erzählt von sexueller Begehrlichkeit und Betrug und der Illusion der Liebe. Er hält zu dem Philosophen Don Alfonso, aufgeklärt, abgeklärt und den jungen Männern an Reife überlegen.

Mozart aber deckt die Abgründe der menschlichen Seele auf, die hin- und hergerissen ist zwischen dem, was sie soll, und dem, was sie will. Er zeigt Don Alfonso als einen Zyniker, der zerstört, weil er selbst zerstört ist. Mozart erkennt ihm keine Arie zu, die formal in sich geschlossen ist. Seine einzige zu Beginn bricht ein in den Dialog der beiden Schwestern. Mozart offenbart, dass Don Alfonso unfähig ist zu trauern. Zum ersten Mal bei Mozart singt ein Mann in Moll von Trauer. Er hat die Molltonart nötig, denn seine Trauer ist nur vorgetäuscht. Wie traurig.

Don Alfonso erinnert an den sterbenskranken Kaiser Joseph. Selbst wenn er mit anderen singt, vereint sich seine Stimme nie wirklich mit deren Stimmen. Auch dem Kaiser gelang es nicht, sich mit den Menschen in seinem Land oder in seiner nächsten Umgebung zu verbinden. Leopold könnte seinen Bruder in Mozarts radikalem Aufklärer Don Alfonso wiedererkennen, dem Liebe fremd ist und der von keinem geliebt wird. *Er liebt niemanden*, hat Leopold über Joseph geschrieben. *Er führt schreckliche, harte, despotische Reden* und *diese Reden bewirken, dass er allgemein sehr verhasst ist ... weder geliebt noch geschätzt wird.*[7]

Nur wenige verstehen, was hier vor ihren Ohren geschieht, schon gar nicht Graf von Zinzendorf. *Die Musik von Mozart ist charmant und das Sujet genügend amüsant*, findet er.[8]

Er hat überhört, dass Mozart sich weiter als je zuvor vom Text entfernt hat. Dass er Worte durch Töne, Aussage durch Ausdruck unterwandert hat. Dass seine Musik nicht charmant ist, sondern brisant.

Doch die meisten reagieren nur auf den Text. Amüsiert wie Zinzendorf oder empört wie Theaterdirektor Friedrich Ludwig Schröder. Für den ist diese Oper *ein elendes Ding, welches die Weiber herabsetzt, Zuschauerinnen unmöglich gefallen kann und daher kein Glück machen wird ...*[9]

Was das Libretto betrifft, hat Schröder nicht unrecht. Der Schluss ist bei Da Ponte voller Spott und Grausamkeit. Die Frauen werden gedemütigt und bloßgestellt.

Was die Musik betrifft, irrt Schröder. Mozart geht es nicht um ein geglücktes Experiment, sondern um ein gescheitertes Glück. Gescheitert an der Konvention.

Mozart, der große Liebende, war sich früh darüber klar, dass wahre Liebe keine Zugeständnisse erlaubt. *Das ist halt wieder eine Geldheirat, sonst weiter nichts*, hatte er vor zwölf Jahren schon die gute Partie des Salzburger Freundes Schiedenhofen kommentiert. Mitleidig, weil Adlige wie Schiedenhofen *nie ... aus Liebe heiraten, sondern nur aus Interesse und allerhand Nebenabsichten.*

Dass Leute wie Mozart selbst, *nicht hochgeboren und adlig*, sondern *niedrig, schlecht und arm*, von diesen Zwängen frei sind, sah er damals schon als Verpflichtung und Chance zur Liebesheirat. *Wir müssen nicht allein eine Frau nehmen, die wir lieben und die uns liebt, sondern wir dürfen, können und wollen so eine nehmen.*[10] Und zwar gegen alle Widerstände, gerade solche, die sich wie die seines Vaters als sachliche Argumente ausgeben.

Così fan tutte *und die Abgründe des Alltags*

Mozart, der Mittler, hat für alle Schwächen und alle Menschen in dieser Oper Verständnis. Er versteht eine Despina, die wie er selbst den Reichen das Leben verschönt, sich ihnen überlegen weiß, aber letztlich vor der Türe bleiben muss. Ihr hat er zwei starke Arien geschenkt. Er versteht, dass sich Fiordiligi Ferrando hingibt und Dorabella Guglielmo, weil die wahre Liebe oft nicht diejenige ist, die in den Augen der Gesellschaft die richtige ist. Er versteht die Bitterkeit Alfonsos, erwachsen aus der Einsamkeit eines Mannes, der nicht lieben kann.

Der nicht geliebte Kaiser ist im Sterben einsamer denn je. Der einzige Mensch, zu dem er Vertrauen hat und Zuneigung empfindet, ist Elisabeth, die Frau seines Neffen Franz. Elisabeth aber ist selbst als Risikoschwangere aufs Krankenlager verbannt. Vergebens hat Joseph seinen Bruder Leopold gebeten, nach Wien zu kommen. Leopold weiß, dass dem Kaiser die Probleme über den Kopf gewachsen sind. Der würde ihn *zum Mitregenten ernennen*. Leopold aber ist *fest dazu entschlossen,* sich *weder direkt noch indirekt in die Geschäfte in Wien einzumischen*. Seine Begründung: *ich würde dadurch vor der öffentlichen Meinung und den ausländischen Höfen als Teilnehmer der Prinzipien des Kaisers erscheinen; ich würde dadurch Ruf und Vertrauen verlieren und der Regierung mehr schaden als nützen.* Das verrät er nicht dem Kaiser, nur seiner Schwester.

Dass Josephs Zustand ernst ist, hat Leopold aber eingesehen. Er muss nach Wien, um seinem Bruder *das Sterben zu erleichtern oder es zu beschleunigen,* vor allem aber um *das Chaos zu entwirren*.[11]

Am 18. Februar 1790 stirbt Erzherzogin Elisabeth, noch keine siebenundzwanzig Jahre alt, im Kindbett.

Nicht aufbahren, befiehlt der Kaiser, sofort begraben! Weil er ihr umgehend nachsterben werde und bei ihm die Aufbahrung unumgänglich ist.

Mozart bedrängt anderes. Sein Honorar für *Così fan tutte* hat er erhalten. Und doch fehlt es ihm an allem. Ihm zerrinnt, was er gewinnt, zwischen den Fingern. Sogar um Bier hat er Puchberg angebettelt. Der hat ihm zwei Krüge voll vorbeigeschickt, aber Mozart wissen lassen, dass es ihm fast ausgegangen sei. Am 20. Februar sendet ihm

Mozart einen Krug zurück, weil er *schon mit Wein versehen* sei. Mit dem Bier kommt eine Bitte: *schicken Sie mir auf ein paar Tage etliche Dukaten, wenn Sie können, weil es eine Sache betrifft, die sich nicht verschieben lässt, sondern augenblicklich geschehen muss.*[12] Puchberg wird schon begreifen, dass es um Mozarts Ruf geht und dass ein Gläubiger droht, ihn auffliegen zu lassen.

Als noch an demselben Tag 25 Gulden von Puchberg abgegeben werden, weiß Mozart bereits, dass morgens zwischen fünf und sechs Kaiser Joseph mit knapp 49 Jahren gestorben ist. Kein Kenner Mozarts, aber ein Förderer.

Mozart besinnt sich auf die Lehren seines Vaters.

Am 12. März, nach zehn Uhr abends, trifft Leopold nach elf Tagen Reise in der Hofburg ein. Am 13. März wird er offiziell als Nachfolger seines Bruders eingesetzt und übernimmt die Amtsgeschäfte. Mozart hat noch keinerlei Zugang zum neuen Herrscher. Aber er versucht, ihn über dessen Sohn, den Erzherzog Franz, anzugehen. An ihn setzt Mozart ein Gesuch auf. *Ich bin so kühn*, erklärt er dem Sohn des neuen Königs, *um eine zweite Kapellmeisterstelle zu bitten, besonders da der geschickte Kapellmeister Salieri sich nie dem kirchlichen Stil gewidmet hat, ich aber von Jugend auf mir diesen Stil ganz zu eigen gemacht habe.*

Salieris geistliche Werke kennt Mozart nicht. Aber er müsste wissen, dass Salieri als Italiener bei dem Wahl-Toskaner Leopold bessere Karten hat als er. Immerhin hört er auf Puchberg, der ihm rät, sich mit Schülern einen Zusatzverdienst zu schaffen, am besten mit prominenten. *Der wenige Ruhm, den mir die Welt meines Spiels wegen auf dem Pianoforte gegeben, ermunterte mich auch um Allerhöchste Gnade zu bitten, mir die königliche Familie zum musikalischen Unterricht allergnädigst anzuvertrauen. – ganz überzeugt, dass ich mich an den würdigsten und für mich besonders gnädigen Mittler gewendet habe.*

Er grüßt mit *der besten Zuversicht.*[13]

Noch im März signalisiert Gottfried van Swieten Mozart mit einer kurzen Nachricht, dass er zu Recht zuversichtlich war; es sieht bei Hof anscheinend gut für ihn aus. Mozart leitet Swietens Zettel sofort an Puchberg weiter. *Sie werden so wie ich daraus sehen, dass ich ... mehr*

Hoffnung habe als allzeit. Nun stehe ich vor der Pforte meines Glückes – verliere es auf ewig, wenn ich diesmal nicht Gebrauch davon machen kann.

Mozart hat Puchberg mittlerweile wohl eingeweiht, wer der Gläubiger ist, der seinen Ruf bei Hof und damit seine Chancen auf eine zusätzliche Stelle ruinieren kann. Ein Mann, der dort ein- und ausgeht, Macht und Ansehen besitzt: Carl Fürst von Lichnowsky. Die gemeinsame Reise hat ihn nicht zugänglicher gemacht, im Gegenteil. Dieser Mann genießt in Wien einen einschlägigen Ruf wegen seines unberechenbaren und zynischen Charakters. Mozart ist vorsichtig genug, in seinem Brief keinen Namen zu nennen. *Sie wissen, wie mir meine dermaligen Umstände, wenn sie kund würden, in meinem Gesuch bei Hofe schaden würden – wie nötig es ist, dass dies ein Geheimnis bleibe.*[14]

Puchberg schickt Geld und zieht sich zurück.

Sie haben recht, liebster Freund, wenn Sie mich keiner Antwort würdigen, meldet sich Mozart Anfang April zerknirscht. Und bittet wieder um Geld. Das letzte Mal, danach das allerletzte Mal. Mit einem allerallerletzten Mal ist zu rechnen.

Vom Hof hört er nichts.

Am 6. April findet die Erbhuldigung an den neuen König statt. Sie endet in der Hofburgkapelle mit einem *Te Deum*. Von Salieri und mit Salieri, obwohl der sich *nie dem kirchlichen Stil gewidmet hat, den* Mozart *sich von Jugend auf zu eigen gemacht hat.*[15]

Vom Hof hört Mozart noch immer nichts.

Das Desinteresse des neuen Herrschers gilt aber offenbar nicht nur Mozart, es gilt dem ganzen Musikleben Wiens.

Der jetzige König war noch nicht im Theater, hatte noch keine Musik bei sich, noch sonst ein Merkmal von Liebhaberei zur Musik gezeigt, stellt der Musikverleger Heinrich Philipp Bossler in der Maiausgabe der *Musikalischen Korrespondenz* fassungslos fest. Er sieht den Grund dafür in der Überlastung Leopolds und setzt auf Besserung, *wenn einmal die Riesengebirge von Staatsgeschäften, die auf seinen Schultern liegen ... zu Sandhügeln abgeebnet sind. Wenigstens lässt Leopold seine fünf Prinzen in Musik unterrichten.*

Allerdings nicht von Mozart.

Falls Bossler recht hat, sieht es auch mit Opernaufträgen für Mozart nicht gut aus. Die Mutter der Prinzen hat Bossler *schon einige Male mit denselben in der Oper* gesichtet. Aber *außerordentliches Vergnü-*

gen über unsere Musik konnte man an ihr noch nicht wahrnehmen. Zum Musikgeschmack des Kaisers und der Kaiserin schreibt Bossler: *wessen Ohr einmal an die rasche feurige Exekutierung italienischer Meister gewohnt ist, der kann dem phlegmatischeren Vortrag der deutschen unmöglich sogleich einen Geschmack abgewinnen.*[16] Diese Diagnose müsste Mozart warnen.

Auch sonst sieht es schlecht für ihn aus. Gerade stand er noch *vor der Pforte des Glückes*, da werfen ihn im April seine *rheumatischen Schmerzen* auf das Krankenlager, danach *Zahn- und Kopfschmerzen*. Mitte Mai aber hat er bereits wieder *sehr große Hoffnung bei Hofe*. Eros *stirbt dahin* und *blüht* rasch *wieder auf*. Optimistisch meldet er Puchberg: *ich weiß zuverlässig, dass der König meine Bittschrift nicht wie die andern, begünstigt oder verdammt, herabgeschickt, sondern zurückbehalten hat. – Das ist ein gutes Zeichen.* Oder ist es kein Zeichen, sondern nur der Versuch, bei Puchberg, dem er mittlerweile mehr als 1200 Gulden schuldet, kreditwürdig zu bleiben? Wissen kann Mozart das kaum, denn sein Mittelsmann am Hof, sein *sehr guter Freund*, der Musiker und Kammerdiener Johann Kilian Strack, ist nicht mehr dort. Leopold hat ihn wie alle Kabinettssekretäre, Kanzlisten und Kammerdiener seines Bruders entlassen. Mozart legt noch eins drauf. Wucherer müssen einem Geschäftsmann ein Graus sein. Also erklärt Mozart, er sei *gezwungen, bei Wucherern Geld aufzunehmen*, weil er *keine wahren Freunde finde.*[17]

Der wahre Freund Puchberg zahlt auch diesmal.

Doch Mozarts Situation wird immer schwieriger. Nicht nur, weil Constanze wieder in Baden ihre offenen Beine kurieren muss. Auch weil er sich zunehmend von Rufmördern bedrängt und ausspioniert fühlt.

A propos ..., schreibt er Constanze. Dahinter setzt er statt eines Namens nur Punkte. *Du weißt, wen ich meine; er ist ein Hundsfott – erstens tut er mir so schön ins Gesicht und schmält aber öffentlich über den Figaro – und hat mich hier entsetzlich wegen der bewussten Sache ausgerichtet – ich weiß es gewiss.*[18] Hinzu kommt, dass Mozarts Gesundheitszustand sich weiter verschlechtert. *Ich habe die ganze Nacht nicht schlafen können vor Schmerzen; ich muss mich gestern vom vielen Gehen erhitzt und dann unwissend erkältet haben*, berichtet er mitten im August dem Freund Puchberg. *Stellen Sie sich meine Lage vor – krank und voll Kummer und Sorge – eine solche Lage verhindert auch die Genesung.*[19]

Zum ersten Mal schickt Puchberg nicht 300, 150, 100 oder wenigstens 25 Gulden, sondern nur 10.

Mozart sieht in den Abgrund, den sein Vater ihm als den schrecklichsten ausgemalt hat: den Verlust der Ehre. Der schreckt ihn nur, weil er den Verlust an Chancen bei Hof und damit von Aufträgen und Geld bedeutet.

Nun muss Geld her, mit allen Mitteln. Unterrichten ist Mozart verhasst. Trotzdem hat er Puchberg wissen lassen, dass *er Lektionen zu geben gesinnt* sei, in seiner eigenen *Behausung*, und ihn gebeten, *das unterdessen den Leuten bekannt zu machen*.[20]

Das Bekanntmachen hat funktioniert, ob dank Puchberg oder anderer unbezahlter PR-Agenten. Johann Peter Frank, ein hochangesehener Arzt, seit fünf Jahren Professor in Pavia und Generaldirektor des Medizinalwesens in der österreichischen Lombardei, ist mit seinem Sohn Josef nach Wien gereist. Eigentlich, um dort die Musik- und Theaterszene kennenzulernen. Der neunzehnjährige Josef Frank steht bereits kurz vor dem Abschluss seines Medizinstudiums, will aber unbedingt bei Mozart Klavierunterricht nehmen. Den halben Dukaten, den er zu zahlen bereit ist, braucht Mozart dringend. Josef Frank hat im Studium gelernt, genau hinzusehen. Er erlebt Mozart als *einen kleinen Mann mit dickem Kopf und fleischigen Händen*, der seine Unlust am Stundengeben nicht verhehlen kann und ihn *ziemlich kalt* aufnimmt. *Nun spielen Sie mir etwas vor*, sagt der kleine Mann mit dem dicken Kopf. Frank spielt eine Fantasie von Mozart. *Nicht übel*, sagt Mozart zu Franks *Erstaunen*. Und spielt die Fantasie selbst noch einmal. Der Arzt vergisst die Nüchternheit und redet von *Wunder. Unter seinen Fingern wird das Klavier ein ganz anderes Instrument.* Mozart setzt dem Mediziner auseinander, wie er die Fantasie ausführen soll, und Frank hat *das Glück ihn zu verstehen und zu befriedigen*. Aber als Frank noch etwas anderes von Mozart anbietet, erklärt dieser kühl: *Gut, dann werde ich Ihnen dieses Stück vorspielen; Sie werden mehr Nutzen haben, wenn Sie mich hören, als wenn Sie selbst spielen.*[21]

Trotzdem kommt Frank wieder, elf Mal insgesamt. Jedes Mal lässt er einen halben Dukaten da. Für Mozart mühsam verdiente 27 Gulden. Doch er muss alles tun, um zu überleben. Der Gläubiger Lichnowsky sitzt ihm im Nacken.

Frank trifft Mozart an, wie er Partituren studiert. Keine eigenen, sondern die von Kollegen, von Grétry und Gluck, von Piccini und Salieri. Allesamt Erfolgskomponisten. Mozart will und muss ankommen.

Am 9. Oktober soll Leopold in Frankfurt am Main zum Kaiser gekrönt werden. Ein Spektakel, das sich über drei Wochen hinziehen wird, vom 30. September, dem Tag der Wahl, über die Wahlkapitulation bis zur Krönung und den Feierlichkeiten danach. Erst am 22. Oktober wird der Kaiser samt Gefolge wieder abziehen. Gebraucht werden eine Krönungsmesse, weitere Kirchenmusik, eine Galaoper, Fest-, Tafel-, Tanzmusik. Mozart hat für keinen der Anlässe einen Auftrag erhalten.

Für die Messe zur Salbung und Krönung im Frankfurter Dom ist die kurmainzische Hofkapelle zuständig. Geleitet wird sie von dem dorthin berufenen Righini, laut Mozart ein *großer Dieb,* der seine *gestohlenen Sachen* in *so ungeheurer Menge* aufführt, dass *die Leute sie kaum verdauen können.* Was die anderen Aufträge angeht, ist von Salieri und Peter Winter die Rede, Letzterer laut Mozart *in seiner Lebensart ein Vieh* und als Intimfreund Voglers sein *größter Feind.*

Verbrannte Erde, bevor er sie betreten hat.

Während Constanze in Baden ist, versucht er, seine Finanzen in Wien zu ordnen, zu verhindern, dass gerichtlich gegen ihn vorgegangen wird, und irgendwie genügend Geld zusammenzukratzen, um auf eigene Rechnung zu dem großen Spektakel nach Frankfurt zu reisen. Dabei sein zählt, hat sein Vater ihm einst eingeschärft.

Am 7. August leitet Mozart noch einmal *Così fan tutte.* Zum letzten Mal. Der neue Herrscher zeigt sich nicht, obwohl ihm das Thema liegen müsste.

Die Tänzerin Livia Raimondi, eine einfache junge toskanische Frau, ist vor Kurzem mit ihren Eltern, Brüdern und einem kleinen Sohn namens Luigi, samt Koffern voller teurer Garderobe und Juwelen, aus Florenz nach Wien gezogen. In das Haus *Zum Goldenen Brunnen* am Kohlmarkt 44. Warum, wissen die Wiener. Von der Hofburg dort hinüber sind es für Luigis leiblichen Vater zu Fuß nur wenige Minuten.

Wie hat man Erfolg? Das ist die Frage, die Mozart umtreibt. Die alte Frage des Poros.

Draußen auf der Wieden macht Schikaneder Kasse mit einer Fortsetzung von Martín y Solers Oper *Una cosa rara* – *Der Fall ist noch weit seltener*. Vertont hat Schikaneders Libretto kein Komponist von Rang und Namen, sondern der Tenor Benedikt Schak. Kennen die dort draußen das Rezept für Erfolg? Liegt die Zukunft in der Vorstadt?

Im Freihaus, wo Schikaneder und die meisten seiner Sänger wohnen, leben auch Mozarts Schwiegermutter Cäcilie, seine jüngere Schwägerin Sophie und seine älteste Schwägerin Josepha mit ihrem Mann, Mozarts Freund Franz de Paula Hofer.

Mozart riskiert einen Versuch in dieser neuen Welt.

Schikaneder, bis zu seinem Hinauswurf Freimaurer in der Regensburger Loge, hat ein Libretto verfasst, das Bruder Mozart gefallen muss: *Der Stein der Weisen oder Die Zauberinsel*.[22] Eine Zauberoper mit freimaurerischer Symbolik, was derzeit besonders gut ankommt. Dem Vorstadtpublikum geht es nicht darum, die Rituale der Freimaurer zu verstehen, es ist nur hungrig auf das Mystische und Übernatürliche. Das lenkt ab von Not und Krieg.

Schikaneders Konkurrent Marinelli fütterte seine Zuschauer am Leopoldstädter Theater bereits mit einer *Zauberrose*, einem *Zauberspiegel* und einer *Zauberin aus Liebe*. Sein Erfolgsduo, der Librettist Karl Friedrich Hensler und der Komponist Wenzel Müller, plant für Anfang September *Das Sonnenfest der Brahminen*.

Schikaneder ist immer genau informiert, was sich bei der Konkurrenz abspielt. Marinellis Leopoldstädter Theater hat schon lange das Recht, die Bezeichnung *k. k. privilegiertes Theater* nebst Doppeladler zu führen. Das wirkt seriös, was bei solchen Häusern wichtig ist. Kaum hatte Schikaneder mit der Fortsetzung von *Una cosa rara* einen Erfolg gefeiert, ersuchte er am Tag darauf um denselben Titel. Und erhielt ihn.

Schikaneder steht dort, wo Mozart nie stehen wird. Mit beiden Füßen auf dem Boden der Tatsachen. Einem einzigen Komponisten kann es nicht gelingen, in drei Wochen eine Konkurrenzoper zum *Sonnenfest* zu schaffen, vielen Komponisten schon. Mozart lässt sich ein auf das Gemeinschaftswerk mit dem ihm vertrauten Kapellmeister Johann Baptist Henneberg, Benedikt Schak und Franz Xaver Gerl, ebenfalls Sänger bei Schikaneder.

Bereits zwei Tage nachdem bei Marinelli das *Sonnenfest* über die Bühne ging, kann Schikaneder ebenfalls eine neue Zauberoper bieten. Am 11. September 1790 wird *Der Stein der Weisen* im Theater auf der Wieden uraufgeführt. Geld bringt das Mozart freilich kaum ein, aber Genugtuung. Als bei seinem Duett *Nun, liebes Weibchen ziehst mit mir*[23] die Frau ihrem Mann nur noch miauend antwortet, lacht der große Haufen. Den hat Mozart bisher nicht erreicht.

Am 14. September 1790 berichtet die *Berliner Chronik* über die Erstaufführung des *Figaro* in der preußischen Hauptstadt. *Welch ein Meisterstück*, jubelt der Rezensent. *Für den Kenner wie interessant? Wie groß, wie hinreißend, wie bezaubernd die Harmonie! Auch für den großen Haufen? Das ist die andere Frage.*

Sein Bericht über die erste Wiederholung am 16. September liefert die Antwort. *Das Haus war nicht so voll als am Tage der ersten Vorstellung, ein Beweis, dass diese große himmlische Musik ganz außer den Grenzen des Empfindungsvermögens des hiesigen Publikums liegt.*[24]

Auch außerhalb der des Publikums in Wien. König Ferdinando IV. von Neapel und seine Frau Maria Karolina sind hier zu Besuch, zu ihren Ehren soll eine neue Oper gegeben werden.

Am 15. September wird wirklich ein neues *dramma giocoso* im Burgtheater uraufgeführt. Es spielt im Prater und heißt *La Caffettiera bizarra* – *Die bizarre Kaffeekanne*. Text von Da Ponte, Musik von Joseph Weigl, zehn Jahre jünger als Mozart. Er hat zwar Mozarts Opern zu dessen Zufriedenheit dirigiert, komponiert aber hat er noch nichts Beeindruckendes.

Die *Kaffeekanne* fällt durch, was den jungen Komponisten nicht wundert. Wie sollte ein Publikum in *Anwesenheit so hoher Gäste eine Prater-Geschichte interessieren?* Außerdem findet er selbst, Buch wie Musik hätten *kein besseres Schicksal verdient.*[25]

Für den September hatte der Hof weitere Aufträge zu vergeben.

Am 19. September, nur ein halbes Jahr nach dem Tod seiner Frau Elisabeth, heiratet Erzherzog Franz die achtzehnjährige Prinzessin beider Sizilien, Maria Theresia, während sein jüngerer Bruder, als Ferdinand III. neuer Großherzog der Toskana, Maria Theresias jüngere Schwester Luisa Maria ehelicht.

Bei der Feier im Redoutensaal dirigiert Salieri eine Tafelmusik. Gespielt und gesungen werden Werke von Haydn und Salieri. Von

Mozart nichts, obwohl Caterina Cavalieri, vormals seine Konstanze, seine Mademoiselle Silberklang und seine Wiener Elvira, sowie seine Bläser-Freunde, die Brüder Stadler, auftreten.

Am 20. September zeigt sich Leopold endlich im Hoftheater. Persönlich führt er seine Gäste dorthin, als zur Doppelhochzeit eine große Oper gegeben wird: der aufgewärmte *Axur*, Libretto Da Ponte, Musik Salieri. Warum nicht der aufgewärmte *Figaro*, wo es um eine Hochzeit geht?

Am 21. September reist Salieri mit seinem Stellvertreter Ignaz Umlauf und fünfzehn Hofmusikern nach Frankfurt zur Kaiserkrönung.

Am 23. September bricht König Leopold mit einem Gefolge von 1493 Reitern, 1336 Mann zu Fuß und 104 großenteils vier- bis sechsspännigen Kutschen in Richtung Frankfurt auf. Es soll, wie das *Journal des Luxus und der Moden* erkennt, *das höchste, vollkommenste Bild von Luxus, Prunk und Verschwendung entworfen werden.*

An demselben Tag besteigt am Judenplatz Mozart mit seinem Schwager Franz de Paula Hofer die Reisekutsche, eine eigene. In der Wohnung, die er gerade verlassen hat, gehört ihm fast gar nichts mehr. Das gesamte Haushaltssilber hat er versetzt. Das gesamte Mobiliar soll Constanze in seiner Abwesenheit an den Kaufmann Heinrich Lackenbacher verpfänden. Anders ist es ihr nicht möglich, die nächsten vier Wochen zu überstehen und allein mit ihrem Sohn den geplanten Umzug am Monatsende zu bewältigen. Abgründe, die Mozart elegant überqueren will. Er fühlt sich der Schönheitsgöttin zugehörig und hat sich für Frankfurt einen neuen Rock aus brauner Atlasseide anfertigen lassen, blau bestickt. *Welch herrliches Leben wollen wir führen*, schreibt er seiner Frau auf dem Weg nach Frankfurt. *Ich will arbeiten – so arbeiten –*, schwört er, als habe er das nie getan, *damit ich durch unvermutete Zufälle nicht wieder in so eine fatale Lage komme.* Dann gibt er seiner Frau Ratschläge, wie sie mit den neuen Schulden alte tilgen und vorgeben soll, ihr Mann brauche das Geld nur, um als gewitzter Geschäftemacher durch *eine Spekulation* Gewinne einzufahren.[26] Mozart betrachtet unbestechlich die Abgründe der Seele, nicht jedoch die seiner materiellen Existenz. Wahrheit, nicht Wirklichkeit will er erkennen.

Am 30. September bezieht Constanze Mozart die neue Wohnung, für die alles versetzt worden ist. Eine Notunterkunft ist das nicht. Seit der Zeit im Camesina-Haus haben die Mozarts nie herrschaftlicher gewohnt. Sechs Zimmer, beste Lage, knapp 150 Meter vom Stephansdom entfernt. Alles ist vor dem Einzug auf Mozarts Rechnung neu tapeziert worden. Am 1. Oktober schließt Constanze mit Lackenbacher den Kreditvertrag über 1000 Gulden ab.[27]

Mozart gibt sich siegessicher: *bekannt und angesehen bin ich hier genug*, vermeldet er seiner Frau. Aber das berührt ihn so wenig wie Ovationen. Er weiß mittlerweile, dass denen, die ihm laut applaudieren, sein Schicksal gleichgültig ist.

Wenn die Leute in mein Herz sehen könnten, so müsste ich mich fast schämen. Das liest sich, als wolle er im nächsten Satz einen Seitensprung oder abwegige Phantasien beichten. Aber dann fährt er fort: *es ist alles kalt für mich – eiskalt. Ja, wenn Du bei mir wärest, da würde ich vielleicht an dem artigen Betragen der Leute mehr Vergnügen finden, so ist es aber so leer.*[28]

Er schämt sich, weil er keine Dankbarkeit mehr empfindet. Weil er nicht ist, was ein Freimaurer sein muss: ein Menschenfreund. Weil er einsam und leer ist wie Don Alfonso.

Dass die Reise ein Verlustgeschäft wird, ist Mozart bereits am 8. Oktober klar. *So viel mache ich hier gewiss nicht, dass ich im Stand sein sollte, gleich bei meiner Rückkunft 800 oder 1000 fl zu zahlen*, rudert er zurück.[29]

Einen Ausweg zu finden besaß für Leopold Mozart immer Vorrang. Seinem Sohn geht es darum, nicht auf Auswegen unterwegs, sondern bei seiner Frau zu sein.

Wenn Du mir nur in mein Herz sehen könntest, schreibt er Constanze. *Da kämpft der Wunsch, die Sehnsucht, Dich wieder zu sehen, mit dem Wunsch, viel Geld nach Haus zu bringen.* Der erste Wunsch geht in Erfüllung, der zweite nicht.

Am 10. Oktober wird sein *Figaro* in Frankfurt gegeben. Gut besetzt und *ziemlich gut ausgeführt*, wie ein Besucher notiert, den man dazu mühsam *beredete*. Viel kriegt er aber davon nicht mit. Das Gequatsche, *Plaudern*, wie er es nennt, ist *so arg, dass man nur wenig verstehen kann*. Für ihn der *Beweis, dass das Stück den Zuschauern langweilig vorkam.*[30]

Für den 13. oder 14. hat Mozart ein Konzert geplant. Erst am Freitag, dem 15. Oktober, darf er es um 11 Uhr im großen Schauspielhaus geben. Am selben Tag noch gesteht er seiner Frau, dass seine Matinee *von Seiten der Ehre herrlich, aber in Betreff des Geldes mager ausgefallen ist.*

Das wahre Reisehindernis aber ist Constanze; *ich liebe Dich zu sehr, als dass ich lange von Dir getrennt sein könnte.* Er habe *oft den Gedanken, noch weiter zu reisen.* Von Frankfurt aus ist es nicht weit zu anderen Reichsstädten, doch deren Glanz misstraut Mozart längst. Das sei *alles Prahlerei* wie in Frankfurt. *Berühmt, bewundert und beliebt bin ich hier gewiss.* Nur bringt das wenig ein.

Mozart macht nichts her, wenn er nicht aufwändig gekleidet ist. So einer ist für repräsentative Posten ungeeignet, *denn man urteilt bei Hofe,* wie er selbst erkennt, *leider bloß nach dem Schein.*[31] Trotzdem träumt er noch immer, *ein gutes Engagement ... an einem Hofe* werde ihn retten.[32]

Am 16. Oktober verlässt Mozart Frankfurt auf dem Marktschiff in Richtung Mainz. Dort tritt er am 20. im Akademie-Saal des kurfürstlichen Schlosses auf. Vom Kurfürsten erhält er *magere 15 Carolin.* Dass diese Summe, umgerechnet 165 Gulden, ein starkes Drittel von dem ausmacht, was er für eine ganze Oper bekommen hat, übersieht er. Die Wirklichkeit interessiert ihn nicht. Deswegen kollidiert er mit ihr.

Am 23. findet in Mannheim eine Generalprobe des *Figaro* statt, der hier am Tag darauf zum ersten Mal aufgeführt werden soll. Einer der Schauspieler des Hauses kontrolliert während der Probe den Eingang. Im Nachhinein ist ihm höchst peinlich, was ihm dort mit einem Besucher passiert. *Ich sah ihn für einen kleinen Schneidergesellen an,* entschuldigt sich der Schauspieler später. *Er kam und fragte mich ... ob man zuhören dürfe. Ich wies ihn ab.*

Erst da gab sich der *kleine Schneidergeselle* zu erkennen. *Sie werden doch dem Kapellmeister Mozart erlauben, zuzuhören?*[33]

Mozarts Heimweg führt über München und von München aus über Salzburg. Nach St. Gilgen wäre es nur ein kleiner Umweg. Dort trägt seine Schwester gerade ihr drittes Kind aus. Sie ist fast vierzig. Doch Mozart weiß weder von der Schwangerschaft noch davon, wie einsam sich seine Schwester in ihrer Ehe und dem idyllischen Abseits fühlt. Auch das interessiert ihn nicht.³⁴

Wenn die Leute in mein Herz sehen könnten, so müsste ich mich fast schämen. – es ist alles kalt für mich – eiskalt.

Am 10. November betritt Mozart zum ersten Mal die neue Wohnung in der Rauhensteingasse. Dort empfängt ihn ein Brief aus London vom Robert Bray O'Reilly, Manager eines italienischen Opernbetriebs in London.

Der Prince of Wales hat ihn angeregt, Mozart nach London einzuladen. O'Reilly macht Mozart ein klares Angebot. Er soll Ende Dezember 1790 anreisen, ein halbes Jahr bis Ende Juni 1791 bleiben und mindestens zwei Opern schreiben, ob ernst oder komisch, kann er selbst entscheiden. Honorar: 300 Pfund, also 2400 Gulden. Instrumentales könne er gerne auch für andere Konzertunternehmer komponieren, nebenher. O'Reilly beruft sich auf *eine Person* aus dem Umkreis des Prince of Wales. Dass die Person Thomas Attwood heißt, dürfte Mozart erraten haben.³⁵

Gehen oder bleiben? Eros befindet sich auf der Schwelle zwischen Vergangenheit und Zukunft. Nirgendwo gehört er hin.

Wien glänzt wieder. Als Kaiser Leopold von der Krönung zum König von Ungarn im Pressburger Dom zurückkehrt, ist die ganze Stadt dekoriert und illuminiert. Leuchtend bunt bemalte Triumphpforten aus Holz und Pappmaché begrüßen ihn beim Stephansdom.

Für Mozart glänzt Wien nicht.

Er hat sich auf eine *verhasste Arbeit* eingelassen, um seinem *lieben Weibchen* ein paar *Dukaten in die Hände zu spielen*: Im Auftrag eines *Uhrmachers* will er ein Adagio für eine Flötenuhr schreiben.³⁶

Außerdem hat er sich auf einen mehr als fragwürdigen Agenten eingelassen. Johann Tost, früher Stimmführer der zweiten Geigen in der Hofkapelle des Fürsten Esterházy, macht Geld mit einem illegalen Kopierbetrieb. Seine Geschäfte sind undurchsichtig und meistens unsauber. Er brüstete sich damals schon auswärts damit, in Esterháza an der Quelle zu sitzen und an jede Art Komposition von Oper bis Sinfonie und Streichquartett heranzukommen. Die Noten dazu bot er Orchestern und Verlagen an, ohne dass die Komponisten davon etwas wussten. Mit Haydn ist er wegen eines Betrugmanövers bereits aneinandergeraten. Es war von Diebstahl und Unterschlagung die Rede. Beim Pariser Verleger Sieber hatte er ein Werk, das Haydn noch gar nicht komponiert hatte, zum Verkauf angeboten und eine Haydn-Sinfonie versilbert, die von Adalbert Gyrowetz stammte.

Trotzdem verkauft ihm Mozart sein neues Streichquintett, das er im Dezember in sein Werkverzeichnis einträgt. Ein Stück, dessen Larghetto nach Abschied klingt, nach Wehmut, nach etwas, das zu Ende geht.[37]

Am 14. Dezember heiratet jener Johann Tost eine fünfundzwanzigjährige Frau, die dem verwitweten Fürsten Esterházy bis zu seinem Tod im September dieses Jahres den Haushalt geführt hatte. Sie ist eine gute Partie, verfügt über Einfluss am Hof, einen schlossartigen Besitz bei Wien und über ein ansehnliches Vermögen. Haydn hat davon bereits gewusst; seine Brieffreundin, Maria Anna Sabina von Genzinger, ist mit Tosts Frau verwandt. Tost kann nun wirklich zahlen, das zählt. Wohl deshalb hat sich Haydn auch wieder auf ein Geschäft mit ihm eingelassen.

Haydn, den Mozart Papa nennt, ist der neue Poros in seinem Dasein. Seinem Beispiel zu folgen müsste bedeuten, Glück und Geld zu machen.

An diesem 14. Dezember 1790, an dem Tost seine Kapitalanlage ehelicht, wird in Wien ein großes Abschiedsessen für Haydn gegeben.

Johann Peter Salomon, der seit Jahren ein Auge auf Haydn geworfen hatte, war sofort von Italien nach Wien aufgebrochen, als er erfuhr, was in der *Wiener Zeitung* am 29. September gemeldet worden war: *Gestern den 28. des Monats verstarb allhier nach einer kurzen Krankheit der H. R. Reichsfürst Nicolaus Esterházy de Galantha.* Haydns Arbeitgeber in der Einöde nahe dem Neusiedler See, berüchtigt als Menschenverächter, war tot. Am 8. Dezember hat Haydn nun endlich mit Salomon einen Vertrag für London abgeschlossen.

Ein ähnlich großzügiges Angebot unterbreitet Salomon auch Mozart für die nächste Wintersaison; es ist doppelt so hoch wie das von O'Reilly.

Am 15. Dezember verlässt Haydn mit Salomon Wien. Ohne Mozart. Haydn fällt der Abschied leicht. Er nennt seine Frau *una bestia*, und wer sie kennt, versteht das. Der große Liebende aber liebt seine Frau zu sehr, als dass er *lang von ihr getrennt* sein könnte. Er bleibt und wird von nun an nicht ohne Neid hören, was man sich von Haydns Einnahmen in England erzählt. Und von seinem sensationellen Erfolg beim Publikum.

Così fan tutte ist im ganzen Jahr nur zehn Mal aufgeführt worden und wird zu Mozarts Lebzeiten in Wien nicht mehr auf die Bühne kommen.

Von den Abgründen der Seele will hier keiner etwas wissen. Auch nicht von denen des k. k. Kapellmeisters Wolfgang Amadé Mozart.

XXII.

1791
Bindet so das All zusammen
Oder: Zauberflöte, *Requiem* und das Ende

Lustig oder tieftraurig? Diesen Torso, der zwischen ausgestreckten Armen steht, kritzelte Mozart am 5. Juli 1791 auf einen Brief, den er Constanze nach Baden schickte. Die zugehörigen Zeilen legen nahe, dass es sich um ein Selbstporträt handelt: «– ich hoffe Dich Samstag umarmen zu können, vielleicht eher [...], denn ich habe mir vorgenommen, in Deiner Umarmung auszuruhen.; – ich werd' es auch brauchen – denn die innerliche Sorge, Bekümmerniß [...] mattet einen doch ein wenig ab». Nicht erkennbar ist hier Mozarts von Constanze gepriesenes zeichnerisches Talent.

*Ü*berraschend kommt der Schlag nicht. Trotzdem trifft er Mozart schwer. Hoffnungsfroh hat er das neue Jahr begonnen. Drei Lieder hat er am 14. Januar komponiert, zwei preisen den Frühling, eines besingt den Frühling des Lebens, die Kindheit.[1] Beschwingt hat er sich im Karneval der Serien-Produktion von Tänzen gewidmet: Ländler, Deutsche Tänze, Kontretänze, Menuette.

Dann Ende Januar diese Nachricht, die Mozart hinabreißt und hineinreißt in einen Strudel aus Verleumdungen. Kaiser Leopold hat Da Ponte samt seiner Geliebten *La Ferrarese* fristlos entlassen. Ebenso wie den altgedienten Theaterdirektor Orsini-Rosenberg, an den Kaiser Joseph noch auf dem Sterbebett seinen letzten Brief diktiert hatte. Salieri muss die Leitung der italienischen Oper niederlegen und behält nur noch seinen Posten als Hofkapellmeister. Wer bleibt, ist ausgerechnet Vizedirektor Thorwart.[2]

Es wird behauptet, das sei ein Befreiungsschlag des Kaisers, um der Intrigen Herr zu werden. Seit Da Ponte Ende letzten Jahres eine Vertragsverlängerung der *Ferrarese* eingefordert und die Pensionierung der Cavalieri dringend angeraten hatte, war seine Allianz mit Salieri schwer beschädigt. Gar nichts mehr war zu reparieren, als die achtunddreißigjährige Cavalieri wirklich, allerdings mit tröstlichen 1200 Gulden Pension, aufs Altenteil gesetzt wurde. Aus dem Zwist von Salieri und Da Ponte war eine Schlammschlacht geworden, die den Ruf des Hoftheaters besudelte. Eingeweihte halten jedoch den Kündigungsgrund für einen Vorwand. In Wahrheit sei Da Ponte wegen seiner politischen Gesinnung unerwünscht. Leopolds Spione wissen über die Vergangenheit des Abbate Bescheid. Ihnen ist bekannt, dass er 1779 nicht nur wegen seiner sexuellen Abenteuer aus Venedig verbannt wurde, sondern weil er in einem Sonett die politischen Verhältnisse angeprangert und sich auf die Seite des Reformers Pisani geschlagen hatte. In Wien hatte er sich für den ungeliebten Kaiser Joseph mit einem Ruhmesgedicht eingesetzt, das nun öffentlich verspottet wird. Leopold hat Reformen seines Bruders rückgängig gemacht und Urteile Josephs revidiert. Da liegt es nahe, auch dessen Lobredner auszusondern. Dass Da Ponte sich bei Leopold andient, weckt nur dessen Misstrauen.

Seinen Verbündeten an der Oper zu verlieren ist schlimm für Mozart. Noch schlimmer aber ist es zu erleben, wie viele Feinde sein Librettist hier hat. Eine Broschüre mit dem Titel *Anti-Da Ponte* erscheint, in der zwei anonyme Verfasser über den Dichter herfallen. Der erste verhöhnt mit einem Kommentar die Lobeshymne auf den letzten Kaiser, der zweite wirft Da Ponte *Frechheit*, *Vermessenheit* und *Impertinenz* vor. Er sei ein guter Intrigant, aber ein schlechter Dichter, der mit amoralischen Machwerken schweren Schaden angerichtet habe. Was der Anonymus am Schluss verlangt, richtet sich auch gegen Mozarts Werk: *Da Ponte soll, weil er das Zutrauen der Theater-Oberdirektion schändlich missbraucht hat … alle seine Opern, die hiermit als nicht gemacht betrachtet werden …, zurücknehmen.*[3]

Da Ponte ist stadtbekannt, ein bunter Hund in schwarzer Dandy-Aufmachung. Jeder in der Wiener Kulturszene verschlingt diesen Erguss. Auch der Kaiser.

Muss Mozart aufgeben?

Von Resignation ist in seiner Musik nichts zu hören. Selbst wenn er nur des Geldes wegen Arbeiten verrichtet. Am 3. März 1791 vollendet er wieder zwei Stücke in f-Moll für die Orgelwalze einer Uhr, ein Allegro und ein Andante. Letztes Jahr hatte er gegenüber Constanze geklagt, diese Art Arbeit gehe ihm einfach nicht von der Hand. Doch das lag nicht daran, dass er, immer unterwegs zu Neuem, sich nicht für solche Automaten interessiert hätte. Was er an Orgelwalzenuhren kannte, klang nur zu jämmerlich: *ja, wenn es eine große Uhr wäre und das Ding wie eine Orgel lautete, da würde es mich freuen.*[4] Seine Abneigung hat man aber dem Ergebnis nicht angemerkt, das einen Automaten befähigte, Menschen erschaudern und lächeln zu lassen. Auch in den beiden neuen Stücken bindet Mozart Gegenwelten zusammen. Satztechnische Präzision, wie sie gefordert ist, und tiefe Emotion, wie sie erwartet wird. Das Stück soll die Menschen zu Tränen rühren, wenn sie in der Himmelpfortgasse das Mausoleum für General Laudon besuchen. Näher läge es, dort in Gelächter auszubrechen. Der in der Parterre-Wohnung aufgebaute Weihetempel für den letztes Jahr gestorbenen Kriegshelden zeigt vor einer Art Altaraufbau einen Sarg mit Sichtfenster. Blickt man hinein, sieht man eine Wachspuppe in Uniform mit vollem Ordenslametta, um den Sarg stehen allegorische Trauerfiguren aus Wachs, zu Füßen des Sargs kauert ein ebenfalls wächsernes Mädchen in Pluderhosen, Abbild des türkischen Pflegekinds, das Laudon als Souvenir vom Feldzug gegen die Türken mitbrachte.

Am 23. März ist das Mausoleum, gleich um die Ecke von Mozarts neuem Wohnhaus, eröffnet und sofort bestürmt worden. Drei Tage später meldet die *Wiener Zeitung*, der Laudon-Tempel sei *von 8 Uhr bis nachts 10 Uhr herrlich beleuchtet* zu besichtigen. *Mit Schlag jeder Stunde lässt sich eine Trauer-Musique hören und wird alle Woche eine andere sein. Diese Woche ist die Composition von Hrn. Kapellmeister Mozart.* Die Preise: in der ersten Kategorie 1 Gulden, in der zweiten 30 Kreuzer pro Person. Viel Geld für den Durchschnittsverbraucher; für 1 Gulden bekommt er 10 Pfund Rindfleisch, für 30 Kreuzer 5 Pfund. Doch Graf Deym von Stritetz, der Initiator des Ganzen, hat sich nicht verrechnet. Schon in der ersten Woche entrichten die Wiener zu Hunderten den hohen Eintrittspreis, um diese Inszenierung zu erleben, in der jede Stunde einmal Mozarts Musik das bizarre Arrangement in ein ergreifendes Erlebnis verwandelt. Musik, die Gegensätze zusammenbindet: das *furchtbar Wilde* und das *Kunstvolle*, das *Erschütternde* und das *Liebliche*, den *Kampf der Leidenschaften* und die *Sehnsucht nach oben*.[5]

Doch das nehmen wohl nur feinere Ohren wahr. Solche, die aus Mozarts erstem Lied dieses Jahres, *Komm lieber Mai und mache*, sein kurz zuvor vollendetes letztes Klavierkonzert heraushören.[6] Die verstehen, dass er die Vorfreude auf einen Neubeginn und die Melancholie des Abschieds nicht versöhnt hat, aber vereint.

Im Alltag ist Mozart ebenfalls in Gegenwelten unterwegs. Seine Musik kennt nichts Einseitiges, er selbst genauso wenig. Bereitwillig hat er sich auf den Mausoleums-Erfinder Josef Graf Deym von Stritetz eingelassen, der sich nur noch Müller nennt, seit er Wien vor zehn Jahren fluchtartig verlassen hat. Angeblich, weil er meinte, seinen Gegner im Duell umgebracht zu haben, was mit Kerkerhaft geahndet wird. Mozart kann nicht wissen, dass Deym beim Regiment, als er seinen Dienst quittierte, Schulden und einen schlechten Eindruck hinterlassen hat. Von *Ausschweifungen* war die Rede. Mozart weiß aber, womit der Graf, seit er wieder da ist, sein Geld verdient. Erst vorletztes Jahr hatte er groß in der *Wiener Zeitung* annonciert, dass *mit hoher Bewilligung* in dem Haus *Zum Goldenen Brunnen* am Kohlmarkt *nach dem Leben gefertigte Figuren, teils nackend, teils gekleidet, gezeigt werden*. Zwanzig Kreuzer kostete der Eintritt. Auch wenn Deym meinte, die Wohnung sei so ausgewählt, *dass man hohe Standespersonen mit allem Anstand empfangen kann*: Es gilt als anstößig, nackte Figuren vorzuführen, die schamhaargenau dem menschlichen Körper nachgebildet sind. So etwas gehört in eine anatomische Sammlung, nicht in eine Verkaufsausstellung. Erfolg verbuchte sie gerade deswegen. Mittelweile hat Graf Deym alias Herr Müller sein Programm um Gipsabgüsse, Kopien etruskischer Vasen und Musikautomaten erweitert.[7]

Müller ist vom flüchtigen Bankrotteur zum vermögenden Mann geworden, indem er eine Marktlücke entdeckt und gefüllt hat. Und er ist vom Leutnant a. D. mit schlechtem Ruf zum Gesellschaftsmatador aufgestiegen, der mit großen *Kenntnissen und geläutertem Geschmack die feinste Lebensart verbindet*, indem er sich patriotischen Themen und Bildnissen der Prominenz verschrieben hat. Ob Kopf, Büste oder Ganzkörper in eigener Kleidung: Die reichen Wiener reißen sich darum, von ihm mit Echthaar und Glasaugen porträtiert zu werden. Selbst für Totenmasken gilt er als erste Adresse.

Das ist ein Schlaukopf, der den Bogen heraushat und Mozart imponiert.

Während Mozart sich mit Vermarktungsmöglichkeiten von Gebrauchsmusik befasst, beschäftigt er sich auch mit dem absoluten Gegenteil davon. Mit geistlicher Musik, die kein Geld bringt.

Am 28. April 1791 formuliert er ein Gesuch an den Wiener Magistrat. Mozart möchte Stellvertreter des Wiener Domkapellmeisters Leopold Hofmann werden. Der Dreiundfünfzigjährige hat seinen Posten erst vor einem halben Jahr angetreten. Aber dann sah es aus, als werde er ihn nicht lange behalten.

Als Herr Kapellmeister Hofmann krank lag, beginnt Mozarts Schreiben, *wollte ich mir die Freiheit nehmen, um diese Stelle zu bitten.*

Doch Hofmann wurde gesund. Nun darf es nicht so klingen, als sei Mozart die Genesung des Kollegen in die Quere gekommen. Er wolle nur die *Gelegenheit* erhalten, erklärt Mozart, *dem schon älter gewordenen Herrn Kapellmeister ... in seinem Dienst zur Hand zu gehen.*[8] Warum er das will, verrät er nicht.

Hofmann bezieht zwar 2000 Gulden im Jahr, aber davon muss er 1800 Gulden für den Unterhalt der sechs Kapellknaben zahlen, die bei ihm wohnen. Dass er dafür gratis wohnt, Holz und Kerzen gestellt bekommt, kann für Mozart kein Anreiz sein. Ebenso wenig wie diese Wohnung. Geld hat St. Stephan nicht viel übrig, zumindest nicht für die Musik. Mozart weiß ja von seinem Freund und Schwager Franz Hofer, wie mager dort die Musikergehälter aussehen.[9]

Der Job, um den Mozart sich bemüht, bringt nichts ein außer dem Anspruch auf die Nachfolge des Kapellmeisters. Diese Chance ist es Mozart offenbar wert, sich als unbezahlter Stellvertreter zu bewerben.

Anders als sein aufklärerischer Bruder Joseph hat sich Leopold seine katholische Frömmigkeit bewahrt; in der Toskana wäre er sonst unliebsam aufgefallen. Keine zwei Wochen vor Mozarts Gesuch, am 17. März 1791, hat er in einem Hofdekret festgelegt: *Die Hochämter und Litaneien können auch mit Instrumentalmusik gehalten werden, wenn das Kirchenvermögen zu deren Bestreitung hinreicht.*[10] In den letzten zweieinhalb Jahren hat Mozart mehrmals begonnen, Messetexte zu vertonen. Dass sie als Fragmente liegengeblieben sind, gibt allerdings zu denken.

Es ist, als habe er eingesehen, dass sein angestammter Platz im Dazwischen liegt und seine Aufgabe darin, zu vermitteln. Zwischen dem Volkstümlichen und dem Erhabenen, dem Sinnlichen und dem Geistigen, dem Sensationellen und dem Stillen.

Da Ponte hatte Mozarts Liebe zum Uneinseitigen verstanden. Er hatte lebende Menschen auf die Bühne geschickt, keine Stereotypen. Doch Da Ponte wird in Wien nicht länger geduldet. Sein Ergebenheitsschreiben an den Kaiser, das mit den Worten *Du bist König* begann, hatte Kaiserin Ludovica ihrem Mann vor versammelten Zeugen vorgelesen. Leopolds Kommentar: *Man schicke diesen Störer der Ruhe und des Friedens zum Teufel.*

Der Abbate erwägt, nach London zu ziehen, wo Stephen Storace seinen Librettisten gern begrüßen würde; auch Haydn könnte einmal bessere Textbücher gebrauchen. Da Pontes Versuch, Mozart mitzunehmen, misslingt jedoch, weil der bereits *damit beschäftigt war, eine deutsche Oper ... in Musik zu setzen.*[11]

Kein gelehrter Dichter, kein Metastasio oder Da Ponte, der in Latein und Altgriechisch ebenso zu Hause ist wie in der klassischen Literatur, hat das neue Textbuch verfasst. Direktor Schikaneder hat Mozart den Entwurf geliefert, ein Theaterpragmatiker aus der Vorstadt. *Ägyptische Geheimnisse* heißt das gemeinsame Projekt.[12] Ein Titel, der bewusst in die Irre führt: Die Oper spielt nicht im historischen Ägypten, Ägypten selbst ist nur eine Hieroglyphe. Ein Titel, der aber auch etwas Richtiges verheißt. Es soll darin um die Mysterien der Freimaurer gehen. Die müssen allerdings dem Großteil des Publikums ein Geheimnis bleiben. Nur wenige Eingeweihte werden verstehen, was gemeint ist: dass Erkenntnis und Liebe untrennbar zusammengehören. Doch bühnenerfahren, wie Mozart und Schikaneder sind, können sie das Stück so anlegen, dass es für all diejenigen gute Unterhaltung ist, die seine Tiefe nicht erkennen. Mozart ist es im Vorhinein bewusst, dass viele sich bei Papagenos lockeren Sprüchen laut auf die Schenkel schlagen, ein paar wenige aber schweigend das Wesentliche erkennen werden. Doch eben jene Doppelstruktur entspricht Mozart. Es gibt eine innere und eine äußere Handlung.[13] Von außen betrachtet soll Mozart eine Geschichte vertonen, in der ein Zauberinstrument den Helden, ein zweites seinen Gehilfen aus einer ausweglosen Lage rettet und Prüfungen zu bestehen hilft. Solch ein Instrument bräuchte auch Mozart.

Am 13. April pumpt er Puchberg um zwanzig bis dreißig Gulden an. Nur für eine Woche soll er ihm das Geld leihen, am 20. werde sein nächster vierteljährlicher Gehaltsabschlag fällig.

Puchberg schickt dreißig Gulden.

Wir leben glücklich in süßer Zufriedenheit, schreibt Mozart an dem Tag, an dem er sein Gehalt erwartet. Er schreibt das auf Italienisch in sein Werkverzeichnis, denn so heißt der Schlusschor zur Oper *Le gelosie villane* von Sarti, den er für eine Aufführung mit *Dilettanti* geschrieben hat. Die Dilettanten löhnen, die pro Quartal fälligen 190 Gulden werden von der Hofkammer ausbezahlt, doch Mozart zahlt Puchberg keinen Kreuzer zurück.[14]

Constanze ist zum sechsten Mal schwanger und hat wieder mit ihrem alten Leiden zu kämpfen. Eine Kur ist fällig, und Mozart beliefert Deym im Mai mit einem dritten Werk für Orgelwalze: ein Andante in F-Dur, nicht fürs Mausoleum, sondern für eine dieser Flötenuhren, die sich bestens verkaufen. Noch bevor Constanze das Schlafzimmer in der Rauhensteingasse gegen eines in Baden eintauscht, widmet sich ihr Mann dem *Schlafgemach der Grazien*, einer neuen Installation von Müller Deym für sein Kunstkabinett. Alabasterlampen beleuchten ein Bett, auf dem eine unechte Grazie mit echtem Mozart von der Walze beschallt wird. *Eine herrliche Flötenmusik, die der Hauch der Liebe zu beseelen scheint, ertönt. Du weißt nicht woher die Zaubertöne kommen. Es ist ein Adagio des unvergesslichen Mozart*, wird geschwärmt.[15]

Nun, da Automaten im Kommen sind, hat auch die Glasharmonika Benjamin Franklins Zukunft. Am 7. Mai steht in der *Wiener Zeitung*: *Gestern haben wir hier ein wahrhaft überirdisches Vergnügen genossen. Die berühmte blinde Virtuosin Mademoiselle Kirchgessner gab in unserm Theater auf der verbesserten Franklinschen Harmonika eine Akademie.* Der Kritiker ist Leid gewohnt, was dieses Modeinstrument angeht. Bisher hörte er nur *schwerfällige, melancholische Adagios mit einzelnen heulenden Tönen auf der Harmonika*. Aber die zweiundzwanzigjährige Marianne Kirchgessner spielt *vollgriffig*. Das *Wachsen und Hinsterben der Töne* findet der Kritiker *unnachahmlich*. Begeistert zitiert er einen Kollegen, der behauptet: *Ihr Spiel weckt Ahnungen einer höheren Harmonie.*

Das sind die Themen Mozarts. Und Taktiker, der er sein will, sagt er sich wohl: Diese Kirchgessner ist überall ein Kassenmagnet und nun endlich auf dem Weg nach Wien. Zwei Wochen später vollendet Mozart sein *Adagio und Rondeau für 1 Harmonica, 1 Flauto, 1 Oboe, 1 Viola, e Violoncello*.[16]

Kaum hat er diese Sphärenklänge verfasst, klingt er wieder grob irdisch. *Ahnungen einer höheren Harmonie* besitzt er, aber kein Gefühl für die richtige Dosierung seiner Späße und den Umgang mit hilfreichen Mitmenschen.

Ende Mai wendet Mozart sich an Anton Stoll, Schullehrer und Chorleiter in Baden. *Liebster Stoll! Seien'S kein Schroll*. Er bittet ihn, für Constanze *eine kleine Wohnung zu bestellen; – Sie braucht nur 2 Zim-*

mer; – oder ein Zimmer und ein Kabinettchen. – *das Notwendigste aber ist, dass es zu ebener Erde* ist und *nahe beim Bad.*

Er verlangt von Stoll nicht nur, die Wohnung zu beschaffen, sondern genaue Auskunft darüber, ob am Badener Theater schon Saison ist. Außerdem soll Stoll gefälligst nach Stadler forschen und ihm das Noten-Paket einer Mozart-Messe, das noch bei Stoll liegt, mitgeben. Auf alles erwartet er *schleunigste Antwort.*

Eine *Mittelstraße* kennt er nicht. Das zeigt sein Postskriptum: *Das ist der dümmste Brief, den ich in meinem Leben geschrieben habe; aber für Sie ist er just recht.*[17]

Am Samstag darauf, am 4. Juni, zieht Constanze mit ihrem Sohn Carl Thomas bereits in Baden ein. Mozart leidet. *Ich kann Dir nicht sagen, was ich darum geben würde, wenn ich anstatt hier zu sitzen, bei Dir in Baden wäre.*

Nicht der nächste Akt seiner Oper für Schikaneder hält ihn in Wien fest. Es ist ein Drahtseilakt, der ihn vor dem finanziellen Absturz retten soll. Ein Freund will ihm Kredit verschaffen, lässt ihn aber nun schmoren: *Er versprach mir Parole d'honneur zwischen 12 und 1 Uhr zu mir zu kommen, um alles in Ordnung zu bringen,* berichtet Mozart Constanze; *ich wartete – es schlug halb 3 Uhr, – er kam nicht, ich schrieb also ein Billet und schickte das Mensch zu seinem Vater.* Vergebens. Die Hausangestellte blieb aus. *Ich wartete – wartete – um halb 7 Uhr kam sie mit einem Billet. – Warten ist gewiss allzeit unangenehm – aber noch viel unangenehmer, wenn die Folge davon der Erwartung nicht entspricht – ich las lauter Entschuldigungen. Dass er noch nichts Bestimmtes hätte erfahren können, und lauter Beteuerungen, dass er mich gewiss nicht vergessen und Wort halten würde.*

Der Freund fühlt sich von ihm wohl zu sehr bedrängt und entzieht sich lieber. Als Mozart am nächsten Morgen um fünf aufsteht und in aller Frühe bei ihm klingelt, ist er *schon ausgeflogen.*

Mozart drängt es *weg von hier und zu Dir hinaus.* Mit ungaten Gefühlen macht er sich auf den Weg. Ist er abwesend, wird keiner auf den Freund Druck ausüben. Ohne Druck lässt dessen Hilfsbereitschaft aber rapide nach. *Wird er nicht gestupft, so wird er kalt,* hat Mozart erkannt.[18]

Es scheint, als habe er sich nun an Gottfried von Jacquin gewandt, dem er eigene Werke geschenkt hat, in dessen Haus er jede Woche verkehrt, dessen Vater er sich verbunden fühlt, dessen Tochter er unterrichtet und der ihm *Liebe! Liebe! Liebe!* ins Stammbuch geschrieben hatte. Außerdem hat Mozart mit seinen *kleinen Strafpredigten* dazu beigetragen, dass Gottfried sich von der *flatterhaften Liebe* verabschiedet hat und sich mit Nanette von Natorp verloben konnte. Dass der Freund ihm dafür *ein bisschen Dank schuldig ist*, hatte Mozart ihm geschrieben. Er muss den Dank ja nicht mit barer Münze zahlen. Eros, *ein großer Jäger*, ist auf der Jagd nach Mäzenen.

Im Haus der Jacquins verkehren viele Ungarn. Sie wohnen, wie auch Mozart vor Kurzem noch, im Vorort Landstraße. Bei den Wienern wird er *ungarische Vorstadt* genannt, weil so viele Ungarn dort leben, großenteils Kaufleute mit Geld. Ein Zufall? Vier Jahre lang war Gottfrieds Vater Nikolaus von Jacquin Professor in Ungarn gewesen und später in Wien mit dem St.-Stephans-Orden dekoriert worden, dem höchsten zivilen Verdienstorden Ungarns.

Mozart, nach wie vor aktiv bei Gottfried van Swietens Konzerten, weiß, wer die Aufführungen der Oratorien dort finanziert. Sechs Mäzene bestreiten die Kosten, drei davon sind Ungarn: Georg Anton Graf von Apponyi, Anton Graf von Batthyányi und Franz Graf von Esterházy. Die Frau des Grafen Apponyi ist schon vor Jahren Mozarts Schülerin geworden, ebenso wie die Gräfin Zichy, die dann einen Pálffy ehelichte. Ihre Namen standen neben denen vieler Landsleute wie Bánffy, Erdödy, Izdenczy, Paszthory und Urmenyi früher auf Mozarts Subskriptionsliste. Alle sind sie von Adel oder wenigstens von Einfluss und Vermögen, einige sind wie Nikolaus von Jacquin Ritter des St.-Stephans-Ordens. Nachdem der auf hundert Mitglieder begrenzt ist, kennt man sich. Diese ungarischen Gönner müssten doch mit Hilfe der Jacquins dazu gebracht werden können, wieder Subskribenten zu werden. Außerdem gibt es da noch die niederländische Fraktion. Auch sie könnte von den Jacquins aktiviert werden: Der Vater ist in Leiden geboren und kennt den Niederländer van Swieten noch vom Jesuitengymnasium dort. Mit *Lauferei* und Klinkenputzen müsste da etwas zu erreichen sein.[19]

Mozart schwankt dauernd zwischen Hochgefühl und Niedergeschlagenheit, zwischen *unbeschreiblichem Vergnügen* und unbeschreiblicher Einsamkeit, in der er klagt: *hätte ich doch nur eine kleine Seele gehabt zu meinem Trost.*

Constanze weiß, dass er sich einredet, von Feinden verfolgt zu werden. Er hat ihr eröffnet, *dass ihn jemand mit Acqua Toffana vergiften* wolle, (...) *und klagte über große Schmerzen in den Lenden und allgemeine Mattigkeit – einer seiner Feinde habe ihm die verderbliche Mixtur beigebracht, die ihn töten würde, und sie könnten den genauen Zeitpunkt seines Todes genau und unweigerlich benennen.*[20] Constanze weiß, dass ihr Mann auf berufliche und finanzielle Krisen körperlich reagiert. Sie geht mit keinem Wort auf seine Verschwörungsfantasien ein. Anfang Juni hat er ihr berichtet, dass Da Ponte endgültig des Landes verwiesen worden sei. Und Da Ponte war ebenfalls ein Freund solcher Vergiftungsgeschichten.[21]

Mozart lebt auf der Schwelle, balanciert an der Kante. Rastlos, ratlos und hilflos. Ohne seine Frau ist er in den Belangen des Alltags völlig überfordert. Seine Uhr hat er wiedergefunden, aufziehen kann er sie nicht; der Schlüssel fehlt. Ohne Constanze gerät Mozart vollständig aus dem Tritt, steht schon um halb fünf Uhr auf und komponiert *aus lauter langer Weile* eine Arie für die neue Oper.

Wahlheimat des Strohwitwers ist das Freihaus, wo er bei Schikaneder isst oder ins Theater geht, um sich die vierte Fortsetzung von *Der dumme Gärtner aus dem Gebirge* anzusehen. Ersatzweise bietet der Haushalt von Puchberg Zuflucht oder der von *Esel* Leitgeb, dessen Frau dann Mozart die Halsbinde knüpfen muss. Wenn er nicht Klavier spielt, sind Mozarts Hände laut Verwandtschaft untauglich, zumindest für praktische Arbeiten.

Er aber will der große Macher sein und Constanze das Gefühl geben, ohne seinen Schutz sei sie verloren. *Tu nur alles, was ich Dir rate*, drängt er. *Keine großen Spaziergänge, am Anfang nicht übertreiben mit den Anwendungen, mit gutem Appetit essen, Latwerge nehmen bei Verstopfung. Schlafe mehr. Traue dem Bad nicht. Gib acht auf Dich. Bleibe nie allein. Vergesse meine Ermahnungen nicht. Bade gar nicht, bis ich wieder bei Dir bin. Befolge meinen Rat.*

Constanze kennt die *übergroße Zärtlichkeit* ihres Mannes. Er fürchtet, sie könnte sich ihm entziehen. *Liebe mich wie ich Dich*, bedrängt er sie. Dass seine Frau mittlerweile schon am Ende des achten Monats ist, mindert seine sexuelle Begierde nicht. *Ich hoffe also zwischen 9 und 10 in Deinen Armen all das Vergnügen zu fühlen was ein Mann, der seine Frau so liebt wie ich, nur immer fühlen kann.* Und noch kurz bevor er am 15. Juni wieder die zwei, drei Stunden zu ihr hinausfährt, muss er es loswerden: *Wie ich mich auf Morgen freue, kann ich Dir nicht sagen.*[22]

Stoll hat Arbeit für ihn. Zum Fronleichnamsfest am 26. Juni möchte er neue Musik bieten. Gefeiert wird die Hostie als Leib Christi. Mozart aber wählt sich einen Text aus, in dem es um den wirklichen, den geschundenen Leib Christi geht. *Ave verum corpus*. Er soll das Überirdische preisen. Im *Ave verum* wird irdische Todesangst besungen.

Es gelingt ihm, die Gegensätze zusammenzubinden. Er zitiert den Lobgesang aus Michael Haydns Fronleichnamssequenz und dämpft ihn durch die Vorschrift, das ganze Werk *sotto voce*, nur mit halber Stimme, zu singen. Er legt den Schatten des Jenseits auf den Jubel im Diesseits. Er verklärt die Angst vor dem Ende durch die Hoffnung aufs Unendliche.[23]

Doch Eros ist *immer bedürftig*. Welche Panik Mozart im Nacken sitzt, ahnt keiner, der in Baden das *Ave verum* hört. Es zeichnet sich ab, dass einer von Mozarts Gläubigern die Geduld verliert: Lichnowsky. Auf ihrer gemeinsamen Reise kann es Mozart nicht entgangen sein, dass der Fürst Spieler ist. Gründe dafür gibt es. Seine Frau, Tochter der Gräfin von Thun, macht kein Geheimnis daraus, dass sie ihn am ausgestreckten Arm sexuell verhungern lässt. Nachdem ihre Schwester eine schauerliche Schilderung der Hochzeitsnacht mit Rasumowsky abgegeben hatte, wollte Lichnowskys Braut ihre Heirat ganz abblasen, worüber die Wiener Klatschpresse ausgiebig berichtete. Lichnowskys kleine Fluchten in Casinos oder Bordelle lassen sich in Wien auf Dauer schwer verbergen. Nicht einmal vor der eigenen Frau, die ihn angeblich im Karneval als Käufliche maskiert ins Freudenhaus gelockt hat und sich dort zu erkennen gab.[24] Die vornehme Gräfin in einer Vulgärfassung von *Le Nozze di Figaro* überführt den Gatten, aber befriedigt ihn nicht.

Freudenhausbesucher brauchen Geld. Und Spieler kennen mit Schuldnern keine Gnade, weil ihre Gläubiger keine kennen.

Es wird eng für Mozart. Außer dem Werk für Schikaneder ist kein Auftrag in Sicht. Oder doch?

Anfang September wird Leopold II. in Prag zum böhmischen König gekrönt. Anfangs war, was das Rahmenprogramm anging, nur grob von drei Sorten Feierlichkeiten die Rede: *entweder ein gutes deutsches Schauspiel oder eine welsche Oper mit großen Balletten*, dann ein großer

Zauberflöte, *Requiem* und das Ende

Freiball mit feinem Buffet, schließlich *ein großes Feuerwerk*. Nun soll das Nostitzsche Ständetheater doch eine ganz neue Oper bringen.

Dass Guardasoni sofort nach Prag zitiert wurde und der Librettist Mazzolà ebenfalls, werden Mozart die Prager Freunde wissen lassen, allen voran Josepha Duschek. Prompt kreuzen zuerst Mazzolà, danach Guardasoni in Wien auf, um die Lage zu sondieren. Im Vertrag, den die böhmischen Stände am 8. Juli dann mit Guardasoni abschließen, wird allerdings kein Komponistenname genannt. Festgelegt wird darin vor allem, dass es pompös werden soll, was Beleuchtung und Dekoration betrifft. Um die Musik geht es nur nebenbei. Ein prominenter *primo uomo*, also ein Kastrat, soll verpflichtet werden, eine berühmte *prima donna* für die weibliche Hauptpartie und irgendein *cellebre [sic!] maestro* als Komponist.[25] Die Stände haben bei dem berühmten Meister sicher an den gedacht, der ihrem Theater mit *Don Giovanni* eine Sensation beschert hat, auch finanziell.

Trotzdem muss Guardasoni zuerst Salieri fragen, denn der ist nicht nur Hofkapellmeister, sondern Garant für Publikumserfolge und für Opern im italienischen Stil, wie sie dem gelernten Toskaner Leopold und seiner Frau gefallen. Das Erfolgsduo Salieri/Da Ponte steht nicht mehr zur Verfügung, aber es gibt auch noch das Erfolgsduo Salieri/Mazzolà, berühmt durch den Dauerbrenner *La scuola de' gelosi*.

Zwei Stoffe sind im Vertrag bereits vorgeschlagen worden. Und als Ausweichmöglichkeit wird *La Clemenza di Tito* genannt. Die Großmut eines Herrschers zu besingen ist zwar abgestanden, mundet aber bei Krönungen den Regenten immer wieder.

Mozart wird nicht gefragt. Zeremonien gehorchen Regeln, und bei einer Hofzeremonie ist Hofkapellmeister Salieri an der Reihe. Mozart hätte auch keine Zeit. Die braucht er, um mit Tricks und Überredungskunst so viele Sicherheiten zu beschaffen, dass ihn Lichnowsky nicht vor Gericht zerrt. Was Mozart an Frau und Sohn für die Aufenthaltskosten nach Baden schicken kann, sind mal 25, mal nur drei Gulden: *hast Du nicht gelacht*, schreibt er an Constanze, *wie Du 3 fl erhalten hast? – ich dachte mir aber es ist doch besser als nichts!* Auch der Galgenhumor bindet Gegenwelten zusammen.

Anfang Juli hofft Mozart, mit Hilfe des bewussten Freundes die Hilfswilligen endlich festnageln zu können. Dem aber ist es wichtiger, den Ballonaufstieg von Jean-Pierre Blanchard draußen im Prater zu beobachten, als Mozart vor dem Absturz zu bewahren. Gehetzt berichtet Mozart Constanze, das Getue um den Ballonflieger bringe ihn um den Abschluss seines *Geschäfts*, seiner waghalsigen Rettungsaktion. *Der Freund versprach mir bevor er hinausführe zu mir zu kommen – kam aber nicht – vielleicht kommt er, wenn der Spaß vorbei ist – ich warte bis 2 Uhr – dann werfe ich ein bisschen Essen hinein – und suche ihn allerorten auf.*

Mozart auf den Schwellen, nirgendwo zu Hause. Die Sehnsucht ist seine Tragik und sein Antrieb. *Mir fehlt nichts – als Deine Gegenwart*, beschwört er seine Frau. Er zeichnet es in den Brief, wie er sich nach diesen Armen sehnt. Wie sie sich ausstrecken nach ihm, einem Torso ohne Arme. Als Mozart das hinkritzelt, ist gerade ein anderer Freund bei ihm. Der sagt, *ich soll es mit Dir so machen – er hat einen Gusto auf Dich und glaubt fest, Du müsstest es spüren.*

Mozart wird von der Angst verfolgt, Constanze nicht zu genügen. *Wenn Du was brauchst, Schatzerl, so schreibe es mir aufrichtig.* Er will alle ihre Wünsche *mit wahrem Vergnügen* befriedigen.[26] Rivalen gibt es offenbar.

Mozart wirft nicht nur Essen, sondern auch Arsenik als Stärkungs- und Potenzmittel ein.[27] Mit den üblichen Methoden versucht er, Constanze von der drohenden Katastrophe abzulenken. Ein Prozess gegen Lichnowsky würde seine finanzielle Lage öffentlich und ihn unmöglich machen. Das wäre direkt vor ihrer Niederkunft ein Schock für Constanze, eine Gefahr für die Mutter und das Kind. Daher erzählt Mozart ihr nichts von den nächtlichen Albträumen, nur, dass er nachts *ordentlich* mit *den Mäusen* im Zimmer *diskutiert*. Meistens gibt er sich optimistisch: *es wird schon besser kommen – ich ruhe dann in Deinen Armen aus.*

Doch ab und zu bricht die Verzweiflung durch. Wenn er eingesteht, dass ihm die Zeit zum Essen fehlt und er *matt vor Hunger* ist, dass ihm *die innerliche Sorge, Bekümmernis und das damit verbundene Laufen* an die Substanz gehen. Wenn er zugibt, dass depressive Stimmungen seine Arbeitskraft lähmen: *welch traurige, langweilige Stunden ich hier verlebe – es freut mich auch meine Arbeit nicht, weil gewohnt bisweilen auszusetzen und mit Dir ein paar Worte zu sprechen.* Er ist dünnhäutig: *gehe ich ans Klavier und singe etwas aus der Oper, so muss ich gleich aufhören – es macht mir zuviel Empfindung*, schreibt er. *Ich kann Dir meine Empfindung nicht erklären, es ist eine gewisse Leere – die halt wehe tut – ein gewisses Sehnen, welches nie befriediget wird, folglich nie aufhört – immer fortdauert, ja von Tag zu Tag wächst.*[28]

Er wäre nicht Eros, wüchse aus der Leere nicht Fülle: Die *Ägyptischen Geheimnisse* sind zum Großteil vollendet. Er wäre nicht Eros, schlüge das Bekenntnis eines verletzlichen Mannes nicht um in die Lust, andere zu verletzen. Mit verstellter Handschrift schreibt er an Stoll einen Brief, in dem ein Mann blödsinnige Sätze absondert, der Frau, in die er verliebt ist, *einen Handkuss ausrichten* lässt, als Steigerung *ewige Feindschaft*. Verfasst in *Scheißhäusl, den 12. Juli,* von *Franz Süßmayr, Scheißdreck.*

Franz Xaver Süßmayr ist für Mozart unverzichtbar, als Handlanger, als Assistent beim Notenkopieren oder Stimmenaussetzen und als Begleitservice für die hochschwangere Constanze. Er ist Pianist, Geiger und Komponist, hat Förderer wie seinen Lehrer Salieri, schlägt sich aber mit Aushilfsdiensten zum Hungerlohn durch.[29]

Am 26. Juli braucht Mozart Geld, das er nicht hat: für einen guten Arzt und eine gute Hebamme. Franciscus Xaverius Wolfgangus Mozart, das sechste Kind der Mozarts, wird noch am selben Tag im Stephansdom getauft. Süßmayr, obwohl nicht Pate, darf sich einbilden, der Name sei ein Dankesgruß an ihn. Doch einer der Hauptdarsteller in der neuen Oper steht Mozart näher: Franz Xaver Gerl, sein Sarastro.[30]

Am Stephansdom ist Mozart bereits wunschgemäß zum Stellvertreter des Kapellmeisters ernannt worden. Konfessionelle Schranken kennt Mozart aber nicht. *Jehova nennt ihn oder Gott, nennt Fu ihn oder Brahma,* lautet die zweite Zeile eines Textes, den er nun für eine neue Freimaurerkantate verwendet. Ihr Verfasser ist für die Abschaffung aller Religionen.

Die dritte Zeile verkündet: *Hört Worte aus der Posaune des Allherrschers.* Ausgiebig wie noch nie hat Mozart in seiner neuen Opernpartitur zu den *Ägyptischen Geheimnissen* Posaunen eingesetzt, obwohl es im Orchester auf der Wieden keine Posaunisten gibt. Und obwohl sie als Instrumente der katholischen Kirche kaum in ein Volkstheater passen, in dem es nach Räucherspeck statt nach Weihrauch riecht.

Mozart ist ein Trickster geblieben. *Liebt Menschen mich in meinen Werken,* verlangt der konfessionslose Allherrscher in der sechsten

Zeile der Kantate.[31] Und an dieser Stelle wählt Mozart einen völlig anderen Tonfall. Gerade noch war er feierlich und laut. Nun beginnt er leise und intim, wie in einem Liebeslied. Ist es Mozart, der sich wünscht: *Liebt mich in meinen Werken?*

Diesen Wunsch teilt ein junger Mann mit ihm, der ein Schloss besitzt, aber kein Talent. Deshalb bestellt der achtundzwanzigjährige Franz Graf von Wallsegg bei Menschen mit Talent Kompositionen, die er abschreibt und als seine eigenen Werke aufführen lässt. Ist er in Wien, wohnt er in demselben Haus am Hohen Markt wie Mozarts Freund Michael Puchberg. Es gehört ihm. Da Mozart bei Puchberg ein- und ausgeht, wird er den Grafen zumindest vom Sehen kennen. Klüger also, ein Werk bei ihm durch einen Boten bestellen zu lassen. Das Honorar für die Auftragsarbeit ist großzügig: die Hälfte von dem, was Mozart üblicherweise für eine ganze Oper erhält. Die Bedingungen sind befremdlich. Der Auftraggeber will anonym bleiben und beansprucht die alleinigen Rechte am Werk. Doch Mozart, der Jacquins Komponisteneitelkeit willig und unentgeltlich befriedigte, wird damit keine allzu großen Probleme haben. Vielleicht hat er auch schon von anderen Komponisten wie seinem Verleger und Freund Franz Anton Hoffmeister gehört, dass in Wien ein Hochstapler unterwegs ist, der sich mit fremden Federn schmückt und für die Federn großzügig zahlt. Und vielleicht erwägt Mozart bereits, wie er dem Unbekannten eine Falle stellen kann.[32] Und sei es nur, indem er Hürden einbaut, an denen ein Laienensemble scheitern muss.

Mozart nimmt alles an, was gutes Geld bringt.

Salieri nicht. Fünf Mal hat Guardasoni ihn gebeten, eine Krönungsoper für Prag zu komponieren, fünf Mal hat Salieri abgelehnt. Aus Arbeitsüberlastung, wie er selbst stöhnt.

Anfang August wird Mozart als Lückenbüßer willkommen geheißen. Mozart büßt gerne. Caterino Mazzolà zieht *La Clemenza di Tito* aus der Tasche. Mozart ist nicht unschuldig daran, dass Mazzolà Metastasios langatmige Fassung radikal verändert, um ein Drittel kürzt, strafft und zeitgemäß umdichtet. Zufrieden hält er fest, dass sein Librettist aus der Vorlage eine *vera opera*, eine echte Oper gemacht hat, in der es um Menschen und ihre Gefühle geht.[33] Eine welsche Oper mit großen Balletten kann daraus allerdings nicht werden.

Mozart braucht auch dieses Honorar dringend. Eigentlich sogar sofort. Die 100 Dukaten von Schikaneder wird er wie üblich erst nach der Uraufführung kassieren, das Honorar für *La Clemenza di Tito* ebenso.

Die Termine stehen fest: 6. September Prag, 30. September Wien. Nur 24 Tage liegen zwischen der Uraufführung der beiden Opern. Welten liegen zwischen beiden Werken, einer Krönungsoper vor den Mächtigsten des Landes und einer Volksoper für die kleinen Leute. Eros bindet sie zusammen.

In der letzten Augustwoche brechen die Mozarts zusammen mit dem unverzichtbaren *Scheißdreck* Süßmayr nach Böhmen auf, keine vier Wochen nach Constanzes Entbindung. Am 28. kommen sie in Prag an. Salieri ist schon da. Der Kaiser war da, ist aber schon wieder weg, um in Pillnitz mit dem preußischen König eine Deklaration zu unterschreiben, die dem französischen König militärische Unterstützung zusichert. Um Großmut geht es dabei nicht, nur um Machterhalt.

Salieri ist für das übrige Musikprogramm verantwortlich und hat darin Mozart mit drei Messen, dem Chor aus der Schauspielmusik zu *Thamos* und einem Offertorium eingebaut.[34] Offenbar sind *die Cabalen* wirklich *alle schon zu Wasser geworden*, wie Mozart im Dezember des vorletzten Jahres meinte.

Für andere *Cabalen* sorgt Mozart selbst.

Der Auftrag muss für ihn eine Provokation sein. Nicht nur, weil für ihn Kaiser Joseph Titus verkörpert hat. In Mozarts Bücherschrank steht der Roman *Faustin* des Wieners Johann Pezzl. Darin wird Leopolds Vorgänger als *der deutsche Titus* bezeichnet, der Kaiser selbst hat sich in den letzten Lebensjahren gern als Titus porträtieren lassen. Wenn Josephs Bruder nun die Wenzelskrone aufgesetzt wird, soll Mozart musikalisch dem Mann huldigen, der ihn in Frankfurt bei der Kaiserkrönung völlig ignoriert und ihn sein letztes Geld gekostet hat.

Erst am 5. September trägt Mozart die neue Oper in sein Werkverzeichnis als fertiggestellt ein.

Am 6. September um sieben Uhr soll die Aufführung beginnen. Vom Hochadel ist noch nichts zu sehen. Zu sehen ist, dass der kleine

Mann im Orchester gegen die Etikette verstößt. Nicht im Galagewand leitet er die Oper, sondern im einfachen grünen Rock, wie ihn Kaiser Joseph propagierte und selbst trug.[35]

Er dirigiert nicht, er muss warten. Um acht nehmen die Ehrengäste ihre Logen ein. Die Kaiserin war von vornherein gegen das ganze Spektakel, weil Zeremonien sie erschöpfen.

Verstehen sie, was hier vor ihren Ohren geschieht?

Mit Pauken und Trompeten beginnt die Ouvertüre. Doch schon nach wenigen Takten unterwandern Synkopen die stabile Ordnung. Der Boden bebt. Nach italienischer Festoper hört sich das nicht an, eher nach dem Aufruhr in *Le Nozze di Figaro*. Im Sextett des ersten Aktes steht Tito als Egomane da, unfähig zu lieben. Die Stimmen der Vitellia und der Servilia, des Sesto und des Annio klingen beseelt, die Stimme des Tito wirkt angestrengt. Er hört nicht auf andere, nur auf sich. Sesto ist der große Liebende. Als er allein seine Verzweiflung besingt, schickt Mozart ihm Hilfe. Anton Stadler kommt mit seinem Instrument ins Spiel. Mit ihr, der Klarinette, kann Sesto sich verständigen. Auch Vitellia, die zum Meuchelmord am Kaiser aufruft, ist für Mozart eine große Liebende. In ihrem großen Rondo stellt er ihr Stadler zur Seite, der ihre Gefühlsnöte auf seinem Bassetthorn in alle Herzen spielen soll.

Mozarts Musik macht unüberhörbar, dass seine Sympathien nicht dem Imperator gelten, sondern denen, die ihn beseitigen wollen. Er lässt die Zuhörer spüren, dass es keine Sicherheiten gibt. Die Tempi schwanken heftig, die dynamischen Akzente sind Sprengsätze. Fallen sind überall aufgestellt. Als Servilia Vitellia darin bestärkt, Widerstand zu leisten gegen den Kaiser, tut sie das in einem wiegenden Menuett. Da geht es um Verrat und Intrigen, Todessehnsucht und Auftragsmord, aber die Melodien sind heiter, fast euphorisch. Da geht es um komplizierte Strategien und undurchsichtige Machenschaften, doch die Musik ist einfach und durchscheinend klar.

Am Ende von *La Clemenza di Tito* ist die Bühne voller Leute, die ein Loblied auf die Großmut des Herrschers absingen. Vorher, hassend und liebend, klangen sie glaubwürdig. Das Loblied klingt für die feineren Ohren hohl. Vierzig Komponisten haben diese Geschichte über den Despoten Titus bereits vertont. Doch Mozart ist der Erste, der den Herrscher nicht Held der Oper sein lässt. Heldin ist, wie es auf

Zauberflöte, *Requiem und das Ende*

dem Buch steht, die *clemenza*, seine Großmut. Und diese Gnade ist gnadenlos. Keiner sollte ihr trauen, sagt Mozarts Musik.

Das Orchesternachspiel wird angestimmt in feierlichem C-Dur. Doch Synkopen durchzucken die Harmonie. In Erinnerung bleiben aber die schönen, fast heiteren Melodien.

Spannend finden dieses Werk alle, die jene unauflösbare Spannung in ihm verstehen. Eine urmenschliche, die an keine Zeit, keinen Ort, keinen Stoff gebunden ist.

Kaiserin Ludovica gehört nicht zu den Verständigen.

Am Tag nach der Uraufführung schreibt sie an ihre Schwiegertochter: *Die große Oper am Ende des Abends ist nichts Besonderes gewesen und die Musik sehr schlecht, so dass alle beinahe eingeschlafen wären.*[36] Die Folgeaufführung am 10. September ist offenbar so miserabel besucht, dass Guardasoni ein Gesuch bei den Ständen einreicht, in dem er Schadenersatz fordert. Er habe hohe Summen in die Inszenierung investiert, auf denen er nun sitzenbleibe. Er fühle sich durch das Desinteresse des Hofes beschädigt. Und wirklich bestätigt die Ständische Theaterkommission in ihrer Stellungnahme, *dass bei Hofe wider Mozarts Komposition eine vorgefasste Abneigung* bestanden habe.[37]

Vielleicht gäbe es am russischen Hof weniger *vorgefasste Abneigung*. So viele Komponisten aus Deutschland, Österreich, Italien, allen voran Paisiello und Cimarosa, haben dort Karriere gemacht. Alle sind sie vermögend von dort zurückgekehrt. Meistens auf Spitzenpositionen anderswo.

Mozart erinnert sich seiner Beziehungen und wärmt die zu dem anderen der Thunschen Schwiegersöhne wieder auf. Am 15. September 1791 verfasst Andrej Kyrillowitsch Graf von Rasumowsky einen Brief an Gregori Alexandrowitsch Fürst Potjomkin, in jeder Hinsicht Zarin Katharinas nächster Ratgeber. Rasumowskys Onkel hatte dort eine ähnlich vertikale Karriere über die Horizontale gemacht. Überschwänglich empfiehlt der Fürst nun Potjomkin einen Künstler aus Wien, den er nach Petersburg schicken will: *Den ersten Klaviervirtuosen und einen der fähigsten Komponisten in Deutschland, der Mozart heißt.* Vermutlich sei er mühelos aus Wien wegzulocken, weil er *hier einigen Verdruß gehabt hat.*[38] Das weiß Rasumowsky aus zuverlässiger Quelle, denn die Schwester seiner Frau ist ja mit Lichnowsky verheiratet. Er weiß nur offenbar nicht, dass es mit dem *Verdruss* keineswegs vorbei ist.

Im Eros des Schaffens kann Mozart aber jeden *Verdruss* vergessen.

Zum ersten Mal in seiner Wiener Zeit sitzt er an einem Bühnenprojekt, das weder vom Hof gefördert noch für das Burgtheater komponiert wird. Er darf er selbst sein. Darf zu seinen Überzeugungen stehen und mit Traditionen brechen.

In Prag hatten die Logenbrüder für ihn seine *Maurerfreude* gesungen. Gerührt hatte Mozart erklärt, *er werde demnächst dem Maurertum eine bessere Huldigung darbringen.*

Schon Mozarts Vater hatte erkannt, dass Schikaneder Sinn fürs *Populare* und für Diplomatie besitzt. Mozarts Librettisten ist bewusst, dass sein Text mit offensichtlichen Freimaurerbezügen keineswegs gefährlich, sondern opportun ist. Wenn der Kaiser versteht, dass die Freimaurer, anders als die Illuminaten, sich ihm ergeben fühlen, dann haben sie ihn auf ihrer Seite ...[39]

Trotzdem ist Mozart aufgeregt, als er am 30. September zum Theater auf der Wieden hinausfährt. *Die Zauberflöte. Eine große Oper in 2 Akten von Emanuel Schikaneder* steht groß auf dem Theaterzettel. Und klein: *Die Musik ist von Herrn Wolfgang Amade* [sic!] *Mozart, Der Anfang ist um 7 Uhr.* Er weiß, dass er an diesem Abend etwas Neues wagt. Nicht vor den Macht- und Geldhabern, nicht in einem eleganten Gebäude, nicht im Parfumdunst der Reichen, nicht im Lüsterglanz. Sondern in einem Bau, der von außen wie eine Kiste aussieht und innen nach Talg, Mottenpulver und Schweiß riecht. Ein Sessel ist hier Luxus, eine gepolsterte Sitzbank etwas Besonderes. Die Bühnentechnik allerdings ist besser als am Hoftheater. Und die Besucher kommen pünktlich. Zum großen Teil sind es einfache Menschen mit wenig Geld und wenig Bildung.

Um sieben Uhr sitzt Mozart im Orchester am Cembalo und hebt die rechte Hand.

Dass Sarastro einen Freimaurer darstellen soll, werden wohl die meisten verstehen. Kein Grund zur Aufregung. Freimaureropern sind nichts Neues; bei der Konkurrenz war sogar schon das Innere einer Loge auf der Bühne zu sehen.[40] Mozart aber weiß, dass er auf andere Weise ein Risiko eingeht: In dieser Oper löst sich die Musik und wird absolut. Das Libretto hat ihm den Freibrief dazu geliefert. Wie immer hat er es mit dem Textdichter gründlich durchgearbeitet, die Widersprüchlichkeiten darin aber alle stehen lassen. Weiterhin ist der Held Tamino ein Feigling, der beim Anblick einer Schlange in Ohnmacht fällt, weiterhin predigt Sarastro Freiheit, Gleichberechtigung und Nachsicht, hält sich aber Sklaven, will Macht und verurteilt zu brutalen Prügelstrafen. Weiterhin ist die Königin der Nacht ganz liebende Mutter, bevor sie einen Mordauftrag erteilt. Weiterhin ist Papageno ein Schwindler, der sich mit den Heldentaten anderer brüstet, ein Vogelfänger, der jedem Täubchen nachjagt und doch bereit ist, sich zu erhängen, weil er sich um die Liebe seines Lebens gebracht sieht. Mozart, der überirdische Musik schafft und sich irdisch danebenbenimmt, der lügt und tiefe Wahrheiten verkündet, der betört und betrügt, erkennt gerade im Widersprüchlichen das Menschliche.

Wer diese Oper nur liest, bekommt Zweifel daran, dass sie die Menschen erreicht. Wer sie hört, verliert diese Zweifel.

Wie Mozart das macht, werden wenige im vollbesetzten Theater des Freihauses verstehen. Aber was er macht, erleben sie. Die Gestalten werden durch ihre Stimmen lebendig. Monostatos, der wie Mozart das Schöne begehrt, das er nicht besitzt, rührt mit seiner großen Arie. Papageno, der wie Mozart weder gut noch schlecht ist, singt ein Abschiedslied von dieser Welt, das ihn als den großen Liebenden zeigt und seinen Schmerz als echt. *Ein Weib tut wenig, plaudert viel*, behauptet Sarastros Priester, doch Paminas große Arie in g-Moll lässt jeden die Stärke und den Todesmut dieser Frau fühlen.

Hier regiert die Musik, nicht die Sprache. Die Worte der Königin der Nacht hat Mozart so zerlegt, dass sie kaum mehr zu verstehen sind. Keine Informationen, nur noch Emotionen soll sie mitteilen. Nicht Zaubersprüche betören, nein: Zaubertöne. Die Sprache steht den Menschen im Weg. Nur wenn nicht geredet wird, geschehen Wunder. Dann entfalten die Flöte und das Glockenspiel ihre magische Kraft. Dann geht in der Finsternis das Licht auf.[41] Alles schweigt, als beim Sieg des edlen Paares die Musik aus der dunklen Aura des d-Moll in die leuchtende des D-Dur übertritt.

Durch die Musik bindet Mozart das All zusammen. Das Derbe und das Erhabene, das Komische und das Todernste. Wie viele im Theater erkennen, dass diese Oper auch das Bekenntnis eines großen

Liebenden ist? Wie viele hören, dass Mozart die Zauberkraft der Musik, die in den *Zauberdingen* erklingt, mit der Zauberkraft der Liebe gleichsetzt, die den Liebenden zu verwandeln vermag?

Platons *Symposion* ist Mozart wie den meisten Freimaurern vertraut. Denen wird es nicht entgehen, dass Papageno, wenn er mit Pamina das Mysterium der Liebe besingt, auf einmal ein ganz anderer ist. Nicht mehr der laute Angeber und bekennende Hedonist. Dass er vielmehr ebenso wie Pamina erfüllt ist von diesem großen, schmerzlich schönen Sehnen nach Liebe. In Platons *Symposion* wird gesagt, dass Eros sich nach Glückseligkeit sehnt. Wer das weiß, vernimmt in dieser Oper nicht in Worten, sondern in Tönen, worin sich die Glückseligkeit im Diesseits erahnen lässt: in der Liebe. Leidenschaft und Einsicht werden im platonischen Denken gekoppelt. Die Liebe als eine Macht, die den Menschen zum Aufstieg in höhere Sphären befähigt, steht im Zentrum von Platons *Symposion*. Nicht der Geliebte, sondern der Liebende versteht, worum es eigentlich im Leben geht.[42]

Schikaneder und Mozart aber bannen auch diejenigen, die von Philosophie im Allgemeinen und von Platons *Symposion* im Besondern keine Ahnung haben. Ihr Werk versetzt jeden in Staunen und das Staunen ist der Ursprung aller Philosophie. Nicht gesungene oder gesprochene Worte, nur der Klang der Zauberflöte beschert am Höhepunkt der Prüfungen die Lösung.

Der Zauber dieser Oper wirkt.

Schon Anfang Oktober ist klar: *Die Zauberflöte* wird zu einem Sensationserfolg. Vierundzwanzig Aufführungen setzt Theaterdirektor Schikaneder für den Oktober an. Constanze kuriert sich in Baden von den Folgen der Prag-Reise kurz nach der Entbindung, als ihr Mann sich nachts um halb elf noch an den Schreibtisch setzt, um zu berichten: *Eben komme ich von der Oper; – Sie war eben so voll wie allzeit.*

Der donnernde Applaus ist Mozart recht; *was mich aber am meisten freuet*, gesteht er, *ist der stille Beifall! Das Gefühl, verstanden zu werden; man sieht recht wie sehr und immer mehr diese Oper steigt.*[43]

Warum steigen seine Einnahmen nicht? Allein durch die beiden Opern muss er 1350 Gulden eingenommen haben, die Anzahlung für das Requiem kam hinzu, und nun bringt jede Wiederaufführung der *Zauberflöte* Geld.

Aber Mozart steckt schon wieder tief in der Arbeit, instrumentiert den dritten Satz des Klarinettenkonzerts für Stadler.[44] Ein Meisterwerk des Fallenstellers. Mozart kündigt es an in A-Dur, doch all jene Passagen, die am tiefsten berühren, stehen in a-Moll. Er putscht sich auf, indem er sich *schwarzen Kaffee* bringen lässt und eine *Pfeife Tabak* raucht, spielt gegen sich selbst Billard und berichtet seiner Frau, dass er seinen *Klepper*, sein Reitpferd, verkauft und dafür 63 Gulden kassiert hat.[45] Er flieht vor der Wirklichkeit in die Arbeit. Vor der Erkenntnis, dass er Chancen vertan hat und seine Situation angsterregend ist.

Offensichtlich war es ein Fehler gewesen, nicht nach England zu gehen. Haydn verdient dort angeblich das ganz große Geld. Mozart traut diesen Rekordmeldungen nicht, weil er ihnen nicht trauen will. Eros ist ein *Giftmischer und Fallensteller* geblieben. Der Freund erfährt sogar in London, dass Mozart öffentlich seine Erfolge anzweifelt. Fällt es ihm so leichter, die entgangene Chance zu verkraften? Er sei Neid gewohnt, schreibt Haydn seiner Brieffreundin Maria Anna von Genzinger. *Allein ich kann es nicht glauben, dass Mozart mich sehr herabsetzen sollte. Ich verzeihe es ihm*, erklärt er. Aber Mozart solle gefälligst zu Haydns Bankier Fries gehen, bei dem er *zusammen beinahe 6000 Gulden* angelegt hat, *um sich dort zu erkundigen*.[46]

Der *Fallensteller* ist wach in Mozart. Am 8. Oktober ist Schikaneder an der Reihe. Mozart spürt *einen Trieb, das Glockenspiel selbst zu spielen*. Sonst bedient es ein Orchestermusiker, während Schikaneder als Papageno nur so tut.

Papageno wirft sich in Pose, und schon tönt es. Schikaneder erschrickt, sieht Mozart, kapiert, was los ist, will das Glockenspiel erklingen lassen. Mozart verweigert es ihm. Kaum lässt Schikaneder die Hand sinken, schlägt Mozart wieder zu. *Halt's Maul* sagt Schikaneder; *alles lachte*, berichtet Mozart seiner Frau. – *Ich glaube, dass viele durch diesen Spaß erst erfahren haben, dass er das Instrument nicht selbst schlägt.*[47]

Täuschung und Enttäuschung gehören zum Repertoire des Eros. *Er ist ein großer Zauberer.*

Hat sich das herumgesprochen?

Friedrich Hildebrand von Einsiedel, Kammerherr von Anna Amalia, Herzogin von Sachsen-Weimar, hatte in jungen Jahren Shakespeares *Sturm* über den Zauberer Prospero zu einem Opernlibretto umgedichtet. Nun will er es überarbeiten und vertonen lassen. Auf der Suche nach dem idealen Komponisten hatte er sich schon im Frühjahr an den jungen Schauspieler Heinrich Beck in Mannheim gewandt. Wäre Mozart der Richtige? Becks Antwort: *So viel ich mich erinnere aus Mozarts Munde gehört zu haben – wird er schwerlich mehr deutsche Sujets komponieren, weil er alles für Wien schreibt – wo nur italienische und keine deutschen Opern gegeben werden.*

Das war im April, vor dem Erfolg der *Zauberflöte*. Brauchen kann Mozart Aufträge und Honorare. *Er ist in sehr beschränkten Glücksumständen*, berichtete Beck damals.

Ende Oktober schreibt ein anderer Ratgeber Einsiedels bereits, dass der als Librettist erfahrene Friedrich Wilhelm Gotter aus Einsiedels Vorlage *eine herrlich freie Nachdichtung von Shakespeares Sturm unter dem Titel die Zauberinsel verfertigt* hat, und meldet: *Mozart komponiert das Stück.*[48] Er würde es wohl tun, wüsste er davon. Denn an seinen *sehr beschränkten Glücksumständen* hat sich nichts geändert.

Trotzdem wirkt Mozart Anfang Oktober stabil. Er isst mit großem Appetit Schweinekoteletts, lässt sich einen halben Kapaun *herrlich schmecken* und morgens um sechs den Friseur kommen, damit er gut aussieht.[49] Die *Zauberflöte* ist nicht nur über Wochen ausgebucht, sie wird sogar von Konkurrenten bewundert. Stolz berichtet Mozart seiner Frau, dass Salieri und die Cavalieri die Oper besucht haben und *wie sehr ihnen nicht nur seine Musik, sondern das Buch und alles zusammen gefiel.* Anstößig findet der in höfischer Etikette erfahrene Salieri daran gar nichts. Diese Oper, erklärt er, *sei würdig, bei der größten Festivität vor dem größten Monarchen* aufgeführt zu werden.[50]

Zurück in Wien, findet Constanze ihren Mann angegriffen vor. Am 20. Oktober erhält er seine Quartalszahlung. Ausgerechnet zu diesem Zeitpunkt verfällt er in Depressionen. *Mit mir dauert es nicht mehr lange*, erklärt er seiner Frau bei einem Praterausflug. *Gewiss, man hat mir Gift gegeben.*[51] Wer ihm Gift gegeben haben soll und warum, sagt er ihr nicht.

Denkt er an die nächste Quartalszahlung? Sie ist im Januar fällig. Das Verfahren der Justiz, Schulden durch Gehaltspfändung einzutreiben, ist Mozart bekannt. Weiß er oder mutmaßt er, dass Lichnowsky sich auf diese Weise bei ihm sein Geld zurückholen wird?

Zauberflöte, Requiem und das Ende

Das hieße, dass Mozart seine Miete nicht mehr zahlen kann. Grund genug, sich verfolgt zu fühlen.

Constanze reagiert vernünftig. Sie vermutet, *dass wohl eine Krankheit im Anzug* ist, ruft einen Arzt und nimmt ihm die Partitur des Requiems weg. In keinem Jahr seines Lebens hat Mozart so viel gearbeitet wie in diesem. In keinem hat er zwei ganze Opern geschaffen. Er komponiert *oft bis zwei Uhr* in der Frühe und steht *um vier Uhr morgens auf.* Die *Überarbeitung* kann nicht ohne Folgen bleiben.[52]

Unter Termindruck steht er wegen der Totenmesse noch nicht. Der Auftraggeber braucht das Werk am Jahresende. Unter Zeitdruck steht er schon, weil der zweite Teil des Honorars erst bei Abgabe fällig wird. Nun muss er noch zur Einweihung neuer Logenräume am 17. November eine Festkantate komponieren. Er selbst soll sie dirigieren.

Der Auftritt könnte peinlich werden. Zu einem solchen Anlass finden sich üblicherweise alle Logenbrüder ein. Drei haben ihm Geld geliehen, Hofdemel, Puchberg und Lichnowsky. Nur Hofdemel hat er es zurückerstattet. Die Schulden bei Puchberg sind Mozart nicht mehr peinlich. Sie sehen sich privat häufig, und offenbar wird dabei über Geld nicht geredet. Von Lichnowsky dagegen droht Gefahr.

Am 9. November 1791 schreibt ein Kanzlist an die Hofkammer, zuständig für Gehaltsauszahlungen an Beamte und alle anderen, die wie Mozart eine Stelle bei Hof haben. Der Kanzlist sitzt im Niederösterreichischen Landrecht, dem für ständischen Adel zuständigen Gerichtshof in Wien. Er mahnt bei der Hofkammer die Vollstreckung eines Urteils an. Betrieben hat das der Gewinner des Prozesses, Carl Fürst von Lichnowsky. Am 12. November 1791 wird ins Protokollbuch der Hofkammer eingetragen: *Das Niederösterreichische Landrecht erinnert unterm 9. et prs. 12. November 1791, dass Karl Fürst von Lichnowsky dem k. k. Hofkapellmeister Wolfgang Amadé Mozart wegen schuldigen 1435 Gulden 32 Kreuzer samt 24 f Gerichtskosten sowohl die Pfändung als auch die Erfolglassung dessen Besoldungshälfte bewürkt habe.*[53] Jeder Beamte weiß, was das bedeutet. Ab Januar wird Lichnowsky die Hälfte von Mozarts Gehältern von der Hofkammer direkt ausgehändigt. Außerdem hat er jederzeit das Recht, von einem Gerichtsdiener Mozarts gesamte Wohnung ausräumen zu lassen.

Doch Mozart schreibt: *Laut verkünde unsere Freude.* Am 15. November trägt er die Vollendung dieser Freimaurerkantate in sein Verzeichnis ein. Es ist das 52. Einzelwerk, das er in diesem Jahr neben zwei Opern komponiert hat. Am 17. leitet er selbst ihre Uraufführung bei der *Tempeleinweihung und Lichtbringung* der Loge *Zur gekrönten Hoffnung*.[54]

Hat Mozart in der Loge erfahren, dass Lichnowsky keine Gnade kennt? Weiß er nun, welche Katastrophe auf ihn zukommt? Seit seiner Kindheit reagiert er auf Stressbelastungen körperlich. Nach dem Hinauswurf bei Colloredo musste er eine Opernaufführung verlassen, war *ganz erhitzt, zitterte am ganzen Körper und taumelte auf die Straße wie ein Betrunkener.* Zu Hause legte er sich sofort ins Bett.

Auch kurz nach dem Logenbesuch geht es Mozart nun schlagartig schlecht. Entzündlich geschwollene Gelenke machen jede Bewegung zur Qual. Außerdem hat er Fieber und erbricht. Derzeit grassiert eine fiebrige Erkrankung in der Stadt. Hat er sich in der Loge angesteckt?

Am 20. November muss er sich ins Bett legen. An demselben Tag stirbt Nanette von Natorp, die fünfundzwanzigjährige Verlobte Gottfried von Jacquins, eine Schülerin Mozarts.

Lacrimosa dies illa. Jener tränenreiche Tag. Das Requiem lässt Mozart nicht in Ruhe. Er beginnt mit der Vertonung des *Lacrimosa.* Die Takte 3 und 4 erinnern stark an das, was Papageno in Szene 28 singt, als er seinen Selbstmord ankündigt mit den Worten: «Sterben macht der Lieb ein End» und sich einen Strick nimmt. Was dort ertönt zu den Worten: «Wenn's im Herzen noch so brennt. Diesen Baum da will ich zieren», stimmt in Haltung und Gestus genau mit dieser Lacrimosa-Passage überein. Nach acht Takten bricht Mozart die Arbeit daran ab.

Am Schluss der *Zauberflöte* hat sich nach Schikaneders Regieanweisung die Bühne in eine Sonne verwandelt. Licht erfüllte die Szene und Mozarts Musik. Mozart hat den tränenreichen Tag zur Seite gelegt und nimmt sich das Offertorium vor. In der Fuge des *Domine Jesu,* am Ende des *Hostias,* geht es um das Licht.

Sed signifer sanctus Michael repraesentet eas in lucem sanctam. Quam olim Abrahae promisisti et semini ejus. Michael soll die Seelen ins Licht führen, wird Jesus als *rex gloriae,* als König der Herrlichkeit, gebeten: *wie du es einst Abraham versprochen hast und seinen Nachkommen.*

An dieses Versprechen soll der König der Herrlichkeit erinnert werden. Mozart drängt ihn, Wort zu halten. Am Ende des *Domine Jesu Christe* schreibt er an den Rand: *quam olim da capo*. Und darunter noch einmal: *quam olim d:c:*.[55]

Am Sonntag, den 3. Dezember, scheint es Mozart besser zu gehen. Es sind gute Nachrichten eingetroffen. *Von einem Teil des ungarischen Adels* geht die *Versicherung einer Subskription von jährlichen 1000 Gulden* ein. Und *aus Amsterdam die eines noch höheren jährlichen Betrages, wofür er nur wenige Stücke ausschließend für die Subskribenten komponieren soll.*[56]

Zu spät.

Nun, wohlan, es bleibt dabei.

Als Sophie am nächsten Tag wiederkommt, sagt ihr Constanze: *Heute Nacht ist er so schlecht gewesen, dass ich schon dachte, er erlebt diesen Tag nicht mehr.* Sie sieht schwarz. *Wenn er heute wieder so wird, so stirbt er in dieser Nacht.*

In der ersten Stunde des 5. Dezembers, fünf Minuten vor eins stirbt Mozart.[57]

Ohne die Sterbesakramente erhalten zu haben. *Die Geistlichen weigerten sich, zur letzten Ölung zu kommen, weil der Kranke sie selbst nicht rufen ließ.* In den Augen der Kirche ein Skandal, für den behandelnden Arzt prekär. Er ist nach dem Gesetz dafür verantwortlich, dass der Patient die Sakramente erhält, ob er will oder nicht.[58]

Mozart braucht sie nicht.

Er hat ein Leben im Dazwischen geführt. Nirgendwo hingehörend, nirgendwo festzumachen. Von dem Augenblick seines Todes an scheint er nicht mehr fassbar. Es gibt keinen Zeugen und kein Zeugnis für seine Überführung von der Rauhensteingasse nach St. Stephan, es gibt keinen Zeugen und kein Zeugnis für die kirchliche Einsegnung, die angeblich am 6. Dezember nachmittags um drei vor der Kruzifixkapelle des Stephansdoms stattfand.[59] Selbst dem Kirchenbuchhalter entwindet sich der ewig flüchtige Eros. Ins Sterberegister der Domkanzlei von St. Stephan wird ein Name eingetragen, den Mozart nie geführt hat: *Amandeus.*[60] Latein kann der Schreiber. *Amandus* bedeutet: der zu Liebende. Er hat noch deus – Gott eingebaut. Ein Irrtum, mehr nicht.

Mozart bleibt der Fallensteller nach seinem Tod. Der Meister des Trugschlusses wird zum Anlass der Trugschlüsse.

Nur ein paar Gehminuten vom Stephansdom entfernt sind an diesem 6. Dezember aus dem ersten Stock des Hauses Grünangergasse 10 Schreie zu hören. Fensterglas zerbirst. Die Polizei wird gerufen. Bei Hofdemel öffnet niemand. Die Wohnungstür wird eingetreten. Die Polizisten finden eine junge Frau mit blutüberströmtem Gesicht und einen Mann mit durchgeschnittener Kehle, ein Rasiermesser in der Hand. Die junge Frau ist schwanger. Die Wände sind blutbespritzt.

Generationen werden in die Falle tappen und sich einreden, Hofdemel habe seine Frau ermorden wollen, weil sie Mozarts Geliebte war und das Kind in ihrem Leib seines. Sie werden darin, dass Magdalenas Sohn, der im Mai des darauffolgenden Jahres zur Welt kommt, in Brünn auf den Namen Johann getauft wird, den Hinweis auf Joannes Chrysostomus Wolfgangus Theophilus Mozart sehen. Und übersehen, dass der Pate alle Vornamen trug, mit denen Magdalenas Kind am 10. Mai ins Taufregister eingetragen wird: Johann von Nepomuk Alexander Franz. Sie werden auch überlesen, was ein Hausbewohner direkt nach der Tat der Zeitung mitteilte: dass Hofdemel regelmäßig Blut erbrach, wusste, dass er todkrank war, und seine fünfundzwanzigjährige Frau keinem anderen gönnte, das auch noch schreiend kundtat, und dass er nach schlimmem Blutspucken die Konsequenz zog. Und weil sie in die Falle gehen, werden sie aus Magdalena Hofdemel Mozarts Klavierschülerin machen, obwohl sich im Nachlass ihres Mannes gar kein Klavier befand.[61]

Mozart war rastlos. Er hinterlässt um die 600 vollendete Werke und über 160 fragmentarische.[62] Und auch damit zahllose Fallen. Die größte davon heißt Requiem.[63] Seine Vollendung wurde für Generationen zum Spekulationsobjekt, seine Auftragsgeschichte zum Mysterium, sein Auftraggeber sogar zum möglichen Mörder Mozarts. Dass jener Graf Wallsegg sein Stadthaus am Hohen Markt zwei Wochen nach Mozarts Tod verkaufte, an den Vater der verstorbenen Nanette von Natorp, dass er niemals die Geschäfte ahndete, die Constanze Mozart mit dem Requiem machte, wird kaum erwähnt.[64]

Sicher ist nur Weniges nach Mozarts Tod. Sicher ist, dass für ihn bis zuletzt galt: *Was er heute gewinnt, zerrinnt ihm morgen.* Auch am

Zauberflöte, Requiem und das Ende

Ende jenes Jahres 1791, in dem er mehr verdient hatte als je zuvor. In seinem Nachlass, wie ihn die *Sperrs-Relation* überliefert, findet sich keine einzige goldene oder silberne Taschenuhr, keine englische Repetieruhr, keine silberne Dose, keine goldene Tabatiere, kein einziger Ring. Nur der Nachweis, dass er rund 900 Gulden schuldig ist, ohne die Summen, die Puchberg und Lichnowsky noch zu erwarten hätten.[65]

Sicher ist, dass kein Freund, kein Verwandter, kein Verehrer dabei war, als Mozarts Sarg am 6. oder 7. Dezember auf dem St. Marxer Friedhof in ein Reihengrab versenkt wurde, wie es das Begräbnis dritter Klasse vorsah und dass es ohne Wagen 8 Gulden, 56 Kreuzer kostete.[66]

Sicher ist, dass Mozarts Seelenamt am 10. Dezember nicht in St. Stephan oder St. Peter gehalten wurde, sondern in St. Michael.[67] Dass Emanuel Schikaneder 12 Gulden, 9 Kreuzer dafür zahlte und die vollendeten Teile von Mozarts Requiem, Introitus und Kyrie, *zu seinem Gedächtnis aufgeführt* wurden.

Mozart hinterließ Liebesarien, wie sie keiner zuvor und keiner danach komponierte. Auch in diese Falle sollten jene Nachgeborenen gehen, die den großen Liebenden zu einem großen Liebhaber erklären. Einem, der mit jeder adretten Schülerin, mit jeder koketten Sängerin ein Verhältnis anzettelte. Sie ignorieren das Eingeständnis von Aloisia Lange, ihre Schwester Constanze habe Mozart besser verstanden als sie selbst, sie ignorieren die Aussagen Michael Kellys und anderer Zeitzeugen, dass Mozart seine Frau *leidenschaftlich liebte*.[68] Sie überlesen Mozarts Liebesschwüre, seine Eifersuchtsbekundungen, alle Indizien, die belegen, dass Mozart seiner Frau mit *übergroßer Zärtlichkeit* bis hin zur Hörigkeit ergeben war. Dankbar, dass eine Frau, die anderen auch gefiel, ihm die Freuden schenkte, nach denen er hungerte, ein unansehnlicher, ganze 156 Zentimeter großer Mann mit Pockennarben. Sie werden sich einreden, Mozart *sei ein großer Gott und er sei schön* gewesen. Doch er war *weder hässlich, noch schön, weder gut noch schlecht*. Zuweilen bösartig, andererseits *von so milder Veranlagung dass man nicht mit ihm streiten konnte*, weil er geliebt werden wollte. Er war von großer *Liebenswürdigkeit*, um der Liebe würdig zu sein.[69]

Mozart hinterließ viele fragende Zeichen, wenig Gewissheiten.

Gewiss ist, dass er topographisch *auf der Schwelle* lebte. Von den 35 Jahren, zehn Monaten und neun Tagen seines Daseins war er 3720 Tage auf Reisen, das sind zehn Jahre, zwei Monate und acht Tage. Zieht man die früheste Kindheit ab, war er ein Drittel seines Lebens unterwegs. Auch psychisch lebte er auf der Schwelle zwischen düsteren Stimmungen und leuchtendem Optimismus, fühlte sich *kalt, eiskalt* und *leer*, voll *Bekümmernis* und war *toujours si gai*, eine *sehr fröhliche Natur*.[70]

Sah Haydn ihn deshalb als einen, der denen, die im Dunklen leben, Licht bringen könnte? Als er vom Tod Mozarts erfuhr, bekannte er, die Nachricht habe ihn aus der Bahn geworfen. *Nur allein bedaure ich, dass er nicht zuvor die noch dunklen Engländer hat überzeugen können, wovon ich denselben täglich predige.*

Nur wenige werden nicht in die Falle gehen, die Mozart, selbst *ein Mittelding zwischen Gott und Mensch*, mit seinem Bekenntnis aufstellte, das *Mittelding* sei *das wahre in allen Sachen*.[71] Und mit der spieltechnischen Einschätzung seiner Werke *zwischen zu schwer und zu leicht*. Die meisten werden Mozart zu leicht nehmen, also zu schnell spielen, obwohl er wütend wurde, wenn das geschah. Obwohl er schimpfte, zu schnelles *Prima-Vista-Spielen und scheißen* sei für ihn *einerlei*.

Sie werden Mozart als Menschen zum Kultobjekt glätten, obwohl bei ihm nie die Persönlichkeit, nie die Darstellung des Ich über die Musik herrschte.

Mozart wird vor allem denen, die über ihn schreiben, Fallen stellen, auch dieser Biographin, weil Mozarts Musik keiner Worte bedarf und keiner Vergleiche mit Sprache. Sie ist Welterfahrung, losgelöst von jeder irdischen Gestalt. Sie ist Musik und nur Musik. Ihre Macht liegt eben darin.

Anhang

Das Wesen des Eros
Der Dialog Diotimas mit Sokrates aus Platons Symposion

Ich behauptete, Eros sei ein großer Gott und er sei schön. Da widerlegte sie mich mit denselben Worten, mit denen ich Agathon widerlegen musste, und sagte, der Gott sei weder schön noch gut. Ich protestierte sofort: ‹Wie redest du nur, Diotima, Eros wäre also hässlich und schlecht?› *Doch sie antwortete:* ‹Du lästerst, Sokrates. Lästere nicht! Glaubst du, was nicht schön ist, müsse darum gleich hässlich sein?›

‹Freilich glaube ich das.›

‹Auch dass, was nicht weise ist, unwissend sein muss? Ist dir nicht bekannt, dass es etwas zwischen der Weisheit und dem Unverstand gibt?›

‹Und was wäre das?›

‹Wenn jemand sich das Richtige vorstellt, aber das nicht begründen kann. Denn wie könnte es Weisheit sein, wenn wir etwas nicht verstehen? Und doch ist das nicht Unverstand: Wer sich das Richtige vorstellt, kann nicht ohne Verstand sein. Die richtige Vorstellung ist ein Mittelding zwischen Weisheit und Unverstand!›

‹Da hast du recht, Diotima!›

‹Halte es also nicht für zwingend, dass das, was nicht schön ist, hässlich und das, was noch nicht gut ist, schlecht ist. Und gestehe auch Eros zu, dass er, wenn er nicht gut und schön ist, keineswegs schlecht und hässlich sein muss, sondern etwas dazwischen sein kann.›

‹Aber alle›, entgegnete ich, ‹sind sich darin einig, dass Eros ein großer Gott ist!›

‹Meinst du alle Wissenden oder alle Unwissenden?›

‹Alle, ohne Ausnahme!›

Da lachte sie: ‹Wie sollten diejenigen Eros für einen großen Gott halten, die behaupten, Eros sei überhaupt kein Gott?›

‹Wer behauptet das denn?›

‹Einer bist du, Sokrates, und eine andere bin ich!›

‹Wie meinst du das?›

‹Ganz einfach! Sag' mir doch: Hältst du alle Götter für glückselig und *schön? Oder würdest du wagen, zu behaupten, irgendeiner von den Göttern wäre das nicht?*

‹Nein, bei Zeus, niemals.›

‹Du nennst jedoch nur diejenigen glückselig, die alles Gute und Schöne besitzen?›

‹Allerdings.›

‹Aber du hast doch zugegeben, dass Eros das Gute und Schöne begehrt, weil er beides nicht besitzt.›

‹Das habe ich!›

‹Wie könnte er dann ein Gott sein, wo er über das Gute und Schöne nicht verfügt?›

‹Das ist freilich nicht möglich!›

‹Siehst du nun, dass auch du Eros nicht für einen Gott hältst?›

‹Was aber wäre Eros, wenn er kein Gott ist? Etwa ein Sterblicher?›

‹Keineswegs.›

‹Aber was ist er dann?›

‹Das, worüber wir vorher geredet haben: ein Mittelding. Er ist etwas zwischen dem Sterblichen und dem Unsterblichen!›

‹Und was soll das sein?›

‹Ein Dämon, Sokrates. Eros ist ein großer Dämon, denn alles Dämonische ist ein Mittelding zwischen Gott und Mensch!›

‹Und was ist seine Aufgabe?›

‹Der Dämon ist immer ein Bote. Bei den Menschen ist er Bote der Götter, bei den Göttern Bote der Menschen. Er überbringt den Göttern die Gebete und die Opfer der Menschen. Und er verkündet den Menschen, was die Götter ihnen befehlen und was sie ihnen für ihre Opfer an Gnade gewähren. Der Dämon füllt durch seine Vermittlung die Kluft zwischen den Unsterblichen und den Sterblichen und bindet so das All zusammen. Denn die Gottheit tritt nie unmittelbar mit der Menschheit in Berührung. Nur durch den Dämon gibt es einen Austausch, und nur durch ihn sprechen Götter zu Menschen, im Wachsein wie im Schlaf. Wer das kann, ist vom Dämon beseelt und strebt nach Höherem, die anderen alle, die da über Können und Fertigkeiten verfügen, sind nur Handwerker. Es gibt viele solcher Dämonen und sie sind ganz unterschiedlicher Art. Einer von ihnen ist Eros.›

‹Und wer ist der Vater, wer ist die Mutter von Eros?›

‹Das ist umständlich, aber ich will es dir trotzdem erzählen. Als Aphrodite geboren wurde, feierten die Götter ihre Geburt mit einem großen Mahl. Und

Der Dialog Diotimas mit Sokrates aus Platons Symposion

mit den Göttern aß auch Poros [die Personifikation des Auswegs, also einer, der immer einen Weg findet], der Sohn von Metis [die Personifikation der Klugheit]. Als sie nun gegessen hatten, kam Penia [die Personifikation der Bedürftigkeit], um sich etwas zu erbetteln, nachdem es üppig zuging, und stand an der Tür. Poros zog sich, trunken vom Nektar, denn Wein gab es damals noch nicht, in den Garten von Zeus zurück, und schlief schwer berauscht ein. Da unternahm Penia den Versuch, von Poros ein Kind zu bekommen, legte sich zu ihm und empfing den Eros. Deshalb ist Eros, der am Geburtsfest der Aphrodite gezeugt wurde, Diener und Bote der Aphrodite und, weil Aphrodite ja schön ist, von Natur aus in alles Schöne verliebt. Als Sohn von Poros und Penia ist das Los von Eros nun folgendes. Als Sohn seiner Mutter ist er arm und gar nicht zart oder schön, wie die meisten glauben, sondern rau und grob, barfuß und obdachlos. Er schläft ohne Decke auf der nackten Erde, übernachtet vor den Türen, auf den Schwellen unter freiem Himmel und ist, wie es seiner Mutter entspricht, immer bedürftig. Aber Eros ist auch seines Vaters Sohn und stellt wie der ständig dem Schönen und Guten nach, ist kühn, stark und beharrlich, ein gewaltiger Jäger und dauernder Fallensteller. Eros trachtet nach Erkenntnis der Wahrheit und versteht auch, sie zu erwerben. Er ist ein Philosoph, sein Leben lang, ein großer Zauberer, Giftmischer und Sophist. Er ist weder ein Unsterblicher noch ein Sterblicher, weder Gott, noch Mensch. An ein und demselben Tag blüht er auf und gedeiht und ermüdet und stirbt dahin. Immer aber lebt er wieder auf, denn in ihm steckt sein Vater. Was er heute gewinnt, zerrinnt ihm morgen zwischen den Fingern, so dass Eros weder reich noch arm ist und sich zwischen Weisheit und Unverstand befindet. Ich meine das so: Keiner der Götter ist ein Philosoph, der begehrt, weise zu werden. Die Götter sind bereits weise und wie jeder, der das ist, philosophieren sie nicht. Aber ebenso wenig sind die Unverständigen Philosophen, die gar nicht den Wunsch haben, weise zu werden. Das gerade ist das Verhängnisvolle am Unverstand: der Unverständige ist weder schön noch gut noch klug, aber trotzdem hält er sich dafür. Der Unverständige hat nie ein Verlangen nach dem, was ihm fehlt, weil er meint, ihm fehle nichts.›

‹Nur: wer sind denn nun die Philosophen, Diotima, wenn es weder die Weisen noch die Unverständigen sind?›

‹Das ist nun doch jedem Kind klar, Sokrates: Philosophen sind diejenigen, die zwischen beiden stehen. Und zu denen gehört auch Eros. Denn die Weisheit zählt zum Schönsten und Eros liebt alles Schöne, also auch die Weisheit.

Das Wesen des Eros

Daher ist Eros ein Philosoph, und als Philosoph steht er zwischen den Weisen und den Unverständigen. Das liegt an seiner Abstammung: Sein Vater ist klug und listig, seine Mutter bedürftig und ungeschickt. Das also ist die Natur des Dämons. Dass du dir Eros ganz anders vorgestellt hast, ist nicht verwunderlich. Nach dem, was du gesagt hast, warst du nämlich der Ansicht, Eros sei der Geliebte, nicht der Liebende. Und deshalb schien dir Eros von vollkommener Schönheit zu sein. Denn liebenswürdig ist natürlich immer das Schöne, Zarte, Vollendete, Seligzupreisende. Der Liebende aber ist ganz anders beschaffen, und wir haben nun gesehen, wie.›

‹Ich sagte: Gut, das ist wahr, aber was haben die Menschen davon, dass Eros so beschaffen ist?›

‹Darüber will ich dich nun aufzuklären versuchen. Eros ist so, wie ich ihn dir geschildert habe, wurde unter diesen Umständen geboren und begehrt das Schöne. Was aber würden wir antworten, wenn uns nun jemand fragte: Wie und warum, Sokrates und Diotima, begehrt er das Schöne? Ich will es noch deutlicher ausdrücken: Was will der Liebende von dem Schönen, das er begehrt?›

‹Er will es besitzen›, entgegnete ich.

‹Ja, er will es besitzen. Aber das wirft eine weitere Frage auf: Was wird dem zuteil, der das Schöne besitzt?›

‹Auf diese Frage›, gestand ich, ‹kann ich nicht sofort antworten.›

‹Wenn ich das Schöne durch das Gute ersetzen und dich fragen würde: Sokrates, wenn einer das Gute begehrt, was will er damit?›

‹Er will, dass das Gute ihm eigen werde.›

‹Und was wird der, dem das Gute eigen wird?›

‹Das›, sagte ich, ‹kann ich leicht beantworten: Er wird glückselig.›

‹Ja›, sagte sie, ‹denn durch den Besitz des Guten sind die Glückseligen glückselig. Und nun brauchen wir nicht mehr zu fragen: Was wünscht der Glückselige zu sein? Hier sind wir am Ziel angelangt.›

‹Das ist wahr›, sagte ich. ‹Glaubst du aber, dass dieser Wunsch, diese Liebe allen Menschen gemeinsam ist? Glaubst du, dass sie alle am Guten teilhaben wollen?›

‹Ja, ich glaube, dass dieser Wunsch, diese Liebe allen Menschen gemeinsam ist.›

Neue Übersetzung unter Zuhilfenahme der Übertragungen von Franz Susemihl (1855), Rudolf Kassner (1910), Franz Boll (1926), Ute Schmid-Berger (1985) und Barbara Zehnpfennig (2000). Wesentlich zudem die Arbeit von Kurt Sier (Die Rede der Diotima. Untersuchungen zum platonischen Symposion. Stuttgart 1997).

Mozarts Wohnungen in Wien

Die traditionellen Termine für Kündigung und Räumung gemieteter Wohnungen oder anderer Räumlichkeiten lagen auf den Heiligenfesten Mariae Lichtmess (2. Februar), Georgi (23. April), Jacobi (25. Juli) und Michaeli (29. September). Die Umzüge Mozarts fanden aber keineswegs immer exakt an diesen Tagen statt.

Die üblichen Mietpreise:

Ab 60 Gulden pro Jahr: eine Wohnung mit einem Zimmer und Kabinett oder zwei Zimmern; 1794 veranschlagt der Buchhändler Georg Edler von Mösle die Kosten für ein Zimmer bereits auf 54 Gulden im Jahr.

Ab 120 Gulden pro Jahr: eine Wohnung mit vier Zimmern in annehmbarer bis guter Lage.

Ab 200 Gulden: geräumige Wohnung mit bis zu sechs Zimmern in guter Lage.

Ab 400 Gulden: höchst komfortable Wohnung in sehr guter Lage.

Als Mozart im Camesina-Haus 450 Gulden Jahresmiete zahlte, leistete sich der Textdichter Gottlieb Stephanie ein «kleines quartier» am Michaelerplatz, also in erster Lage, für 500 Gulden, im Jahr darauf eine Wohnung in der Habsburgergasse (Haus Stadt Nr. 1170) für 700 Gulden. Auch Schauspieler Johann Heinrich Müller, Stephanies Nachbar, zahlte nach Leopold Mozarts Angaben für sein Domizil 700 Gulden (Stadt Nr. 9). Allerdings erwähnte schon Leopold Mozart: «Er muss ein grosses quartier haben, weil er acht Kinder hat.» (Brief Leopold Mozarts vom 21. Februar 1785; MBA III, Nr. 848, S. 375, Z 33–34)

Johann Pezzl, ein Zeitgenosse Mozarts, schrieb: «Eine ordentliche Wohnung für eine Familie, die eine Kutsche mit zwei Pferden hält, in einer mittelmäßigen Straße im ersten oder zweiten Stockwerk kostet 800 bis 1100 Gulden.» (Skizze von Wien, S. 66)

Literatur:
Brauneis, Walter: Mozart: In und vor der Stadt, a. a. O.
Lorenz, Michael: Mozart's Apartment an the Alsergrund (hier vor allem archivalisch belegte Mietpreise für Mozarts Wohnungen), a. a. O.
Ders: Mozarts Sterbehaus. Einige notwendige Anmerkungen, a. a. O.

1.) 16. März 1781 bis 1. oder 2. Mai 1781: *Haus des Deutschritterordens,* Stadt Nr. 865, 1. Stiege, 1. Obergeschoss, links Tür 2 = 1., Singerstraße 7/Ecke Stephansplatz 4 (Originalbau). Hausbesitzer: Deutscher Orden.

2.) 1. oder 2. Mai 1781 bis Anfang September 1781: Haus *Zum Auge Gottes,* Stadt Nr. 1226, 2. Obergeschoss = 1., Petersplatz 8/Milchgasse (heutiger Nachfolgebau von 1897). Vermieterin (Untermiete): Cäcilie Weber.

3.) Anfang September 1781 bis Juli 1782: Stadt Nr. 1175, 3. Obergeschoss = 1., Graben 17 (heutiger Nachfolgebau von 1905). Hausbesitzer: Theresia Contrini, die ein Zimmer ebenfalls im 3. Obergeschoss bewohnte, und Jakob Joseph Kesenberg. Vermieter: Großhändler und Hoffaktor Adam Isaac Arnsteiner, der als Jude keine Immobilie erwerben durfte.

4.) Juli 1782 bis Dezember 1782: *Groshauptisches Haus,* ehemals Haus *Zum roten Säbel,* Stadt Nr. 387, 2. Obergeschoss = 1., Wipplingerstraße 19/Färbergasse 5. (Nach Abriss 1898 Nachfolgebau, der 1944 zerstört wurde; dann in heutiger Form wieder aufgebaut). Im Gasthof, dem das Haus seinen alten Namen verdankte, hatte die Familie Mozart bereits Anfang 1768 nach ihrer Rückkehr aus Olmütz gewohnt. Hausbesitzer: Johann Georg Groshaupt.

5.) Dezember 1782 bis Februar 1783: *Kleines Herbersteinisches Haus,* Stadt Nr. 412 = 1., Wipplingerstraße 14 (Nachfolgebau). Die Wohnung im 3. Obergeschoss umfasste ein schlauchartiges Wohnzimmer, ein Schlafzimmer, ein Vorzimmer und eine schöne große Küche. Daneben befanden sich noch zwei Zimmer, die laut Mozart leerstanden. Hausbesitzer: Joseph Graf von Herberstein. Vermieter: Raimund Baron von Wetzlar.

6.) Februar 1783 bis 24. April 1783: Haus *Zum englischen Gruß,* Stadt Nr. 1179 = 1., Kohlmarkt 7 (heutiger Nachfolgebau von 1841). Hausbesitzerin: Maria Anna Freiin von Prandau.

7.) 24. April 1783 bis 29. September 1783: *Burgisches Haus*, Stadt Nr. 244, 1. Obergeschoss = 1., Judenplatz 3/Kurrentgasse 5 (heutiger Nachfolgebau von 1895). Hausbesitzer: drei Fräulein von Purk (Burg).

8.) Januar 1784 bis 29. September 1784: *Trattnerhof,* Stadt Nr. 591–596, 2. Stiege, 3. Obergeschoss = 1., Graben 29–29a (Nachfolgebau). Der Trattnerhof war bei dem Einzug der Mozarts kein Neubau, sondern bereits 1773–1776 errichtet worden und keineswegs ein mondäner Komplex, sondern ein gewinnorientierter Zweckbau mit vier Treppenhäusern und fünf Stockwerken. Mozarts bewohnten eine der kleinsten Wohnungen des Gebäudes mit nur 61 Quadratmetern für eine Jahresmiete von 130 Gulden. Hausbesitzer: Johann Thomas von Trattner.

9.) 29. September 1784 bis 24. April 1787: *Camesina-Haus,* Große Schulerstraße 8, Stadt Nr. 846, 1. Obergeschoss, 160 Quadratmeter mit 4 Zimmern, 2 Kabinetten und Küche, außerdem Boden, Keller und zwei Holzgewölbe = 1., Schulerstraße 8/Domgasse 5 (Originalbau, heute *Figarohaus*). Jahresmiete: 450 Gulden (WStLA, Steuerbuch B 34/4, fol. 289); in einem Brief Leopold Mozarts (MBA III, Nr. 847, S. 372, Z 32) werden 480 Gulden genannt. Hausbesitzer: die Brüder Josef und Albert Camesina.

10.) Frühling 1787 bis Dezember 1787: Landstraße 224 = 3., Landstraßer Hauptstraße 75–77 (Nachfolgebau). Mietkosten: 200 Gulden für 200 Quadratmeter im 1. Stock. Hausbesitzer: Joseph Urban Weber. Mozart behielt wohl noch ein Domizil als Untermieter bei der Gräfin von Starhemberg im *Camesina*-Haus.

11.) Dezember 1787 bis Juni 1788: Haus *Zum Mohren*, Unter den Tuchlauben, Stadt Nr. 281 = 1., Ecke Tuchlauben 27/Schultergasse 2 (heutiger Nachfolgebau von 1885). Mietkosten: 230 bis 250 Gulden.

12.) Juni 1788 bis Jahresbeginn 1789: Haus *Zu den drei Sternen*, Alsergrund 135, 200 Quadratmeter mit Schuppen für eine Kutsche und Pferdestall = 9., Währinger Str. 26 (Nachfolgebau; Abriss des Originalgebäudes in Mozarts 100. Todesjahr 1891). Hausbesitzer: Familie von Schickh [sic!].

13.) Jahresanfang 1789 bis 29. September 1790: Haus *Bei St. Nicolai*, auch *Zum St. Nikolaus*, Stadt Nr. 245 = 1., Judenplatz 3–4 (Nachfolgebau). Mietkosten: 300 bis 400 Gulden für eine der drei Sechs-Zimmer-Wohnungen. Hausbesitzer: Heinrich Graf von Heißenstamm.

14.) 29. September 1790 bis 5. Dezember 1791: *Kleines Kaiserhaus,* Stadt Nr. 970 = 1., Rauhensteingasse 8. Das fünfgeschossige Haus mit 18 Wohnungen, benannt nach seinen ersten Besitzern, der Familie Kayser, wurde 1793 oder 1806 abgerissen und durch ein dreistöckiges Gebäude ersetzt, das oft als Mozarts Sterbehaus abgebildet wird (heutiger Nachfolgebau Kaufhaus Steffl/Rückseite). Hausbesitzer: Dr. Joseph Hopf.

Anmerkungen

Zitate aus den originalen Dokumenten wurden im Fließtext kursiv gedruckt und behutsam modernisiert, in den Anmerkungen hingegen buchstabengetreu wiedergegeben.

1 Motto: Richard Strauss: «Über Mozart (Aus unveröffentlichten Aufzeichnungen)». In: Schweizerische Musikzeitung, 1. Juni 1944, S. 223.

Vorwort
Mozart, der große Widerspruch
Eine Gebrauchsanweisung für dieses Buch

1 Alfred Einstein: Mozart, S. 13.
2 1991 erklärte Dorothea Leonhart noch, Constanze, von ihr sonst als Frau ohne Einfluss und als Analphabetin dargestellt, habe Mozart all das in die Feder diktiert, was nicht zu Leonharts Mozart-Bild passte. (Mozart. Liebe und Geld. Ein Versuch zu seiner Person. München 1991). Sie lastete den «ordinären Webers» (S. 120) und Constanze Mozart das an, was an Mozarts Verhalten nicht sympathisch war. «Mit Konstanze Weber scheint auch die Webersche Raffgier sein äußeres Leben zu durchdringen; das Nichtbezahlen von Verbindlichkeiten wird zum System, ebenso wie das Schuldenmachen; das Weberische Jammern kommt bald hinzu, ebenso die Bettelei» (S. 146). Ihr Resümee: «Wir können nur beklagen, dass ausgerechnet Wolfgang Mozart ihr Ehemann werden musste» (S. 140). Die Neuaufbereitung dieser Einschätzung Constanze Mozarts stieß auf großes Publikums-Interesse.

Den Stand der Forschung und der Meinungen noch im Mozart-Jahr 1991 repräsentiert der Beitrag von Ingeborg Allihn im Kongressbericht zum VII. Internationalen Gewandhaus-Symposion Wolfgang Amadeus Mozart vom 3. bis 6. Oktober 1991 (Leipzig 1993) und dessen Diskussion (Die Darstellung der Konstanze Mozart in der neueren Mozart-Literatur, a. a. O., S. 66–71).

Constanze, die dritte der Töchter von Cäcilie und Fridolin Weber, eine Cousine Carl Maria von Webers, besuchte vermutlich wie ihre älteren Schwestern in Mannheim eine katholische Schule, die von den Augustiner Chorfrauen der *Congrégation de Nôtre Dame* aus Heidelberg 1722 gegenüber dem Schloss eröffnet worden war. Sie durften dort bis zu 30 Pensionatsschülerinnen und um die 118 externe Schülerinnen unterrichten; die Ausbildung war kostenlos.

Aloisia beherrschte, wie die Korrespondenz mit Mozart belegt, bereits 1778 perfekt die italienische Sprache, Constanze sprach fließend Französisch und Italienisch. Wie alle Weber-Töchter besaß sie eine ausgebildete Stimme und

Anmerkungen zu Seite 12

konnte so Klavier spielen, dass sie privat ihren Geige spielenden Mann begleiten konnte. Ihr zugeeignet ist unter anderem der Marsch in C-Dur KV 408 (383e «Marcia für Konstanze»). Dezidiert widmete Mozart ihr die Messe in c-Moll KV 427 (417a), die beim Salzburgbesuch 1783 mit Constanze als Solistin uraufgeführt wurde; nach Angaben bei den Novellos (Eine Wallfahrt, S. 90) sang Constanze beide Solo-Sopran-Partieen. Bei diesem Aufenthalt sang sie im privaten Rahmen auch zusammen mit Freunden und Mozart als Idamante das Quartett aus dem *Idomeneo* («Andrò romingo e solo»). Nach eigenen Angaben trug sie ihm viele seiner frisch komponierten Sopranpartien zu Hause vor. Über ihr gesangstechnisches Vermögen und ihren Stimmumfang, der bis zum dreigestrichenen D reichte, geben die ihr gewidmeten Solfeggi Auskunft: KV 393 (385b), Nr. 1 («per la mia cara consorte») bis Nr. 5 («per la mia cara costanza»). Nach Mozarts Tod trat Constanze zusammen mit ihrer berühmten Schwester Aloisia Lange bei einer Konzertreise in Berlin, Hamburg, Dresden, Leipzig und Prag auf. 1801 übernahm sie in Wien zwei Mal bei konzertanten Aufführungen die Partie der Eugenia in Mozarts Opernfragment «Lo sposo deluso» KV 430 (424a).

Ihre flüssige Handschrift ist auch in Publikationen einsehbar, so im Faksimile-Abdruck ihres letzten Grußes an Mozart, einem Stammbucheintrag nach seinem Tod (in: Schurig, Arthur: Wolfgang Amadeus Mozart. Sein Leben, seine Persönlichkeit, sein Werk, Leipzig 1923, Bd. 2, S. 333). Ihr Verdienst um den Erhalt von Mozarts Werkbestand ist heute in der Forschung unbestritten. Ihre Korrespondenz mit dem Verlag Breitkopf & Härtel und Anton Johann André zeigt sie als eine gewitzt argumentierende und sorgsam formulierende Briefautorin. Dass von den Briefen, die Constanze zu Mozarts Lebzeiten schrieb, fast nichts erhalten ist, muss keinesfalls einer gezielten Vernichtungsaktion durch sie selbst oder ihren zweiten Ehemann Nikolaus Nissen zugeschrieben werden. Mozart erhielt Constanzes Briefe, abgesehen von denen, die sie ihm aus Baden nach Wien schrieb, wenn er unterwegs war. 1991 publizierte Rudolph Angermüller die spätere Abschrift eines Briefs von Constanze an ihren Schwiegervater aus dem Jahr 1783; sie wendet sich als «gehorsamstes Kind Constanza Mozart» an ihn während ihrer Schwangerschaft, weil ihr Mann «kranck im Bette liegt». Der Brief ist keinesfalls unbeholfen formuliert (Rudolph Angermüller: «Ein ungedruckter Brief Constanze Mozarts an ihren Schwiegervater Leopold»).

Obwohl die Publikationen der Internationalen Leopold Mozart-Gesellschaft e. V. in Augsburg (ILMG) von Leopold Mozart als Komponist und Persönlichkeit eine genaue Vorstellung vermitteln, wird er nach wie vor oft als rücksichtsloser Wunderkindvater an den Pranger gestellt.

3 Dennoch aufgrund seines Faktenreichtums und seiner Beobachtungsgenauigkeit durchaus lesenswert: Stefan Schaub: «Mozart und das Tourette-Syndrom», und Alfred Briellmann: «Mozart und das Tourette-Syndrom. Eine Literatur-Übersicht und kritische Bemerkungen».

4 Hanns Eisler: Mozart, S. 290 f.

5 Norbert Elias: Mozart, S. 69.

Anmerkungen zu den Seiten 13–16

6 Carl Dahlhaus erklärt an anderer Stelle, dass Mozarts Briefe «wie Palimpseste gelesen werden müssen, bei denen der wesentliche Teil unter einer anderen, darüber gelagerten Schrift, verborgen liegt» (Carl Dahlhaus: Gesammelte Schriften, Bd. 9, S. 493). Das nicht Greifbare, auch in Mozarts Musik, arbeitet ebenfalls Silvan Moosmüller heraus: «Mozarts Kunst der Unnachdrücklichkeit beruht auf einem eigentümlichen Kipp-Phänomen, welches die beiden Ebenen der ästhetischen Wahrnehmung feinsinnig gegeneinander ausspielt [...] In diesem ständigen Oszillieren löschen sich die beiden Ebenen fortlaufend aus.» (Silvan Moosmüller: «Das Flüchtige als Fluchtpunkt des Klassischen. Phänomenologische Überlegungen zu Mozart und Clementi», S. 354).
7 Hans Georg Nägeli: Vorlesungen über die Musik mit Berücksichtigung des Dilettanten, S. 57–63.
8 Johann Friedrich Reichardt: Instrumentalmusik, S. 24–33 und 64–68.
9 Wird ein Musikstück nach den Regeln der abendländischen Musik komponiert, endet es meist auf der Tonika, mit einem Plagalschluss oder einem authentischen Schluss. Trugschluss werden Akkordverbindungen genannt, die eine Tonika versprechen, sie dann aber vorenthalten. Er kennt verschiedene Varianten. Die bei Mozart besonders häufige ist, dass der Sextakkord der Subdominante folgt, anstelle der Tonika. Gottfried Scholz betont, «dass Mozart Trugschlüsse auch vor Schlusskadenzen einsetzt, um die Finalwirkung zu verzögern. Im Ave verum oder zu Ende des Glorias der Messe in c-Moll KV 139 kann der Trugschluss nicht mit Glaubenszweifeln erklärt werden» (Gottfried Scholz: «Die Affekte in Mozarts Opern. Ihre strukturellen und rhetorischen Funktionen», S. 421).
10 Berliner *Musikalisches Wochenblatt* im Oktober 1791.
11 Diese Gedanken äußerte Daniel Harding in einem Gespräch mit Daniel Ende, abgedruckt in: ÖMZ 2006, Bd. 61, Heft 5, S. 33–37.
12 Brief vom 7. Juli 1791 (MBA IV, Nr. 1184, S. 150, Z 20–23).
13 Dass auch der Ägyptologe Jan Assmann, in Zusammenhang mit der *Zauberflöte*, Platons *Symposion* in Beziehung zu Mozarts Werk setzte, wird im letzten Kapitel nachzulesen sein.
14 Gernot Gruber verweist (in: «Mozart und die Nachwelt», S. 64) ausdrücklich darauf, dass Mozart von Goethe als ein alles umformender «dämonischer Geist» bezeichnet worden ist.
15 Poros wurden die Qualitäten List, Klugheit, Geschicklichkeit und Gewitztheit zugesprochen. Mit ihrer Hilfe soll er auch zu großem Vermögen gekommen sein. Daher wird er manchmal auch als Verkörperung der Erwerbstätigkeit oder des Reichtums gedeutet. Penia hingegen gilt, trotz oder wegen ihrer Mittellosigkeit, als Mutter der Künste.
16 Kurt Sier betont in seiner Arbeit über die Rede der Diotima ausdrücklich, für die Bedeutung des personalen Eros sei es nicht unwichtig, «dass es sich um eine Liebe oder Verliebtheit handelt, die auf der asymmetrischen Struktur des Begehrens beruht. Die Rollenverteilung zwischen Liebhaber und Geliebtem entspricht der Relation des Begehrenden zum Begehrten und setzt voraus, daß dieser etwas hat oder ist, dessen jener bedarf» (S. X). Constanze Mozart scheint

399

nach dem Eindruck der Novellos ihren Mann mehr bewundert als geliebt zu haben (Vincent und Mary Novello: A pilgrimage).
17 New York Times, 5. Dezember 1991.
18 Hesiod: Theogonie, S. 120–122 und 201.
19 «Mozart was touchy as gunpowder», heißt es in Michael Kellys «Reminiscenses» (Bd. I, S. 257).
20 Die Deutung hier folgt William W. Fortenbaugh: Quellen zur Ethik Theophrasts, S. 314 ff.
21 Das schrieb Mozart in einem der Bäsle-Briefe an Maria Anna Thekla Mozart am 28. Februar 1778 (MBA II, Nr. 432, S. 307, Z 5).
22 Hermann Albert: W. A. Mozart. Neubearbeitete und erweiterte Ausgabe von Otto Jahn: Mozart. 7. Auflage. Zweiter Teil, Abschnitt Don Giovanni. Online-Ressource ZENO.org: «der gänzlich unphilosophische Mozart kennt überhaupt nichts radikal Böses».

I.
1756: Poros und Penia
Oder: Sohn eines Strategen und einer Bedürftigen

1 Die Original-Mozartwohnung umfasste ein Wohn-, ein Schlaf- und ein Arbeitszimmer, ein Kabinett und eine Küche. Inklusive Flur und Küche war sie 182 Quadratmeter groß, ohne Flur aber nur 142 Quadratmeter.
2 Die korrekte Adresse lautete am Löchelplatz, Haus Nr. 225, 3. OG, beziehungsweise Traidgasse 9 (Getreidegasse).
3 Auf dem Weg nach Paris begegnete Wolfgang Mozart im Oktober 1777 einem Schulfreund seines Vaters, der sich gut an ihn erinnerte, auch daran, «wie er die Pfaffen herum gefopt hat, wegen den geistlich werden» (MBA II, Nr. 347, S. 48, Z 163/164); laut dem Leopold-Mozart-Spezialisten ist unter diesem «Foppen» etwas zwischen «lügen» und «verspotten» zu verstehen gewesen. Bevor es ans Geistlichwerden ging, vor Beginn des zweiten, der Theologie zugedachten Jahres, verließ Leopold Mozart das Lyzeum.
4 Die sogenannte Relegation, der unwiderrufliche Verweis von der Universität, erfolgte wegen mangelnden Besuchs der Vorlesungen. Dem Protokoll zufolge protestierte Leopold Mozart (1719–1787) in keiner Weise: Er «wurde wenige Tage vor der Prüfung zum Rektor gerufen, wo er das Urteil vernahm, dass er nicht weiter zu den Studierenden gerechnet werde. Dieses Urteil nahm er ohne weitere Bitten, so, als ob er sich nicht darum kümmere, an und entfernte sich» (in: Protocollum Facultatis Philosophicae III 1718–1739, fol. 244, Universitätsarchiv Salzburg bBA 90).
5 Das erste überlieferte Werk Leopold Mozarts heißt Sonata sei per Chiesa e da Camera, was zeigt, dass er an eine weltliche und geistliche Verwendbarkeit dachte. Dass Leopold Mozart es Johann Baptist Graf von Thurn-Valsassina und Taxis widmete, ist auch Dankeszeichen für die ungewohnte Wertschätzung durch den Arbeitgeber: Der Graf hatte sich auf einem Dreierbildnis zusammen

mit dem Hoforgelbauer Johann Christoph Egedacher und seinem Diener Leopold Mozart porträtieren lassen (Thomas Hochradner: «Meist nur um eine Uebung in der Radierkunst zu machen», S. 29–30).

6 Josef Mančal schreibt, er habe bei den Jesuiten die «Instrumentalisierung» gelernt: «die Umwandlung von allem und jedem in ein Mittel für eigene Zwecke und zugleich die Schaffung einer eigenen moralischen Legitimität für das taktische Handeln» (Neues über Leopold Mozart, S. 284). Wie stolz der am 14. November 1719 getaufte Leopold Mozart darauf war, als Einziger die Welt, in der seine Geschwister zurückblieben, hinter sich gelassen zu haben und seinen Erfolg kluger Taktik und besonnenem Vorgehen zu verdanken, belegt ein Brief an seinen Sohn vom 6. April 1778: «– du weist das ich an das Nachdenken und *Überlegen* gewohnt bin, sonst würde ich meine Sachen niemals so weit gebracht haben, das ich niemand hatte, der mir rathen konnte, ich also von jugend auf niemand mich völlig anvertrauete, bis ich nicht sichere Proben hatte. Sehe nur meine Brüder und mich an, und du wirst die folgen meines Überlegens und Nachdenkens mit Händen greiffen, wenn du den Unterschied zwischen uns bedenkest» (MBA II, Nr. 444, S. 335, Z 72 ff.). Mančal erklärt, ohne die Erziehung am Jesuiten-Gymnasium St. Salvator in Augsburg sei sein Handeln nicht zu verstehen.

7 Rupert Klieber hat diese Zusatzverdienste in den Jahren 1745, 1746, 1747 und 1749 für die Produktion von Oratorien in der Karwoche erstmals recherchiert und aufgeschlüsselt; sie beliefen sich auf über 30, bis zu 34 Gulden (in: Bruderschaften und Liebesbünde nach Trient, S. 47–49).

8 Maria Anna von Berchtold zu Sonnenburg (1751–1829) schrieb in ihren Antworten auf den Fragenkatalog von Friedrich Schlichtegroll aus St. Gilgen im April 1792: «die beyden Mozartisch: Eltern waren zu ihrer Zeit das schönste Paar Eheleuthe in Salzburg» (MBA IV, Nr. 1211, S. 199, Z 408–409). Von Leopold Mozart existieren Bildnisse aus jungen Jahren, so die Zeichnung von Franz Laktanz Graf Firmian um 1762, die das belegen. Von Anna Maria ist jedoch nur das Porträt bekannt, das Maria Rosa Hagenauer-Barducci um 1775 von der bereits Fünfundfünfzigjährigen schuf, das in dem Familienbildnis 1780/81 als Gemälde an der Wand zitiert wird.

9 Die Familie von Anna Maria Pertl (1720–1778) war sozial höhergestellt als die der Familie von Leopold Mozart. Wolfgang Nikolaus Pertl (getauft am 6. Februar 1667 in Salzburg, gestorben 1724 in St. Gilgen) taucht im Katalog der Salzburger Benediktiner-Universität 1690 als Altist auf, studierte dort Philosophie und wurde 1693 als Präbendista, als Chorvikar geführt. In den Jahren 1688 bis 1698 erscheint Pertls Name regelmäßig als Bassist in den Besetzungslisten der Salzburger Aufführungen, sowohl als Chorsänger wie als Solist in so anspruchsvollen Werken wie denen von Heinrich Ignaz Franz Biber. Von ihm kam wohl das musikalische Interesse bei Anna Maria Mozart.

10 «Orden der geflickten Hosen»: MBA I, Nr. 93, S. 176, Z 1. Im August 1778 schrieb Leopold Mozart in einem Gesuch an den Salzburger Hofrat, dass damals das junge Ehepaar «nicht das geringste Vermögen hatte, an ein in

Zukunft zu erwerbendes aber, bey geringem Gehalt, nicht zu denken war» (MBA II, Nr. 474, S. 436). In demselben Jahr klagte er seinem Sohn: «Ich habe seit euerer geburth und auch schon vorhero, seit dem ich verheurathet bin mir es gewis sauer genug werden lassen, um nach und nach einer frau und 7 Kinder 2 Ehehalten [Bienstete] und der Mamma Mutter mit etlichen und 20 fl (monatlichem gewissen Einkommen unterhalt zu verschaffen), Kindbetten und todfälle und Krankheiten (auszuhalten)» (MBA II, Nr. 417, S. 256, Z 28 ff.).

11 Eva Rosina Barbara (Euphrosina) Pertl, geb. Altmann, verw. Puxbaum, getauft am 18. Dezember 1681 in Stein/Donau – begraben 9. Dezember 1755 in Salzburg, bat als Witwe, wohnhaft in der Salzburger Getreidegasse 48, den Hof «umb dero hochgnädige continuirung» eines Gnadengeldes «auf maine etwo noch wenig ybrig habente Lebens Täg». Sie erlebte die Heirat ihrer Tochter und die Geburt der ersten sechs Enkelkinder mit. Wie Dr. Ulrike Engelsberger, Archivarin im Landesarchiv Salzburg, der Autorin mitteilte, war «ein Pensionssystem für landesherrliche Bedienstete bis zum Ende des 18. Jahrhunderts im Erzstift Salzburg unbekannt». Dass er finanziell nach unten geheiratet hatte, gab Leopold Mozart seinem Hausherrn Hagenauer einige Jahre später zu. Er sei, schrieb er an Lorenz Hagenauer am 27. November 1763, «vor 17 Jahren in dem Orden der geflickten hosen getretten», als er sich in Aigen mit seiner Frau verlobt habe (MBA I, Nr. 93, S. 176).

12 Im Brief vom 28. August 1755 (MBA I, Nr. 8, S. 14, Z 53–54) heißt es: «... vielleicht haben Sie noch einige Exemplarien von ihrem [sic!] sauberen Panduristen oder vielmehr Rudimenta Pandurista übrig? Die mögen Sie inzwischen fortbringen.» Die «Rudimenta Panduristae oder Geig-Fundamenta, worinnen die kürzeste Unterweisung für einen Scholaren, von einem Musikfreund» waren erst in diesem Jahr 1755 bei Lotter erschienen.

13 Am 4. Oktober 1755 (MBA I, Nr. 10, S. 16, Z 14–16) schrieb Leopold Mozart, der bei seinem letzten Augsburg-Aufenthalt im Haus der Lotters übernachtet hatte, Lotters Frau überschätze ihn. «Ich bin der guten Meinung, die dero frau Gemahlin von mir häget keinesweges würdig.» Doch er betonte im Satz darauf: «Ein ehrlicher Kerl bin ich, das ist die Wahrheit, sonst nichts.» In einem Brief vom 24. November 1755 an Lotter (MBA I, Nr. 13, S. 22, Z 17) kommentierte er die Nachricht der Ehrung: «Potz plunder! Das spritzt.» Seine sogenannte «KriegsStratagema» legte Mozart in einem Brief an Lotter vom 11. August 1755 dar (MBA I, Nr. 7, S. 11–12) und eröffnete ihm gleich zu Beginn, dass er ihm «eine List ausführen helfen» soll. Am 4. Oktober 1755 warnte er ihn noch einmal ausdrücklich, nichts auszuplaudern. «Sie möchten mir sonst bey meiner Mutter den Handl verderben» (MBA I, Nr. 9, S. 16, Z 22).

14 MBA I, Nr. 22, S. 34, Z 24–25.

15 Dass Leopold Mozart die Gefährdung seiner Frau bewusst war, gab er selbst zu. In einem Brief, den er kurz nach ihrem Tod in Paris an seinen Sohn schrieb, heißt es: «... ob sie gleich bey Deiner Geburt in der allergrössten Lebensgefahr war, und [wir] sie schon fast vor verlohren hielten» (MBA II, Nr. 473, S. 433, Z 49–50).

Anmerkungen zu den Seiten 29–34

16 Im Brief an Lotter vom 14. März 1756 (MBA I, Nr. 28, S. 44) führte Leopold Mozart ausführlich die Mängel der Zeichnung auf, nach der sein Konterfei für die Violinschule gestochen werden sollte.

II.

1761–1763: Zwischen Unverstand und Weisheit
Oder: Ein Kleinkind tanzt, rebelliert und komponiert

1 Vom gegenwärtigen Zustande der Musik in Salzburg in: Friedrich Wilhelm Marpurg: Historisch-kritische Beyträge zur Aufnahme der Musik, Bd. 3, 3. Stück, S. 183–198.
2 Warum Wein einem Ischias-Kranken besser tut als Bier, begründete Leopold Mozart nicht. Zu seinem offiziellen monatlichen Einkommen, das sich in diesem Jahr 1756 auf 25 Gulden belief, kamen zwar nur jämmerliche 3 Gulden für das Unterrichten am Kapellhaus, aber ein monatliches Wein- und Brotdebutat von 4 Gulden 30 Kreuzern. Wein war gemessen an Leopold Mozarts Einkommen Luxus: Mit Transport, Maut und Steuer musste er für einen Eimer, also 9 Liter «des wohlfeilsten Weins im Kloster Lambach» 10 Gulden 4 Kreuzer hinlegen, mehr als drei seiner Monatsgehälter als Kapellhauslehrer (dazu Rudolph Angermüller: «Bier oder Wein für Leopold Mozart»). Von der regulären Wein- und Brotzulage gingen 2 Gulden 30 Kreuzer für das Brot weg, sodass ihm nur 2 Gulden verblieben. Seine Zusatzverdienste durch private Musikschüler ließ der Bittsteller klugerweise ebenso unter den Tisch fallen wie die Einkünfte durch Kompositions-Aufträge der Bruderschaft (s. o.).
3 Zu diesen Überlegungen passt, was Rafael Köhler, bezugnehmend auf Ernst Kurth, zu den Stilmerkmalen des Klassizismus schreibt: «Ist die Polyphonie durch ein Streben nach linearer Kontinuität und eine Bewegungsenergie geprägt, die ins Transzendente führt, so werden in der klassischen Kunst der Mensch und seine Lebensfunktionen zum Zentrum der Musik. Musikalische Formabläufe sind nach dieser Deutung durch die körperliche und ‹sinnlichere Bewegungsempfindung des Schrittgefühls› von Tanz und Marsch geprägt» («Mozart und der ‹Klassizismus›. Zur Vermittlung von Geschichte, Ästhetik und musikalischer Analyse im Mozart-Bild Ernst Kurths», S. 155).
4 *Oragna fiagata fa marina gamina fa* lauten die Silben, die Nikolaus Nissen unter die Noten in seine Mozart-Biographie einträgt (S. 35). Leopold Mozart notierte die Silben 1778 als *oragnia figatafa* (MBA II, Nr. 422, S. 273, Z 29). Mozart selbst schrieb hingegen *Oragna fiagata fá* (MBA II, Nr. 426, S. 286, Z 19), was auch durch den Akzent die italienische Assoziation verstärkt.
5 Erst in den 1950er Jahren sind die ältesten und wichtigsten Kompositionen KV 1a bis 1d öffentlich geworden und wurden später wie die übrigen Frühwerke Mozarts in der NMA ediert und kritisch kommentiert. NMA Serie IX, Werkgruppe 27: Klavierstücke, Bd. 1: Die Notenbücher, vorgelegt von Wolfgang Platz, Kassel etc. 1982, und Kritischer Bericht Serie IX/27, Kla-

vierstücke Bd. 1 und 2 (Wolfgang Plath), vorgelegt von Wolfgang Rehm, Kassel etc. 2000. In den letzten Jahren haben einige Publikationen das Frühwerk und die Notenbücher erneut erhellt. So die von Ulrich Kaiser, Ulrich Leisinger und Günther Molz. Die beiden Improvisationen 1 a und b und die beiden kleinen Kompositionen 1 c und d wurden vom Vater ins Notenbuch eingetragen.

6 Maria Anna Mozart erinnerte sich später, «dass Wolfgang die darin niedergelegten Stücke in frühestem Alter, manche davon bereits *im 4. Jahr*» beherrschte und «dass diese ihm als Muster für seine ersten Versuche dienten, sich selbständig musikalisch auszudrücken» (Petrus Eder, OSB: Nannerl Mozarts Notenbuch von 1759, S. 37). Ein halbes Jahr nach Mozarts Tod, im April 1792, zeichnete Johann Andreas Schachtner die Erinnerungen an Mozart als Kind für dessen Schwester Maria Anna von Berchtold zu Sonnenburg auf, die ihm kurz nach dem Tod ihres Bruders einige Fragen zugesandt hatte (MBA IV, Nr. 1210, S. 179 ff.). Dort schrieb Schachtner auf die Frage nach den Lieblingsspielen und den liebsten Beschäftigungen außer der Musik, Wolfgang sei «für jede Kinderey, die mit ein bischen Witz gewürzt waren, so empfänglich» gewesen, «dass er darüber Essen und Trinken und alles andere vergessen konnte» und ihn «oft zehnmal an einem Tage fragte, ob ich ihn lieb hätte, und wenn ich es zuweilen, auch nur zum Spasse, verneinte, stunden ihm sogleich die helllichten zähren im Auge» (ebda., S. 180, Z 20 ff.).

7 MBA IV, Nr. 1210, S. 181, Z 47–49: «... so empfänglich war er für jeden Reiz, dessen Güte oder Schädlichkeit er zu prüfen noch nicht im Stande war.»

8 Wörtlich heißt es bei Schachtner (s. o.): «Er war voll Feuer, seine Neigung hieng jedem Gegenstand sehr leicht an; ich denke, dass er im Ermangelungs Falle einer so vorteilhaft guten Erziehung, wie er hatte, der ruchloseste Bösewicht hätte werden können, so empfänglich war er für jeden Reitz, dessen Güte oder Schädlichkeit zu prüfen er noch nicht im Stande war» (s. o., S. 181, Z 45/46). Und weiter vorn: «Was man ihm immer zu lernen gab, dem hieng er so ganz an, dass er alles Uebrige, auch so gar die Musik, auf die Seite setzte, zum Beispiel als er Rechnen lernte, war Tisch, Sessel, Wände, sogar der Fußboden voll Ziffer mit der Kreide, [sic!] überschrieben» (s. o., S. 180, Z 39–42).

9 Zu den Beteiligten an diesen beiden Aufführungen der *comoedia finalis*: Rudolph Angermüller: «Personae Musicae, Actores und Salii (Tänzer) des Schuldramas ‹Sigismundus Hungariae Rex›, Salzburg, 1. September 1761».

10 Über den Zwischenfall in Ybbs berichtete Leopold Mozart Hagenauer, dass sein Sohn «sich auf der Orgel so herumtummelte und so gut spielte, dass die P:P: Franciscaner, die eben mit einigen Gästen bey der Mittagstafel sassen, samt den Gästen das Essen verließen, dem Chor zuliefen und sich fast zu Tode wunderten» (MBA I, Nr. 34, S. 50, Z 7–12).

11 Die Schanzlmauth, an der sich das Beschriebene ereignete (MBA I, Nr. 34, S. 51, Z 26–32), lag bei der heutigen Schwedenbrücke an der Rossauer Lände. Das Schanzl war ein schmaler Landstrich zwischen der Stadtbefestigung und einem Seitenarm der Donau. Das Quartier «im Fierberggaßl, ohnweit der

hochen Brucken im Tischler-Hause im ersten Stock», befand sich im Haus Innere Stadt Nr. 23, später 236 und 229, heute Tiefer Graben 20, wie Walther Brauneis nachwies, und gehörte dem Kupferschmied Gottlieb Friedrich Fischer. Zuvor war das Haus identifiziert worden mit dem, das heute die Adresse Tiefer Graben 16 hätte und Johannes Heinrich Ditscher gehörte. Leopold Mozart beschrieb die Unterkunft (MBA I, Nr. 35, S. 54, Z 45–53): «Das Zimmer ist 1000 Schritt lang und 1. Schritt breit.» Dort zogen die Mozarts ein, nachdem sie die erste oder die ersten Nächte im Gasthof, vermutlich *Zum weißen Ochsen* am Fleischmarkt, untergekommen waren.

12 In dem von Mozarts Schwester postum versandten Fragenkatalog antwortete Schachtner, als sie wissen wollte, wie sich Wolfgang als Kind gegenüber Erwachsenen benahm: «Wahrhaftig da verrieth er nichts weniger als Stolz oder Ehrsucht: denn die hätte er nie besser befriedigen können, als wenn er Leuten, die die Musik wenig oder gar nicht verstanden, vorgespielt hätte, aber er wollte nie spielen, ausser seine zuhörer waren große Musikkenner, oder man musste ihn wenigstens betrügen, und sie dafür angeben» (MBA IV, Nr. 1210, S. 180, Z 28–32).

13 Dr. Matthias Sallaba, den Closset hinzugezogen hatte, diagnostizierte ein «hitziges Frieselfieber», das dann auch ins Totenregister eingetragen wurde als Todesursache. Peter J. Davies schriebt dazu: «Es muss ein Ausschlag vorhanden gewesen sein, denn der Ausdruck ‹Friesel› bezog sich auf Knötchen oder Bläschen von Hirse-, Hanf- oder Stecknadelkopfgröße» (Peter J. Davies: «Mozarts Gesundheitszustand, seine Krankheiten und sein Tod», S. 105).

Eine andere Diagnose von ärztlicher Seite überlieferte uns Dr. Eduard Guldener von Lobes (1763–1827), der offenbar die Funktion eines Amtsarztes besaß; offizieller Stadtsyndikus war er 1791 noch nicht; 1797 wurde er erster, danach zweiter. Guldener war bereits zum niederösterreichischen Landesprotomedikus aufgestiegen, als er am 10. Juni 1824 an Giuseppe Carpani schrieb, Mozart sei an «una febbre reumatico infiammatoria» gestorben, die in dieser Zeit in Wien grassierte (MD, S. 449). Peter J. Davies dazu: «Das Fehlen an Atemnot spricht gegen eine rheumatische Herzerkrankung. Ein rheumatisches Fieber wäre auch nicht für die Immobilität und eine zerebrale Blutung verantwortlich zu machen», die Closset vermutete. Davies weiter: «Da keine Autopsie durchgeführt werden konnte, werden wir über Mozarts Todesursache nie ganz sicher sein können. Aber von allen in Frage kommenden Diagnosen schließt nur das Schönlein-Henoch-Syndrom sämtliche Symptome der Todeskrankheit mit ein, die sich Mozart während einer Epidemie in Wien zugezogen hatte. [...] Sie passt auch zu Mozarts Anfälligkeiten für Immunkomplexkrankheiten nach Streptokokkeninfektionen» (ebda., S. 105).

Psychosomatische Aspekte lässt Davies unberücksichtigt.

14 Bei den Erkrankungen von Wolfgang handelte es sich in heutiger Terminologie um eine akute rheumatoide Arthritis, die üblicherweise an den kleinen Gelenken, vor allem den Fingergelenken, beginnt, sich aber auf andere Organe ausbreiten kann, auf die Haut, aber sogar auf das Herz und die Augen. Wird die

Erkrankung nicht richtig behandelt, sind dauerhafte Schäden der Gelenke die Folge. Als Risikofaktoren für die Erkrankung gelten unter anderem die Ernährung mit zu viel rotem Fleisch und Schlafstörungen bzw. Schlafdefizit. Dem war Wolfgang offenbar seit langem ausgesetzt. Ursache für die Knotenrose, Erythema nodosum, ist eine Überreaktion des körpereigenen Immunsystems, oft in Folge einer entzündlichen Erkrankung wie in diesem Fall. Der Arzt, der sich auf Empfehlung der Gräfin Sinzendorf um Wolfgang kümmerte, war Dr. Johann Baptist Anton von Bernhard, Professor an der Universität in Wien.
15 MBA I, Nr. 35, S. 53, Z 11–12: «... denn ich muss [...] wegen der Kinder langsam reisen, damit sie zu zeiten ein paar Täge ausrasten, und nicht krank werden.»
16 Das erste Huldigungsgedicht auf Mozart, in Auftrag gegeben von Thomas Graf von Collalto, wird datiert auf den 25. Dezember, weil es am Weihnachtstag im Druck erschien (MD, S. 20–21); der Graf händigte Leopold Mozart eine Abschrift davon jedoch schon nach dem Konzert am 9. November aus. Es ist überschrieben mit einem Zitat Ovids aus *Ars Amandi*: Ingenium coeleste suis velocius annis / Surgit, et ingratae fert mala damna morae.

> Bewundernswerthes Kind! Deß Fertigkeit man preißt,
> Und Dich den kleinesten, den größten Spieler heißt;
> Die Tonkunst hat für Dich nicht weiter viel Beschwerden,
> Du kannst in kurzer Zeit der gröste Meister werden.
> Nur wünsch ich, das Dein Leib der Seele Kraft aussteh,
> Und nicht, wie Lübecks Kind, zu früh zu Grabe geh.

17 Schachtner beschreibt Wolfgangs ersten Versuch, im Streichtrio mitzuspielen, an genannter Stelle (s. o.). Dass Wolfgang gar keinen Unterricht auf der Reise bekommen haben soll, ist nicht glaubhaft.
18 Dieses Ereignis hat Robert Münster aufgedeckt in seinem Aufsatz «Um Mozarts Kinder-Violoncello. Die Passauer Musikerfamilie Sigl und eine unbekannte Episode aus Wolfgangs Knabenjahren».
19 Der Nachweis, dass dieser Kompositionsversuch, wie Schachtner ihn schildert, identisch ist mit dem Konzertsatz in G, gelang Ulrich Leisinger überzeugend. «Kein Meisterwerk», urteilt Leisinger, aber «immerhin ein bislang gänzlich unbeachtet gebliebener Markstein in der künstlerischen Entwicklung des jungen Mozart.» (Ulrich Leisinger: «Das Molto Allegro in G (Nr. 51) aus dem Nannerl-Notenbuch. Ein Konzertsatz des jungen Mozart?»).

III.
1763–1766: Blüht auf und gedeiht, ermüdet und stirbt dahin
Oder: Reisen zwischen Todesnähe und Triumphen

1 Als eingesperrt sollte auch ein Sohn aus großbürgerlichem Hause Wolfgang Mozart in dieser Aufmachung empfinden: der vierzehnjährige Johann Wolfgang Goethe, der ihn in Frankfurt am Main erlebte. In einem Gespräch mit Johann Peter Eckermann (3. Februar 1830) äußerte er sich nicht über die Magie des Kin-

des, sondern sagte: «Ich habe Mozart als 7jährigen Knaben gesehen, wo er auf der Durchreise ein Konzert gab. Ich selber war etwa 14 Jahre alt und erinnere mich des kleinen Mannes in seiner Frisur und Degen noch ganz deutlich ...»

2 Diese Reise war Leopold Mozart keineswegs nur deshalb ein Anliegen, weil er der Welt die Begabung seines Sohnes vorführen zu müssen glaubte, wie er es selbst in Briefen betonte. Sie bot Gelegenheit, dessen Karriere aufzubauen, Kontakte zu knüpfen und Geld mit den Kindern zu verdienen, war aber «auch als Verkaufsreise für eigene Kompositionen zu sehen. Letzteres ist von den Reisestationen Koblenz und Zürich durch Einträge in erhaltenen Rechnungsbüchern belegt» (Christian Broy, S. 188).

Nach den Besoldungslisten des «Geheimen Archivs» aus dem Jahr 1763 standen auf der untersten Stufe der Besoldungshierarchie die sogenannten «Kuchlmenscher», also weibliche Küchenhilfen mit zwei bis sechs Gulden monatlichem Gehalt. Ein einfacher «Laquei» (Lakai) wurde mit 7 Gulden entlohnt, Hausknechte oder «Thorsteher» bezogen 11 Gulden, also gleich viel wie ein einfacher Violinist. Als Vizekapellmeister mit einem Grundgehalt von 25 Gulden verdiente Leopold Mozart so viel wie der Handwerker Jacob Lendele oder der Hofgärtner Johann Georg Schreiber. Am höchsten wurde unter den Musikern der Hofkapelle der Kastrat Ceccarelli bezahlt, der wie der erzbischöfliche Leibmedicus Peter Agliardi 100 Gulden pro Monat bekam.

3 MD, S. 22–23, 32 und 46: Hier wird geschildert, wie die Tastatur verdeckt wurde, mal mit einem Taschentuch, mal mit einer Serviette.

4 In diesem Brief (MBA I, Nr. 63, S. 89, Z 74 ff.) machte er die Bemerkung: «Das Nannerl leidet nun durch den Buben nichts mehr, indem sie so spielt, dass Alles von ihr spricht und ihre Fertigkeit bewundert.»

5 Ebda.

6 Der kurbayrische Gesandte Maximilian Emanuel Franz Graf von Eyck und seine Frau, geboren als Komtesse Maria Anna Felicitas von Arco, bewohnten ein Palais in der Rue St. Antoine im Hôtel Beauvais in der heutigen Rue François Miron Nr. 68.

7 Am 1. Dezember 1763 ließ Melchior Grimm in der *Correspondance littéraire, philosophique et critique adressée à un souverain d'Allemagne* (1753–1790) diesen Text einrücken; er hielt auch fest, dass Mozart Noten mit Tinte schreiben konnte. Grimms originaler Beitrag findet sich in MD, S. 27–28.

8 1764 im Druck erschienen sind die Sonaten für Clavecin, die von der Violine begleitet werden können, KV 6 und 7; kurz danach erschien das Opus II, die Sonaten KV 8 und KV 9 für Clavecin mit obligater Violine, im Druck. Schon am 1. Februar 1764 schrieb Leopold Mozart an Hagenauer: «Nun sind die 4 Sonaten von Mr: Wolfgang Mozart beym stechen, stellen sie sich den Lermen vor, den diese Sonaten in der Welt machen werden, wann am Titelblatt stehet daß es ein Werk eines Kindes von 7 Jahren ist, und wann man die unglaubigen herausfordert eine Probe diessfals zu unternehmen, wie es bereits geschehen ist, wo er jemand einen Menuet, oder sonst etwas niederschreiben lässt, und dann gleich :ohne das Clavier zu berühren: den Bass, und wenn

man will auch das 2te Violin darunter setzet» (MBA I, Nr. 80, S. 126, Z 155–161). Er versicherte Frau Hagenauer, «dass Gott täglich neue Wunder an diesem Kind wirket. Bis wir :wenn Gott will: nach Hause kommen, ist er im Stande Hofdienste zu verrichten» (MBA I, Nr. 80, S. 126, Z 163–165).

9 Zu dieser Widmung ihres Rondeau für *Clavecin* und *Violon* publizierte Rudolph Angermüller seine Neuentdeckungen in dem Beitrag «Das Wunderkind in Paris. Ein unbekanntes Mozart-Autograph und seine Geschichte».

10 Kurz und übersichtlich zu diesem Thema: Der Basler Mediziner und Mozart-Kenner Alfred Briellmann (Mozarts Krankheiten. In: MISM 49, Heft 1–4, Salzburg 1992, S. 23–27).

11 Das berichtete Leopold Mozart am 28. Mai 1764 (MBA I, Nr. 88, S. 151/152); in demselben Brief verrät er auch: «Er hat ietzt [sic!] immer eine Opera im Kopf ...», Z 188). In ähnlichem Sinn äußerte er sich nochmals über Wolfgangs explodierende Begabung (MBA I, Nr. 89, S. 154, Z 78 ff.). Wie sehr er die Karriere seines Sohns strategisch gestaltete, hat auch Herbert Lachmayer in seinem Essay «Genie in Verwandlung. Mozarts künstlerische Produktivität in Parallelwelten» herausgearbeitet.

12 Der Text dieser beiden Anzeigen findet sich bei MD, S. 36.

13 Der Text von Grimm, der in der *Correspondance littéraire* vom 15. Juli 1766 abgedruckt wurde, ist im französischen Original wiedergegeben in MD, S. 55 f. Auch Wolfgang selbst betonte noch 1778 in Briefen an seinen Vater, welche Bedeutung Johann Christian Bach schon für ihn als Achtjährigen gehabt habe und dass eine Tenorarie aus dessen Oper *Alessandro nell'Indie* damals zu seinen Lieblingsstücken gehörte (MBA II, Nr. 431, S. 304, Z 28 ff.). Sogar Daines Barrington (s. Anm. 20; MD, S. 86–92, zitiert S. 90; dort im englischen Original) erwähnte, dass ihm «zwei drei geschickte Musiker gesagt haben, als Bach, der berühmte Komponist, eine Fuge begonnen und plötzlich abgebrochen hatte, habe der kleine Mozart sie sogleich aufgenommen und auf eine höchste meisterhafte Weise ausgearbeitet.»

14 Leopold schreibt: «Ich habe ihm schon oft alle junge [sic!] Leute zusammen zehlen müsen, die er zum Orchester aufschreibet, darunter Herr Kolb, und H: Ranftel öffters erwehnet wird» (zum Opernplan: MBA I, Nr. 88, S. 152, Z 188–191).

15 MBA I, Nr. 89, S. 154, Z 78–80 und Nr. 88, S. 152, Z 184–185.

16 Die Familie bewohnte ein Haus in Five Fields Row, was heute der Ebury Street Nr. 180 entspricht. Dort blieb die Familie bis zu Leopold Mozarts Genesung um den 25. September 1764 herum. Von dem Klavierverbot berichtete Maria Anna Mozart erst sehr viel später, aber es gibt keinen Grund, ihr nicht zu glauben (MD, S. 427). In der Mozart-Literatur wurde das Londoner Skizzenbuch oft als Fiasko bezeichnet, doch Wolfgang Budday und Hans-Udo Kreuels (Londoner Skizzenbuch) haben einen neuen Blick auf diese Sammlung höchst unterschiedlicher, großenteils sehr kurzer Werke und Versuche des Achtjährigen eröffnet.

17 Auch wenn Wolfgang Plath mit gutem Grund erklärt, das Londoner Skizzen-

buch enthalte «einige nicht nur gewagte, sondern einfach misslungene Dinge» (zitiert nach Udo Kreuels, S. 144), zeigt sich hier doch die dämonische Triebkraft von Mozarts Begabung in exzessiver Weise, vor allem in den sinfonisch angelegten Klavierstücken, die als Entwürfe zu Sinfonien gelten können. Hans-Udo Kreuels' Verdienst ist es darüber hinaus, nachgeprüft zu haben, dass vierzehn der Werke am Klavier für den achtjährigen Mozart kaum spielbar oder völlig unspielbar waren (S. 34/35).

18 In jeder *opera seria* spielt die sogenannte Ombra-Szene eine entscheidende Rolle. Georg Horcicka spricht in seiner Studie «Die Cavatine ‹Porgi amor› der Contessa in ‹Le Nozze di Figaro›» (S. 13 ff.) von «einer stets gleichbleibenden Modellsituation, die durch das Wort *ombra* (ital. = Schatten) symbolisiert und in zahllosen Varianten abgewandelt wurde», und erklärt: «‹Ombra› galt als Chiffre der jenseitigen Welt, die sich die antike Mythologie [...] in einer sehr personalisierten Art vorstellte: Der Geist einer (eines) geliebten Verstorbenen ermöglicht die Kontaktaufnahme durch Zwiesprache ...» Weiter heißt es: «Da man aus dem Es-Dur vor Allem das Dunkle und Feierliche heraushörte, bevorzugten die ‹Ombra›-Szenen bis herauf zu Gluck die Es-Dur-Tonart in einer fast an Ausschließlichkeit grenzenden Häufigkeit.»

Welche Sinfonien in London im Februar und im Mai 1765 aufgeführt worden sind, ist nicht eindeutig zu ermitteln. Wolfgang Budday verweist darauf, «dass aus der Londoner Zeit zwar nur zwei, möglicherweise drei Sinfonien überliefert sind»: KV 16 in Es-Dur, die als Mozarts erste Sinfonie angesehen wird, KV 19 in D-Dur und vielleicht KV Anh. 223 (19 a) in F-Dur. Es ist aber ebenso gut möglich, dass die zuletzt genannte erst in Den Haag entstanden ist. Budday hält es für «wahrscheinlich [...], dass frühe Sinfonien Mozarts verloren gegangen sind» (S. 53).

19 Das erste Vokalstück KV 21 (19 c), die Furor-Arie des Massimo (*Va, dal furor portata*, aus Metastasios *Ezio* I, 4), wurde vermutlich am 24. November 1764 als Einlage von dem Tenoristen Ciprandi am King's Theatre in Haymarket gesungen (siehe Peter Sühring, S. 27). Auf diese Gemeinsamkeit der Arie und der zweiten Sinfonie (KV 19) wies erstmals Sühring hin, der hervorhebt, dass noch Hermann Abert die Unisono-Passage in letzterem Werk als «fürchterlich» bezeichnet habe (S. 31).

20 Der Bericht über das Vorspiel vor Daines Barrington (*Account of a very remarkable young musician*) ist als Brief an Matthew Maty wiedergegeben in: MD, S. 86–91. Er wurde jedoch erst am 15. Februar 1770 öffentlich verlesen. Wörtlich heißt es bei Daines Barrington: «Witness as I was myself of most of these extraordinary facts, I must own that I could not help suspecting his father imposed with regard to the real age of the boy, though he had not only a most childish apperance, but likewise had all the actions of the stage of life. For example, whilst he was playing to me, a favourite cat came in, upon which he immediately left his harpsichord, nor could we bring him back for a considerable time.» Der Bericht von Daines Barrington (MD, S. 86–92, hier S. 90) wurde am 28. November 1769 dem Sekretät der Londoner Royal Society, Dr. Mathew Maty, ausgehändigt

und am 15. Februar 1770 vorgelesen. Veröffentlicht wurde er erst 1771 in den *Philosophical Transactions* dieser Gesellschaft (Bd. LX, S. 54–64).
21 Der Großteil dieser fünfzehn italienischen Arien, die Leopold Mozart anführt, ist verloren gegangen. Die Arie *Conservati fedele* aus Metastasios *Artaserse* (KV 23) mag auch ein Nachweis für Wolfgangs bewundernde Haltung gegenüber Johann Christian Bach sein, der diesen Stoff ebenfalls vertonte. Als er Bach, dessen Stern da bereits gesunken war, im August 1778 in Paris wiedertraf, machte er in einem Brief an seinen Vater keinen Hehl daraus, wie wichtig ihm dessen Anerkennung war (MBA II, Nr. 479, S. 458, Z 4–9).
22 Tissots Gutachten findet sich in MD, S. 58–62.
23 Hübners Diarium wird zitiert in MD, S. 63–67.
24 Der Markt Biberbach war bekannt für seine Wallfahrtskirche St. Jacobus der Ältere und St. Laurentius. Der Wettbewerb an der großen Kirchenorgel dort wurde inszeniert auf Anregung von Christoph Moritz Bernhard, Reichsgraf Fugger von Kirchberg-Weissenhorn, Patronatsherr von Biberbach. Als er von der Ankunft des als Wunder gepriesenen, knapp Elfjährigen hörte, wollte er überprüfen, ob der ebenfalls als Wunderkind gefeierte Enkel seines Organisten Franz Joseph Schmöger Wolfgang standhalten würde. Der zwölfjährige Joseph Sigmund Eugen Bachmann trat also gegen den Durchreisenden an. Sehr viel später, ein Jahr vor Mozarts Tod, wurde in der *Musikalischen Korrespondenz der teutschen Filarmonischen [sic!] Gesellschaft* berichtet, «für beede [sic!] fiel der angestellte Wettstreit sehr rühmlich aus». Auffallend ist, dass Leopold kein Wort davon erwähnte. Der Orgelvirtuose Bachmann beherrschte schon mit neun mehr als 200 Orgelwerke aus dem Gedächtnis (hierzu: Bernhard Knick, Eduard Hempel und Georg Zauner: «Die vier Klavier- und Orgel-Wettspiele W. A. Mozarts», S. 129 f.).

IV.
1767 / 1768: Nirgendwo zu Hause
Oder: Auf der Flucht vor Pocken, Intrigen und Unverständnis

1 Aus Paris hatte der Vater am 16. Mai 1766 geschrieben: «Vom ersten Anblicke wird der [den] Wolfgangerl wohl niemand mehr in Salzburg können [kennen]» (MBA I, Nr. 108, S. 221, Z 72 f.).
2 Das Werk KV 35 heißt im vollständigen Titel: *Die Schuldigkeit des ersten und fürnehmsten Gebothes* nach einem heute verschollenen Textbuch des Augsburger Ratsherrn Ignaz Anton Weiser. Der Einsatz der Posaune erinnert an die in Mozarts Requiem im «Tuba mirum». Das Autograph, das sich auf Schloss Windsor befindet, belegt, dass Leopold Mozart nur die Texte zu den Rezitativen schrieb. Der gesamte Notentext stammt von Wolfgangs Hand.
3 Dass Wolfgang die *Grabmusik* KV 42 (35 a) in Klausur verfasste, wie Daines Barrington berichtete, wurde einige Male, aber ohne überzeugende Begründung in Frage gestellt. Jüngere Forschungen wie die von Sühring schenken Barringtons Bericht Glauben (Sühring, S. 44).

Solche Passionskantaten für den Karfreitag wurden vor einem Heiligen Grab gespielt, einem vor Glaskugeln und Glitter funkelnden ephemeren Kunstwerk, wie es in jeder der größeren Salzburger Kirchen zur Osterzeit errichtet wurde.

4 *Apollo et Hyacinthus* wird als *lateinisches Intermedium* (KV 38) bezeichnet; das Libretto hatte der Salzburger Benediktiner-Pater und Universitäts-Professor Rufinus Widl (1731–1798) verfasst.

Peter Sühring gebührt das Verdienst, Mozarts Jugendwerke in der Nachfolge von Jacobsthals Straßburger Vorlesungen von dem immer wieder aufgewärmten Vorwurf des Epigonentums befreit zu haben. Konsequent hat er in seiner Studie «Die frühen Opern Mozarts» nachgewiesen, wie stark diese sich bereits von dem unterschieden, was dem Kind an konventionellen Vorbildern bekannt war. Sühring entkräftet nicht nur das lange kolportierte Gerücht von mangelnder Originalität der Kindheits- und Jugendwerke, er macht vielmehr plausibel, dass Kunzes Erkenntnis, diese frühen Arbeiten seien unverzichtbare Grundlage zur Beurteilung der vollendeten Werke seiner späteren Jahre, sogar umkehrbar ist (S. 292). Auch im Zusammenhang mit *Apollo et Hyacinthus* erkennt Sühring in den vorgeblichen Mängeln Wolfgangs «untrügliche Signale einer noch unausgeglichenen Doppelbegabung, eines früh bekundeten Doppelinteresses an menschlichen Stoffen und künstlerischer Form» (S. 82). Auf Wolfgangs eigenmächtige Streichung von Regieanweisungen des Textdichters geht Sühring ausführlich ein (S. 84).

5 «Er war in Augsburg gebohren, brachte seine Lebenstäge meistens im hiesigen Hofdienst zu, hatte aber das Unglück hier immer verfolgt zu werden, und war lange nicht so beliebt, wie in andern grössten Orten Europens», wird Dominik Hagenauer am 28. Mai nach Leopolds Tod in sein Tagebuch schreiben (MD, S. 258).

6 *Bastien und Bastienne* KV 50 (46 b) bezeichnete Leopold Mozart als eine *operetta*, eine Art kleiner *opéra comique*, bestehend aus Dialogen und Liedeinlagen. Laut Ulrich Leisinger («Bastien und Bastienne», S. 97) war die Vorlage der von Mozart verwendeten Nachdichtung *Les Amours de Bastien et Bastienne* vom Ehepaar Marie-Justine-Benoîte und Charles-Simon Favart und Harny de Guerville. Das deutsche Textbuch hatten die Wiener Schauspieler Johann Heinrich Müller und Friedrich Christoph Weiskern verfasst. Der dichtende Hoftrompeter Johann Andreas Schachtner hatte die gesprochenen Dialoge zu Versen geformt, die Mozart als Rezitative vertonte. Mozart verwandelte das Stück also in eine weitgehend durchkomponierte Oper mit Duetten, einem Terzett und nur wenigen Sprecheinlagen (Sühring, S. 150 f.).

Was die Datierung angeht, plädiert Leisinger für die vertraute Datierung nach Abschluss von *La finta giardiniera* (S. 100). Sühring meint, dass dieses Singspiel vor der opera buffa *La finta semplice* entstanden sei.

Dafür, dass Mozart bereits in Salzburg mit der Arbeit an *Bastien und Bastienne* begonnen hat, führt er in seinem Buch «Die frühen Opern Mozarts» überzeugende Argumente an. Er widerlegt mit neuen Dokumenten die Legenden um die Entstehung dieses Werks, einen vermeintlichen Auftraggeber, den Arzt und Magnetiseur Dr. Friedrich Anton Mesmer, und die angebliche Uraufführung in dessen Gartentheater (Sühring, S. 162 ff.). Die Mozarts verkehrten damals noch nicht bei ihm, sondern bei seinem Verwandten, dem Schuldirektor und -inspektor Joseph Conrad Mesmer. Leopold Mozart bezeichnete ihn als «Vetter» des Arztes, was damals aber auch Synonym für einen nicht engen Verwandten war. Das Gartentheater von Friedrich Anton Mesmer existierte zu diesem Zeitpunkt noch nicht. Grundlegend zum Problem Michael Hüttlers Essay «Zur Frage der Ur- und Erstaufführungen von Mozarts *Bastien und Bastienne*». Auch Hüttler gelangt zu dem Ergebnis, dass das Singspiel vor dem September 1768 fertiggestellt war.

7 Der Mann, der Wolfgang Kartentricks beibrachte, war der Kaplan und bischöfliche Zeremoniär Johann Leopold Hay von Fulnek. Maria Anna Mozart, die ebenfalls von der Epidemie erfasst, aber nicht gezeichnet wurde, schreibt später, dass ihr «Bruder ein recht hübsches Kind war. Erst nach den Blattern hatte er sich verunstaltet, und noch mehr, wie er von Italien zurückgekommen, bekam er die welsche gelbe Farbe, die ihn ganz unkenntlich machte» (MD, S. 425/426).

8 Zur Gestalt des Schelms, des Tricksters, schreibt die Literaturwissenschaftlerin Elisabeth Lenk: «Der Schelm ist in all seiner Widersprüchlichkeit so etwas wie die Inkarnation jener Kraft, die die menschlichen Gesellschaften zuallererst hervorgebracht hat, die jedoch dem sozialen Leben ewig fremd bleibt. Er ist gleichermaßen Schöpfer und Zerstörer.» Sie zitiert dazu den Mythenforscher Paul Radin mit dem Satz: «Er kennt weder Gut noch Böse, ist jedoch für beides verantwortlich.» Lenk schließt daraus, der Schelm sei jener «verborgene Mensch», jener «unsichtbare Mensch», der nie in die Gesellschaft hineinpasst (in: Die unbewusste Gesellschaft. Über die mimetische Grundstruktur in der Literatur und im Traum, S. 47).

9 Seit dem Tod seines Vaters 1765 war Maria Theresias ältester Sohn als Joseph II. ihr Mitregent und Kaiser; sie selbst hatte niemals den Rang einer Kaiserin inne. Empfangen worden waren die Mozarts bei einer Audienz am Dienstag, den 19. Januar, zwischen 14 Uhr 30 und 16 Uhr 30. Bei dieser Gelegenheit muss Joseph den Vorschlag geäußert haben, von dem Leopold im Brief vom 30. Januar 1768 berichtet (MBA I, Nr. 125, S. 254 ff.). Maria Theresia hatte mit dem Tod ihres Ehemanns das Interesse an musikalischem Mäzenatentum weitgehend verloren.

10 Für *La finta semplice* (Die verstellte Einfalt) KV 51 (46 a), basierend auf einem Text von Carlo Goldoni und Marco Coltellini, muss sich das Kind wie bei *Bastien und Bastienne* mit dem Thema der Verstellung befassen. Wolfgang zeigt in Tönen, wie bei Rosina hinter der Maske echte Liebe für den anfangs rüpelhaften und frauenfeindlichen Cassandro entbrennt. Diese Rosina ist die erste ausgereifte Operngestalt Mozarts. Musikalisch hat sie bereits jenes Bittersüße, Schmerzlich-Schöne seiner späteren Gestalten. Sie changiert zwischen Dur und Moll, ihre Rhythmen zerfallen, ihre Melodien taumeln zwischen den

Anmerkungen zu den Seiten 65–67

begleitenden Figuren. Bereits in dieser ersten Buffa-Oper lässt Mozart die Widersprüchlichkeit der Empfindungen klanglich erkennen. In Rosinas E-Dur-Arie *Amoretti, che ascosi* (Nr. 15) wird deutlich, dass aus ihr, der Liebemacherin, eine Liebende geworden ist. Das verraten nicht die Worte, das verrät die Musik: eine mächtiger werdende Gegenstimme zur Gesangsstimme, die mit der melodischen konkurriert, die Stimme des Herzens.

    Uraufgeführt wurde *La finta semplice* im Mai 1769 in der Salzburger Residenz.

11 Leopold befürchtete, dass «der Wolfg: in die Jahre und denjenigen Wachsthum kommt, die seinen Verdiensten die Verwunderung entziehen», bevor er sich in Italien einen Namen und vielleicht eine Stelle erobert habe (MBA I, Nr. 132, S. 264, Z 25 ff.).

12 Das Burgtheater und das Kärntnertortheater hatte der Kaiser an Giuseppe Afflisio verpachtet. Damit hatte er offiziell die Verantwortung für das Programm dort abgegeben. Eine Lösung, die viele Vorteile bot: Joseph II. konnte Bittsteller loswerden, indem er ihnen einen Auftrag erteilte, um dann hinterdrein zu behaupten, leider sei das Werk von seinem Intendanten nicht erwünscht.

13 Am 30. Juli 1768 berichtete Leopold Mozart dem Verbündeten Hagenauer, die Sänger seien von den Wiener Komponisten aufgehetzt worden und Gluck sei einer der Hauptakteure in diesem üblen Spiel (MBA I, Nr. 135, S. 270 f.).

    An dem Textbuch auf Basis eines Goldoni-Stückes haben Intendant Giuseppe Afflisio, oft auch Affligio geschrieben (beide Schreibweisen führt Ulrich Konrad in: Wolfgang Amadé Mozart), und der Hoflibrettist Marco Coltellini mitgearbeitet. Mozart und seinem Vater wurde es strikt verweigert, am Libretto mitzuarbeiten (Sühring, 209 f.).

14 Zu den Spekulationen darüber, wie weit der Kaiser in die Intrige verstrickt gewesen war: Konrad Küster, Mozart und seine Zeit, S. 272.

15 Johann Adolph Hasse berichtete erst im Jahr darauf, am 30. September 1769, einem venezianischen Freund, dem Abbate Giovanni Maria Ortes, von dem Eindruck, den die Mozarts auf ihn gemacht haben. «Der erwähnte Herr Mozart ist ein sehr gebildeter und höflicher Mann, die Kinder sind sehr wohlerzogen. Der Knabe ist außerdem schön, lebhaft, anmutig und führt sich so gut auf, dass es, wenn man ihn kennt, kaum möglich ist, ihn nicht zu lieben. Sicher ist, dass wenn seine Fortschritte mit dem Alter Schritt halten, ein Wunder aus ihm wird. Nur darf der Vater ihn nicht zu sehr verhätscheln und durch Beweihräucherung und übertriebenes Lob verziehen. Das ist die einzige Gefahr, die ich fürchte.» Der Brief ist im Original auf Italienisch verfasst (MD, S. 84/85).

16 Bei den drei zur Einweihung des Waisenhauses komponierten Werken, von denen Leopold am 12. November 1768 Hagenauer berichtet (MBA I, Nr. 142, S. 285, Z 21/22), handelte es sich um zwei heute verschollene Kompositionen, ein Offertorium KV^6 47 b und ein Trompetenkonzert KV^6 47 c. Die Messe wird meist mit der sogenannten Waisenhausmesse KV 139 (47 a) gleichgesetzt. Alles wurde von den Waisen und ihren Lehrern aufgeführt, offenbar tüchtige Musiker. Wolfgang habe außerdem «ein Trompeten Concert für einen Kna-

ben dazu componiert und dem Waisenhaus verehrt», schreibt Leopold (MBA I. Nr. 142, S. 285, Z 21–22). Die jüngere Forschung stellt die Existenz des von Leopold Mozart erwähnten Trompetenkonzerts in Frage. Der Bericht über das Ereignis war am 10. Dezember 1768 im *Wienerischen Diarium* zu lesen (MD, S. 78).

17 MBA I, Nr. 143, S. 286, Z 19–21.

18 Aurelius Augustinus, der Prior des Augustinerklosters im mährischen Sternberg, war unter den Zuhörern eines Konzerts, das die Mozart-Kinder auf der Rückreise von Olmütz nach Wien in Brünn aufführten. Es fand in der Taverna des Stadthauses statt. Hatte der Salzburger Hoftrompeter Johann Andreas Schachtner früher nur Wolfgangs «unbezwingliche Furcht vor der Trompete» geschildert, «wenn sie allein, ohne andere Musik geblasen wurde, wie man ihm eine Trompete nur vorhielt, war es eben so viel, als wenn man ihm eine geladene Pistole aufs Herz setzte». Laut Schachtner befahl Leopold Mozart ihm einmal, trotz Wolfgangs Weigerung zu blasen, um seinen Sohn von der Furcht zu kurieren. «Wolfgangerl hörte kaum den schmetternden Ton, ward er bleich und begann zur Erde zu sinken und hätte ich länger angehalten, er hätte sicher das Fraise bekommen» (MD, S. 397). Diese Darstellung hatte einen Experten sogar zu einer tiefenpsychologischen Deutung von Wolfgangs Aversion als Penis-Furcht verleitet. Hingegen notierte Aurelius Augustinus als Grund für die Abneigung des Kindes vor diesem Instrument in sein Tagebuch: Wolfgang ertrage die Trompeten nicht, weil sie keinen «einlautigen», also reinen Ton erzeugen könnten.

19 Schon Marc-Antoine Charpentier (in: Règles de composition, Ms Paris, Bibl. Nat. nouv. Acq. fr. 6355–6356), nannte c-Moll «Obscur e Triste» [sic!]. Johann Mattheson (in: Der vollkommene Kapellmeister, Hamburg 1739, S. 244) erklärte, sie sei «ein überauslieblicher, dabey auch trister Tohn». Johann Joachim Quantz (in: Versuch einer Anweisung die Flöte traversiere zu spielen, Berlin 1752, S. 138) erklärte, «A moll, C moll, Dis Dur (gemeint wohl es-Moll), und F moll [Schreibweise sic!] drücken den traurigen Affect viel mehr aus, als andere Molltöne».

Zu dem Trompetenchor der Waisenhausmesse hat sich besonders ausführlich Klaus Aringer Gedanken gemacht.

V.

1769/1770: Kühn, stark, beharrlich
Oder: Eine Blamage in Bologna, ein Sieg in Mailand

1 Weil er Deutsch sprach, war Mozart für die Italiener ein Deutscher, wurde als solcher bezeichnet und behandelt. Das Fürsterzbistum Salzburg gehörte ja auch als geistliches Territorium zum Heiligen Römischen Reich Deutscher Nation und war nicht Teil des Erzherzogtums Österreich.

2 Auf der Rückreise aus Italien sollte Leopold Mozart seiner Frau dann die Unhaltbarkeit der Zustände ins Gedächtnis rufen (MBA I, Nr. 232, S. 240, Z 8–11):

«allein mir ist beygefallen, dass wir zu Hause nicht wohnen können, du musst mir also schreiben, ob wir beym Sailerwirt, beym Stern oder bey Saulentzl einlogieren sollen. Ich glaube es wird am besten seyn ich nehme meine Wohnung im Löchl, so habe alsdann nicht weit zum Hagenauer Haus. So, wie wir (wie die Soldaten) untereinander schliefen, können wir nicht mehr seyn; der Wolfgang ist nicht mehr 7 Jahre alt.»

Gerhard Croll geht in seinem Aufsatz «‹In età di non ancor 13 anni›. Mozarts erstes Auftreten in Italien» auf eine Stelle eines Briefs von Wolfgang an seine Schwester vom 14. Dezember 1769 ein (MBA I, Nr. 147, S. 293, Z 46–48), in der er auf Italienisch Maria Anna eine offenbar etwas pikant empfundene Situation erinnert: Ein Signor Hornung (der Bassist Joseph von Arimathia Hornung) kam in die Mozart-Wohnung und fand im Bett Wolfgang statt seiner Schwester vor. Croll meint, er habe sich in Maria Annas Bett versteckt, doch woher hätte Hornung wissen sollen, wer welches Bett benutzte? Aus dem Text lässt sich eindeutig schließen, dass es sich nur um ein einziges Bett handelt. «… il sig: Hornung dimanda in vece mia se lui non hà creduto una volta ancora che fossi io in letto in vece tua …».

3 *La finta semplice* wurde im Mai in der Salzburger Residenz aufgeführt. Alle Details dazu bei Rudolph Angermüller: Daten zu Leben und Werk, S. 75.

4 Es geht hier um den frühesten Brief Mozarts, der erhalten ist (MBA I, Nr. 145, S. 290). Das undatierte Schreiben war gerichtet an Maria Anna Katharina Gilowsky von Urazowa, nicht an Maria Anna Theresia Barisani (geboren 1760), Tochter des Leibarztes Dr. Silvester Barisani, die Leopold acht Jahre später als Wolfgangs *favorite mademoiselle* tituliert (MBA II, Nr. 344, S. 38, Z 88, Brief vom 5. Oktober 1777). Das «unbekannte Mädchen» (MBA I, Nr. 145) hat erst 1988 Friedrich Georg Zeileis als Maria Anna Katharina Gilowsky von Urazowa, genannt Katherl/Catherl identifiziert. Die aus Böhmen zugezogene Familie Gilowsky von Urazowa waren Nachbarn der Mozarts (Friedrich Georg Zeileis: «Ein ungewöhnlicher Mozartbrief»). In seiner Funktion als Wundarzt hatte der Barbier am fürsterzbischöflichen Hof sehr viel mehr Kompetenzen als die des Rasierens und Frisierens. Katharinas Vater Johann Andreas Wenzel Gilowsky hatte Medizin studiert; auch sein Sohn, Wolfgangs und Constanzes Trauzeuge, wurde Magister der Chirurgie. In Salzburg hieß Maria Anna Katharina Gilowsky (1750–1802) dennoch einfach die Balbierer=Catherl. Sie wurde umschwärmt (MBA II, Nr. 380, S. 151/152, Z 115–124), war aber offenbar im katholischen Salzburg Projektionsfläche sexueller Gelüste, weil sie wohl eher freizügig auftrat und als erreichbar galt. Auch Leopold Mozart stimmte ein in den Spott über die attraktive, aber von Männern wohl eher begehrte als verehrte junge Frau, die frustriert an den Nägeln biss und auf der Schießscheibe in Bild und Vers verewigt wurde: «Am *Herzbrand* leid ich stark! *Herz* bleibt meine liebste Farbe: / Und, wann ich viele Jahr noch als Jungfer darbe; / So gehts auf d'finger los: weil ich stets Nägel beisse. / *Bekomm ich keinen Mann! – – dann auf die Welt ich sch – – e*» (MBA II, Nr. 401, S. 219, Z 105–108). Leopold Mozart persönlich ließ sie als eine «arme Seel» auf die Schieß-

scheibe malen, die eine Wallfahrt nach Altötting unternimmt, um «mit einem wäxernen opfer=mandl» von Gott ein eheliches «mänchen» zu erflehen (MBA II, Nr. 457, S. 386, Z 236–242). Bezeichnend ist, dass männliche Mitglieder der Bölzelschützenkompanie eine Zielscheibe in Auftrag gaben, auf der sie sehen wollen, wie Katharina «den nacketen Arsch herzeigt» (MBA III, Nr. 536, S. 15, Z 23–24), und zwar als «das Centrum der gilowsky Cath. Arsch» (MBA III, Nr. 539, S. 22, Z 20), den es mit dem Pfeil zu treffen gilt. Katharinas Freundin Maria Anna Mozart wurde elegant gekleidet am Klavier sitzend mit der Mozartschen Terrierhündin Pimperl gezeigt. Dass die Hofchirurgentochter mit dem Kastraten Francesco Ceccarelli laut Vater Mozart «sehr frey» umging, gab Anlass zu zweideutigen Bemerkungen und schlüpfrigen Schützenscheiben. Ceccarelli seinerseits nannte Katharina «La Mattarella», was kleine Närrin bedeutet, aber durch den Anklang an mattarello/materello = Nudelholz wohl auch als pikante Anspielung verstanden wurde in diesem Kreis, in dem die meisten Männer Italienisch sprachen (Paul Münch: Mozart und die «verschnittenen Sänger», S. 230; MBA II, Nr. 446, S. 338). Katharina Gilowsky starb 1802 unverheiratet und verarmt «an Auszehr» (Heinz Schuler: Mozarts Freunde und Bekannte, S. 115). Ob sie in Mozart verliebt war, ist nicht bekannt. Den Heiratsantrag von Erzbischof Colloredos Leibdiener schlug sie aus, nach Meinung der Experten aber, weil dieser Mann so unbeliebt war wie sein Arbeitgeber.

5 Der Brief beginnt deutsch und chaotisch, Substantive und Satzanfänge schreibt Mozart wahllos groß oder klein. Weil Katharina offenbar behauptet hatte, alles zu verstehen, schrieb er ihr dann einen lateinischen Satz: «cuprem scire, de qua causa, a quam plurimis adolescentibus ottium [recte: otium] adeo aestimatur, ut ipsi se nec verbis, nec verberibus, ab hoc sinant.»

6 Von dem Vorsatz, das Leben seines Wunderkinds zu beschreiben, berichtete Leopold Hagenauer bereits im November 1767 (MBA I, Nr. 121, S. 247, Z 103–104). Der Wortlaut des Vorwortes ist abgedruckt (MD, S. 84). Hier kündigte er nun an, er wolle «das wunderbare genie» seines Sohnes beschreiben und von «dessen unbegreiflich schnellen [sic!] Fortgang in dem ganzen Umfang der musikalischen Wissenschaft von dem fünften bis in das dreyzehende Jahre seines Alters umständlich erzehlen». Melanie Unseld («... ein berühmter Capellmeister», S. 431) bezeichnet das geplante Werk zu Recht als «Lebensgeschichte aus dem Geist der Aufklärung».

7 Die Frage, warum Leopold im Jahr 1769 das Vorhaben wieder aufgriff, allerdings nicht umsetzte, wird hier erstmals aus Sicht seiner eigenen Profilierungsinteressen beantwortet.

8 Nachdem lange Saverio Dalla Rosa (1745–1821) als Maler dieses Porträts gegolten hatte, wird es nun von Großpietsch (in: Mozart-Bilder. Bilder Mozarts. Ausstellungskatalog Nr. 6, S. 70–71) erneut dessen Onkel Gianbettino Cignaroli (1706–1770) zugeschrieben, dessen Nachname auch in den Reisenotizen Leopold Mozarts vorkommt. Gegen diese Zuschreibung spricht, dass der Onkel von Dalla Rosa (nicht Della Rosa) zu diesem Zeitpunkt bereits schwer krank war. Gründlich erforscht hat auch diesen Aspekt von Mozarts erster

Anmerkung zu Seite 74

Italienreise Gerhard Croll. Das Molto Allegro KV 72 a auf dem Notenpult ist nur in dieser Form als Fragment erhalten.

Dieses dank der durch Leopold von Sonnleithner initiierten Suchaktion 1856 wiederaufgefundene Porträt zeigt, dass Mozart dunkelblaue Augen hatte, aber zudem, dass er schielte. Das wollen die meisten Biographen nicht wahrhaben. Dabei zeigt ihn auch das Porträt als Ritter vom Goldenen Sporn (Kap. IX) eindeutig mit Silberblick. Auf der Kopie des sogenannten Tischbein-Mozart-Gemäldes von Christian Leopold Bode (Großpietsch, S. 100, Nr. 45) ist das linke Auge im Dunkel, schielt aber nach innen, ebenso auf der anonymen Kopie dieses Bildes (Großpietsch, S. 100, Nr. 46). Ludwig Tieck wird Mozart als einen Mann «klein, rasch, beweglich und blöden Auges» bezeichnen, als er ihm zufällig vor dem Konzert in Berlin begegnet (siehe Kapitel XX). Mit Kurzsichtigkeit kann das, was Tieck «blöden Auges» nennt, nichts zu tun gehabt haben. Die Deutung, Tieck habe damit einen Sehfehler bezeichnet, ist sicher falsch; den konnte Tieck nicht diagnostizieren, weil Mozart keine Brille trug. Und Nissen bezeugte: «Die Augen waren gut und scharf: nie hat er Brillen gebraucht.»

Wahrscheinlicher ist es, dass mit «blöden Auges» Mozarts leichtes Schielen gemeint ist, das auf einigen Porträts deutlich zu erkennen ist, so auf dem als Ritter vom Goldenen Sporn, das Leopold Mozart als «äußerst ähnlich» bezeichnete.

Möglicherweise ist aber auch der Gesichtsausdruck Mozarts gemeint. Zwar sagte der Berliner Verleger Daniel Friedrich Parthey: «Mozart war ein kleiner, sehr lebhafter Mann mit gebogener Nase und freundlichen, durchdringenden Augen» (zitiert nach Christoph Großpietsch: Die späten Mozart-Bildnisse, S. 13). Nissen hingegen schrieb: «Sein Auge war mehr matt als feurig», und fügte hinzu: «So lange er mager war, standen die Augen etwas vor.» Der Kommentar von Mozarts Schwester lässt ebenfalls einen Gesichtsausdruck vermuten, der nicht besonders präsent wirkte; sie erklärte, «dass seine phisianomie [sic!] gar nicht das genie und den geist anzeigte, mit dem ihn der gütige gott begabt hat». Wahrscheinlich ist, dass Mozart oft geistesabwesend dreinsah. So erinnert sich seine Schwägerin Sophie Haibel 1828 (MD, S. 460): «Er war immer guter Laune, aber selbst in der besten sehr nachdenkend, einem dabey scharf ins Auge blickend, auf Alles, es mochte heiter oder traurig seyn, überlegt antwortend, und doch schien er dabei an ganz etwas Anderm tiefdenkend zu arbeiten.»

Franz Xaver Niemetschek berichtete, dass Mozart eigentlich zwei Gesichter hatte: «Der Blick schien unstet und zerstreut, außer wenn er bey dem Klavier saß; da änderte sich sein ganzes Antlitz! Ernst und versammelt ruhte dann sein Auge.»

Das hatte er aber nicht selbst beobachtet. Walther Brauneis erkundete, wo sich Niemetschek aufgehalten hatte, als Mozart Prag besuchte. Sein Ergebnis: «In aller Deutlichkeit muss darauf hingewiesen werden, dass Niemetschek in diesem Zeitraum nicht in Prag lebte» (Walther Brauneis: «Franz Xaver Niemetschek. Sein Umgang mit Mozart: Eine Legende?», S. 493).

Anmerkungen zu den Seiten 74–80

Informationen konnte Niemetschek, abgesehen von Prager Freunden und Bekannten, die Mozart wirklich begegnet waren, aus zwei Quellen bezogen haben. Einmal von seiner späteren Frau: 1798 heiratete er die Putzmacherin Theresia Schnell, die bei den Duscheks ein- und ausging und dort nachweislich Mozart erlebte. Zum anderen von Constanze Mozart, die kurz nach Mozarts Tod bereits ihren älteren Sohn Carl Thomas dem als Pädagogen angesehenen Niemetschek zur Ausbildung anvertraute. Als sie mit ihrer Schwester Aloisia Lange 1795 eine Konzerttournee durch deutsche Städte unternahm, ließ Constanze auch Franz Xaver Wolfgang dort zurück.

Der Titel von Niemetscheks Biographie, «Ich kannte Mozart», ist also Bluff.

Wenn Constanze betonte, Mozart habe sich nicht gern von vorne porträtieren lassen, könnte daran seine ziemlich dicke Nase schuld gewesen sein, aber auch ein leichtes Schielen. Dass Mozart eitel war, ist ebenfalls belegt. So heißt es bei Nissen: «Er war einmal recht böse, als er hörte, dass der preußische Gesandte Jemanden ein Empfehlungsschreiben an ihn gegeben, und dabey gesagt hatte, man möge sich an Mozart's unbedeutendem Äußeren nicht stossen.» Der kartuschengerahmte Kommentar zum Bild weist Mozart als zwölfjährigen Salzburger als AMADEO VOLFANGO MOZARTO SALISBVRGENSI PVERO DVODENNI aus.

9 Über die beiden jungen Kastratensänger schrieb Leopold Mozart am 3. Februar 1770 (MBA I, Nr. 159, S. 311, Z 12–16). Zu deren Identität und der Frage, um welche Motetten es sich handeln könnte, ausführlich: Michael A. Otto: Mozart und die Kastraten, S. 39 ff.

10 Die Selbstabwertungen wurden bei Mozart wie fast alles lustig verpackt; auch wenn die Überanstrengung zu groß wurde oder die Reisestrapazen ihn überforderten, meinte er: «meiner schwester schicke ich ein bladernadesbusel und bleibe der nehmliche [...] aber wer? [...] der nehmliche hanswurst» (MBA I, Nr. 160, S. 314, Z 51 f.). Ich «bin der sohn stefel und der bruder hans» heißt es im Brief vom 16. Juni 1770, als Fechs bezeichnete er sich am 14. April 1770 (MBA I, Nr. 176, S. 336, Z 115).

11 Bei den Arien handelt es sich um KV 78 (73 b), 88 (73 c), 79 (73 d) und 77 (73 e).

12 Leopold Mozarts Berichte über den Florentiner Aufenthalt und Thomas Linley (1756–1778), das Wunderkind aus Bath, finden sich in den Briefen. Dort schrieb Leopold Mozart über die Prüfungsstücke, «die der Wolfgang wie man ein Stück brod isst, weggespielt und ausgeführt» habe (MBA I, Nr. 173, S. 331, Z 19 ff.).

13 Diesen Vorfall beschrieb Maria Anna Mozart (MBA IV, Nr. 1212, S. 194, Z 273–275).

14 Bei der Antiphon aus einem chorischen Cantus firmus, die Wolfgang vierstimmig setzen musste, handelte es sich um *Quaerite primum regnum Dei* KV 86 (73 v). Das Protokoll der Aufnahmeprüfung, der Kommentar der Jury sowie das Zeugnis von Martini sind bei Deutsch (MD, S. 114 und 115) auf Italienisch wiedergegeben. Dass Martini nicht am Prüfungstag, sondern erst im Nachhinein eine perfekte Fassung komponierte und Wolfgang unterschob, beweist

Anmerkungen zu Seite 82

die Beurteilung «ausreichend» («sufficente») durch die Juroren. Giovanni Battista Martinis mustergültige Version wäre mit Sicherheit anders beurteilt worden. «Da Padre Martini nur den imitatorisch eingeführten Themenkopf aus Mozarts Bearbeitung übernahm, den weiteren Verlauf aber abweichend formte, wird man wohl kaum noch von einer ‹Korrektur der Klausurarbeit› (A. Einstein) sprechen können» (Ernst Hintermaier: Mozart. «Quaerite primum regnum Dei»). Die beiden Kopien von Martinis Werk in Mozarts Handschrift sind erhalten: Eine befindet sich in der Accademia Filarmonica in Bologna, eine im Besitz der Internationalen Stiftung Mozarteum in Salzburg (Manuskript I-Bc UU/11 in Padre Martinis Handschrift mit der von Padre Martini geschriebenen Zuschreibung an Mozart in NMA I/3, Manuskript I-Baf, die Kopie Mozarts von Martinis Komposition ebenfalls in NMA I/3. Erste Edition: AMA III/1/9). Leopold Mozart hatte die Salzburger Abschrift eigenhändig auf den Tag datiert, an dem das Diplom ausgestellt wurde, also auf den 10. Oktober 1770. Warum, galt bisher als unverständlich, könnte aber durch die Deutung hier erklärt werden. Wie viel Padre Martini daran lag, seinen Schützling zu einem ordentlichen Mitglied der angesehenen Akademie zu machen, zeigte sich auch darin, dass er am 4. November aus eigener Tasche die Aufnahmegebühr von 40 Lire beglich (MD, S. 115). Leopold Mozart konnte sie nicht entrichtet haben, er war am 4. November längst in Mailand.

15 Am 21. Juli 1770 berichtete Leopold Mozart aus Bologna über Wolfgangs Wachstum: «Wenn der Wolfgang so fortwächst, so wird er zimmlich gross nach Hause kommen. das düchene neue Kleid, so zu Salzb: gemacht worden, wird er nächsten winter nicht mehr tragen, es war die Veste letzten winter schon zu klein» (MBA I, Nr. 199, S. 371, Z 59–62). Aber schon im August (Brief vom 25. 8. 1770 aus Bologna, MBA I, Nr. 205, S. 384, Z 43–53) korrigierte er sich, Wolfgang brauche zwar in Mailand neue Hemden und Halsbinden, doch «Du därfst dir ihn aber deswegen eben nicht gar zu gross vorstellen, genug, dass alle glieder grösser und starker werden.» Am 14. April 1770 schrieb Wolfgang: «ich habe die ehr gehabt den hl: petrus seinen fus zu sanct pietro zu küssen, und weil ich das unglück habe so klein zu seyn, so hat man mich dan als den nehmlichen alten fechsen Wolfgang Mozart hinauf gehebt» (MBA I, Nr. 173, S. 336, Z 112–114).

Jacob und Wilhelm Grimms Deutsches Wörterbuch (Leipzig 1860, Reprint München 1984, Bd. III, Sp. 1225) schreibt zu dem Wort Fechs oder Fächs, im Österreichischen, speziell im Steirischen und Salzburgischen auch fex oder feggs, es bezeichne einen sich blödsinnig verhaltenden Menschen, sogar einen «Cretin». Als Mozart 1780 von seinem provozierten Hinauswurf aus den Diensten des Fürsterzbischofs berichtet, ist es für ihn Höhepunkt der Schmähung, so genannt zu werden: «– was, er will mir drohen, er fex, O er fex! – dort ist die Thür, schau er, ich will mit einem so elenden buben nichts mehr zu thun haben» (MBA III, Nr. 592, S. 111, Z 47).

16 Der Mitridate der Uraufführung war Guglielmo D'Ettore, Aspasia war Antonia Bernasconi, den Sifare sang Pietro Benedetti, genannt Sartorino oder Sar-

419

Anmerkungen zu den Seiten 83–88

torini, den Farnace Giuseppe Cicognani. D'Ettore hatten die Mozarts schon am 24. März in Bologna getroffen. Über die Besetzung der Uraufführung finden sich alle Details in Rudolph Angermüllers «Die Sänger der Erstaufführung von Mozarts ‹Mitridate, re di Ponto› KV 87 (Mailand, 26. Dezember 1770)». Das Lob für Pietro Benedetti und Antonia Bernasconi, aber auch die anderen Sänger, sowie die Publikumsreaktionen referiert Leopold Mozart in seinen Briefen (MBA I, Nr. 218, S, 403, Z 24/26; Nr. 219, S. 404, Z 20; Nr. 223, S. 408, Z 20–23 und Nr. 225, S. 411, Z 1–13). Die anrührende Arie der Aspasia: Recitativo accompagnato e Cavatina im III. Akt, Nr. 21.

17 Wolfgangs kulinarisches Heimweh dokumentiert der Brief seines Vaters vom 5. Januar 1771 (MBA I, Nr. 227, S. 414, Z 9–10). Sartorino «wolle sich noch einmal beschnatzeln» [= kastrieren] lassen (MBA I, Nr. 223, S. 408, Z 20 ff.), wenn das Duett (II. Akt, Nr. 18) nicht ankomme.

VI.
1771: Strebt nach Höherem
Oder: Ein Teenager träumt von der Hofanstellung

1 Am 18. August 1771 schreibt Wolfgang unter den Brief seines Vaters einen Gruß an die Schwester: «dann das schlaffen nach dem essen freüet mich nicht» (MBA I, Nr. 241, S. 430, Z 49/50).

2 Es handelt sich um das *Regina coeli* KV 108 (74 d), die *Litaniae Lauretanae* KV 109 (74 e), die Sinfonie G-Dur KV 110 (75 b) und *La Betulia liberata, Azione sacra* in zwei Teilen, KV 118 (74 c). Das Schuldrama Michael Haydns, bei dem Mozart sich bediente, ist die *Pietas Christiana*. Da dieses Werk nur Salzburgern bekannt war, konnte er es riskieren. Der Auftraggeber seines Werkes war Don Giuseppe Ximena von Padua, Prinz von Aragon. Ob er das Werk aufführte, ist nicht nachzuweisen. 1771 und 1773 wurde in Padua ein Oratorium dieses Titels gespielt, jedoch unter dem Komponistennamen Giuseppe Callegari/Calegaris.

3 In der *Azione teatrale Il Sogno di Scipione* KV 126 tritt nach dem Ende der eigentlichen Handlung die von einem Sopran gesungene *Licenza* auf, eine Allegorie der Huldigung. Sie erklärt dem Publikum, Scipio sei selbstverständlich nur eine Personifikation von Sigismondo, also Fürsterzbischof Sigismund von Schrattenbach.

4 Wolfgang schilderte das akustische Chaos seiner Schwester in einem Nachsatz zum Brief seines Vaters vom 24. August 1791 (MBA I, Nr. 242, S. 432, Z 48–50). Sein Kommentar: «dass ist lustig zum Componiern! Giebt einen viell gedancken.»

5 Dass die «neun kleinen Klavierstücke» Mozarts KV Anh. 207 (Anh. C 27.06), für dieses Instrument ungeeignet, wohl «Arrangements von Instrumentalsätzen», also Klavierauszüge von Ballettmusik sind und es sich dabei um die verschollene zu *Ascanio in Alba* KV 111 handeln könnte, hat Wolfgang Plath 1964 erstmals geäußert. Über den aktuellen Stand dieser Vermutung hat detailliert Sibylle Dahms berichtet: «Entlehnungspraktiken in der zweiten Hälfte des 18. Jahrhundert und zur Ballettmusik aus Mozarts *Ascanio in Alba*».

Anmerkungen zu den Seiten 89–92

6 Hierzu Christine Siegerts aufschlussreicher Aufsatz über «Weibliche Macht im Musiktheater».

7 Der Textdichter des *Ascanio in Alba* KV 111, Abate Giuseppe Parini (1729–1799), war weniger als Librettist berühmt denn als Professor der Rhetorik, Musik- und Theatertheoretiker und gesellschaftskritischer Literat. Durch seine vier satirischen Gedichte, die er unter dem Titel *Il giorno* veröffentlichte, fühlte sich der Mailänder Adel derart bloßgestellt, dass Parini verfolgt worden wäre, hätte nicht Wolfgang Mozarts Mailänder Förderer Karl Joseph Graf Firmian über Parini seine schützende Hand gehalten. Wolfgang Proß wies (in: Mozart in Mailand) als Erster auf die Hintergründe des Librettos von Parini hin. Nachdem es bekanntlich zwischen Marie Antoinette und dem französischen Thronfolger lange sexuell nicht funktionierte, habe Maria Theresia Angst gehabt, auch die Ehe zwischen ihrem jüngsten Sohn Erzherzog Ferdinand Karl und der deutlich älteren Maria Beatrice d'Este könne unfruchtbar bleiben. «So scheint der Handlungsknoten der festa teatrale Parinis ganz auf diese Situation zugeschnitten und nur eine etwas mühsame allegorische Travestie der Befürchtungen des Hofes darzustellen», schreibt Proß (S. 19).

8 Franz Piontek («Vom Eros der Politik. Mozarts ‹Ascanio in Alba›») schreibt: «Worin aber besteht das wirklich Neue des *Ascanio*? Es findet sich nicht allein im politischen Moment, sondern gerade im Eros, in der ‹Verführungskunst›, die die Musik für die intimsten Gefühle reserviert hat» (S. 459). Piontek verteidigt das Werk überzeugend gegen den Vorwurf banaler Gefälligkeit, wenngleich manches sich den Konventionen beuge.

9 Leopold Mozart schrieb am 19. Oktober 1771, die *Serenata* Wolfgangs werde wegen ihres großen Erfolgs wiederholt; sie habe «so erstaunlich gefahlen, alle Cavalier und andere Leute reden uns beständig auf der Strassen an, dem Wolfg: zu gratulieren.» (MBA I, Nr. 250, S. 444, Z 4–7). Bei der Oper Hasses handelt es sich um das *Dramma per musica Il Ruggiero ovvero L'eroica gratitudine*.

10 Zu Manzuoli schrieb Wolfgang wörtlich, dieser habe «in seinen alten tägen ein stück seiner unvernunft und hoffahrt gezeigt», und schloss: «ich weis nicht was für ein ende diese histori nehmen wird. Ich glaub ein übles» (MBA I, Nr. 257, S. 451, Z 20–21 und 27–28).

11 MBA I, Nr. 256, S. 450, Z 15 und MBA I, Nr. 258, S. 452, Z 20/21.

12 Das bekannte Wolfgang in einer Nachschrift an die Schwester am 21. September 1771: «ich hab keinen lust mehr auf salzburg» (MBA I, Nr. 246, S. 439, Z 71).

13 Zu diesem Divertimento KV 113 und den zweierlei Partituren, die dazu im Autograph vorliegen, siehe Dwight Blazin: «The Two Versions of Mozart's Divertimento K.113», sowie den Kommentar in der Zeitschrift *Music & Letters*. Sicher ist: Die Fassung mit reiner Bläserbesetzung wurde im November 1771 in Mailand niedergeschrieben.

14 Der Brief von Maria Theresia ist wiedergegeben in MD, S. 124.

15 Sinfonie in A-Dur KV 114.

VII.
1772 / 1773: Auswege finden und Fallen stellen
Oder: Strategien und Tricks von Vater und Sohn

1 Gemeint ist die Nichte Colloredos, Antonia Gräfin von Lützow, der Mozart 1776 sein Klavierkonzert Nr. 8 KV 246 widmen wird.
2 Hierzu Ulrike Engelsbergers Aufsätze «Hieronymus Colloredo – Landesherr» und «Die Wahl des Erzbischofs im Kapitelsaal» sowie Thomas Mitterecker: «Hieronymus Colloredo – Kirchenfürst».
3 Den Auftrag zu *Lucio Silla. Dramma per musica* KV 135 hatte Wolfgang Mozart schon im März 1771 erhalten. Dem Librettisten Giovanni de Gamerra (1743– 1803) sollte später die erste Übersetzung der *Zauberflöte* ins Italienische zu verdanken sein.
4 Das *Regina coeli*, eine marianische Antiphon in vier Sätzen für Soli, Chor, Orgel und Orchester, KV 127.
5 Die Rede ist von den Divertimenti KV 136 (125 a), 137 (125 b) und 138 (125 c), den Menuetten mit Trio KV 164 (130 a) und den sechs Sinfonien C-Dur KV 128, G-Dur KV 129, F-Dur KV 130, Es-Dur KV 132, D-Dur KV 133 und A-Dur KV 134. Franz Krautwurst verweist in seinem Aufsatz «Mozart als jugendlicher Provokateur. Bemerkungen zum ‹geistlichen› Andante der Sinfonie Es-Dur (KV 132)» auf ältere Autoren wie Hermann Abert oder Théodore de Wyzewa und Georges de Saint-Foix. Abert diagnostizierte in diesen Werken eine «Neigung zum Exzentrischen», Wyzewa und Saint-Foix etwas Bizarres, Fremdes, eine «allure hardie et bizarre» und einen «goût étrange». Auch Manfred Hermann Schmid spricht von einer «manieristischen Sinfoniegruppe» (Krautwurst, S. 208). Ebenso hat Wolfgang Plath das Andante der Sinfonie KV 132 als «eigenwillig», «schwierig» und «merkwürdig problematisch» bezeichnet. Er verwies bereits auf die geistlichen Entlehnungen und meinte, Wolfgang habe sich hier einen «etwas frivolen Spaß» erlaubt (Krautwurst).
   Krautwurst selbst hat als Erster das Herausfordernde an diesem Satz ergründet. Zum Abschluss der Takte 7–12 im Trio des Menuetts, die er als «Skandalon» bezeichnet, äußert sich Krautwurst detailliert (S. 213 f.) und deutet sie als gezielte Provokation Colloredos.
6 Hierzu nicht nur Sheila Hodges, sondern auch Michael A. Otto in: Mozart und die Kastraten, S. 54 ff. Zu den Sängern der Uraufführung im Allgemeinen und zu Rauzzinis Skandalen im Besonderen (S. 249–250) auch ausführlich Rudolph Angermüller in: Florilegium Pratense, S. 241–258.
7 So im Brief vom 28. November 1772 (MBA I, Nr. 268, S. 464, Z 35).
8 Die Zeichnung ist abgebildet in Christoph Großpietsch (Hrsg.): Mozart-Bilder, Bilder Mozarts, S. 26; der Brief ist wiedergegeben in MBA I, Nr. 127, S. 468.
   Gabriele Ramsauer verweist in ihrem Beitrag «Mozart, der Zeichner» (S. 27) darauf, dass die Dreier in Kombination mit Herzen auch auf einem

Schützenbildchen zu sehen sind, das sich im Besitz der Mozarts befand (wiedergegeben in Deutsch, MuW, Nr. 585, S. 280). Aufschlussreich, wer die Herzen und Dreier hier streut: ein Cupido mit verbundenen Augen, der zugleich einer Jägerfrau eine Rose überreicht. Die Frage, ob der Text in der Blase von Wolfgang oder Leopold Mozart stammt, kann aufgrund des Handschriftenvergleichs wohl zugunsten des Sohns entschieden werden.

9 Als Beispiel mag die rätselhafte Arie des Cinna (I. Akt, Nr. 20) dienen.

> «Der Stolzen Herz
> Füllt kalter Schreck,
> Wenn Jupiter die Blitze schleudert.
> Der Hirte in des Lorbeers Schatten aber,
> Der bebt nicht.
> Vor Fesseln und Vernichtung
> Sollen die Tyrannen zittern.
> Der lacht dem Tod ins Angesicht,
> Dessen Herz frei ist von Schuld.»

Der Text schildert ein damals bekanntes Emblem: Lorbeerbaum und Hirte nebst Herde, darüber der Blitze schleudernde Gott. Embleme zu lesen, liegt einem pubertierenden Knaben sehr. Doch Wolfgang versteht, dass dieses Bild die Widersprüchlichkeit Cinnas verdeutlicht: halb Verräter, halb Ehrenmann. Kühn setzt er das um: Der Sänger singt etwas völlig anderes, als das Orchester spielt, mit Pauken und Trompeten.

10 Am 2. Januar 1773 berichtete Leopold Mozart seiner Frau und seiner Tochter (MBA I, Nr. 275, S. 471–472), dass die Aufführung «erst gegen 8 uhr deutscher uhr angefangen und bis 2 uhr nach Mitternacht erst geendiget war».

11 Leopold Mozart berichtete am 2. Januar 1773 nach Hause, Morgnoni habe «diese zornige action so übertrieben, dass es schiene als wollte er ihr Ohrfeigen geben und die Nase mit der faust wegstossen» (MBA I, Nr. 275, S. 472, Z 35 ff.).

12 Karl (Carl) Joseph Graf von Firmian (1716–1782) verfügte über eine sensationelle Privatbibliothek: Sie umfasste 40 000 gebundene Bücher und zahlreiche Handschriften, darunter auch die Werke von Johann Joachim Winckelmann. Mit dem gleichaltrigen Archäologen und Kunstschriftsteller (1717–1768) war er persönlich befreundet. Siehe auch *Neue Deutsche Biographie*, Bd. 5, S. 169 (online-Ressource).

13 Die Motette *Exsultate Jubilate* KV 165 (158 a) wurde in der Kirche der Theatiner bereits am 17. Januar erstmals aufgeführt. Den Rat, von seinem Brief den verräterischen unteren Teil abzuschneiden, gibt Leopold Mozart seiner Frau im Schreiben vom 30. Januar 1773 (MBA I, Nr. 282, S. 479, Z 41–42).

14 Den Solopart im ersten Violinkonzert (KV 207) hatte Wolfgang im April sicher für sich selbst geschrieben. Die Dreifaltigkeits- oder Trinitatis-Messe KV 167 ist die einzige Messe in Mozarts gesamtem Werk, in der auf Sologesang strikt verzichtet wird.

Anmerkungen zu den Seiten 103–105

15 Zu dem Hintergrund der Antretter-Serenade KV 205 (167 A) Rudolph Angermüller in einer undatierten Online-Ressource (Rudolph Angermüller: «Antretter-Serenade») und Gerhard Croll: «Die ‹Antretterischen› und die Mozarts».
16 Am 21. August 1773 erklärt Leopold Mozart Frau und Tochter in einer Nachschrift sein heimliches Agieren: «über das muss man alles verhindern, was einiges Aufsehen oder einigen argwohn so wohl hier NB, als in Salzb: machen kann, und welches Gelegenheit giebt Briegl unter die füsse zu werfen» (MBA I, Nr. 291, S. 490, Z 58–61). Über den Abreisezeitpunkt will er sich ebenfalls nicht äußern. «Es kommt auf umstände an, die ich nicht benennen kann» (ebda., S. 490/491, Z 63–64).
17 Joseph Conrad Mesmer war laut Günter K. Kodek (Brüder, reicht die Hand zum Bunde, S. 58) spätestens 1785 Mitglied der 1771 gegründeten Loge *Zu den drei Adlern*. Es ist aber, auch aufgrund seines Alters und Umfeldes, anzunehmen, dass er dort bereits deutlich früher Logenmitglied war; in den Anfangsjahren sind die Mitgliederlisten lückenhaft.
18 Die Münchner Loge *Zur Behutsamkeit* wurde im Frühjahr 1773 gegründet, die wohl von dort angeregte Gründung der Salzburger Loge *Zur Fürsicht* im Haus des Zirkelwirts, Pfeifergasse 14, fand erst 1783 statt. Fürsterzbischof Colloredo soll Friederich Graf von Spaur bei der Gründung der Salzburger Loge unterstützt haben. Leopold trat ihr nie bei. Waldburg-Zeyl (1719–1786) wurde in der Münchner Loge später Meister vom Stuhl.

Weil sie keine Dogmen kennt, steht die Freimaurerei eigentlich im Widerspruch zu klerikalen Gemeinschaften. Waldburg-Zeyl wie Colloredo aber waren aufklärerisch gesonnen, was sie mit den freimaurerischen Idealen verband.

In Wien gab es seit 1771 schon drei neugegründete Logen: *Zu den drei Adlern, Zur Hoffnung* und *Zum heiligen Joseph*.
19 Der in den Freiherrenstand erhobene Jurist und Staatsrat Tobias Philipp Freiherr von Gebler (geboren zwischen 1720 und 1722, gestorben 1786) war auf seinen Reisen früh mit freimaurerischem Gedankengut in Berührung gekommen. Es ist neben aufklärerischen Ideen und Ägyptenmode Hauptbestandteil des *Thamos, König in Ägypten*. Angeregt hatte ihn der *Séthos*-Roman des Abbé Jean Terrasson, der auch für die Entstehung der *Zauberflöte* wieder von Bedeutung sein sollte. Die erste Aufführung des fünfaktigen Theaterstücks mit Mozarts Musik KV 345 (336 a) ist für den 4. April 1774 bezeugt. Möglicherweise hat auch schon im Dezember 1773 eine stattgefunden. Laut Günter K. Kodek (Brüder, reicht die Hand zum Bunde, S. 82) soll Gebler bereits in der Zeit als Legationssekretär in holländischen Staatsdiensten am Berliner Hof 1748–1752 Mitglied einer dortigen Loge gewesen sein. Elisabeth Großegger schrieb, «dass Gebler wohl schon um die Jahrhundertmitte dem Bund beigetreten war» (in: Freimaurerei und Theater, S. 24).
20 Die erste Loge in Wien, *Aux Trois Canons*, war am 17. September 1742 gegründet worden. Obwohl Franz Stephan von Lothringen, der spätere Kaiser

Franz I., Mitglied war, wurde diese Loge von seiner Ehefrau Maria Theresia schon wenige Monate später wieder ausgehoben. Ab 1754 existierte eine von akkreditierten Diplomaten und Militärs eingerichtete Deputationsloge.

21 Von Wolfgangs Spiel auf der Glasharmonika schrieb der Vater im Brief vom 12. August 1773 (MBA I, Nr. 289, S. 486, Z 37). Die Glasharmonika findet sich wie das Bassetthorn später auffallend oft in den Besetzungen der Instrumentalmusiken, die bei Freimaurerritualen aufgeführt werden. Darauf verweist auch Hans-Josef Irmen in: Joseph Haydn. Leben und Werk, Wien und Köln 2007, S. 190. Dass Benjamin Franklin (1706–1790) selbst Freimaurer war, mag dabei eine Rolle gespielt haben. Hierzu: Hans Bankl: Mozart und seine Brüder.

22 Noverre hatte auch das zweitjüngste von Maria Theresias sechzehn Kindern, Erzherzogin Maria Antonia, unterrichtet, bis sie als Ehefrau des französischen Thronfolgers mit vierzehn nach Frankreich verschickt wurde. Von ihr berufen, kehrte Noverre 1775 dorthin als Ballettmeister der Königlichen Akademie und Direktor der *Fêtes de Trianon* zurück. Bereits in MBA V, S. 339 wird die Möglichkeit erwähnt, Wolfgang, Leopold Mozart und Noverre könnten einander bereits früher begegnet sein, möglicherweise 1767/68, weil in Noverres *Lettres sur la danse, sur les ballets et les arts* (St. Petersburg 1803/04, II, S. 26 ff.) der zwölfjährige Mozart erwähnt wird. Bisher wurden dafür aber keine Belege entdeckt. Wie viel Wolfgang Mozart und Noverre verband, wird deutlich in Jean Georges Noverres Schrift: Über den Einfluss des musikalischen Gehörs auf die Tanzkunst, Wien 1767.

23 Natur war ein zentraler Begriff bei Noverre; sie musste seiner Ansicht nach allerdings korrigiert und zur Natürlichkeit geläutert werden.

Noverres Nähe zu Winckelmanns Ansatz ist auch daran erkennbar, dass er die Begriffe *goût* (Geschmack) und *bonne grace* (Anmut) einführt.

24 Wie nah Wolfgang der Tod Niderls ging, lässt sich schwer beurteilen. Am 11. September 1773 hatte sein Vater von Niderls Tod berichtet, in einer Nachschrift zu Leopolds nächstem Brief blödelt Wolfgang bereits: «Der tod des D: niderl hat uns sehr betrübet, wir versichern dich, wir haben schier geweint, gebleert, gerehrt und trenzt.» Und in einem weiteren Postskriptum zu demselben Brief sendet er eines seiner Wortspielgedichte (MBA I, Nr. 297, S. 501, Z 47–48 und Z 54 ff.). Das spricht nicht gegen Betroffenheit. Es ist kennzeichnend für Wolfgang Mozarts Umgang mit Trauer.

Bei den Streichquartetten handelt es sich um die sechs sogenannten Wiener KV 168 – KV 173.

25 Zur Unterscheidung von der späteren g-Moll-Sinfonie KV 550 Nr. 40 wird die frühe auch kleine g-Moll-Sinfonie KV 183 (173 dB) genannt. Deren Unterdrückung rechtfertigte Leopold fünf Jahre später vor Wolfgang. Am 27. September 1778 schrieb er seinem Sohn dazu: «was dir keine Ehre macht, ist besser wenns nicht bekannt wird, desswegen habe von deinen Sinfonien nichts hergegeben, weil ich voraus wusste, daß du mit reiffern Jahren, wo die Einsicht wächst, frohe seyn wirst, daß sie niemand hat, wenn du gleich damals, als Du sie schriebst, damit zufrieden warest» (MBA, Bd. II, Nr. 491, S. 485, Z 72 ff.).

Andere Jugend-Sinfonien, die den Regeln entsprachen, hielt Leopold Mozart jedoch nicht unter Verschluss.
26 Es handelt sich um das Klavierkonzert in D-Dur KV 175, das Mozart 1778 in Mannheim spielte, «weil es hier recht wohl gefällt».

VIII.
1774 / 1775: Auf der Schwelle
Oder: Die Entdeckung der Liebe

1 So lautet der Titel eines aufschlussreichen Buches von Dieter Borchmeyer (a. a. O.), dem die Autorin viele Anregungen verdankt. Darin entwickelt Borchmeyer vor allem am Beispiel von *Die Entführung aus dem Serail, Le Nozze di Figaro* und *Die Zauberflöte* die These von der empfindsamen Liebe in Mozarts Werk, welche das Geschehen der Opern erst plausibel werden lasse. Unter Miteinbeziehung des historischen und biographischen Kontexts macht er die Bedeutung eines neuen Liebesbegriffs für Mozart deutlich. Um Eros, wie er hier thematisiert wird, ging es Borchmeyer dabei jedoch nicht.
2 Mozart experimentierte in diesem Jahr damit, Akzente kühn zu verlagern. Indem er die melodische Betonung auf einen unbetonten zweiten Takt legt, fehlt dem Taktakzent der Boden. Der Zuhörer meint, er trete ins Nichts. So im dritten Satz des B-Dur-Fagottkonzerts KV 191 (186 e). Dort platziert er die fps (fortepianos) auf die unbetonten Takte 60 und 62.
3 Der mitreisende Diener musste in eine nach Wolfgangs Angaben gezeichnete Karte die Städte und Dörfer eintragen, deren Namen Wolfgang ihm diktierte. Das berichtete Maria Anna Mozart den Verlegern Breitkopf & Härtel in Leipzig (MBA IV, Nr. 1268, S. 296–297, Z 12–17). Diese Briefstelle blieb bisher in der Mozart-Literatur unberücksichtigt.
4 Leopold rechtfertigte sich später ausdrücklich in einem Brief an seinen Sohn vom 31. Dezember 1778: «und habe ich nicht immer hier dir alle mögliche Unterhaltung erlaubt –, verschaft?» (MBA II, Nr. 515, S. 531–532, Z 16–17)
5 Auf diesen Aspekt verweist Günther G. Bauer immer wieder, so auch in: Mozart. Glück, Spiel und Leidenschaft, aber auch titelgebend in dem Aufsatz «‹Wer nicht spielen kann, dem traut man heutigen Tags kaum gute Sitten zu›. Die Spiele der Nannerl Mozart».
6 «Als Kind und Knab warest du mehr ernsthaft als kindisch», schrieb Leopold Mozart seinem Sohn 1777 (MBA II, Nr. 425, S. 283, Z 21–22). Auch in Mailand beunruhigte ihn der zu große Ernst seines Sohnes: «der Wolfg: ist itzt mit ernsthaften Sachen beschäftiget, und folglich sehr ernsthaft; ich bin froh, wenn er zu zeiten etwas lustiges unter die Hände bekommt» (MBA I, Nr. 218, S. 402, Z 14–16).
7 Am 21. August 1780 kritzelte Wolfgang dieses Synonym in Maria Annas Tagebuch: «Mad:elle braunfagotist bey uns, hierkleid gespielt ...» (Geneviève Geffray (Hrsg.): Marie Anne Mozart. «meine tag ordnung», S. 86).
8 Universum leitet sich ab von unus versus = in eins gekehrt.

Anmerkungen zu den Seiten 112–115

9 *La finta giardiniera* KV 196 komponierte Wolfgang Amadé Mozart nach einem Libretto, das vermutlich von Giuseppe Petrosellino stammt. Die Vertonung desselben Stoffes von Pasquale Anfossi (1727–1779), erst ein Jahr zuvor in Rom uraufgeführt, hatte sofort viele Bühnen erobert.

10 Die Machenschaften um Antonio Tozzi (ca. 1736 – nach 1812) und seine Oper *Orfeo ed Euridice* sowie Pietro Pompeo Sales (ca. 1729–1797) und seine Oper *Achille in Sciro* schilderte Leopold Mozart am 30. Dezember 1774 (MBA I, Nr. 308, S. 513, Z 27 ff.). Tozzis Oper kam durch die Verschiebung von Wolfgang Mozarts Oper doch vor dieser am 9. Januar 1775 auf die Bühne. Möglicherweise geschah die Verschiebung auf Tozzis Betreiben. Auch dass Mozarts Oper trotz der Ovationen nur einmal, am 2. Februar 1775, wiederholt wurde, mag mit Tozzi zu tun gehabt haben.

11 Wolfgang schmeichelte seiner Schwester und stichelte zugleich. Wörtlich heißt es: «ich kenne ja meine schwester, die zärtlichkeit ist ihr ja eigen; ich weiß gewis dass sie ihr mögliches thun wird, um mir ein vergnügen zu erweisen, und aus intereße – – – ein wenig boshaft – – – wir wollen uns in München darüber zancken» (MBA I, Nr. 306, S. 511, Z 41–49).

12 Bei der Angebeteten mochte es sich bereits um die später als Wolfgangs *favorite mademoiselle* (MBA II, Nr. 344, S. 38, Z 88) Bezeichnete gehandelt haben: Maria Theresa («Treserl») Barisani (1761–1854), eines der elf Kinder des fürsterzbischöflichen Leibarztes Dr. Silvester Barisani. Ihre ältere Schwester Maria Anna Theresia (1760–1812) wurde Nannerl genannt. Die Stadtwohnung der Familie befand sich in einem Flügel des Lodronschen Primogeniturpalastes, nahe beim Tanzmeisterhaus. Die Familien Barisani und Mozart waren einander vielfach verbunden.

13 Im Postskriptum an die Schwester schrieb Wolfgang die irreführend erotisierten Worte über «die jungfrau Mizerl» (MBA I, Nr. 308, S. 513, Z 42–45).

14 Die anzügliche Bemerkung zu Roxelana und dem Sultan findet sich in derselben Nachschrift (siehe vorherige Anmerkung). Im Kommentar (MBA IV, S. 348–349) wird darauf verwiesen, Wolfgang habe Röslers Stück *Die Krönung der Roxelane* erst fünf Jahre später in Salzburg mit Schikaneders Truppe gesehen; es wird aber nicht auf diese sehr viel näherliegende Quelle von Favart verwiesen, die beiden auch aus Wien bekannt gewesen sein könnte.

15 Schon Heinz Schuler verwies auf jenes Image von Maria Antonia Gräfin Lodron, dort als Maria Josepha Felicitas aufgeführt (Mozarts Salzburger Freunde und Bekannte, S. 54 f.). Auf der Parisreise erinnerte Wolfgangs Mutter ihren daheim gebliebenen Mann daran, die Antonia Gräfin Lodron sei es nicht wert, dass er ihre Töchter als Schülerinnen angenommen habe: Sie verdiene für «ihre erwisene falschheiten keine solche belohnung» (MBA II, Nr. 402, S. 222, Z 51–54). Leopold dachte ähnlich; er hatte schon in seinem Brief zuvor (MBA II, Nr. 401, S. 219, Z 119) von den «gewöhnlichen falschen freundlichkeiten» der Gräfin geschrieben. Die Rolle der Gräfin von Lodron als inoffizielle First Lady bestätigt auch Adena Portowitz in: «Mozart and the aristocratic women performers in Salzburg. A study in the piano concertos K 242 and K 246».

Anmerkungen zu den Seiten 115–117

Die Identifikation der Roxelana mit Antonia Gräfin von Lodron und des Sultans mit Colloredo scheint naheliegend, wird hier aber erstmals thematisiert.

16 Micaela von Marcard spricht in ihrem Essay «Die Masken des Ich. Travestie und Identität bei Mozarts Protagonisten» von der «Gefahr des Selbstverlustes in der Liebe» (S. 307).

17 Von dem Andrang und den Ovationen berichtete Wolfgang der Mutter, die zu Hause bleiben musste, am 14. Januar 1775 (MBA I, Nr. 311, S. 516, Z 4 ff.).

18 Seine Hymne auf *La finta giardiniera* und Mozarts Genie (Deutsche Chronik, Augsburg 27. April 1775, MD, S. 138) befreit Schubart vom Vorwurf negativer Voreingenommenheit. Mozarts Klavierspiel sollte auch später zwiespältige Reaktionen auslösen. Unbestritten blieb schon im Wettstreit mit Beecke sein sensationelles Vom-Blatt-Spiel.

Franz Joseph Albert (1728–1789) wurde als «gelehrter Wirt» gehandelt und stand sicher auf Seiten Mozarts. Doch Friedrich Daniel Schubart, der den einzigen erhaltenen Bericht zu dieser Begegnung lieferte, schrieb: «... Beecke übertrifft ihn weit.» Er schildert auch die Technik des gebürtigen Wimpfeners (1733–1803). Dazu David Friedrich Strauss (Hrsg.): Christian Daniel Schubart's Leben in seinen Briefen, Berlin 1849; und Bernhard Knick u. a: Die vier Klavier- und Orgelwettspiele W. A. Mozarts, S. 130–131.

19 Am 6. November 1777 sollte Leopold Mozart Beecke als Lokalmatador hinstellen, der Wolfgang wegbiss: «H: Becke [recte: Beecke] wird herzlich frohe seyn, dass dich der Fürst Taxis und der Prelat zu Kaysersheim nicht gehört, so bleibt er immer Hahn im Korbe in seiner Gegend und der Clavier=Gott seiner Anbetter» (MBA II, Nr. 365, S. 107, Z 10–12). Am 26. Januar 1778 schrieb Leopold Mozart unmissverstehbar: «Becke muß sehr eyfersichtig über den Wolfg. seyn, er sucht ihn so klein zu machen, als es immer möglich ist» (MBA II, Nr. 410, S. 240, Z 46–47). Vater und Sohn Mozart waren Beecke bereits 1766 in Paris begegnet, wie eine Reisenotiz (MBA I, Nr. 110, S. 227, Z 7) und ein Brief (MBA I, Nr. 111, S. 229, Z 33) belegen.

20 Es handelt sich um die Violinkonzerte Nr. 2 KV 211, Nr. 3 KV 216, Nr. 4 KV 218 und Nr. 5 KV 219, die als gesichert gelten.

21 Zweieinhalb Jahre später, am 11. Oktober 1777, referierte Wolfgang aus München, dass sich sein Freund Josef Mysliveček «sehr verwundert hat, wen man hier von Beeché [recte: Beecke] oder dergleichen Clavieristen sprach; er sagte allzeit, es soll sich nur keiner nichts einbilden; keiner spiellt wie Mozart», dann bestätigt er, dass Beecke allgemein als Sieger angesehen wurde. Er gibt auch zu erkennen, wie sehr ihn das traf. Und hängt Myslivečeks Lob an: «in Italien, wo die größten Meister sind, spricht man von nichts als Mozart» (MBA II, Nr. 347, S. 45, Z 80–83).

22 Die Prognose, von der im Brief Wolfgang Mozarts an den Fürsterzbischof vom 1. August 1777 die Rede ist, hatte Colloredo «schon vor drey Jahren», also 1774 gestellt (MBA II, Nr. 328, S. 5, Z 46).

23 Das Urteil «erschröcklicher esel» notierte Wolfgang am 29. Mai 1775 in Maria Annas Tagebuch (in: meine tag ordnungen, S. 4).

24 Friedrich Carl Wahr (1745–1811) war der Erste, der dort mit seiner Truppe gastierte; Wolfgang erlebte ihn wohl am 1. Dezember als Shakespeares Hamlet. Das Stück kam allerdings in einer Bearbeitung von Franz Heufeld auf die Bühne. Auch Shakespeares *Romeo und Julia* wurde am 29. Dezember in einer Bearbeitung aufgeführt, dieses Mal von Christian Felix Weiße.

Bereits Nissen erkannte die Gemeinsamkeit von Mozart und Shakespeare in der «Vermischung des Tragischen mit dem Komischen» (in: Mozart, S. 64). Die Affinität Mozarts zu Shakespeare bezeugte nach seinem Tod Constanze dem Ehepaar Novello gegenüber. «Mary: Mozart was fond of reading and well acquainted with Shakespeare in the translation» (MD, S. 462).

IX.

1776/1777: Nicht gut und schön
Oder: Ein Jungmann ohne Reize und Rücksichtnahme

1 Schon am 14. März 1776 hatte Leopold Mozart gegenüber Colloredo die traurigen Umstände beklagt, in denen die Mozarts leben müssten. Es konnte sich nur ums Geld handeln. Wolfgang Mozart bekam als Konzertmeister im Jahr noch immer nicht mehr als 150 Gulden. Zum Vergleich: Ein Konzertmeister in Mannheim erhielt zwischen 1400 und 1800 Gulden, einer in Stuttgart 2000. Auch die 400 Gulden Jahresgehalt für Leopold als Kapellmeister waren im Vergleich unangemessen: Ein Mannheimer Kollege bekam in dieser Position fast 3000, ein Stuttgarter weit über 5000. Allerdings waren Leopolds Kollegen im Gegensatz zu ihm gesuchte Berufsmusiker höchsten Niveaus, während er ein erfahrener Laienmusiker war.

2 Erzherzog Maximilian Franz, der jüngste Sohn Maria Theresias, machte auf der Durchreise nach Italien in Salzburg Station und übernachtete in der Residenz des Fürsterzbischofs. Am 23. April 1775 wurde zu Ehren des Gastes Mozarts zweiaktige Serenata *Il Re Pastore* KV 208 in der Residenz aufgeführt.

3 Die Serenade zum Polterabend der Haf(f)ner-Tochter KV 250 (248 b) komponiert Mozart im Juli 1776. Am 22. Juli 1776 wurde Maria Elisabeth Haf(f)ner (1753–1781) kirchlich vermählt mit Franz Xaver Anton Späth (1750–1808).

4 Zu Sigmund Hafner dem Älteren und Jüngeren: Rudolph Angermüller: «Ein ‹seliger Menschenfreund›: Sigmund Hafner, Edler und Ritter von Innbachhausen (1756–1787)».

5 Der Brief an Padre Martini ist auf Italienisch wiedergegeben in: MBA I, Nr. 323, S. 532–533. Die Gäste aus München waren Tommaso Consoli (1754 – nach 1811), ein junger Kastrat aus München für die Sopranpartie des Hirten Aminta, und Johann Baptist Becke, Soloflötist an der Hofoper (1743–1817; nicht zu verwechseln mit dem Komponisten und Pianisten Beecke).

6 Es handelt sich um das Offertorium *Misericordias Domini* KV 222 (205 a).

7 Leopold Mozart schmeichelt seinem Dienstherrn in Wolfgangs Namen: «Wie sehr wünsche ich, Ihnen näher zu sein, um mit Ihnen, hochwürdigste Paterni-

tät, zu sprechen und zu argumentieren» (MBA I, Nr. 323, S. 532, Z 15–17; dort auf Italienisch).

8 Das sogenannte Lützow-Klavierkonzert in C-Dur KV 246 aus dem Jahr 1776. Colloredos Nichte war vermutlich Schülerin von Leopold Mozart; ihr Ehemann war 1775 Kommandant der Festung Hohensalzburg geworden.

9 Diese Zuweisung ist bekannt durch den Brief von Karl Ludwig Freiherr von Petermann an Prokop Adalbert Graf von Czernin (1716–1777) vom 13. Dezember 1776 (Walther Brauneis: Mozarts KV 621: Eine Krönungsoper in 18 Tagen?, S. 248–249). Ob der Betrag nur für Kompositionen ausgezahlt oder auch für den Musikunterricht von Johann Rudolph Graf von Czernin verwendet werden sollte, ist dem Brief nicht zu entnehmen. Johann Rudolph Czernin war wie Maria Antonia Gräfin von Lützow aus Czernins erster Ehe mit Colloredos Schwester hervorgegangen.

10 Hierzu Eila Hassenpflug-Elzholz: Böhmen und die böhmischen Stände in der Zeit des beginnenden Zentralismus, München und Wien 1982, S. 336–337: «Den 238 Grundbesitzern des Ritterstandes erbrachten ihre Besitzungen nur in 84 Fällen Einkünfte von mehr als 1000 fl jährlich. [...] Ein einziger von ihnen bezieht Dominikaleinkünfte von über 100 000 fl jährlich (Graf Prokop Adalbert von Czernin: 102 534 fl).»

11 Bei den ersten und einzigen Auftragswerken Czernins handelt es sich um die Kontretänze für Orchester KV^6 269 b.

12 Der junge Johann Rudolph Czernin von und zu Chudenitz (1757–1845) organisierte im Palais Lodron Konzerte eines Laienorchesters, das er gegründet hatte. Im Brief an Wolfgang vom 29. Juni 1778 (MBA II, Nr. 457, S. 383, Z 121–145) zog Leopold Mozart über den jungen Czernin her, offenbar das Einverständnis seines Sohns voraussetzend.

13 Es geht um Maria Ottilie Feyerl (1755–1796), Tochter von Johann Georg Feyerl, Mundbäcker und Mühlmeister, dem ein stattliches Haus am Plazl, heute Nr. 4, gehört. Dazu Friedrich Breitingers Erkundungen («Mozart und die großaugete Mundbäckentochter» in: Mozartiana, S. 160–164), Heinz Schuler (Mozarts Salzburger Freunde und Bekannte, S. 97–98) sowie Gerhard Ammerer und Rudolph Angermüller (Salzburger Mozart-Lexikon, S. 122). Breitinger behauptet, die Bäckertochter sei schön gewesen, wofür es keinerlei Anhaltspunkte gibt. Dass Maria Ottilie Feyerl (siehe Anm. 34), angeblich Mozarts wegen ins Kloster ging, aus dem Kloster aber angeblich Mozarts wegen wieder austrat und mit 41 Jahren unverheiratet starb, obwohl sie eine gute Partie war, spricht eher dagegen. Auch das Großaugete ist nicht Kennzeichen von Schönheit im Vokabular der Familie Mozart. So wurde auch die als besonders hässlich geschilderte Geliebte des jungen Hafner als «großauget» bezeichnet.

14 Die Entdeckung der Hintergründe und die Identifizierung der Widmungsträgerin Victoire Jenamy (1749–1812) ist dem Wiener Musikwissenschaftler Michael Lorenz zu verdanken («‹Mademoiselle Jeunehomme›. Zur Lösung eines Mozart-Rätsels»). In diesem Essay zeichnet er den Irrweg des soge-

nannten Jeunehomme-Konzerts KV 271 nach, der 1912 mit einem Fehler der französischen Mozartforscher Théodore Wyzewa und Georges de Saint-Foix begann (S. 423) und sich von da an in der Literatur und den Köpfen festsetzte.

Im Januar 1777 vollendete Mozart das ihr gewidmete Klavier-Konzert in Es-Dur KV 271. Begonnen hatte er damit schon im Dezember 1776. Selbstbewusst lässt er darin das Klavier auf die Eröffnung des Orchesters antworten. In den dritten Satz hat er eine Verneigung vor Victoires Vater, dem Tanzmeister Jean Georges Noverre, und vor dem Tanz selbst eingebaut: Als zweite Episode ertönt ein Menuett.

15 So nennt ihn Wolfgang bereits im ersten Brief nach Hause vom 23. September 1777: «braf lachen und lustig seyn, und allzeit mit freuden, wie wir gedencken, das der Mufti H:C ein schwanz, gott aber mitleidig, barmherzig und liebreich seye» (MBA II, Nr. 329, S. 7, Z 45–47).

16 Amadeus nannte Mozart sich selbst drei Mal: in drei Briefen aus den Jahren 1774 (MBA I, Nr. 302, S. 507, Z 44), 1777 (MBA II, Nr. 355, S. 85, Z 165) und 1779 (MBA II, Nr. 525, S. 547, Z 12).

17 Das Gesuch (MD, S. 145–146) ist undatiert, aber von Otto Erich Deutsch bis zu Ulrich Konrad gilt es als gesichert, dass Leopold Mozart es im August verfasste.

18 Franz Joseph Johann Nepomuk Bullinger (1744–1810) aus dem württembergischen Unterkochen war der Sohn und Erbe eines vermögenden Papierfabrikanten. 1771 trat er in Landsberg den Jesuiten bei, 1773 kam er als Erzieher von Graf Leopold Arco nach Salzburg. Vielleicht hing es mit Wolfgangs Abschied aus Salzburg zusammen, dass Bullinger, der für ihn «der allerbeste Freund» war, 1784 Salzburg verließ.

19 Im April schrieb Mozarts Schwester für Friedrich Schlichtegrolls Erkundungen: «*Wolfgang* war klein, hager, bleich von Farbe, und ganz leer von aller Prätenzion in der Physiognomie und Körper. ausser der Musick war und blieb er fast immer e i n K i n d ; und dies ist ein HauptZug seines Charakters auf der schattigten Seite» (MBA IV, Nr. 1211, S. 199, Z 410–412).

20 Am 23. September 1777 erklärte Wolfgang: «ich bin der andere Papa. Ich gieb auf alles acht» (MBA II, Nr. 329, S. 7, Z 36–37).

21 Am 30. September 1777 wurde Mozart um neun Uhr morgens in die Residenz bestellt. Der Hofcellist Franz Xaver Woschitka, der auch den Titel eines Kammerdieners führte und bei Hof einen guten Stand besaß, hatte das Treffen mit Kurfürst Max III. Joseph für Mozart arrangiert. Vor der Hofjagd wollte der Kurfürst noch die Messe hören. Um zehn Uhr wurde Mozart vom Cellisten in die kleine Ritterstube geleitet, ein enges Zimmer, durch das der Kurfürst auf dem Weg zur Kapelle kommen musste. Er kam, bereits in Jagdkleidung und in Eile. Sein Bescheid: «ja mein liebes kind, es ist keine vacatur da» (MBA II, Nr. 339, S. 24, Z 98).

22 Am 2. Oktober 1777 schrieb Wolfgang: «und ich bin hier sehr beliebt» (MBA II, Nr. 342, S. 29, Z 37). Der Vater schrieb am 4. Oktober: «zu alle dem

hat man immer heimliche feinde, die aus *angst* verhindern» (MBA II, Nr. 343, S. 33, Z 3–4).
23 Alle Fakten über Maria Margarethe Kaiser (1758–1807) hat Ludwig Wolf in seinem Essay «Margarethe Kaiser, der Schwarm Mozarts in München» zusammengetragen. Zum ersten Mal erwähnte Wolfgang sie im Brief vom 2. Oktober 1777 (MBA II, Nr. 342, S. 29–30, Z 41–57. Zu den Qualitäten der Kaiserin Z 42–45, zum Fernglas und den Ovationen Z 55–56).
24 Das Rendezvous kündigte er am 6. Oktober an (MBA II, Nr. 345, S. 39, Z 3–4), dass es geplatzt war, gestand er dem Vater noch am selben Tag (ebda., S. 40, Z 34–35).
25 Leopold Mozart schrieb am 12. Februar 1778 an den Sohn nach Mannheim zu der Episode in München: «da warst du ganz erstaunlich für die kleine Sängerin des Theaters eingenohmen» (MBA II, Nr. 422, S. 274, Z 57–58). Er setzt diese Verliebtheit in Bezug zu seiner Warnung, Wolfgang könne «von einem Weibsbild etwa eingeschläfert» werden und in Bedeutungslosigkeit enden.
26 Wolfgang zum Zustand der Mutter: MBA II, Nr. 345, S. 39, Z 1–2. Ihre eigene Klage: «ich meyne ich mus die füse ins Maull schieben vor müedigkeit»: MBA II, Nr. 347, S. 48, Z 179–181.
27 Über die mangelnde Auskunftsbereitschaft des Sohnes beklagte sich Leopold im Brief MBA II, Nr. 350, S. 61, Z 56.
28 Leopolds Misstrauen den Menschen gegenüber wurde deutlich in: MBA II, Nr. 350, S. 58, Z 51–52 und Nr. 353, S. 75, Z 145.
29 Wolfgangs offenherziges Geständnis, wie die Base «ein bischen schlimm» zu sein: MBA II, Nr. 351, S. 66, Z 158–159.
30 Über den geistlichen Gelehrten Aemilian Angermayr (1735–1803) lästerte Wolfgang, er sei «ein hofärtiger Esel und ein einfältiger wizling seiner Proffeßion» (MBA II, Nr. 352, S. 70, Z 82–90).
31 MBA II, Nr. 355, S. 83, Z 64–65 und Z 85–86.
32 Den Triumph über Beecke als Pianist im Urteil Steins und anderer ehemaliger Beecke-Fans vor Ort schilderte Wolfgang dem Vater in: MBA II, Nr. 355, S. 83, Z 89–97. Über die von Beecke pianistisch verdorbene Tochter Steins schrieb er: «sie wird das nothwendigste und härteste und die hauptsache in der Musique niehmalen bekommen, nämlich das tempo» (ebda., Z 85–86).
33 MBA II, Nr. 355, S. 83, Z 66–67 und Z 89–94.
34 Der Bericht des Vaters über die «gros=augete Mundbecken dochter»: MBA II, Nr. 354, S. 77, Z 23–30. Wolfgangs Reaktion: MBA II, Nr. 355, S. 84, Z 121–130.
35 Die Freudsche Fehlleistung findet sich in MBA II, Nr. 364, S. 104, Z 11–12.
36 Mozart lästerte über Beecke, als der gestand, nicht schlechte, sondern gute Musik verursache ihm Kopfschmerzen: «ein seichter kopf wie du bekommt freylich gleich schmerzen, wenn er etwas hört, welches er nicht begreiffen kann» (MBA II, Nr. 370, S. 119, Z 36–38).
37 «... es ist jetzt halb 5 Uhr, bitte als mit meiner Wenigkeit allein vorlieb zu

nehmen.» Die unterwürfige Bemerkung der Mutter: MBA II, Nr. 360, S. 94, Z 44–45.
38 MBA II, Nr. 360, S. 94, Z 50–54 und MBA II, Nr. 363, S. 100, Z 12.
39 Leopold Mozarts lobende Worte über Vogler: MBA II, Nr. 365, S. 107, Z 27–30.
40 Die strategischen Tipps des Vaters, wie der Sohn sein göttliches Genie verkaufen sollte: MBA II, Nr. 369, S. 117, Z 141–144.
41 Leopolds Plädoyer für «das natürliche, für jederman leicht fassliche Popolare»: MBA II, Nr. 362, S. 99, Z 131–132.
42 Zu den Sauereien bekannte sich Wolfgang in MBA II, Nr. 373, S. 123–124, Z 15–20.
43 Die Schmähung Voglers: MBA II, Nr. 363, S. 102, Z 54–56.
44 Zur objektiven Sicht auf Abbé Vogler trug erstmals 2003 die Publikation von Thomas Betzwieser und Silke Leopold (Hrsg.) Wesentliches bei (a. a. O).
45 Zu Voglers angeblichen Ausfälligkeiten, die angesichts seines Rufs als geschickter und beherrschter Diplomat nicht allzu glaubwürdig erscheinen: MBA II, Nr. 370, S. 120, Z 78–79.
46 Wolfgang berichtete, Vogler habe «ihm nuzbare schlechtigkeiten mit weibern» getrieben (MBA II, Nr. 370, S. 119, Z 47), im selben Brief zog er nochmals über Vogler her (S. 120, Z 61–62 und Z 75–76). Vogler habe ausgedient: Z 78–79. Zur Überheblichkeit Voglers: MBA II, Nr. 370, S. 119, Z 61–62.
47 Mozarts Aburteilung der Sänger: MBA II, Nr. 363, S. 101, Z 45–46 und Nr. 373, S. 125, Z 60–61.
48 Leopold Mozart mahnte: «ihr müst nach geld trachten» (MBA II, Nr. 375, S. 130, Z 12); die weiteren Abmahnungen in einem späteren Brief (MBA II, Nr. 378, S. 143, Z 102–104 und S. 144, Z 129–130).
49 Die Selbstabwertung als bald Gehörnter: MBA II, Nr. 377, S. 139, Z 74–75.
50 Wörtlich: «denn es mag geschehen, was da will, so ist es gut, wenn man nur gesund ist; denn die glückseeligkeit [sic!] bestehet ---- blos in der einbildung» (MBA II, Nr. 381, S. 153, Z 34–35). Und: «so kann ich nichts als mich für ihre gute Meinung bedancken, und von herzen bedauern, dass sie mich, ihren sohn, nicht kennen» (MBA II, Nr. 381, S. 153, Z 27–29).
51 MBA IV, Nr. 1212, S. 199–200, Z 413–414.
52 Zum Plan, die Mutter in Mannheim zu lassen: MBA II, Nr. 383, S. 162, Z 74–75. Mozarts Bericht von einem Abend, über den sich Leopold nachträglich empört, findet sich in MBA II, Nr. 373, S. 124, Z 19–20.
53 Den Befehl, Tage und Nächte mit der Mutter zu teilen, gibt Leopold seinem Sohn am 18. Dezember 1777 (MBA II, Nr. 392, S. 192, Z 74–79).
54 Vom Liebgehabtwerden: MBA II, Nr. 386, S. 170, Z 11–12 und Nr. 383, S. 162, Z 80.
55 Rose, eigentlich Rosina Theresia Petronella Cannabich (1764–1839), war das älteste Kind von Christian und Marie Elisabeth Cannabich. Als die ihr gewidmete Sonate gilt die in C-Dur, KV 309 (284 b).
56 So abschätzig äußerte sich Leopold Mozart in dem Brief vom 11. Dezember 1777 (MBA II, Nr. 389, S. 181, Z 16 und S. 182, Z 17).

Anmerkungen zu den Seiten 136–139

57 Mozarts Aburteilung Wielands: MBA II, Nr. 398, S. 207, Z 34–47.
58 Leopold Mozarts Brief an Padre Martini ist auf Italienisch wiedergegeben in: MBA II, Nr. 396, S. 204–205. Wörtlich heißt es dort: «la Pittura non é di molto Valore ò sia Arte, ma per la rißomiglianza, gli protesto, che è rißomigliantißimo – L'é tal quale» (Z 39).

X.

1778: Sohn der Penia, immer bedürftig
Oder: Reise nach Paris mit großen Verlusten

1 Zu Mozarts Aushäusigkeit: MBA II, Nr. 400, S. 215, Z 49–53.
2 Wie das kostengünstig und praktisch zu bewerkstelligen sei, setzte Leopold Frau und Sohn genau auseinander (MBA II, Nr. 401, S. 217, Z 57 bis S. 219, Z 99).
3 Der Vater von Fridolin Weber, ein wohlbeleumundeter Amtmann, war nach einem juristischen Vergleichsverfahren zum Gläubiger seines Dienstherrn Franz Ignaz Ludwig Baron von Schönau geworden. Der Schuldner zeigte sich erkenntlich, indem er den Sohn seines Gläubigers, Fridolin Weber (1733–1779), geboren in Zell im Wiesental, als Einundzwanzigjährigen zum Amtmann in der Herrschaft Zell machte. Kurz danach heiratete Fridolin Weber die Mannheimerin Cäcilia Stamm (1727–1793). Schönau war bereits bei Fridolins Vater mit 4700 Gulden verschuldet, nun verschuldete er sich beim Sohn erneut um 1000 Gulden. Um an sein Geld zu kommen, fälschte der junge Weber, wie es ihm sein Dienstherr anriet, die Bücher. Damit hatte der Baron ein Druckmittel. 1763 entließ er Weber aus seinem Amt, weil er seine Herrschaft hintergangen habe. Er gewährte ihm die vorgebliche Gnade, auf eine Strafverfolgung zu verzichten, wenn er sofort die Herrschaft Zell verlasse. Der Versuch, sich außergerichtlich zu einigen, scheiterte. Nach einem Jahr schloss die Gerichtsverhandlung mit einem Vergleich, der Weber nichts brachte außer der Wiedereinstellung. Er verzichtete jedoch auf sein Amt und zog nach Mannheim. Dort arbeitete er für das Theater des Kurfürsten als Bassist, Kopist und Souffleur. Als Organist und Klavierlehrer verdiente er sich Geld dazu. Alle vier Töchter, Josepha, Aloisia, Constanze und Sophie, wurden von ihm in Gesang und Klavier unterrichtet, lernten wohl von ihm Italienisch, die drei älteren Französisch in der Schule (s. Vorwort, Anm. 2). Wie gut etwa Aloisia als Teenager Italienisch lesen konnte, beweist der Brief, den Mozart ihr zumutete (MBA II, Nr. 470, S. 420–421).
4 Wolfgangs Darstellung der Weberschen Verhältnisse: MBA II, Nr. 405, S. 226, Z 31–35.
5 «So ein Prima vista spielen und scheissen ist bey mir einerley», schrieb Wolfgang (MBA II, Nr. 405, S. 228, Z 73–74). Zu Recht erklärte er, es sei «auch viell leichter eine sache geschwind, als langsam zu spiellen. man kann in Pasagen etliche Noten in stich lassen, ohne das es jemand merckt; ist es aber schön?» (ebda., S. 228, Z 78–80). Dass er immer gegen das zu schnelle Spielen seiner Werke ankämpfte, sollte später auch sein Schüler Johann Nepomuk Hummel bezeugen.

6 Leopold Mozarts Mahnung, «die Mamma muß sich in der That zur Reise bereit halten», weil sich eine Mitfahrgelegenheit bieten könnte, und seine Befürchtung in: MBA II, Nr. 410, S. 241, Z 69–72.
7 Zu den listigen Weibern von Paris: MBA II, Nr. 411, S. 244, Z 44–46.
8 Des Vaters Angst vor dem Triebleben seines Sohnes: MBA II, Nr. 417, S. 258, Z 79–83.
9 Wolfgang Mozarts situationsbedingte Sittenstrenge: MBA II, Nr. 416, S. 252, Z 45–57.
10 Für den Plan, der den Vater zur Weißglut treibt, begeisterte sich Wolfgang in: MBA II, Nr. 416, S. 253, Z 76 bis S. 254, Z 105.
11 Dass Elisabeth Augusta (1752–1794), Tochter des Flötisten Johann Baptist Wendling (1723–1797) und der Sängerin Dorothea Wendling (1736–1811), ein paar Monate die Geliebte des Kurfürsten war und später die des Münchner Intendanten Joseph Anton Graf von Seeau, gilt als gesichert. Mozart schätzte sie anfangs hoch und komponierte für sie die Ariette *Oiseaux, si tous les ans*, KV 304 (300 c). Ihre gleichnamige Tante Elisabeth Augusta Wendling (1746–1786) sang in der Uraufführung von Mozarts *Idomeneo* die Partie der Elettra, Dorothea Wendling die der Ilia. Für Dorothea schrieb er in Mannheim Rezitativ und *Arie Basta vincesti / Ah, non lasciarmi* KV^6 295 a.
12 MBA II, Nr. 416, S. 253, Z 76–77.
13 Wörtlich heißt es in der Nachschrift von Anna Maria Mozart: «ich schreibe dises in der gresten geheinn, weill er beym essen ist und in eille damit ich nich über fahlen werde» (MBA II, Nr. 416, S. 255, Z 154–156). Sie gibt zu, dass «wan der Wolfgang eine Neue bekandschaft machet er gleich gueth und blueth für solche leuthe geben wollte» (ebda., Z 142–143). An anderer Stelle klagt sie: «mit einem worth bey andern leuthen ist er lieber als bey mir ...» (MBA II, Nr. 422, S. 274, Z 45–50).
14 Zu Margarethe Kaiser: «da warst du ganz erstaunlich für die kleine Sängerin des Theaters eingenohmen» (MBA II, Nr. 422, S. 274, Z 57–58). Zu Marianne Thekla Mozart: «In Augspurg hast du auch deine kleinen Scenen gehabt, dich mit meines Bruders Tochter lustig unterhalten» (ebda., S. 274, Z 64–65). Zu Rose Cannabich: «In Manheim hast du sehr wohl gethann, dich bey dem H: (Cannabich) einzuschmeicheln. Es würde ohne frucht gewesen seyn, wenn er nicht seynen dopelten Nutzen dabey gesucht hätte. Das übrige habe ich dir schon geschrieben. da wurde nun die Msse Tochter des H: (Cannabich) mit Lobeserhebungen überhäuft, das Portrait ihres temperaments im Adagio der Sonate ausgedrückt, kurz, diese war nun die favoritperson» (ebda., S. 275, Z 75–80). Zu Aloisia Weber: «und die Tochter ist die Hauptperson des zwischen deiner aigenen und dieser familie vorzustellenden Trauerspiels» (ebda., S. 275, Z 84–86).
15 Wolfgang Mozart zu Schidenhofens *geld heyrath*: «so möchte ich nicht heyrathen», schrieb er. Und zur Freiheit der unadligen Habenichtse, deren einziger Reichtum im Kopf steckt: «wir müssen nicht allein eine frau nehmen, die wir und die uns liebt, sondern wir därfen, können und wollen so eine neh-

men, weil wir nicht Noble, nicht hochgebohren und adlich und nicht reich sind, wohl aber niedrig, schlecht und arm, folglich keine reiche frau brauchen, weil unser reichthum nur mit uns ausstirbt, denn wir haben ihn im kopf; – – und diesen kann uns kein mensch nehmen, ausgenommen, man hauete uns den kopf ab, und dann – – – brauchen wir nichts mehr» (MBA II, Nr. 419, S. 263, Z 25 bis S. 264, Z 41). Zum Wunsch, seine Frau glücklich zu machen: S. 263, Z 27.
16 Leopolds Zukunftsvisionen: MBA II, Nr. 422, S. 274, Z 45–49.
17 MBA II, Nr. 422, S. 276, Z 136–137.
18 Ebda., S. 277, Z 168–170.
19 Ebda., S. 278, Z 189.
20 Ebda., S. 277, Z 170–173.
21 Ebda.
22 Wolfgang Mozart erkannte, dass er sein «Talent im Componieren, welches mir der gütig Gott so reichlich gegeben hat», niemals «vergraben» darf (MBA II, Nr. 419, S. 264, Z 54–57).
23 Leopold Mozarts Schelte: MBA II, Nr. 425, S. 284, Z 34–35.
24 Wolfgang Mozarts Kniefall: MBA II, Nr. 423, S. 281, Z 63–65.
25 Wolfgang schrieb: «so bald man mir trauet, so traue ich mir selbst nicht mehr» (MBA II, Nr. 426, S. 286, Z 17–18).
26 Leopold Mozart über die Abwege: MBA II, Nr. 429, S. 297, Z 170–172.
27 Der indignierte Herr Sohn: MBA II, Nr. 416, S. 254, Z 124–126.
28 Leopold Mozart schrieb: «du weist das ich an das Nachdenken und Überlegen gewohnt bin, sonst würde ich meine Sachen niemals so weit gebracht haben» (MBA II, Nr. 445, S. 335, Z 71–72) – ganz im Gegensatz zu seinen Brüdern, wie er betont.
29 MBA II, Nr. 431, S. 306, Z 87–90.
30 Wolfgang Mozart zur Verliebtheit der Solisten in sein Stück KV Anh. 9 (297 B), dessen Partitur als verschollen gilt: MBA II, Nr. 447, S. 78–79. Mozart hat es nicht, wie angekündigt, aus dem Kopf noch einmal niedergeschrieben.
31 Dazu ausführlich Rudolph Angermüller: «Mozarts Symphonie concertante KV 297 B, die ‹Pariser Symphonie› KV 297 und Pariser Freimaurer». Cambini war Mitglied der Loge *L'Olympique de la Parfaite Estime*. Es war die Schwesterloge der *Saint-Jean d'Écosse du Contract social*, der Legros angehörte.
32 Wolfgangs Beschimpfung des Pariser Publikums als «hofärtig» und «abscheülich» wegen seiner «grobheit» (MBA II, Nr. 447, S. 345, Z 76–77) und als «lauter vieher und bestien / was die Musique anbelangt» (ebda., S. 346, Z 105–106).
33 MBA II, Nr. 444, S. 332, Z 109–110 und 113.
34 Leopold Mozart schrieb, wichtig sei nur, dass man «Beyfahl findet und gut bezahlt wird; das übrige hohle der Plunder!» (MBA II, Nr. 446, S. 341, Z 37–38)
35 Der Vater nötigte den Sohn zur Offenbarung gegenüber Grimm: MBA II, Nr. 444, S. 333, Z 15–16.
36 Die Geschichte vom jungen Hafner berichtete Leopold Mozart in: MBA II, Nr. 448, S. 97–104.

Anmerkungen zu den Seiten 147–151

37 MBA II, Nr. 471, S. 425, Z 138 bis S. 426, Z 139.
38 Es geht um das Konzert für Harfe und Flöte in C-Dur KV 299 (297 c), das einzige Werk Mozarts, in dem die Harfe als Soloinstrument vorkommt. Auftraggeber waren der begabte Laien-Flötist Adrien-Louis Bonnières de Souastre, Duc de Guines, und dessen Tochter Marie Louise Charlotte, die Harfe spielte und bei Mozart Kompositionsunterricht nahm; er befand sie bald für «dumm». Zu seinen instrumentalen Aversionen bekannte sich Mozart später auch gegenüber seinem kurzfristigen Schüler Johann Peter Frank (Kapitel XXI) (siehe MBA II, Nr. 449, S. 356, Z 58–59 und MBA II, Nr. 462, S. 397, Z 124).
39 Auch hierzu Rudolph Angermüller, s. o., und Wolfgang Mozart selbst (MBA II, Nr. 458, S. 388, Z 41–66).
40 Zur Ursache des Todes der Mutter kursieren viele Spekulationen. Sicher falsch ist die des Witwers, zu seltener Aderlass sei die Todesursache gewesen. Überzeugend begründet Peter J. Davies seine Vermutung, sie sei an einem von Läusen übertragenen Typhus gestorben. Die vom Sohn beschriebenen Symptome machen diese Diagnose glaubwürdig.
41 Wolfgang zu seiner Häuslichkeit und zum Tod Voltaires in: MBA II, Nr. 458, S. 389, Z 70–75. Zu den Salzburgern: MBA II, Nr. 462, S. 395, Z 65–67. Zu den Brüdern Stamitz, die er zudem «Notenschmierer» schimpfte: MBA II, Nr. 462, S. 399, Z 208–209.
42 Mozart der Kapellmeister als Kavalier: MBA II, Nr. 462, S. 395, Z 82–83.
43 Grimms Diagnose zu Wolfgang Mozarts Benimm: MBA II, Nr. 476, S. 442, Z 13–17 und MD, S. 159. Mozarts Diagnose zu Grimms Tauglichkeit: MBA II, Nr. 487, S. 474, Z 64–65.
44 Wolfgang Mozarts Plädoyer für eine Musik mit Arschbacken: MBA II, Nr. 475, S. 440, Z 136–138.
45 Wolfgang über seine Vorfreude auf den Vater: «Das herz lacht mir, wenn ich auf den glücklichen tag dencke wo ich wider das vergnügen haben werde sie zu sehen und von ganzem herzen zu ümarmen.» (MBA II, Nr. 471, S. 428, Z 213–215) In diesem Brief schrieb er auch, dass Vater und Schwester ihm «das liebste auf dieser welt sind» (Z 17).
46 Wörtlich schrieb Wolfgang Mozart an Fridolin Weber: «wenn ich machen könnte dass *wir* in einem mit=einand glücklich und vergnügt leben könnten – das würde ich ganz gewis allem vorziehen – das würde mir das liebste seyn ...» (MBA II, Nr. 469, S. 418, Z 171–173).
47 Wolfgang stellte sich selbst als Versorger von Vater und Schwester dar in: MBA II, Nr. 469, S. 419, Z 200–202. Über seine und Fridolin Webers *Affairen* ebda., S. 417, Z 124.
48 Wolfgang Mozart über die nicht satisfaktionsfähigen Zwerge: MBA II, Nr. 471, S. 428, Z 209; über seine Begierde ebda., S. 427, Z 201–203.
49 Wolfgang disqualifizierte Salzburg in: MBA II, Nr. 475, S. 438, Z 51 und S. 439, Z 70.
50 Wolfgang Mozart an den Vater: «sie wissen dass ich so zu sagen in der Musique stecke – dass ich den ganzen Tag damit umgehe – dass ich gern specu-

lire – studire – überlege.» In demselben Brief widerlegt er bereits die Vorstellung von dem Genie, das nicht arbeitet, dem alles zufliegt: MBA II, Nr. 471, S. 427, Z 185. Er nennt sich einen Menschen «von superieuren Talent / welches ich mir selbst ohne gottlos zu seyn, nicht absprechen kann» (MBA II, Nr. 487, S. 473, Z 27–28). Zur Reise: «ich versichere sie, dass mir diese reise nicht unnützlich war – in der Composition versteht es sich» (MBA II, Nr. 487, S. 473, Z 31–32).

51 Zur Entdeckung der Kürze: «In Teütschland ist der lange geschmack; in der that ist es aber besser kurz und gut» (MBA II, Nr. 487, S. 476, Z 144–145).
52 Leopold Mozarts Zukunftspläne mit Webers: MBA II, Nr. 478, S. 453, Z 143 ff.
53 MBA II, Nr. 480, S. 461, Z 38.
54 MBA II, Nr. 482, S. 467, Z 162–163 und 166.
55 Wolfgangs Angebot an Dalberg: MBA II, Nr. 507, S. 515.
56 MBA II, Nr. 505, S. 509, Z 54–55.
57 Die Geschichte vom ungehorsamen Lodron: MBA II, Nr. 505, S. 511, Z 109–113.
58 Der Brief mit Zuckerbrot und Peitsche: MBA II, Nr. 506, S. 512. Hier zitiert werden Z 24–25 und Z 45–47.
59 Die Andeutungen Wolfgang Mozarts gegenüber Marianne Thekla: MBA II, Nr. 511, S. 524, Z 15–18.
60 Die Verärgerung Leopold Mozarts über den wortbrüchigen Sohn: MBA II, Nr. 512, S. 528, Z 106–109.
61 Aloisia Lange, geborene Weber, erzählte in späteren Jahren Mary und Vincent Novello (A pilgrimage to Mozart), beide Väter seien mit einer Verbindung einverstanden gewesen, aber sie habe Mozart nicht zu schätzen gewusst. Über Wolfgangs Reaktion auf Aloisias Abfuhr berichtet Georg Nikolaus Nissen, der zweite Ehemann von Constanze Mozart, geborene Weber, Aloisias nächstjüngerer Schwester, in seiner Mozart-Biographie, wobei er sich auf ihre Schilderungen stützt (S. 414–415). Der Text lautet dort: «Ich lass das Mädel gern, das mich nicht will.» Rudolf Lewicki («Aus Nissens Kollektaneen», S. 29) fand in eben dieser Sammlung den originalen Vierzeiler, der ihm für sein bereinigtes Mozartbild zu derb schien: «Schnupftabak, Rauchtabak / Und ein Prisil / Leck mich da Bue im Arsch / Der mi net will.» Prisil meint Brasil, also aus brasilianischem Tabak hergestellten Schmalzler. Diesen Vierzeiler überliefert auch Andreas Schmeller (1785–1825). Dazu ebenfalls Emil Karl Blümml: Aus Mozarts Freundes- und Familienkreis, S. 172.
62 Wolfgang Mozart am 31. Dezember 1778: «was will den dieß sagen, lustige träume? – über das träumen halte ich mich nicht auf, denn da ist kein sterblicher auf den gantzen Erdboden, der nicht manchemal träumet! – allein, lustige träume! – ruhige träume, erquickende, süsse träume! – das ist es; – träume, die, wenn sie wircklich wären, mein mehr traueriges als lustiges leben, leidentlich machen würden» (MBA II, Nr. 516, S. 534, Z 25–29).
63 Am 31. Juli 1778 schrieb er nach dem Tod der Mutter an seinen Vater: «sie wissen dass ich mein lebtag / obwohl ich es gewunschen / niemand habe

sterben sehen.» Das klingt, als sei ihm bewusst, dass diese Vertiefung seines Erlebens für sein Schaffen unabdingbar sei. Nach dem Tod der Mutter oder schon während sie im Sterben lag und er das Zimmer nicht verließ, komponierte er erstmals eine Sonate für Klavier und Violine in einer Moll-Tonart (KV 304 (300c) in e-Moll). Sie gehört zu den sechs Sonaten, die Mozart der Kurfürstin Elisabeth Auguste von der Pfalz gewidmet hat.
64 Wolfgang Amadé Mozart bezeichnet den Dienst beim Fürsterzbischof in seinem Brief an den Vater vom 12. November 1778 ausdrücklich als «sclaverey in salzbourg» (MBA II, Nr. 504, S. 507, Z 87).

XI.
1779 / 1780: Bote zwischen Göttern und Menschen
Oder: Die Erfindung des Idomeneo

1 Mozart schreibt am 8. Januar 1779: «mein bääsle ist hier – warum? – ihrem vetter zu gefallen? – das ist freylich die bekante ursach! – allein – Nu, wir werden in Salzbourg davon sprechen; – dessentwegen wünschte ich sehr ‹das sie› mit mir nach Salzbourg gehen möchte! [...] sie geht gern; [...] sie werden, wen sie sie sehen und kennen, gewis mit ihr zufrieden seyn – alle leute haben sie gern» (MBA II, Nr. 520, S. 537, Z 38–45). Daraufhin der Vater: «ich will absolute dass du mit der H: Gschwender [recte: Gschwendner] abreisest [...] will meine Niece mich mit ihrer Gegenwart beehren, so kann sie den 20ten mit dem Postwagen nachkommen» (MBA II, Nr. 521, Z 27–28 und Z 30–31).
2 Die gefälschte Bewerbung hatte Leopold Mozart wohl schon vor dem Eintreffen seines Sohns aufgesetzt und dann nur noch von ihm unterschreiben lassen (MBA II, Nr. 522, S. 540–541).
3 Francesco Ceccarelli (1752–1824) wurde eingestellt, während Wolfgang Amadé Mozart auf Reisen war. Er erhielt 1200 Gulden pro Jahr. Mozart lehnte Ceccarelli ab. Er stand für Salzburg, für den Erzbischof, für das Gestrige (siehe auch Otto: Kastraten, S. 68).
4 Es geht um die später so genannte Krönungsmesse KV 317; der Beiname ist erstmals 1873 dokumentiert.
5 Zeichnung und Brief sind in MBA II partiell auch als Faksimile wiedergegeben (MBA II, Nr. 525, S. 547–549 und Tafel VIII). Die Beschriftung der Porträtzeichnung ironisiert die wissenschaftlich-anatomische: Überflüssigerweise steht beim Kopf fig. I *Kopf*, ebenso sind mit fig. II bis VI *Frisur, Nasn, Brust, Hals* und *Aug* ausgewiesen. Mozarts vieldeutiger Gruß: ebda., S. 549, Z 64–66: «Mein Vatter giebt ihnen [Ihnen] seinen Oncklischen Seegen. und meine schwester giebt ihnen tausend Cousinische küsse. und der Vetter giebt ihnen das was er ihnen nicht geben darf.»
  Die Ode *Edone* von Friedrich Gottlieb Klopstock war an dessen Jugendliebe Sidonie Diederichs gerichtet. Mozart hat nicht viel mehr getan, als den Namen Edone durch Bäsle zu ersetzen und den Verfasser zu verschweigen, als wär's ein Stück von ihm. Dieser Brief belegt auch, dass Marianne Thekla wütend

Anmerkungen zu den Seiten 160–161

abgereist war: «in harnisch gebrachtes bässchen», «Ob ich [...] wohl im stande seyn werde, den ihre reizende schönheit [...] gewis um einen guten Pantoffel=absatz erhöhenden Zorn zu stillen, mildern, oder zu besänftigen» (MBA II, Nr. 525, S. 547, Z 12–15).

6 Die Partitur zu *Semiramis* KV Anh. 11 (315 e) ist verschollen. Das Fragment zu einer weiteren Sinfonie concertante wird hier datiert, wie bei Ulrich Konrad mit überzeugenden Argumenten vorgeschlagen (in: «Mozarts ‹Gruppenkonzerte› aus den letzten Jahren. Probleme der Chronologie und Deutung», vor allem S. 154 ff.). Er plädiert dafür, das Fragment KV Anh. 104 (320 e) auf den Sommer 1779 und die Sinfonie concertante KV 364 (320 d) deutlich später anzusetzen. Letztere kann seiner Ansicht nach und auch nach der von Christoph Wolff in der NMA V/15/2 sogar erst Ende 1780 komponiert worden sein, also im *Idomeneo*-Umfeld (Ulrich Konrad: «Mozarts ‹Gruppenkonzerte›», S. 149 f. und 156 f.). Zur Klärung der Datierung wesentlich war Cliff Eisens Studie über Mozarts Salzburger Kopisten («The Mozarts' Salzburg Copyists»), derzufolge sich der Münchner Stimmensatz von der Violinstimme unterscheidet, die als einzige von der Hand des Salzburger Kopisten Joseph Richard Estlinger stammt. Zur Concertante KV 364 schreibt Konrad: «Somit gewinnen die menschlich ‹unglücklichen› Jahre Mozarts 1779/80 für den schaffenden Künstler eine erhebliche Bedeutung. Sein reifes Komponieren nimmt seinen Ausgang von den Erfahrungen mit der Konzertanten Symphonie» («Mozarts ‹Gruppenkonzerte›», S. 157).

7 Es handelt sich um die B-Dur-Sinfonie KV 319, der das Menuett ursprünglich fehlte. Mozart sollte es erst für die Aufführung in Wien 1782 hinzukomponieren.

8 Das Libretto zu *Zaide* KV 344 (366 b) verfasste der Salzburger Freund, Hoftrompeter Andreas Schachtner. Die Ähnlichkeit des Personals mit dem der späteren *Entführung aus dem Serail* ist unübersehbar: Zaide, eine europäische Sklavin des Sultans, Gomatz, ebenfalls europäischer Sklave, Soliman, türkischer Sultan, Osmin, Sklavenhändler, und Allazim, Lieblingssklave des Sultans. Mozart widmete es dem Theaterdirektor Johann Heinrich Böhm, der mit seiner Truppe mehrmals in Salzburg gastierte. Peter Sühring und Martin Geck vertreten die These, der auch die Autorin hier folgt, Voltaires aufklärerische Tragödie sei Grundlage des verschwundenen Librettos gewesen (hierzu Klaus Oehl: «‹Daß man ihre Freiheit kränkt›. Mozarts *Zaide*», S. 15). Schachtner hatte die während Mozarts Parisreise in Salzburg aufgeführte *Zaire* vermutlich gesehen.

9 Klaus Oehl äußert sich ausführlich zur Arie Allazims (NMA II/5/10 *Zaide*, 42 [Takte 44–58]), wo der Bariton einen Tritonus und eine Oktave, also eine verminderte Duodezime, überspringen muss, in: «‹Daß man ihre Freiheit kränkt›. Mozarts *Zaide*», S. 22.

Oehl schreibt: «Der Tonumfang des Baritons wird hier (in den Takten 48 bzw. 52) [...] ausgenutzt, um Allazim den Intervallsprung einer Duodezime (Tritonus plus Oktave) singen zu lassen. [...] Das in der musikalischen Satzlehre ehemals verbotene Intervall des Tritonus ist zudem in dieser durch eine Oktave

440

gespreizten Lage auf schwerer Taktzeit eine ungeheuerliche Dissonanz.» Oehl sieht in diesem Kompositionsmittel Mozarts einen «Affront gegen die zeitgenössischen Hörgewohnheiten des Publikums»; er betone «das revolutionäre gesellschaftliche Potential, das im Text von Allazims Arie steckt» (ebda., S. 22).

Am 30. September 1777 hatte Leopold seinem Sohn aus Salzburg berichtet, dass dort ein Stück von Voltaire mit Zwischenstücken von Michael Haydn aufgeführt worden war. *Zayre oder die rasende Eifersucht eines Türken* hieß das Lustspiel (MBA II, Nr. 340, S. 25–27, Z 1–6 und 70–73).

Martin Geck und Peter Sühring, auf den Geck verweist (Endnote 156), vermuten wegen der Namensähnlichkeit, dass Voltaires Stück Mozart nicht nur auf die Idee zu einer Türkenoper brachte, sondern dass sie sogar die Basis seiner *Zaide* bildete. Schon 1936 verwies Einstein («Die Text-Vorlage zu Mozarts ‹Zaide›») auf die verblüffende Namensähnlichkeit der Figuren in der *Zaide* und in *Das Serail, Oder: Die unvermuthete Zusammenkunft in der Sclaverey zwischen Vater, Tochter und Sohn*, als dessen Verfasser Walter Senn Franz Joseph Sebastiani identifizierte («Mozarts Zaide und der Verfasser der vermutlichen Textvorlage»). Zur Geschichte des Fragments, seiner Wiederauffindung und seinen Quellen umfassend Thomas Betzwieser: «Mozarts ‹Zaide› und ‹Das Serail› von Friebert. Genese und Datierung von Mozarts Singspiel im Licht neuer Quellen».

10 An dieser Stelle bricht die *Zaide* Mozarts ab. Da Schachtners Libretto nicht erhalten ist, kann über den inhaltlichen Fortgang nichts gesagt werden.

11 Bereits Wyzewa und Saint-Foix (Mozart II, S. 263) zweifelten wie nach ihnen Alfred Einstein die Echtheit von *Ridente la calma* KV 152 (210a) an. Marius Flothuis (Mozarts Bearbeitungen, S. 241–243) wies nach, dass Mozart eine Arie seines Freundes Josef Mysliveček umgearbeitet, mit einem Text und neuem Mittelteil versehen hatte. Bei dieser Arie, *Il caro mio bene attendo*, handelt es sich aber nicht um eine Konzertarie, sie stammt aus Myslivečeks letzter Oper *Armida*, die erst im Dezember 1779 uraufgeführt worden war. Damit ist, wie Oliver Huck darlegt («Non so più cosa son, cosa faccio? Mozart und das Komponieren in der Pubertät», S. 305), die alte Datierung hinfällig und die Entstehung erst nach dem Jahresende 1779 anzusetzen. Balázs Mikusi («Mozart hat kopiert», S. 189) geht ausführlich auf Unterschiede und Ähnlichkeiten der beiden Stücke ein; so ist das Metrum bei Mysliveček 3/4-, bei Mozart 3/8-Takt. Doch er distanziert sich mit guten Argumenten von Flothuis, der das Ganze aus Gründen der Pietät als Huldigung ansah. Die Autorin bietet hier eine weitere Erklärung für Mozarts Übernahme an.

12 Am 25. Mai 1780 notiert das Maria Anna in ihrem Tagebuch (in: meine tag ordnungen, S. 70).

13 Das Doppelkonzert KV 365 (316a) in Es Dur wird hier ebenfalls datiert wie bei Ulrich Konrad («Mozarts ‹Gruppenkonzerte»). Konrad plädiert mit überzeugenden Argumenten dafür, dass das Doppelkonzert nicht vor 1780 entstand; er verweist auch darauf, dass der nach Abschluss seines Manuskripts erschienene kritische Bericht von Christoph Wolff in der NMA V/15/2 die ursprüngliche Datierung des Doppelkonzerts KV 365 auf Ende 1780/Beginn 1781 bestätigt.

Anmerkungen zu den Seiten 163–165

14 Der gebürtige Straubinger Emanuel Schikaneder (1751–1812) kam zwei Mal nach Salzburg, der erste Besuch wird aber meistens vergessen. Offiziell eröffnete Schikaneder seine Spielzeit am 17. September 1780. Dieser Aufenthalt verlängerte sich durch den Tod von Maria Theresia (Eva Gesine Baur: Schikaneder, S. 84 ff. und S. 93–102).

15 Tagebuch von Maria Anna Mozart 26. August: «post prandium la sig:ra Catherine ches [sic!] uns. wir habemus joués colle carte di Tarock. a [sic!] sept heur siamo andati spatzieren [sic!] in den horto aulico, faceva la plus pulchra tempestas von der Welt.» (in: meine tag ordnungen, S. 80). In *Idomeneo*, wo schon Anna Amelie Abert *buffa*- und *seria*-Elemente erkannte, wird Wolfgang all das zusammenbringen, auch indem er selbst die Ballette komponiert, ein Novum für das Münchner Publikum, sehr französisch im Sinn Noverres. Außerdem zur Vermischung verschiedener Traditionen Gustav Jacobsthal: «Mozarts Idomeneo – ein Hoch- und Wendepunkt in der Geschichte der *opera seria* – wegen ihrer Symbiose mit der *tragédie lyrique*».

16 Der Auftrag erging wohl im August an Mozart. Als Vorlage wurde die *Tragédie lyrique Idoménée* von Antoine Danchet aus dem Jahr 1712 Mozart zugeschickt, der sie an Giambattista Varesco weiterleiten sollte. Alle Details dazu in: Klaus Böhmer: W. A. Mozarts Idomeneo und die Tradition der Karnevalsopern in München, Mainzer Studien zur Musikwissenschaft Band 39, Tutzing 1999.

17 Dorothea Wendling (1736–1811), Mutter der als Mätresse a. D. geschmähten Elisabeth Auguste (Gustl) Wendling, sang die Elettra, Elisabeth (Lisl) Auguste Wendling (1746–1786), die Frau ihres Schwagers, des Geigers Franz Anton Wendling, die Ilia, Vincenzo dal Prato (1756–1828) den Idamante, Anton Raaff (1714–1797) den Idomeneo.

18 Mozarts Änderungswünsche überzeugen noch heute jeden Dramaturgen (MBA III, Nr. 537, S. 13 und MBA III, Nr. 537, S. 17). Dass für die Partie anfangs ein Bass vorgesehen war, belegt ein Arienfragment Mozarts; dass ihm die Besetzung mit Bass und Tenor sehr viel lieber gewesen wäre, beweisen die Umstände seiner Wiener Fassung des *Idomeneo*. Dazu erhellend die Studie von Peter Sühring: «Fragen an Mozarts Idomeneo. Anmerkungen zur Editions- und Aufführungspraxis».

19 Auf die neunzehnjährige Josepha Gräfin Paumgarten ging er ein in MBA III, Nr. 537, S. 16. Detailliertes zu ihr und ihrer Stellung bei Hof in: Michael Günther: «Ein neu entdecktes Portrait der Josepha von Paumgarten von Georg Anton Abraham Urlaub. Eine bedeutende Förderin Mozarts in München und ihr Umfeld».

20 MBA III, Nr. 542, S. 31, Z 89–91.

21 Über die Vermeidung von *matt* und *kalt*, die Forderung von *geist* und *feuer* äußerte sich Mozart in: MBA III, Nr. 537, S. 17, Z 27 und Nr. 570, S. 71, Z 9.

22 Als Gegenbeispiel zum wirkungslosen Zuviel der Elisabeth Mara (MBA III, Nr. 537, S. 18, Z 75–78) nannte Mozart Aloisia Weber, der es gelinge, *das herz zu rühren*.

23 Über dal Prato, bei Mozart del Prato, schimpft der: «der Bub kann doch gar nichts», und erörtert das detailliert (MBA III, Nr. 573, S. 77, Z 22–25).
24 Er drängt die Familie zu Hause, seine eingemottete schwarze Trauerkleidung sorgfältig auszubürsten und zu reparieren, bevor sie sie an ihn schicken, denn «sonst werde ich ausgelacht» (MBA III, Nr. 555, S. 49, Z 71–72).
   Die Bemerkung Carl Theodors zitierte Mozart (MBA III, Nr. 570, S. 72, Z 23–24). «Sein Kopf war für den Körper verhältnismäßig zu gross», heißt es bei Nissen, Constanze Mozarts Beschreibung folgend (S. 497), und auch bei Zeitgenossen.
25 In seinem Brief an den Vater vom 30. Dezember 1780 meldet Mozart: «ich bin noch nicht ganz fertig mit dem dritten Ackt – und habe alsdann – weil kein extra Ballet [sic!], sondern nur ein zur Opera gehöriges Divertißment ist, auch die Ehre, die Musick dazu zu machen ...» Am Ende schreibt er: «Nun muss ich schliessen, den ich muß über hals und kopf schreiben – komponirt ist schon alles – aber geschrieben noch nicht» [nicht etwa: «nichts», wie oft zitiert] (MBA III, Nr. 573, S. 78, Z 50–51). Dieser Satz legte den Grundstein der bis heute kolportierten Vorstellung, Mozart habe mühelos, quasi im Kopf, komponiert. Befördert wurde sie auch von seinem ersten Biographen Franz Niemetschek, als er schrieb: «In seinem Kopf lag das Werk immer schon vollendet, ehe er sich zum Schreibpult setzte» (Leben des K. K. Kapellmeisters Wolfgang Gottlieb Mozart, S. 54). Alan Tyson war einer der ersten, der hervorhob, dass Mozart an vielen Werken lange und auch zögerlich gearbeitet hat («The Mozart Fragments in the Mozarteum Salzburg», S. 471–510).
   Wolfgang Plath hat in seinen «‹Idomeneo›-Miszellen» (S. 5) klargestellt: «Alles ist komponiert, aber noch nicht alles geschrieben, sagt Mozart.» Sein Vater habe sich über diese Meldung nicht aufgeregt, weil das dem üblichen Procedere entsprach und keineswegs bedeutete, dass der Sohn die Musik des dritten Aktes nur im Kopf gehabt hätte. Vielmehr entsprach das seiner «geläufigen Arbeitsweise, die darin besteht, dass in einem ersten (primären) Arbeitsgang das Gerüst einer Partitur, d. h. Singstimme und Instrumentalbass, wo sonst nötig auch Violine I sowie diese oder jene obligate Begleitfloskel der Instrumente notiert werden». Revolutionär schließlich die erste umfassende Untersuchung zu «Mozarts Schaffensweise» von Ulrich Konrad, die einen völlig neuen Blick auf Mozarts Komponieren eröffnet hat.
26 Ludovico, auch Luigi Marchesi, genannt Marchesini, über den Mozart die Mordgerüchte serviert (MBA III, Nr. 573, S. 78, Z 67–75), starb 1829 eines friedlichen Todes.

XII.
1781: Ein gewaltiger Jäger
Oder: Ein Künstler auf der Fährte des Menschlichen

1 Die Worte Friedrich Ramms, dass ihm «noch keine Musique solche impreßion gemacht hat», referierte Mozart seinem Vater (MBA III, Nr. 549, S. 40, Z 25–26). Ramm gefiel, was andere irritierte: Mozart liefert seine Figuren dem

Wanken der Tonarten aus, die von Fremdtönen geschwächt werden. Im Chor *Placido è il mar, andiamo;* / *Tutto ci rassicura* steigert Mozart die Atmosphäre zu einer trügerischen Idylle wie später in *Così fan tutte* (Terzettino *Soave sia il vento*). Sogar in den Ballettkompositionen bringt Mozart den Boden der Verlässlichkeit ins Wanken. In seinem Autograph stehen zwei Tanzsätze, ein Passepied in B-Dur und eine Passacaglia in Es-Dur, am Ende, als wollte er mit einem Fragezeichen das Fragmentarische, Brüchige hervorheben. Und das Quartett Nr. 21 offenbart keineswegs ein glückliches, sondern ein tief erschrockenes Miteinander.

2 MD, S. 170.

3 Auf Wolfgangs «umgang mit einer Person vom schlechten Ruffe» kommt der Vater erneut zu sprechen, als er seinen Sohn in Wien nicht mehr unter Kontrolle hat und der bei den «Weberischen» eingezogen ist; in Leopolds Augen ebenfalls eine Familie von schlechtem Ruf (MBA III, Nr. 605, S. 129–130, Z 51–60).

4 «Mon trés cher amy»: MBA III, Nr. 583, S. 93, Z 4.

5 Zu den Kollegen: MBA III, Nr. 586, S. 101, Z 6.

6 Zu der Frau von Mesmers Stiefsohn: MBA III, Nr. 583, S. 94, Z 22.

7 Dass er viel gilt bei der Gräfin von Thun: MBA III, Nr. 585, S. 99, Z 59. Sie sollte Mozarts größte Gönnerin werden: Maria Wilhelmine Gräfin von Thun und Hohenstein, geborene Gräfin von Ulfeld (1747–1800), verheiratet mit Joseph Anton Graf von Thun und Hohenstein (1711–1788).

8 Zur Strategie: MBA III, Nr. 585, S. 99.

9 Zum Vorsatz, was der Kaiser hören soll: MBA III, Nr. 585, S. 99, Z 65–66.

10 Zum «Hindernis» Colloredo: MBA III, Nr. 586, S. 101, Z 8.

11 Zu Colloredos angeblicher Denkungsart: MBA III, Nr. 586, S. 101–102, Z 16–17.

12 Über seinen Erfolg: MBA III, Nr. 587, S. 103, Z 10–11.

13 Zur freundschaftlichen Unterredung mit Graf Arco: MBA III, Nr. 601, S. 122–123. Zu seinem Stolz und Arcos Dulderrolle: MBA III, Nr. 602, S. 124, Z 27–29.

14 Zum hochmütigen Pfaffen: MBA III, Nr. 601, S. 123, Z 21–24.

15 Zu dem «tritt im arsch»: MBA III, Nr. 604, S. 127, Z 48.

16 Zu Aloisia und Joseph Lange: MBA III, Nr. 596, S. 116, Z 65–71.

17 Zur Zurechtweisung seines Vaters: MBA III, Nr. 604, S. 127, Z 57; Nr. 607, S. 133, Z 16; Nr. 604, S. 127, Z 74 und Nr. 621, S. 155, Z 27–28.

18 Das widerspricht keineswegs dem, was Nikolaus Harnoncourt nach einem Begriff von Johann Mattheson (1681–1764) «Klangrede» nennt (Musik als Klangrede. Essays und Vorträge. Wege zu einem neuen Musikverständnis. Salzburg 1982). Dabei geht es um Analogien rhetorischer Strukturen. Es geht auch um etwas ganz anderes in Manfred Hermann Schmids erhellender Studie über «Sprachliche Bedingtheit musikalischen Denkens» (Untertitel: Gedanken zum Werk Mozarts. In: Mozart-Studien, hrsg. von Manfred Hermann Schmid, Bd. 17. Tutzing 2008. S. 27–37). Darin zeigt Schmid auf, wie sich sprachliches und musikalisches Denken durchkreuzen. «Weil Sprache zwar häufig musikalischer Gestaltung vorausgeht, wirkt sie auf Töne in stärkerem Maß ein, als diese

auf Sprache. Das schließt aber keineswegs aus, dass auch Sprache fremdbestimmt geformt wird: durch Musik.» (S. 27).

19 Bei der Datierung der Sinfonia concertante KV 364 (320 d) in Es-Dur folgt die Autorin erneut Ulrich Konrads einleuchtender Argumentation (a. a. O). Gegen eine Entstehung Ende 1780 / Anfang 1781 spricht auch der Zeitdruck, unter dem Mozart bei der Vollendung des *Idomeneo* stand.

20 Mozart bestreitet Heiratsabsichten: MBA III, Nr. 612, S. 140.

21 Die Einschätzung, dass die *Zaide* nicht nach Wien passt: MBA III, Nr. 590, S. 107/108, Z 26–32.

22 Zum neuen Singspiel: MBA III, Nr. 615, S. 143, Z 22–25.

23 Leopold Mozarts Brief: MD, S. 174.

24 MBA III, Nr. 608, S. 135, Z 27.

25 Zu Tochter Auernhammer: MBA III, Nr. 619, S. 151, Z 49–54 und Nr. 608, S. 135, Z 27–31. Zu Mutter Auernhammer: Nr. 619, S. 150, Z 28–29 und S. 151, Z 47–48. Außerdem Michael Lorenz: «New and old documents concerning Mozart's pupils Barbara Ployer and Josepha Auernhammer».

26 Zu Vincenzo Righini: MBA III, Nr. 620, S. 153, Z 29–30.

27 Arnsteiner hatte das 19-Zimmer-Haus gemietet, als Jude durfte er es nicht kaufen. Siehe im Anhang: Mozarts Wohnungen.

28 Zu Mozarts Umgang mit anderen: MBA III, Nr. 621, S. 155, Z 46.

29 Die Schmähung der Antonia Bernasconi, die Mozart als Aspasia in seinem *Mitridate* ganz anders beurteilte: MBA III, Nr. 608, S. 135, Z 48–54 und Nr. 620, S. 153, Z 10–22.

30 Constanze Webers Notiz und Mozarts Empörung über Stephanies säuische Sprache: MBA III, Nr. 626, S. 160, Z 15–19; Nr. 629, S. 162, Z 30–33 und S. 163, Z 52–53.

31 Die abfälligen Bemerkungen über Erzherzog Maximilian Franz: MBA III, Nr. 641, S. 175, Z 40–44.

32 Über die Bevorzugung Salieris: MBA III, Nr. 648, S. 179, Z 7.

33 Dass Leopold Mozart Kenntnis davon hatte, dass seinem Sohn dieser Kontrakt angetragen worden war, erfahren wir indirekt, denn der Brief des Vaters ist verschollen. Mozart bezieht sich aber ausdrücklich auf diesen Vorwurf des Vaters und behauptet, nicht zu verstehen, was der damit meint: «ich weis von keinem antrag» (MBA III, Nr. 648, S. 182, Z 89–91).

34 Mozarts Bekenntnis zu Constanze Weber: MBA III, Nr. 651, S. 180–182. Über ihr pianistisches Vermögen informiert der ihr gewidmete, aber Fragment gebliebene Sonatensatz für zwei Klaviere KV Anh. 43 (375 c). Möglicherweise sind auch einige der Sonaten für Violine und Klavier dafür gedacht gewesen, dass er sie als Geiger mit ihr zusammen zu Hause spielte. Mary und Vincent Novello berichtete Constanze, dass Mozart ihr jede fertiggestellte Oper zum Einstudieren gab, um Arien und Ensembles zu Hause in kleinem Kreis proben zu können. Die oft belächelte Begeisterung Constanzes für Fugen, wohl durch Fridolin Weber vermittelt, zeugt ebenfalls von musikalischem Sachverstand.

35 Peter Winters Äußerungen zu Mozarts «starckem Umgang» mit Constanze:

MBA III, Nr. 651, S. 185, Z 33 und S. 188, Z 120 und Z 130. Mozarts Kommentar zu Peter Winters Rat und seine Äußerungen zu Peter Winter: ebda., S. 188, Z 130 und S. 187, Z 89–90.
36 MBA III, Nr. 651, S. 187, Z 89.
37 Mozart erwähnt den Wettstreit mit Muzio Clementi (1752–1832) in einem Brief, der auf den 22. Dezember datiert ist, er muss aber am 26. Dezember geschrieben worden sein. Mozarts Klavierwettstreit mit Clementi ist am 24. Dezember aktenkundig und fand, laut Brief, zwei Tage vorher («vorgestern») statt. Die Aburteilung Clementis findet sich in MBA III, Nr. 659, S. 192, Z 40 bis S. 193, Z 57.
38 Clementis Schilderung des Ereignisses wird zitiert bei Bernhard Knick, Eduard Hempel und Georg Zauner: «Die vier Klavier- und Orgelwettspiele W. A. Mozarts mit berühmten Musikern», S. 134. Dort, wie auch an anderen Stellen, findet sich der Verweis auf Mozarts Verwendung von Clementis Thema, die diesem nicht entging. Im sechsten Heft seiner gedruckten Klaviersonaten, das 1804 bei Breitkopf & Härtel in Leipzig erschien, bezog Clementi Stellung zu dem Diebstahl. «Mit einiger Verbitterung und um sein Recht auf die Erfindung des Themas zu untermauern, lässt Clementi am Kopftitel der Sonate den Vermerk abdrucken: ‹Cette Sonate, avec la Toccata, qui la suit, a été jouée par l'auteur devant S. M. I Joseph II. en 1781, Mozart étant présent.›»

XIII.
1782: Ein Ränkeschmied
Oder: Verleumdung und Lügen für Erfolg und Entführung

1 Johann Franz Joseph Thorwart, ab 1793 von Thorwart, (1737–1813) war mit verschiedenen Sekretärs-, Finanz- und Kontrollaufgaben betraut; «durch ihn muss alles gehen, was auf dem Theater Einfluss hat», schrieb Mozart am 16. Januar 1782 an seinen Vater. Er musste sich trotz Verärgerung gut mit Thorwart stellen, «weil das meiste auf ihn ankommt» (MBA III, Nr. 659, S. 192, Z 8 und S. 192, Z 9 und Z 13). 1761/62 hatte er sein Amt als erster Logenmeister angetreten, 1767 das erste teure Stadthaus erworben, 1769 das zweite, 1771 das dritte. Als Da Ponte später herausfand, dass sich Thorwart bei den Kassenabrechnungen für das Burgtheater gelegentlich «verrechnete», wurde dieser von Joseph II. hinausgeworfen, von dessen Nachfolger aber wieder eingestellt.
2 Mozart wohnte knapp ein Jahr im Haus Nr. 1175 am Graben, Ecke Habsburgergasse, für das Arnsteiner, als nicht konvertierter Jude auch nicht zum Grundbesitzerwerb zugelassen, 2690 Gulden Jahresmiete bezahlte. Mozart hatte sich im 3. Stock ein kleines Zimmer nach hinten ausgewählt, wegen der Ruhe. Bei einem Hauskonzert im Haus von Gottfried Adam Freiherr von Hochstetter im Januar 1780 spielte Fanny Arnsteiner Klavier, es sang eine Mademoiselle Weber, sicher Aloisia (Hilde Spiel, Fanny von Arnstein, S. 80). Adam Isa(a)k Arnsteiners (ca. 1721–1785) Sohn Nathan Adam nannte sich bald

nur noch Arnstein, wurde 1795 geadelt und 1798 in den Freiherrenstand erhoben; seine Frau wurde als Fanny von Arnstein zur berühmten Salonière.

3 Raimund Cordulus Wetzlar Freiherr von Plankenstern, 1747 in Offenbach als ältester Sohn des späteren Hofagenten Karl Abraham Wetzlar von Plankenstern (1715/1716–1799) geboren, hieß bis zu seiner Konversion mit zweiunddreißig Jahren Naphtali Herz. Sein Vater war durch eine sensationelle Karriere als Heereslieferant, Münzhändler, Geldverleiher und Lotteriepächter «zum in ganz Wien bekannten ‹Millionenjuden› geworden» (Günther G. Bauer: «Raimund Cordulus Wetzlar Freiherr von Plankenstern», S. 51). Wegen der gesellschaftlichen, beruflichen und wirtschaftlichen Schranken, die ihm als Juden gesetzt waren, ließ sich Abraham 1776 im Stephansdom taufen. Durch den Übertritt zum Katholizismus konnten sie Grundbesitz erwerben und in den Adel einheiraten. Erst nach den anderen Kindern wurde 1779 als letztes das älteste, also Raimund, getauft. Offenbar hätte es der Vater gerne vermieden, auch den Stammhalter zum Christen zu machen. «Dass die Familie Wetzlar aktiv am jüdischen Glaubensleben Wiens teilnahm, geht unter anderem aus der Eintragung Raimunds bei der Gründung der Wiener Chewra Kadischa im Jahr 1763 hervor» (Bauer, S. 51). Nur Raimunds Mutter blieb dem jüdischen Glauben treu. Raimund hatte auch 1769 oder 1770 (nicht dokumentiert) mit Theresia Calmer von Piqueny eine Frau gewählt, für die als Tochter des Vorstehers der deutschen Juden in Paris die Glaubenszugehörigkeit wesentlich war.

Karl Abraham Wetzlar Baron von Plankenstern besuchte bereits Mozarts Konzert am 23. November 1781. Sein Sohn Raimund (1747–1810) wurde Mozarts großer Förderer.

4 Bankier Bienenfeld wurde mit «Wechsel- und Waarengeschäften» in der Walfischgasse Haus Nr. 1055 geführt und besaß in Fiume eine Tabakfabrik.

5 Gottfried Bernhard Baron van Swieten (1733–1803), Sohn von Maria Theresias Leibarzt Gerard Freiherr van Swieten, regte durch seine Bach und Händel gewidmeten Sonntagskonzerte Mozart angeblich dazu an, Fugen zu komponieren. Im Hause Arnsteiners entstanden bereits die ersten. Händels Werk besaß für Mozart jedoch mehr Bedeutung als das Johann Sebastian Bachs, was Selbstzeugnisse, Aussagen von Zeitgenossen und die Einflüsse auf seine Kompositionen belegen.

6 Die *Wiener Zeitung* annonciert am 8. Dezember 1781 «Six Sonates / Pour le Clavecin, ou Pianforte avec / l'accompagnement d'un Violon [KV 376, 296, 377–380] / Dediés / A Mademoiselle / Josephe d'Aurnhamer [sic!] / par / Wolfg. Amade Mozart / Œuvre II. / Publiés, et se vendent chez Artaria Comp. / a Vienne».

7 Auf Gräfin Thuns Begeisterung für Beecke verweist Charles Burney (Tagebuch einer musikalischen Reise, S. 266).

8 Johann Valentin Günther (1746 – nach 1782) kehrte, als das Urteil gegen ihn und Eskeles revidiert wurde, nicht nach Wien zurück. Er heiratete später in Hermannstadt eine Einheimische. Seit 1779 war er Mitglied der Freimaurer-

Anmerkungen zu den Seiten 188–189

loge *Zur gekrönten Hoffnung*, der Mozart beitreten sollte. Möglich, dass auch er ihn dazu angeregt hat.

9 *L'aimable imprudent* nannte Obermayer den Freund nach Angaben von Obermayers Tochter in: Der Lebenslauf des Rates in der Hof- und Staatskanzlei Johann Georg Obermayer (1733–1801), erzählt von seiner Tochter Emilie verehelichten von Weckbecker (in: Zwei Lebensbilder aus dem Alten Österreich, hrsg. von Wilhelm Weckbecker, eingeleitet von Oswald Redlich. Berlin 1929, S. 45). An ihren übrigen Schilderungen des Vorfalls ist allerdings kein Wort wahr. So verbreitet auch sie, Eleonore von Eskeles habe bereits am 18. Juni mit zwei Postkutschen fluchtartig Wien Richtung Berlin verlassen.

10 Eleonore Fließ-Eskeles (1752–1812) wurde mit einem Handbillet am 20. August des Landes verwiesen. Sie betrieb nach dem Tod von Joseph II. von Berlin aus erfolgreich ihre Rehabilitation, kehrte jedoch erst im Jahr 1802 nach Wien zurück. Danach erhielt auch Günther die Erlaubnis zur Rückkehr, sollte und wollte Eleonore aber nie wiedersehen.

11 Jaroslav Celeda datiert den Beginn der Bekanntschaft von Mozart und Lichnowsky auf Frühjahr 1781; damals soll laut Celeda Mozart sowohl mit Lichnowsky als auch mit dem russischen Botschafter Andrej Kyrillowitsch Graf von Rasumowsky engen Kontakt gepflegt haben («Mozart, Beethoven and Lichnowsky», Prag 1967, S. 207–209).

Die Tatsache, dass sich Mozarts enge Verbindung zu Wilhelmine Gräfin von Thun ab 1783 auffallend lockerte, erklärt Celeda damit, dass diese keineswegs mit Mozarts Entscheidung für Constanze Weber einverstanden war. Celeda führt als Grund dafür nicht nur vermeintliche mangelnde Qualitäten von Constanze an, eine damals aufgrund der Informationslage entschuldbare Unterstellung. Celeda zufolge bemängelte Gräfin von Thun an Mozarts Wahl, dass diese Frau ihm keinerlei Türen zum Adel öffnen konnte. Das liest sich, als habe die Gräfin aus diesen Kreisen etwas im Angebot gehabt, das Mozart nicht wollte.

Celeda betont, dass Mozart aber weiterhin im Hause Thun verkehrte, weil er allen drei Töchtern, in Wien «die drei Grazien genannt», dort Klavierunterricht erteilte. Maria Elisabeth (1764–1806) heiratete am 4. November 1788 Andrej Kyrillowitsch Graf von Rasumowsky, ihre ein Jahr jüngere Schwester Maria Christina (1764–1841) am 25. November Karl Fürst von Lichnowsky. Diese von Celeda erwähnte enge Beziehung Mozarts zu Rasumowsky findet sich sonst in der Mozart-Literatur nicht.

Celeda schreibt zu Wilhelmine Gräfin von Thun: «Sie hat nur fünf Jahre Mozarts Genie unterstützt.»

12 Die großsprecherischen Äußerungen Mozarts finden sich im Brief vom 10. April 1782 (MBA III, Nr. 667, S. 201, Z 40–43).

13 Hierzu Brauneis in: «Mozarts Anstellung am Wiener Hof», S. 559.

14 Die *Mehlgrube* wurde so benannt, weil sich im Vorgängerbau das Mehldepot der Stadt Wien befunden hatte. Im Erdgeschoss des monumentalen Barockgebäudes, erbaut nach Plänen Johann Berhard Fischer von Erlachs, befand

sich ein Restaurant, im ersten Stock ein Saal für bis zu 200 Besucher, als Ballsaal geplant.
15 Bei seinem ersten Augartenkonzert spielte Mozart mit Josepha Auernhammer sein Doppelkonzert Es-Dur KV 365 (316a) und führte eine Sinfonie auf, entweder die sogenannte Pariser KV 297 (300a) oder die in C-Dur KV 338.
16 Michael Kelly schrieb in seinen *Reminiscences* über den Mozart der Jahre 1785–1787: «He was a remarkably small man, very thin and pale, with a profusion of fine fair hair, of which he was rather vain» (Michael Kelly: Reminiscences, Bd. I, S. 226).
17 Den skandalösen Vorfall arbeitete erstmals sachlich Gustav Gugitz auf («Zu einer Briefstelle Mozarts. Die Affaire Günther–Eskeles», in: Mozarteums-Mitteilungen, 3.Jg., Februar-Mai 1921, Heft 1–2, S. 41–49). Ausführlich schildert ihn Hilde Spiel (Fanny von Arnstein, S. 114–122). Gugitz berichtet auch vom Wiederaufnahmeverfahren, das seiner Ansicht nach der neue Kaiser Leopold II., «ein heftiger Widersacher seines Bruders», gerne betrieb, weil er damit «eine Probe seiner Gerechtigkeit geben konnte, freilich auf Kosten seines Bruders» (S. 48). Gugitz erwähnt den im HHStA dokumentierten Kabinettsbeschluss vom 7. Dezember 1791, durch den nicht nur Eleonore Eskeles vollständig rehabilitiert wurde, sondern auch Dr. Joseph Ferdinand Müller, «der über seine unschuldige Verhaftung zeitweilig den Verstand verloren hatte» und mit einer jährlichen Pension von 500 Gulden entschädigt wurde (ebda.).
18 Der Arzt Joseph Ferdinand Müller geriet ins Visier der Polizei, weil einer der beiden wirklichen Täter das Pseudonym Müller verwendet hatte.
19 Mozarts den Fakten widersprechender Bericht: MBA III, Nr. 691, S. 227–228.
20 Die ungewöhnliche Besetzung des Werkes erregte sofort Aufhorchen: 2 Oboen, zwei Klarinetten, 2 Bassetthörner, 4 Waldhörner, 2 Fagotte und 1 Kontrabass, alternativ Kontrafagott. Mozart schrieb mit dieser später *Gran Partita* genannten Serenade in B-Dur KV 361 (370a) ein wahres Gänsehautstück. Der Neurologe und Musiker Eckart Altenmüller, Direktor des Instituts für Musikphysiologie in Hannover, hat sich mit dem sogenannten Gänsehauterleben experimentell befasst. In Forschung. Das Magazin der deutschen Forschungsgemeinschaft 2/2012, S. 15–16 sagte er im Interview mit Rembert Unterstell dazu: «Wir haben Hunderte von Versuchspersonen befragt und beobachtet und hofften, ein ‹Gänsehautrezept› zu finden. Herausgekommen ist, dass immer ein interessanter Strukturwechsel dem Schauererleben vorausgeht. Das kann der Einsatz eines neuen Instruments sein, eine neue Klangfarbe, eine veränderte Lautstärke oder bestimmte harmonische Wendungen.» In literarische Sprache übersetzt findet sich dieser Effekt in Peter Shaffers Theaterstück *Amadeus*, mit dem der gleichnamige Film leider wenig zu tun hat. Auf der Bühne hört Salieri eben jene *Gran Partita*. Er kann sich nicht dagegen wehren, von dieser Musik ergriffen zu werden. «Oh, dieser Schmerz! Ein Schmerz, wie ich ihn noch nie gekannt hatte» (Peter Shaffer: Amadeus, Deutsch von Nina Adler, Frankfurt am Main 1994, S. 32/33).

Der Annahme, Mozart könnte das Stück bereits in dieser Besetzung für die Mannheimer Bläsersolisten zur *Idomeneo*-Zeit in München komponiert haben, widerspricht die Tatsache, dass das Bassetthorn, eine Altklarinette in F, in Wien erst im Jahr 1782 eingesetzt wurde, so auch in Mozarts *Entführung*.

21 Richard Strauss, siehe S. 397 Anmerkung 1.

22 Die Uraufführung der *Entführung aus dem Serail* KV 384 wurde noch am selben Abend von Karl Johann Christian Heinrich Graf und Herr von Zinzendorf und Pottendorf (1739–1813) in seinem Tagebuch schlecht rezensiert: «Abends im Theater: Die Entführung aus dem Serail. Die Musik ist zusammengestohlen. Fischer (als Osmin) spielte gut. Adamberger (als Belmonte) steif wie eine Bildsäule.» Mozart erwähnt er nicht.

23 Mozart schilderte seine Vorstellung, was seine Musik kann und soll, seinem Vater (MBA III, Nr. 629, S. 162–163, Z 40–43).

24 Argwohn und Zweifel durchziehen die gesamte *Entführung*. Belmonte zweifelt nicht an seinem Plan, er zweifelt an seinen Sinnen. «Täuscht mich die Liebe, war es ein Traum?» Er schwankt zwischen Dur und Moll. Die Melodie lässt erwarten, dass auf das Wort *Liebe* der Dominantdreiklang von E erklingt, doch man wird getäuscht, dorthin geführt, wo man erneut eine Auflösung erwartet getäuscht wird.

25 Mozart berichtete seinem Vater: «könnten Sie wohl vermuten, dass gestern eine noch stärkere Cabale war als am ersten Abend? Der ganze Erste ackt ist verzischet worden. – aber das laute Bravorufen unter den ersten arien konnten sie doch nicht verhindern» (MBA III, Nr. 677, S. 212, Z 7–10). Und gestand: «ich war so in Wuth dass ich mich nicht kannte» (Z 14).

26 Zum Dasein der Baronin von Waldstätten siehe Gustav Gugitz: «Von W. A. Mozarts kuriosen Schülerinnen», S. 17. Zur angeblich reizlos gewordenen Baronin: MBA III, Nr. 670, S. 206, Z 27.

27 Leopold Mozart schilderte den Charakter seines Sohns der Baronin von Waldstätten am 23. August 1782 (MBA III, Nr. 687, S. 222–223, Z 24–25). «Es sind zween einander entgegen stehende Sätze, die in ihm herrschen – zu viel oder zu wenig und keine Mittelstraße.»

28 Zur Gefahr feindlicher Angriffe: MBA III, Nr. 689, S. 224. Zum Vorwurf, großsprecherisch und mäkelig zu sein: MBA III, Nr. 681, S. 216.

29 Zur «Schmutzigkeit» des Kaisers: MBA III, Nr. 702, S. 238, Z 37–38. Zum roten Rock und den Perlmutt-Brillant-Knöpfen: MBA III, Nr. 696, S. 232/233, Z 19–29. Siehe auch Günther G. Bauer: «Mozarts goldene Uhren, Ringe und Tabatieren», S. 21. Die Knöpfe stammten aus der Brandauischen Knopffabrik am Kohlmarkt.

30 Das Lob der Gefälligkeit sang Mozart in MBA III, Nr. 715, S. 245–246.

31 In demselben Brief pries Mozart seine Konzerte als gut verkäufliches «Mittelding» an. Zu den Klavierkonzerten als Exprimentierfelder siehe Martin Geck (Mozart, S. 339–361).

32 Dass er die c-Moll-Messe KV 427 (417a) bereits zur Hälfte vollendet hatte, berichtete Wolfgang erstmals am 4. Januar 1783 (MBA III, Nr. 719, S. 248, Z 15–

18). Er muss also 1782 die Teile komponiert haben, mit denen er in Salzburg ankam: Kyrie und Gloria. Mozart wörtlich zur Salzburg-Reise: «meine Frau war als ich es versprach, noch ledig – da ich aber fest entschlossen war sie bald nach ihrer genesung zu heyrathen, so konnte ich es leicht versprechen – zeit und umstände aber vereitelten unsere Reise, wie sie selbst wissen – zum beweis der wirklichkeit meines versprechens kann die spart von der hälfte einer Messe dienen, welche noch in der besten hoffnung da liegt.» Das untermauert die alte These, nach der diese Messe das neue Werk war, welches Mozart am 26. Oktober 1783 in der Salzburger Stiftskirche St. Peter aufführte (Gerhard Croll: «Zwei Mozart-Messen in der Stiftskirche St. Peter»).

XIV.
1783: Was er heute gewinnt, zerrinnt ihm morgen
Oder: Eine Fahrt nach Salzburg bereichert und verarmt

1 Den privaten Faschingsball beschrieb Mozart seinem Vater: MBA III, Nr. 722, S. 251–252.
2 Zu Mozarts Einnahmen liegen Primärquellen vor, wenn auch nur zu einem Teil; so ist nicht belegt, welche Schüler wie viel für eine Stunde entrichtet haben. Der Mediziner Josef Frank schreibt von einem halben Dukaten pro Lektion (siehe Kapitel XXI). Vor allem aber wissen wir nicht über Mozarts Ausgaben Bescheid, nur über die Mietkosten liegen genaue Zahlen vor.
3 Das Fragment von Mozarts Vertonung von *Der Diener zweier Herren*, der Goldoni-Komödie, die Johann Nepomuk Friedrich Binder Freiherr von Krieglstein (1758–1790) ins Deutsche übertragen hatte, gilt als verloren.
4 Bei der Ouvertüre zu dem geplanten Stück *Die Liebesprobe* handelt es sich um das Fragment KV Anh. 28 (416a). Der Entwurf zu *Die Liebesprobe* ist abgedruckt bei Jahn II/1. Auflage, S. 515 f., *Der Salzburger Lump in Wien*, ebda., S. 514. *Die Liebesprobe* ist auch bei Nissen verzeichnet als «Eine unvollendete deutsche Operette, die in der Manier Aehnlichkeit mit der «Entführung aus d. Serail» hat, und worin die Namen H. v. Dummkopf, Rosaura, Trautel, Leander, Casperl, Wurstl, Knödl etc. vorkommen» (Anhang, S. 20, Nr. 17).
5 Den Plan zu der Pantomime erwähnte Mozart im Brief vom 15. Februar 1783 an den Vater (MBA III, Nr. 772, S. 252). Überliefert ist «Die Musik zu einer Pantomime» KV 446 (416d) für 2 Violinen, Viola und Bass nur in der Violinstimme. Aloisia gab die Colombine, ihr Mann den Pierrot, Constanze war hochschwanger und daher nicht einsetzbar.
6 Arlecchino leitet sich wohl von elecchino = der kleine Teufel ab, ebenso *hellequin*. Die *familia herlequin*, die einsame Leute schreckt, ist eine Dämonenschar und der wilden Meute Odins oder anderer mythischer Jäger ähnlich. Auch der Alichino in Dantes *Divina Commedia* ist ein Dämon. Der Harlekin ist arm: Sein Rhombengewand bestand ursprünglich aus zusammengenähten bunten Lumpen. Und wie Eros Mozart ist er immer auf dem Sprung.
7 Zu den Stücken der Akademie am 11. März 1783: MD, S. 189.

8 Zum Programm der Akademie am 23. März: MD, S. 189; die Variationen in G-Dur über Glucks Erfolgsstück *Unser dummer Pöbel meint* (KV 455) wurden offenbar in gedruckter Form sehr populär. Der Mediziner Josef Frank, der bei Mozart Klavierunterricht nimmt, führt dieses Stück, neben der Fantasie, als eines auf, das er beherrscht (MD, S. 189).
9 Die Zeitung nennt diese Summe für den 22., recte 23. März 1783 (MD, S. 190–191), wie auch Braunbehrens (Mozart in Wien, S. 199), der aber meint, Mozarts Gluck-Improvisation habe erst danach stattgefunden. Das ist laut Deutsch (MD, S. 189) und anderen Quellen unrichtig. Auch die Einladung zu Gluck erfolgte nicht nach dem 23. März, wie Braunbehrens schreibt, sondern davor. Die Variationen schrieb Mozart selbst im Jahr darauf nieder KV 398 (416 e).
10 Am 2. März meinte *Cramers Magazin der Musik* eine «Nachricht von der churfürstlich-cöllnischen Hofcapelle zu Bonn / Lois van Bettoven»: «Dieses junge Genie verdiente Unterstützung, dass er [recte: es] reisen könnte» (MD, S. 188).
11 Stadler wird zitiert bei Klaus Martin Kopitz («Du kanntest Mozart?», S. 309).
12 Zitiert nach Otto Biba: «Nachrichten über Joseph Haydn, Michael Haydn und Wolfgang Amadeus Mozart in der Sammlung handschriftlicher Biographien der Gesellschaft der Musikfreunde in Wien», S. 162. «Mozart hatte in der freyen Fantasie Kunst Keinen seines Gleichen. Er fantasirte so ordentlich, als wenn er es geschrieben vor sich liegen gehabt hätte. Dieß brachte Mehrere auf den Gedanken, dass, wenn er öffentlich mit einer Fantasie auftrat [sic!], er sich vorher alls [sic!] genau ausgedacht, und vorbereitet haben müsste. Albrechtsberger dachte ebenso.»
13 Die Vermutung, das Libretto zu *Lo sposo deluso, ossia La rivalità di tre donne per un solo amante* KV 430 (424 a) stamme von Lorenzo Da Ponte, ist bis heute nicht untermauert.
14 Martin Staehelin hat die Entstehungsgeschichte des Rondos in D-Dur KV 412 (386 b) neu beleuchtet («Neue ‹Beyträge zu Mozarts Lebensbeschreibung›», S. 102 ff.). Grundlage dafür ist eine dokumentierte Äußerung von Constanze Mozart, in der sie diese Szene mit Joseph Leitgeb (1732–1811) schildert. Sie ist Beleg dafür, dass Mozarts Lustigkeit sich blitzschnell in Grausamkeit verwandeln kann. Die Überschrift zum Hornkonzert (KV 417) lautet: «Wolfgang Amadé Mozart hat sich über den Leitgeb Esel, oh du Narr erbarmt zu Wien 27. May 1783». Und damit es auch klar ist, hat er mit Rötel oben links nochmals hingeschrieben: «Leitgeb Esel».

Dass der «Esel» komponiert hat und was er technisch vermochte, erkundete Karsten Nottelmann, der auch die Entstehungszeit der Hornkonzerte neu untersuchte («‹Die Solo gab Leitgeb dazu›. Neues zu Mozarts Hornkonzerten», in: AM, 59. Jg., Heft 2, Dezember 2012, S. 123–138). Zu Leitgeb (auch Leutgeb, wie er auch in dem im Lauftext korrigierten Zitat geschrieben wird) ist online eine neue Publikation verfügbar: Michael Lorenz: «A little Leitgeb Research», Wien 2013. http://michaellorenz.blogspot.de/2013/04/a-little-leitgeb-research.html.
15 Constanze Mozart-Nissen sang Mary und Vincent Novello die entsprechen-

den Passagen des d-Moll-Quartetts KV 421 (417b) vor. Es handelt sich um die Takte 30 und 31 und ihre Wiederholung in den Takten 46 und 49 im Andante. Das jähe Forte bei den Oktavsprüngen und darauffolgendem Dezimsprung findet sich bei Mozart sonst nicht. Auch wenn es viele Forscher lange Zeit abgelehnt haben, so viel körperlich Konkretes aus diesem Werk herauszuhören, wird das heute von den meisten Mozart-Forschern anerkannt.

16 Mozarts Meinungsumschwünge zur Baronin von Waldstätten: MBA III, Nr. 697, S. 233, Z 1–3 («Allerliebste, Allerbeste ...»); Nr. 719, S. 249, Z 39–40 («denn die hat einen grossen schus»); Nr. 720, S. 250, Z 18 («sie ist schwach»); MBA VIII, Nr. 731a, S. 55 und MBA III, Nr. 729, S. 258–259. Zu Cäcilia Weber: MBA III, Nr. 752, S. 273, Z 9 bis S. 274, Z 10.

17 Dem in den letzten beiden Jahrzehnten mehrmals geäußerten Zweifel daran, dass es sich bei der in Salzburg aufgeführten Messe um die große c-Moll-Messe handelt, ist vor allem Gerhard Croll («Zwei Mozart-Messen in der Stiftskirche St. Peter») entgegengetreten, aber auch Petrus Eder liefert stichhaltige Argumente dafür, dass dort damals die c-Moll-Messe zu hören war (Petrus Eder, OSB: «Die Umstände der Uraufführung der Missa in c-Moll KV 427 (417a)»).

18 Wir können auf Maria Annas verschollene Briefe nur aus einem Brief schließen, den Constanze vor Reiseantritt an die Schwägerin schrieb (MBA III, Nr. 760, S. 280–281, hier S. 280: «Nur Verdross [sic!] ihn [Mozart] ihr argwohn, dass wir nicht gleiche sehnsucht haben möchten; und in der that, es schmerzte mich selbst!» Die beiden hatten einen Überraschungsbesuch geplant, was durch Maria Annas Insistieren nun vereitelt wurde; «wenn sie – schweigen können, um welches wir ihnen auch sehr bitten; denn nur unter dieser bedüngnisse entdecken wir ihnen die Wahrheit. Genug, sie haben uns unser geheimnüss durch ihre schlimmen briefe heraus gepresst.»

19 Hierzu ausführlich Günther G. Bauer: Mozart und Constanze 1783 zu Besuch in Salzburg, S. 21 ff. Wie Maria Anna schon im Vorfeld das Klima in Salzburg vergiftet hatte, belegt Constanze Mozarts Brief (s. o.).

20 Es handelt sich um die Duos für Violine und Viola (KV 423 und 424), die von Colloredo in Auftrag gegeben wurden, in dessen Orchester es jedoch interessanterweise keine Violen gab. Dass der Anstoß von seinem Dienstherrn kam, machte den Druck erklärbar, unter dem Michael Haydn stand. Außerdem dürften in Salzburg entstanden sein: KV 422, vielleicht Teile von KV 430 (424a) und die Klaviersonaten KV 330 (300h), 331 (300i) und 332 (300k).

21 Günther G. Bauer und Ulrich Konrad, dessen Stellungnahme Bauer zitiert, haben zu diesem Punkt neue Überlegungen angestellt (Bauer, Mozart und Constanze 1783 zu Besuch in Salzburg, S. 129). Zu Mozarts Brief aus dem Januar 1783, was die Beweggründe zur Komposition der c-Moll-Messe angeht: Anm. 32, Kapitel XIII.

22 Nicht nur die Beschäftigung mit *L'oca del Cairo* (KV 422) und *Lo sposo deluso* KV 430 (424a), zeugen von Mozarts fiebriger Suche nach einem neuen Opernstoff. Ebenso ein offenbar ganz oder partiell in Salzburg komponiertes Terzett

für eine Tenorstimme und zwei Bassstimmen, *Del gran regno delle amazzoni* KV 434 (480 b): Es war Teil der ersten Szene einer *opera buffa*, die Mozart komponieren wollte. Grundlage dafür war wohl das Libretto zu der erfolgreichen Oper *Il Regno delle Amazzoni* von Petrosellini, die in diesem Jahr in Parma, vertont von Agostino Accorimboni, großen Erfolg verbuchen konnte. *L'oca del Cairo* (KV 422) blieb Fragment; die *opera buffa* oder das *dramma giocoso* sollte erst im April 1860 in Frankfurt am Main uraufgeführt werden. Die schon von Einstein geäußerte Vermutung, der Textdichter von *Lo sposo deluso* könnte Da Ponte gewesen sein, ist nach wie vor unbewiesen.

23 In St. Peter standen Mozart nur 12 Sänger, Männer- und Knabenstimmen, zur Verfügung, außerdem circa 12 Instrumentalisten. Für die Messe in c-Moll brauchte es aber bereits 11 Bläser, zusätzlich Streicher, Pauken und Orgel, außerdem einen sehr viel größeren Chor. Auch die Tatsache, dass die an diesem Vormittag freien Hofmusiker einspringen mussten, spricht für die Aufführung dieser Messe.

24 Maria Anna Mozart berichtete in ihrem Tagebuch (Geffray/Angermüller (Hrsg.): Marie Anne Mozart. «meine tag ordnungen», S. 148) von «Streitt und Zorn des hr: bullinger». Vielleicht teilte Bullinger die Ansicht von Leopold und Tochter, den beiden Gästen aus Wien stünden die Geschenke aus Wolfgangs Kindheit nicht zu. Schließlich hatte Leopold die Kredite seines Sohns abbezahlt und die Schwester ihm Geld geliehen, das sie nie zurückbekam.

25 Das schilderte Constanze später Mary und Vincent Novello (Eine Wallfahrt zu Mozart, S. 110).

26 Günther G. Bauer, a. a. O., S. 29–30 hat die Kosten dieses dreimonatigen Aufenthalts recherchiert. Sein Fazit: «Mozart und Constanze brauchten in Salzburg überraschend viel Geld. Und wohl auch ein paar kleinere und größere Kredite.» Leider liefert er dazu keine Belege. Mozart hat angeblich im Jahr 1783 um die 2250 Gulden verdient, mehr als ein Universitätsprofessor oder ein Hofsekretär (hierzu Peter Tschmuck: «Der Komponist als Unternehmer: Der Wandel der sozio-ökonomischen Lage der Komponisten im späten 18. Jahrhundert», S. 90–91).

27 Dass Mozart und Constanze auf irgendeine Brautgabe spekuliert hatten, belegt eine Bemerkung in Nissens Mozartbiographie und eine Notiz in Nissens «Kollektaneen». «Er hatte gehofft, dass man seine Frau mit einigen seiner Jugendgeschenke erfreuen würde, welches gänzlich unterblieb.» Der nicht gedruckte Zusatz lautet: «Das Bewusstsein, dass man so ein Unrecht that, scheint das ganze Betragen gegen ihn und seine Frau in einen gezwungenen Zustand versetzt zu haben» (Rudolf Lewicki: Aus Nissens Kollektaneen, S. 29). Möglicherweise hatte der Streit mit Abbé Bullinger damit zu tun, dass der Abbé, der von Mozarts Schulden beim Vater wusste, diese Forderung unverschämt fand. Was die Mozarts an Präsenten auf Reisen bekommen hatten, hat Günther G. Bauer zusammengetragen («Mozarts goldene Uhren, Ringe und Tabatieren»).

28 Michael Lorenz vermutet, dass Mozart bei diesem Salzburg-Aufenthalt den

bedrängten Freund Franz Jakob Freystädtler ermuntert hat, nach Wien umzuziehen («Franz Jakob Freystädtler. Neue Forschungsergebnisse», S. 89, Fußnote 28).
29 Mozarts Ausfälligkeiten über *Gretl* Marchand: MBA III, Nr. 766, S. 292.
30 Die Linzer Sinfonie trägt das KV 425. Die Vermutung, dass Mozart bereits in Salzburg Teile davon komponiert hat, widerlegt seine eigene Formulierung.
   Zum *Ecce homo* der Brief von Constanze Mozart-Nissen an Breitkopf und Härtel vom 21. Juli 1800: MBA IV, Nr. 1301, S. 360, Z 15–17. Sie listete auf, was sie dem Verlag an Memorabilien auslieh: «ein Ecccehomo mit der Inschrift: dessiné par W. A. Mozart, Linz ce 13 Nov 1783. dédie à M. e Mozart son épouse, woraus man sieht, dass er auch dazu Talent hatte.»
31 Dazu Martin Staehelin: «die Berechtigung, das von Constanze genannte Rondo tatsächlich auf KV 412 (386 b)/KV 514 zu beziehen, ergibt sich nun besonders mit dem bisher nie einleuchtend erklärten Zitat des choralen Lamentationstones deutlich, der dem autographen Entwurf fehlt und Mozart bei der Niederschrift während der Drangsalierung Leitgebs spontan eingefallen sein dürfte» («Neue ‹Beytträge zu Mozarts Lebensbeschreibung›», S. 103).
32 Raimund Leopold war bereits am 19. August 1783 an «Gedärmfrais» gestorben. Dass, wie Bauer vermutet, die Nachricht vom Tod des kleinen Raimund in Salzburg die Stimmung getrübt hat, ist kaum möglich. Die Ziehmutter in der Vorstadt hätte keinen Grund gesehen, einen großen Aufwand für die Todesmeldung zu betreiben, wenn sie überhaupt des Schreibens mächtig war. Kindersterblichkeit war damals an der Tagesordnung. Von Raimunds Tod konnten die Mozarts frühestens in Linz erfahren haben, wahrscheinlich erfuhren sie davon erst in Wien.
33 Mozart legt die Sache seitenlang im letzten Brief des Jahres an seinen Vater vom 6. Dezember 1783 dar (MBA III, Nr. 770, S. 293–294).
34 Der auf Betreiben der Stadtgemeinde Wien errichtete Bau war in Wien sehr beliebt, weil er mit Casino und Tanzsälen für jede Art von Vergnügung gerüstet war. Im ersten Stock des Hauses befand sich ein Ballsaal; er wurde gegen Ende des 18. Jahrhunderts immer öfter auch als Konzertsaal genutzt.
35 Die von Martin Staehelin zusammengetragenen Äußerungen von Zeitzeugen liefern hier neue Informationen zu Mozart, dem Spieler. Er zitiert Constanze Mozarts Äußerung über ihren Mann und die Doppelrolle von Philipp Jakob Martin: «Er spielte eine Zeitlang in der Zahlenlotterie nach Berechnungen, die er von dem bekannten Abentheurer Martin gelernt hat. Aus S. 8 einer Beylage sieht man, wie unverdrossen er diese einfältigen Berechnungen machte. Bey allem, was er unternahm, verläugnete er seinen Charackter nie: mit ganzer Seele an dem zu hangen, was er vor sich hatte: hoc agebat. Er ruhte nicht, bis er begriff, was er lernen wollte. So mit Sprachen, Rechnen, Mathematick, Algebra» (S. 97). Staehelin kommentiert: «leider ist die von Constanze genannte *Beylage*, die das hätte anschaulich machen können, verloren (ob es sich dabei um spektakuläre Zahlennotizen wie auf dem Rätselblatt Berlin, Staatsbibliothek PK, Mus. Samml. Härtel 242, oder dem

Skizzenblatt Konrad 1782 d gehandelt haben könnte, dann freilich in entschiedener Verkennung ihrer Rätsel- bzw. ihrer Kontrollfunktion zu Satzumfängen der *Entführung* durch Constanze? Zum zweiten Blatt siehe auch Wolfgang Plath: Das Skizzenblatt KV 467a in: MJb 1959, Salzburg 1960, S. 114–126). Der besondere Wert der hier erhaltenen Mitteilung Constanzes liegt zunächst in der Ein- und Erstmaligkeit ihrer klaren Lotto-Aussage, sodann darin, dass durch sie Mozarts Geldknappheit in der Wiener Zeit insgesamt noch besser erklärbar wird» (Staehelin, «Neue ‹Beyträge zu Mozarts Lebensbeschreibung›», S. 98).

36 Volkmar Braunbehrens (Mozart in Wien, S. 153) errechnete Einnahmen in Höhe von 2250 Gulden für das Jahr 1783, meint aber, es sei eine deutlich höhere Summe wahrscheinlich, da viele Posten unbekannt sind, so der Betrag, den er in Linz kassierte, oder Erlöse aus erneuten Aufführungen der *Entführung* in Wien; für Aufführungen auswärts bekam er leider nichts. Andere Autoren wie Uwe Krämer («Wer hat Mozart verhungern lassen?», in: Musica 1976, S. 203–210) reden von erheblich höheren Summen.

XV.
1784: Schwebt wie Eros zwischen Himmel und Erde
Oder: Entrückung am Klavier, Vaterfreuden und Freimaurerleiden

1 So Richard Strauss (siehe S. 9 und S. 397, Anm. 1): «Die Mozartsche Melodie – losgelöst von jeder irdischen Gestalt – das Ding an sich, schwebt gleich Platons Eros zwischen Himmel und Erde, zwischen sterblich und unsterblich – befreit vom ‹Willen› – tiefstes Eindringen der künstlerischen Phantasie, des Unbewussten, in letzte Geheimnisse, ins Reich der Urbilder.»

2 Richard Armbruster hat zu diesem Werkverzeichnis die bis heute aktuelle Forschungslage beschrieben (Richard Armbruster: «‹Verzeichnüß aller meiner Werke von Monath Febrario 1784 bis Monath 1›. Zukunftsperspektiven und Nutzungsziele des Eigenhändigen Werkkatalogs von Mozart»).

3 Die drei Arien KV 418, 419 (für Aloisia Lange) und 420 (für Valentin Adamberger) sollten Pasquale Anfossis Oper bei der Wiener Erstaufführung Neuigkeitswert geben. Mozart setzte mit seinem tendenziösen Bericht an den Vater (MBA III, Nr. 754, S. 276–277) darauf, dass Leopold Klüngeleien der «Welschen» immer bereitwillig glaubte. Er selbst hatte den Samen zum wachsenden Misstrauen seines Sohns gegenüber den angeblich miteinander verschworenen Italienern gelegt.

4 Die Liste, auf der sich auch der Onkel von Barbara (Babette) Ployer findet, ist in MBA III, Tafel VII und VIII im Faksimile wiedergegeben (und MBA III, Nr. 780, S. 305–307).

5 Der sogenannte Trattnersche Saal war entstanden, indem Trattner in die St. Georgs-Kapelle auf der Höhe des 1. Stockwerks eine Decke hatte einziehen lassen.

6 Dort spielte Mozart beim ersten Subskriptionskonzert am 17. März KV 449 in Es-Dur, beim zweiten am 24. März KV 450 in B-Dur, beim dritten am

31. März KV 451 in D-Dur. Am Tag zuvor hatte er sein Klavierquintett KV 452 komponiert; hierzu auch Michael Lorenz: Mozart in the Trattnerhof. http://michaelorenz.blogspot.de/2013/09/mozart-in-trattnerhof.html.

7 Zum virtuosen Anspruch der Konzerte, «die schwizen machen», wie Mozart zugab, und den Passagen mit «‹mains croisées›, mit nicht zuletzt optisch attraktiven überschlagenden Händen», siehe Nicole Schwindt: «Musisches Grundbedürfnis – virtuoser Stolz. Mozart als Spieler eigener und fremder Werke», S. 104.

8 In seinen «Reminiscences» zitiert Michael Kelly Mozarts Bekenntnis zur Melodie als dem Wesentlichen: «Melody is the essence of music.» Außerdem gibt er einen Vergleich des Pferdeliebhabers Mozart zum Thema wieder: «I compare a good melodist to a fine racer, a counterpointist to hack post-horses» («Ein edles Rennpferd braucht einen Melodienerfinder, für Postkutschenpferde tut's ein Kontrapunktsetzer») (Michael Kelly: Reminiscences, Bd. 1, S. 228).
Mozarts Fazit, so Kelly, sei ein italienisches Sprichwort gewesen: «*Chi più sa, meno sa* – Wer mehr weiß, weiß weniger.»

9 Schon 1781 hatte Mozart das mangelnde Liniespielen an Josepha Auernhammers Vortrag bemängelt, obwohl er zugab, sie spiele *zum entzücken* (MBA III, Nr. 608, S. 135, Z 27–29). Die gerne zitierte Behauptung Beethovens, dass Mozart selbst kein guter Legatospieler gewesen sei, hat Beethovens Schüler Carl Czerny überliefert. Richtig gelesen belegt dieses Zitat aber das Gegenteil von der üblichen Interpretation: Es bezeugt, dass Mozart trotz der dafür völlig ungeeigneten Technik der damals üblichen Kielflügel, also Cembali, legato zu spielen versuchte, was darauf kaum möglich war. «Hierauf ging er [Beethoven] mit mir die zu diesem Lehrbuch gehörigen Übungsstücke durch und machte mich unverzüglich auf das Legato aufmerksam, dass [sic!] er selber in einer so unübertrefflichen Art in seiner Macht hatte und das zu jener Zeit alle andern Pianisten auf dem Fortepiano für unausführbar hielten, indem damals : noch vor Mozarts Zeit, : das gehackte u kurz abgestossene Spiel Mode war. : Auch hat mir in spätern Jahren Beethoven erzählt, dass er Mozart mehrmal spielen gehört u dass dieser, da zu seiner Zeit die Erfindung des Fortepiano noch in ihrer Kindheit war, sich auf dem damals gebräuchlichen Flügel [Kielflügel, d. h. Cembalo] ein Spiel angewohnt hatte welches keineswegs für die Fortepiano passte.» Zitiert nach: Klaus Martin Kopitz: «Du kanntest Mozart?», S. 274.

10 Das *Ribiselgesicht* Anton Stadler (1793–1812), geboren in Bruck an der Leitha, war mit seinem jüngeren Bruder Johann Nepomuk Stadler (1755–1804) sofort in die neu gegründete Harmoniemusik des Kaisers aufgenommen worden. Beide spielten im Orchester des Burgtheaters. Der Vater der beiden war ursprünglich Schuster, hatte aber wohl mit dem Umzug nach Bruck den Beruf gewechselt und war Musiker geworden. Im Trauungsbuch der Wiener Piaristenkirche Maria Treu bezeichnete Anton Stadler bei seiner Heirat am 12. Oktober 1780 seinen Vater als «Musicus». Die Mutter Sophie Stadler war Hebamme; hierzu ausführlich Michael Lorenz («Mozarts Patenkind», in: AM, 58. Jg., 2011, Heft 1, S. 57–70).

Stadler verdankte den Spitznamen *Ribiselgesicht* wohl seinen johannisbeerartigen Pickeln und nicht, wie einige Autoren behaupten, seinem angeblich hochroten Kopf beim Spiel. Denn es wurde überall betont, wie unangestrengt, ja mühelos sein Spiel wirkte. Dass Mozart im Publikum saß, als Stadler in seiner Gran Partita KV 361 (370 a) Klarinette spielte, ist möglich, aber nicht gesichert. Schließlich führte Mozarts Schülerin Maria Anna Barbara, genannt Babette Ployer, an demselben Abend in einem Hauskonzert das ihr gewidmete Konzert KV 449 erstmals auf (siehe Anm. 17).

11 Johann Friedrich Schink erlebte dieses Konzert mit und schrieb: «Sollst meinen Dank haben, braver Virtuos! Was Du mit deinem Instrument beginnst, das hört' ich noch nie. Hätt's nicht gedacht, daß ein Klarinett menschliche Stimme so täuschend nachahmen könnte, als du sie nachahmst. Hat doch dein Instrument einen Ton, so weich, so lieblich, dass ihm niemand widerstehen kann, der ein Herz hat, und das hab' ich, lieber Virtuos; habe Dank» (MD, S. 206, original in: Johann Friedrich Schink: Literarische Fragmente, Bd. 2, Graz 1785).

12 So heißt es in einem Lobgedicht auf Anton Stadler: «Fast glaubet man, er blase nicht, / Wenn man nicht müsst ihn blasen sehen, / Ein jeder hält es für Gedicht, / Was seine Kunst doch lässt gestehen.» Zitiert in: Ernst Schlader: «‹... dergleichen man nie höret noch ...›. Unbekannte Dokumente zu Anton Stadler im Stift Kremsmünster», in: In signo Wolfgang Amadé Mozart, 20. Jg., Dezember 2010, Heft 34, S. 11–20.
Die beiden Brüder Stadler waren auch auf anderen Holzblasinstrumenten Virtuosen, so auf dem Bassetthorn.

13 Das Programm wurde angekündigt im *Wienerblättchen* vom 1. April (MD, S. 198). Bei der neuen Sinfonie handelte es sich um die Sinfonie KV 425, die sogenannte Linzer, das neue Klavierkonzert war KV 450 oder 451, bereits am 24. März beziehungsweise am 31. März im Privatsaal des Trattnerhofs aufgeführt. Bei der angeblich brandneuen Sinfonie zu Beginn «mit Trompeten und Paucken» könnte es sich um die Haffner-Sinfonie KV 385 gehandelt haben. Wirklich neu war mit Sicherheit nur ein Werk: das Klavierquintett KV 452 in Es-Dur.

14 Das Quintett KV 452 für Klavier, Oboe, Klarinette, Horn und Fagott treibt Mozarts Lust am harmonischen Verstoß auf einen neuen Höhepunkt. Es schillert von verbotenen Quintparallelen, von Tritoni und verminderten Septakkorden aus zwei Tritoni. Nicht genug damit: Er verschiebt sie auch noch, oft auch noch parallel. Manfred Hermann Schmid geht in seinem unverzichtbaren Beitrag über den «Wiener Ton» in der Arie *Dove sono* und diesem Quintett noch auf andere Elemente ein, die jenes Stück singulär werden lassen, so das, was er treffend «solistische Maßlosigkeit» nennt. Er beschreibt zudem präzise, wie es Mozart anstellt, dass dem Hörer «jeder Halt verloren» geht, und zeigt auf, wo er «betrunkene Takte» diagnostiziert (Manfred Hermann Schmid: «Der Wiener Ton im Werk Mozarts. Anmerkungen zum ‹Dove sono i bei momenti› aus dem ‹Figaro› und zum Quintett mit Bläsern KV 452», S. 204–

205). Schmid untersucht sehr sorgfältig den unterschiedlichen Aufbau der verglichenen Werke, geht jedoch nicht auf die inhaltliche Dimension ein.
Mozart am 10. April 1784 an den Vater dazu: «ich selbst halte es für das beste was ich noch in meinem Leben geschrieben habe. – es besteht aus 1 oboe, 1 Clarinetto, 1 Corno, 1 fagotto und das Piano forte; – Ich wollte wünschen sie hätten es hören können! – und wie schön es aufgeführt wurde!» (MBA III, Nr. 783, S. 309, Z 8–11)

15 Anton Stadlers schlechter Ruf, über den an anderer Stelle noch berichtet wird, wurde auch von Constanze Mozart und Nikolaus Nissen kolportiert. Constanze schrieb am 31. Mai 1800 an den Verleger Johann Anton André in Offenbach (MBA IV, Nr. 1299, S. 356, Z 138–144): «Mit dem Clarinettisten Stadler dem ältern muß wegen solcher Sachen gesprochen werden. Dieser hat mehrere [Partituren] im Original gehabt, und hat noch unbekannte Trio's für bassethörner [sic!] in Copie. Er behauptet, dass ihn sein Coffre, worin diese Sachen waren, im Reich gestohlen worden sind. Andre aber versichern mich, dass dieser Coffre im Reich für 73 ducaten versezt ist; es sind aber auch, glaube ich, Instrumente und andre Sachen bey diesen Originalen im Coffre gewesen.»

16 Mozarts Eintrag lautet korrekt: «Vogel Stahrl 34 Kr.» (MD, S. 199 und MBA III, Nr. 794, S. 317).

Die beiden US-amerikanischen Forscher Meredith J. West und Andrew P. King, Professoren an der Indiana University und der Duke University, haben in «Mozart's Starling» die Vermutung gewagt, nicht der Star habe von Mozart diese Melodie gelernt, sondern Mozart habe sie vom Star übernommen. Ihrer Ansicht nach legt die Chronologie der Ereignisse nahe, dass nicht Mozarts Star die Melodie des bereits komponierten G-Dur-Klavierkonzertes gelernt hat, sondern vielmehr Mozart eine Melodie, die der Star sang, also irgendwo aufgeschnappt hatte, in sein Konzert einbaute. Die erste öffentliche Aufführung des Konzerts durch Mozarts Schülerin Barbara Ployer fand am 13. Juni statt. Den Brief an seinen Vater schrieb Mozart am 26. Mai, also einen Tag bevor er den Erwerb des Stars in sein Haushaltsbuch eintrug. West und King schreiben: «Unsere Recherche suggeriert, dass die Melodie sicher innerhalb der Fähigkeiten des Vogels lag, aber wie wurde sie übermittelt?» Sie halten es für möglich, dass Mozart, wie andere Tierliebhaber, die Vogelhandlung schon vor dem 27. Mai besucht und mit dem Star kommuniziert hatte. Einleuchtend ist ihr Argument, was das Alter des Vogels angeht. Ein im Mai gekaufter Star, so West und King, sei im Mai «entweder ganz jung oder ein starkes Jahr alt, jung genug, um neues Material zu erlernen, aber bereits ein vollendeter Pfeifer. Da es uns unwahrscheinlich erscheint, dass ein sehr junger Vogel eine Melodie derart präzise imitieren kann, gehen wir von dem älteren Vogel aus. Das Thema im Fall von KV 453 ist oft verglichen worden mit einem deutschen Volkslied und mag anderen populären Melodien geähnelt haben, die dem Star bereits bekannt waren» (Mozart3htm, S. 3). Fazit der Forscher: «Einige Biographen vermuten einen entgegengesetzten Verlauf der Übermittlung – von dem Star zu Mozart zum Konzert – aber das Datum der Vollendung von KV 453 am 12. April macht diese Abfolge der Ereignisse unwahrscheinlich, wenn nicht unmöglich» (ebda.).

17 Maria Anna Barbara Ployer (1765–1810) war nicht, wie lange behauptet, die Tochter des geadelten Hofagenten, sondern von dessen Cousin, dem Bürgerlichen Franz Cajetan Ployer. Bis zu ihrer Heirat lebte sie aber im Haus des Onkels Gottfried Ignaz von Ployer in Wien, wo sie ihre Ausbildung bekam. Barbara Ployer galt als eine der besten Pianistinnen ihrer Zeit und komponierte auch. Ihr verschollenes, nur in Auszügen überliefertes Stammbuch dokumentiert, wie sehr sie von den Komponisten Wiens, darunter auch Albrechtsberger und Haydn, geschätzt wurde. Mit ihrer Verheiratung 1787 enden sämtliche Berichte über eine künstlerische Betätigung; nach Erkundungen von Michael Lorenz («New and Old documents concerning Mozart's pupils Barbara Ployer and Josepha Auernhammer») litt sie ab 1805 an Verfolgungswahn. Lorenz legt dar, dass Mozart sie wohl schon seit 1782 kannte; nach Wien gekommen war sie bald nach dem Tod ihrer Mutter (1779). In der Stadt wohnte Barbara laut Lorenz in der großen Wohnung ihres Onkels, Lugeck 796 (Haus zum Goldenen Igel, heute Rotenturmstraße 10). Lorenz macht plausibel, dass das Konzert vom 23. März 1784 nicht, wie bisher behauptet, auf Gottfried von Ployers Landsitz in Döbling stattfand, sondern im Salon der Stadtwohnung. In diesem etwa 50 Quadratmeter großen Raum spielte sie mit einem kleinen Orchester an diesem Tag erstmals das ihr gewidmete, von ihrem Onkel in Auftrag gegebene und gut bezahlte Konzert KV 449 (MD, S. 198); Mozart selbst hatte es aber schon am 17. März bei Trattner vorgeführt. Neuerdings wird vermutet, für Babette Ployer sei auch das Konzert KV 488 geschrieben worden (Robert D. Levin, zitiert nach Lorenz: «New and old documents», Fußnote 17). Zu Barbara Ployer außerdem Michael Lorenz: «Gottfried von Ployers Haus in Döbling – eine vergessene Mozart-Stätte. Nebst biographischen Bemerkungen zu Babette Ployer».

18 Hierzu Walther Brauneis: «Mozart: In und vor der Stadt», S. 2–8; in Wien gab es für 60 Gulden Jahreszins bereits eine durchschnittlich gute Wohnung, für 230 Gulden eine sehr komfortable in guter Lage.

19 Der Brief, in dem Mozart sich seitenlang über die «Schwemmerl Lieserl» ergeht: MBA III, Nr. 793, S. 314–317.

20 Ein Dienstmädchen erhielt in Wien damals bestenfalls 30 Gulden Jahresgehalt.

21 Sie «suff sich so vull, dass sie nicht gehen konnte, sondern sich anhalten musste, und das letzte mal, ihr bett ganz anspie» (ebda., S. 316, Z 60–61).

22 Die Episode wird geschildert bei Klaus Martin Kopitz: «Du kanntest Mozart?», S. 282. Dort auch Angaben zu Hasenhut (1761–1825).

23 Ebda., S. 283.

24 Maria Anna Mozart heiratete am 23. August 1784 den Pfleger Johann Baptist Franz von Berchtold zu Sonnenburg (1736–1801) in St. Gilgen und zog so in das Haus ein, aus dem ihre Mutter stammte; den Salzburger Adelstitel von Sonnenburg hatte erst der Großvater von Maria Annas Ehemann erhalten. Mit

den Mozarts bekannt war der Schwiegersohn seit spätestens 1776, ausgesucht hatte ihn der Vater, um seine Tochter, mit damals 33 Jahren eine alte Jungfer, ordentlich versorgt unter die Haube zu bringen. Die Ehe, in der sie drei Kinder gebar, wurde wie zu erwarten unglücklich. Gleich nach dem Tod ihres Mannes zog Maria Anna wieder nach Salzburg zurück.

Das anzügliche *Ehestandsgedicht* schrieb Mozart am Ende seines Briefs vom 18. August 1784 (MBA III, Nr. 800, S. 321).

25 Am 19. Oktober 1782 bekannte Mozart dem Vater, «dass ich ein ErzEngelländer bin». Zu Mozarts Anglophilie, sogar Anglomanie ausführlich Peter Branscombe («Mozart the Arch-Englishman», bezugnehmend auf einen Vortrag bei einem Mozart-Symposium in London vom 25. Januar 1991).

26 Am 30. September 1784 trägt Mozart das B-Dur-Konzert in sein Verzeichnis ein (KV 456).

27 Es handelt sich hier um das Klavierkonzert KV 459 in F-Dur. Da Mozart es später im Rahmen der Feiern zur Kaiserkrönung von Leopold II. in Frankfurt zusammen mit dem Konzert KV 537, dem sogenannten ersten Krönungskonzert, spielte, wird es als zweites Krönungskonzert geführt.

28 Die Aufnahme Mozarts erfolgte in diesem Gebäude. Meister vom Stuhl war sein alter Freund Otto Freiherr von Gemmingen. Erst nach der Auflösung der Loge *Zur Wohltätigkeit* und der benachbarten *Zur Eintracht* verkehrte er im Haus des Baron Moser, wo andere Logen bereits ihren Sitz hatten (Guy Wagner: Bruder Mozart, S. 83). Das Logenbuch wird zitiert nach Wagner (S. 280 f.).

XVI.
1785: Vom Dämon beseelt
Oder: Rastlos als Unternehmer und Erfinder

1 Mozarts Wohnung verfügte über 4 Zimmer, 2 Kabinette, Küche, Dachboden, Keller, 2 Holzgewölbe und kostete 450 Gulden. Nachmieterin der Mozarts war eine *Gräfinn v Stahrenberg* (siehe A-Wsa, Steueramt Fassion B34/3, fol. 289). Hierzu auch Michael Lorenz: «Mozart's Apartment on the Alsergrund», S. 1. Walther Brauneis, der die Größe der Wohnung mit 160 Quadratmetern angibt («Mozart: In und vor der Stadt», S. 3), vermutet hinter der Nachmieterin Aloisia Gräfin von Starhemberg, geborene Breune (gestorben 1794), die nach seiner Ansicht Mozart die Wohnung weiterhin zur Verfügung gestellt hat. Das wäre, so Brauneis (S. 8), in der anstrengenden Entstehungszeit des *Don Giovanni* von Vorteil gewesen, weil Da Ponte in nächster Nähe wohnte (Heiliggeisthaus, am Ende der Freyung gegen den Tiefen Graben). Wenn er sie als Arbeitswohnung nutzen durfte, dann erklärt sich nach Brauneis auch, dass Mozart im August zwei Briefe aus Wien, nicht aus dem Vorort Landstraße absandte. Zum Wohnsitz von Da Ponte außerdem mit von Brauneis zeitlich divergierendem Ergebnis und weiteren neuen archivalischen Fundstücken: Michael Lorenz: «Lorenzo Da Ponte's Viennese Residence in 1788», Online-

Anmerkungen zu den Seiten 228–230

Ressource 2013. http://michaelorenz.blogspot.de/2013/02/lorenz-da-pontes-viennese-residence-in.html.

2 Am 10. Januar 1785 trägt Mozart ein Streichquartett in A-Dur ein (KV 464), am 14. Januar das in C-Dur (KV 465).

3 Es handelt sich um das Klavierkonzert in d-Moll (KV 466).

4 Dass Mozart bis an sein Lebensende die Dokumente nicht zusammenkriegt, die er braucht, um in die *Tonkünstler-Societät* aufgenommen zu werden, belegt ein Gesuch Constanze Mozarts nach seinem Tod, in dem sie von Mozarts Eingaben berichtet (MBA IV, Nr. 1207, S. 178): Die dort erwähnten Eingaben ihres Mannes sind verschollen, es ist aber bekannt, dass er sie am 13. und 15. März, jeweils nach dem Benefiz-Konzert, eingereicht hatte. Bei der ersten kamen 733 Gulden 33 Kreuzer herein, davon 216 Gulden 4 Kreuzer von Kaiser Joseph II. (MD, S. 209). Am Tag der Aufführung wandte Mozart sich wieder an die Gesellschaft (Deutsch, S. 209). Am 15. wurde seine Kantate zugunsten der Tonkünstler wiederholt, Mozart wiederholte sein Gesuch. Aber die Bürokratie kannte auch damals keine Dankbarkeit, nur Verordnungen: Ohne Taufschein ging nichts.

5 Leopold Mozart schildert seine Eindrücke der Tochter in St. Gilgen am 16. Februar 1785 (MBA III, Nr. 847, S. 372–374).

6 Die meisten von Mozarts Akademien waren Subskriptionskonzerte. Es fragt sich allerdings, inwiefern Leopold zu diesem Zeitpunkt bereits Bescheid wusste über die genauen Konditionen solcher Aktivitäten seines Sohnes, über die Höhe der Saalmieten und der sonstigen Nebenkosten, die Wolfgang als Veranstalter zu tragen hatte. Und ob Leopold bekannt war, dass Wolfgang für all seine Einkünfte aus Konzerten den Musikimpost abzuführen hatte. Diese staatliche Abgabe auf Musik- und Tanzveranstaltungen hatte schon Joseph I. 1707 eingeführt. 1749 war die Erhebung an die Stadt übertragen worden.

7 Die Bezeichnung des Werks als Dissonanzen-Quartett stammt nicht von Mozart, ist aber schon durch die vielen Querstände gerechtfertigt. Querstand wird in der Harmonielehre die chromatische Veränderung eines Tones in zwei verschiedenen Stimmen genannt, bei zwei aufeinanderfolgenden Akkorden oder für das entsprechende Auftreten des Tritonus. Nach den Regeln des strengen Satzes, der Kontrapunktik, ist der Querstand zwar verboten, galt aber schon im Barock als erlaubt, um bestimmte Affekte auszudrücken.

8 Giuseppe Sarti (1729–1802) hatte zu diesem Zeitpunkt bereits über 60 Opern komponiert. Sein Urteil wird an verschiedenen Stellen, teils bruchstückhaft, italienisch wie deutsch zitiert. So auch in AmZ, Bd. 34, Leipzig 1832, Sp. 373 f. (Anonymus: *Sarti'sches Manuskript [ausführlicher Auszug], worin Mozart bitter getadelt wird. Zum ersten Mal mitgeteilt vom Mailänder Correspondenten*). Im Original erschien die Kritik unter dem Titel: «Osservazioni critiche sopra un Quartetto di Mozart».

9 Luisa Laschi-Mombelli (1763–1789) war die Gräfin in der Uraufführung von *Le Nozze di Figaro* im Jahr darauf. Elisabeth Distler (1769–1789) sang vier Wo-

chen später den zweiten Solosopran in der Uraufführung von Mozarts Kantate *Davidde penitente* (KV 469).
10 Sophie Weber (1763?-1846), im Fach junge Naive gefragt, trat im Lustspiel *Die guten Töchter* von Friedrich Ludwig Schröder auf. «Sie gefällt», bemerkte Leopold Mozart (MBA III, Nr. 860, S. 386, Z 50–53). Joseph Lange warf eine Porträtskizze von Leopold «auf ein rothes Papier», wie er fand «vollkommen getroffen und sehr schön gezeichnet» (MBA III, Nr. 854, S. 382, Z 70–71). Die Zeichnung gilt als verschollen. Cäcilie Weber überzeugte den Gegenschwieger kulinarisch: «das gebratene war ein schöner grosser Phasan, – alles überhaupts vortreflich zugericht» (MBA III, Nr. 848, S. 375, Z 30–31 und Nr. 854, S. 382, Z 69–71).
11 Über die Ungemütlichkeit erregte sich Leopold Mozart im Brief an die Tochter vom 11. März 1785 (MBA III, Nr. 850, S. 379, Z 38–45).
12 Sophie Haibel an Nissen als Beitrag zu seiner Mozart-Biographie, verfasst in Diskovar, den 7. April 1825, MD, S. 449–452 und S. 460: «Er war immer guter Laune, aber selbst in der besten sehr nachdenkend, einem dabey scharf ins Auge blickend, auf Alles, es mochte heiter oder traurig seyn, überlegt antwortend, und doch schien er dabey an ganz etwas Anderm tiefdenkend zu arbeiten. Selbst wenn er sich in der Frühe die Hände wusch, ging er dabey im Zimmer auf und ab, blieb nie ruhig stehen, schlug dabey eine Ferse an die andere und war immer nachdenkend. Bey Tische nahm er oft eine Ecke seiner Serviette, drehte sie fest zusammen, fuhr sich damit unter der Nase herum und schien in seinem Nachdenken Nichts davon zu wissen, und öfters machte er dabey noch eine Grimasse mit dem Munde. In seinen Unterhaltungen war er für eine jede neue [sic!] sehr passionirt, wie für's Reiten und auch fürs Billard. Um ihn vom Umgange misslicher Art abzuhalten, versuchte seine Frau geduldig Alles mit ihm. Auch sonst war er immer in Bewegung mit Händen und Füssen, spielte immer mit Etwas, zum Beispiel mit seinem Chapeau, Taschen, Uhren, Tischen, Stühlen gleichsam Clavier.»
13 Die ISM Salzburg ist im Besitz eines Briefs von Sophie Haibl vom 14. Februar 1843 an den Salzburger Drucker Leopold Zaunrith. Darin berichtet sie, dass sie am 15. Mai 1787, ihrem Namenstag, zu den Mozarts ging, um sich beglückwünschen zu lassen. Mozart habe sofort ein Bildchen aus ihrem Gebetbuch entnommen und darauf geschrieben:

«Eterna Sarà [sic!] per tel'amicizia Mia [sic!]
perpetua sanità et ogni contentezza il Ciel [sic!]
ti Dia [sic!]
questi Sono [sic!] I voti miei e cosi sia
di tuo Aff.mo Goniato [cognato]
W:A: Mozart
15 Magio [sic!] 1787»

(publiziert von Rudolph Angermüller in: M ISM, 40. Jg., Heft 1–4, Salzburg 1992, S. 92–94).
14 Das Lied *Einsam bin ich* ... KV Anh. 26 (475 a) bricht nach acht Takten ab.

15 Das Lied zur Gesellenreise (KV 468) für Singstimme mit Klavier- oder Orgelbegleitung trug Mozart am 26. März 1785 in sein Verzeichnis ein. Zwei Tage später stellte Leopold seinen Aufnahmeantrag an die Loge.
16 Das Lied *Der Zauberer* (KV 472) entstand zusammen mit den Liedern *Die Zufriedenheit* (KV 473) und *Die betrogene Welt* (KV 474) am 7. Mai nach Texten von Christian Felix Weiße. Auf demselben Bogen notiert: das Lied KV 518.
17 Lorenzo Da Ponte (1749–1838) wurde als Sohn jüdischer Eltern in Ceneda, heute Vittorio Veneto, geboren. Als sein verwitweter Vater 1763 in zweiter Ehe eine Christin heiratete und mitsamt seinen Kindern konvertierte, nahm die Familie den Namen des Bischofs von Ceneda an. Emmanuele wurde auf den Vornamen Lorenzo getauft. Erst danach besuchte Lorenzo Da Ponte regelmäßig eine Schule, ein Priesterseminar, und lernte dort im Rekordtempo Latein. Bereits mit 24 wurde er zum Priester geweiht. Ein Jahr danach verfiel er einer verheirateten Venezianerin.
18 Schon am 7. Mai 1783 (MBA III, Nr. 745, S. 268, Z 14–20).
19 In dem Schreiben von Kaiser Joseph II. an Johann Anton Graf Pergen vom 31. Januar 1785 (MD, S. 208) heißt es, er untersage die Aufführung in der geplanten Fassung, weil «dieses Stück viel Anstößiges enthält». Der Zensor könne es «entweder ganz verwerfen» oder «Veränderungen darin veranlassen». Dass Pergen erst am Tag der Premiere den Entschluss des Kaisers umsetzte, als für Veränderungen keine Zeit mehr blieb, war wohl seiner eigenen Lust an der Schikane zuzuschreiben. Eine Übersetzung von Beaumarchais' Komödie fand sich in Mozarts Nachlassverzeichnis (Ulrich Konrad und Martin Staehelin: allzeit ein buch. Die Bibliothek Wolfgang Amadeus Mozarts, Katalog-Nr. 41, S. 86 ff.), ob es die Rautenstrauchs war, ist nicht sicher.
20 Die Initiative scheint nicht von Da Ponte, sondern von Mozart ausgegangen zu sein. Da Ponte berichtet in seinen Erinnerungen (Denkwürdigkeiten, Bd. I, S. 251), dass Mozart ihn fragte, ob er «nicht eine Oper nach Beaumarchais's *Hochzeit des Figaro* schreiben könne». Laut Da Ponte kam Mozart mit diesem Angebot erst im Januar 1786 auf ihn zu, nach dem Erfolg von Da Pontes und Martín y Solers Gemeinschaftswerk *Il burbero di buon cuore* (UA am 4. Januar 1786). Doch Leopold Mozarts Brief vom November 1785 an seine Tochter zeigt, dass sich sein Sohn bereits zu diesem Zeitpunkt mit dem Gedanken beschäftigte, aus der Komödie des Beaumarchais eine Oper zu machen. Mit der Arbeit am Libretto und dessen Vertonung «Hand in Hand», wie Da Ponte schreibt, haben beide wohl wirklich erst im neuen Jahr begonnen, vermutlich nach der Uraufführung des *Schauspieldirektor*.
   Zur Übereinstimmung der Mentalitäten Da Pontes und Mozarts: Am 20. Juni 1781 hatte Mozart seinem Vater erklärt: «das Herz adelt den Menschen» und jene Worte angeschlossen (MBA III, Nr. 607, S. 133, Z 17–18).
21 Andreas Hoebler schreibt über das Jahr 1784: «Beaumarchais hat Salieri wahrscheinlich zu jener Zeit [der Uraufführung seiner *Danaïdes*] in Paris kennengelernt und ihm das Libretto zu *Tarare* anvertraut, mit dessen Komposition

Salieri nach seiner Ankunft in Wien beginnt» (in: Antonio Salieris Opéra *Tarare* und die Umarbeitung in die Opera tragicomica *Axur, Rè d'Ormus*, S. 7).
22 Nancy, eigentlich Ann oder Anna Selina Storace, verheiratete Fisher (1765–1817), war wie ihr Bruder Stephen John Seymour Storace (1762–1796) Kind einer englischen Mutter und eines italienischen Vaters, der als Kontrabassspieler bekannt war. Francesco Benucci (um 1745–1824) wurde Mozarts erster Figaro und sein erster Giuglielmo in *Così fan tutte*. Porträts zeigen einen gutaussehenden Mann mit ironischem Gesichtsausdruck. Dass er bei Frauen gut ankam, belegen Zeitzeugnisse (mehr dazu: Rudolph Angermüller: «Francesco Benucci – Mozarts erster Figaro und Giuglielmo»).
23 Die Oper von Stephen Storace hieß *Gli sposi malcontenti*.
24 Die Bemerkung zur Figur der Storace machte der Kaiser in seiner Korrespondenz mit dem Burgtheater-Chef Graf von Orsini-Rosenberg (Rudolf Payer von Thurn: Joseph II. als Theaterdirektor, S. 57).
In der AMZ Leipzig, XXIV. Jg. Nr. 18 schwärmte ein Rezensent: «Hübsche Figur, schöne Stimme, schöne Augen, weißer Hals, frischer Mund, zarter Teint, Natürlichkeit und Lebhaftigkeit eines Kindes, singt wie ein Engel.»
25 Josepha Fisher, getauft nach Josepha von Droßdik, die auf Mozarts Subskriptionsliste für die Trattnerhofkonzerte stand, starb nicht, wie oft berichtet, in einem Findelhaus, sondern in dem Gebäude, in dem sie zur Welt kam: dem Klein Uhlfeldischen Haus in der Nähe des Minoritenplatzes.
26 Diese Episode schilderte in seiner Autobiographie der polnische Pianist und Komponist Adalbert Gyrowetz (1763–1850; siehe Alfred Einstein: Lebensläufe, Adalbert Gyrowetz, S. 11–12). Die Autobiographie ist in der dritten Person verfasst. Da Gyrowetz 1785 nach Wien kam und die Stadt 1786 wieder verließ, passt die Geschichte zur Entstehungszeit von Mozarts Lied *Das Veilchen* (KV 476). Gyrowetz erwies sich in den knappen Erinnerungen als sachlich, sodass auch diesem Bericht Glauben geschenkt werden kann. Die hier erstmals gewagte Identifikation des Liedes, von dessen Entstehung Gyrowetz berichtete, als *Das Veilchen* KV 476 wird durch mehrere Fakten untermauert. Der bei Gyrowetz erwähnte Gastgeber Franz Bernhard Ritter von Keeß (1720–1795) findet sich bereits auf Mozarts Subskriptionsliste im Jahr 1783. Er gab «wöchentlich zweimal in seinem Haus Gesellschaftsconcerte», wie Gyrowetz schreibt. Dass seine Frau «eine geschätzte Sängerin» war, ist an diversen Stellen nachzulesen, so auch bei Pohl (Carl Ferdinand Pohl: Joseph Haydn, 3 Bde., Leipzig 1875, Bd. 2). Die anderen Lieder aus der in der Frage kommenden Zeit sind am 7. Mai 1785 auf vier zusammenhängenden Blättern niedergeschrieben, dieses auf einem gesonderten Doppelblatt. In der NMA III/8 wird das Autograph und sein Tintenfluss beschrieben als «schöne, flüssige, offenbar stets ohne Zögern fortschreitende Niederschrift» (S. 109). Anders als üblich wurde das Doppelblatt laut NMA doppelt gefaltet (quer und längs), was dafür sprechen könnte, dass Mozart es einstecken musste. «Die Textquelle, der Mozart den Text für seine Komposition entnommen hat, lässt sich mit Sicherheit heute nicht mehr feststellen», heißt es in der NMA (S. 106). «Die kleinen Abwei-

chungen von jeder der in Frage kommenden Quellen, die bisher Rätsel aufgaben, erklärten sich, wenn Mozart das Gedicht aus dem Gedächtnis notierte.
27 An Nancy Storaces stimmbandfeindlichen Knalleffekt in Florenz, wo sie neben dem Kastraten Marchesi als *seconda donna* auf der Bühne stand, erinnert ihr Freund Michael Kelly: «Bianchi had composed the celebrated cavatina ‹Semanza amabile del mio bel sole›, which Marchesi sung in the most ravishing taste; in one passage he ran up a voletta of semitone octaves, the last of which he gave with such exquisite power and stength, that it was ever after called ‹La Bomba di Marchesi!› Immediately after this song, Storace had to sing one, and was determined to bring a bomba into the field also. She attempted it, and executed it, to the admiration and astonishement of the audience, but to the dismay of poor Marchesi» (Reminiscences, S. 97). Weil das Organ des Kastraten belastbarer war, trug er keinen Schaden davon, sie offenbar schon.
28 Nach der Geburt des kleinen Leopold schrieb der Großvater zwei Briefe an seinen Sohn nach Wien. Der Sohn schrieb weder an den Vater noch an die Schwester.
29 Aufschlussreich hierzu die eingehende Studie von Volker Helbing und Michael Ploth, die erstmals die Kompositionsstudien von Thomas Attwood (1765–1838) auf ihre Qualität hin analysierten.
30 Die Anzeige im *Wienerblättchen* vom 26. September 1785 sagt über die Kantate, dort als «Freudenlied» bezeichnet: «Dieses ist von den berühmten drey Kapelmeistern [sic!] Salieri, Mozart und Cornetti in die Musik zu singen beym Clavier gesetzt worden.» Bisher wurde angenommen, es handle sich bei dem Komponisten um Alessandro Cornet (bei Rudolph Angermüller: Salieri, Bd. I, S. 304, Fußnote 2, Cornett geschrieben). Das wird nicht nur dadurch fragwürdig, dass Cornet keineswegs berühmt war und auch weder mit Salieri noch Mozart oder Da Ponte nachweisbar Umgang pflegte. Das i am Ende erklärt sich ebenfalls nicht. Auch die andere Typographie, in der das Wort Cornetti gedruckt ist, weist darauf hin, dass hier die Hörnchen – *cornetti* – der Gehörnten gemeint sind.
31 Die Rede ist vom Klavierquartett KV 478.
32 Die im Mai komponierte Fantasie in c-Moll veröffentlichte Mozart zusammen mit der bereits ein halbes Jahr zuvor entstandenen Klaviersonate (KV 475); er widmete das Werk Therese von Trattner, der zweiten Gattin seines ehemaligen Vermieters. Die Meinungen der Zeitgenossen über sie reichen, wie Gustav Gugitz referiert, von «Gänschen» bis zu «einer schönen und gelehrten Frau» («Von W. A. Mozarts kuriosen Schülerinnen», S. 14–15). Dass die junge Frau, die mit achtzehn den sechzigjährigen Monopolisten heiratete, ihren Mann hinterging, scheint laut Gugitz belegt. Wie gut sie Klavier spielte, nicht. Ihr Mann war Freimaurer, was der Widmung zu diesem Zeitpunkt eine besondere Note gibt.
33 Das Magische von Mozarts Fantasieren, das weit über das im Notentext einer Fantasie Festgeschriebene hinausging, bezeugt später Mozarts Schüler Joseph Frank, dem er die c-Moll-Fantasie vorspielte: «Welch Wunder! Unter seinen Fingern wurde das Klavier zu einem anderen Instrument» (ebda., S. 49).

34 Die drei Logen *Zur gekrönten Hoffnung*, *Zur Wohltätigkeit* (Mozarts Loge) und *Zu den drei Feuern* fanden in der Sammelloge *Zur neugekrönten Hoffnung* zusammen; die drei Logen *Zur wahren Eintracht* (Haydns Loge), *Zum Palmbaum* und *Zu den drei Adlern* vereinten sich in der Loge *Zur Wahrheit* unter Hammerführung von Ignaz von Born. Der Wortlaut des Freimaurerpatents ist nachzulesen bei Helmut Reinalter: Joseph II. und die Freimaurerei im Lichte zeitgenössischer Broschüren, S. 64–66. Meister vom Stuhl von Mozarts neuer Heimat war der alte Freund Otto Heinrich Freiherr von Gemmingen, der auch die Hammerführung in der Loge *Zur Wohltätigkeit* gehabt hatte. Reinalter erklärt überzeugend, «dass letztlich doch politische Gründe zum Erlass des Handbillets führten, wobei sicher auch die wachsende Opposition innerhalb der Freimaurerei als Folge der Zerstörung des individuellen Lebens der einzelnen Logen durch die Reformen den Kaiser zur raschen Abfassung des Handbillets drängten» (ebda., S. 17–18).

35 Die hier erstmals so dargelegten Zusammenhänge werden gestützt durch die überlieferte Rezeption, wie sie sich in den Übersetzungen des Stückes spiegelt. So sagt in einer in Passau erschienenen Version der Zauberer Trophon (Trofonio): «Schon sind die grossen / Metamorphosen / Glücklich beschlossen!»

36 Der Gaukler wird mit dem Zauberer gleichgesetzt in: Deutsches Wörterbuch von Jacob und Wilhelm Grimm, Reprint der Erstausgabe München 1984, Bd. 4, Sp. 1563.

37 Die Anregung, die genannten drei Termine, den 7., 11. und 15. Dezember miteinander in Beziehung zu bringen und über den utopischen Charakter der Fantasie nachzudenken, verdankt die Autorin Thomas Irvine («Mozarts KV 475: Fantasie als Utopie?»). Dort wird aber kein Bezug zu *La Grotta di Trofonio* und der Freimaurerthematik der Verwandlung hergestellt.

XVII.
1786: Ein Weisheitsliebender
Oder: Figaro *und das Verbergen der Wahrheit*

1 Das Hetztheater am Weißgerber in der heutigen Hetzgasse (3. Bezirk, Landstraße) war 1755 als ein Amphitheater ohne Dach errichtet worden und lange ein großer merkantiler Erfolg. Die Kritik der Aufklärer, allen voran Kaiser Josephs, brachte die Geschäfte aber zum Erliegen. 1796 brannte das hölzerne Gebäude ab. Hierzu Georg Tanzer: Spectacle müssen seyn. Die Freizeit der Wiener im 18. Jahrhundert.

2 Es ging hier keineswegs, wie früher gerne behauptet, um ein Duell Mozart gegen Salieri. Mozarts bisher einziges Bühnenwerk in Wien war die *Entführung*, ein deutsches Singspiel. Salieri ist am 7. Februar vor zwölf Jahren zum Kammerkomponisten und Kapellmeister der italienischen Oper in Wien ernannt worden. 1776 hatte der Kaiser sie zwar geschlossen, um das nationale Genre des Singspiels zu fördern, im April 1783 aber hatte er sie wiedereröffnet, mit einer Oper von Salieri.

3 Die gesamte Unternehmung in der Schönbrunner Orangerie am 7. Februar 1886 wird beispielhaft mit neuen Dokumenten dargestellt in einer Veröffentlichung, die aus einer Versammlung der Universitätsbibliothek Wien hervorging, herausgegeben von Paolo Budroni (Mozart und Salieri – Partner oder Rivalen?).

4 Das schildert Da Ponte in seinen Memoiren, die durch neue Recherchen zunehmend an Glaubwürdigkeit gewinnen, trotz mancher Übertreibungen, mit denen der Theaterdichter vor allem seine Leistungen herausstreicht (Denkwürdigkeiten, Bd. I, S. 222).

5 Mozarts Beitrag *Der Schauspieldirektor* KV 486 erschien noch im selben Jahr im Druck mit dem Untertitel: Ein Gelegenheitsstück in einem Aufzuge. Salieris Werk, ausgewiesen als *Divertimento teatrale*, inspirierte später *Capriccio* von Richard Strauss.

6 So wurde er von Zeitgenossen bezeichnet (Ingrid Schrafft: «Die Mitwirkenden auf der Bühne. Das Theater im Theater in einem multilingualen Kontext», in Paolo Budroni: Mozart und Salieri, S. 83–88, hier S. 87). Zu Stephanies Machenschaften und seinem einschlägigen Ruf ausführlich Susanne Hochstöger: «Gottlieb Stephanie der Jüngere. Schauspieler, Dramaturg und Dramatiker des Burgtheaters (1741–1800)», S. 21–23. Mozart selbst schrieb schon 1782 an den Vater, Stephanie sei bekannt «als ein grober, falscher und verläumderischer Mann; den Leuten die grösten ungerechtigkeiten anthut».

7 Caterina Cavalieri (1755–1801), geboren als Katharina Magdalena Josepha Cavalier im Haus *Zum Grünen Vässl* in Wien-Liechtenthal, begann als Kirchensängerin. Details: Karl Maria Pisarowitz: «‹Mozarts geläufige Gurgel› und ihr Anhang. Eine Cavalieristik». Die hier gemachten Angaben zu Geburtsdatum und Herkunft stimmen exakt, die späteren von Kretschmer nicht (Helmut Kretschmer: «Mozarts ‹geläufige Gurgel› – die Sängerin Caterina Cavalieri», in: Figaro. Mitteilungsblatt der Mozartgemeinde Wien, 56/5 (1999), Heft 3/4, S. 9–16). Pisarowitz kommentiert die Tatsache, dass Antonio Salieri 1801 als *Testimonio*, als Zeuge, das Testament von Caterina Cavalieri unterzeichnete: «Und ihr welscher Lebensfreund, der Testimonio? Ihm, dem sie sich zum Präsent gemacht, verbleibt nichts – denn ein Nachsehen; ein nachtrauernd süßes Souvenir ehegebrochen schwacher Stunden, an denen er noch beinahe ein Viertelsäkulum knabbern durfte» (S. 19). Da die Forschungen von Pisarowitz sich bis heute als korrekt erwiesen haben, darf auch dieser Angabe trotz blumiger Formulierung Glauben geschenkt werden.

8 Joseph II. mischte gerne bei Besetzungsfragen mit und gab gegenüber dem Intendanten seine Urteile ab. Johanna Sacco, geb. Richard (1754–1802) wurde für ihre schöne Figur gerühmt, Anna Maria Stephanie (1751–1802) fiel Leopold Mozart ebenfalls als «schön» auf. Zur Launenhaftigkeit der Sacco ebenfalls Hochstöger («Gottlieb Stephanie der Jüngere», S. 13) und Payer von Thurn (Joseph II. als Theaterdirektor, S. 39). Der Kaiser hatte an Orsini-Rosenberg geschrieben: «Die Storace hat eine Cantabile sehr gut gesungen, und obwohl sie in einigen Situationen die verschiedenen Gesten der Adamberger geradezu

imitiert hat, hat schließlich doch die Squaiatezza [Squallidezza] die Oberhand gewonnen» (am 14. August 1783 über den *Barbiere di Siviglia* von Paisiello; in: Payer von Thurn: a. a. O., S. 35). Die Sänger hatten seine Erwartungen übertroffen, «besonders Benucci», und auch «Mendini hat sehr gut gespielt» (ebda.).

9 Orsini-Rosenberg hatte vor stark zwei Jahren schon einen sehr kritischen Bericht über Marchesi geliefert, worauf der Kaiser erklärte: «ich glaube, dass man nicht daran zu denken braucht, ihn zu erhalten, und dass man bessere als ihn wird finden können, und vielleicht zu annehmbaren Preisen» (Payer von Thurn: Joseph II. als Theaterdirektor, S. 37). Bereits zwei Jahre zuvor hatte der Kaiser erwogen, Aloisia Lange loszuwerden. «Was den Schauspieler Lang [sic!] betrifft, glaube ich, das man ihm 400 fl. mehr anbieten sollte, dagegen aber seine Frau zu Michaeli entlassen, wie Sie vorgeschlagen haben» (Payer von Thurn, S. 37). Der Kaiser zur Coltellini: «sie hat gar viel weniger Stimme und eine weniger angenehme als die Storace; ihr Spiel ist übertrieben, aber man kann nicht leugnen, dass sie verschiedene Charaktere recht gut spielt» (ebda., S. 39). Da Ponte nennt sie eine berühmte Schauspielerin, aber schwache Sängerin und «die begünstigte Sirene des Sig. Casti und folglich auch des Grafen Rosenberg». Doch ein Jahr später hatte er bereits seine Meinung geändert: «Mein lieber Graf Rosenberg, nachdem ich die Coltellini mit mehr Folge und Aufmerksamkeit gesehen habe, kann ich nicht leugnen, dass sie eine Schauspielerin ersten Ranges ist, und obwohl sich ihre Stimme und ihr Gesang nicht mit jener der Storacci [sic!] vergleichen lässt, so kann sie nicht anders als gefallen, wenn man sie sieht; ich habe sie sondieren lassen, ob sie nach Wien kommen wollte, und sie hat mir versichern lassen, dass sie es auf das lebhafteste wünsche und zwar zu denselben Bedingungen» (ebda., S. 42). Kurz danach hat sie sich schon so weit gegen Storace durchgesetzt, dass der Kaiser seinem Intendanten vorschlägt, die Coltellini könne neben Storace auftreten, Letztere aber auch «durch die Allegranti ersetzt werden» (ebda., S. 45). Dass die Coltellini kommt, hält er rasch für sicher, weil sie offenbar Benucci mehr als nur kollegial verbunden ist und sich wünscht, mit ihm gemeinsam aufzutreten (ebda., S. 47).

10 Die Details zu Stadler überliefert Constanze Mozart-Nissen. «Mozart bekam einst 50 Ducaten vom Kaiser. Um diese meldete sich sogleich der lauernde Stadler und sagte, er wäre gänzlich verloren, wenn er sie nicht bekäme. Mozart bedurfte selbst das Gold; sein gutes Herz vermochte ihn, ihm [Stadler] zwei schwere Repetier-Uhren zum Versatz zu geben: Da geh' und bring mir den Zettel und löse sie zur rechten Zeit [ein]. Da dieses nicht geschah und Mozart seine Uhren nicht verlieren wollte, so gab er ihm zu der erforderlichen Zeit die 50 Dukaten und die Zinsen. Dieser [Stadler] war so niederträchtig sie zu behalten. Mozart zankte ihn zwar aus, aber blieb sein Freund, Wohltäter und häufiger Gastgeber.» Günther G. Bauer, der Constanzes Schilderung zitiert, geht zu Recht davon aus, dass es sich um die 50 Dukaten gehandelt hat, die Mozart für *Der Schauspieldirektor* bekam («Mozarts goldene Uhren, Ringe und Tabatieren», S. 23). Bauer nimmt aufgrund des hohen Preises von umgerechnet

225 Gulden an, es müsse sich um zwei silberne oder goldene Repetieruhren gehandelt haben.
11 MBA II, Nr. 471, S. 427, Z 185.
12 Zu beiden Büchern Näheres in: Ulrich Konrad und Martin Staehelin: allzeit ein buch. Die Bibliothek Wolfgang Amadeus Mozarts, S. 75 (Joseph Spenglers *Anfangsgründe der Rechenkunst und Algebra*) und S. 56–57 (*Curieuse und ganz neue Art zu Punctiren. Aus dem Arabischen ins Deutsche übersetzt*). Zu dem Werk *Metaphysic in Connexion mit der Chemie* von Hilaphilo Irenaeo Oetinger ebda., S. 73–75.
13 Mozart sandte ein Flugblatt mit den Rätseln und vorgeblichen Fragmenten Zoroasters als Beilage eines Briefes an seinen Vater. Leopold Mozart ließ sie in der Salzburger Zeitung veröffentlichen. Besonnen, wie er war, vermied er es, seinen Sohn als Verfasser zu nennen (MBA III, Nr. 933, S. 506–507).
14 Für Salieris wiederholtes Intrigenspiel, von dem Mozarts Vater spricht, existieren keinerlei Belege. Leopold Mozart erregte sich darüber im Brief an Maria Anna: MBA III, Nr. 952, S. 536, Z 53–59. Dort erwähnte er auch den Besuch der Duscheks (Z 60–61).
15 Dieses abschätzige Urteil des Kaisers über die *Entführung* (Denkwürdigkeiten, Bd. 1, S. 233) nutzte Da Ponte dazu, seine Leistung als Entdecker des Opernkomponisten Mozart herauszustreichen.
16 Bisher wurde diese Anspielung vollständig übersehen. Vielleicht auch deshalb, weil der Titel von Castis Stück meist gedeutet wird im Sinne Mozarts, die Poesie müsse «der Musik gehorsame Tochter sein», das heißt, die Musik hat Vorrang vor dem Wort. Doch eben darum geht es in Castis *Prima la musica, poi le parole* keineswegs.

Da Ponte schreibt in seinen Erinnerungen über sein Libretto für Gazzanigas Oper *Il finto cieco*, dass er es direkt nach *Il burbero di buon cuore* verfasst habe. «Um schnell fertig zu werden, schrieb ich für ihn den ‹Hellsehenden Blinden› nach einer französischen Komödie bearbeitet und flickte in wenigen Tagen ein Drama zusammen.» Er hatte den Auftrag Gazzanigas «in der ihm bestimmten Zeit zu vollenden, was mich veranlasste, im zweiten Akt Stücke einzuschalten, die er zwanzig Jahre früher schon geschrieben hatte, und verschiedene Szenen, sowohl von eigener Komposition, als von anderen Komponisten aus verschiedenen Opern einzulegen; es war in der Tat eine Pastete» (Da Ponte: Denkwürdigkeiten, Bd. I, S. 230–231).

Giuseppe Gazzaniga (1743–1818) gehörte genau zu der Sorte ökonomischer Routinekomponisten, die bei Casti, ganz im Sinne von Salieris Förderer, dem Opernreformer Gluck, lächerlich gemacht wurden. Gazzaniga hatte bereits 31 Opern komponiert, *Il finto cieco* war die 32. Die 35. hieß *Don Giovanni o sia Il convitato di pietra* (*Don Giovanni oder Der steinerne Gast*) und kam am 5. Februar 1787 in Venedig auf die Bühne; das Textbuch von Giovanni Bertati benutzte Da Ponte als Vorlage für seinen *Don Giovanni*.
17 Zu dem erfolglosen Liebhaber, der Da Ponte Salpetersäure verordnete, zur Meinung des Kaisers über Mozart und zu seinen Änderungen am *Figaro* äußert sich Da Ponte in den «Denkwürdigkeiten», Bd. I, S. 217–218 und S. 233.

Der kriminellen Geschichte (Denkwürdigkeiten, Bd. I, S. 218 ff.) verleihen die Porträts von Da Ponte Glaubwürdigkeit, auf denen er in besten Mannesjahren schon zahnlos wirkt. Sein dadurch bedingtes Lispeln wurde von Zeitgenossen oft erwähnt.

18 Zur Frage der *Figaro*-Rezeption und dem Verbot von Schikaneders Rautenstrauch-Übersetzung hat Wolfgang Ruf bereits 1977 eine gründliche Recherche veröffentlicht. Erstaunlicherweise hielten sich trotzdem Gerüchte, die alle dort referierten Fakten ignorieren und von Tumulten bei der Uraufführung berichten (Wolfgang Ruf: «Die Rezeption von Mozarts ‹Le Nozze di Figaro› bei den Zeitgenossen»). Dazu auch Iacopo Cividini, siehe Anmerkung 20.

19 Der dritte Teil der Trilogie kam durch die sich überschlagenden Ereignisse der Französischen Revolution erst 1792 auf die Bühne unter dem Titel *L'autre Tartuffe ou La Mère coupable*, deutsch: *Der neue Tartüff oder Die schuldige Mutter*. Der Sohn von Gräfin Almaviva und Cherubino heißt León, das Werk ist ein Rührstück und hatte nur beschränkten Erfolg.

20 Die gesamten Erkenntnisse über sprachliche Zweideutigkeiten in *Le Nozze di Figaro* sind dem brillanten Aufsatz von Iacopo Cividini zu verdanken. Cividini kommentiert unvoreingenommen die Gründe von Joseph II., Schikaneders *Figaro*-Aufführung zu verbieten, was aus kaiserlicher Sicht plausibel war (Iacopo Cividini: «‹Ah ah, capisco il gioco!› Zweideutige Wortspiele und ihre musikalischen Spielarten in Da Pontes und Mozarts *Le Nozze di Figaro*»). Er führt noch weitere Beispiele für diese Frechheiten an. Die Erlaubnis des Kaisers von Kritiken jeder Art wird bei Cividini (S. 54) zitiert nach Hermann Ganz: Die Zensur unter Joseph II., Straßburg und Leipzig 1911, S. 43 ff. Cividini weist darauf hin, dass Francesco Bianchis Oper *La villanella rapita*, 1785 im Hoftheater mit zwei Einlagen von Mozart aufgeführt, «die Spannung zwischen dem despotischen Potentaten und dem rebellierenden Untertanen mit dem Raub der Braut noch direkter als bei *Figaro* darstellt.» (S. 55)

21 Vincenzo Righini (1756–1812), Sänger, Gesangslehrer und Komponist, hatte schon sechs Opern komponiert und wird nicht nur bei Kelly als unlauter geschildert. Der schreibt: «Regini [sic!] worked like a mole in the dark», um sein neues Werk vor Mozart herauszubringen. Righinis *Dramma giocosa* mit dem Titel *Il Demorgone ovvero Il Filosofo diffuso* nach einem Libretto Da Pontes wurde aber erst am 12. Juli 1786 uraufgeführt.

22 Zu Johann Nepomuk Peyerl, dem Mozart seinen Kanon KV 559 («Difficile est lectu mihi mars») auf den Mund schrieb: Robert Münster: «Aus Mozarts Freundeskreis. Johann Nepomuk und Elise Peyerl». Zur Entstehungsgeschichte dieser beiden Kanons, wie sie referiert wird, auch Gottfried Webers Bericht in der Zeitschrift *Caecilia*, Heft 1, S. 180.

23 Mozarts abenteuerlichen Auftritt «with his crimson pelisse and gold-laced coked hat» sowie die begeisterte Reaktion des Ensembles schildert Michael Kelly (Reminiscences, Bd. 1, S. 259).

24 Neue Erkenntnisse zum Fandango präsentiert Dorothea Link («The Fandango Scene in Mozart's *Le nozze di Figaro*»). Ihr gelang der Nachweis, dass Da Pontes

Schilderung den Tatsachen entspricht. Link entdeckte in den Rechnungen der k. k. Theatral-Hof-Directions Cassae (Haus-, Hof- und Staatsarchiv) den Zahlungsbeleg an Jean Huber Decamp, Tänzer, Choreograph und Leiter einer Tanztruppe in Wien (ebda., S. 71, auch Fußnote 8, und S. 72). Er wurde nur für drei Vorstellungen entlohnt (S. 77). Laut Link ist dies nachvollziehbar, weil die Premiere immer aus drei Aufführungen bestand. Auch sie nennt Mozarts Fandango-Einfall gewagt und spricht von der «sexual explicitness» dieses Tanzes (S. 83). Davor schon betonte den herausfordernden Charakter des Fandangos Monika Woitas («‹... Bewegungen von unvergleichlicher Sinnlichkeit ...›. Auf den Spuren des berühmt-berüchtigten Fandango»).

25 Ebda.

26 Die politische Provokation durch den Tanz arbeitet Silke Leopold heraus («Wenn Diener Menuette tanzen oder: Tanz und Sozialverhalten in Mozarts Musik»). Aber auch Michael Stegemann schreibt: «dass es Figaro als Diener des Grafen Almaviva wagt, ein Menuett anzustimmen – einen Tanz, der durch seine Herkunft aus Paris und Versailles emblematischen Charakter für höfisches Verhalten besaß und dem Adel vorbehalten war – musste dem Wiener Publikum des Uraufführungsjahres 1786 als ein Verstoß gegen die ‹guten Sitten› der gesellschaftlichen Ordnung erscheinen, dessen Tragweite wir heute wohl kaum mehr ermessen können» («Den Tanz wagen. Mozart als homo politicus», S. 121). Das kapierte der Kaiser sicherlich, doch daran stieß er sich offenbar nicht.

Zur politischen Dimension des Tanzes auch Reingard Witzmann («‹Sposi, amici, al ballo, al gioco ...› Zur Soziologie des Gesellschaftstanzes auf der Bühne und im Ballsaal»).

Gründlich räumte mit der Theorie vom unpolitischen Mozart Udo Bermbach auf, der die Quellen dieser Behauptung aufgespürt hat («Der Adel tanzt plebejisch»). Bermbach wendet sich gegen die Stilisierung Mozarts zum «Lichtgott bürgerlicher Politikvergessenheit» und auch die Thomas Manns, der von «machtgeschützter Innerlichkeit» sprach (S. 112). Er arbeitet heraus, wie am Schluss der Oper die unaufhaltbare gesellschaftliche Erosion nur mühsam verdeckt wird und dass gerade durch die Tänze, also durch Mittel der Musik, Graf Almaviva der Lächerlichkeit preisgegeben wird.

27 Siehe Anmerkung 20.

28 Ebda.

29 Es handelt sich um die sogenannte Krönungsmesse KV 317; erst nach Mozarts Tod erhielt sie diesen Beinamen.

30 Karl Graf Zinzendorf schreibt: «l'opéra m'ennuya» (MD, S. 240) und: «La musique de Mozart singulière, des mains sans tête» (MD, Addenda und Corrigenda, S. 50).

31 Der Text des Burgtheaterzettels findet sich in: MD, S. 241.

32 Siehe Anmerkung 20.

33 Es geht hier um das Klavierquartett in Es-Dur KV 493.

34 Über Marianna von Martines (1744–1812) berichtet Kelly (Reminiscences, Bd. I, S. 252), der bezeugt, dass Mozart mit ihr vierhändig spielte, was zum

Beispiel Wikipedia als Legende abtut. «Mozart was an almost constant attendant at her parties, and I have heard him play duets on the piano-forte with her, of his own composition. She was a great favorite of his.» Es gibt keinen Grund für die Annahme, Kelly habe das erfunden.

35 Zur Tragödie der blaustrümpfigen Miss Moore in Mozarts Bibliothek Ulrich Konrad u. a. (allzeit ein buch. Die Bibliothek Wolfgang Amadeus Mozarts, S. 35–36).

36 Nach seinen eigenen Angaben kam Freystädtler am 13. Mai 1786 nach Wien und nahm von da an Unterricht bei Mozart im strengen Satz (Michael Lorenz: Franz Jakob Freystädtler, S. 101).

37 Zu Freystädtler Max Johann Seidel, zitiert nach Kopitz (Klaus Martin Kopitz: «Du kanntest Mozart?», S. 277–278) und Moritz Müller, zitiert nach Kopitz. Vor allem aber Michael Lorenz (siehe Anm. 42).

38 Das sogenannte Kegelstatt-Trio für Klavier, Klarinette und Viola in Es-Dur KV 498 soll Mozart auf der Kegelstatt komponiert haben. Mozarts eigenhändige Notiz «untern [sic!] Kegelschieben» findet sich aber in den 12 Hornduos KV 487 (496a), mit denen Mozart wenige Tage vorher begann. Die Stücke für zwei Hörner oder Bassetthörner werden daher zu Recht Kegelduette genannt.

39 Die Sonate F-Dur KV 497 gilt als Mozarts bedeutendstes Werk für Klavier zu vier Händen. Der erste Satz eröffnet abweisend, fast bedrohlich, die Durchführung ist hochkomplex. Der zweite Satz hingegen ist zart und eingängig in seiner dreiteiligen Liedform. Das Finale erfordert überragende Virtuosität.

40 Carl Ditters von Dittersdorf gibt in seiner Lebensbeschreibung den Wortwechsel wieder, den er mit dem Kaiser führte, um die Aufführung seiner ovidischen Sinfonien im Augarten zu ermöglichen, also im Sommer 1786. Dieser Dialog darf keinesfalls wörtlich genommen werden, zumal Dittersdorf diese Autobiographie seinem Sohn erst kurz vor seinem Tod diktierte, also dreizehn Jahre nach dem Treffen. Doch Dittersdorf gibt darin seine Ansicht zu Mozart kund und das ist aufschlussreich. (Carl Ditters von Dittersdorf: Gespräch zwischen mir und Kaiser Joseph II. im Jahre 1786, in: *Allgemeine musikalische Zeitung*, 1. Jg. Nr. 24, Leipzig 13. März 1799, Sp. 378–382).

41 So erscheint das Trio KV 498, das sogenannte Kegelstatt-Trio, bei Artaria.

42 Zu Freystädtler sind vor allem die Publikationen von Michael Lorenz erhellend («Franz Jakob Freystädtler. Neue Forschungsergebnisse» und «Mozarts Haftungserklärung für Freystädtler. Eine Chronologie». In: MJb 1998, Kassel etc. 2000, S. 1–19).

43 Klaus Martin Kopitz: «Du kanntest Mozart?» (S. 278). Zum Vorspiel von Johann Nepomuk Hummel (1778–1837) vor allem: Biographische Notizen aus dem Leben des am 17. Oktober 1837 verstorbenen Großherzoglich=Sachsen= Weimarischen Kapellmeister und Ritter mehrerer Orden: Johann Nepomuk Hummel ersten Klavierspieler seiner Zeit. Zusammengetragen von Max Joh. Seidel. Für die großzügige Überlassung des von ihm angefertigten Typskripts dankt die Autorin herzlich dem ersten Vorsitzenden der Hummel-Gesellschaft

Anmerkungen zu den Seiten 266–267

Weimar e. V., Manfred Kanngießer; auch andere Informationen, Hummel betreffend, entstammen dieser Quelle.

44 Von Mozarts Fernweh berichtet Adalbert Gyrowetz in seiner Selbstbiographie (Alfred Einstein: Lebensläufe, S. 16).

45 Der Bericht vom 12. Dezember war am Vortag verfasst worden. Am 14. kam der *Figaro* erneut auf die Bühne (MD, S. 246).

46 Zu Mozarts Anglophilie Ulrich Konrad u. a. (allzeit ein buch. Die Bibliothek Wolfgang Amadeus Mozarts, S. 80–81, wo auch ein Englisch-Lehrbuch «An Attempt to facilate the study of the English language» aus Mozarts Besitz vorgestellt wird).

47 Das schrieb Constanze Mozart-Nissen am 28. August 1799 an die Verleger Breitkopf & Härtel: «seine Laune, die bisweilen shakespearsch war, wie H. Rochlitz von seiner musicalischen Laune gesagt hat, und wovon ich ihnen Proben senden werde» (MBA IV, Nr. 1256, S. 269, Z 56–57).

48 Walther Brauneis datiert den vielzitierten Kassa-Zettel (abgedruckt in: MBA VIII. Einführung und Ergänzungen, hrsg. von Ulrich Konrad, Nr. 1203, S. 61) auf das Jahresende 1786 und deutet ihn ebenso überzeugend neu, wie hier dargelegt. Zuvor dazu schon Volkmar Braunbehrens und Ulrich Drüner: «Ein unbekannter Zettel von Wolfgang Amadé Mozart», sowie Ulrich Konrad: «Was ist interpretatorische Gewalt? Zur Deutung des aufgefundenen Zettels von Mozart.»

Dass später die Spielgesellschaft Raimund von Wetzlars, der auch seine Mutter Eleonore und seine Schwester Johanna/Jeanette angehörten, ausgehoben wurde, wies er durch Aktenrecherche nach (hierzu auch Günther G. Bauer: «Raimund Cordulus Freiherr von Wetzlar», S. 60–61). Ebenso, dass Wetzlar wie jeder Mitspieler 300 Dukaten Strafe zahlen musste, was gesetzlich festgelegt war, also 1350 Gulden (1 Dukaten ist 4,5 Gulden). Prozessakten aus dem Jahr 1795, AVA Polizeihofstelle 395/1796, weisen für den 8. Juli 1796 Wetzlars Zahlung von 1350 fl nach (ebda., S. 60–61 und S. 63). Bauer gibt dafür keine Quelle, nur den Namen von Brauneis an. Dem Leiter der Bibliotheca Mozartiana Salzburg, Dr. Armin Brinzig, verdankt die Autorin die Information, dass Brauneis das in einem 2005 verfassten, bisher unveröffentlichten Manuskript festhielt und Bauer selbiges offenbar zur Verfügung stellte (Günther G. Bauer: «Mozart. Kavalier und Spieler», S. 381–382). Bauers Schlussfolgerung: Einladungen in vermögende Kreise «bargen auch große Gefahren. Denn die Spielkassen seiner Gastgeber standen meist in einem krassen Missverhältnis zu den eigenen finanziellen Möglichkeiten.» Auf die Gewinne des Jahres 1786 müssen hohe Verluste gefolgt sein, denn bereits eineinhalb Jahre später schreibt Mozart den ersten Bettelbrief an den Geschäftsmann, Freund und Freimaurerbruder Johann Michael Puchberg.

49 Zu Mozarts Emigrationsplänen: MD, S. 248.

XVIII.
1787: Weder gut noch schlecht
Oder: Die Feier des Wüstlings und Helden Don Giovanni

1 Das Stammbuch mit Mozarts Eintrag «Morgens um 5 uhr, vor der abreise», gehörte Franz Edmund Kaspar Josef Maria von Weber (1766–1830/31), der seinem Vater, einem Orchestermusiker, seine musikalische Ausbildung verdankte. Weber, Schauspieler, später Musikdirektor, befand sich auf der Durchreise in Wien, auf dem Weg nach Esterháza, wo er Schüler Haydns werden wollte. Wie Mozart und Haydn war Edmund von Weber Freimaurer. Mozart setzte neben seinen Namen ins Album ein Dreieck mit den drei Punkten, Zeichen der Freimaurer (MBA IV, Nr. 1019, S. 6; nicht wiedergegeben bei Deutsch/MD, S. 249).
2 Davon schreibt Leopold Mozart am 12. Januar 1787 seiner Tochter (MBA IV, Nr. 1020, S. 7, Z 20).
3 Die Reisegefährten, ihre Spitznamen und die der Wiener Freunde und Vertrauten listet Mozart in seinem Brief an Gottfried von Jacquin vom 15. Januar 1787 auf (MBA IV, Nr. 1022, S. 11, Z 59–70). Nicht dabei waren der *Bediente Josef* und der Freund Franz Jakob Freystädtler.
   Mozarts *Bedienter Josef* ist nicht identisch mit Josef Deiner, dem Kellner und Hausburschen von Mozarts sogenannter Stammkneipe. Am 7. Oktober 1791 schrieb Mozart Constanze: «Dann ließ ich mir durch Josef den Primus rufen» (MBA IV, Nr. 1193, S. 157, Z 11). Primus wurde auch Josef I. genannt, was Mozarts eigenen Angestellten zu Josef II. adelte. Der Inhalt von Deiners Erinnerungen, zum 100. Geburtstag Mozarts 1856 in der *Wiener Morgenpost* veröffentlicht, gehört großenteils in den Bereich der Legende. Wer er war, ist unklar.
   Es gab einen Hausmeister Josef Deiner (um 1751–1823), Vater von fünf Töchtern, der im Haus Stadt 1074 starb. Dieses Haus trug zu Mozarts Zeit die Nummer 1083 und hieß *Zur goldenen Schlange*, nicht *Zur silbernen Schlange*. Auch was die Kneipe angeht, ist manches oft Wiederholte durch Archivalienfunde (Lorenz) widerlegt worden. In besagtem Haus Nr. 1083, das den Namen *Zur goldenen Schlange* trug, hatte sich 1788 kein Wirtshaus mehr befunden. Lorenz wies nach, dass der ehemalige Obsthändler Josef Preisinger dort zwar in den 1770er Jahren ein Gasthaus betrieben, danach aber eine lukrative Stelle als Traiteur im k. k. Hauptspital angetreten hatte. Dieser Fund falsifiziert auch die Angaben in MBA VI., zu Nr. 1194, S. 424, zu Z 11. Mozart hatte, als er nach Prag aufbrach, keinen festangestellten Diener.
   Der dem Kellner Josef verpasste Titel *Sagadaratà* erschließt sich beim lauten Lesen im Dialekt als Verballhornung von «Sag' ich dir doch auch». Was Mozart zum Spitznamen *Hinkity Honky* für Jacquin verführte, schrieb er selbst: «ich meyne, ich sehe sie all den Schönen [sic!] Mädchens, und Weibern nach – – laufen, glauben sie? – Nein, nachhinken!»

Schurimuri ist in diesem Sinn im süddeutschen und österreichischen Raum seit dem 16. Jahrhundert bezeugt. Der Zauberspruch des Colas in Mozarts *Bastien und Bastienne* enthält ebenfalls die Silben *schuri muri*. Als *Sultan Schurimuri* geht die Bezeichnung auch ein ins Kasperltheater des Grafen Pocci.

SchablaPumfa könnte von *Schab* abgeleitet sein, dem Dialektwort für Motte und anderes Ungeziefer, wahrscheinlicher aber vom *Tschapperl*, in Wien bis heute gebräuchlicher Ausdruck für einen einfältigen Menschen, bei Mozart selbst, auf Süßmayr bezogen, *Schaberl* geschrieben (MBA IV, Nr. 1170, S. 142, Z 22). Auch Lorenz spricht sich bei Mozarts *Schaberl* für die Lesart Tschapperl aus (Michael Lorenz: «Süßmayr und die Lichterputzer», S. 429: «Durch Verballhornung und Bedeutungsaustausch ist eine Gebrauchsverwandtschaft von ‹Schaberl› mit dem heute noch verwendeten Dialektwort ‹Tschapperl› (einfältiger Mensch) nicht von der Hand zu weisen.») Ein *Pumpf* war in österreichischen Dialekten ein Bündel (Stroh), ein Laib (Brot), ein gefüllter Sack (mit Mehl), aber auch davon abgeleitet ein ungeschickter Mensch; dazu auch das Verbum pumpfern, sich ungeschickt benehmen.

Es handelt sich bei diesen Namen also keineswegs, wie bisher behauptet wurde, um rein dadaistische Wortspiele.

In Publikationen aus jüngerer Zeit wird auch behauptet, dass Freystädtler mit in der Kutsche saß. Doch aus Mozarts Brief an Gottfried von Jacquin (MBA IV, Nr. 1022) geht einwandfrei hervor, dass dies nicht der Fall war. Darin trägt er Jacquin auf, Freystädtler seinen in Abwesenheit verliehenen Ehrentitel mitzuteilen: «der freystädtler Gaulimauli. Haben sie die güte letzteren seinen Namen zu communiciren» (Z 64–65). Freystädtler besaß zu diesem Zeitpunkt kein Geld für eine Exkursion nach Prag. Er konnte erst zwei Jahre später das Erbe seines Vaters in Salzburg antreten, nachdem er seine Schulden in München beglichen hatte (siehe Michael Lorenz: «Franz Jakob Freystädtler», S. 89, Fußnote 29 und S. 101). Nach der Beschreibung Anton Hackels (zitiert nach Klaus Martin Kopitz: «Du kanntest Mozart?», S. 277) könnte das Äußere Freystädtlers («ein corpulenter stattlicher Mann mit strengen, ernsten Gesichtszügen» und Mähne – «langen [...] Haaren») zum *Gauli* inspiriert haben, sein Wesen («derb» und «immer mit der halben Welt, besonders der neueren musikalischen, zerfallen, stets bereit mit Stentorstimme seine Meinung zu verfechten») zu *Mauli*.

4 Dass er immer einen Narren braucht, gesteht Mozart seiner Frau (MB IV, Nr. 1170, S. 141, Z 15).

5 Siehe Anm. 3.

6 Franz Anton Gilowsky, Vetter von Mozarts Trauzeugen Franz Wenzel, hatte sein Geld verloren mit einem Unternehmen für lokale Briefpost. Am 2. Mai 1787 wurden in der Wiener Zeitung die Gläubiger des «entwichenen» Franz Anton Gilowsky gebeten, ihre Forderungen beim k. k. niederösterreichischen Landrecht zu melden. Mozarts Kredit scheint im Nachlass als «uneinbringlich» auf. Gilowsky blieb spurlos verschwunden (MD, S. 257).

7 Von der Prager Figaromania schreibt Mozart am 15. Januar 1787 (MBA IV, Nr. 1022, S. 10, Z 19–21).

8 MD, S. 250.
9 In MD, S. 251; die Sinfonie in D-Dur KV 504 wurde *Die Prager* genannt.
10 Die Autorin folgt, was Auftrag und Entstehungsgeschichte des *Don Giovanni* betrifft, der Argumentation von Hans Ernst Weidinger in seiner umfassenden Dissertation über die inhaltlichen, formalen und historischen Hintergründe des *Don Giovanni* (Il dissoluto punito. Untersuchungen zur äußeren und inneren Entstehungsgeschichte von Lorenzo da Pontes & W. A. Mozarts Don Giovanni). Aus gutem Grund verabschiedet sich der Verfasser von der immer wiederholten Behauptung, Mozart sei bereits im Februar 1787 mit einem Opernauftrag aus Prag nach Wien heimgekehrt; dafür gibt es keinen einzigen Beleg außer der Behauptung des ersten Biographen Niemetschek («Ich kannte Mozart», S. 28). Weidinger stellt mit überzeugenden Argumenten die Glaubwürdigkeit dieser Aussage in Frage (S. 5 und S. 20–22). So unter anderem mit dem Hinweis, dass der Pachtvertrag von Bondini für das Nostitzsche Theater zum Jahresbeginn 1787 noch nicht verlängert worden war (Weidinger, S. 47–49). Das geschah erst im Mai. Im Jahr zuvor war die Bondinische Truppe fast pleite gewesen.

Die Autorin folgt Weidinger auch darin, dass sie den Beginn von Mozarts Vertonung des Don-Giovanni-Librettos frühestens auf Juni/Juli ansetzt, nicht wie üblich auf den Mai. Weidinger geht davon aus, dass sich Mozarts Arbeit «im wesentlichen auf die Monate Juli, August und September erstreckte» (S. 51).

11 Die neue Datierung der Ankunft Beethovens auf den Januar 1787 gelang Dieter Haberl durch das «Regensburgische Diarium 1787», in dem Beethovens Eintreffen in Regensburg am 5. Januar verzeichnet wurde; in Bonn abgereist war er also Ende 1786. Auch die Rückreise wird durch Haberls Entdeckung nun genauer datierbar. Am 24. April 1787 wird seine Ankunft erneut im Regensburgischen Diarium festgehalten. Am 1. April (S. 254) traf Beethoven bereits in München ein. Erst Haberl kann nun auch belegen, was früher schon Forscher wie Karl Maria Pisarowitz vermuteten: dass Johann Ignaz Willmann, selbst Vater von drei Wunderkindern, Beethovens Reisegefährte und vermutlich «der Urheber von L. van Beethovens Schülerreise zu Mozart gewesen» sei. Willmanns ältere Tochter aus erster Ehe, Maximiliana Valentina Walburga (1769–1835), ab 1797 verheiratet mit Franz Xaver Huber, dem Textdichter zu Beethovens Oratorium *Christus am Ölberg*, war deutlich vor März 1787 Schülerin Mozarts. Sie trat als Solistin in KV 503 beim Akademiekonzert am 7. März 1787 auf (Dieter Haberl: «Beethovens erste Reise nach Wien»). Mozart war um den 12. Februar aus Prag nach Wien zurückgekehrt. Sie hatten also sechs Wochen Zeit, einander zu treffen. Seit Januar war der junge Musiker aus Bonn nach Haberls Erkundungen bereits in Wien.

Dass seine Mutter im Sterben lag, war nicht der Grund für Beethoven, die Rückreise anzutreten: «Die Nachricht vom aussichtslosen Gesundheitszustand seiner Mutter kann Beethoven also nicht schon in Wien erhalten haben, sonst hätte er die zweimalige Passage München–Regensburg, Regensburg–München nicht in sein Rückreiseprogramm aufgenommen» (S. 254–255).

12 Leopold Mozarts Brief war auf den 16. November 1787 datiert (MBA III, Nr. 1002, S. 606, Z 19–24). Johann Thomas Leopold war am 15. November gestorben.
13 MBA IV, Nr. 1020, S. 7, Z 24–26.
14 So die Rezension in Cramers *Magazin der Musik* in Hamburg vom 23. April 1787 (MD, S. 256).
15 MBA IV, Nr. 1021, S. 9–12, hier S. 11, Z 56–58.
16 Zu den *Ba-Ba*-Opuletten: Die sparsame Constanze schnitt für ihren Mann aus größeren Papierbögen kleine rechteckige Stücke heraus, oft nicht mehr gebrauchte Reste von Entwürfen. Darauf notierte Mozart zwei, drei Zeilen einer Komposition, die er Freunden schenkte (Philipp Albrecht: «Zwei ungedruckte Ba-Ba-Opuletten aus dem Jahr 1787»). Oft nehmen diese über vierzehn, sechzehn Takte hinweg Anfänge, Motive, Melodien aus anderen Werken auf und lassen sie in einer Abschiedsfermate enden, manchmal blitzen dort auch neue Einfälle auf. Hunderte solcher Opuletten hat Mozart verschenkt. Albrecht (S. 277) schreibt, ihre Zahl werde «auf 400 geschätzt, 180 weitere gelten als unwiederbringlich verloren». Er schrieb zum Beispiel eine für Albrechtsberger und eine für einen unbekannten Adressaten. Diese ist verschmutzt und mit Rotwein versaut (S. 280).

Bei dem Stück für Nancy Storaces Abschiedskonzert handelte es sich um *Scena con Rondo mit Klaviersolo* KV 505.

17 Eine der Freundesgaben an Gottfried von Jacquin war die Arie *Mentre, ti lascio, o figlia*, KV 513. Dass Mozart dem Freund ausdrücklich erlaubte, einige Werke unter seinem eigenen Namen zu veröffentlichen, was dieser auch tat, bezeugte Constanze später dem Verleger. *Das Lied der Trennung* (KV 519) nach einem Text von Klamer Eberhard Karl Schmidt komponierte Mozart nur drei Tage später. *Das Traumbild* (KV 530) legte er im November desselben Jahres einem Brief an Gottfried von Jacquin aus Prag bei. Rainer J. Schwob hat herausgearbeitet, wie lange Werke Mozarts für solche Jacquins gehalten wurden und dass bei einigen Werken die Autorschaft noch strittig ist. Als gesicherte Mozart-Werke gelten neben den Notturni KV 436–439, 346 (439 a) für zwei Soprane, Bass, Klarinetten und Bassetthörner die genannten Lieder, die als Jacquins Werke gedruckt wurden, obwohl durch Autographen einwandfrei Mozart als Urheber nachweisbar ist (Rainer J. Schwob: «Mozart und die Familie Jacquin»). In diesem unverzichtbaren Essay hat Schwob dem Verhältnis Mozarts zu allen Jacquins genau nachgespürt.

Nettl wie Einstein sehen darin, dass Mozart die Lieder verschenkte, seine eigene Geringschätzung für diese Werke. Jungk widerspricht dem überzeugend, bietet aber keine neue Deutung an. Der Vergleich mit dem ebenfalls anonym gelieferten Requiem überzeugt nicht, da Mozart dafür ein hohes, dringend benötigtes Honorar kassierte. Nur Michael Haydn wurde dieselbe Gunst wie Jacquin zuteil.

18 Der Eintrag ins Stammbuch des aus Winterthur stammenden Englischlehrers findet sich in MD, S. 253.

19 Der Tod des Freundes Hatzfeld spielte sicher eine Rolle für Mozarts Gedanken über die Allgegenwärtigkeit des Todes, wie er sie dem Vater darlegte (MBA IV, Nr. 1044, S. 40–42). Zu Hatzfeld außerdem Gottfried Hedler: «Mozarts bester Freund. August Clemens Graf Hatzfeld».

20 Der Stammbucheintrag Gottfried von Jacquins: MD, S. 254.

21 Das Umzugsdatum 24. April 1787 ist nicht belegt; wahrscheinlich ist, dass Mozart für sich noch ein Zimmer als Untermieter der Gräfin von Starhemberg im Camesina-Haus behielt, schon um näher bei Da Ponte zu sein, der 1788 ins Heilig Geist-Haus am oberen Ende des tiefen Grabens umsiedelt.

22 Das schrieb Leopold Mozart, der Nancy und ihre Begleiter durch Salzburg geführt hatte, als sie bei ihrer Durchreise dort Station gemacht hatten (MBA IV, Nr. 1036, S. 29, Z 51; und kurz danach an die Tochter in St. Gilgen: MBA IV, Nr. 1048, S. 44, Z 61–62).

23 Zu den Wohnungen Mozarts im Camesina-Haus und im Alsergrund ausführlich Michael Lorenz («Mozart's Apartment on the Alsergrund»). Dort findet man alle Details zu Schnitt, Lage und Konditionen der Wohnung. Außerdem hat sich Walther Brauneis mit den Wiener Wohnsitzen Mozarts befasst («Mozart: In und vor der Stadt»). Beide veranschlagen die Miete für die *Landstraße* etwas unterschiedlich. Die Autorin folgt hier der Angabe von Lorenz, der 200 fl Mietpreis nennt und belegt.

24 *Als Luise die Briefe ihres ungetreuen Liebhabers verbrannte* (KV 520) und *Abendempfindung an Laura* (KV 523) sowie *An Chloë* (KV 524) sind alle in der ersten Jahreshälfte 1787 entstanden.

Ute Jung-Kaiser widerspricht in ihrem Aufsatz zu *Als Luise* entschieden Alfred Einsteins Ansicht, es handle sich bei Mozarts Liedern um «Abfallprodukte seiner Opern- und Instrumentalkomposition» (Einstein, S. 395), und Paul Nettls Herabwürdigung zu «amateurhaften» Werken (Paul Nettl: «Das Lied», S. 211).

Gabriele von Baumberg (1766, oft wird 1768 angegeben, bis 1839) war die Tochter eines Staatsbeamten, gebildet, liebenswürdig und begabt, wie Caroline Pichler berichtet (Denkwürdigkeiten, Bd. I, S. 176 f.). Sie galt als berühmteste Lyrikerin Österreichs. Anton Eberl war ein lungenkranker Dichter und gefeierter Held der Wiener Liebhaberbühnen. Dass Baumberg in diesem Lied ihr eigenes Schicksal beklagte, ist nicht nachzuweisen. Jung-Kaiser bedauert zu Recht, dass die Autorschaft Gabriele von Baumbergs, deren Entdeckung Max Friedländer zu verdanken ist (Max Friedländer: Das deutsche Lied, Bd. I, S. 13–31), in neueren Publikationen wieder vergessen wurde. Sie selbst erkennt Wiederaufnahmen des schmerzlichen Motivs bei Mozart «in dem schwermütigen h-Moll-Adagio KV 540 (1788), auch in *Così fan tutte* (KV 588), wo er es gerade dort einsetzt, wenn er innigste Liebe und/oder Liebesschmerz darstellen will» (Jung-Kaiser, «‹Erzeugt von heißer Phantasie› … Mozarts Dramatisierungskunst auf allerkleinstem Raum», S. 126). Ernst August Ballin ist der Hinweis zu verdanken, dass Mozart dieses Motiv bereits im *Lied der Trennung* KV 519 verwendet hat (Ballin: Das Wort-Ton-Verhältnis in den klavierbegleiteten Liedern Mozarts, S. 114).

25 Jung-Kaiser zitiert zwar Hermann Aberts schönen Ausdruck der «beredten Gebärde», schreibt dann aber von «Sprachgesang», ersetzt also die Bewegungsmetapher des Tänzers mit der des Textes. Letzteres trifft jedoch besser.
26 Hierzu Walther Brauneis («Am Grabe Leopold Mozarts»).
27 Das Gedicht auf den Star (MBA IV, Nr. 1056, S. 49–50) zitiert auch aus der großen Trauer-Arie der Konstanze (*Die Entführung aus dem Serail*): «des Todes bittern Schmerz», wo das tiefernst gemeint ist.
28 Die *Abendempfindung an Laura* KV 523 nach einem Text von Johann Heinrich Campe scheint ein gelassener Blick auf das Lebensende zu sein. Hierzu: Pierluigi Petrobelli: «Ein Lied von Mozart».
29 *Ein Musikalischer Spaß* KV 522 wurde laut Matthias Schmidt «als vermeintliche Parodie des zeitgenössischen Musikschaffens und -ausübens populär». Mozart, heißt es üblicherweise, habe hier «ein dilettantisches Anhäufen sinnentleerter Formeln» parodiert (Matthias Schmidt: «Die Physiognomie der Formel oder Lässt sich Mozarts Musikalischer Spaß verstehen?», S. 316). Das Divertimento ist eines der wenigen Stücke, bei denen der gängige Titel vom Komponisten stammt. Schmidt folgert daraus: Mozart «Begriff» von ‹Spaß machen› oder ‹haben› ist hier ein hervorbringender und rezeptiver Akt zugleich, der grundlegend weniger als Wirkungsweise, denn als Eigenschaft bestimmbar wird» (ebda., S. 317). Schmidts Beobachtung: «ähnlich wie in der Nachtmusik KV 525, die wenige Wochen später entsteht, spielt Mozart auch in KV 522 mit einer Vielheit einander widerstreitender Hörerwartungen. Hier aber heben diese sich unfreiwillig in ihrer Belanglosigkeit hervor, um einander, im Wortsinne, intentional zu vernichten» (ebda., S. 326). Schmidt nennt den musikalischen Spaß «ein ästhetisches Vexierspiel von Erwartungen» (S. 329). Volkmar Braunbehrens erklärt, das Stück sei «ein bitterer Spaß», der sich gegen unbegabte Zeitgenossen richtet und deren «unmusikalischen Dilettantismus recht unbarmherzig verspottet» (Mozart in Wien, S. 313).

Über Mozarts *Kleine Nachtmusik*, auch das ein Werk mit von Mozart selbst verliehenem Titel, hat erstmals Wolf-Dieter Seiffert neue Erkenntnisse beigetragen (Wolf-Dieter Seiffert: «Zur Entstehung und Überlieferung von Mozarts ‹Kleiner Nachtmusik›»). Er betont, dass es sich dabei weder um ein Divertimento noch um eine Serenade handelt, vielmehr um ein Ständchen zum Namenstag, «eine des Abends oder nächtens im Freien aufzuführende Gratulationsmusik für einen Freund oder Bekannten aus besonderem Anlass» (S. 123), vermutlich für Nikolaus Joseph Freiherr von Jacquin (1727–1817), den Vater seiner zu dieser Zeit engsten Freunde Joseph Franz (1766–1839), Emilian Gottfried (1767–1792) und Franziska (1769–1850). Er war am Geburtstag des heiligen Nikolaus Palea (Paglia) geboren worden, Namenstag: 16. August.
30 Aktuelle Erkenntnisse zu Freystädtler konnte Michael Lorenz liefern («Franz Jakob Freystädtler. Neue Forschungsergebnisse»). Er kommentiert (S. 101) diese Überlieferung von Anton Hackel aus dem Jahr 1842: «Das notorische Bild des simultankompetenten Mozart, der gleichzeitig kegelt, unterrichtet und komponiert, hat hier (neben Mozarts Eintragung vom 27. Juli 1786 in

Anmerkungen zu den Seiten 280–284

KV 496 a) seinen Ursprung.» Zu Recht kritisiert er dieses Klischee in toto. Hackels Schilderung jenes Details wird aber dadurch untermauert, dass Mozart ja selbst festhielt, er habe «untern Kegeln» komponiert, und dass der Garten im neuen Domizil Platz dazu bot. Hackels Zitat findet sich u. a. in: Hermann Abert: W. A. Mozart, Bd. 1, S. 827. Freystädtlers Unterrichtshefte mit Mozarts Eintragungen sind erhalten. Zu Mozarts Fragment: Heinz Wolfgang Hamann: «Mozarts dramatischer Entwurf ‹Der Salzburger Lump›».

31 Mozarts dichterische Versuche wurden bis heute nicht ausführlich analysiert und in Biographien meist gar nicht berücksichtigt. Ihre Lektüre eröffnet einen neuen Blick auf das, was Mozart seinen «poetischen Hirnkasten» nannte (MBA IV, Nr. 1200, S. 164–167); *Der kunstreiche Hund*: MBA IV, Nr. 1201, S. 167–168; *Die Liebesprobe*: MBA IV, Nr. 1202, S. 168–173. Kennzeichnend bereits, dass Mozart hier wie in der Musik zu Trugschlüssen neigt, also die Pointe hinauszögert.

32 MBA IV, Nr. 1058, S. 51, Z 9–11; zum Erbfall Leopold Mozart ist auch das nur in einer partiellen Abschrift erhaltene Licitations-Protokoll aufschlussreich (MD, S. 262–263). Außerdem Anna Hamerníková («‹Licitations-Protocoll› über die Leopold Mozartische Verlassenschaft› im Familienarchiv Berchtold»).

33 Hier erweist sich Mozart als Geschäftsmann, der über den Geldwert genau informiert ist (MBA IV, Nr. 1061, S. 52, Z 9). Der Gulden war in Salzburg Reichswährung im 24-Gulden-Fuß. 1000 Gulden der Salzburger Währung waren in Wien nur 833 Gulden 20 Kreuzer. Michael Lorenz vermutet, dass Mozart sein Geld bei Puchberg, bei dem er damals noch keine Schulden hatte, anlegte.

34 Zur öffentlichen *Feilbietung* von Leopolds Nachlass: MD, S. 263.

35 MBA IV, Nr. 1067, S. 54, Z 7–8.

36 Hier folgt die Autorin erneut Hans Ernst Weidinger (Il dissoluto punito, S. 7 ff.); der Verfasser hat als Erster zur Rekonstruktion der Entstehungsgeschichte den Briefwechsel zwischen Kaiser Joseph II. und seinem Bruder, dem Brautvater Leopold, Großherzog der Toscana, hinzugezogen. Dieser erste Abschnitt der Dissertation kann online eingesehen werden auf der Website des Don Juan Archiv Wien. Dort finden sich auch viele andere Querverweise zum Don-Juan-Stoff, zu seinen Verwertungen und Verwandlungen.

37 Zur Besetzung der Uraufführung von *Il dissoluto punito o sia Il Don Giovanni* (KV 527) Rudolph Angermüller (Mozart 1485/86 bis 2003, Bd. 1, S. 282). Bei Platon heißt es, Eros sei «schon von alters her ein Tyrann» (Politeia IX, 573 b). Er ist zügellos, maßlos, gesetzlos. Es ist seine Naturwüchsigkeit, die alles außer Kraft setzt und alles beherrscht, vor der Zeus sich fürchtet. Dieser Eros im Wesen Don Giovannis verführt ihn dazu, sich über Gott erheben zu wollen. Wie nah Mozart der *Don Giovanni* war, bezeugt ein Zitat des sonst nur sehr beschränkt glaubwürdigen Friedrich von Rochlitz (Anekdoten aus Mozarts Leben, S. 51–52). Ihm zufolge komponierte Mozart nach eigenen Angaben den *Don Giovanni* «für die Prager, für mich selbst und für meine Freunde». Jüngere Forschungen, so die von David Buch («‹Le nozze di Figaro›, ‹Don Gio-

Anmerkungen zu den Seiten 284–285

vanni› and ‹Così fan tutte› in 2006», S. 144f.) verliehen diesem Zitat, das von Rochlitz einige Jahre nach Mozarts Tod publiziert wurde, jedoch Glaubwürdigkeit.

38 Josef-Horst Lederer konzentrierte sich auf diesen Aspekt («Zwischen Liebe und Tod. Ausdrucksvariablen eines musikalischen Topos in Mozarts ‹Don Giovanni›»). Er verfolgte, wie Mozart diesen chromatischen Quartfall in *Don Giovanni* verwendet. So in der Duell-Szene, «wo der chromatische Quartfall zweimal als Symbol für Don Giovanni als ‹Todesspender›» erscheint (S. 865). Lederer stellte aber fest, dass «der chromatische Quartfall mit nur ganz wenigen Ausnahmen (und dies meist nur fragmentarisch) nicht von Don Giovanni selbst, sondern stets von dessen ‹Opfern› – je nach Art der Betroffenheit – verbalisiert wird, also nicht für die Titelfigur selbst steht, sondern vielmehr für die in Don Giovanni dominierenden Affekte und Charaktereigenschaften, für dessen Lebensprinzip. Ruft man sich Letzteres selbst in Erinnerung und geht davon aus, dass Don Giovannis Liebe stets untrennbar mit Leid und Tod verknüpft ist, resultiert daraus, dass dieses musikalische Symbol zweierlei Natur sein muss: Sinnbild des Eros und Sinnbild des Todes» (S. 864). Den passus duriusculus verwendete Mozart in jenem Offertorium KV 222 (205a), das er 1775 in München Hals über Kopf schrieb und Padre Martini sandte.

39 Die innere Heimatlosigkeit verbindet Eros und Mozart mit Don Giovanni. So schreibt auch Ulrike Vedder («Orte, Körper, Medien. Techniken des Weiblichen am Ende des 18. Jahrhunderts»), Don Giovanni sei «nur insofern Herr über die Räume, als er sie als Durchgangsorte nutzt»; er sei «nicht zu verorten» (S. 45).

In seinem Kommentar zu «Mozarts Skizzen» fasst Ulrich Konrad es knapp und präzise zusammen, wenn er über die Kritik der Zeitgenossen an Mozart schreibt: «seine angeblich ungebundene Lebensart und die unordentlichen häuslichen Verhältnisse wurden bemängelt.» Er befindet sich wie Eros und wie Don Giovanni außerhalb der gesellschaftlichen Gesetze und der ethischen Bestimmungen. Die Lüge ist ihm so gesehen nicht zu verübeln, sie gehört zu ihm, ist Teil seiner Verführungskraft. Das und der Aspekt des Dämonischen verbindet Eros, Mozart und Don Giovanni. Alle drei sind nicht fasslich. Alle drei entziehen sich dem Zugriff. Es ist eben jener dämonische Aspekt, der auch Byron, Puschkin und E. T. A. Hoffmann für Mozarts *Don Giovanni* begeisterte.

Alle Figuren, darauf wurde schon oft hingewiesen, haben in dieser Oper eine klare musikalische Charakterisierung, nur Don Giovanni nicht. Sogar in den Ensembles wechselt er immer wieder seine Identität, bedient sich immer wieder neuer musikalischer und formaler Merkmale und schlüpft ja sogar in eine fremde Identität. Zwei Arien singt er in der geliehenen Identität des Leporello: das Ständchen *Deh, vieni alla finestra* (II. Akt, Nr. 16) und die Arie *Metà di voi qua vadano* (II. Akt, Nr. 17). Hierzu auch Mladen Dolar (Wenn die Musik der Liebe Nahrung ist … Mozart und die Philosophie in der Oper, S. 68). Nur indem er sich ständig verändert, wandelt, flexibel bleibt, kann er alle austricksen und beherrschen: «Don Giovanni hat kein eigenes Dasein, er ist ständig auf der Flucht vor sich selbst. – Hatte Kierkegaard Mozart als den einzigen Pfeiler verehrt, der ihn vor Chaos und Nichts schützt, dann ist dieser Pfeiler dem Chaos und Nichts jenseits der Grenzen der Identität am nächsten – die musikalische Verkörperung des Unkörperlichen» (Dolar, S. 77).

40 Was die Tanzszene am Ende des ersten Aktes betrifft, war sich Mozart ihrer Komplexität bewusst; er hat sich eine Skizze dazu angefertigt (NMA, Serie X, Supplement, Werkgruppe 30, Band 3 Skizzen, Nr. 80 Skb 1787b verso).

Don Giovanni selbst nennt in seiner Arie (Nr. 11) sogar die Tänze: *minuetto, follia* und *alemanna*. Menuett, follia, also Kontretanz, und Allemande, also Deutscher Tanz, werden dann auch gespielt.

Hierzu ausführlich Dörte Schmidt: «Komponieren als intellektuelles Spiel. Oder: Was hören Mozarts Gäste?», S. 396/97, und Stefan Kunze: «Mozarts Don Giovanni und die Tanzszene im ersten Finale».

Stefan Kunze erklärt, das «Thema der Ballszene» sei «die Desintegration des musikalischen wie des dramatischen Geschehens» (S. 169). Denn: «Jeder der drei Tänze besitzt sein eigenes Tempo und seinen eigenen Bewegungscharakter. Auch die Einheit des Tempos zerfällt» (S. 178). Was das bedeutet, war offenbar früher dem Publikum beim Erleben dieser Szene bewusst. «In der Tat galt sie im 19. Jahrhundert bei vielen als ästhetisches Skandalon» (S. 181).

41 Mladen Dolar erklärt, «als furchtloser Herr, der keinem Begehren und Verlangen absagen und ‹alle Frauen› haben will», stelle Don Giovanni das «Moment jenseits des Lustprinzips» dar. Das Paradoxon seiner Gestalt: «[I]ndem er so kompromisslos dem Lustprinzip folgt, treibt er dieses Prinzip zu einem Extrem, zu einer ‹ethischen Haltung›, in deren Namen er zuletzt auch zu sterben bereit ist. Diese ethische Haltung weist eine absolute Autonomie des Subjekts auf, das sich der bestehenden Ordnung, ihren moralischen Prinzipien und ihrer religiösen Begründung widersetzt» (Dolar, S. 65). Er spricht von einer «ethischen Haltung im Lacanschen Sinne», also «das Nicht-nachgeben hinsichtlich-des-eigenen-Begehrens». Auch Kierkegaard betonte, dass Don Giovanni in allen anderen Gestalten präsent sei als unaufhaltsame musikalische Kraft. «Don Juans Leben ist ihr eigenes Lebensprinzip» (Kierkegaard, S. 128).

42 Der Trickster ist als Phänomen altbekannt, wurde aber erst im 20. Jahrhundert so benannt, abgeleitet vom englischen Wort *trick*. Seine Merkmale treffen auf Don Giovanni, auf Eros und Mozart zu.

Er ist imstande, sämtliche Ordnungen durcheinanderzubringen, provoziert und fasziniert. Er hat einen widersprüchlichen Charakter, ist weder gut noch schlecht. Zu der Verwandtschaft Don Giovannis mit dem Trickster auch Thomas Bauman («Die drei Bewährungsproben des Don Giovanni»). Bauman spricht vom Archetypus des Tricksters, wie ihn C. G. Jung gedeutet hat (S. 137). Jung belegte, welche Rolle dieser ambivalente Archetypus in allen Kulturen spielt, und betonte auch die sexuelle Bedeutung seiner Gestalt, die überall hineinfindet, überall eindringt, Systeme und Ordnungen aushebelt. Thomas Bauman verweist darauf, dass Don Giovanni sich gerade durch seine Weigerung zu bereuen als Trickster im Sinn C. G. Jungs zeigt: «In Jungschen Termini sagt uns diese Szene am Höhepunkt der Oper, dass sich der Archetyp des Tricksters so tief in Don Giovannis Ich eingegraben hat, dass dieser ihm nicht einmal im Angesicht des Todes abzuschwören vermag. Die weite Verbreitung dieses Archetyps in allen Kulturen beweist seine fundamentale Kraft» (S. 137). Zu ergänzen bleibt hier, dass auch der Eros des *Symposions* alle Erkennungsmerkmale des Tricksters aufweist: Er ist Bote zwischen Göttern und Menschen, er ist ein Betrüger, der dennoch die Menschen für sich gewinnt, er ist begehrlich und verkörpert wie der Trickster die Libido, er kann wie der Trickster erheiternd und erschreckend sein. Er ist Medium der Veränderung und göttlicher Schelm, der seine verkleinerte Wiedergeburt in den Figuren des Kasperls, des Hanswurst, des Narren findet, in all jenen unmoralischen, unwiderstehlichen Eulenspiegeln.

43 Die Presse erkannte sehr wohl, welche Anforderungen diese Oper an die Ausführenden stellte und wie sensationell neu das Gebotene war. «Kenner und Tonkünstler sagen, dass zu Prag ihres Gleichen noch nicht aufgeführt worden ist», berichtet die *Prager Oberpostamtszeitung* am 3. November 1787. «Hr. Mozard [sic!] dirigirte selbst, u. als er ins Orchester trat, wurde ihm ein dreymaliger Jubel gegeben, welches auch bei seinem Austritte aus demselben geschah.» Die Zeitung erwähnt auch «die außerordentliche Menge Zuschauer» und lobt «die gute Vorstellung nach so kurzer Studierzeit» (MD, S. 267).

44 Mozart schrieb den Brief an Gottfried von Jacquin (MBA IV, Nr. 1072, S. 58–59) an mehreren Tagen und legte das Lied *Das Traumbild* (KV 530) bei. Hier zitiert Z 19, 21–23, 25–26 und 37–40.

45 Die Anekdote über die Entstehung von Szene und Arie *Bella mia fiamma / Resta o cara* KV 528 überlieferte Karl Thomas Mozart (Walter Hummel: W. A. Mozarts Söhne, S. 18 f.). Er hatte sie aus erster Hand von Josepha Duschek. Die Glaubwürdigkeit der Geschichte untermauerte Helmut Hell in einem höchst amüsanten Aufsatz («Mozart ‹nimmt Rache›. Zu Szene und Arie KV 528»). Er liefert noch viele weitere Details für die «boshaften Intentionen» (S. 12) Mozarts. So die siebenfache Verwendung des Tritonus, des *diabolus in musica*, in besonders schwer singbarer Abfolge (S. 14). Hell übersetzt allerdings *affano* nur mit Kummer, *passo* nur mit Schritt, was die Worte im originalen Kontext bedeuten. Er schließt: «Josepha Duschek muss die Feuerprobe freilich bestanden haben; denn sonst dürfte das Werk ja eigentlich nicht mehr existieren» (S. 14).

46 MBA IV, Nr. 1072, S. 58–59.

47 Maria Anna Clara von Natorp, genannt Nanette (1766–1791), und ihrer Schwester Babette (1769–1744) eignete Mozart die Sonate C-Dur KV 521 zu. Vollendet hat er sie am 29. Mai 1787, drei Tage, nachdem er in *Jacquins Zimmer* als Ghostwriter für den Freund ein Lied komponiert hat. Vermutlich steht beides in direktem Zusammenhang und diente dazu, Nanette zu erobern. Nanette ist nicht zu verwechseln mit der Sängerin Maria Anna von Natorp, verehelichte Freifrau von Sassi.

48 MBA IV, Nr. 1072, S. 59, Z 25–26.

49 Die Anstellung Glucks wurde 1774 mit dem Wunsch kommentiert, «dass er seine sich eigen gemachte ausnehmend Kunst-Erfahrenheit mit allmöglicher Beflissenheit erweitern [...] möge und solle». Zitiert nach Walther Brauneis («Mozarts Anstellung am Kaiserlichen Hof in Wien», S. 562). Ein vergleichbarer Kommentar fehlt bei Mozart.
50 Zum Anstellungsdekret MD, S. 269–270.
 Erst Rüdiger Wolf entdeckte, dass Mozart zu Recht nicht der Nachfolger Glucks, sondern Starzers war. Zu Recht wurde er also im Anstellungsdekret nicht als *Hof Compositor* wie Gluck, sondern als Kammermusicus wie Starzer bezeichnet und daher auch in derselben Höhe honoriert (Rüdiger Wolf: «Puchberg, Mozart und Così fan tutte», S. 533).
51 Die neue Adresse *Unter den Tuchlauben* ist nur aus dem Eintrag im Taufbuch von St. Peter anlässlich der Geburt von Theresia zu erschließen (erstmals publiziert von Michael Lorenz, siehe Anm. 54).
52 MBA III, Nr. 667, S. 201, Z 40–42.
53 MBA IV, Nr. 1074, S. 60, Z 5–7.
54 Die Taufe von Theresia Constantia Adelhaid Friderica Marianna war in St. Peter vorgesehen, wurde aber abgesagt. Da der Gesundheitszustand des Kindes besorgniserregend war, wurde eine Haustaufe gestattet. Die Taufmatrikel Theresias publizierte erstmals Michael Lorenz, wo sich auch die hier übernommene Schreibweise der Vornamen findet («Mozart's Apartment on the Alsergrund»); üblich ist Theresia Constantia Adelhaid Friderike Maria. Dort ist festgehalten: «Im Hause getauft», mit der nachträglichen Ergänzung «wider die Verordnung; wegen angeblicher Schwachheit des Kindes».
55 Das Lied *Die kleine Spinnerin* KV 531 erscheint in «Angenehme und lehrreiche Beschäftigung für Kinder. Erstes Bändchen.» Die sexuellen Bedeutungen des Textes erschlossen sich den Kindern sicher nicht, Mozart dürfte seinen Spaß daran gehabt haben.

XIX.
1788: Weder reich noch arm
Oder: Sinfonische Juwelen und Bettelbriefe

1 MBA IV, Nr. 1082, S. 71–72, hier S. 72, Z 14.
2 Am 4. August 1799 schrieb Maria Anna von Berchtold zu Sonnenburg an Breitkopf & Härtel: «Alle Sparten meines Bruders so noch in Händen unseres Vaters waren, übersendete ich also sogleich im Jahr 1787 nach dem Tode unseres Vatters meinen Brudern nach Wiennn [sic!], bedaure aber selbst dass ich nicht einige von seinen jüngeren Compositionen zurück behalten habe, bey mir waren sie doch gut aufgehoben worden, da ich hingegen von sicherer Hand, und von einem Augenzeug [sic!] erfahren habe, dass seine Sparten bei ihme [sic!] nur immer unter dem Clavier herum lagen, und die Copisten davon nehmen konnten was sie nur wollten und ich konnte auch dieses umso leichter glauben, da mir wohl bekannt ware, dass mein Bruder seine ältern

Werke immer weniger leiden konnte, wie stärker er in der Composition wuchs» (MBA IV, Nr. 1250, S. 259). Am 6. April 1803 schrieb sie erneut an den Verlag: «Wie viele Sachen kommen itzt nicht unter meines Bruders Nammen heraus, es reuet mich in der Seele dass ich wie mein Vatter gestorben ist die alten Sparten und andre compositiones welche mein Vatter in Verwahrung hatte, und die ich meinen [Bruder] nach Wienn schickte nicht zurück behalten habe ....» (MBA IV, Nr. 1360, S. 433).

3 Die Schrift «Anfang, betrachtet das Ende! oder: genaue Rechnungstafel für Beamte, welche 500 bis 1000 fl Besoldung haben» aus dem Jahr 1788 gibt Auskunft über das, was eine vier- bis achtköpfige Beamtenfamilie in Wien zum Leben brauchte. Dort steht auf S. 8: «Vorschrift, wie ein mit 500 fl. besoldeter Beamter, welcher verheurathet, und mit zwey Kindern gesegnet ist, seine Haushaltung einschränken muß, wenn er nicht in Schulden, oder auf andere unerlaubte Schwänke verfallen, und sich der so fürchterlichen Kassation aussetzen will. Bevor er auf eine Ausgabe gedenken darf, so muß es ihm gefällig seyn, ihm die Arha à 5 pCto. abziehen zu lassen mit 25 Fl – kr. und für die zu Erhebung der Besoldung nöthigen 12 Stempelbögen à 3 kr, zu bezahlen.

Es bleiben also nur fein rein übrig 474–24–».

4 Diese Bemerkung wird nach Constanze Mozart zitiert in der AMZ Leipzig vom 6. Februar 1799, Sp. 291 und bei Nissen (Mozart, S. 539). Hintergründe dieser Thematik in Walther Brauneis: «Mozarts Anstellung am kaiserlichen Hof in Wien».

5 Salieri wird zitiert bei Angermüller (Salieri, Bd. 2, S. 108), dort ist auch Salieris Beschreibung des luxuriösen Krankenlagers nachzulesen (S. 132). Da Ponte beschreibt die angenehmen Arbeitsbedingungen in seinen «Denkwürdigkeiten» (Bd. 2, S. 281).

6 Zu den Veränderungen gegenüber *Tarare* und der Überarbeitung des *Axur* siehe Angermüller (Salieri, Bd. 2, S. 116–132).

7 Die *Prager Oberpostamtszeitung* meldete am 29. Dezember 1787, S. 828: «Der berühmte Kompositeur Mozard [sic!] ist [...] zum Hofmusikus bey Sr. Königl. Hoheit dem Erzherzog Franz ernannt worden.» Hierzu ausführlich Walther Brauneis («Mozarts Anstellung», S. 566) und Rüdiger Wolf («Puchberg, Mozart und Così fan tutte»).

8 Zu den Bällen des «Kaiserlehrlings» Franz auch Walther Brauneis («Mozarts Anstellung», S. 565–566).

9 *Das Donnerwetter* nannte Mozart selbst den Kontretanz KV 534. Auch der Titel *Die Bataille* für KV 535 stammt von ihm. Das Werk wurde unter dem Titel *Die Belagerung Belgrads* publiziert.

10 Das Schreiben des Kaisers an Obersthofmeister Georg Adam Fürst Starhemberg ist wiedergegeben bei Angermüller (Salieri, Bd. 2, S. 135). Zur Ernennung Salieris existieren unterschiedliche Terminangaben in den Hofzahlamtsbüchern Nr. 184 (1. März) und Nr. 185 (29. März); hierzu Angermüller (Salieri, Bd. 2, S. 136). Zur Beurteilung der Bezahlungen von Salieri und Mozart siehe Rüdiger Wolf: «Puchberg, Mozart und Così fan tutte», S. 533.

11 Schon am 11. April 1781 sah Mozart die Situation genau voraus (MBA II, Nr. 588, S. 106, Z 56–58).
12 Dieses Konzert KV 537 wird später als erstes Krönungskonzert geführt, weil Mozart es zusammen mit KV 459 am 15. Oktober 1790 im Rahmen der Kaiserkrönung Leopolds in Frankfurt spielte.
13 Zum politischen und musikalischen Kontext dieses Liedes hat erstmals Gerhard Ammerer Klarheit geschaffen: «‹Ich möchte wohl der Kaiser sein› (KV 539) – ein patriotisches Kriegslied?»
14 Hierzu auch Clemens Höslinger: «Zum Musikverständnis Josephs II.»
15 Ammerer verweist in seinem Aufsatz auch auf Mozarts Bezugnahme auf Haydns Oper (italienisch: *La vera costanza*, S. 53) und Mozarts Subskription für «Österreichische und deutsche Kriegslieder» (Ammerer, S. 54).
16 Mozarts Wunsch: MBA IV, Nr. 1072, S. 58, Z 11–12.
17 Die vielzitierte Wiener Fassung des *Don Giovanni* ist eine Fiktion. Es existiert keine gesicherte Version für die Wiener Premiere am 7. Mai. Das in Wien gedruckte Textbuch ist, wie Weidinger lückenlos beweist (siehe weiter unten), in keinem Fall als Dokumentation der in Wien aufgeführten Version zu betrachten; es wurde im Herbst des Vorjahres gedruckt. Sicher ist nur, dass Mozart vor der Wiener Premiere innerhalb weniger Tage drei neue Stücke komponiert und als fertiggestellt in sein Werkverzeichnis eingetragen hat. Eine Arie für Don Ottavio (*Dalla sua pace,* KV^6 540 a), die an das bereits vorhandene Secco-Rezitativ im ersten Akt anschloss (*come mai creder deggio*), ein Rezitativ (*In quali eccessi*), eine Arie für Donna Elvira (*Mi tradì quell'alma ingrata,* KV^6 540 c) und ein Duett für Zerlina und Leporello. Leporellos ursprüngliche Arie *Ah pietà, signori miei* wurde durch ein Secco-Rezitativ ersetzt.

Wolfgang Plath und Wolfgang Rehm äußerten auch im Vorwort zu *Don Giovanni* in der NMA die Vermutung, Morella könne «die Koloraturen der Arie No. 21 […] gefürchtet […] haben, so dass sich Mozart entschloss, die Nummer ersatzlos zu streichen und eine dem Gesangsstil Morellas besser entsprechende neue Arie zu komponieren» (NMA II, 5, Bd. 17, Kassel 1968, S. VII–XIX, hier S. XII). Es gibt aber keine Belege dafür, dass die geringeren technischen Fähigkeiten des Wiener Don Ottavio Francesco Morella gegenüber denen des Prager Don Ottavio Antonio Baglioni der Grund waren, die anspruchsvolle Arie *Il mio tesoro* zu ersetzen.

Die Autorin gibt zu bedenken, dass Morella nach seinem Abschied von Wien an der Scala in Mailand Karriere machte. Angesichts der koloraturenreichen italienischen Tenorpartien würde man dort kaum einen Tenor eingekauft haben, der damit nicht zu Rande kam.

Ebenso wenig existieren Nachweise dafür, dass die Forderungen der Wiener Donna Elvira, Caterina Cavalieri, mehr Koloratur-Bravour zeigen zu können, zu ihrer neuen Arie führten oder auch das Duett *Per quelle tue manine* KV^6 540 b auf Wunsch der Sänger komponiert wurde.

Stefan Rohringer stellte 2011 erneut die Frage nach den Beweggründen Mozarts, kurz vor der Wiener Premiere drei neue Stücke für den *Don Giovanni*

Anmerkung zu Seite 300

zu schreiben (Stefan Rohringer: «Don Ottavio: Figur versus Medium. Zum Verhältnis der Prager und Wiener Fassung des *Don Giovanni*»). Abgesehen von der Annahme einer «Wiener Fassung» übernimmt die Autorin Rohringers überzeugende Sichtweise. Sie zieht jedoch ihre eigenen Schlüsse aus Rohringers Erkenntnis, dass Mozart nicht nur Don Ottavios Figur, sondern die Oper insgesamt neu durchdacht hat.

Die Aufführung beider Don-Ottavio-Arien, die heute üblich ist, schließt Rohringer wie schon Plath und Rehm für den Wiener *Don Giovanni* 1788 aus. Rohringer argumentiert hier mit psychologisch plausiblen Erwägungen. Für ihn durchlebt Don Ottavio in *Dalla sua pace* «einen Moment der Selbsterkenntnis» (S. 14), der ja der anderen Arie vorausginge. «Momente der Selbsterkenntnis sind dem Don Ottavio der Prager Fassung aber fremd, und so entbehrt es jeder psychologischen Glaubwürdigkeit, dass eine Figur, die in *Dalla sua pace* zu solch existenzieller Selbsterkenntnis gelangt, diese in *Il mio tesoro* wieder ausblendet, um einen anders gearteten Konflikt auszutragen, der vom Vorherigen völlig unberührt bleibt» (S. 21). Rohringer schlägt vor, «in *Dalla sua pace* das Ergebnis eines neuerlichen Nachdenkens über *Don Giovanni* als Ganzes zu sehen» (S. 23). In Ottavios neuer Arie, in der nichts geschieht, die im Gegenteil den Handlungsfortgang aufhält, erkennt Rohringer «jenen erfüllten Augenblick» (S. 27), von dem Kunze bereits sprach; seines Erachtens ist er für Mozarts große Opern kennzeichnend und mit der *Erfahrung der Transzendenz* (S. 27) gleichzusetzen. Don Ottavios *Dalla sua pace* nimmt sich, so Rohringer, «merkwürdig fremd aus in der Welt des *Don Giovanni*, einer Welt ‹von Triebtätern, rasch Entflammten, Rachebesessenen und Exzentrischen›. Fremd erscheint auch Don Ottavio selbst, der als Figur zerfällt und eben deswegen zum Medium werden kann; sein Ton kündet von jener Transzendenz, woher Don Ottavio den Frieden und die Seelenruhe für seine Geliebte (und sich) erfleht.» Zugleich «ahnen wir, dass es bei dieser Bitte nicht allein um Don Ottavio und Donna Anna [...] geht, sondern – letztlich um uns alle» (S. 26).

Sollten in Wien all die neuen Stücke gesungen worden sein, wovon auszugehen ist, wäre dieser *Don Giovanni* aus Sicht Rohringers die verfeinerte Version gewesen.

Daran, dass die sogenannte Wiener Fassung von vornherein als «‹Verfälschung›» und «‹Vergröberung›» angesehen wurde und teils noch immer angesehen wird, ist nach Hans Ernst Weidinger die «Erzählstruktur» des Prager Mozart-Biographen Niemetschek «nicht unschuldig; die Schuld für die – nach Meinung nicht weniger Autoren – schwächere sogenannte Wiener Fassung wird dabei in der Regel weniger Mozart selbst gegeben als den Wiener Verhältnissen, den kapriziösen und unfähigen Sängern und den ‹anderen› Publikumserwartungen, die vor allem am neukomponierten Duett Zerlina-Leporello dingfest gemacht werden. Damit wird jedoch eine kritische Diskussion der dramaturgischen Intentionen der Autoren von vornherein blockiert, weil die Veränderungen der Wiener Fassung gar nicht bzw. vorwiegend in einem negativen Sinn als ‹dramatische Schädlinge› angesehen werden. Der Sammelbegriff des ‹Wiener Bodens› bzw. der diesen Begriff implizierten Vorstellungen erklärt aus dieser voreingenommenen Sicht bei Bedarf nahezu alles» (Weidinger, Il dissoluto punito, S. 23–24).

Zum Textbuch:
Hans Ernst Weidinger ging als Erster ausführlich auf das Wiener Textbuch ein; er entdeckte, dass es bei Kurzböcks Offizin gedruckt wurde. Dass der wegen seiner Verdienste geadelte Buchdrucker Josef von Kurzböck (auch Kurzbeck, Kurzbek, Kurtzbek, Kürzbäck etc.) Vater von Mozarts Klavierschülerin Magdalena (Madeleine, Madelaine, 1767–1845) war, sei hier ergänzt. Aufschlussreich auch, dass das Libretto von *Axur* und *Don Giovanni* bei derselben Offizin erschien, was für eine Initiative Da Pontes spricht.

Warum Da Ponte das Textbuch in Wien unvollständig zum Druck freigab, wurde, wie Weidinger zu Recht betont, bisher in keiner Weise befriedigend erklärt.

Zum Wiener Textbuch schreibt Weidinger: «Bildet das Fehlen weiter Teile des ersten Aktes, die wir aus Mozarts Autograph und dem Prager Textbuch kennen, den auffälligsten Unterschied zwischen dem Wiener Erstdruck und dem Prager Textbuch, sollte doch nicht übersehen werden, dass die beiden Texte darüber hinaus an zahlreichen Stellen voneinander abweichen.» Während im ersten Akt die Änderungen «Adaptierung, Austausch oder Streichung einzelner Wörter» betreffen, sind «im zweiten Akt ganze Dialogfolgen umgeschrieben» (S. 895). Der gravierende Unterschied der beiden Texte liegt jedoch in der szenischen Anweisung. Im Prager Textbuch spielen die ersten drei Szenen im Garten, im Wiener heißt die Ortsangabe *Strade e case,* also *Straßen und Häuser* (Weidinger, S. 895).

Vielleicht ist der fulminante Erfolg der Gartenszene in *Axur*, eine nicht zu übertreffende Bühnenbildleistung, ein Grund gewesen, hier zu ändern?

Die Autorin übernimmt hier Weidingers Datierung des Textbuches auf Anfang Oktober des Jahres 1787 (S. 812 und 938).

18 Theaterzettel Don Giovanni: MD, S. 275. Angebliche Äußerungen des Kaisers zur Premiere sind insofern Legende, als er sich zu diesem Zeitpunkt auf dem Türkenfeldzug befand (siehe Anm. 51).

19 Dass Mozarts *Don Giovanni* bei der Premiere durchfiel, ist ein Gerücht: Er wurde 1788 vierzehn Mal wiederholt (am 9., 12., 16., 23. und 30. Mai, am 16. und 23. Juni, am 5., 11. und 21. Juli, am 2. August, am 24. und 31. Oktober und am 15. Dezember). Allerdings erlebte Salieris *Axur, Re d'Ormus* in diesem Jahr siebenundzwanzig Wiederholungen (Angermüller: Salieri, Bd. II, S. 117) und blieb auch danach als erklärte Lieblingsoper des Kaisers auf dem Spielplan.

20 Musikkritiker, die Aufführungen rezensieren, die sie nicht zur Gänze oder gar nicht besucht haben, finden in Kaiser Joseph einen würdigen Ahnherrn. Sein Urteil über *Don Giovanni* wird bis heute kolportiert. Nachweisbar (siehe Anm. 51) hat er auch später diese Oper niemals gehört. Orsini-Rosenberg erklärt er zuerst: «Le mauvais succes [sic!] de l'Opéra ne m'etonne [sic!] pas, ce n'est que la nouveauté qui a du prix á Vienne» (Joseph II. als Theaterdirektor,

S. 74). Und dann: «La Musique de Mozard [sic!] est bien trop difficile pour le chant» (S. 75).
21 Die Rezension aus Weimar: MD, S. 279–280.
22 Die Einsicht der Prager Kritiker: MD, S. 267.
23 In der Theaterrechnung der Jahre 1788/1789 steht: «Dem Da Ponte Lorenz für Componirung der Poesi [sic!] zur Opera il [sic!] Don Giovanni – 100 fl. Und dem Mozart Wolfgang für Componirung der Musique zur Opera il Don Giovanni – 225 fl.»
24 Zu Mozarts Zeitungsannoncen: MD, S. 274–275.
25 Zu Puchberg siehe Gabriele Schneider («Johann Michael Puchberg. Aufstieg und Fall von Mozarts Freund und ‹Bruder›») Johann Michael Puchberg (1741–1822) stammte aus einem alten Adelsgeschlecht, ursprünglich in Franken ansässig. Die Adelsdiplome (S. 296) gingen jedoch verloren, sodass Puchberg mit seinem Bruder Franz Xaver 1793 erneut um Erhebung in den Adelsstand ersuchte und Edler von Puchberg wurde. Johann Michaels Großvater war 1705 in die Nähe von Krems gezogen und hatte dort die Verwaltung der landesfürstlichen Güter, vor allem Weingüter, übernommen. Johann Michael wurde als jüngstes von sechs Kindern 1741 in Zwettl geboren. Die Karriere des Handelskaufmanns begann 1768 in Wien, als er in das Unternehmen von Michael Salliet eintrat, der mit Seidenwaren, Samt und Accessoires handelte und mit seinem Bruder eine eigene Seidenmanufaktur betrieb. Als Salliet mit 37 Jahren 1777 starb, hinterließ er ein Vermögen von 217 000 Gulden, eine neunundzwanzigjährige Witwe und fünf Kinder. Drei Jahre später heiratete Puchberg die Witwe Elisabeth Salliet. Sie starb bereits 1784. Puchberg war schon 1773/74 in die Loge *Zu den drei Adlern* aufgenommen worden, 1784/85 trat er in die Loge *Zum Palmbaum* über, ab 1785 war er Mitglied der Loge *Zur Wahrheit*. «Zu Puchbergs Logenbrüdern – und Darlehensnehmern! – zählte auch Joseph Haydn, mit dem der Großhändler in enger Freundschaft verbunden war» (S. 292). Laut Schneider ist es Constanze zu verdanken, dass die einundzwanzig Bettelbriefe Mozarts an Puchberg erhalten wurden. Wie Schneider darlegt, hatte sie den Adressaten 1797 darum gebeten, als Breitkopf & Härtel eine Lebensbeschreibung Mozarts plante (S. 293).
Zu Puchberg als Pate auch Michael Lorenz in seiner Rezension zu: Das Forschungsprojekt «W. A. Mozart und sein Wiener Umfeld»: Mozartforschung in Wien am Beginn des 21. Jahrhunderts (Online-Ressource 2013).
26 Zu Mozarts Hoffnung, bald wieder Geld einzunehmen: MBA IV, Nr. 1076, S. 65, Z 5–9.
27 Zitiert aus dem Brief MBA IV, Nr. 1077, S. 65, Z 1 (Anrede), S. 65–66, Z 7–9 (Höhe des Kredits), S. 66, Z 32–34 (Hausherr), Z 40 (*wohlfeiler*).
28 Siehe «genaue Rechnungstafel», Anm. 3.
29 Siehe Anm. 27.
30 Alle Angaben zur Wohnung in der Währingergasse in Alsergrund: Michael Lorenz («Mozart's Apartment on the Alsergrund»).

31 Mozarts Annonce zum verschobenen Erscheinungstermin der Quintette: MD, S. 280–281.
32 Es handelt sich um den Marsch in D-Dur KV 544, die Klaviersonate KV 545, Adagio und Fuge c-Moll KV 546 und die Sinfonie in Es-Dur KV 543.
33 Zitiert nach MBA IV, Nr. 1079, S. 69, Z 8–9 (Umstände) und Z 16–17 (ansehnliche Summe).
34 Ebda., Z 25–28.
35 Zu den Belegen aus dem Leihhaus: zitiert nach MBA IV, Nr. 1080, S. 70, Z 2.
   Puchberg gewidmet hatte Mozart in diesem Sommer sein einziges Werk in E-Dur, das Klaviertrio KV 542; es wurde wohl Ende Juni in Michael Puchbergs Fünf-Zimmer-Wohnung am Hohen Markt zum ersten Mal aufgeführt mit Mozart am Klavier und Puchberg an der Geige. Möglicherweise war ihm auch das Streichtrio KV 563 zugeeignet, das Mozart August/September 1788 schrieb und nur Divertimento nannte. Dass darin Cello und Bratsche äußerst anspruchsvolle Partien zu bewältigen haben, die Geige nicht, spricht ebenfalls für diese Besetzung, vermutlich mit Josef Orsler, Cellist an der Hofkapelle, den Mozart in seinem Brief aus dem April 1791 Puchberg gegenüber erwähnen wird (MBA IV, Nr. 1149, S. 130, Z 3). In diesem Brief ersucht Puchberg Mozart darum, ihm «eine Violin, und 2 Bratschen» (Z 5) fürs Quartettspiel bei Hofrat Greiner auszuleihen; schon im Vorjahr hatte er bei Puchberg eine Bratsche geborgt (MBA IV, Nr. 1130, S. 111, Z 15). Puchberg dürfte also über eine kleine Streichinstrumentensammlung verfügt haben.
36 Siehe Ammerer, a. a. O., S. 54.
37 Zum Tod von Hatzfeld: MBA IV, Nr. 1044, S. 41, Z 48–49; zum Tod von Sigmund Barisani (1758–1787): MBA IV, Nr. 1065, S. 53–54, hier Z 2–5. Die g-Moll-Sinfonie KV 550 trägt Mozart am 25. Juli in sein Verzeichnis ein.
38 Mozarts letzter Brief an die Schwester Maria Anna, deren Vornamen (Marianna) seine gerade verstorbene Tochter Theresia auch trug: MBA IV, Nr. 1082, S. 72–73.
39 Mozarts Sinfonie in C-Dur KV 551 verdankt ihren Beinamen Jupiter-Sinfonie angeblich dem aus Bonn stammenden und in London tätigen Konzertunternehmer Johann Peter Salomon (1745–1815). Erstmals wird die Sinfonie in einem Konzertprogramm des Edinburgh Music Festival von 1819 so genannt.
40 Über das 1767 erschienene Buch von Moses Mendelssohn und die Möglichkeiten, wie es in Mozarts Besitz gelangte: Ulrich Konrad und Martin Staehelin: allzeit ein buch (S. 77–79).
41 Die Äußerung von Joachim Daniel Preisler, Mitglied des königlichen Theaters in Kopenhagen, wird zitiert bei Otto Biba («Mozarts Wiener Kirchenmusikkompositionen», S. 49). Biba sieht den Beweggrund in Mozarts veränderter Auftragslage in Wien. «Als es für ihn dort weniger zu tun und zu verdienen gab, entsann er sich als Komponist wieder der Kirchenmusik» (S. 47). Biba listet als geistliche Werke Mozarts, die zwischen Ende 1787/Beginn 1788 und Februar 1789 entstanden sein müssen, diejenigen Stücke auf, die anders als die

Kanons für kirchliche Verwendung gedacht und geeignet waren (S. 48): Kyrie in G-Dur KV Anh. 16 (196a), Kyrie in C-Dur KV 323, Gloria in C-Dur KV Anh. 20 (323 a), Kyrie in D-Dur KV Anh. 14 (422 a), außerdem *Zwei deutsche Kirchenlieder* KV 343 (336 c).

42 Es handelt sich um das *Alleluja* KV 553, das *Ave Maria* KV 554, die Arie *Lacrimoso son'io* KV 555, den Prater-Kanon KV 558 und den Kanon *G'rechtelt's enk* KV 556. Dass unter jene Kanons, die ohne Titelnennung an diesem Tag eingetragen wurden, auch der Peyerl zugedachte *Difficile lectu mihi mars* und der dazu gehörige *O du eselhafter Martin* zu rechnen sind, der 1788 allerdings noch einmal umgedichtet wurde, bezweifelt die Autorin aus biographischen Gründen. Es ist nach dem genannten Datum kein Aufenthalt Peyerls in Wien und keiner Mozarts in Graz nachzuweisen.

43 Siehe vorige Anmerkung.

44 Das Es-Dur-Divertimento für Puchberg KV 563 für Violine, Viola und Violoncello war wohl für eine Aufführung mit Mozart (Viola) und Puchberg gedacht: Dass er ein guter Laienmusiker gewesen sein muss, lässt sich am Violoncello-Part dieses Stückes erkennen.

45 Der *Jahn'sche Saal* befand sich im ersten Stock des heutigen Café Frauenhuber, I., Himmelpfortgasse 6.

46 Siehe Anm. 44.

47 In seiner in geheimer Kurzschrift abgefassten Charakteristik der Familienmitglieder, betitelt *Stato della famiglia*, schrieb Lepold bei seinem Wien-Besuch 1778/79 über Kaiser Joseph: «Übrigens geht er überall bei Hof herum und schnüffelt in alle Zimer und Wohnungen, entweder aus Misstrauen und Neugierde oder um Frauen, Weiber und Dienerinnen zu suchen, zu denen es ihn sehr hinzieht ...» (zitiert nach Helga Peham: Leopold II., S. 192).

48 Hierzu Helmut Reinalter (Joseph II. Reformer auf dem Kaiserthron, S. 82–83).

49 Angeblich handelte es sich bei dem zwielichtigen Establissement um das Gasthaus *Zum Weißen Löwen*. Dort erinnert zumindest ein gemaltes Spruchband an die Episode: «Durch diese Thür in Bogen ist Kaiser Joseph II. geflogen.»

50 Ebda.

51 Auch die von Da Ponte zitierte und seither unablässig wiederholte Äußerung des Kaisers über *Don Giovanni* ist also wohl Legende.

In seinen «Denkwürdigkeiten» (Bd. 2, S. 289) schrieb Da Ponte: «Und was sagte der Kaiser dazu? ‹Die Oper ist köstlich, ist göttlich, vielleicht selbst noch besser als der ‹Figaro›, aber sie ist keine Speise für die Zähne meiner Wiener.› Ich erzählte dem Mozart diesen Ausspruch, der mir ohne unruhig zu werden erwiderte: ‹man soll ihnen nur Zeit lassen, sie zu kauen.›»

Selbst der so ungemein verlässliche Volkmar Braunbehrens schreibt 1992 noch: «Der Kaiser hat diese Oper erst nach seiner Rückkehr vom Kriegsschauplatz gesehen» (Salieri, S. 285).

Nachweislich erlebte Joseph II. diese Mozart-Oper niemals. Dass der Kaiser die letzte *Don-Giovanni*-Aufführung nicht besuchte, geht aus seiner Bemerkung im Brief an seine Schwester Maria Christina hervor. Am 16. Dezember

Anmerkungen zu den Seiten 311–315

schrieb er ihr, er sei «noch nicht im Theater» gewesen (MD, Addenda und Corrigenda, S. 58).

52 Im Dezember 1788 hatte Mozart bereits für die kommende Ballsaison vorgearbeitet und zwölf Menuette (KV 568) und sechs Deutsche Tänze (KV 567) komponiert, sechs weitere musste er noch schreiben, weil kanonisch zwölf erwartet wurden (KV 571).

XX.
1789: Der Liebende aber ist anders beschaffen
Oder: Ein sehnsüchtiger Ehemann allein unterwegs

1 Der Eintrag von Karl Graf Zinzendorf lautet: «Le Hofrath Spiegelfeld jubile. Moshardt a sa place vieux, s'enivre le soir. Je finis apresmidi mon travail preperatoire sur les tabelles» (zitiert nach Christopher Raeburn: «Mosel und Zinzendorf über Mozart», in: Festschrift für Otto Erich Deutsch zum 80. Geburtstag am 5. September 1963, Kassel 1963, S. 155–158, hier S. 157).

Beim genannten Hofrath, der «jubelt», handelte es sich um Franz Kajetan Max Freiherr von Spiegelfeld (1731–1812). Er war Kanzleidirektor bei der Ministerial Banco Deputation (Grete Klingenstein u. a.: Die Tagebücher des Gouverneurs Karl Graf Zinzendorf, Bd. IV, S. 538). Vielleicht meint das *jubile*, dass Spiegelfeld mit 58 Jahren als Hofrat «jubilirt» [sic!], «d. i. in den Ruhestand gebracht und auf Pension gesetzt» worden ist. Die Pension oder der [sic!] Jubilations-Gehalt wurde – außer den Beamten – einigen Grupen von Staatsdienern gewährt, die eine jährliche Besoldung bzw. ein jährliches Gehalt bezogen. Schon 1779 (Bd. IV, S. 462) ist in Zinzendorfs Tagebüchern von Spiegelfeld die Rede, in Zusammenhang mit Graf Cobenzl. Dass Zinzendorf den Salon der Gräfin Thun als Mozarts «alten Platz» bezeichnet, erscheint sinnfällig, weil er eben dort Mozart 1784 zum ersten Mal gehört hatte. Eintrag: «Le soir chez Mme. de Thun où Mozhard [sic!] a joué» (MD, S. 184). Mozarts *Entführung* hatte er als *zusammengestohlen von verschiedenen anderen* bezeichnet. «La musique est pillée de différentes autres.» (MD, S. 180) *Le Nozze di Figaro* hatte ihn gelangweilt; am 1. Mai 1786 schrieb er ins Tagebuch: «l'opéra m'ennuya.» Zum *Don Giovanni* notierte er am 7. Mai 1788, dem Tag der Wiener Erstaufführung, in sein Tagebuch: «La musique de Mozart est agréable et très variée ...» (MD, S. 276).

2 Hierzu ausführlicher Gerhard Ammerer («Ich möchte wohl der Kaiser sein ...», S. 43), einer der wenigen Aufsätze, die sich dem Thema Türkenkrieg und Mozarts Dasein widmen.

3 Zu seinen Plänen, die Italienische Oper einzustellen, schreibt der Kaiser am 2. August 1788 aus Semlin an Rosenberg (Payer von Thurn: Joseph II. als Theaterdirektor, S. 82).

Da Ponte rühmt sich seiner Rettungsaktion in den «Denkwürdigkeiten» (Bd. I, S. 291–293).

4 Hierzu Walther Brauneis (Mozart: In und vor der Stadt, S. 14).

Anmerkungen zu den Seiten 316–317

5 Der Brief von Isabelle de Charrière an Jean-Pierre de Chambière vom 13. Januar 1789 in: MD, Serie X, S. 61. Der Gräfin Cobenzl widmete Mozart den Erstdruck der Sonaten 333 (315 c), 284 (205 b) und 454.

6 Carl (Karl) Fürst von Lichnowsky (1761–1814), seit 1784 Mitglied der Loge *Zur wahren Eintracht*, hatte am 25. November 1788 Maria Christina Gräfin von Thun-Hohenstein (1765–1841), die Tochter von Mozarts Gönnerin Wilhelmine, geheiratet. Die Vermutung, dass er bei der Berlin-Reise von Mozart Geld kassieren wollte, äußert auch Walther Brauneis: «Oder hatte Lichnowsky sogar gehofft, aus den Konzerterträgnissen allfällige eigene Außenstände ohne die üblichen Vertröstungen selbst in Empfang nehmen zu können? Würde in ein solches Bild nicht auch die 100-Gulden-Affaire passen, von der Mozart am 23. Mai 1789 aus Berlin schreibt: ‹3tens habe ich [ihm] 100 fl. lehnen müssen, weil sein beutel abnahm, – ich konnte es [ihm] nicht gut abschlagen, du weist warum›?» («... wegen schuldigen 1435 f 32 xr», S. 160).

Die Familie Lichnowsky hieß ursprünglich Woszczyki oder von Woszczye und stammte aus der Herrschaft Pleß in Oberschlesien. Berühmt wurde ihr Schloss *Hradec nad Moravici* (deutsch: Grätz) in Mährisch-Schlesien, in dem sich viele berühmte Musiker von Beethoven bis Liszt aufhielten.

Lichnowsky wird bei Mozart als «Schüler im Galanteriespiel und im Generalbaß» erwähnt (Wolfgang Hamann: «Mozarts Schülerkreis», S. 134), wollte also wohl vor allem in Gesellschaft einen guten Eindruck machen.

Jaroslav Celeda zufolge wurde Lichnowsky von Mozart in seiner Wohnung, Schaufflergasse 15 unterrichtet (S. 260). Lichnowskys Beweggrund für die Einladung war laut Celeda Lichnowskys Mitleid mit Mozarts finanziell prekärer Lage. Angesichts der Spielsucht Lichnowskys, die sich später als ruinös erweisen sollte, könnte es aber auch sein, dass der Fürst auf der Reise zur Besichtigung seiner Güter einen Begleiter in die privaten Spielhöllen suchte.

7 Der Mannheimer Oboist Friedrich Ramm (1744–1813) war 1786 und noch einmal 1788 am Hof von Friedrich Wilhelm II. als Solist erfolgreich, wollte aber nicht bleiben. Ihm hatte Mozart das Oboenquartett KV 370 (368 b) gewidmet. Mozart schrieb an seine Frau aus Prag am 10. April 1789: «Ramm ist erst vor 8 Tagen wieder von hier wieder [sic!] nach Hause, er kam von Berlin und sagte, daß ihn der König sehr oft und zudringlich gefragt hätte, ob ich gewiß kommen [würde] und da ich halt nicht kam sagte er wieder ich fürchte er kommt nicht. – Ramm wurde völlig bange [sic!, ohne Satzzeichen] er suchte ihn das Gegentheil zu versichern; – Nach diesem zu schließen sollen meine Sachen nicht schlecht gehen» (MBA IV, Nr. 1091, S. 80, Z 15–20).

8 Lichnowsky reiste nicht, wie bisher geschrieben, in einer Postkutsche; das wäre nicht standesgemäß gewesen. Der Irrtum entstand, weil Lichnowsky auf der Poststation Pferde wechselte. Bereits der weltreisende Forscher Georg Forster, den Lichnowsky 1784 bei Gräfin Thun einführte, schrieb: «Ich fuhr mit 4 Postpferden und Lichnowskys Chaise» (Georg Forster: Sämtliche Schriften, Tagebücher, Briefe, Bd. 12, Berlin 1973, S. 132).

Anmerkungen zu den Seiten 318–320

9 Mozarts Kredit-Gesuch an Franz Hofdemel: MBA IV, Nr. 1086, S. 77–78, hier Z 6–7 und Z 12–13. Zum Wechsel für Franz Hofdemel auch MD, S. 296 und dessen Verlassenschaftsabhandlung WstLa A2 3730/1791. Zum Wechsel für Franz Hofdemel auch MD, S. 296.

10 Das zweite Kind von Mozarts Schwester, Johanna Maria Elisabeth, starb mit sechzehn im Jahr 1805.

11 «Offene Beine» lautet auch heute der Laienausdruck für *ulcus cruris*. Die Ursachen: Wenn Gefäßwände und Venenklappen zum Beispiel durch Krampfadern geschädigt sind, staut sich das Blut in den Venen der Beine. Durch den Druck erweitern sich die Venen. Flüssigkeit tritt in umliegendes Gewebe aus, das nicht mehr ausreichend mit Nährstoffen und Sauerstoff versorgt wird. Constanze gehörte eigentlich nicht zur Risikogruppe. Sie war klein, sehr schlank, tanzte viel, rauchte nicht und litt nicht an *diabetes mellitus*. Sie hatte aber wohl durch die Schwangerschaften Krampfadern bekommen.

12 Ob das stu-stu auch lautmalerisch mit Stupfen, also Stoßen zu tun hat, darf in einer Fußnote erwogen werden (MBA IV, Nr. 1089, S. 79, Z 4–24).

13 Hier folgt die Autorin der längst anerkannten und belegten, damals bahnbrechenden These von Tomislav Volek aus dem Jahr 1959 («Über den Ursprung von Mozarts Oper *La Clemenza di Tito*»). Aber erst Walther Brauneis hat Argumente dafür geliefert, warum es glaubwürdig ist, dass Guardasoni 1789 schon eine *opera seria*, also eine Festoper zu besonderem Anlass und zu diesen besonderen Konditionen geplant haben könnte. Keineswegs wegen «Spekulationen um den schlechten Gesundheitszustand des Kaisers, der die böhmischen Stände vorauseilend an eine Krönungsoper für seinen Nachfolger hätte denken lassen können. Vielmehr könnte dieser Auftrag mit der von Joseph II. für Herbst 1789 geplanten Einberufung eines neuen allgemeinen Landtags für Böhmen in Zusammenhang stehen. […] Für ein ‹Titus-Projekt 1789› der böhmischen Landstände spricht auch die ungewöhnliche Höhe des mit 200 Dukaten überlieferten Honorars, das in der bisherigen Diskussion völlig außer acht gelassen wurde. Im Normalfall waren die Theaterdirektionen nämlich nur bereit, 100 Dukaten – also 450 Gulden – für eine Opernkomposition zu bezahlen.» Es konnte sich folglich «nur um ein repräsentatives Opernprojekt im Auftrag – wessen sonst? – der bömischen Landstände» handeln («Mozarts KV 621: Eine Krönungsoper in 18 Tagen?», S. 247). Möglich also, dass Mozart bereits in Dresden mit dem dort angestellten Librettisten Caterino Mazzolà ins Gespräch kam und sich Skizzen machte, vielleicht auch, wie Volek glaubt, schon etwas vertonte; das machte die extrem kurze Kompositionszeit von 18 Tagen im Jahr 1791 plausibler. Ob Guardasoni Mozart dieses hohe Honorar angeboten hat, ist allerdings nicht belegt; Mozart selbst erwähnt es in MBA IV, Nr. 1091, S. 80, Z 13–14.

14 MBA IV, Nr. 1091, S. 80, Z 22–24.

15 Von den «hässlichen» Dresdnerinnen schreibt Mozart am 13. April 1789 (MBA IV, Nr. 1092, S. 81, Z 14). Zu den Tatsachen und anderen Dresdner Details: Ortrun Landmann («Dresden und Mozart – Mozart und Dresden. Eine Quellenbetrachtung»).

16 MBA IV, Nr. 1092, S. 81, Z 32–33.
17 Aus diesem Brief (MBA IV, Nr. 1094, S. 82–84) geht hervor, dass Constanzes Schwager Joseph Lange 1789 an einem Porträt arbeitete (S. 84, Z 70). Die Vermutung, es habe sich um eines von Constanze gehandelt, scheint naheliegend, da Mozart ja abwesend war. Christoph Großpietsch, Robert Münster und Michael Lorenz nehmen darauf in ihren Untersuchungen zu den Porträts Mozarts Bezug. Ihnen zufolge stammten die Miniaturen von Constanze und Wolfgang, die Mozart 1783 an seinen Vater schickte, ebenfalls von Langes Hand. Das waren wohl die beiden Konterfeis, die er im Brief vom 3. April 1783 erwähnt (MBA III, Nr. 736, S. 262–263). Beide Miniaturen wurden von Lange selbst zu größeren, repräsentativeren Porträts erweitert. Das berühmte Mozart-Bildnis Langes ist also nicht unvollendet, sondern wurde wie das von Constanze später durch Anstückelungen auf ein größeres Format gebracht (siehe Lorenz). Ergänzend sei hier klargestellt: Da Mozart Constanzes Miniatur mit sich führte, konnte Lange im April 1789 nur an Mozarts Porträt arbeiten. Eine Erweiterung bedurfte ja nicht der Anwesenheit des Dargestellten. Constanzes Miniatur wurde erst danach vergrößert.

In diesem Brief offenbart sich Mozart auch als Brief-Fetischist (S. 83, Z 50–55) und als ebenso fürsorglicher wie eifersüchtiger Ehemann (S. 84, Z 60–76). Die «recht schene Dose» erwähnt Mozart in diesem Brief ohne ihren Inhalt (Z 26).
18 Siehe vorherige Anmerkung.
19 Aus dem *Magazin der Sächsischen Geschichte aufs Jahr 1789*, Dresden April 1789 (MD X (Eisen), S. 61). Es ist das letzte Mal, dass Mozart an einem solchen Wettbewerb teilnimmt, aber das erste Mal, dass an seiner Überlegenheit keinerlei Zweifel geäußert werden. Dort heißt es, dass Anton Kraft (1749–1820), der einmal mit seinem Sohn Nikolaus (1778–1853), ein zweites Mal ohne ihn aufgetreten war, nur die Hälfte von Mozarts Gage erhielt. Der Verfasser bestätigt auch, dass Häßler selbst Mozart im Wettstreit am Klavier den Sieg zuerkannt hatte. «Der Vater spielte des nehmlichen Tages bei Sr. Churf. Durchl. Ein Concert, wo sich wenig [sic!] Tage darauf auch der berühmte Mozart auf dem Flügel hören ließ, so meisterhaft, dass er alles übertraf, was man bisher kannte. Himmel [recte: Hummel], Häsler [recte: Häßler], nach letzters eignem Geständnis. Mozart erhielt vom Churf. 100, Kraft 50 Stück Ducaten» (MD X (Eisen), S. 61–62). Was Mozart für den Orgel- und Klavierwettstreit bekommen hat, zu dem er sicher nicht honorarfrei antrat, erfahren wir nicht. Mozart verschweigt uns auch, welche Gage er für das Privatkonzert im *Hôtel de Pologne* bekommen hat, das im Auftrag des russischen Gesandten schon am Nachmittag des 13. April gegeben wurde; dort trat Mozart in einem bunten Programm auf, gemeinsam mit Josepha Duschek, den Krafts und dem alten Vertrauten Anton Teyber, hier in Dresden Organist.
20 Den Ausschnitt aus Fürst Alexander Belosselskij-Beloserskijs «2e Dialogue sur la Musique», im französischen Original: «Mozzart [sic!] Est très savant, très difficile, en consequence très estimé des joueurs d'instruments: mais il ne

paroit n'avoir jamais eu le bonheur d'aimer. Jamais une modulation n'émana de son coeur» (MD X (Eisen), S. 124).
21 MBA IV, Nr. 1094, S. 82–84; zu Naumanns Messe und Dirigat S. 82, Z 7–8, zu Häßlers Fugen S. 83, Z 38–39.
22 Mozarts Gastspiel bei den Körners beschrieb Gustav Parthey (1798–1872), Sohn von Daniel Friedrich Parthey, in seinen «Jugenderinnerungen. Handschrift für Freunde» (2 Teile in 1 Band, Privatdruck Berlin o. J. [1871]). Allerdings nicht aus eigener Anschauung. Er referierte darin die Beschreibung von Doris oder Dora (eigentlich Dorothea) Stock (1760–1832), Zeichnerin, Radiererin und Pastellmalerin. Nachdem die junge Künstlerin mit hübschem Gesicht, aber leicht verwachsenem Körper zu Schillers Empörung von dessen Jugendfreund, ihrem Verlobten Ludwig Ferdinand Huber, sitzengelassen worden war, lebte sie im Haus von Schwester und Schwager. Dort verkehrte Gustav Parthey so gern wie sein Vater (zitiert nach Christoph Großpietsch: «Die späten Mozart-Bildnisse», hier S. 41–43). Großpietsch berichtet auch Details zum gastfreundlichen Haushalt der Körners.
23 MBA IV, Nr. 1094, S. 84, Z 77–79.
24 Reichardts Bericht erschien in: *Berlinische Musikalische Zeitung* 1805, Jg. 1, Nr. 33, S. 132.
25 Der sogenannte Kabinetts-Vortrag für König Friedrich Wilhelm von Preußen vom 26. April 1789: MD, S. 298.
«… meldet, dass ihn der Fürst Lichnowsky zur Gesellschaft mit sich genommen», heißt es darin, was die mehrfach geäußerte Behauptung, Mozart habe Lichnowsky als Mitreisenden unterschlagen, widerlegt.
26 Jean-Pierre Duport, bei Leopold Mozart Du Borde (1741–1818), war 1787 von Friedrich Wilhelm II., den er schon als Kronprinzen auf dem Cello unterrichtet hatte, zum Oberintendanten der Königlichen Kammermusik ernannt worden. An Mozarts Ausfälligkeit erinnerte sich später ein «musikalischer Veteran» (*Neue Berliner musikalische Zeitung* 1836, S. 35, zitiert nach Otto Jahn: Mozart, Bd. IV, S. 475–476). Die «6 variazioni [sic!] auf das klavier allein. Über ein Menuet von Duport» (KV 573) trug Mozart bereits am 29. April 1789 in sein Verzeichnis ein.
27 Zum Geldausleihen: MBA IV, Nr. 1102, S. 89–90, Z 45–46. Bisher wurde die Trennung von Mozart und Lichnowsky auf den zweiten Leipzigaufenthalt datiert. Dem widersprechen aber bei genauer Lektüre die Angaben in Mozarts Briefen. Aus ihnen geht klar hervor, dass Lichnowsky seinen Reisegefährten in Potsdam verließ. Als Mozart Constanze am 23. Mai schreibt: «2ts hat Lichnowsky mich weil er eilen musst früh verlassen, und ich folglich/in dem theuren Orte Potsdam/selbst zehren müssen» [sic!] (MBA IV, Nr. 1102, S. 89, Z 42–44), hält er sich seit vier Tagen in Berlin auf, nicht in Potsdam. Er übernachtet in einem Privatquartier am Gendarmenmarkt. Nach Potsdam kehrte Mozart nicht mehr zurück. Die Formulierung «früh verlassen» bestätigt diese Lesart. Außerdem schrieb Mozart ausdrücklich: «ich musste wieder nach Leipzig» (MBA IV, Nr. 1102, S. 90, Z 49).

28 Siehe vorherige Anmerkung, S. 89, Z 43–44.
29 Celeda, dessen bisher schwer zugängliches Typoskript mir Boris Lenko verschaffte, dem dafür hier gedankt sei, führt den Gerichtstermin im schlesischen Brieg als Grund für Lichnowskys Abreise an, nennt die Teilnehmer und das Datum des Termins am örtlichen Gericht. Zu Lichnowskys Rückkehr nach Preußen zitiert er die *Berliner Vossische Zeitung*; laut Celeda schrieb sie ausdrücklich, dass Lichnowsky vom 30. April bis zum 2. Mai in Berlin war. Warum Lichnowsky so rasch von Berlin aus nach Wien zurückreiste, erklärt auch Celeda nicht.
30 Ebda., S. 90, Z 46–49.
31 So stand es in dem Brief, den Leopold Mozart am 1. Oktober 1778 seinem Sohn schrieb (MBA II, Nr. 493, S. 489, Z 80–82).
32 Die Strafandrohung für Constanzes Unterstellung: MBA IV, Nr. 1101, S. 88, Z 10–12.
33 In seinem langen Brief vom 23. Mai 1789 (MBA IV, Nr. 1102, S. 88–90) listet Mozart die gesandten, erhaltenen und offenbar verschollenen Briefe wie ein Buchhalter auf und bekennt im selben Atemzug ausgiebig seine sexuellen Alleinunterhaltungen.
34 Ludwig Schiedermair machte mit zwei Ausnahmen die von Nissen gestrichenen Stellen wieder sichtbar. Zu lesen ist heute: «richte dein liebes schönstes nest recht sauber her, denn mein bübderl verdient es in der That, er hat sich recht gut aufgeführt und wünscht sich nichts als dein schönstes [.../gestrichen und nicht wieder lesbar gemacht] zu besitzen. Stelle [sic!] dir den Spitzbuben vor, dieweil ich so schreibe schleicht er sich auf den Tisch und (zeigt) mir mit (fragen) ich aber nicht faul geb ihm einen derben Nasenstüber – der bursch ist aber nur [.../gestrichen und nicht wieder sichtbar gemacht] jetzt brennt (auch) der Schlingel noch mehr und lässt sich fast nicht bändigen» (MBA IV, Nr. 1102, S. 90, Z 55–61).
   Constanze Mozart kommentierte später Mozarts Briefe, die ihr zweiter Mann Georg Nikolaus von Nissen leider gerade an solchen Stellen zensierte, souverän. Daraus werde «seine übergroße Zärtlichkeit für mich [...] sichtbar» (MBA IV, Nr. 1256, S. 269, Z 34).
35 So Ludwig Tieck in seinen in der dritten Person erzählten Erinnerungen (Rudolf Anastasius Köpke: Erinnerungen aus dem Leben des Dichters nach dessen mündlichen und schriftlichen Mittheilungen, Bd. I, Leipzig 1855, S. 86 f.; siehe auch MD, S. 476–477). Die Begegnung fand wohl am 19. Mai statt; seit dem 16. Mai stand *Belmonte und Constanze* auf dem Spielplan.
36 Max Johann Seidel beschrieb das Zusammentreffen von Mozart und Johann Nepomuk Hummel in Berlin, nachdem sich beide in Dresden verpasst hatten, und Hummels Aufregung, als er Mozart im Publikum entdeckte (zitiert nach Klaus Martin Kopitz: «Du kanntest Mozart?», S. 291). Das bezeugte ganz genau so Elisabeth Hummel geborene Röckel (ebda., S. 293).
37 Mozart hatte 450 Gulden in Dresden (in der schönen Dose) eingenommen, 700 in Potsdam/Berlin; außerdem war er beim Privatkonzert im *Hôtel de Polo-*

Anmerkung zu Seite 328

gne, beim Orgel-Klavierwettspiel und bei dem wie mager auch immer honorierten Konzert im Gewandhaus nicht leer ausgegangen. Selbst wenn er dort jedes Mal nur 50 bis 100 Gulden kassiert hätte, wären auf der Reise 1350 bis 1450 Gulden zusammengekommen. Wo sind sie geblieben?

Die Mutmaßungen, er sei auf der Reise von Lichnowsky zum Glücksspiel in adligen Häusern verführt worden, werden damit durchaus glaubwürdig.

Die Taschenuhr, die Mozart an Gotthard Pokorny verpfändete, ist abgebildet in: Deutsch, MuW (Katalog-Nr. 588 und 589, Legende S. 367). Sie war 1956 in der Bertramka in Prag ausgestellt worden.

Es ist naheliegend, dass Pokorny Beziehungen zu den Duscheks hatte; Josepha trat dort mehrmals auf. Die früheste lexikalische Nachricht zu Pokorny und seiner Tochter findet sich in: Gottfried Johann Dlabacz: Allgemeines historisches Künstler-Lexikon für Böhmen und zum Theil auch für Mähren und Schlesien, 3 Bde., deutsch erschienen in Prag 1815. Dort heißt es über Pokorny (1733–1802): «Er verheirathete sich mit einer Brünnerin und zeugte eine Tochter, die als eine virtuose Violin= und Fortepianospielerin daselbst angesehen worden. Ja, sogar der berühmte Mozart, da sie sich in seiner Gegenwart auf beiden Instrumenten hören ließ, gab ihr seinen Beifall. Ich selbst hatte das Glück, sie und ihren Vater im J. 1788, den 15. September zu Brünn in ihrer Wohnung zu hören» (Bd. 2, Sp. 482–483). Dlabacz wird später in anderen Lexika zitiert.

Frau Dr. Štěpánka Studeníková (Hudební knihovna / Moravská zemská knihovna Brno) verdanke ich die Nachricht, dass nach Erkenntnissen von Frau Dr. Straková das Ehepaar Rosina und Gotthard Pokorny drei Kinder hatte: Magdalena (1766 bis nach 1804), Elisabeth (geb. 1767) und Joseph Franz (geb. 1769).

Otto Erich Deutsch nimmt an, dass Mozart die Uhr erst 1790 in Wien an Pokorny verpfändete. Da Pokorny aber in Brünn starb und 1790 bereits 67 Jahre alt war, scheint es fraglich, dass er eine Wienreise antrat. Die Autorin vermutet, dass Magdalena Pokorny erst Ende des Jahres 1789, wahrscheinlich erst im Jahr 1790 den Hofkanzlisten Franz Hofdemel heiratete. Das erste Kind, die Tochter Theresia, war laut Zeitungsmeldung am 6. Dezember 1791, dem Todestag von Franz Hofdemel, «ein Jahr alt». Das konnte auch eineinhalb heißen, aber eben nicht zwei. Theresia wurde folglich frühestens zum Jahresbeginn 1790 gezeugt. Das zweite Kind, der Sohn Johann von Nepomuk Alexander Franz, wurde am 10. Mai 1792 getauft; Magdalena war also am 6. Dezember im sechsten Monat schwanger.

Es gibt keinerlei Nachweis dafür, dass Magdalena Mozarts Schülerin war. In der Verlassenschaftserklärung von Franz Hofdemel (siehe Anm. 61, Kap. XXII) fanden sich zwei Geigen und ein Bassetthorn, aber kein Klavier, worauf schon Gustav Gugitz hinwies (Mozartiana, S. 20). Da Mozart die in Wien lebenden Schüler und Schülerinnen, wie sich das gehörte, in deren Wohnungen unterrichtete, und nur arme Schlucker, Freunde und Zöglinge bei sich zu Hause, gab er, wenn überhaupt, Magdalena Hofdemel Geigenstunden.

Möglich bis wahrscheinlich ist aber, dass Mozart selbst Magdalenas Übersiedelung nach Wien anregte. Die in MBA VI (zu Nr. 1086) gemachten Anga-

Anmerkungen zu den Seiten 328–330

ben zu Magdalena als Mozarts Klavierschülerin wurden trotz der Information von Gugitz bisher weiter übernommen. Laut Sperrs-Relation befand sich in Franz Hofdemels Nachlass kein Klavier (WStLA, Mag. ZG, A2, 3730 / 1791).

38 Franz de Paula Roser (1779–1830) kam 1789 «auf Mozarts Anraten» (MD, S. 453) nach Wien, erhielt aber, weil Mozart von da an viel unterwegs und stark beschäftigt war, «nur 32 Lektionen». Hierzu Wolfgang Hamann: «Mozarts Schülerkreis», S. 134.

39 Dazu Gerd Ammerer («Ich möchte gerne Kaiser sein», S. 51).

40 Dass Mozart von Friedrich Wilhelm II. einen Kompositionsauftrag für die «Preußischen Quartette» erhalten hat, ist unwahrscheinlich, da er dem König nie persönlich begegnet ist. Anja Morgenstern betonte erneut, dass «dieser Auftrag in keiner Weise belegt» ist («‹Wenn ich werde nach Berlin ver=Reisen› – Wolfgang Amadé Mozarts Reise nach Leipzig und Berlin (1789)», S. 76).

Geplant hatte Mozart sechs Streichquartette für den König und sechs Klaviersonaten für dessen Tochter Friederike.

Im Juni 1789 komponierte Mozart das erste Streichquartett aus dieser Gruppe, KV 575, zwei folgten, dann brach er ab. Von den Klaviersonaten kam gar keine zustande. «Angesichts seiner angespannten finanziellen Lage hätte Mozart sich aber diese sichere Einnahmequelle nicht entgehen lassen.» Das spricht nach Ansicht Morgensterns gegen die Legende von einem Auftragswerk. Ihre Hypothese ist, dass Mozart «selbst die Idee zu einer Quartettsammlung mit anspruchsvollen Cellopassagen für den musizierenden König hatte und sich von der Dedikation ein gutes Honorar versprach» (ebda., S. 76).

41 Walther Brauneis («Mozarts KV 621: Eine Krönungsoper in 18 Tagen?», S. 247–248) legte dar, dass die Verbitterung der Landstände in Prag über Beschneidung ihrer Rechte und der Rücktritt des Vizekanzlers Johann Rudolf Graf Chotek von Chotkow und Wognin die von den Ständen via Guardasoni bei Mozart schon vorvertraglich vereinbarte repräsentative Oper überflüssig machte. Ob Mozart das damals vereinbarte sehr hohe Honorar von 900 Gulden für *La Clemenza di Tito* auch erhielt, ist wegen des besonderen Anlasses der Krönung wahrscheinlich, aber nicht belegt.

42 Es geht um die beiden Einlagestücke für die Ferrarese zu *Le Nozze di Figaro*: *Al desio, di chi t'adora* KV 577 und *Un moto di gioia mi sento nel petto* KV 579.

43 So Da Ponte selbst in seinen «Denkwürdigkeiten», Bd. I, S. 298–299.

44 Josephs Urteil in: Payer von Thurn: Joseph II. als Hofoperndirektor, S. 81.

45 In der Literatur ist oft fälschlicherweise von Dr. Nikolaus Closset als behandelndem Arzt der Mozarts die Rede. Thomas war derjenige der Ärzte-Brüder, über den am meisten publiziert wurde. Spezialisiert war er auf die Behandlung von Geschlechtskrankheiten.

46 Mozarts Fassungslosigkeit über den entschwundenen Erfolg in seinem Brief an Puchberg: MBA IV, Nr. 1105, S. 92, Z 21–22.

47 Lulu Gräfin von Thürheim, die später in die Familie Lichnowskys einheiratete und mit Maria Christiane (bei ihr Christine) eng befreundet war, machte aus dem Lebenswandel Karl von Lichnowskys kein Geheimnis. «Und trotzdem hat

diese arme Frau niemals ihren Gatten betrogen, was dieser ihr übrigens ohne Groll vergeben haben würde. Als zynischer Wüstling und schamloser Feigling hätte er das Hörneraufsetzen wohl verdient. Meiner Meinung nach stehen derartige Leute außerhalb des Gesetzes» (Lulu Gräfin von Thürheim: Mein Leben. Erinnerungen aus Österreichs großer Welt. 4 Bde., München 1913, Bd. 2, S. 20).

48 Mozart zu seinen extremen Gefühlsschwankungen in MBA IV, Nr. 1106, S. 95, Z 35.

49 Diese Episode, die Sophie Weber als verheiratete Haibel später detailgenau schildert, stützt Sophies Aussage an anderer Stelle: «O, wie war M-t besorget, wenn seinem lieben Weibgen etwas fehlte.» Sie spricht auch ausdrücklich davon, dass Constanze «8 volle Monate» so schwer krank war, dass sie rund um die Uhr betreut werden musste. An der Glaubwürdigkeit von Sophie Weber-Haibels Aussagen wird sonst nicht gezweifelt, dennoch wird Constanze bis heute meist als eine Frau dargestellt, der eigentlich nichts Ernstliches fehlte, die aber ihre Beschwerden übertrieb, weil sie gern in Baden samt Kurschatten eine lustige Zeit genoss (zitiert nach MD, S. 451).

50 Es überzeugt nicht, wie in den Brief-Kommentaren Mozarts Worte «in bewusster Sache» (MBA IV, Nr. 1105, S. 93, Z 37 und 1107, S. 95, Z 10–11) gedeutet werden: «Vermutlich handelt es sich um die von Mozart angestrebte Anstellung bei Hof, die auch im folgenden Jahr noch in der Schwebe ist.» Warum sollte Mozart dazu *Rat und That* von einem Geschäftsmann, einem Textilhändler einholen?

51 Zur Wiederaufnahme des *Figaro*, die Mozart nebenbei Geld eintrug: MBA IV, Nr. 1109, S. 96, Z 6–7. Zu seinen Ermahnungen an Constanze, sie dürfe sich «nicht gemein machen»: Z 11–28.

52 MBA IV, Nr. 1110, S. 96, Z 16–18 und S. 97, Z 19–28.

53 Mary Novello hatte am 15. Juli 1829 nach einem Gespräch mit Mozarts Sohn in ihr Tagebuch eingetragen: «Salieris Feindschaft begann mit Mozarts Komposition von Così fan tutte. Er hatte die Oper selbst begonnen, aber aufgegeben, da er sie für unwürdig hielt, in Musik gesetzt zu werden.» Mit der Feindschaft hat Mozarts Sohn, Schüler und Freund Salieris, aber jene zwischen Salieri und Da Ponte gemeint (in: Eine Wallfahrt zu Mozart, S. 79). John A. Rice und Bruce Alan Brown publizierten bereits 1996 Details dazu. Dennoch wurde das bis heute kaum diskutiert («Salieri's ‹Così fan tutte›», in: Cambridge Opera Journal 8/1 (1996), S. 17–43). Salieri hinterließ drei vertonte Stücke aus dem 1. Akt, zwei Trios (*La mia Dorabella* und *È la fede delle femmine*) und ein Rezitativ. Zwei davon blieben Fragment, nur *È la fede* wurde vollendet.

54 Mozarts Überfürsorglichkeit: MBA IV, Nr. 1111, S. 97, Z 14.

55 Angezeigt wurde Schikaneder in Regensburg von der Magd Anna Maria Strecker zusammen mit seinem Freund Franz Xaver Gerl, später Mozarts erster Sarastro. Details zum Ratsprotokoll des Verhörs und zum Urteil in Eva Gesine Baur: Emanuel Schikaneder. Ein Mann für Mozart (Anmerkungen S. 409).

56 Im Juni 1790 wird Mozart seiner Frau von einem Besuch im Theater auf der Wieden berichten, wo er *Die Sache ist weit seltener*, eine Fortsetzung von Mar-

tín y Solers Erfolgsoper *Una cosa rara*, gesehen hatte: «gefällt mir aber nicht so gut wie die Antons» (MBA IV, Nr. 1129, S. 110, Z 19–20). Zu einem Lied aus *Die verdeckten Sachen*, Fortsetzung von *Der dumme Gärtner aus dem Gebirge oder Die zween Antons*, dem Gassenhauer «Ein Weib ist das herrlichste Ding auf der Welt. / Wer's leugnet, den schlag' ich, dass d'Goschen ihm schwellt», schrieb Mozart acht Klaviervariationen (KV 613).

57 Das Klarinettenquintett KV 581 ist abgeklärt und doch progressiv. So finden sich in manchen Passagen auf jeder betonten Zählzeit extreme Dissonanzen. In diesem Stück gehören die Wechsel zum Wesen. Da reiben sich fünf Stimmen aneinander und geben einander wieder frei, da scheint es nach einer schmerzlichen Stelle im Adagio, als schüttle jemand seinen Schmerz einfach ab und gehe weiter.

58 MBA IV, Nr. 1113, S. 100, Z 14–15.

59 Mozarts Bittbrief aus dem Dezember 1789: MBA IV, Nr. 1113, S. 99–100. In den Addenda der MD, wo der Eintrag der an Mozart ausbezahlten 450 Gulden, also 100 Dukaten, für *Così fan tutte* wiedergegeben ist (MD X (Eisen), S. 65), wird erwogen: «Möglicherweise hatte Mozart für weitere 100 Dukaten eine private Abmachung mit Kaiser Joseph II., der am 20. Februar, also um die Zeit dieser Zahlung, starb, oder es gibt eine zweite Auszahlung, die nicht belegt ist.» Gegen erstere Vermutung spricht die schwere Erkrankung des Kaisers, vor allem aber die hohe Staatsverschuldung, in die er sein Land durch den Türkenkrieg gestürzt hatte; gegen zweitere, dass Mozart gerade in dieser Zeit sofort wieder Geld von Puchberg leihen musste.

Zum Leibchirurgen, bei Mozart «Hundschowsky» geschrieben: MBA IV, Nr. 1113, S. 100, Z 13–14.

XXI.
1790: Trachtet nach Erkenntnis der Wahrheit
Oder: Così fan tutte *und die Abgründe des Alltags*

1 Dieses selten erwähnte Verhalten Puchbergs seinem Schuldner Anton Stadler gegenüber ist seit Langem dokumentiert: MD, S. 508.

2 Mozarts erste Geldanleihe im neuen Jahr: MBA IV, Nr. 1115, S. 102, Z 2–5.

3 Ort der Handlung ist Neapel. Ursprünglich war Triest geplant, aber der Tausch ist kein Zufall. Neapel ist «als Hafenort ein Umschlagplatz zwischen Okzident und Orient» (hierzu: Dieter Borchmeyer: Mozart oder die Entdeckung der Liebe, S. 363, Anm. 15). Lothar Kreimendahl schreibt: «Dann aber hatte Neapel im 18. Jahrhundert über den wohl allen großen Hafenstädten – zumindest in bestimmten Bezirken – nachgesagten bedenklichen Zustand der Sittlichkeit hinaus einen besonders üblen Ruf. [...] Neapel war so berüchtigt, dass selbst in Nachschlagewerken darüber berichtet wurde» («Philosophie auf der Opernbühne. Aufklärung, Materialismus und Atheismus in Mozarts *Così fan tutte*», S. 19).

4 Der Titel *Così fan tutte o sia La scuola degli amanti* KV 588 verweist mit *tutte*, nicht *tutti* auf die weiblichen Adressaten des Vorwurfs.

5 Nachweisbar hat beim Quintett *Di scrivermi* der Komponist den Absichten des Librettisten zuwider gehandelt. Da Ponte hatte den Abschied nicht als geschlossene Nummer geplant, sondern als ein Rezitativ. Silke Leopold betonte bereits, dass diese Szene «musikalisch viel ehrlicher» sei, «als es der Text und die Situation erwarten ließe» («*Così fan tutte*. Eine Oper hinter den Spiegeln», S. 20).

6 Im Liebesduett *Il core vi dono* singt Guglielmo Dorabella acht Takte vor, die sie übernimmt und in musikalischem Einklang zurückleitet in die Grundtonart des Duetts.

Auch an vielen anderen Stellen wird Mozarts kühne Sabotage des Librettos hörbar. Was Fernando sagt, als er *Un'aura amorosa* beschwört, können die Worte eines routinierten Kavaliers sein. Was er aber singt, ist schmerzlich echt. Als er in seiner Arie die ersten Takte wiederholt, ändert Mozart nur einen einzigen Ton bei den Streichern und gibt der süßen Empfindung einen bitteren Beigeschmack, dem Liebesglück etwas Schmerzliches. Weil Fernando spürt, dass er Fiordiligi wirklich liebt?

In ihrer Arie *Come scoglio* beschwört Fiordiligi, sie halte jeder Versuchung so unerschütterlich stand wie ein Fels den Stürmen. Doch die extremen Intervallsprünge verraten, wie instabil sie ist, wie sehr sie zwischen extremen Empfindungen hin- und hergeworfen wird. Im zweiten Teil dieser Arie, der mit den Worten *Così ognor quest'alma è forte* beginnt, zitiert Mozart jedoch das Kyrie aus seiner Messe in C-Dur KV 317 aus dem Jahr 1779, später Krönungsmesse genannt. *Erbarme dich! Erbarme dich, Gott*, bittet die junge Frau, eine menschliche, eine liebende, eine verwirrte Seele.

7 Während seines Wien-Besuchs 1778/79 hatte der Habsburger Leopold in geheimer Kurzschrift die Familienmitglieder charakterisiert, am ausführlichsten den bereits mitregierenden Bruder. «Er ist ein harter, gewalttätiger Mann, voll Ehrgeiz, der alles sagt und tut, um gelobt zu werden, und langweilt sich mit allem und ist gar nicht fleißig, verachtet allen Arbeitseifer und die Geschäfte, außer den militärischen […] Er liebt niemanden, macht ein freundliches Gesicht denen, die er wegen ihrer Begabung braucht, aber dann macht er auch diese lächerlich. Er verachtet alles, was nicht seine Idee ist […] Er führt schreckliche, harte, despotische Reden, dass er die Privilegien abschaffen will, droht größte Strenge an […]. Alle diese Reden bewirken, dass er allgemein sehr verhasst ist, aber weder geliebt noch geschätzt wird»; was die Familie angeht, diagnostiziert Leopold: «er liebt überhaupt niemanden.» Zitiert nach Helga Peham: Leopold II., S. 191–193.

8 Zitiert nach MD, S. 318.

9 Friedrich Ludwig Schröder war damals Theaterdirektor in Hamburg, außerdem Dramatiker und Dramaturg. Am 28. April trug er diesen Kommentar in sein Tagebuch ein, nachdem er das Textbuch auf Deutsch gelesen hatte. Erst drei Tage später besuchte er die Frankfurter Erstaufführung von *Così fan tutte* (MD, S. 346).

10 Mozarts Äußerungen zur Ehe finden sich in der Nachschrift eines Briefs von Anna Maria Mozart an ihren Mann (MBA II, Nr. 419, S. 263–64, Z 23–39).

Anmerkungen zu den Seiten 343–344

11 Zitiert nach Helga Peham: Leopold II., S. 189.
12 In den Rechnungsbüchern des Hoftheaters vom 20. bis 26. Februar 1790 wird unter «Extra-Ausgaben» eingetragen: «Musiq[ue] Spesen: ‹dem Mozart Wolfgang für Componierung der Musiq[ue] zur Opera Così fan tutte ... 450›» (MD X (Eisen), S. 65). Mozart hatte 200 Dukaten, also 900 Gulden erwartet, wie aus seinem Brief an Puchberg vom Dezember 1789 hervorgeht (MBA IV, Nr. 1113, S. 100, Z 2). Das erklärt die Angabe bei Volkmar Braunbehrens, Mozart habe für *Così fan tutte* «das doppelte Honorar» von dem bekommen, was das Hoftheater «normalerweise» zahlte, nämlich «100 Dukaten, also rund 450 Gulden für ein abendfüllendes Werk» (Mozart in Wien, S. 147). Als Braunbehrens vom doppelten Honorar schrieb, war der Fund jener lange verloren geglaubten Abrechnung nicht bekannt.

Mozart spricht in dem Brief (MBA IV, Nr. 1117, S. 103) von einem «Blutzer», was im Dialekt «großer Kopf» bedeutet, aber auch jenen zum Transport und in den Heurigen gebräuchlichen Tonkrug mit dünnem Hals bezeichnete, aus dem man trinken konnte.

13 Mozarts Bemerkung zu Salieri findet sich in einem undatierten Gesuch an «Euere königliche Ho(heit)» um Fürsprache. «Eyfer um Ruhm. Liebe zur thätigkeit, und Überzeugung meiner Kenntnisse, heissen mich es wagen, um eine zweyte kapellmeisterstelle zu bitten, besonders da der sehr geschickte kapellm Salieri sich nie dem kirchen Styl gewidmet, ich aber vonn Jugend auf mir diesen Styl ganz eigen gemacht habe» (MBA IV, Nr. 1124, S. 107, Z 4–11). Zu den Problemen der Datierung und des Adressaten Otto Biba: Mozarts Wiener Kirchenmusikkompositionen (S. 51). Das Gesuch Mozarts ist an eine «königliche Hoheit» gerichtet, was nicht gegen den Empfänger Erzherzog Franz spricht. «Dass ein österreichischer Erzherzog königliche Hoheit genannt wurde, war seit Maria Theresias Zeiten üblich» (MD, S. 322). Da Mozart den Empfänger als «würdigsten und für mich besonders gnädigen Mittler» bezeichnet, kann es sich bei ihm in keinem Fall um König Leopold gehandelt haben, den Mozart noch gar nicht als *gnädig* erlebt hat. Adressaten in ihrem Rang zu erhöhen war zudem eine gängige Methode des Einschmeichelns.

Der Entwurf dieses Gesuchs ist undatiert; er wurde bisher dem Mai 1790 zugeordnet. Doch das scheint revisionsbedürftig aufgrund des Briefs, den Mozart Ende März oder Anfang April an Puchberg schrieb (MBA IV, Nr. 1120, S. 104–105). Darin erwähnt Mozart nicht nur van Swietens gute Nachricht, die ihm Hoffnung macht (verloren gegangen; MBA IV, Nr. 1119, S. 104). Er schreibt ausdrücklich, ein Bekanntwerden seiner Verschuldung, wohl bei Lichnowsky, würde «meinem Gesuche bey Hofe schaden» (S. 104, Z 16). Daraus wird deutlich, dass Mozart sich zu diesem Zeitpunkt bereits an Erzherzog Franz gewandt hatte.

Salieris geistliche Werke aus den 1770er Jahren dürfte Mozart kaum gekannt haben, und die sogenannte Kapellmeistermesse, Salieris Große Messe in D-Dur aus dem Jahr 1788, war wegen der Erkrankung des Widmungsträgers Joseph II. nicht aufgeführt worden. Wissen oder zumindest vermuten konnte Mozart, dass Salieri in Florenz zu Gast war. Eine seiner Opern, *Il Talismano*, war sogar Leopold als Großherzog der Toskana gewidmet und wie andere im Florentiner Teatro della Pergola aufgeführt worden (Rudolph Angermüller: Salieri, Bd. I, S. 150).

14 Von der Notwendigkeit, seine Lage geheim zu halten, schrieb Mozart Puchberg Ende März oder Anfang April 1790 (MBA IV, Nr. 1120, S. 104).

15 So Mozarts Vergleich der kirchenmusikalischen Kompetenz in MBA IV, Nr. 1124, S. 107, Z 7–8.

16 Dieser Kommentar des Musikverlegers Bossler erschien in der *Musikalischen Korrespondenz der teutschen Filharmonischen Gesellschaft, Mittwochs den 28. Juli 1790*; zitiert nach Rudolph Angermüller: Salieri, Bd. II, S. 194.

17 Von der Gefahr, sich Wucherern auszuliefern, schreibt Mozart vor dem oder am 17. Mai 1790 (MBA IV, Nr. 1125, S. 108, Z 5–6).

18 Mozarts Misstrauen gegen denjenigen, der sich ihm gegenüber heuchlerisch benahm und ihn öffentlich denunzierte, galt wohl Carl Fürst von Lichnowsky: MBA IV, Nr. 1129, S. 110, Z 13–15.

19 Seinen physisch wie psychisch angeschlagenen Zustand schilderte Mozart Puchberg am 14. August (MBA IV, Nr. 1132, S. 111, Z 2–6). Ob er übertrieb, sei dahingestellt.

20 «Ihr Gedanke wegen einigen guten Scholaren ist auch der meinige, nur wollte ich warten, bis ich in dem andern Quartier bin, weil ich in meiner Behausung Lectionen zu geben gesinnt bin», erklärte Mozart, doch das dringend benötigte Reisegeld ließ ihn wohl schon früher diesen verhassten Zusatzverdienst wahrnehmen (MBA IV, Nr. 1123, S. 106, Z 5–7). Die Vorstellung, dass Mozart üblicherweise von jedem seiner Schülerinnen und Schüler sechs Dukaten pro Monat bekam, ist in keiner Weise belegt und eher einem Wunschdenken geschuldet.

21 Die Erinnerungen von Johann Peter und Josef Frank, die nicht in gedruckter Form vorliegen, werden hier zitiert nach G. F. Guhrauer: «Aus den ungedruckten Denkwürdigkeiten der Ärzte Johann Peter und Josef Frank», in: Robert Prutz und Karl Frenzel (Hrsg.): *Deutsches Museum*, Bd. 2/1, Leipzig 1852, S. 27–28.

22 Der Musikwissenschaftler David J. Buch entdeckte die verloren geglaubte Partitur zur Oper *Der Stein der Weisen* 1996 in der Musiksammlung der Staats- und Universitätsbibliothek Hamburg wieder. Zu seinem Fund erschien am 12. Juni 1997 in der *New York Times* ein Artikel von Edward Rothstein mit dem Titel «Not even mostly Mozart, but clearly some». Online-Ressource: http://www.nytimes.com/1997/06/12/arts/not-even-mostly-mozart-but-clearly-some.

23 Von Mozart stammt nach aktuellem Stand mit Sicherheit das komische Duett von Sopran und Bass: «Nun, liebes Weibchen, ziehst mit mir» KV 625 (592 a).

24 Die *Berliner Chronik* brachte diese Rezensionen am 2. Oktober 1790/Bd. 8, 175. Stück, S. 1229–1232, und am 4. Oktober 1790/Bd. 8, 176. Stück, S. 1244–1245.

25 Das bekennt der Komponist Joseph Weigl in einer seiner Selbstbiographien (Rudolph Angermüller: Zwei Selbstbiographien von Joseph Weigl, S. 55).

Anmerkungen zu den Seiten 351–354

26 Mozarts Anleitungen zum Geldverschieben und zur richtigen PR: MBA IV, Nr. 1136, S. 113, Z 5–7.
27 Die Schuldverschreibung, datiert auf den 1. Oktober 1790, unterzeichnete Mozart wohl erst nach seiner Rückkehr. Durchziehen musste Constanze diese Kreditgeschichte offenbar allein. Wiedergegeben in: MD, S. 327.
28 Dieses erschreckende Bekenntnis macht Mozart in MBA IV, Nr. 1136, S. 114, Z 25–28.
29 Diese Kalkulation macht Mozart auf in MBA IV, Nr. 1139, S. 117, Z 10–12.
30 Der hier zitierte Rezensent Rudolf Hommel verfasste *Briefe über die Kaiserwahl, während derselben aus Frankfurt geschrieben* (MD X (Eisen), S. 66).
31 MBA IV, Nr. 1120, S. 104, Z 17–18.
32 «[W]enn ich in Wienn [sic!] fleissig arbeite, und Scolaren nehme, so können wir recht vergnügt leben; und nichts kann mich von diesem Plane ab=bringen als ein gutes Engagement irgend an einem Hofe» (MBA IV, Nr. 1139, S. 118, Z 36–38).
33 Am 24. Oktober 1790 wurde der *Figaro* erstmals in Mannheim aufgeführt, am 23. fand die Hauptprobe statt. Johann Wilhelm Backhaus (1754–1834): «Ich kam in große Verlegenheit mit Motzard [sic!]. Ich sah ihn vor [sic!] einen kleinen Schneidergesellen an. Ich stand an der Thür als wir Probe [zum Figaro] hielten. Er kam und fragte mich nach der Probe ob man zuhören darf. Ich wies ihn ab. ‹Sie werden doch dem Kappel. [sic!] Mozart erlauben zuzuhören?› Jetzt kam ich erst recht in Verlegenheit» (zitiert nach MD X (Eisen), S. 66).
34 Marie Babette, geboren am 17. November 1790, starb noch vor ihrem Onkel am 21. April 1791.
35 Robert Bray O'Reillys Brief ist im Original französisch abgefasst, da er davon ausging, Mozart verstehe kein Englisch (MBA IV, Nr. 1143, S. 120).
36 Mit der Komposition des «Adagio für den Uhrmacher» hat Mozart bereits unterwegs begonnen, «um meinem lieben Weibchen etwelche Ducaten in die Hände zu spielen» (MBA IV, Nr. 1138, S. 115). Dass es sich dabei um das Allegro in f-Moll KV 594 gehandelt hat, «für ein Orgelwerk in einer Uhr», ist nicht belegt, aber sehr wahrscheinlich. Er vollendete es erst im Dezember 1790 in Wien. Insgesamt komponierte Mozart drei abgeschlossene Werke für ein solches Instrument und zwei, die Fragment blieben: KV 594, KV 616 und KV 608 und KV Anh. 35 (593 a) sowie KV^6 615 a (hierzu: Hans Haselböck: «Mozarts Stücke für eine Orgelwalze»).

Das Mausoleum für Ernst Gideon von Laudon, in dem diese Stücke erklangen, wurde erst im März 1791 aufgestellt. Initiator war Josef Graf Deym von Stritetz (übliche Schreibweise; korrekt Střítež), der sich Müller nannte und nach 1780 wieder in Wien aktiv war. Aufträge für eine «Flötenuhr», ein «Orgelwerk» oder eine «Orgelwalze» wurden damals von vielen spezialisierten Uhrmachern, vor allem in Dresden, Berlin und Wien erteilt, weil sich die Musikliebhaber zunehmend für Automaten und Maschinen begeisterten. Alle drei Bezeichnungen meinen dasselbe: eine mechanische Orgel, die mit einem

Uhrwerk gekoppelt ist; die Größe des Instruments ist nicht festgelegt. In programmierten Zeitabständen setzt die Uhr regelmäßig das Abspielen des Orgelwerks in Gang. Für Musik sorgt eine drehbare Walze, die mit Stiften besetzt ist. Diese Stifte treffen bei jeder Walzendrehung auf Hebel, die so lange, wie sie gedrückt werden, die Ventile eines Orgelpfeifenwerks betätigen. Nur KV 594 und KV 616, beide in f-Moll, wurden für das Laudon-Mausoleum komponiert, aber alle drei im Auftrag des Grafen Deym.

Neue Fakten zu Müller-Deym bietet die Diplomarbeit von Gabriele Hatwagner (Die Lust an der Illusion – der Reiz der Scheinkunstsammlung des Grafen Deym, der sich Müller nannte).

Die Briefpassage, in der sich Mozart über die «verhasste Arbeit» äußert, macht aber auch deutlich, dass Mozart keineswegs generell ablehnte, für mechanische Instrumente zu schreiben, nur mit deren klanglicher Dimension haderte (siehe Anm. 4, Kap. XXII).

37 Der Haydn-Kenner Michael Walter stellt unmissverstehbar fest: «Tost übrigens betrieb in Eszterháza einen florierenden illegalen Kopierbetrieb» (Haydns Sinfonien, München 2007, S. 99). Die wesentlichen Erkundungen zu dem zwielichtigen Tost sind Sonja Gerlach zu verdanken («Johann Tost, Geiger und Großhandelsgremialist»). Der Organistensohn, 1759 (nach Robert Eitner: Biographisch-Bibliographisches Quellen-Lexikon, Leipzig 1903, Graz 1959, Bd. 9, S. 435 f.) oder 1755 (Totenprotokoll) in Iglau an der böhmisch-mährischen Grenze geboren, hatte schon 1787 dem Agenten der kurmainzischen Hofkapelle das Angebot unterbreitet, ihn mit Noten von all dem zu versorgen, was er sich in Eszterháza problemlos, das heißt kostenlos und widerrechtlich, beschaffen konnte (Gerlach, S. 345–346).

Am 26. November 1800 schrieb Constanze Mozart an den Verleger Johann Anton André: «Hier ist ein Hr. v. Tost, wohnhaft in der Singerstraße, der behauptet, er habe Originalpartituren von Mozart. wahr [sic!] ist es, M. hat für ihn gearbeitet» (MBA IV, Nr. 1322, S. 388, Z 83–85). Das Streichquintett KV 593 erschien zusammen mit KV 614 nach Mozarts Tod 1793 bei Artaria, mit dem Eintrag: *composto per un amatore Ongarese*, der angeblich *tätig* an der Entstehung beteiligt war. Vielleicht hatte Tost die Stücke an einen der ungarische Mäzene in Wien verkauft. Dort gab es die Apponyi, Bánffy, Batthyányi, Esterházy, Pálffy und Zichy.

XXII.
1791: Bindet so das All zusammen
Oder: Zauberflöte, Requiem und das Ende

1 Am 14. Januar 1791 trägt Mozart in sein Werkverzeichnis ein: «Sehnsucht nach dem Frühling» («Komm lieber Mai und mache») KV 596, «Im Frühlingsanfang» («Erwacht zu neuem Leben») KV 597 und «Das Kinderspiel» («Wir Kinder, wir schmecken») KV 598.
2 Da Ponte schildert die Vorfälle in seinen «Denkwürdigkeiten», Bd. II, S. 17–26.

3 Das Sonett in venezianischer Mundart hieß *Se'l fosse anco el Pisani un impostor*; Da Ponte hatte die Söhne Pisanis unterrichtet. Im Dezember 1779 wurde er für 15 Jahre von venezianischem Territorium verbannt. Der *Anti-da Ponte* [sic!] ist wiedergegeben in Da Pontes «Denkwürdigkeiten» (Bd. II, S. 255–308, hier S. 308). Hierzu auch Rudolph Angermüller: «Anti-da Ponte» [sic!].

4 Mozarts Einwand gegen diese Automaten: dass sie «aus lauter kleinen Pfeifchen» bestehen, die ihm «zu hoch und zu kindisch lauten» (MBA IV, Nr. 1138, S. 116, Z 13–16).

5 Es handelt sich um Allegro und Andante in f-Moll KV 608. Ignaz Xaver Joseph Maria Franciscus de Paula Ritter von Seyfried (1776–1841) schilderte sein Erlebnis im Mausoleum seinem Verleger später in Worten, die jene Vereinigung extremer Gegensätze deutlich machen. «Tausend verschiedenartige Empfindungen weckt das, fast möchte ich sagen furchtbar wilde Allegro mit seinem künstlich [also kunstvoll] verarbeitetem [sic!] Fugenthema. Bei der erschütternden Ausweichung nach fis-Moll erstarrt der Zuhörer, und wähnt den Boden unter sich erbeben zu fühlen. Sphärengesang ist das liebliche, so äußerst zarte Adagio in As-Dur; es entlockt Thränen, wohlthätige Thränen der Sehnsucht nach oben [...]. Die zwey mitsammen streitenden Fugenthemata geben ein treffendes, ernstes, kräftiges Bild des Kampfes der Leidenschaften. Nur am Ziel ist Ruhe. Erschöpft ist die Kraft, ausgerungen hat die menschliche Natur, und der Geist entflieht seiner Hülle. Nach jenseits deutet der Schluss!» Ignaz Ritter von Seyfried in seinem Brief vom 18. Januar 1813 (in: Archiv der Wiener Gesellschaft der Musikfreunde, Sign. Briefe Ignaz Seyfried 1), zitiert nach: Melanie Wald: «Melancholie in Mozarts Instrumentalmusik. Biographische Legende oder ästhetische Praxis?»). Sie spricht von «einer Musik, die expressiv wie kompositionstechnisch, aber auch in der Aneignung modernster Mechanik den Höhepunkt ihrer Zeit markiert» und «eine ästhetische Form» anbietet, «die das scheinbar Unvereinbare noch einmal zusammenzwingt» (S. 53).

Eine Ankündigung in der *Wiener Zeitung* vom 17. August 1791 (MD, S. 351 f.) lässt vermuten, dass «das am 3. März komponierte ‹Orgelstück für eine Uhr› KV 608 [...] abwechselnd mit KV 594 vorgetragen worden sein dürfte» (Haselböck: «Mozarts Stücke für eine Orgelwalze», S. 135).

6 Am 5. Januar trug Mozart sein Klavierkonzert in B-Dur KV 595 ins Werkverzeichnis ein, sein letztes Klavierkonzert. Ob er es am 4. März 1791 bei seinem letzten öffentlichen Auftritt als Pianist gespielt hat, ist nicht erwiesen. Gesichert ist nur, dass Mozart an diesem Tag im Rahmen einer privaten Akademie des Klarinettisten Josef Beer zusammen mit Aloisia Lange im Saal des Traiteurs Ignaz Jahn auftrat; «jedermann bewunderte seine Kunst sowohl in der Composition als Execution», rühmte die *Wiener Zeitung* am 12. März 1791 (MD, S. 339) Mozarts Auftritt als Pianist eines eigenen Werks. Geld brachte er nur wenig.

7 Der Mühe, in Deyms Vita Legende und Fakten zu trennen, unterzog sich Gabriele Hatwagner. Sie erkundete auch, dass Deym schon kurz nach dem Erfolg seiner Ausstellung am Kohlmarkt «in Konflikt mit der Zensur» geriet.

Anfang April hatte die Polizei bei einer nächtlichen Razzia in einem seiner separaten Kabinette Figuren entdeckt. Sie fanden, dass es «wider alle Sittlichkeit sei, irgendeinen Menschen so etwas sehen zu lassen», zerstörten die Figuren und nahmen Müller-Deym fest. Er wurde «aber bereits Tags darauf wieder freigelassen, da er glaubhaft machen konnte, dass es sich um bestellte Arbeiten gehandelt hatte» (Gabriele Hatwagner: Die Lust an der Illusion – über den Reiz der «Scheinkunstsammlung» des Grafen Deym, der sich Müller nannte, S. 66–67).

8 Mozarts Bewerbung findet sich in MBA IV, Nr. 1151, S. 131, dort noch auf Anfang Mai datiert.

H. C. Robbins Landons Vermutung, hätte Mozart die Stelle von Leopold Hofmann bekommen, wäre er auf einen Schlag von allen Sorgen erlöst worden, erweist sich so als irrig (Robbins Landon: 1791 – Mozarts letztes Jahr, S. 48). Landon sah wohl nur das Jahresgehalt von 2000 Gulden, nicht dessen Verwendungszweck, den Black darlegt («Mozarts Anstellung am Stephansdom», S. 116).

Franz (de Paula) Hofer wurde in den Rechnungsbüchern noch im Jahr nach Mozarts Tod als *Violinist* mit 100 Gulden im Jahr geführt, der Komponist Joseph Weigl als *Vilonzellist* [sic!] mit 68. Bei beiden wurde eingetragen, dass sie nebenher in der Hofkapelle und im Hoforchester des Burg- und/oder des Kärntnertortheaters beschäftigt waren. Hofer bekam beim Hoftheater 350 Gulden im Jahr (Black, S. 117).

9 Siehe vorige Anmerkung.

10 Unter Kaiser Joseph II. war Kirchenmusik nicht verboten, aber zurückgedrängt worden. «Daher hat Leopold II. in einem nach Einschreiten der Bischöfe der österreichischen Erblande erlassenen Hofdekret vom 17. März 1791 [...] ausdrücklich festgehalten: ‹Die Hochämter und Litaneien können auch mit Instrumentalmusik gehalten werden; wenn das Kirchenvermögen zu deren Bestreitung hinreicht.› Das musste de facto zu einer neuen Stärkung der figuralen Kirchenmusik führen» (Otto Biba: Mozarts Wiener Kirchenmusikkompositionen, S. 52).

11 Da Ponte: Denkwürdigkeiten, Bd. II, S. 19.

12 Zur Autorschaft des *Zauberflöten*-Textbuches gibt es ausreichend Material, das die Frage, wie stark Mozart eingriff und wie sehr Karl Ludwig Giesecke beteiligt war, zu klären versucht. Hier sei nur eine neue Anregung von Walther Brauneis angeführt, der eine Beteiligung des *Clemenza-di-Tito*-Librettisten Caterino Mazzolà für möglich hält («Die Wiener Freimaurer unter Kaiser Leopold II.: Mozarts *Zauberflöte* als emblematische Standortbestimmung», S. 143), der zu jener Zeit ja in Wien war und zehn Jahre zuvor das Libretto zu einer Oper des Dresdner Freimaurers Johann Gottlieb Naumann mit dem Titel *Osiride* verfasst hatte. Im Aufbau ist die *Zauberflöte* ihr ähnlich.

Bei Da Ponte steht: «eine deutsche Oper, die *Zauberflöte*, in Musik zu setzen». Da er rückblickend schreibt, verwendete er den Titel, unter dem Mozarts Werk uraufgeführt wurde. Dass der originale Titel aber «Egyptische [sic!] Ge-

Anmerkung zu Seite 363

heimnisse» lautete, legte Walther Brauneis dar («Cagliostros ‹Maçonnerie egyptienne› und Mozarts Isis-Mysterien»).
Belege dafür gibt es. Noch sechs Tage vor der Uraufführung am 30. September stand in der *Staats- und Gelehrtenzeitung des Hamburgischen Unpartheyischen Correspondenten* (4. Oktober 1791): «Wien, den 24. September. [...] Herr Mozart hat eine neue Oper componirt: Die Egyptischen Geheimnisse, welche eine der vorzüglichlichsten [sic!] Compositionen dieses vortrefflichen Künstlers ist» (MD X (Eisen), S. 71).

Johann Petrus Jakob Haibel (1762–1826), der spätere Ehemann von Mozarts Schwägerin Sophie Weber, erwähnte in einem Brief vom 10. Dezember 1791 an Wolfgang Heribert Reichsfreiherr von Dalberg noch den alten Titel: «Betreffend die Egyptischen Geheimnisen [sic!], die unter dem Namen der Zauberflöte hier bekannt sind, muß ich die Ehre haben, zu berichten. Dass ich bis izt die Oper noch nicht erhalten kann, indem H. Mozart gestorben und er bey Lebzeiten noch die Partitur auf 100 Dukaten angeschlagen ...» (MD X, S. 35).

Mozart selbst nennt die Oper vor dem Eintrag ins Werkverzeichnis im Juli niemals *Die Zauberflöte*.

Doch im Frühjahr und Frühsommer war in allen Zeitungen über den Prozess der Inquisition gegen den Betrüger und Staatsfeind Cagliostro berichtet worden, «der ein auf ägyptischen Mysterien aufbauendes System» der Freimaurer (Brauneis, «Cagliostros ‹Maçonnerie egyptienne› und Mozarts Isis-Mysterien in der Zauberflöte», S. 105) propagierte – wie freilich andere auch, allen voran Ignaz von Born. Er veröffentlichte «Über die Mysterien der Aegypter» im *Journal für Freymaurer* 1784/86. «Demnach waren Mitte 1791 Cagliostros ‹Ägyptisches System› und seine Isis-Logen in aller Munde. Etwaige Anspielungen in der ‹Zauberflöte› wären von den Besuchern verstanden worden. Damit könnte auch die ursprüngliche Benennung von Mozarts Oper mit ‹Die Egyptischen Geheimnisse› in Zusammenhang stehen ...» (ebda., S. 106). Brauneis meint: «Die Vordergründigkeit der Anspielung war es dann wohl, die schlussendlich Schikaneder und Mozart den Titel ‹Die Zauberflöte› wählen ließ» (S. 106).

Die Autorin ist der Ansicht, dass die im Leopoldstädter Theater am 8. Juni 1791 uraufgeführte Oper von Wenzel Müller, *Der Fagotist oder die Zauberzither* (oft unkorrekt als *Kaspar, der Zauberfagottist* geführt), und generell der Erfolg von Zauberopern von *Zauberrose* bis *Zauberspiegel* an diesem Haus dem Theaterpragmatiker Mozart und Schikaneder den Anstoß zum neuen Titel gaben. Mozart selbst beobachtete die Konkurrenz im Leopoldstädter Theater genau und schrieb am 12. Juni bereits an Constanze: «ich gieng dann um mich aufzuheitern zum Kasperl in die neue Oper der *Fagottist*, die so viel Lärm macht – aber gar nichts dran ist ...» (MBA IV, Nr. 1161, S. 137, Z 20–22).

Durch Da Pontes Bemerkung über Mozarts Arbeit an der *Zauberflöte* (Denkwürdigkeiten, Bd. II, S. 19) lässt sich deren Beginn datieren. Da Ponte zog sich zwischen dem 26. und dem 30. April nach Brühl bei Mödling zurück, bevor er im Juni von der Polizei aus Wien und Umgebung verwiesen wurde

Anmerkungen zu den Seiten 363–365

und mit der Ferrarese nach Triest aufbrach. Bereits in Brühl bekam er von den Vorgängen in der Wiener Musikszene kaum mehr etwas mit. Mozart hat also wohl schon Ende April mit der Vertonung angefangen.

13 Auf diese Aspekte hat die unersetzliche Arbeit des Ägyptologen Jan Assmann (Die Zauberflöte. Oper und Mysterium) ein neues Licht geworfen. So schreibt Assmann: «Ich würde meinen, dass Mozart und Schikaneder die Oper von vornherein auf die Wirkung als Rätsel bzw. ‹Hieroglyphe› angelegt haben. Sie konnten nicht davon ausgehen, dass die Mysterienidee der Freimaurer einem größeren Publikum bekannt ist.» (S. 291). Und an anderer Stelle: «‹Weisheitslehre sei mein Sieg; Pamina, das holde Mädchen, mein Lohn›, antwortet Tamino und verknüpft die beiden Themen Weisheit und Liebe. Auch Papageno wird so befragt, und auch für ihn gilt diese Koppelung von Erkenntnis und Liebe.» (S. 297).

14 Was die finanzielle Situation im Jahr 1791 anbelangt: Mozart wurde keineswegs von Schikaneder mit einem Honorar weit unter dem Üblichen abgefunden, wie oft unterstellt. In den Notizen von Aloys Fuchs aus dem Jahr 1842 ist von 100 Dukaten die Rede, was dem entsprach, was Mozart auch sonst für eine Oper bekam.

15 «Bei der ‹entzückendsten, eigens für diesen Ort komponierten Musik› dürfte es sich um Mozarts Andante für eine kleine Orgel KV 616 handeln», schreibt Hans Haselböck («Mozarts Stücke für eine Orgelwalze», S. 137). «Sieht man von der nicht übereinstimmenden Tempobezeichnung des Stückes ab (Mozart hatte das Werk übrigens ursprünglich mit Larghetto überschrieben, diese Bezeichnung jedoch durchgestrichen und durch Andante ersetzt), wird diese Annahme noch durch eine andre Angabe erhärtet». Er verweist auf die hier zitierte Beschreibung des Grazien-Schlafzimmers (aus: Neuestes Sittengemälde von Wien, Bd. 1, Wien 1901, S. 38 ff.). Wie die anderen Stücke Mozarts «für das Orgelwerk einer Uhr» wird auch dieses Werk heute oft als Bläserquintett aufgeführt.

16 Das Adagio und Rondeau für Harmonika, Flöte, Oboe, Viola und Violoncello in Es-Dur KV 617 führte Marianne Kirchgessner auf ihrer weiteren Tournee häufig auf. Ihren Auftritt in Wien verpasste Mozart durch einen Terminirrtum; sie sind einander aber wohl dennoch begegnet.

Details zu der Virtuosin recherchierte Harald Strebel («Mozarts blinde Glasharmonikaspielerin Marianne Kirchgessner und das jähe Ende der geplanten Schweizerreise in Schaffhausen», S. 33). Dass Mozart und Kirchgessners Impresario, der Musikverleger Bossler, sich bereits kannten, macht das Treffen umso wahrscheinlicher.

17 Der Brief an Anton Stoll, «Schul=lehrer und Regens Chori / in Baaden [sic!]»: MBA IV, Nr. 1153, S. 132–133. Die Messe KV 317, von der Mozart die Partitur zurückverlangte, war im Jahr zuvor, am 13. Juni 1790, in Baden aufgeführt worden.

18 Zu dem gebrochenen Ehrenwort und den Versuchen, den flüchtigen Freund zu erreichen: MBA IV, Nr. 1161, S. 137–138. Zu den Bemühungen, sein «Geschäft» abzuschließen, auch MBA IV, Nr. 1182, S. 148, Z 15–18.

19 Diese Zusammenhänge stellt die Autorin hier versuchsweise her. Denn es spricht vieles dafür, dass die ungarischen und niederländischen Mäzene, die sich kurz vor Mozarts Tod als Subskribenten mit einer Garantiesumme anboten, aus diesem Umfeld stammten. Nikolaus von Jacquin war als Professor «des praktischen Bergwesens und der chymischen Lehre» in die damals ungarische Bergbaustadt Schemnitz berufen worden und wurde im Nachruf 1817 als «wirklicher niederungarischer Bergrath» bezeichnet.

20 So Constanze zu Vincent Novello (Eine Wallfahrt, S. 80).

21 Constanze Mozart sagte zu Vincent Novello: «Ungefähr sechs Monate vor seinem Tode kam Mozart der furchtbare Gedanke, dass ihn jemand mit Acqua Toffana vergiften wolle.» Das bedeutet, bereits Anfang Juni. Sie erklärte, dass «seine traurigen Gedanken» schlicht «von seiner körperlichen Schwäche gefördert wurden», auch was das Requiem betraf (Eine Wallfahrt, S. 89). Zu der Datierung von Mozarts Behauptung, er sei vergiftet worden, auf den 20./21. Oktober führte Niemetscheks Schilderung des Praterausflugs, der die Zeilen vorausgehen: «Schon in Prag kränkelte und medizinirte Mozart unaufhörlich; seine Farbe war blaß und die Miene traurig [...]. Bei seiner Rückkunft nach Wien nahm er sogleich seine Seelenmesse vor» (S. 34). Das heißt, der Verdacht wurde nach der Rückkehr aus Böhmen geäußert. Möglich ist, dass Mozart das zweimal gesagt hat, denn sowohl im Juni als auch im Oktober war er deprimiert und ausgelaugt.

22 Mozarts überfürsorgliche Anweisungen werden hier zitiert aus den Briefen MBA IV, Nr. 1160, S. 136, Z 10–11, verschiedene kurze Passagen aus den Briefen 1155–1173, S. 133–144, aus 1159, S. 135, Z 10–12 und S. 136, Z 23–24.

23 Bernd Edelmann (Dichtung und Komposition von Mozarts *Ave verum corpus*, KV 618) hat einen ganz neuen Zugang zu diesem oft gehörten Stück eröffnet. Die «besondere und irritierende Aura von KV 618 bezeichnet man seit Oulibicheff gerne als ‹seraphische Schönheit›.» Doch Edelmann zeigt auf, dass es sich hier keineswegs um «Engelsgesang», vielmehr um «Menschengesang» (S. 53) handelt. Überzeugend argumentiert er gegen «die vielbeschworene Einfachheit» an, die dem *Ave verum* gerne unterstellt wird. «Sie ist eine Fiktion. Wer KV 618 ‹einfach› nennt, verkürzt Mozarts außerordentlich dichte und vielschichtige Komposition, pointiert gesagt, auf Michael Haydns *Lauda Sion*» – dessen Fronleichnamssequenz aus dem Jahr 1775. «Das Eigentliche des Mozartschen Komponierens liegt aber gerade in dem über Michael Haydn Hinausgehenden» (S. 51). Edelmann macht überzeugend deutlich, warum sich Mozart bei Michael Haydn bedient. «Indem Mozart am Grundcharakter des *Lauda Sion*, eines Lobgesangs, festhält, wird der Passions- und Sterbetext des *Ave verum corpus* erst fronleichnamsfähig. Diese Versöhnung von Gegensätzlichem ist das Geheimnis der feierlichen Ausstrahlung, des mildverklärten Leuchtens der Motette *Ave verum corpus*» (S. 53). Diese Versöhnung von Gegensätzlichem signalisiert bereits der Beginn des Stückes: «das erste Ave ist ein alpenländischer Juchzer, das zweite ein chromatischer Seufzer» (S. 36). Edelmann geht auch auf die Anweisung Mozarts ein, alle Stimmen *sotto voce* zu singen. «Das heißt, der natürliche

Stimmklang soll sich gerade nicht entfalten, sondern muss ins Schattenhafte, Unwirkliche abgedämpft werden. Den unbefangenen Schönklang des *Lauda Sion* entmaterialisiert und negiert Mozart, damit er zur Todessphäre des *Ave verum* taugt» (S. 55).

24 Diese Episode schildert Lulu Gräfin von Thürheim (in: Mein Leben, Bd. 2, S. 20). Ihre Schwester Constanze (1785–ca. 1816) war die zweite Frau von Andrej Graf Rasumowsky, sie selbst hatte, wie schon gesagt, in den Lichnowsky-Clan eingeheiratet.

25 Diese *Spezificazione de punti* entdeckte Tomislav Volek Ende der 1950er Jahre («Über den Ursprung von Mozarts Oper *La Clemenza di Tito*»). Volek vertritt die Ansicht, bei dem Rondo mit obligatem Bassett-Horn, das Josepha Duschek am 26. April 1791 in Prag sang, habe es sich um das Rondo der Vitellia aus *La Clemenza* gehandelt (*Non più di fiori*), Mozart habe damals bereits Teile von Mazzolàs Libretto vertont gehabt (ebda., S. 275). Ebenso äußert sich Franz Giegling in der NMA II/5/20, S. IX.

26 Der Torso mit der zugehörigen Briefstelle ist abgedruckt in MBA IV, Nr. 1180, S. 147, Z 17–19 und Z 28–29 («wenn Du was brauchest Schatzerl»). Diese Kritzelei ist in der Briefausgabe aber nicht so abgebildet, wie sie im Autograph zu sehen ist. Korrekt wiedergegeben wird sie bei Christoph Großpietsch (Mozart-Bilder, Bilder-Mozarts, S. 25).

27 Zum Arsenfund in der Tinte, mit der Mozart die *Zauberflöte* schrieb: Claudia Maurer Zenck und Oliver Hahn: «Die Tinten des Zauberflöten-Autographs», S. 22. Da sich das Arsenik, damals «als Stärkungsmittel bei Blutarmut und Schwäche, bei Asthma und Schweratmigkeit, aber auch zur Steigerung der Leistung, des gesunden Aussehens und der Potenz» gebräuchlich, im Tintenfass befand, kann Mozart es nur selbst eingenommen haben und zufällig während des Arbeitens vertropft haben, wie auch die Entdecker dieser Tatsache erklären. Es findet sich «passenderweise dort, wo Pamina singt: ‹Ja, des Jammers Maas [sic!] ist voll›».

28 Mozarts Bekenntnis zur inneren Leere: MBA IV, Nr. 1184, S. 150, Z 19–27.

29 Der Brief mit dem koprophilen Absender: MBA IV, Nr. 1188, S. 153. Zu Süßmayrs Finanzen: Erst ab November 1790 kann Süßmayrs Beschäftigung als Substitut am Burgtheater nachgewiesen werden. Anfang Dezember 1790 bekam er 26 fl «für geleistet *extra* Dienste». Im Jahr darauf verdiente er am Burgtheater ganze 43 Gulden. Einige der Aushilfsdienste hat ihm wohl Antonio Salieri vermittelt.

30 Pate von Mozarts jüngstem Sohn war der vierundsiebzigjährige Thomas von Trattner, der sich aus Altersgründen bei der Taufe durch einen seiner Buchhändler vertreten ließ. Da dessen Vornamen aber das einzige lebende Kind der Mozarts trug, musste ein anderer gewählt werden. Die Unterstellung, Constanze habe ihren Sohn auf die Vornamen Süßmayrs taufen lassen, weil er dessen leiblicher Sohn war, ist zur Genüge entkräftet worden. Franz Xaver Gerl, den Mozart als G. Görl mit den übrigen Sängern und der weitgehend fertiggestellten *Zauberflöte* KV 620 im Juli in sein Werkverzeichnis einträgt, war der

erste Sarastro und wie seine Frau Barbara, die erste Papagena (im Werkverzeichnis nur «ein altes Weib»), als Freihausbewohner Mozart in dieser Zeit in jeder Hinsicht nahe.

31 Es handelt sich um die Kantate *Die ihr des unermesslichen Weltalls Schöpfer ehrt* KV 619. Der Verfasser des Textes, Franz Heinrich Ziegenhagen, war ein Sozialutopist, der in Straßburg lebte, aber seit 1775 in jener Regensburger Freimaurerloge Mitglied war, der später auch Schikaneder angehörte und in der er noch nach seinem Hinauswurf bis 1790 als Mitglied geführt wurde. Da Ziegenhagen 1786 dort zum Meister erhoben wurde, Schikaneder also begegnet sein dürfte, stammt die Anregung zu der Vertonung möglicherweise von ihm. Der Text Ziegenhagens enthält auffallend viele Worte und Wendungen, die sich in Schikaneders *Zauberflöten*-Libretto wiederfinden. Zu den Posaunen auch die erhellende Studie von Manfred Hermann Schmid («Was bewirken die Posaunen in Mozarts Zauberflöte?»). Zwar sind, wie Schmid errechnete, «in nur gut zehn Prozent der *Zauberflöten*-Takte Posaunen beteiligt», doch dabei «handelt es sich um schlechterdings zentrale Takte des Werkes» (ebda., S. 59). Ziegenhagens von Mozart vertonte Hymne erschien als Beilage zu seiner Abhandlung «Lehre vom richtigen Verhältnisse zu den Schöpfungswerken», in der der Verfasser die «völlige Abschaffung der religionum» [sic!] forderte.

32 Zu Franz Graf von Wallsegg vermerkt Walther Brauneis: «Die Schreibweise des Familiennamens ist unterschiedlich: u. a. Wallßeck, Walsegg oder Wallsegg. Die hier verwendete Form ‹Wallsegg› wurde nach der eigenhändigen Unterschrift des Grafen vom September 1819 gewählt. Genealogisch falsch ist die in der Mozart-Literatur häufig anzutreffende Namensform Walsegg-Stuppach» (in: «Dies irae, dies illa», S. 33). Hintergrund für den Auftrag von Franz Graf von Wallsegg (1763–1827) war, dass am 14. Februar 1791 seine Frau Maria Anna Theresa geborene Prenner von Flammberg (1770–1791), die er viereinhalb Jahre zuvor als Minderjährige geheiratet hatte, mit noch nicht einmal einundzwanzig Jahren gestorben war. Zu ihrem ersten Todestag wollte Wallsegg das Requiem als sein Werk auf seinem Schloss Stuppach bei Gloggnitz im südöstlichen Niederösterreich aufführen lassen. Gerhard Roth hierzu: «Der Graf [...] war ein Schlawiner. Er spielte Flöte und Cello und bestellte bei heute in Vergessenheit geratenen Komponisten wie Devienne oder Hoffmeister unter strenger Geheimhaltung Werke, die er eigenhändig abschrieb und dann mit seinen Hofmusikern aufführte. Einer von ihnen schilderte, wie der Graf sich geschmeichelt fühlte, wenn man nach seiner Aufforderung, den Komponisten zu erraten, den Namen Walsegg-Stuppach [sic!] nannte, und dass es ihm dann nie einfiel, zu widersprechen» («‹Quam olim D: C:›. Wer raubte Mozarts letzte Worte?», S. 844). Thomas Leibnitz zitiert in seinem Aufsatz über Mozarts Requiem (S. 825) jenen Zeitzeugen Anton Herzog, ein Lehrer, der bei den Quartettabenden des Grafen zweite Geige oder Viola spielte, basierend auf den Erkundungen von Walther Brauneis, publiziert 1992 («Dies irae, dies illa», hier S. 36).

Anmerkung zu Seite 372

Es existieren keinerlei Anhaltspunkte zu dem sogenannten «grauen Boten». Walther Brauneis äußert und begründet die Vermutung, dass die Mystifizierung des grauen Boten durch den Biographen Niemetschek auf Veranlassung von Constanze Mozart geschah und er zu spät merkte, wie sie ihn für ihre Strategien bei der Vermarktung des Requiems einsetzte. «Die Mozart Biographie [Niemetscheks] erscheint auffälligerweise zu eben jenem Zeitpunkt, als Constanze Mozart mit Gottfried Christoph Härtel über den Erstdruck des Requiems KV 626 zu verhandeln beginnt. Nur wenn an der Komposition keine Eigentumsrechte bestünden, lässt er wissen, wäre das Leipziger Verlagshaus bereit, das Werk im Rahmen der geplanten Gesamtausgabe herauszubringen. Um die Drucklegung – und die daraus zu erwartenden, nicht unerheblichen Abgeltungen – nicht zu gefährden, gibt Constanze Mozart zu, dass die Eigentumsrechte tatsächlich bei einem Dritten lägen, dieser ‹Anonymus› sich aber ‹nach Verlauf von mehr als 7. [sic!] Jahren noch nicht hat öffentlich bekannt werden lassen›. Gleichsam als wollte sie ihre Angaben bestätigen, lässt sie Niemetschek die Geschichte vom unbekannten Auftraggeber und dessen mysteriösen Boten festschreiben» (Walther Brauneis: «Franz Xaver Niemetschek», S. 501). Identifiziert wird der Bote heute wahlweise mit dem Verwalter des Grafen Wallsegg namens Anton Leutgeb oder dem Kanzlisten des Wiener Advokaten Dr. Johann Sortschann, der die Geschäfte des Grafen besorgte.

Graf von Wallsegg gehörte das Haus Hoher Markt CNr. 522, in dem Michael Puchberg privat eine Fünf-Zimmer-Wohnung im zweiten Stock gemietet hatte, wo Constanze mit Carl Thomas während Mozarts Berlin-Reise 1789 eingezogen war. Auch sie könnte Wallsegg also wiedererkannt haben, wäre er persönlich aufgetreten. Puchbergs Geschäft, ehemals Salliet, befand sich ebenfalls am Hohen Markt, Haus CNr. 489. Da Mozart Puchberg regelmäßig zu Mittagessen und Musizierabenden aufsuchte, könnte er Graf von Wallsegg bei einem seiner Wien-Aufenthalte begegnet sein.

Brauneis erwägt: «Für die Komposition dieser Totenmesse könnte Michael Puchberg an den Grafen Wallsegg empfohlen worden sein. Puchberg wusste einerseits um die finanziellen Schwierigkeiten Mozarts und war andererseits vermutlich von den großzügigen Honoraren des Grafen informiert, die er bei Überlassung der alleinigen Eigentumsrechte an einer Komposition zu zahlen bereit war» («Dies irae, dies illa», S. 39). Zur Bezahlung schreibt Brauneis: «Über die Höhe des Honorars differieren die Quellen. In der Grazer ‹Zeitung für Damen und andere Frauenzimmer› vom 18. Januar 1792 ist von 60 Dukaten die Rede. Constanze Mozart berichtete in einem Schreiben an das Verlagshaus Breitkopf & Härtel hingegen von 50 Dukaten. […] Anton Herzog sprach 1839 von 100 Dukaten. Da sich Constanze bei ihrer Honorarangabe auf den Auftraggeber berufen konnte (‹Doch hat er auch von 50 ducaten gesprochen, welche sein Ankaufspreis waren›), sind die umgerechnet 225 Gulden wohl als korrekt anzusehen. Im Hinblick auf die üblichen Opernhonorare, so etwa zuletzt 200 Dukaten für *Così fan tutte*, kann der genannte Betrag als durchaus angemessen bezeichnet werden» (S. 41).

Anmerkungen zu den Seiten 372–376

Was den Anlass zur Komposition betrifft, dachte Otto Biba darüber nach, ob dieses Requiem wirklich ganz persönlich gedeutet werden muss. «Die für jeden erkennbare Anknüpfung von Mozarts Requiem an alte Vorbilder von Händel über Gassmann bis zu Michael Haydns 1771 komponiertem erstem Requiem drängt geradezu die Spekulation auf, ob sich in diesem Requiem – abgesehen von seinem unmittelbaren Entstehungsanlass – nicht vielleicht Mozarts Hofdienst widerspiegeln könnte. Hat er sich vielleicht schon länger mit dem Gedanken getragen, ein Requiem für den Hof zu schreiben, aber keinen wirklichen Aufführungsanlass und noch weniger einen Auftrag für ein solches Werk gesehen?» (Otto Biba: «Mozarts Wiener Kirchenmusikkompositionen», S. 55).

33 Mozart selbst trug *La Clemenza di Tito* (KV 621) in sein Werkverzeichnis ein mit den Worten: «La Clemenza di Tito. Opera Seria in Due Atti per l'incoronazione di Sua Maestà l'imperatore Leopoldo II., – ridotta a vera opera dal Sig:re Mazzolà.» (MBA IV, Nr. 1189, S. 154, Z 14–15).

34 Die durch Salieri aufgeführten drei Messen: KV 317, 337 und 258; der Chor in Motettenform aus der Schauspielmusik Thamos KV 345 (336 a) und das Offertorium KV 222 (205 a).

35 Als «ein kleiner Mann im grünen Rocke» fiel Franz Alexander von Kleist während seiner Pragreise Mozart im Ständetheater auf (zitiert nach MD, S. 382).

36 Der Brief der Kaiserin an ihre Schwiegertochter in MD X (Eisen), S. 71.
   Die ihr unterstellte Bemerkung, diese Oper sei eine «porcheria tedesca», eine deutsche Schweinerei, klingt zwar wahrscheinlich, ist aber nicht nachweisbar.
   Hierzu: Joseph Heinz Eibl: «‹… Una porcheria tedesca?› Zur Uraufführung von Mozarts ‹La clemenza di Tito›», S. 332 mit Faksimile des Briefes.

37 Zu Guardasonis Einspruch, der Hof habe ein Vorurteil gegen Mozart gehabt, dem stattgegeben wurde, siehe Walther Brauneis: «Mozarts KV 621: Eine Krönungsoper in 18 Tagen?», S. 244.

38 Der Brief von Andrej Graf Rasumowsky findet sich im französischen Original in MD, S. 355. Rasumowsky bittet Potjomkin um Erlaubnis, Mozart zu engagieren. Doch Potjomkin stirbt bereits einen Monat später.

39 Über Mozarts Besuch in der Loge *Zur Wahrheit und Einigkeit zu drei gekrönten Säulen* berichtete Alfred Meissner nach den Tagebuchaufzeichnungen seines Großvaters (Harald Strebel: Mozarts *Zauberflöte* und die Diskurse in den Wiener Logen, S. 48–49).
   Dazu auch Walther Brauneis: «Es war […] Anfang der neunziger Jahre für die Freimaurerei in Österreich ein Gebot der Stunde, gegenüber dem neuen Kaiser in aller Öffentlichkeit eine Ergebenheitsadresse abzugeben und sich deutlich gegenüber allen konspirativen para-maurerischen Geheimgesellschaften abzugrenzen. Eine der Möglichkeiten für eine solche Loyalitätserklärung bot sich dazu auf dem Theater» («Die Wiener Freimaurer unter Kaiser Leopold II.», S. 127). «In Sarastro», so Brauneis, «manifestiert sich ein solches dem Hause Habsburg loyal ergebenes Freimaurertum» (ebda., S. 132).

Anmerkungen zu den Seiten 376–377

Die in Prag aufgeführte Freimaurerkantate war *Die Maurerfreude* KV 471 aus dem Jahr 1785. Teile des Fugenthemas in der *Zauberflöten*-Ouvertüre hat Mozart dieser Kantate entnommen.

Brauneis sieht Mozarts in Prag gegebenes Versprechen für eingehalten. In diesem Sinn deutet er den Text der Königin der Nacht, in dem es heißt: «Mit deines Vaters Tod gieng meine Macht zu Grabe.» «Hinter dieser scheinbar simplen Erzählung einer enttäuschten, machthungrigen Frau verbirgt sich aber nichts anderes, als der Kampf um den Führungsanspruch einer von der Königin der Nacht repräsentierten und den Illuminaten gleichzusetzenden paramaurerischen Geheimgesellschaft gegenüber den Wiener Freimaurern nach dem josephinischen Freimaurerpatent» (ebda., S. 130). Nach Brauneis hatte Mozart mit der *Zauberflöte* «sich in einer entscheidenden Phase der österreichischen Freimaurerei ganz in den Dienst der Sache gestellt.» Dabei verweist er auf Mozarts Worte vom September 1791 in der Prager Loge nach dem Absingen seiner Kantate *Die Maurerfreude* (KV 471), «er werde demnächst dem Maurerthume eine bessere Huldigung darbringen». Gemeint war damit die *Zauberflöte*. «Von einem [...] an ihm mit einem Ritualmord gesühnten Verrat an den Geheimnissen des Bruderbundes kann daher keine Rede sein» (ebda., S. 140/141). Mit dem Schauplatz Ägypten «wollte der Librettist», schreibt Brauneis, «den tatsächlichen Schauplatz der Oper in verschlüsselter Form benennen. Er hat diese geographische Chiffre dem Sprachgebrauch der Illuminaten entlehnt, die neben Decknamen für die Mitglieder auch solche für Städte- und Ländernamen verwendeten. [...] ‹Rom› stand für die kaiserliche Residenzstadt Wien und hinter ‹Ägypten› verbargen sich die habsburgischen Länder» (ebda., S. 131).

In Mozarts Freundeskreis gab es einige Illuminaten, so Hatzfeld, Born, Gemmingen und Sonnenfels.

40 Es ist keinerlei Reaktion auf die angeblich unerhörte Preisgabe freimaurerischer Geheimnisse nach der Uraufführung der *Zauberflöte* (KV 620) verbürgt; schon allein die genannten theaterhistorischen Tatsachen entkräften diese Behauptung. Auf die vielzitierte Rolle der Zahlensymbolik, vor allem der in so vielen Riten, Kulten und Mythen bedeutungsvollen Drei, soll hier nicht erneut eingegangen werden. Nur eines: Am Anfang der *Zauberflöte* spielt das ganze Orchester Akkorde nicht drei, sondern fünf Mal in der Abfolge lang-kurz-lang-kurz-lang. Dieser Rhythmus wird danach bestätigt, einmal von Fagott, Violine und Bass (Takt 4–7), danach von den ersten Violinen (Takt 8–13). Schon Jacques Chailley hat gestaunt über «die Unfähigkeit erlesener Geister, bis fünf zu zählen» (in: Die Symbolik der «Zauberflöte», S. 101).

Gisa Aurbek stellt fest: «Darüber, dass ein Großteil der Musik in der Zauberflöte mit freimaurerischer Symbolik versehen ist, gibt es keinen Zweifel, ebensowenig darüber, dass Sarastro einen Vertreter der Freimaurer verkörpern soll» («Neue Thesen zu Musik und Freimaurerritual in Mozarts Zauberflöte», S. 457).

41 Zu diesem Aspekt sind besonders die Äußerungen von Karol Berger: «‹Die Zauberflöte› oder die Selbstbehauptung der Modernen» wesentlich. Er verweist

auch auf Richard Wagners Bemerkung: «Hier ist das Ewige, für alle Zeit und Menschheit Giltige [...] auf eine so unlösbare Weise mit der eigentlich trivialen Tendenz des vom Dichter absichtlich auf gemeines Gefallen Seitens des Wiener Theaterpublikums berechneten Theaterstücks verbunden.» Das aber widerstrebte keineswegs Mozarts Absichten, es entsprach ihnen. Wenn Schikaneder in der Vorrede zu *Der Spiegel von Arkadien* (Wien 1795, nachgedruckt in: *Maske und Kothurn* I/1955, S. 359) betont, dass er die *Zauberflöte* «mit dem seligen Mozart fleißig durchdachte», ist dem Glauben zu schenken.

42 Auch darauf wies Jan Assmann hin, als er sich zum Duett «Bei Männern welche Liebe fühlen» äußerte. Er ging ausdrücklich ein auf die Verwandtschaft dieser Ideen in der *Zauberflöte* mit Platons Text. «Die Engführung von Erkenntnis und Liebe ist das Zentrum der Philosophie Platons. [...] Besonders das Symposion ist der Grundtext dieser Liebesphilosophie, die das Erkennen aus dem Lieben hervorgehen lässt und der Liebe den Rang einer Kraft einräumt, die den Menschen zum Aufstieg in immer höhere Sphären der Erkenntnis befähigt.» (Die Zauberflöte. Oper und Mysterium, S. 295.) An ganz anderer Stelle schreibt Assmann dezidiert von Glückseligkeit; wenngleich er nicht wörtlich Platon zitiert, ist doch unmissverstehbar, dass er darauf Bezug nimmt bei seinen Überlegungen zu *Mann und Weib, und Weib und Mann/Reichen an die Gottheit an*: «Die Liebe, die hier besungen wird, ist Vorahnung solcher Glückseligkeit. In dieser Hinsicht ist sie Mysterium, denn das Ziel der Mysterien ist die Vervollkommnung des Menschen in Richtung auf das Göttliche.» Anders gesagt: sie vermag den Dämon Eros, dieses Zwischending zwischen Mensch und Gott, dem Göttlichen näherzubringen. Auch Dieter Borchmeyer arbeitete in seiner für dieses Buch wichtigen Studie (Die Entdeckung der Liebe) den Zusammenhang der Liebesbotschaft in der *Zauberflöte* und Mozarts Bekenntnis «zur Liebesheirat, zur zweckfreien Beglückung des Liebespartners» deutlich heraus (S. 11).

43 Mozarts Erfolgserlebnis beim Besuch der *Zauberflöte*: MBA IV, Nr. 1193, S. 157, Z 4–8.

44 Das Klarinettenkonzert für Stadler: KV 622.

45 Das schöne Bild des Rauchers Mozart am Billardtisch entwirft er selbst in seinem Brief vom 7. und 8. Oktober 1791 (MBA IV, Nr. 1193, S. 157, Z 10–13).

46 Das Zitat im Ganzen: «Her v. Keeß schreibt mir unter andern [sic!], dass Er gerne meine umstände hier in London wissen möge, indem man verschiedenes in wienn [sic!] von mir spricht, ich wäre von jugend auf dem Neyde ausgesetzt, wundere mich demnach nicht, wenn auch dermahlen mein weniges Talent ganz zu unterdrücken sucht, allein der Obere ist meine stütze, die meinige schrieb mir, allein ich kan es nicht glauben, dass Mozart sehr mich herabsetzen sollte. ich verzeihe es Ihm» (Haydn, Gesammelte Briefe, Nr. 164, S. 263). Kees war Konzertveranstalter in Wien. Einige Zeilen weiter: «wegen der belohnung soll Mozart zum graf v. Fries um sich dessen zu Erkundigen gehen, bei welchem ich 500 Pfd., und bey meinem Fürsten 1000 Gülden – zusam beynahe 6000 fl. anlegte» (Haydn, Nr. 164, S. 254). Es handelt sich hier um das Bankhaus Fries.

47 Die kleine Schikane für Schikaneder beschrieb Mozart seiner Frau am 9. Oktober 1791 (MBA IV, Nr. 1195, S. 60, Z 33–42).
48 Zu dem Projekt «Die Zauberinsel», die schließlich «Die Geisterinsel» hieß und von verschiedenen Komponisten, zuerst von Friedrich Fleischmann (Frankfurt am Main 1792), vertont wurde: MD X (Eisen), S. 68–70. Der Brief mit einem offiziellen Auftrag erreichte Mozart erst nach seinem Tod. In Einsiedelns Planung einbezogen waren außer dem Textdichter Friedrich Wilhelm Gotter August Wilhelm von Schlegel und Gottfried August Bürger.
49 MBA IV, Nr. 1193, S. 158, Z 32–33 und 44–45.
50 Das Lob Salieris und Cavalieris referiert Mozart in: MBA IV, Nr. 1196, S. 161/162, Z 7–9.
51 Constanze Mozart hat die Vergiftungsängste nie ernst genommen, nur Mozarts angegriffenen Zustand. «Es ist offenbar, dass Überarbeitung den frühen Tod Mozarts herbeigeführt hat. Er konnte sich nie ganz von seinen musikalischen Gedanken losreißen. [...] Not und Pflicht erzeugen diese Gewohnheit, die seinen Körper erschöpften und seinen frühen Tod herbeigeführt haben» (Eine Wallfahrt, S. 89). Niemetschek, der seine Informationen nur von Constanze haben kann, berichtet von Mozarts Wahnidee, die er seiner Frau bei einem Praterausflug, wohl um den 20./21. Oktober, gestand, aber auch bei ihm wird deutlich, dass Constanze diese als Folge seiner Überarbeitung deutete; «seine Unpässlichkeit nahm sichtbar zu, und stimmte ihn zur düstern Schwermuth. Seine Gattin nahm es mit Betrübniß wahr.» Nach ihrem resoluten Eingreifen «besserte sich sein Zustand etwas» (Niemetschek, S. 34). Acqua tofana, eine Giftmischung, die nach ihrer Erfinderin benannt ist, bestand angeblich aus Bleioxid, Antimon und Arsen. Dass den Illuminaten unterstellt wurde, damit abtrünnige Brüder umzubringen, ist nach wie vor eines der Hauptargumente der Vergiftungstheoretiker, die in dem Befund von Mozarts Krankheit die Symptome einer solchen Vergiftung wiedererkennen wollen. Hierzu ausführlich Axel W. Bauer: «Die Pathographie Wolfgang Amadé Mozarts – Möglichkeiten und Probleme einer retrospektiven Diagnostik».
52 Das berichtete Constanze Mary Novello (in: Eine Wallfahrt, S. 89).
53 Walther Brauneis hat diesen Eintrag entdeckt und veröffentlicht, der für die Fachwelt eine Sensation bedeutete («... wegen schuldigen 1435 f 32 xr»). Es handelt sich um den einzigen in Wien erhaltenen Hinweis auf die Causa Lichnowsky–Mozart, da die betreffenden Akten des Niederösterreichischen Landrechts beim Justizpalastbrand 1927 zugrunde gegangen sind. In der originalen Schreibweise ist im Protokoll zu lesen:
«N:Ö: Landrecht erinnert unterm 9ten et pers: 12. 9mb: $\overline{791}$, Daß [sic!] Karl Fürst v: Lichnowski [sic!] etc dem K:K: Hof Kappelmeister [sic!] Wolfgang Amade [sic!] Mozart wegen schuldigen 1435 f 32 xr samt 24 f Gerichts Kösten sowohl die Pfändung, als auch die Erfolglassung dessen Besoldungs Hälfte bewürkt habe» (Brauneis, S. 160 und MD X (Eisen), S. 73; A Whh Hofkammerarchiv, Camerale Protocollbuch Nr. 95 (1791), Fasciculatur 16, Registratur-

nummer 560/4384 ex November 1791, fol. 1586 v, 1587t). «Erfolglassung» bedeutete «Ausfolgung», auf Deutsch: Aushändigung.

Offenbar wurde der Sache, nachdem die Vollstreckung am 9. November bereits angemahnt worden war, am 12. November noch einmal Nachdruck verliehen.

In Mozarts Verlassenschaft (MD, S. 485 ff.) werden als «Schulden herein», also Geld, das Mozart zusteht, 133 Gulden 20 Kreuzer aufgeführt. Brauneis schreibt (ebda., S. 160): «Nach dem Tod Mozarts am 5. Dezember 1791 wurde von einer Exekutierung des Urteils Abstand genommen. Auch die ausständigen Monatsgehälter für November und Dezember 1791, in der Sperrs-Relation irrtümlich mit 133 fl 20 xr vom Bruttogehalt berechnet, wurden in der vollen Höhe von 126 fl 40 von der Hofkammer an die Witwe nachgezahlt» (S. 160).

Das allerdings geschah laut den Büchern des Hofzahlamts erst lange nach Mozarts Tod, im September 1793. Leopold II. war gestorben, und sein Sohn Franz hatte die Regierungsgeschäfte übernommen. Franz fühlte sich Mozart von Jugend auf verbunden und erledigte die Angelegenheit rasch. Hierzu Gerhard Horst Neddermeyer: Die weltliche Musik der kaiserlichen Hofmusikkapelle in den Jahren 1740–1800. Dort finden sich die Einträge zu Gehaltszahlungen an Mozart in den letzten Lebensjahren auf den Seiten 208, 212, 214, 220, zur Nachzahlung S. 294.

54 Als *eine Kleyne Freimaurer-Kantate* trägt Mozart sie in sein Verzeichnis ein (KV 623). Die bisher übliche Angabe, Mozart habe sie am 18. November uraufgeführt, wurde von Cliff Eisen korrigiert (MD X (Eisen), S. 73).

55 Dass bei einer Ausstellung des Autographs ein Dieb ausgerechnet eine dieser beiden Notizen herausriss, zeugt wohl von dessen Sachkenntnis. Zu Mozarts letztem Schaffensakt auch Gerhard Roth: «‹Quam Olim D: C:›. Wer raubte Mozarts letzte Worte?»

56 Hierzu Constanze Mozarts Aussagen im Pensions-Gesuch vom 11. Dezember 1791 an Leopold II. (MD, S. 371–372, hier S. 372).

57 Nicht Dr. Nikolaus Closset, wie oft geschrieben, war Mozarts Arzt, sondern Dr. Thomas Franz Closset (1754–1813): Er wurde als «der Arzney-Kunde Doktor» geführt und wohnte im Harrach'schen Haus, Stadt 391, heute Wipplingerstraße 14 (Michael Lorenz: «Das Forschungsprojekt ‹W. A. Mozart und sein Wiener Umfeld›», S. 9). Er war Leibarzt von Minister Wenzel Graf Kaunitz. Die Spekulationen darüber, Mozart habe an Syphilis gelitten, erhielten wohl Nahrung durch die Tatsache, dass Dr. Franz Ferdinand Matthias Caspar von Sallaba anregte, einen gerichtsmedizinischen Lehrstuhl zu gründen, und Experte für Geschlechtskrankheiten war. 1794 erschien seine Abhandlung «Ueber den venerischen Tripper» (Wien 1794) mit Titelkupfer, das Sallaba zeigt.

Sachlich zum Thema: C. Franzen: «W. A. Mozart. Seine Krankheiten und sein Tod. Ein pathographischer Beitrag zum Mozart-Jahr 2006» sowie Axel W. Bauer: «Die Pathographie Wolfgang Amadé Mozarts». Bauer äußert sich auch ausführlich zur ausgezeichneten Qualifikation der behandelnden Ärzte.

Wahrscheinliche Todesursache nach aktuellem Forschungsstand: akuter

Streptokokkenrheumatismus mit Pankarditis, also Herzbefall. Die Aderlässe der letzten Tage schwächten den Körper zusätzlich. Für eine ansteckende Erkrankung spricht die fast immer übergangene Bemerkung Sophie Haibels, ihre Schwester habe sich neben ihren toten Mann ins Bett gelegt, um sich anzustecken und ihm nachzusterben.

58 Zu jenen Sachverhalten hat der medizinisch kompetente Vergiftungstheoretiker Gunther Duda Details erkundet. In: W. A. Mozart. «Den Göttern gegeben». Ein «Bauopfertod», Pähl 1994. Zu Mozarts Todesart lesenswert ist die Studie von Axel W. Bauer: Die Pathographie Wolfgang Amadé Mozarts – Möglichkeiten und Probleme einer retrospektiven Diagnostik. In: Würzburger medizinhistorische Beiträge, Bd. 25, 2006, S. 153–173.

59 Karl Pfannhaus rekonstruierte den möglichen Ablauf von Mozarts Leichenzug (Epilegomena Mozartiana. In: MJb 1971/72, Salzburg 1973, S. 268–312). Er vermutet, dass Mozarts Leiche an der Dom-Nordseite, im Bereich des oft als Kruzifixus-Kapelle bezeichneten alten Gruftengangs auf die Bahre gelegt wurde. Warum diese «erste sogenannte Hauseinsegung» (S. 290) im Freien stattgefunden haben soll, bleibt rätselhaft.

60 Der fehlerhafte Eintrag ins Kirchenbuch: MD, S. 368, auch im Autograph auf der Website der Bibliotheca Mozartiana einzusehen.

61 Zu Franz Hofdemel: Verlassenschaftsakt Franz Hofdemel WStLA Mag 26 A 23730/1791.

Die Grazer *Zeitschrift für Damen und andere Frauenzimmer* 1792, Nr. 2, S. 35: «die von mehreren Zeitungen erzählte Mordgeschichte von Wien wird von einem Mann, der im nämlichen Haus wohnt, in welchem sie sich zutrug, auf folgende Art berichtet: Der Mann der gemißhandelten, nun aber sich schon ausser Gefahr befindlichen Frau hatte öfters Blutbrechen. An dem unglücklichen Tage, da sich die Geschichte zutrug, bekam er gegen Mittag, da eben sonst Niemand als seine Frau im Hause war, einen heftigen Blutsturz. Er sprang plötzlich aus dem Bette und schrie: ‹Ach! Mit mir ist's aus, es ist keine Hilfe mehr, ich muß sterben!› Bei diesen Worten erhaschte er ein Bartmesser, und wandte sich zu seiner Frau: ‹Weib! dich [sic] soll kein anderer besitzen; du musst mit mir sterben!› Sie suchte zu entspringen, kam in der Angst an die Vorhausthüre, weil sie aber zugesperrt war, so ergriff er sie, ehe sie sich in die Küche retten konnte. Sie sprang auf einen Tisch, zerschlug die Fensterscheiben, und indessen zerschnitt er ihr die Schenkel. Der Tisch fiel um, und nun gieng das Metzeln an, während dem man aber schon ein Stück der Thüre eingeschlagen hatte. Nun ließ er von seiner Frau ab, wüthete gegen sich selbst, und ehe man ihn erreichen konnte, hatte er sich schon den Hals abgeschnitten.

Wie doch einige Männer in der Liebe so selbstsüchtig sein können ...»

Die Wiener Presse betonte Magdalenas untadeligen Ruf, was die Fürsorgeaktion so prominenter Damen wie der Kaiserin und der Gräfin Starhemberg unterstrich.

Möglicherweise war Hofdemels Problem Folge von Alkoholmissbrauch; in seinem Nachlass fanden sich beachtliche Vorräte. Dass er Magdalenas Schönheit (für die es allerdings keinen Beleg gibt) zu zerstören versuchte, weil er sie keinem Nachfolger gönnte, beweist die verbürgte Tatsache, dass sie vor allem im Gesicht Schnittwunden davongetragen hatte. Der Verdacht, Hofdemel habe seine Frau aus Eifersucht auf Mozart umzubringen versucht, entbehrt jeder Grundlage und jeder Logik. Mozarts Tod hatte sich an diesem Tag längst herumgesprochen.

62 Zum Problemkreis der Fragmente vor allem Ulrich Konrad: Mozarts Schaffensweise, S. 8, und Robert L. Marshall: «Mozarts unvollendete Werke – Schlüssel zu seinem Schaffensprozess», S. 139. Marshall betont, dass Zahl und Bedeutung der Fragmente weit unterschätzt wurden. Erstens weil sich zwischen 626 ganzzahligen Nummern des Köchelverzeichnisses mehr als 120 Fragmente finden, zweitens aber 33 unvollendete Kompositionen reguläre Köchelverzeichnisnummern führen, so das Requiem und die Missa in c-Moll. Ulrich Konrad listet (in: Wolfgang Amadé Mozart 2005, S. 372–403) 163 datierbare und 5 nicht datierbare Fragmente auf. Die beiden verschollenen Opern-Fragmente «Semiramide» und «Il servitore di due padromi» sind darin nicht enthalten. Es bleiben also ungefähr 600 vollendete Werke, denen an die 160 unvollendete gegenüberstehen; anders gesagt: Etwa vier zu Ende geführte kommen auf ein Fragment. Das heißt aber, dass auch die Bedeutung des Fragmentarischen nicht hoch genug eingeschätzt wurde. Ergänzend Silvan Moosmüllers Résumée am Ende seines Aufsatzes über «Das Flüchtige als Fluchtpunkt des Klassischen. Phänomenologische Überlegungen zu Mozart und Clementi»: «Das Flüchtige wird damit zum Fluchtpunkt einer Erfahrungsgeschichte von Mozarts Kunst, die sich gleichsam an die Zeit verliert, um nicht ihre Beute zu werden» (S. 354).

63 Mozart komponierte nur für den *Introitus*-Chor die Orchesterstimmen vollständig aus.

Für die letzten sechs Sätze, die drei des *Sanctus* (*Sanctus, Osanna in excelsis, Benedictus*), den einen des *Agnus Dei* (*Agnus Dei*) und die beiden der *Communio* (*Lux aeterna* und *Cum sanctis tuis*) hinterließ Mozart angeblich Notizen. So schrieb Abbé Maximilian Stadler 1826 (in: Verteidigung der Echtheit des Mozartschen Requiems, Wien 1826, S. 13 f.): «die Wittwe sagte mir, es hätten sich auf Mozarts Schreibpult einige wenige Zettelchen mit Musik gefunden, die sie Herrn Süßmayr übergeben habe.»

Die meist kolportierte Version, der achte Takt des *Lacrimosa* sei Mozarts letztes Werk gewesen, gilt als widerlegt. Brauneis schrieb: «In keinem Fall hat der Tod Mozart während der Arbeiten am ‹Lacrimosa› die Feder aus der Hand genommen» («Dies irae, dies illa», S. 41).

Laut Maximilian Stadler hat Mozart bis «kurz vor seinem Tode [...] und noch drey Täge zuvor» am Requiem gearbeitet (zitiert nach Thomas Leibnitz: «Mozarts Requiem», S. 825). Anders als Niemetschek gilt er als verlässlicher Zeuge, Augenzeuge aber war er nicht. Sophie Haibel bezeugt ebenfalls, sowohl in ihrem Brief an Nissen als auch gegenüber den Novellos, Mozart habe auf dem Krankenbett noch «am Tag seines Todes» am Requiem gearbeitet.

Später wurde das ad absurdum geführt, weil Mozarts Schrift bis zuletzt, also bis zu der Anweisung, das *olim abrahae* da capo zu spielen, keine Anzeichen von Schwäche zeigt. Grundlage ist die Ansicht, Mozart habe an den Händen rheumatische Entzündungen gehabt, die ihm ein ordentliches Schreiben unmöglich machten. In den zeitgenössischen Beschreibungen seiner Erkrankung und in dem Bericht der Augenzeugin Sophie Haibel ist aber niemals von Schwellungen an den Händen, nur von geschwollenen Armen und Beinen die Rede (s. o.). Auch die moderne Pathographie spricht nur von Entzündungen an den großen Gelenken, nicht an den Händen. Sophie Haibel und Constanze Mozart nähten für ihn spezielle Westen und einen wattierten Schlafrock, um seine Schmerzen am Körper zu lindern. «Nun, als M. erkrankte, machten wir beyde ihm die Nacht-Leibel, welche er vorwärts anziehen konnte, weil er sich vermög Geschwulst nicht drehen konnte; und weil wir nicht wussten, wie schwer krank er seye, machten wir ihm auch einen wattierten Schlafrock» (MD, S. 450).

Zur komplexen Thematik des Requiems Wolfgang Plath («Über Skizzen des Mozartschen Requiems»).

Zur Fertigstellung nach Mozarts Tod unter anderen Robert D. Levin: «Zu den von Süßmayr komponierten Sätzen des Requiems KV 626».

64 Zu dem Verkauf des Hauses von Graf Wallsegg an Wilhelm von Natorp am 19. Dezember 1791 Walther Brauneis («Dies irae, diese illa», S. 39).

65 Die Sperrs-Relation ist vollständig wiedergegeben in: MD, S. 493–596. Über das Vermögen eines Verstorbenen wurde generell eine amtliche Sperre verhängt. In Wien verhängte sie der Magistrat der Stadt. Ein Kommissar, «Sperrs-Kommissär» genannt, legte die Relation auf einem vorgedruckten Fomular an und hob die Sperre wieder auf, wenn der gesamte Nachlass gesichtet und registriert war. Constanze Mozart musste einen *Gerhab* benennen, einen Vormund. Sie nannte Michael Puchberg, der seine 1000 Gulden Schulden aber nicht geltend machte. Die niedrige Einschätzung vom Wert der hinterlassenen Handschriften Mozarts belegt keineswegs Ignoranz des Sperrs-Kommissärs oder die Geringschätzung dieser Werke. Sie ist Indiz dafür, dass auch hier im Interesse der Hinterbliebenen gehandelt wurde, die wegen der Erbschaftssteuer das Vermögen des Verstorbenen so niedrig wie möglich eintaxiert wissen wollten. Die Sperrs-Relation Mozarts ist auf den 7. Dezember datiert.

66 Mozarts Begräbnis 3. Klasse entsprach ganz den josephinischen Vorstellungen. Dreieinhalb Jahre vorher, am 17. April 1788, war der Kapellmeister Giuseppe Bonno, Salieris Vorgänger als Hofkapellmeister, ebenfalls für 8 Gulden 56 Kreuzer 3. Klasse bestattet worden. Er war aber ohne Schulden, ja sogar mit einigen Guthaben gestorben. 99 Prozent der Wiener Bevölkerung wurde in diesen Jahren 3. Klasse beerdigt.

67 Die Exequien in St. Michael konnten durch die von Walther Brauneis 1991 aufgefundene Funeral-Spezifikation bewiesen werden («KV 626: ‹Opus summum viri summi›», S. 2; und ders.: «Unveröffentlichte Nachrichten zum Dezember 1791 aus einer Wiener Lokalzeitung». Brauneis entdeckte auch eine

Meldung im *Wiener Journal* vom 13. Dezember 1791: «Den 10ten Dezember haben die braven und erkenntlichen Direktoren des Wiener Theaters für den großen Tonkünstler Mozart in der Pfarre bey St. Michael feierliche Exequien halten lassen.»

68 «Sie (Aloisia) sprach mit viel Bedauern von ihm (Mozart) und ihrer Schwester, deren Verständnis (für ihn) dem ihrigen weit überlegen war» (Mary und Vincent Novello: Eine Wallfahrt, S. 128).

Kelly wörtlich zu Mozarts Gefühlen für seine Frau: «his wife, Madame Constanze Weber, a German lady, of whom he was passionately fond» (MD, S. 454).

69 Zu Mozarts Liebenswürdigkeit: Mary und Vincent Novello (Eine Wallfahrt, S. 128) nach Aloisia Langes Aussage; zu seinem milden Wesen nach Constanzes Aussage: ebda., S. 110.

70 Zu Mozarts Fröhlichkeit: Mary und Vincent Novello (Eine Wallfahrt, S. 74 und 75).

71 Zum «Mittelding»: MBA III, Nr. 715, S. 245, Z 10 und S. 246, Z 20. Zum zu schnellen Spiel: «Mozart missfiel besonders die Hast, womit manche Orchester seine Opern begleiteten» (Mary und Vincent Novello: Eine Wallfahrt, S. 95). Und: «Sie (Constanze) war mit ihm in der ‹Entführung›, als das Orchester das Tempo eines Stückes zu schnell nahm; da wurde er ungeduldig und schrie das Orchester an, ohne die Zuhörer zu fürchten oder sich ihrer Anwesenheit inne zu werden» (S. 110).

Literaturauswahl

Abkürzungen:

AM	=	*Acta Mozartiana. Mitteilungen der Deutschen Mozart-Gesellschaft e. V., Augsburg 1.1954–*
AMA	=	*Alte Mozart-Ausgabe (Leipzig 1876–1886)*
AmZ	=	*Allgemeine musikalische Zeitung (Leipzig), Neue Folge ab 1863*
In signo	=	*In signo Wolfgang Amadé Mozart. Mitteilungen der Mozart-Gesellschaft Zürich. Schriftleitung, Redaktion und Layout Harald Strebel*
ISM	=	*Internationale Stiftung Mozarteum*
KV	=	*Köchelverzeichnis (Ludwig Ritter von Köchel: Chronologisch-thematisches Verzeichnis sämtlicher Tonwerke Wolfgang Amadé Mozarts, 6. Aufl. Hrsg. von Franz Giegling, Alexander Weinmann und Gerd Sievers. Wiesbaden 1964)*
MBA	=	*Mozart. Briefe und Aufzeichnungen. Hrsg. von der ISM, gesammelt von Wilhelm A. Bauer und Otto Erich Deutsch, aufgrund deren Vorarbeiten erläutert von Josef Eibl. Kassel, Basel, Tours, New York und London 1962–2005*
MD	=	*Mozart. Dokumente seines Lebens. Gesammelt und erläutert von Otto Erich Deutsch. Kassel, Basel, London und New York 1961*
MD X	=	*Mozart. Dokumente seines Lebens. Addenda und Corrigenda, Serie X: Supplement, Werkgruppe 31, Bd. 1. Zusammengestellt von Josef Heinz Eibl. Kassel, Basel, Tours und London 1978*
MD X (Eisen)	=	*Mozart. Dokumente seines Lebens. Addenda und Corrigenda. Neue Folge. Serie X: Supplement, Werkgruppe 31, Bd. 2. Zusammengestellt von Cliff Eisen. Kassel, Basel, London, New York, Prag 1997*
MdGSL	=	*Mitteilungen der Gesellschaft für Salzburger Landeskunde*
Mf	=	*Die Musikforschung. Hrsg. von der Gesellschaft für Musikforschung*
MGGI	=	*Musik in Geschichte und Gegenwart, 2. Aufl. Hrsg. von Ludwig Fischer. Kassel und Stuttgart 1994 ff.*
MISM	=	*Mitteilungen der Internationalen Stiftung Mozarteum, Salzburg 1.1952–*
MJb	=	*Mozart-Jahrbuch. Hrsg. von der ISMS*
Mozart-Studien	=	*Mozart-Studien. Hrsg. von Manfred Hermann Schmid, Tutzing 1.1992–*
MM	=	*Mozarteums-Mitteilungen*
NMA	=	*Neue Mozart-Ausgabe (Neue Ausgabe sämtlicher Werke). Kassel etc. 1955–2006*

NMA X Bd. 3	=	Mozart. Skizzen. Entwürfe, Fragmente, Varia. Neue Ausgabe sämtlicher Werke, Serie X: Supplement; Werkgruppe 30, Bd. 3. Zusammengestellt von Ulrich Konrad. Kassel etc. 1998
NMJ	=	Neues Musikwissenschaftliches Jahrbuch. Hrsg. von Marianne Danckwardt, Johannes Hoyer, Franz Krautwurst u. a. Augsburg 1992 ff.
SIMG	=	Sammelbände der Internationalen Musikwissenschaftlichen Gesellschaft
ZfMw	=	Zeitschrift für Musikwissenschaft
ZifMf	=	Zentralinstitut für Mozartforschung

Abert, Hermann: Mozart. 2 Bde. Leipzig 1921

Albrecht, Philipp: Zwei ungedruckte Ba-Ba-Opuletten aus dem Jahr 1787. In: Kreutziger-Herr, Annette (Hrsg.): Mozart im Blick, a. a. O., S. 276–281

Ammerer, Gerhard: «Ich möchte wohl der Kaiser sein» (KV 539) – ein patriotisches Kriegslied? In: M ISM, 44. Jg., Salzburg 1996, Heft 3–4, S. 42–44

Ammerer, Gerhard und Joachim Brügge (Hrsg.): Mozart interdisziplinär. Beiträge aus den Salzburger Ringvorlesungen zum Mozart-Jahr 2006. Wort und Musik. Salzburger Akademische Beiträge, hrsg. von Ulrich Müller, Franz Hundsnurscher und Oswald Panagl. Anif und Salzburg 2007

Angermüller, Rudolph: «Anti-da Ponte». Hrsg. und kommentiert von Rudolph Angermüller. In: M ISM, 43. Jg., Salzburg 1995, Heft 1–2, S. 1–49

Ders. (Hrsg.): Antonio Salieri. Dokumente seines Lebens. Gesammelt und erläutert von Rudolph Angermüller. 3 Bde. Bad Honnef 2000

Ders.: Bier oder Wein für Leopold Mozart. In: M ISM, 46. Jg., 1998, Heft 1–2, S. 1–3

Ders.: Das Wunderkind in Paris. Ein unbekanntes Mozart-Autograph und seine Geschichte. In: Mozart-Studien Bd. 11, Tutzing 2002, S. 189–199

Ders.: Die Sänger der Erstaufführung von Mozarts Festa teatrale «Ascanio in Alba» KV 111, Mailand, 17. Oktober 1771 Falchini – Manzuoli – Girelli – Tibaldi – Solzi. In: M ISM, 47. Jg., Salzburg 1999, Heft 1–2, S. 1–27

Ders.: Die Sänger der Erstaufführung von Mozarts «Mitridate, re di Ponto» KV 87 (Mailand, 26. Dezember 1770). In: M ISM, 49. Jg., Salzburg 2001, Heft 1–2, S. 10–29

Ders.: Die Sänger in Mozarts «La Clemenza di Tito», KV 621 (Prag, 6. September 1791). In: Laubhold, Lars E. und Gerhard Walterskirchen (Hrsg.): Klang-Quellen, a. a. O., S. 235–251

Ders.: Ein «seliger Menschenfreund»: Sigmund Hafner, Edler und Ritter von Innbachhausen (1756–1787). In: Salzburg Archiv. Schriften des Vereines Freunde der Salzburger Geschichte, Salzburg 2009, S. 213–274

Ders.: Ein ungedruckter Brief Constanze Mozarts an ihren Schwiegervater Leopold. In: M ISM, 39. Jg., Salzburg 1991, Heft 1–4, S. 45–46

Ders.: Florilegium Pratense. Ausgewählte Aufsätze. Hrsg. im Auftrag der ISM Salzburg von Geneviève Geffray und Johanna Senigl anlässlich seines 65. Geburtstages. Würzburg 2005

Literaturauswahl

Ders.: Francesco Benucci – Mozarts erster Figaro und Giuglielmo. In: Bericht über den Internationalen Mozart-Kongress Salzburg 1991. Salzburg 1991, Bd. 1, S. 4–18
Ders.: Mozarts musikalische Umwelt in Paris (1778). Eine Dokumentation. München und Salzburg 1982
Ders.: Mozarts Symphonie concertante KV 297 B, die «Pariser Symphonie» KV 297 und Pariser Freimaurer. In: Reinalter, Helmut (Hrsg.): Mozart und die geheimen Gesellschaften seiner Zeit. Quellen und Darstellungen zur europäischen Freimaurerei, Bd. 7. Innsbruck, Wien und Bozen 2006, S. 61–75
Ders.: Musiker der Erzabtei St. Peter, Salzburg, von 1586 bis 1992. In: M ISM, 31.Jg., Salzburg 1983, S. 61–102
Ders.: Noverre und die Pariser Académie Royale de Music um 1780. In: MJb 1984/85, Kassel etc. 1986, S. 147–175
Ders.: Personae Musicae, Actores und Salii (Tänzer) des Schuldramas «Sigismundus Hungariae Rex», Salzburg, 1. September 1761. In: M ISM, 50.Jg., Salzburg 2002, Heft 3–4, S. 1–11
Ders.: Theaterprinzipale in Salzburg in der Colloredo-Zeit (1775–1803). In: Lindmayr-Brandl/Hochradner: Auf eigenem Terrain, a. a. O., S. 273–293
Ders.: Zwei Selbstbiographien von Joseph Weigl (1766–1846). In: Deutsches Jahrbuch der Musikwissenschaft für 1971, 16.Jg. (63.Jg. des Jahrbuchs der Musikbibliothek Peters), Leipzig 1973, S. 46–84
Anonymus: Anfang, betrachtet das Ende! Oder: genaue Rechnungstafel für Beamte, welche 500 bis 1000 fl Besoldung haben. Zu Einrichtung ihres hauswesens unumgänglich nothwendig. Hrsg. von S. J. W. J., 1788
Aringer, Klaus: «... meistens nur um eine Uebung in der Radierkunst zu machen»? Leopold Mozarts Triosonaten op. I. In: Laubhold, Lars E. und Gerhard Walterskirchen (Hrsg.): Klang-Quellen, a. a. O., S. 113–121
Ders.: Zum Trompeten-Chor in Mozarts «Waisenhausmesse» KV 139. In: Il Saggiatore Musicale Anno XIII, Florenz 2006, S. 63–76
Ders. (Hrsg.): Zwei Selbstbiographien von Joseph Weigl (1766–1846). In: Deutsches Jahrbuch der Musikwissenschaft für 1971, 16.Jg. (63.Jg. des Jahrbuches der Musikbibliothek Peters), Leipzig 1973, S. 46–84
Armbruster, Richard: «Verzeichnüß aller meiner Werke von Monath Febrario 1784 bis Monath 1». Zukunftsperspektiven und Nutzungsziele des Eigenhändigen Werkkatalogs von Mozart. In: Lachmayer, Herbert (Hrsg.): Mozart. Experiment Aufklärung, a. a. O., S. 437–448
Assmann, Jan: Die Zauberflöte. Oper und Mysterium. München 2005
Ders. und Florian Ebeling: Ägyptische Mysterien. Reisen in die Unterwelt in Aufklärung und Romantik. Eine kommentierte Anthologie. München 2011
Aurbek, Gisela: Neue Thesen zu Musik und Freimaurerritual in Mozarts Zauberflöte. In: Internationaler Musikwissenschaftlicher Kongress zum Mozartjahr 1991 Baden – Wien. Bericht Bd. II: Free Papers. Herausgegeben von Ingrid Fuchs. Tutzing 1993, S. 451–462

Literaturauswahl

Ballin, Ernst August: Das Wort-Ton-Verhältnis in den klavierbegleiteten Liedern Mozarts. Kassel u. a. 1984
Bankl, Hans: Mesmer und die Mozarts. In: Zaubertöne. Mozart in Wien 1781–1791. Ausstellungskatalog. Wien 1991, S. 63–65
Ders.: Mozart und seine Brüder. Hintergründige Geschichten von der Freimaurerei. Hrsg. von Christa Bankl. Wien 2009
Barth-Scalmani, Gunda: Weibliche Dienstboten in der Stadt des ausgehenden 18. Jahrhunderts. Leopold Mozarts «Seccaturen mit den Menschern». In: MdGSL 137, Salzburg 1997, S. 199–218
Bauer, Axel W.: Die Pathographie Wolfgang Amadé Mozarts – Möglichkeiten und Probleme einer retrospektiven Diagnostik. In: Würzburger medizinhistorische Mitteilungen, Bd. 25, 2007, S. 153–173
Bauer, Günther G.(eorg): Mozart. Geld, Ruhm und Ehre. Bad Honnef 2009
Ders.: Mozart. Glück, Spiel und Leidenschaft. Bad Honnef 2003
Ders.: Mozart. Kavalier und Spieler. In: Lachmayer, Herbert (Hrsg.): Mozart. Experiment Aufklärung, a. a. O., S. 377–387
Ders.: Mozarts goldene Uhren, Ringe und Tabatieren. In: In signo, 18. Jg., Januar 2008, Heft 30, S. 1–31
Ders.: Mozart und Constanze 1783 zu Besuch in Salzburg. In: Salzburg Studien, Forschungen zu Geschichte, Kunst und Kultur, hrsg. vom Verein Freunde des Salzburger Geschichte, Bd. 12, Salzburg 2012
Ders.: Raimund Cordulus Wetzlar Freiherr von Plankenstern. Bankier, Freund, Taufpate und – Hazardspieler. In: MISM, 43. Jg., Salzburg 1995, Heft 1–2, S. 50–87
Ders.: «Wer nicht spielen kann, dem traut man heutigen Tags kaum gute Sitten zu». Die Spiele der Nannerl Mozart. In: Siegrid Düll und Otto Neumaier (Hrsg.): Maria Anna Mozart. Die Künstlerin und ihre Zeit, a. a. O., S. 49–71
Bauer, Richard: Das rekonstruierte Antlitz. Die Mozart-Büste des Züricher Bildhauers Heinrich Keller in der Münchner Residenz. Neustadt an der Aisch 2008
Bauman, Thomas: Die drei Bewährungsproben des Don Giovanni. In: Ostwald, Peter und Leonard S. Zegans (Hrsg.): Mozart – Freuden und Leiden des Genies, a. a. O., S. 128–138
Baur, Eva Gesine: Emanuel Schikaneder. Ein Mann für Mozart. München 2012
Berger, Karol: Bach's Cycle, Mozart's Arrow: An Essay on the Origins of Musical Modernity. Berkeley, Los Angeles und London 2007
Ders.: «Die Zauberflöte» oder die Selbstbehauptung der Modernen. In: Lütteken, Laurenz und Hans-Joachim Hinrichsen (Hrsg): Mozarts Lebenswelten, a. a. O., S. 228–243
Bermbach, Udo: Der Adel tanzt plebejisch. Französische Revolution und Wolfgang Amadé Mozarts *Le nozze di Figaro*. In: Ders.: Wo Macht ganz auf Verbrechen ruht. Politik und Gesellschaft in der Oper. Hamburg 1997, S. 101–125
Betzwieser, Thomas: Auf der Suche nach der verlorenen *Zaide*. In: ÖMZ 61/5, 2006, S. 16–24

Literaturauswahl

Ders.: Mozarts *Zaide* und *Das Serail* von Friebert. Genese und Datierung von Mozarts Singspiel im Licht neuer Quellen. In: MJb 2006 der Akademie für Mozart-Forschung der ISM (Bericht über den Kongress «Der junge Mozart: 1756–1780. Philologie – Analyse – Rezeption». Salzburg, 1.–4. Dezember 2005), hrsg. von Henning Bey und Johanna Senigl, Kassel etc. 2008, S. 279–296

Ders. und Silke Leopold (Hrsg.): Abbé Vogler. Ein Mannheimer im Europäischen Kontext. Internationales Colloquium Heidelberg 1999. Frankfurt am Main, Berlin, Bern, Brüssel, New York, Oxford und Wien 2003

Biba, Otto: Mozarts Wiener Kirchenmusikkompositionen. In: Internationaler Musikwissenschaftlicher Kongress zum Mozartjahr 1991 Baden/Wien, Bericht Bd. 1, Tutzing 1993, S. 43–55

Ders.: Nachrichten über Joseph Haydn, Michael Haydn und Wolfgang Amadeus Mozart in der Sammlung handschriftlicher Biographien der Gesellschaft der Musikfreunde in Wien. In: Biba, Otto und David Wyn Jones (Hrsg.): Studies in Music History, presented to H. C. Robbins Landon on his seventieth birthday. London 1996, S. 152–164

Black, David: Mozarts Anstellung am Stephansdom. In: AM, 53. Jg., Augsburg 2006, Heft 3–4, S. 109–125

Blazin, Dwight: The Two Versions of Mozart's Divertimento K.113. In: Music & Letters, Bd. 73, No. 1 (Februar 1992), Oxford 1992, S. 32–47

Blümml, Erich Karl: Mozarts Freundes- und Familienkreis. Prag und Leipzig 1923

Borchmeyer, Dieter: Mozart oder die Entdeckung der Liebe. Frankfurt am Main und Leipzig 2005

Brandenburg, Daniel: Zur Münchner Uraufführungsbesetzung von Mozarts *La finta giardiniera*. In: Laubhold, Lars E. und Gerhard Walterskirchen (Hrsg.): Klang-Quellen, a. a. O., S. 170–178

Branscombe, Peter: Mozart the Arch-Englishman. Online-Ressource: http://www.aproposmozart.com/Branscombe%20Moz.%20arch-Englishman%20corrected.pdf

Braunbehrens, Volkmar: Mozart in Wien. München und Zürich 1997

Ders.: Salieri. Ein Musiker im Schatten Mozarts? Eine Biographie. München 1992

Ders. und Ulrich Drüner: Ein unbekannter Zettel von Wolfgang Amadé Mozart. In: MJb 1993, Salzburg 1994, S. 65–76

Brauneis, Walther: Am Grabe Leopold Mozarts. Tod und Begräbnis von Mozarts Vater im Spiegel der Berchtold zu Sonnenburgschen Familienchronik. In: Lindmayr-Brandl, Andrea und Hochradner, Thomas (Hrsg.): Auf eigenem Terrain, a. a. O., S. 401–416

Ders.: Cagliostros «Maçonnerie egyptienne» und Mozarts Isis-Mysterien in der Zauberflöte. In: Reinalter, Helmut (Hrsg.): Mozart und die geheimen Gesellschaften seiner Zeit, a. a. O., S. 99–110

Ders.: «Dies irae, dies illa – Tag des Zornes, Tag der Klage». Auftrag, Entstehung und Vollendung von Mozarts «Requiem». In: Jahrbuch des Vereins für Geschichte der Stadt Wien 47/48 (1991/1992), Wien 1993, S. 33–50

Ders.: Die Wiener Freimaurer unter Kaiser Leopold II.: Mozarts «Zauberflöte» als emblematische Standortbestimmung. In: Biba, Otto und David Wyn Jones (Hrsg.): Studies in Music History, presented to H. C. Robbins Landon on his seventieth birthday. London 1996, S. 115–151

Ders.: Franz Xaver Niemetschek. Sein Umgang mit Mozart: Eine Legende? In: Internationaler Musikwissenschaftlicher Kongress zum Mozartjahr 1991. Baden/Wien. Bericht Bd. II: Free Papers. Tutzing 1993, S. 491–503

Ders.: KV 626: «Opus summum viri summi». Ein Überblick zur frühen Aufführungsgeschichte von Mozarts Requiem aus Anlass der 220. Wiederkehr von Mozarts Geburtstag. In: In signo, 21. Jg., Dezember 2011, Heft 35, S. 1–17

Ders.: Mozart: In und vor der Stadt. Eine Spurensuche in Wien. In: In signo, 23. Jg., Januar 2013, Heft 36, S. 1–20

Ders.: Mozarts Anstellung am kaiserlichen Hof in Wien. Fakten und Fragen. In: Lachmayer, Herbert (Hrsg.): Mozart. Experiment Aufklärung, a. a. O., S. 557–571

Ders.: Mozarts Begräbnis. In: Ausstellungskatalog «Zaubertöne. Mozart in Wien 1781 bis 1791». Wien 1991, S. 542–547

Ders.: Mozarts KV 621: Eine Krönungsoper in 18 Tagen? Der 3. August als *Terminus ante quem* für die Komposition von *La Clemenza di Tito*. In: Laubhold, Lars E. und Gerhard Walterskirchen (Hrsg.): Klang-Quellen, a. a. O., S. 235–251

Ders.: Mozarts Nachruhm. In: Wiener Geschichtsblätter, 47. Jg., Wien 1992, S. 1–21

Ders.: «… so errichte man eine eigene Cassa des Vergnügens». Neue Überlegungen zu dem bislang sowohl als Vermögensausweis, als auch als Rechenexempel gedeuteten Mozartschen «Kassazettel». Suffolk 2004

Ders.: Unveröffentlichte Nachrichten zum Dezember 1791 aus einer Wiener Lokalzeitung. In: M ISM, 39. Jg., Salzburg 1991, Heft 3–4, S. 166–167

Ders.: «… wegen schuldigen 1435 f 32 xr». Neuer Archivfund zur Finanzmisere Mozarts im November 1791. In: M ISM, 39. Jg., Salzburg 1991, Heft 1–4, S. 159–163

Ders.: Wer war Mozarts «Sig[no]ra Antonini» in der Prager Uraufführung von «La Clemenza di Tito»? Zur Identifizierung der Antonina Miklaszewicz als Interpretin der Servilia in der Krönungsoper am 6. September 1791. In: M ISM, 47. Jg., Salzburg 1999, Heft 1–2, S. 32–40

Breitinger, Friedrich: Mozartiana. «Gaulimauli Malefisohu». Erhebungen von Friedrich Breitinger, hrsg. von Friederike Prodinger, bearbeitet von Josef Brettenthaler. Salzburg 1992

Briellmann, Alfred: Mozart und das Tourette-Syndrom. Eine Literatur-Übersicht und kritische Bemerkungen. In: M ISM, 46. Jg., Salzburg 1998, Heft 1–2, S. 42–50

Brill, Andrea: Zwischen Tradition und Reform. Kraft Ernst Fürst zu Oettingen-Wallerstein – Ein Leben im 18. Jahrhundert. München 2012

Broy, Christian: Zur Überlieferung der großbesetzten musikalischen Werke Leopold Mozarts. Beiträge zur Leopold Mozart-Forschung 5. Hrsg. von der Internationalen Leopold Mozart-Gesellschaft. Augsburg 2012

Literaturauswahl

Buch, David J.: «Le nozze di Figaro», «Don Giovanni» and «Così fan tutte» in 2006. In: Kreutziger-Herr, Annette (Hrsg.): Mozart im Blick, a. a. O., S. 143–148

Ders.: Magic Flutes & Enchanted Forests. The Supernatural in Eighteenth-Century Musical Theatre. Chicago und London 2008

Ders.: Placidus Partsch, die «Liedsammlung für Kinder und Kinderfreunde» und die letzten drei Lieder Mozarts. In: AM, 59. Jg., Augsburg, Juni 2012, Heft 1, S. 5–24

Budday, Wolfgang: Mozarts erste Sinfonie-Entwürfe im Londoner Skizzenbuch. In: Quinto seminario di filologia musicale Mozart 2006. Pisa 2011, S. 53–76

Budroni, Paolo (Hrsg.): Mozart und Salieri – Partner oder Rivalen? Das Fest in der Orangerie zu Schönbrunn vom 7. Februar 1786. Göttingen 2008

Buland, Rainer: Leopold Mozart. Prototyp des aufgeklärten Bürgers. In: AM, 58. Jg., Augsburg 2011, Heft 2, S. 99–118

Burney, Charles: Tagebuch einer musikalischen Reise durch Frankreich und Italien, durch Flandern, die Niederlande und am Rhein bis Wien, durch Böhmen, Sachsen, Brandenburg, Hamburg und Holland 1770–1772. Hamburg 1772. Reprint Wilhelmshaven 1980

Cadieux, David: La phobie du petit Mozart. In: Mozart-Jahrbuch des ZIfMf 1998, Kassel etc. 2000, S. 153–213

Celeda, Jaroslav: Mozart, Beethoven and Lichnowsky. Typoskript Prag 1967

Chailley, Jacques: Die Symbolik der Zauberflöte. In: MJb 1967, Salzburg 1968, S. 100–110

Cividini, Iacopo: «Ah ah, capisco il gioco!» Zweideutige Wortspiele und ihre musikalischen Spielarten in Da Pontes und Mozarts *Le Nozze di Figaro*. In: MJb 2011, Kassel etc. 2012, S. 53–74

Coelsch-Foisner, Sabine, Dorothea Flothow und Wolfgang Görtschacher (Hrsg.): Mozart in Anglophone Cultures. Salzburg Studies in English Literature and Culture, hrsg. von Sabine Coelsch-Foisner, Bd. 4. Frankfurt am Main 2009

Croll, Gerhard: «Die «Antretterischen» und die Mozarts. Die «Final-Musik» (KV 185/176 a) und die «Andretterin Musik». In: ÖMZ, 33. Jg., Sonderheft Oktober 1978, S. 497–503

Ders.: «In età di non ancor 13 anni». Mozarts erstes Auftreten in Italien. In: Willimann, Joseph (Hrsg.): Der junge Mozart. Le jeune Mozart. Schweizer Jahrbuch für Musikwissenschaft. Neue Folge 12. Bern, Stuttgart und Wien 1992, S. 87–96

Ders.: Zwei Mozart-Messen in der Stiftskirche St. Peter. In: Erzabtei St. Peter in Salzburg (Hrsg.): Das Benediktinerstift St. Peter in Salzburg zur Zeit Mozarts. Musik und Musiker – Kunst und Kultur, a. a. O., S. 135–139

Csobádi, Peter u. a. (Hrsg.): Politische Mythen und Nationale Identitäten im (Musik-)Theater. Vorträge und Gespräche des Salzburger Symposions 2001. Wort und Musik Bd. 54. Anif und Salzburg 2003

Literaturauswahl

Ders., mit Gernot Gruber, Jürgen Kühnel, Ulrich Müller, Oswald Panagl und Franz Viktor Spechtler (Hrsg.): Das Fragment im (Musik-)Theater: Zufall und/oder Notwendigkeit? Vorträge und Gespräche des Salzburger Symposions 2002. Wort und Musik. Salzburger Akademische Beiträge. Anif und Salzburg 2005

Dahlhaus, Carl: Gesammelte Schriften in 10 Bänden. Bd. 9: Rezensionen. Laaber 2006

Dahms, Sibylle: Der konservative Revolutionär. Jean Georges Noverre und die Ballettreform des 18. Jahrhunderts. München 2010

Dies.: Entlehnungspraktiken in der zweiten Hälfte des 18. Jahrhundert und zur Ballettmusik aus Mozarts *Ascanio in Alba*. In: MJb 1993, Kassel etc. 1994, S. 133–143

Dies.: Faschingsbälle der Colloredo-Zeit. Denkwürdiges zum Tanzverhalten der Salzburger im ausgehenden 18. Jahrhundert. In: Lindmayr-Brandl, Andrea und Hochradner, Thomas (Hrsg.): Auf eigenem Terrain, a. a. O., S. 263–272

Dies.: Mozart und Noverres «Ballet en action». In: MJb 1991, Kassel etc. 1992, S. 431–437

Dannemann, Ulrich: Mozarts Musik – eine Philosophie der ultimativen Dinge des Lebens. Wiesbaden 2010

Da Ponte, Lorenzo: Denkwürdigkeiten, siehe Gugitz, Gustav

Davies, Peter J.: Mozart in Person. His Character and Health. Westport 1989

Ders.: Mozarts Gesundheitszustand, seine Krankheiten und sein Tod. In: Ostwald, Peter und Leonhard S. Zengas: Mozart – Freuden und Leiden des Genies, a. a. O., S. 99–107

Deutsch, Otto Erich: Mozart. Dokumente seines Lebens. Kassel 1961 (zitiert als MD)

Ders.: Mozart und seine Welt in zeitgenössischen Bildern. Kassel, Basel, London und New York 1961 (zitiert als Deutsch, MUW)

Dewitz, Margarethe von: Jean Baptiste Vanhal. Leben und Klavierwerke. Ein Beitrag zur Wiener Klassik. Dissertation. München 1933

Dolar, Mladen: Wenn die Musik der Liebe Nahrung ist ... Mozart und die Philosophie in der Oper. Wien 2001

Drüner, Ulrich: Mozarts Beziehungen zu seinen Berufskollegen. In: AM, 50. Jg., Augsburg 2003, Heft 1–2, S. 4–15

Duda, Gunther: W. A. Mozart – «Den Göttern gegeben». Ein «Bauopfertod». Pähl 1994

Düll, Siegrid und Otto Neumaier (Hrsg.): Maria Anna Mozart. Die Künstlerin und ihre Zeit. Möhnesee 2001

Edelmann, Bernd: Dichtung und Komposition von Mozarts *Ave verum corpus* KV 618. In: Mozart-Studien, Bd. 2. Tutzing 1993, S. 11–55

Eder, Petrus: Die Umstände der Uraufführung der Missa in c-Moll KV 427 (417a). In: Laubhold, Lars E. und Gerhard Walterskirchen (Hrsg.): Klang-Quellen, a. a. O., S. 201–208

Ders.: Nannerls Notenbuch von 1759 und bisher unbekannte Parallelüberlieferungen. In: Mozart-Studien, hrsg. von Manfred Hermann Schmid, Bd. 3, Tutzing 1993, S. 37–67
Edge, Dexter: Mozart's Viennese Copyists. Dissertation. University of Southern California, Los Angeles 2001
Eggebrecht, Hans Heinrich: Versuch über die Wiener Klassik. Die Tanzszene in Mozarts Don Giovanni. In: Beihefte zum Archiv für Musikwissenschaft, Bd. XII. Wiesbaden 1972
Eibl, Joseph Heinz: «... Una porcheria tedesca?» Zur Uraufführung von Mozarts «La clemenza di Tito». In: ÖMZ, 31. Jg., 1976, S. 329–334
Einstein, Alfred: Mozart. Sein Charakter, sein Werk. Frankfurt am Main 1970
Ders. (Hrsg.): Lebensläufe deutscher Musiker von ihnen selbst erzählt. Bd. III/IV Adalbert Gyrowetz. Leipzig o. J.
Ders.: Die Text-Vorlage zu Mozarts «Zaide». In: AM, 8. Jg., Augsburg 1936, S. 30–37
Eisen, Cliff: Ein neu entdecktes Mozart-Porträt? In: AM, 55. Jg., Augsburg, Juni 2008, Heft 1–2, S. 55–73
Ders.: Mozart's leap in the dark. In: Keefe, Simon P. (Hrsg.): Mozart Studies. Cambridge etc. 2006, S. 1–24
Ders.: The Mozarts' Salzburg Copyists. Aspects of Attribution, Chronology, Text, Style and Performance Practice. In: Eisen, Cliff (Hrsg.): Mozart Studies. Oxford 1991, S. 253–307
Ders. (Hrsg.): W. A. Mozart. New Haven und London 2007
Eisler, Hanns: Mozart. In: Ders.: Materialien zu einer Dialektik der Musik. Leipzig 1973, S. 287–291
Elias, Norbert: Zur Soziologie eines Genies. Hrsg. von Michael Schröter. Frankfurt am Main 1991.
Engelsberger, Ulrike: Die Wahl des Erzbischofs im Kapitelsaal. In: Landesarchiv Salzburg (Hrsg.): Erzbischof Colloredo und sein Kataster. Eine Steuerreform des Erzstifts Salzburg. Schriftenreihe des Salzburger Landesarchivs Nr. 19. Salzburg 2012, S. 23–32
Dies.: Hieronymus Colloredo – Landesherr. Ebda., S. 5–22
Engl, Johann Evangelist: Das Stammbuch W. A. Mozarts im Mozart-Museum aus dem Jahre 1787. In: 31. Jahresbericht der ISM Salzburg 1911. Salzburg 1912, S. 35–40
Erzabtei St. Peter Salzburg (Hrsg.): Das Benediktinerstift St. Peter zur Zeit Mozarts. Musik und Musiker – Kunst und Kultur. Hrsg. von der Erzabtei St. Peter in Salzburg in Zusammenarbeit mit dem Institut für Musikwissenschaft der Universität Salzburg. Salzburg 1991

Fässler, Urs: Das klingende Welttheater des Eros. W. A. Mozarts *Le nozze di Figaro*. Zürich 2003
Fischer, Kurt von: Spiel und Imagination in den frühesten Variationen des Knaben Mozart. In: Willimann, Joseph: Der junge Mozart. Le jeune Mozart. Schweizer Jahrbuch für Musikwissenschaft. Neue Folge 12. Bern, Stuttgart und Wien 1992, S. 37–43

Flothuis, Marius: Mozarts Bearbeitungen eigener und fremder Werke. Dissertation. Amsterdam 1969
Fortenbaugh, William W.: Quellen zur Ethik Theophrasts. Studien zur antiken Philosophie Bd. 12, hrsg. von Hellmut Flashar, Herwig Görgemanns und Wolfgang Kullmann. Amsterdam 1984
Franzen, C.: W. A. Mozart. Seine Krankheiten und sein Tod. Ein pathographischer Beitrag zum Mozart-Jahr 2006. Deutsche medizinische Wochenschrift 2006, 131 (51/52), S. 2898–2903
Friedländer, Max: Das deutsche Lied. 3 Bde. Stuttgart und Berlin 1902

Galle, Daniela: Ignaz von Beeckes Singspiele. Ein Beitrag zur Geschichte der Gattung am Ende des 18. Jahrhunderts. Collectanea Musicologica, begr. und hrsg. von Franz Krautwurst, Bd. 14. Augsburg 2010
Geck, Martin: Mozart. Eine Biographie. Reinbek 2005
Geffray, Geneviève (Hrsg. und Kommentar) in Zusammenarbeit mit Rudolf Angermüller: Marie Anne Mozart. «meine tag ordnungen». Nannerl Mozarts Tagebuchblätter 1775–1783 mit Eintragungen ihres Bruders Wolfgang und ihres Vaters Leopold. Bad Honnef 1998
Gerlach, Sonja: Johann Tost, Geiger und Großhandelsgremialist. In: Haydn-Studien Bd. VII, H. 3/4, München, Februar 1998, S. 344–365
Giegling, Franz: Mozart und Gessner. Zum Besuch der Familie Mozart in Zürich. In: Schweizer Jahrbuch für Musikwissenschaft. Neue Folge 12 (1992). Bern, Stuttgart und Wien 1992, S. 99–109
Goerge, Dieter: Ist Johann Nepomuk della Croce der Maler des großen Mozartschen Familienbildnisses? In: MJb 1994, Kassel etc. 1995, S. 65–78
Goertz, Harald: Der Eros im Gewand der Lüge. Zur Diktion von Da Pontes Don Giovanni. In: Goertz, Harald: Mozart – Mythos – Literatur – Politik. Eine Anthologie. Bd. 13 der Beiträge der Österreichischen Gesellschaft für Musik. Wien 2010, S. 11–17
Grandjean, Wolfgang: Mozart als Theoretiker der Harmonielehre. Folkwangstudien, hrsg. von Stefan Orgass und Horst Weber, Bd. 3. Hildesheim, Zürich und New York 2006
Großegger, Elisabeth: Freimaurerei und Theater 1770–1800. Freimaurerdramen an den k. k. privilegierten Theatern in Wien. Wien, Köln und Graz 1981
Großpietsch, Christoph: Die späten Mozart-Bildnisse (um 1789) von Posch, Stock und Lange. In: Mozart-Jahrbuch 2009/10. Kassel etc. 2012, S. 11–67
Ders.: Leopold Mozart im Porträt. AM, 58. Jg., Augsburg 2011, Heft 2, S. 149–175
Ders.: Mozart-Bilder, Bilder Mozarts. Ein Porträt zwischen Wunsch und Wirklichkeit. Salzburg 2013
Gruber, Gernot in Verbindung mit Dieter Borchmeyer (Hrsg.): Das Mozart-Handbuch in 7 Bänden:
    Brügge, Joachim und Claudia Maria Knispel (Hrsg.): Mozarts Orchesterwerke und Konzerte. Das Mozart-Handbuch Bd. 1. Laaber 2007

Literaturauswahl

Schmidt, Matthias (Hrsg.): Mozarts Klavier- und Kammermusik. Das Mozart-Handbuch Bd. 2. Laaber 2006

Gruber, Gernot und Dieter Borchmeyer (Hrsg.): Mozarts Opern. 2 Bde. Das Mozart-Handbuch Bd. 3/1 und 3/2. Laaber 2007

Hochradner, Thomas und Günther Massenkeil (Hrsg.): Mozarts Kirchenmusik, Lieder und Chormusik. Das Mozart-Handbuch Bd. 4. Laaber 2006

Gruber, Gernot und Claudia Maria Knispel (Hrsg.): Mozarts Welt und Nachwelt. Das Mozart-Handbuch Bd. 5. Laaber 2009

Ders. und Joachim Brügge (Hrsg.): Das Mozart-Lexikon. Das Mozart-Handbuch Bd. 6. Laaber 2005

Ders. und Siegfried Mauser (Hrsg.): Mozart neu entdecken. Theoretische Interpretationen seines Werks. Mozart-Handbuch Bd. 7. Laaber 2012

Gülke, Peter: Spielend erfinden, erfindend spielen. Versuch eines anderen Blicks auf Mozarts Klavierkonzerte. In: Festschrift Christoph-Hellmut Mahling zum 65. Geburtstag. Hrsg. von Axel Beer, Kristina Pfarr, Wolfgang Ruf, Bd. 1. Tutzing 1997, S. 447–453 (Mainzer Studien zur Musikwissenschaft, 37)

Ders.: «Triumph der Tonkunst». Mozarts späte Sinfonien und ihr Umfeld. Kassel und Stuttgart 1998

Günther, Michael: Ein neu entdecktes Portrait der Josepha von Paumgarten von Georg Anton Abraham Urlaub. Eine bedeutende Förderin Mozarts in München und ihr Umfeld. In: Mainfränkisches Jahrbuch für Geschichte und Kunst 58, Würzburg 2006, S. 106–128.

Gugitz, Gustav (Hrsg.): Denkwürdigkeiten des Venezianers Lorenzo Da Ponte, 3 Bde. Dresden 1924

Ders.: Mozartiana. Gesammelte Aufsätze. Wien 1963 (darin: Von W. A. Mozarts kuriosen Schülerinnen)

Ders.: Zu einer Briefstelle Mozarts. Die Affaire Günther–Eskeles. In: MM, 3. Jg., Februar-Mai 1921, Heft 1–2, S. 41–49

Guhrauer, G. F.: Aus den ungedruckten Denkwürdigkeiten der Ärzte Johann Peter und Josef Frank. In: Prutz, Robert und Karl Frenzel (Hrsg.): Deutsches Museum, Bd. 2/1. Leipzig 1852

Haberl, Dieter: «Beethovens erste Reise nach Wien». In: NMJ, 14. Jg., Augsburg 2006, S. 215–255

Hamann, Heinz Wolfgang: Mozarts dramatischer Entwurf «Der Salzburger Lump». In: AM, 10. Jg., Augsburg 1963, S. 195–201

Ders.: Mozarts Schülerkreis. Versuch einer chronologischen Ordnung. In: MJb 1962/1963, Salzburg 1964, S. 115–139

Hamerníková, Anna: «Licitations-Protocoll über die Leopold Mozartische Verlassenschaft» im Familienarchiv Berchtold. In: Bericht über den Internationalen Mozart-Kongress Salzburg 1991, Teilband I. Kassel etc. 1992, S. 122–125

Harlander, Inge Maria: Der Park zu Aigen. Dissertation. Salzburg 2008

Haselböck, Hans: Mozarts Stücke für eine Orgelwalze. In: Mundus Organum. Festschrift Walter Supper zum 70. Geburtstag. Berlin 1978, S. 131–159

Hatwagner, Gabriele: Die Lust an der Illusion – über den Reiz der «Scheinkunstsammlung» des Grafen Deym, der sich Müller nannte. Diplomarbeit der Universität Wien. Wien 2008

Haydn, Joseph (Hrsg.): Gesammelte Briefe und Aufzeichnungen. Herausgegeben und erläutert von Denes Bartha. Kassel etc. 1965

Hedler, Gottfried: Mozarts bester Freund. August Clemens Graf Hatzfeld. In: AM, 10. Jg., Augsburg 1963, S. 10–14

Helbing, Volker und Michael Ploth: Was lernt man im Kompositionsunterricht? Thomas Attwoods Studien bei W. A. Mozart. In: Neue Berlinische Musikzeitung 10, Nr. 1. Berlin 1995, S. 9–27

Hell, Helmut: Mozart «nimmt Rache». Zu Szene und Arie KV 528. In: Mozart Studien, Bd. 5. Tutzing 1995, S. 11–44

Hennenberg, Fritz: Wolfgang Amadeus Mozart. Reinbek 2010

Hesiod: Theogonie. Übersetzt und hrsg. von Albert von Schirnding. München 1991

Hildesheimer, Wolfgang: Mozart. Frankfurt am Main 1977

Hintermaier, Ernst: Mozart. «Quaerite primum regnum Dei». In: Mozart. Bilder und Klänge. Katalog der Salzburger Landesausstellung im Schloß Kleßheim in Salzburg vom 23. März bis 3. November 1991. Veranstaltet vom Land Salzburg in Zusammenarbeit mit der Internationalen Stiftung Mozarteum. Redaktion Rudolph Angermüller und Geneviève Geffray. Salzburg 1991. 424.4°. Objekt-Nr.: 164, S. 178.

Hochradner, Thomas: «Meistens nur um eine Uebung in der Radierkunst zu machen.» Leopold Mozarts kompositorisches Erstlingswerk: Die Sonata Sei (1740). In: Mančal, Josef und Wolfgang Plath: Beiträge des Internationalen Mozart-Kolloquiums Augsburg 1994. Beiträge zur Leopold-Mozart-Forschung 2. Augsburg 1997, S. 29–46

Hochstöger, Susanne: Gottlieb Stephanie der Jüngere. Schauspieler, Dramaturg und Dramatiker des Burgtheaters (1741–1800). In: Jahrbuch der Gesellschaft für Wiener Theaterforschung XII, Wien 1960, S. 3–82

Hodges, Sheila: Venanzio Rauzzini: «The First Master of Teaching in the Universe». In: The Music Review, Bd. 52, No. 1, Februar 1991, S. 12–30

Hoebler, Andreas: Antonio Salieris Opéra *Tarare* und die Umarbeitung in die Opera tragicomica *Axur, Rè d'Ormus*. Parallelität und Divergenz zweier Bühnenwerke. Tönning, Lübeck und Marburg 2006

Höslinger, Clemens: Zum Musikverständnis Josephs II. In: Internationaler musikwissenschaftlicher Kongress zum Mozartjahr 1991. Baden bei Wien. Tutzing 1993, Bd. 1, S. 33–42

Horcicka, Georg: Die Cavatine «Porgi amor'» der Contessa in «Le Nozze di Figaro». in: AM, 54. Jg., Augsburg, Dezember 2007, Heft 3–4, S. 157–180

Huber, Brigitte: Von neuen Erkenntnissen und neuen Irrtümern. Das angebliche Berliner Mozart-Porträt – ein wissenschaftlicher Streit gerät auf Abwege. In: MJb 2006, Kassel etc. 2008, S. 439–444

Huck, Oliver: Non so più cosa son, cosa faccio? Mozart und das Komponieren in der Pubertät. In: Mozart-Jahrbuch 2006. Kassel etc. 2008, S. 297–307

Literaturauswahl

Hüttler, Michael: Zur Frage der Ur- und Erstaufführungen von Mozarts *Bastien und Bastienne*. In: Lachmayer, Herbert (Hrsg.): Mozart. Experiment Aufklärung, a. a. O., S. 593–608
Hummel, Walter: W. A. Mozarts Söhne. Kassel und Basel 1956
Hunter, Mary: The Culture of Opera Buffa in Mozart's Vienna. A Poetics of Entertainment. Princeton, N.Y. 1999
Dies. und James Webster (Hrsg.): Opera Buffa in Mozart's Vienna. Cambridge 1997

Irvine, Thomas; Der belesene Kapellmeister, Leopold Mozart und seine Bibliotheken. In: AM, 55. Jg., Augsburg 2008, Heft 1–2, S. 6–15
Ders.: Mozarts KV 475: Fantasie als Utopie? In: AM, 50. Jg., Augsburg 2003, Heft 1–2, S. 37–49

Jacobsthal, Gustav: Mozarts Idomeneo – ein Hoch- und Wendepunkt in der Geschichte der *opera seria* – wegen ihrer Symbiose mit der *tragédie lyrique*. In: Übergänge und Umwege in der Musikgeschichte. Aus Straßburger Vorlesungen und Studien. Codex Montpellier, Palestrina, Monteverdi. Emanuel Bach. Haydn. Mozart. Hrsg. von Peter Sühring. Hildesheim 2010, S. 511–627
Jahn, Otto: W. A. Mozart. 3 Bde. Hildesheim und New York 1976
Jenkins, John: Mozart and the English Connection. London 1998
Jung-Kaiser, Ute: «Erzeugt von heißer Phantasie»… Mozarts Dramatisierungskunst auf allerkleinstem Raum. In: Dies. (Hrsg.): Intime Textkörper. Der Liebesbrief in den Künsten. 3. Interdisziplinäres Symposon der Hochschule für Musik und Darstellende Kunst Frankfurt am Main 2003. Bern etc. 2003, S. 117–156
Jutzi, Caroline: Violine und Viola in Mozarts Sinfonia concertante KV 364. In: Paare und Paarungen. Festschrift für Werner Wunderlich zum 60. Geburtstag, hrsg. von Ulrich Müller und Margarete Springeth unter Mitwirkung von Michaela Auer-Müller. Stuttgart 2004, S. 135–142

Kaiser, Ulrich: Die Notenbücher der Mozarts als Grundlage der Analyse von W. A. Mozarts Kompositionen 1761–1767. Kassel 2007
Kelly, Michael (eigentlich O'Kelly): Reminiscenses of Michael Kelly of the King's Theatre, and Theatre Royal Drury Lane, including a Period of nearly half Century with original Anecdotes of distinguished Persons, political, literary und musical. 2 Bde. London 1826. (Hier wird nur aus Bd. 1 zitiert.)
Kierkegaard, Sören: Die unmittelbaren erotischen Stadien oder Das Musikalisch-Erotische. Über Mozarts «Don Giovanni». Übersetzt von Gisela Perlet. Mit einem Essay von Friedrich Dieckmann. Berlin 1991
Ders.: Entweder – Oder. Erster Teil (1843). Gesammelte Werke, Bd. I, hrsg. von Emanuel Hirsch u. a. Düsseldorf und Köln 1950–1969
Klieber, Rupert: Bruderschaften und Liebesbünde nach Trient. Ihr Totendienst, Zuspruch und Stellenwert im kirchlichen und gesellschaftlichen Leben am

Beispiel Salzburg 1600–1950. Frankfurt am Main 1999 (Schriftenreihe des Erzbischof-Rohracher-Studienfonds 4)

Klingenstein, Grete, Eva Faber und Antonio Trampus: Europäische Aufklärung zwischen Wien und Triest. Die Tagebücher des Gouverneurs Karl Graf Zinzendorf 1776–1882, Bd. IV. Wien, Köln und Weimar 2009

Klueting, Harm: Salzburg und die Aufklärung. In: Lütteken, Laurenz und Hans-Joachim Hinrichsen (Hrsg): Mozarts Lebenswelten, a. a. O., S. 31–53

Knepler, Georg: Mozart. Annäherungen. Berlin 1991

Knick, Bernhard, Eduard Hempel und Georg Zauner: Die vier Klavier- und Orgel-Wettstreite W. A. Mozarts mit berühmten Musikern. In: AM, 55. Jg., Augsburg, Dezember 2008, Heft 3–4, S. 127–141

Kodek, Günter K.: Brüder, reicht die Hand zum Bunde. Die Mitglieder der Wiener Freimaurer-Logen 1742–1848. Wien 2011

Köhler, Gustav: Wie sah Mozart wirklich aus? Kommentar zu einem Versuch. In: AM, 18. Jg., Augsburg, Juni 1971, Heft 2, S. 41–44

Köhler, Rafael: Mozart und der «Klassizismus». Zur Vermittlung von Geschichte, Ästhetik und musikalischer Analyse im Mozart-Bild Ernst Kurths. In: Gruber, Gernot und Siegfried Mauser: Mozart neu entdecken, a. a. O., S. 151–166

Konrad, Ulrich und Martin Staehelin: allzeit ein buch. Die Bibliothek Wolfgang Amadeus Mozarts. Katalog zur Ausstellung in Wolfenbüttel. Weinheim 1991

Konrad, Ulrich: Der Stein der Weisen. Musiktheater im josephinischen Wien. Einführung. In: AM, 48. Jg., Augsburg, Dezember 2001, Heft 1–4, S. 3–13

Ders.: Die Entführung aus dem Serail KV 384. Musikwissenschaftliche Einführung. In: Mozart, Wolfgang Amadeus, Die Entführung aus dem Serail K. 384. Facsimile of the Autograph Score Staatsbibliothek zu Berlin – Preußischer Kulturbesitz/ Biblioteca Jagiellońska Kraków (Mus. ms. autogr. W. A. Mozart 384). Introductory Essay by Hendrik Birus, Musicological Introduction by Ulrich Konrad, Bd. 2. Los Altos, California 2008, S. 31–44

Ders.: Die Missa in c KV 427 (417 a) von Wolfgang Amadé Mozart. Überlegungen zum Entstehungsanlass. In: Kirchenmusikalisches Jahrbuch 92 (2008). Paderborn 2009, S. 105–119

Ders.: «Finem lauda». In: Wolfgang Amadeus Mozart. Neue Ausgabe sämtlicher Werke. NMA, a. a. O. Kassel 2007, S. 13–17

Ders.: Fragmente aus der Gegenwart. Mozarts unvollendete Kompositionen für Streichquintett. In: Eisen, Cliff und Wolf-Dieter Seiffert: Mozarts Streichquintette. Beiträge zum musikalischen Satz, zum Gattungskontext und zu Quellenfragen. Stuttgart 1995, S. 163–193

Ders.: Fragment bei Mozart. In: AM, 39. Jg., Augsburg, Dezember 1992, Heft 1, S. 36–51

Ders.: Friedrich Rochlitz und die Entstehung des Mozart-Bildes um 1800. In: Hermann Jung (Hrsg.): Mozart-Aspekte des 19. Jahrhunderts. Mannheimer Hochschulschriften 1. Mannheim 1995, S. 1–22

Ders.: Geheimnis ohne Auflösung – Staunen über Wolfgang Amadé Mozart. Vortrag zum Festakt anlässlich der Eröffnung des Mozart-Jahrs durch die Stadt

Literaturauswahl

Augsburg und die Deutsche Mozartgesellschaft am 27. Januar 2006 im Goldenen Saal des Rathauses zu Augsburg. In: AM, 53. Jg., Augsburg, Juni 2006, Heft 1–2, S. 15–18
Ders.: La Clemenza di Tito von Wolfgang Amadé Mozart. Krönungsoper – Allegorie – Dramma per musica. In: MJb 2009/10, Kassel etc. 2012, S. 93–105
Ders.: Mozart auf der Reise nach Prag. In: AM, 49. Jg., Augsburg, Dezember 2002, Heft 3–4, S. 93–100
Ders.: Mozarts «Gruppenkonzerte» aus den letzten Salzburger Jahren. Probleme der Chronologie und Deutung. In: Beiträge zur Geschichte des Konzerts. Festschrift Siegfried Kross zum 60. Geburtstag. Hrsg. von Reinmar Emans und Matthias Wendt. Bonn 1990, S. 141–157
Ders.: Mozarts Schaffensweise. Studien zu den Werkautographen, Skizzen und Entwürfen. Göttingen 1992 (Abhandlungen der Akademie der Wissenschaften in Göttingen. Phil.-Hist. Klass. Dritte Folge, Nr. 201)
Ders.: «Requiem, aber keine Ruhe». Mozarts Requiem – Geschichte und Ergänzungsversuche. In: AM, 41. Jg., Augsburg, Juli 1994, Heft 3, S. 65–78
Ders.: «Schrecklich so bloß Musik zu sein wie ein Leierkasten». Zur Kritik an Mozarts Persönlichkeit und Werk. In: AM, 45. Jg., Augsburg 1998, Heft 3–4, S. 82–87
Ders.: «Unter den ältern Komponisten schätzte er am allerhöchsten aber Händeln». Wolfgang Amadé Mozart und Georg Friedrich Händel. In: Göttinger Händel-Beiträge 12 (2008). Göttingen 2008, S. 5–31
Ders.: Vier Briefe über die Mode in der Musik. Eine wenig beachtete Quelle zur Einschätzung zeitgenössischer Musik im letzten Drittel des 18. Jahrhunderts. In: AM, 44. Jg., Augsburg, Juni 1997, Heft 1–2, S. 1–16
Ders.: Was ist interpretatorische Gewalt? Zur Deutung des aufgefundenen Zettels von Mozart. In: MJb 1993. Salzburg 1994, S. 77–82
Ders.: Wolfgang Amadé Mozart. Leben, Musik, Werkbestand. Kassel 2006
Ders.: Wolfgang Amadé Mozart und Johann Sebastian Bach. Mythen und Fakten. In: Ders.: Johann Sebastian Bach aus der Perspektive von Georg Friedrich Händel, Wolfgang Amadé Mozart und Johannes Brahms. Drei Vorträge. Würzburg 2008, S. 33–49
Ders.: Zu einem wiederentdeckten Autograph Wolfgang Amadé Mozarts. Das «Skizzenblatt Nantes». In: AM, 55. Jg., Augsburg, Dezember 2008, Heft 3–4, S. 91–95
Kopitz, Klaus Martin: «Du kanntest Mozart?» Unbekannte und vergessene Erinnerungen von Beethoven, Haydn, Hummel und anderen Zeitgenossen Mozarts. In: Mozart-Studien, Bd. 20. Tutzing 2011, S. 269–309
Krautwurst, Franz: Mozart als jugendlicher Provokateur. Bemerkungen zum «geistlichen» Andante der Sinfonie Es-Dur (KV 132). In: Neues Musikwissenschaftliches Jahrbuch 14 (2006). Hrsg. von Marianne Danckwardt und Johannes Hoyer. Augsburg 2006, S. 206–214
Kreimendahl, Lothar (Hrsg): Mozart und die europäische Spätaufklärung. Reihe problemata 48. Stuttgart und Bad Canstatt 2011

Ders.: Philosophie auf der Opernbühne. Aufklärung, Materialismus und Atheismus in Mozarts *Così fan tutte*. In: AM, 57. Jg., Augsburg, Juni 2010, Heft 1, S. 16–42

Kreuels, Hans-Udo: Londoner Skizzenbuch des achtjährigen Wolfgang Mozart. Eine Annäherung an das Genie – Ein Plädoyer. Spielgut und Quelle. Frankfurt am Main etc. 2007

Kreutziger-Herr, Annette (Hrsg.) unter Mitarbeit von Katrin Losleben: Mozart im Blick. Inszenierungen, Bilder und Diskurse. Mit Illustrationen von Birgit Kiupel (Musik – Kultur – Gender, hrsg. von Annette Kreutziger-Herr, Dorle Dracklé, Dagmar von Hoff, Susanne Regener und Susanne Rode-Breymann, Bd. 4). Wien 2007

Küster, Konrad: Mozart und seine Zeit. Laaber 2002

Kunze, Stefan: Mozarts Opern. Stuttgart 1984

Ders.: Mozarts Don Giovanni und die Tanzszene im ersten Finale. Grenzen des klassischen Komponierens. In: Lippmann, Friedrich (Hrsg.): Colloquium Mozart in Italien (Rom 1974). Analecta Musicologica, Veröffentlichungen der Musikgeschichtlichen Abteilung des Deutschen Historischen Instituts in Rom, Bd. 18. Köln 1978

Ders.: «Unvergleichlich komponiert, aber nicht theatralisch». Komödienstruktur, Rollentypologie und Situationen in *Mozarts La finta semplice*. In: Mozart-Studien 6. Tutzing 1996, S. 257–275

Lachmayer, Herbert: Genie in Verwandlung. Mozarts künstlerische Produktivität in Parallelwelten. In: Ders. (Hrsg.): Mozart. Experiment Aufklärung, a. a. O., S. 15–22

Ders. (Hrsg.): Mozart. Experiment Aufklärung im Wien des ausgehenden 18. Jahrhunderts. Essayband. Ostfildern 2006

Landmann, Ortrun: Dresden und Mozart – Mozart und Dresden. Eine Quellenbetrachtung. In: Bericht über den Internationalen Mozart-Kongress Salzburg 1991, Teilband I. Kassel etc. 1992, S. 385–392

Langegger, Florian: Leopold Mozart als Persönlichkeit. In: MJb 1987/88, Kassel 1988, S. 107–114

Ders.: Mozart. Vater und Sohn. Eine psychologische Untersuchung. Zürich 1986

Laubhold, Lars E. und Gerhard Walterskirchen (Hrsg.): Klang-Quellen. Festschrift für Ernst Hintermaier zum 65. Geburtstag. Symposionsbericht. Veröffentlichungen zur Salzburger Musikgeschichte Bd. 9. München 2010

Lederer, Josef-Horst: Zwischen Liebe und Tod. Ausdrucksvariablen eines musikalischen Topos in Mozarts «Don Giovanni». In: Bericht über den Internationalen Mozart-Kongress Salzburg 1991, Bd. II, S. 864–870

Leibnitz, Thomas: Mozarts Requiem. Legenden, Spekulationen, Hintergründe. In: Lachmayer, Herbert (Hrsg.): Mozart. Experiment Aufklärung, a. a. O., S. 823–830

Leisinger, Ulrich: Bastien und Bastienne. Neue Antworten und neue Fragen zum Kontext und zur Entstehungsgeschichte. In: MJb 2006. Kassel etc. 2008, S. 97–106

Literaturauswahl

Ders.: Das Molto Allegro in G (Nr. 51) aus dem Nannerl Notenbuch. Ein Konzertsatz des jungen Mozart? In: MJb 2007/2008, Kassel etc. 2011, S. 53–74

Ders.: Nannerl Notenbuch. Vollständiges Faksimile aller erhaltenen Teile der Handschrift mit einer Einführung und einem Nachwort von Ulrich Leisinger. München 2010 (Denkmäler der Musik in Salzburg, Faksimile-Ausgaben Bd. 16)

Ders.: Zwei «unbekannte» Klavierstücke von Wolfgang Amadé Mozart aus dem «Nannerl-Notenbuch». Faksimile und Übertragung mit einer Einführung von Ulrich Leisinger. 2. Auflage. Salzburg 2010

Leitmeir, Christian Thomas: Leopold Mozarts Versuch einer Anweisung, ein Klavierkonzert zu komponieren: Zur Entstehung und Funktion der Pasticcio-Konzerte KV 37, 39, 40 und 41. In: Mozart-Studien, hrsg. von Manfred Hermann Schmid, Bd. 16. Tutzing 2007, S. 49–90

Lenk, Elisabeth: Die unbewusste Gesellschaft. Über die mimetische Grundstruktur in der Literatur und im Traum. München 1983

Leopold, Silke: *Così fan tutte*. Eine Oper hinter den Spiegeln. In: Staatsoper unter den Linden Berlin (Hrsg.): Mozart. *Così fan tutte*. Frankfurt am Main etc. 2001, S. 10–22

Dies.: Die opera buffa. In: Neues Handbuch der Musikwissenschaft, hrsg. von Carl Dahlhaus: Bd. 5: Die Musik des 18. Jahrhunderts. Laaber 1985, S. 155–165

Dies. (Hrsg.): Mozart-Handbuch. Kassel 2005

Dies.: Mozart und die italienische Oper seiner Zeit. In: Neues Handbuch der Musikwissenschaft, hrsg. von Carl Dahlhaus. Bd. 5: Die Musik des 18. Jahrhunderts. Laaber 1985, S. 253–267

Dies.: Wenn Diener Menuette tanzen, oder: Tanz und Sozialverhalten in Mozarts Musik. In: Lachmayer, Herbert (Hrsg.): Mozart. Experiment Aufklärung, a. a. O., S. 67–74

Levin, Robert D.: Zu den von Süßmayr komponierten Sätzen des Requiems KV 626. In: Bericht über den Internationalen Mozart-Kongress Salzburg 1991. MJb 1991, Teilband 2, Kassel etc. 1992, S. 475–479

Lewicki, Rudolf von: Aus Nissens Kollektaneen. In: MM II, 1 (November) 1919, S. 28–30

Lindmayr-Brandl, Andrea und Thomas Hochradner (Hrsg.): Auf eigenem Terrain. Beiträge zur Salzburger Musikgeschichte. Festschrift Gerhard Walterskirchen zum 65. Geburtstag. Salzburg 2004

Link, Dorothea: The Fandango Scene in Mozart's *Le nozze di Figaro*. In: Journal of the Royal Music Association, Bd. 133. Teil I, Oxford 2008, S. 69–92

Lorenz, Michael: A little Leitgeb Research. Wien 2013. Online-Ressource: http://michaelorenz.blogspot.de/2013/04/a-little-leitgeb-research.html

Ders.: Das Forschungsprojekt «W. A. Mozart und sein Wiener Umfeld». Mozartforschung in Wien am Beginn des 21. Jahrhunderts. Online-Ressource: http://members.aon.at/michaelorenz/mozarts_umfeld/

Ders.: Franz Jakob Freystädtler. Neue Forschungsergebnisse zu seiner Biographie und seinen Spuren im Werk Mozarts. In: AM, 44. Jg., Augsburg, Dezember 1997, Heft 3–4, S. 85–108

Literaturauswahl

Ders.: Gottfried Ignaz von Ployers Haus in Döbling – eine vergessene Mozartstätte. Nebst biographischen Anmerkungen zu Babette Ployer. In: AM, 47. Jg., Augsburg, Juni 2000, Heft 1–2, S. 11–14
Ders.: Joseph Lange's Mozart-Portrait. Online-Ressource: http://michaelorenz.blogspot.de/2012/09/joseph-langes-mozart-portrait.html
Ders.: Lorenzo Da Ponte's Viennese Residence in 1788. Online-Ressource: http://michaelorenz.blogspot.de/2013/02/lorenzo-da-pontes-viennese-residence-in.html
Ders.: «Mademoiselle Jeunehomme». Zur Lösung eines Mozart-Rätsels. In: Lachmayer, Herbert (Hrsg.): Mozart. Experiment Aufklärung, a. a. O., S. 423–429
Ders.: Mozart in the Trattnerhof. Online-Ressource: http://michaelorenz.blogspot.de/2013/09/mozart-in-the-trattnerhof.html
Ders.: Mozart's Apartment on the Alsergrund, Online-Ressource: http://homepage.univie.ac.at/michael.lorenz/alsergrund/
Ders.: Mozarts Haftungserklärung für Freystädtler. Eine Chronologie. In: MJb 1998. Kassel etc. 2000, S. 1–19
Ders.: Mozarts Patenkind. In: AM, 58. Jg., Augsburg 2011, Heft 1, S. 57–70
Ders.: Mozarts Sterbehaus. Einige notwendige Anmerkungen. In: AM, 56. Jg., Augsburg, Juni 2009, Heft 2, S. 187–190
Ders.: New and Old Documents Concerning Mozart's Pupils Barbara Ployer and Josepha Auernhammer. In: Eighteenth Century Music 3 (2006), No. 2, Cambridge 2006, S. 311–322
Ders.: Süßmayr und die Lichterputzer. Von gefundenen und erfundenen Quellen. In: MJb 2006 (Bericht über den Kongress «Der junge Mozart: 1756–1780»), Kassel etc. 2008, S. 425–438
Lütteken, Laurenz und Hans-Joachim Hinrichsen (Hrsg.): Mozarts Lebenswelten. Eine Zürcher Ringvorlesung 2006. Kassel, Basel, London, New York und Prag 2008
Ders.: Mozarts Musik und die Wahrnehmung des 18. Jahrhunderts. In: Mozart neu entdecken. Theoretische Interpretationen seines Werks. Das Mozart-Handbuch Bd. 7. Hrsg. von Gernot Gruber (siehe dort), S. 319–322
Ders.: Mozart im Zentrum? Anmerkungen zum Solo-Lied im Wien der 1780er Jahre. In: AM. 56. Jg., Augsburg, Juni 2009, Heft 1, S. 29–42
Ders.: Das Populäre und das Erhabene. Ästhetik und kompositorisches Kalkül in Schikaneders Singspiel. In: AM, 48. Jg., Augsburg 2001, Heft 1–4, S. 14–25

Mahling, Christoph-Hellmut (Hrsg.): Musiker auf Reisen. Beiträge zum Kulturtransfer im 18. und 19. Jahrhundert. Im Auftrag der deutschen Mozartstadt Augsburg herausgegeben. Augsburg 2011
Malkiewicz, Michael: Die hochfürstlichen Tanzmeister zu Salzburg. In: Lindmayr-Brandl und Hochradner (Hrsg.) Auf eigenem Terrain, a. a. O., S. 239–262
Ders. und Wolfgang Plath (Hrsg): Leopold Mozart. Auf dem Weg zu einem Verständnis. Beiträge zur Leopold-Mozart-Forschung 1. Augsburg 1994
Ders.: Neues über Leopold Mozart: Gedanken zum 200. Todestag. In: Österreichische Musikzeitschrift 42 (1987), S. 282–291

Literaturauswahl

Marcard, Micaela von: Die Masken des Ich. Travestie und Identität bei Mozarts Protagonisten. In: Lachmayer, Herbert (Hrsg.): Mozart. Experiment Aufklärung, a. a. O., S. 307–311

Marpurg, Friedrich Wilhelm: Historisch-kritische Beyträge zur Aufnahme der Musik. 3. Bde. Berlin 1757

Marshall, Robert L.: Mozarts unvollendete Werke – Schlüssel zu seinem Schaffensprozess. In: Ostwald, Peter und Leonard S. Zegans (Hrsg.): Mozart – Freuden und Leiden des Genies, a. a. O., S. 139–146

Maurer Zenck, Claudia und Oliver Hahn: Die Tinten des Zauberflöten-Autographs. Möglichkeiten und Grenzen neuer Analyseverfahren. Ein Nachtrag zur Chronologie und eine biographische Pointe. In: AM, 50. Jg., Augsburg, Juni 2003, Heft 1–2, S. 3–22

Mikusi, Balázs: «Mozart hat kopiert!» Hat er damit aber auch eine Huldigung erweisen? In: MJb 2006, Kassel etc. 2008, S. 187–196

Mitterecker, Thomas: Hieronymus Colloredo – Kirchenfürst. In: Landesarchiv Salzburg (Hrsg.): Erzbischof Colloredo und sein Kataster. Eine Steuerreform des Erzstifts Salzburg. Schriftenreihe des Salzburger Landesarchivs Nr. 19. Salzburg 2012, S. 63–70

Molz, Günther: W. A. Mozarts kompositorische Entwicklung im Kontext der Notenbücher. Dissertation. Würzburg 2006. Online-Ressource: http://www.opus-bayern.de/uni-wuerzburg/volltexte/2007/2302

Moosmüller, Silvan: Das Flüchtige als Fluchtpunkt des Klassischen. Phänomenologische Überlegungen zu Mozart und Clementi. In: Gruber, Gernot und Siegfried Mauser: Mozart neu entdecken, a. a. O., S. 333–358

Morgenstern, Anja: «Wenn ich werde nach Berlin ver=Reisen». Wolfgang Amadé Mozarts Reise nach Leipzig und Berlin (1789). In: Mahling, Christoph-Hellmut (Hrsg.): Musiker auf Reisen. Beiträge zum Kulturtransfer im 18. und 19. Jahrhundert. Augsburg 2011, S. 68–77

Mozart, Leopold: Versuch einer gründlichen Violinschule. Salzburg 1756, gedruckt bei Johann Jakob Lotter, Augsburg. 3. vermehrte Auflage, Augsburg 1787. Faksimile-Nachdruck. Erläutert und kommentiert von Hanns Rudolf Jung. Leipzig 1968

Münch, Paul: Mozart und die «verschnittenen Sänger». Ein kritisches Verhältnis? In: Weber, Wolfgang E. J. und Regina Dauser: Faszinierende Frühneuzeit. Reich, Frieden, Kultur und Kommunikation 1500–1800. Festschrift für Johannes Burkhardt zum 65. Geburtstag. Berlin 2008, S. 219–238

Münster, Robert: Die Mozart-Porträts des Joseph Lange. In: Mozart-Studien, Bd. 19, Tutzing 2010, S. 281–298

Ders.: Aus Mozarts Freundeskreis. Johann Nepomuk und Elise Peyerl. In: AM, 20. Jg., Augsburg, Juli 1973, Heft 2, S. 27–32

Ders.: Um Mozarts Kinder-Violoncello. Die Passauer Musikerfamilie Sigl und eine unbekannte Episode aus Wolfgangs Knabenjahren. In: Mozart-Studien, hrsg. von Manfred Hermann Schmid. Bd. 14, Tutzing 2005, S. 29–36

Ders.: Nachschrift zum Beitrag «Die Mozart-Porträts des Joseph Lange». In: Mozart-Studien, Bd. 20, Tutzing 2011, S. 311–312

Ders. (Hrsg.): Wolfgang Amadeus Mozart: Idomeneo 1781–1981. Ausstellungskatalog der Bayerischen Staatsbibliothek. Zürich und München 1998

Nägeli, Hans Georg: Vorlesungen über die Musik mit Berücksichtigung des Dilettanten. Stuttgart und Tübingen 1826
Neddermeyer, Gerhard Horst: Die weltliche Musik der kaiserlichen Hofmusikkapelle in den Jahren 1740–1800. Diplomarbeit. Wien 2008. Online-Ressource: http://othes.univie.ac.at/2358/
Nettl, Paul: Das Lied. In: Schaller, Paul u. a. (Hrsg.): Mozart-Aspekte. Olten/Freiburg im Breisgau 1956, S. 205–227
Niemetschek, Franz Xaver: Leben des K. K. Kapellmeisters Wolfgang Gottlieb Mozart, nach Originalquellen beschrieben, Prag 1798, zitiert nach Rudolph Angermüller (Hrsg.): Wolfgang A. Mozart. Leben und Werk. CD-ROM Berlin 2007
Nissen, Georg Nikolaus: Biographie W. A. Mozart's. Leipzig 1828
Nohl, Ludwig: Mozart nach den Schilderungen seiner Zeitgenossen. Leipzig 1880
Noiray, Michel: Don Giovanni. In: Eisen, Cliff und Simon P. Keefe (Hrsg.): The Cambridge Mozart Encyclopedia. Cambridge 2006, S. 138–151
Nottelmann, Karsten: W. A. Mozart Sohn. Der Musiker und das Erbe des Vaters. 2 Bde. Kassel 2009
Novello, Vincent und Mary: A Mozart Pilgrimage, beeing the Travel Diaries of Vincent & Mary Novello in the year 1829. Hrsg. von Rosemary Hughes und Nerina Medici di Marignano. London 1955
Dies.: Eine Wallfahrt zu Mozart. Die Reisetagebücher von Vincent und Mary Novello aus dem Jahre 1829. Hrsg. von Rosemary Hughes und Nerina Medici di Marignano. Bonn 1959

Oehl, Klaus: «Daß man ihre Freiheit kränkt». Mozarts *Zaide*. In: Kreimendahl, Lothar (Hrsg.): Mozart und die europäische Spätaufklärung, a. a. O., S. 13–28
Ogris, Werner: Mozart im Familien- und Erbrecht seiner Zeit. Verlöbnis, Heirat, Verlassenschaft. Wien, Köln und Weimar 1999
Ostwald, Peter und Leonard S. Zegans (Hrsg.): Mozart – Freuden und Leiden des Genies. Stuttgart, Berlin und Köln 1997
Otto, Michael A.: Mozart und die Kastraten. Der Salzburger Komponist im Kontakt mit einem sängerischen Phänomen. Saarbrücken 2008

Panagl, Clemens: «Nu – ich denke halt ich bin in Salzburg …». Musikkultur, Musiker und gesellschaftliche Stellung zur Mozart-Zeit. In: Mozartwoche 2005, Salzburg 2005, S. 12–23
Pape, Matthias: Mozart – Deutscher? Österreicher? Oder Europäer? Das Mozart-Bild in seinen Wandlungen vor und nach 1945. In: AM, 44. Jg., Augsburg, Dezember 1997, Heft 3–4, S. 53–84
Paumgartner, Bernhard, Gerhard Croll und Hans Wagner (Hrsg.): Vita di Giuseppe Afflisio. Lebensgeschichte des Giuseppe Afflisio. Aus dem Nachlass von

Literaturauswahl

Bernhard Baumgartner, hrsg. von Gerhard Croll und Hans Wagner. Schriftenreihe der ISM, Bd. 7. Basel, Tours und London 1977

Payer von Thurn, Rudolf (Hrsg.): Joseph II. als Theaterdirektor. Ungedruckte Briefe und Aktenstücke aus den Kinderjahren des Burgtheaters, gesammelt und erläutert von Dr. Rudolf Payer von Thurn. Wien und Leipzig 1920

Peham, Helga: Leopold II. Herrscher mit weiser Hand. Graz, Wien und Köln 1987

Petrobelli, Pierluigi: Ein Lied von Mozart. In: AM, 55. Jg., Augsburg 2008, Heft 3–4, S. 96–100

Pezzl, Johann: Skizze von Wien. Ein Kultur- und Sittenbild aus der josefinischen Zeit. Hrsg. von Gustav Gugitz und Anton Schlossar. Graz 1923

Pfotenhauer, Helmut: 250 Jahre Winckelmanns «Gedanken über die Nachahmung». Ein Klassiker des Klassizismus? In: Akzidenzen 16. Flugblätter der Winckelmann-Gesellschaft, hrsg. von Max Kunze. Stendal 2006

Piontek, Franz: Vom Eros der Politik. Mozarts «Ascanio in Alba». In: Csobádi, Peter (Hrsg.): Politische Mythen und nationale Identitäten im (Musik-)Theater. Anif und Salzburg 2003, Bd. 2, S. 44–46

Pisarowitz, Karl Maria: «Mozarts geläufige Gurgel» und ihr Anhang. Eine Cavalieristik. In: M ISM, 10. Jg., Salzburg 1961, Heft 1–2, S. 14–16

Plath, Wolfgang: Beiträge zur Mozart-Autographie II. Schriftchronologie 1770–1780. MJb 1976/77, Kassel etc. 1978, S. 131–173

Ders.: «Idomeneo»-Miszellen. In: AM, 31. Jg., Augsburg, Februar 1984, Heft 1, S. 5–9

Ders.: Über Skizzen des Mozartschen Requiems. In: Bericht über den internationalen musikwissenschaftlichen Kongress Kassel 1962, hrsg. von Georg Reichert und Martin Just. Kassel etc. 1963, S. 184–187

Portowitz, Adena: Mozart and the aristocratic women performers in Salzburg. A study in the piano concertos K 242 and K 246. Israel Studies in Musicology. Online-Ressource: http://www.biu.ac.il/hu/mu/min-ad02/portowiz_mozart.html

Proß, Wolfgang: Mozart in Mailand. Hunderteinundneunzigstes Neujahrsblatt der Allgemeinen Musikgesellschaft Zürich auf das Jahr 2007. Winterthur 2006

Ders.: Neulateinische Tradition und Aufklärung in Mazzolà / Mozarts «La Clemenza di Tito». In: Die österreichische Literatur. Ihr Profil an der Wende vom 18. zum 19. Jahrhundert (1750–1830). Hrsg. von Herbert Zeman. Graz 1979

Ramsauer, Gabriele: Mozart, der Zeichner. In: Großpietsch, Christoph (Hrsg.): Mozart-Bilder, Bilder Mozarts, a. a. O., S. 25–28

Reichardt, Johann Friedrich: Instrumentalmusik. In: Musikalisches Kunstmagazin, 1782, Bd. 1, Reprint Hildesheim etc. 1969

Reinalter, Helmut: Joseph II. und die Freimaurerei im Lichte zeitgenössischer Broschüren. Wien, Köln und Graz 1987

Ders. (Hrsg.): Mozart und die geheimen Gesellschaften seiner Zeit. Innsbruck, Wien und Bozen 2006

Rice, John A.: Antonio Salieri and Viennese Opera. Chicago, Illinois und London 1998

Literaturauswahl

Ders. und Bruce Alan Brown: Salieri's «Così fan tutte». In: Cambridge Opera Journal 8/1 (1996), S. 17–43

Riedel, Friedrich (Hrsg.): Mozart und die geistliche Musik in Süddeutschland. Die Kirchenwerke von Leopold und Wolfgang Amadeus Mozart im Spannungsfeld zwischen klösterlicher Musiktradition und aufgeklärtem Staatskirchentum. Sinzig 2010

Robbins Landon, Howard Chandler: 1791 – Mozarts letztes Jahr. Düsseldorf 1988

Rochlitz, Friedrich: Anekdoten aus Mozarts Leben (6). In: Allgemeine musikalische Zeitung 4, 24. Oktober 1798

Ders.: Musik und Musiker in Wien. Zwei Briefe vom Jahr 1822. In: Ders.: Für Freunde der Tonkunst, Bd. 4. Leipzig 1832, S. 317–363

Rohringer, Stefan: Don Ottavio: Figur versus Medium. Zum Verhältnis der Prager und Wiener Fassung des *Don Giovanni*. In: Musik und Ästhetik, 15. Jg., Stuttgart, April 2011, Heft 58, S. 5–32

Rom, Uri B.: Tonartbezogenes Denken in Mozarts Werken unter besonderer Berücksichtigung des Instrumentalwerks. Dissertation. Berlin 2011

Roth, Gerhard: «Quam Olim D: C:». Wer raubte Mozarts letzte Worte? In: Lachmayer, Herbert (Hrsg.): Mozart. Experiment Aufklärung, a. a. O., S. 843–851

Ruf, Wolfgang: Die Rezeption von Mozarts «Le Nozze di Figaro» bei den Zeitgenossen. Beihefte zum Archiv für Musikwissenschaft Bd. XVI. Wiesbaden 1977

Salmen, Walter (Hrsg.) unter Mitarbeit von Gabriele Busch-Salmen, Monika Fink, Rainer Gstrein und Günter Mössmer: Mozart in der Tanzkultur seiner Zeit. Innsbruck 1990

Sauder, Gerhard: Mozart, der Briefschreiber. In: Ders. (Hrsg.): Mozart. Ansichten. Ringvorlesung der Philosophischen Fakultät der Universität des Saarlandes im Wintersemester 1991/92. St. Ingbert 1995, S. 53–78

Schaub, Stefan: Mozart und das Tourette-Syndrom. In: AM, 41. Jg., Augsburg 1994, Heft 1–2, S. 15–20

Schenda, Rudolf: Leopold Mozart auf der Reise nach Paris. Ein Versuch aus sozialhistorischer Sicht. In: Willimann, Joseph (Hrsg.): Der junge Mozart. Le jeune Mozart. Schweizer Jahrbuch für Musikwissenschaft, Neue Folge 12 (1992). Bern, Stuttgart und Wien 1992, S. 31–36

Schlichtegroll, Friedrich: Mozarts Leben. Graz 1794 (unveränderter Nachdruck der Erstausgabe. Gotha 1791/92). Neudruck Kassel etc. 1974

Schmid, Ernst Fritz: Ein schwäbisches Mozartbuch. Lorch und Stuttgart 1948. Neudruck Augsburg 1998

Ders.: Der Wiener Ton im Werk Mozarts. Anmerkungen zum «Dove sono i bei momenti» aus dem «Figaro» und zum Quintett mit Bläsern KV 452. In: Lütteken, Laurenz und Hans-Joachim Hinrichsen (Hrsg.): Mozarts Lebenswelten, a. a. O., S. 191–207

Schmid, Manfred Hermann: Mozart in Salzburg. Ein Ort für sein Talent. Salzburg etc. 2006

Ders.: Mozarts Opern. Ein musikalischer Werkführer. München 2009

Ders.: Was bewirken die Posaunen in Mozarts *Zauberflöte*? In: Mozart-Studien, Bd. 19, Tutzing 2010, S. 59–79

Schmidt, Dörte: Komponieren als intellektuelles Spiel. Oder: Was hören Mozarts Gäste? In: Lachmayer, Herbert (Hrsg.): Mozart. Experiment Aufklärung, a. a. O., S. 395–401

Schmidt, Matthias: Die Physiognomie der Formel oder Lässt sich Mozarts Musikalischer Spaß verstehen? In: Brügge, Joachim u. a. (Hrsg.): Musikgeschichte als Verstehensgeschichte. Festschrift für Gernot Gruber zum 65. Geburtstag. Tutzing 2004, S. 311–330

Schneider, Gabriele: Johann Michael Puchberg. Aufstieg und Fall von Mozarts Freund und «Bruder». In: Wiener Geschichtsblätter, 55. Jg., Wien 2000, Heft 4, S. 286–299

Scholz, Gottfried: Die Affekte in Mozarts Opern. Ihre strukturellen und rhetorischen Funktionen. In: Gruber, Gernot und Siegfried Mauser (Hrsg.): Mozart neu entdecken, a. a. O., S. 411–425

Schuler, Heinz: Mozarts Salzburger Freunde und Bekannte. Biographien und Kommentare. Taschenbücher zur Musikwissenschaft, hrsg. von Richard Schaal. Wilhelmshaven 2004

Schwindt, Nicole: Musisches Grundbedürfnis – virtuoser Stolz. Mozart als Spieler eigener und fremder Werke. In: AM, 59. Jg., Augsburg 2012, S. 99–117

Schwob, Rainer J.: Mozart und andere Komponisten in frühen Musikzeitschriften. In: Mozarts literarische Spuren. Werk und Leben des Komponisten im literarischen Diskurs vom späten 18. Jahrhundert bis zur Gegenwart. Ergebnisse des Symposiums in Wrocław/Breslau, 20. – 23. November 2006, hrsg. von Lucjan Puchalski. Wien 2008, S. 31–49

Ders.: Mozart und die Familie Jacquin. Referat für die Festveranstaltung zu «Bruder Mozart. Musik der Freundschaft» in der UB Wien, 18. 1. 2006. Online-Ressource: http://www.dieuniversitaet-online.at/dossiers/beitrag/news/mozart-und-die-familie-jacquin/367.html

Ders.: Partner oder Rivalen? Italienische Oper und deutsches Singspiel in der Ära Josephs II. In: Budroni, Paolo (Hrsg.): Mozart und Salieri – Partner oder Rivalen?, a. a. O., S. 75–82

Ders.: W. A. Mozart im Spiegel des Musikjournalismus bis 1828. Ein Projekt zur Erforschung der frühen Mozart-Rezeption. In: MJb 2003/2004. Kassel etc. 2005, S. 253–257

Ders. und Gernot Gruber (Hrsg.): Mozart im Spiegel des frühen Musikjournalismus. Online-Ressource: http://www.univie.ac.at/mozart-rezeption/edition/sessions.php [zugänglich seit Oktober 2013]

Seiffert, Wolf-Dieter: Zur Entstehung und Überlieferung von Mozarts «Kleiner Nachtmusik». In: MJb 2009/2010, Kassel etc. 2012, S. 119–140

Senn, Walter: Mozarts *Zaide* und der Verfasser der vermutlichen Textvorlage. In: Federhofer, Hellmut: Festschrift Alfred Orel zum 70. Geburtstag. Wien 1960, S. 173–186

Siegert, Christine: Weibliche Macht im Musiktheater. In: Kreutziger-Herr, Annette (Hrsg.): Mozart im Blick, a. a. O., S. 149–158

Smith, Christopher: Linley and Mozart. In: Coelsch-Foisner u. a. (Hrsg.): Mozart in Anglophone Cultures, a. a. O., S. 145–157
Spiel, Hilde: Fanny von Arnstein oder die Emanzipation. Ein Frauenleben an der Zeitenwende 1758–1818. Frankfurt am Main 1962
Splitt, Gerhard: Mozarts Musiktheater als Ort der Aufklärung. Die Auseinandersetzung des Komponisten mit der Oper im josephinischen Wien. Freiburg im Breisgau 1998
Staehelin, Martin: Neue «Beyträge zu Mozarts Lebensbeschreibung». In: NMJ, hrsg. von Franz Krautwurst. Jg. I/1992. Augsburg 1993, S. 85–109
Stegemann, Michael: Den Tanz wagen. Mozart als homo politicus. In: Kreimendahl, Lothar (Hrsg.): Mozart und die europäische Spätaufklärung, a. a. O., S. 109–128
Steinhäusl, Ulrike und Herminio Domingo: Daines Barrington Meets Little Mozart. An Account of a Very Remarkable Young Musician. In: Coelsch-Foisner u. a. (Hrsg.): Mozart in Anglophone Cultures, a. a. O., S. 7–14
Steptoe, Andrew: The Mozart-Da-Ponte-Operas: the cultural and musical background to *Le nozze di Figaro*, *Don Giovanni* and *Così fan tutte*. Oxford 1988
Strauss, David Friedrich (Hrsg.): Christian Daniel Schubart's Leben in seinen Briefen. Berlin 1849
Strauss, Richard: Über Mozart (Unveröffentlichte Aufzeichnungen). In: Schweizerische Musikzeitung vom 1. Juli 1944, Zürich 1944, S. 223
Strebel, Harald: Mozarts blinde Glasharmonikaspielerin Marianne Kirchgessener und das jähe Ende der geplanten Schweizerreise in Schaffhausen. Miszellen zu einer Lebensgemeinschaft mit Heinrich Philipp Bossler. In: In signo, 19. Jg., März 2009, Heft 32, S. 31–37
Ders.: Mozarts *Zauberflöte* und die Diskurse in den Wiener Logen über Vorurteile, Vernunft, Wohltätigkeit und «Aberglauben», In: In signo Wolfgang Amadé Mozart. Mitteilungen der Mozart-Gesellschaft Zürich 20 (2010), H. 33, Zürich, Januar 2010, S. 46–65
Stucki, Hans-Rudolf: Die Bühnenmusik in Mozarts Oper «Don Giovanni». In: In signo Wolfgang Amadé Mozart, 23. Jg., Januar 2013, Heft 36, S. 21–32
Sühring, Peter: Der Künstler im Knaben Mozart. In: Musik und Ästhetik. Hrsg. von Ludwig Holtmeier, Richard Klein und Claus-Steffen Mahnkopf, 10. Jg., Stuttgart, Juli 2006, S. 5–19
Ders.: Die frühesten Opern Mozarts. Untersuchungen im Anschluß an Jacobsthals Straßburger Vorlesungen. Kassel etc. 2006
Ders.: Fragen an Mozarts Idomeneo. Anmerkungen zur Editions- und Aufführungspraxis. In: Die Musikforschung 61, Kassel 2008, Heft 3, S. 222–232
Swarowsky, Hans: Wahrung der Gestalt. Schriften über Werk und Wiedergabe, Stil und Interpretation in der Musik. Herausgegeben von Manfred Huss. Wien 1979

Tanzer, Georg: Spectacle müssen seyn. Die Freizeit der Wiener im 18. Jahrhundert. Wien, Köln und Weimar 1992
Thürheim, Lulu Gräfin von: Mein Leben. Erinnerungen aus Österreichs großer Welt. 4 Bde. München 1913

Literaturauswahl

Tschitscherin, Georgi W.: Mozart. Reinbek bei Hamburg 1987
Tschmuck, Peter: Der Komponist als Unternehmer: Der Wandel der sozio-ökonomischen Lage der Komponisten im späten 18. Jahrhundert. In: Budroni, Paolo (Hrsg.): Mozart und Salieri – Partner oder Rivalen?, a. a. O., S. 89–96
Tyson, Alan: The Mozart Fragments in the Mozarteum Salzburg. A Preliminary Study of Their Chronology and Their Significance. In: Journal of the American Musicological Society, Bd. 34, 1981, S. 471–510

Unseld, Melanie: «... ein berühmter Capellmeister, von dem die Nachwelt auch noch in Büchern lieset». Mozart und die Idee der Musikerbiographie. In Lachmayer, Herbert (Hrsg.): Mozart. Experiment Aufklärung, a. a. O., S. 431–435

Valentin, Erich: Leopold Mozart. Eine Biographie. Frankfurt am Main 1998
Vedder, Ulrike: Orte, Körper, Medien. Techniken des Weiblichen am Ende des 18. Jahrhunderts. In: Lachmayer, Herbert (Hrsg.): Mozart. Experiment Aufklärung, a. a. O., S. 41–51
Volek, Tomislav und Ivan Bittner: Mozartovské stopy v českých a moravských archivech [Mozartsche Spuren in böhmischen und mährischen Archiven]. In: Archivní správa ministerstva vnitra České republiky, Prag 1991
Volek, Tomislav: Über den Ursprung von Mozarts Oper *La Clemenza di Tito*. In: MJb 1959, Salzburg 1960, S. 274–286

Wagner, Guy: Bruder Mozart. Freimaurerei im Wien des 18. Jahrhunderts. Wien 2003
Wald, Melanie: Melancholie in Mozarts Instrumentalmusik. Biographische Legende oder ästhetische Praxis? In: AM, 54. Jg., Augsburg 2007, Heft 1–2, S. 31–53
Weidenholzer, Thomas: Wie ist Aufklärung in einem unaufgeklärten Land möglich? Anmerkungen zu Mozarts Opern, zur Salzburger Gesellschaft, Physik, Liturgie und Pädagogik im ausgehenden 18. Jahrhundert. In: Ammerer/Brügge (Hrsg.): Mozart interdisziplinär, a. a. O., S. 75–96
Weidinger, Hans Ernst: Il dissoluto punito. Untersuchungen zur äußeren und inneren Entstehungsgeschichte von Lorenzo da Pontes & W. A. Mozarts *Don Giovanni*. Dissertation. Wien 2002
West, Meredith J. und Andrew P. King: Mozart's Starling. In: American Scientist, March/April 1990. Online abrufbar: http://www.starlingtalk.com/mozart1.htm bis http://www.starlingtalk.com/mozart4.htm
Witzmann, Reingard: «Sposi, amici, al ballo, al gioco ...». Zur Soziologie des Gesellschaftstanzes auf der Bühne und im Ballsaal. In: Lachmayer, Herbert (Hrsg.): Mozart. Experiment Aufklärung, a. a. O., S. 403–413
Woitas, Monika: «... Bewegungen von unvergleichlicher Sinnlichkeit ...». Auf den Spuren des berühmt-berüchtigten Fandango. In: Gratzer, Wolfgang und Andrea Lindmayr (Hrsg.): De Editiones Musices. Festschrift Gerhard Croll zum 66. Geburtstag. Laaber 1992, S. 203–218

Literaturauswahl

Wolf, Ludwig: Margarethe Kaiser, der Schwarm Mozarts in München. Online-Ressource: http://perlach.hachinger-bach.de/downloads/MargaretheKaiser.pdf
Wolf, Rüdiger: «Puchberg, Mozart und Così fan tutte». In: Lachmayer, Herbert (Hrsg.): Mozart. Experiment Aufklärung, a. a. O., S. 533–541
Wolff, Christoph: «Vor der Pforte meines Glückes». Mozart im Dienst des Kaisers (1788–91). Kassel 2013
Wyzewa, Théodore und George de Saint-Foix: Wolfgang Amadeus Mozart 1. L'enfant prodige – Le jeune maître. 1756–1777. Nouvelle édition. Paris 2010
Dies.: Wolfgang Amadeus Mozart 2. Le grand voyage – L'épanouissement – Les dernières années 1777–1791. Nouvelle édition. Paris 2010

Zagonel, Giampaolo: Lorenzo Da Ponte: jüdische Kindheit und italienische Rezeption. In: Lorenzo Da Ponte. Aufbruch in die Neue Welt. Hrsg. von Werner Hanak im Auftrag des Jüdischen Museums Wien. Ostfildern 2006, S. 125–143
Zaslaw, Neal: Mozart the Borrower. In: MJb 2006, Kassel etc. 2008, S. 355–366
Zeileis, Friedrich Georg: Ein ungewöhnlicher Mozartbrief. In: Collectanea Mozartiana, hrsg. zum 75jährigen Bestehen der Mozartgemeinde Wien, Tutzing 1988, S. 159–164
Zeman, Herbert: «Aber ich hörte viel von Pamina, viel von Tamino». Wer kennt den Text der «Zauberflöte»? In: Das deutsche Singspiel im 18. Jahrhundert. Colloquium der Arbeitsstelle 18. Jahrhundert, GH Wuppertal/Universität Münster 1979. Heidelberg 1981 (Beiträge zur Geschichte der Literatur und Kunst des 18. Jahrhunderts, Bd. 5), S. 139–166

Abbildungen

Vorsatzblatt:
© Internationale Stiftung Mozarteum, Salzburg (ISM): eines der frühesten Autographen Mozarts, aus «Nannerls Notenbuch», Allegro für Klavier in C-dur KV 9 a (5 a); vermutlich 1764 in Paris oder London entstanden

Nachsatzblatt:
bpk/Staatsbibliothek zu Berlin; Autograph aus «La clemenza di Tito», f. 85v, 1791

Abbildungen im Text:
© Internationale Stiftung Mozarteum, Salzburg (ISM): S. 19, 31, 93, 185, 215, 227, 313, 337
ullstein bild/Roger Viollet: S. 43
Otto Erich Deutsch: Mozart und seine Welt in zeitgenössischen Bildern. Kassel, Basel, London, New York 1961: S. 59, 85, 109
Christoph Großpietsch: Mozart-Bilder, Bilder Mozarts, Salzburg 2013: S. 69, 357
Volkmar Braunbehrens, Karl-Heinz Jürgens: Mozart. Lebensbilder, Bergisch Gladbach 2005: S. 119, 137, 169
Wolfgang Amadeus Mozart: Die Entführung aus dem Serail. Programmheft zur Neuinszenierung München 1980: S. 157
Zaubertöne. Mozart in Wien. 1781–1791. Ausstellungskatalog. Hrsg. v. Historischen Museum der Stadt Wien, Wien 1991: S. 199
British Library/Robana via Getty Images: S. 243
ullstein bild – The Granger Collection: S. 269
bpk/Münzkabinett, Staatliche Museen Berlin/Lutz-Jürgen Lübke: S. 293

Namenregister

Abdul-Hamid, Sultan 298
Abert, Anna Amelie 442
Abert, Hermann 17, 409, 422, 480
Accorimboni, Agostino 454
Adamberger, Johann Valentin 179, 191, 200, 216 f., 246, 307, 450
Adamberger, Maria Anna 246, 468
Adlgasser, Anton Cajetan 60, 151, 158
Afflisio (Affligio), Giuseppe 65 f., 413
Agliardi, Peter 407
Albert, Franz Joseph 115 f., 126, 428
Albertarelli, Francesco 301, 308
Albrechtsberger, Johann Georg 203, 452, 460, 478
Allegri, Gregorio 77
Altenmüller, Eckart 449
Altomonte, Katharina von 277
Amicis, Anna Lucia de 100
André, Anton Johann 398, 459
Anfossi, Pasquale 112, 216 f., 308, 427, 456
Angermayr, Aemilian 129 f., 432
Angermüller, Rudolph 398, 403 f., 408, 415, 420, 422, 424, 429 f., 436 f., 454, 463, 465 f., 481, 486, 489, 505, 508
Anna Amalia, Herzogin von Sachsen-Weimar 379
Anton Clemens von Sachsen 282
Antretter, Johann Ernst von 103
Anzenberger, Matthias 328
Apponyi, Georg Anton, Graf von 366, 507
Aprile, Giuseppe 75
Arco, Georg Anton Felix, Graf von 172, 175
Arco, Karl Joseph Maria Felix, Graf von 47, 172 f., 175 f.,

Arco, Leopold, Graf von 431
Arnsteiner, Fanny, geborene Itzig (ab 1795 Freiherrin von Arnstein) 187 f., 446 f.
Arnsteiner, Nathan Adam (ab 1795 Freiherr von Arnstein) 446 f.
Arnsteiner, Adam Isaac 178, 187, 189, 191, 394, 445 f.
Assmann, Jan 399, 511, 518
Asti von Asteburg, Marianna, Gräfin von 83
Attwood, Thomas 238 f., 354, 466
Au(e)rnhammer, Josepha 173, 178, 187, 219, 449, 457
Aurbek, Gisa 517

Bach, Carl Philipp Emanuel 297 f.
Bach, Johann Christian 51–53, 107, 132, 266, 408, 410
Bach, Johann Sebastian 187, 307, 323, 447
Bachmann, Joseph Sigmund Eugen 116, 410
Backhaus, Johann Wilhelm 506
Baglioni, Antonio 487
Barisani, Maria Theresia 98, 113, 415, 427
Barisani, Sigmund 306, 330
Barisani, Silvester 98, 415, 427
Barrington, Daines 53 f., 72, 203, 408–410
Batthyányi, Anton, Graf von 366, 507
Bauer, Günther G. 454 f., 469, 474
Bauman, Thomas 483
Baumann, Friedrich 298 f.
Baumberg, Gabriele von 276, 479

553

Beaumarchais, Pierre Augustin Caron de 236, 252, 257, 259, 295, 464
Beck, Heinrich 380
Becke, Johann Baptist 154 f., 429
Beecke, Notker Franz Ignaz von 116, 129–131, 187, 428, 432
Beer, Josef 508
Beethoven, Ludwig van 203, 243, 273–275, 452, 457, 477, 494
Belosselskij-Beloserskij, Alexander Michailowitsch, Fürst von 321, 496
Benedetti, Pietro (genannt Sartorino) 81 f., 419 f.
Benucci, Francesco 236, 238 f., 247, 255–257, 300, 465, 469
Berchtold von Sonnenburg, Johann Baptist Franz, Reichsfreiherr 227, 460 f.
Berchtold von Sonnenburg, Johanna Maria Elisabeth (Tochter von Maria Anna, geborene Mozart) 318, 495
Berchtold von Sonnenburg, Leopold Alois Pantaleon (Sohn von Maria Anna, geborene Mozart) 238, 273
Berchtold von Sonnenburg, Maria Anna siehe Mozart, Maria Anna
Berger, Karol 517 f.
Bermbach, Udo 472
Bernasconi, Antonia, geborene Wagele 81 f., 179, 419 f.
Bernhard, Christoph Moritz 410
Bernhard, Johann Baptist Anton von 406
Berre, Maria Anna Rosalie Joly de («Sallerl») 47
Bertati, Giovanni 470
Bianchi, Francesco 466, 471
Biba, Otto 491, 516
Biber, Heinrich Ignaz Franz 401
Bienenfeld, Johann Adam von 187, 447
Binder von Krieglstein, Johann Nepomuk, Freiherr von 201, 451
Blanchard, Jean-Pierre 369

Bland, John 335
Bode, Christian Leopold 417
Böhm, Johann Heinrich 160, 440
Bondini, Pasquale 272 f., 282, 477
Bonno, Giuseppe 174, 297, 523
Borchmeyer, Dieter 426, 518
Born, Ignaz, Ritter und Edler von 188, 467, 510, 517
Bossler, Heinrich Philipp 345 f., 511
Braun, Karl Adolf, Baron von 173
Braunbehrens, Volkmar 452, 456, 480, 492, 504
Brauneis, Walther 404, 417, 461, 474, 494 f., 500, 509 f., 514–517, 519 f., 522 f.
Breitkopf, Johann Gottlob Immanuel 170, 178
Brockmann, Johann Franz Hieronymus 246
Brunetti, Antonio 171 f., 176, 250
Budday, Wolfgang 408 f.
Bürger, Gottfried August 519
Bullinger, Franz Joseph Johann Nepomuk (Abbé) 124, 149–151, 208, 431, 454
Bussani, Dorothea, geborene von Sardi 255
Bussani, Francesco 255
Byron, George Gordon, Lord 482

Cambini, Giovanni Giuseppe 146, 436
Camesina, Albert 395
Camesina, Josef 395
Campe, Johann Heinrich 279, 480
Cannabich, Johann Christian Innozenz Bonaventura 131 f., 135, 164 f., 433
Cannabich, Rosina Theresia Petronella («Rose» oder «Rosa») 135 f., 141, 433, 435
Carl Theodor, Kurfürst von der Pfalz und Bayern 46, 132, 138, 150, 163 f.
Carmontelle, Louis Carrogis de 43, 47
Carpani, Giuseppe 405

Namenregister

Casanova, Giacomo 255 f., 269
Casti, Giovanni Battista 235, 239, 245, 247 f., 251, 253, 469 f.
Cavalieri, Catarina 219, 230, 246, 300, 307, 329, 351, 358, 380, 468, 487
Ceccarelli, Francesco 151, 158, 171 f., 407, 416, 439
Celeda, Jaroslav 448, 494, 498
Charlotte (Sophie Charlotte), Königin von Großbritannien und Irland (verheiratet mit Georg III.) 50
Charpentier, Marc-Antoine 414
Charrière, Isabelle de 316
Châtelet-Lomont, Louis Marie Florent, Comte de 41
Cherubini, Tolla 97
Chotek von Chotkow, Johann Rudolf, Graf 500
Cicognani, Giuseppe 75, 81, 419
Cigna-Santi, Vittorio Amadeo 78
Cignaroli, Gianbettino 69, 416
Cimarosa, Domenico 375
Ciprandi, Ercole 409
Cividini, Iacopo 471
Clemens XIV., Papst 119
Clementi, Muzio 183 f., 446
Closset, Nikolaus 500
Closset, Thomas Franz 330 f., 405, 500, 520
Cobenzl, Johann Ludwig, Graf von 173, 315 f., 335, 493
Cobenzl, Therese Johanna, Gräfin von, geborene de la Noverre, Gräfin von Montelabate 316, 494
Colloredo von Waldsee (auch Wallsee) und Mels, Hieronymus Joseph Franz de Paula, Graf von; Fürsterzbischof 19, 94–96, 102–104, 112, 115 f., 121–126, 152, 155, 158 f., 162 f., 171–175, 178 f., 181, 207 f., 233, 237, 300, 309, 382, 416, 419, 422, 424, 428 f., 453
Colloredo von Waldsee (auch Wallsee) und Mels, Rudolph Joseph Fürst von (Vater von Hieronymus) 171

Coltellini, Celeste 247, 301, 469
Coltellini, Marco 412 f.
Conti, Louis-François, Prince de 56, 59
Contrini, Theresia 394
Cornet, Alessandro 466
Croce, Johann Nepomuk della 119, 169
Croll, Gerhard 415, 453
Crux, Maria Antonia 271
Czernin, Johann Rudolf Franz de Paula, Graf von 122, 430
Czernin, Prokop Adalbert, Graf von 122 f., 430
Czerny, Carl 243, 457

d'Este, Maria Beatrice Ricciarda (verheiratet mit Erzherzog Ferdinand) 86, 88, 99 f., 421
d'Ettore, Guglielmo 81, 419
d'Yppold (d'Ippold, Dippold), Franz Armand 179, 206, 277, 281
Da Ponte, Lorenzo, geboren als Emanuele Conegliano 217, 234–236, 239, 245–247, 250–260, 267, 269 f., 282 f., 287, 295, 299, 301 f., 314 f., 318 f., 329, 333, 336, 339–342, 350 f., 358 f., 362 f., 367, 369, 446, 452, 454, 461, 464, 466, 468–471, 479, 486, 489 f., 492, 501, 503, 508–511
Dahlhaus, Carl 13, 398
Dalberg, Wolfgang Heribert, Reichsfreiherr von 152 f., 510
Danchet, Antoine 442
Davies, Peter J. 405, 437
Deiner, Josef 475
Delafosse, Jean-Baptiste 43, 47 f.
Deutsch, Otto-Erich 109, 499
Deym-Stritetz (Deym von Stritez, Deym zu Stritetz), Joseph Nepomuk Franz de Paula, Graf von (genannt Müller) 360 f., 364, 506–509
Distler, Elisabeth 230, 462 f.
Ditters von Dittersdorf, Johann Carl 222, 263 f., 326, 473

Dolar, Mladen 482 f.
Doles, Johann Friedrich 323
Duport, Jean-Pierre 324, 497
Duschek, Josepha 250, 283, 289, 319–321, 369, 418, 484, 496, 499, 513

Eberl, Anton 276, 479
Eckermann, Johann Peter 406
Edelmann, Bernd 512 f.
Egedacher, Johann Christoph 400
Einsiedel, Friedrich Hildebrand von 379 f., 519
Einstein, Alfred 11, 419, 441, 454, 478 f.
Eisler, Hanns 12, 229
Elias, Norbert 12
Elisabeth Maria Aloysia Auguste, Kurfürstin von der Pfalz (später Kurfürstin von Bayern, verheiratet mit Carl Theodor) 439
Elisabeth Wilhelmine Louise, Prinzessin von Württemberg (verheiratet mit Erzherzog Franz von Österreich) 197, 294 f., 301 343, 350
Engström, Torolf 157
Eskeles, Bernhard (später Freiherr von) 188 f.
Eskeles, Eleonore 188, 191, 196, 198, 447–449
Esterházy von Galantha, Franz, Graf von 366
Esterházy von Galantha, Johann Baptist, Reichsgraf von 201, 218, 297
Esterházy von Galantha, Nikolaus I., Reichsfürst von 321, 354 f.
Estlinger, Joseph Richard 36, 440
Eyck, Maria Anna Felicitas, Gräfin van 48 f., 407
Eyck, Maximilian Emanuel, Graf van 47, 407

Farinelli (eigentlich Carlo Broschi) 75
Favart, Charles-Simon 114, 411, 427

Favier, Jean 88
Ferdinand III., Großherzog der Toskana 350
Ferdinand Karl, Erzherzog von Österreich, Generalgouverneur der Lombardei (Sohn von Maria Theresia) 86, 88–92, 99, 101, 421
Ferdinando IV., König von Neapel 77, 350
Ferraresi, Adriana (*La Ferrarese*, eigentlich Francesca Gabrieli) 329, 333, 340, 358, 511
Feyerl, Johann Georg 123, 430
Feyerl, Maria Ottilie 123, 130, 430
Firmian, Franz Laktanz, Graf von 19, 75, 176, 401, 421
Firmian, Karl Joseph, Graf von 75, 95, 100, 423
Firmian, Leopold Anton, Reichsfreiherr von; Fürsterzbischof 19, 22, 24
Fischer von Erlach, Johann Bernhard 448
Fischer, Gottlieb Friedrich 104, 404
Fischer, Ludwig 179, 450
Fisher, John Abraham 237, 239
Fisher, Josepha 465
Fleischmann, Friedrich 519
Fließ (Fliess, Flies) Moises Bernhard, Baron von 188
Forster, Georg 494
France, Marie Louise Thérèse de (Tochter von Louis XV.) 49
Frank, Johann Peter 347
Frank, Josef 347 f., 451 f., 466
Franklin, Benjamin 105, 364, 425
Franz I. Stephan, Kaiser des Heiligen Römischen Reiches deutscher Nation (verheiratet mit Maria Theresia) 38 f., 424 f.
Franz von Österreich, Erzherzog (später Franz II., Kaiser des Heiligen Römischen Reiches deutscher Nation und Franz I., Kaiser von Österreich) 294, 296, 301, 344, 350, 486, 504

Namenregister

Freystädtler, Franz Jakob 262 f., 265, 271, 274, 276, 279, 281, 455, 473, 475 f., 480 f.
Friedel, Johann 333
Friedrich II., König von Preußen 316
Friedrich Wilhelm II., König von Preußen 316 f., 319, 323 f., 326, 494, 497, 500
Fuchs, Aloys 511
Fürstenberg, Joseph Wenzel, Fürst von 49
Fux, Johann Joseph 298, 307

Gainsborough, Thomas 76
Gamerra, Giovanni de 95, 99, 422
Garrick, David 262
Gavard des Pinets, Giuseppe Maria 76
Gazzaniga, Giuseppe 247, 251, 282, 470
Gebler, Tobias Philipp, Freiherr von 104, 424
Geck, Martin 440 f.
Gemmingen auf Hornberg und Treschklingen, Otto Heinrich, Freiherr von 152, 158, 188, 461, 467, 517
Genzinger, Maria Anna von 355, 379
Georg von Hannover, Prince of Wales 354
George III., König von Großbritannien und Irland 50
Gerl, Franz Xaver 349, 371, 501, 513 f.
Gilowsky von Urazowa, Katharina 71, 89, 112, 415 f.
Gilowsky, Franz Anton 271, 476
Gilowsky, Johann Andreas Wenzel 415
Gilowsky, Johann Joseph Anton Ernst von 104, 112, 281
Giuseppe Ximena von Padua 420
Gleim, Johann Wilhelm Ludwig 298
Gluck, Christoph Willibald 64 f., 119, 145, 147, 151, 179, 195 f., 201 f., 216, 221, 251, 285, 290 f., 348, 409, 413, 452, 470, 485

Goerge, Dieter 169
Goethe, Johann Wolfgang 31, 237, 318, 399, 406
Goldoni, Carlo 201, 412 f., 451
Golizyn, Dimitrij Michailowitsch, Fürst von 171, 173, 218
Gotter, Friedrich Wilhelm 380, 519
Gottlieb, Maria Anna 257
Graf, Friedrich Hartmann 128
Grainberg, Charles de 337
Grassi, Joseph Mathias 185
Grechtler, Georg Anton, Freiherr von 195
Greiner, Franz Sales von 188, 491
Grétry, André-Ernest-Modeste 348
Grimm, Friedrich Melchior, Baron von 47, 49, 51, 60, 145, 147, 149 f., 407
Groshaupt, Johann Georg 394
Großpietsch, Christoph 416, 496
Gruber, Gernot 399
Guardasoni, Domenico 319, 329, 369, 372, 375, 495, 500
Günther, Johann Valentin 187 f., 191 f., 196, 447 f.
Gugitz, Gustav 449, 466, 499 f.
Guines, Duc de siehe Souastre, Adrien-Louis Bonnières de
Guldener von Lobes, Eduard 405
Gyrowetz, Adalbert 266, 274, 355, 465

Haberl, Dieter 477
Hackel, Anton 476, 480 f.
Händel, Georg Friedrich 266, 298, 309, 314, 447, 516
Härtel, Gottfried Christoph 515
Häßler, Johann Wilhelm 322, 496
Haf(f)ner, Sigmund 120 f., 136, 147, 194, 204, 211 f.
Haf(f)ner, Elisabeth 120, 429
Hagenauer, Johann Lorenz 37, 40, 46, 51 f., 55, 63–65, 72, 137, 402, 404, 407, 413, 416
Hagenauer, Kajetan Rupert (Pater Dominikus) 411

Namenregister

Hagenauer, Maria Rose, geborene Barducci 137, 401, 407
Hahn, Oliver 513
Haibel, Jakob 510
Haibel, Sophie siehe Weber, Sophie
Haißer, Anton David 262
Hamilton, Catherine 77 f.
Harding, Daniel 14
Harnoncourt, Nikolaus 444
Hasenhut, Karl Philipp 223
Hasse, Johann Adolf 66 f., 82, 87, 89 f., 131, 143, 261, 413, 421
Hatwagner, Gabriele 508–509
Hatzfeld, August Clemens Ludwig Maria von 273, 306, 479, 517
Hatzfeld, Maria Anna, Gräfin von 273, 275
Hay von Fulnek, Johann Leopold 412
Haydn, Joseph 13, 211, 228–230, 233, 261, 274, 285, 299, 302–305, 307, 335 f., 338, 350, 354–356, 362, 368, 379, 386, 460, 467, 475, 490
Haydn, Michael 60, 86, 172, 206, 229, 307, 368, 420, 441, 453, 478, 512, 516
Heineken, Christian 40
Heißenstamm, Heinrich, Graf von 395
Henneberg, Johann Baptist 349
Hensler, Karl Friedrich 349
Herberstein, Johann Ernst Leopold, Graf von 37 f.
Herberstein, Joseph, Graf von 394
Herzog, Anton 514
Hesiod 16
Heufeld, Franz von 104, 144, 429
Hoebler, Andreas 464 f.
Hofdemel, Franz 317, 328, 330, 381, 384, 499 f., 521 f.
Hofdemel, Magdalena, geborene Pokorny 327 f., 384, 499 f., 521 f.
Hofer, Franz de Paula 271, 349, 351, 509
Hoffmann, E. T. A. 482
Hoffmeister, Franz Anton 372, 514
Hofmann, Leopold 361 f., 509

Homer 163
Hopf, Joseph 396
Horcicka, Georg 409
Hornöck, Franz Xaver 119
Hornung, Joseph von Arimathia 415
Huber Decamp, Jean 472
Huber, Franz Xaver 477
Huber, Klemens 127
Huber, Ludwig Ferdinand 497
Hübner, Beda, Pater 57, 60·
Hummel, Johann Nepomuk 265 f., 274 f., 306, 326 f., 434, 498
Hummel, Johannes 265 f., 274, 306, 327
Hunczowsky, Johann Nepomuk 335

Jacquin, Franziska von 263 f., 480
Jacquin, Emilian Gottfried von 264, 271 f., 274–277, 289 f., 299, 365 f., 372, 382, 475 f., 478, 480
Jacquin, Nikolaus, Freiherr von 264, 366, 480, 512
Jahn, Ignaz 59, 188–190, 222, 309, 508
Jahn, Otto 11
Jélyotte, Pierre 59
Jenamy, Joseph 105
Jenamy, Marie Victoire, geborene Noverre 105, 123, 430
Johannes Chrysostomus 28
Jommelli, Niccolò 82, 289
Joseph I., Kaiser des Heiligen Römischen Reiches deutscher Nation 462
Joseph II., Kaiser des Heiligen Römischen Reiches deutscher Nation 63 f., 66, 173, 179–181, 183 f., 186, 188–192, 197, 202–204, 230, 235–237, 240–242, 244–256, 260–265, 283, 291, 294, 296–298, 301, 307, 310 f., 314, 329, 334 f., 338, 341–344, 358 f., 362, 373 f., 412 f., 446, 448 f., 464, 467–469, 471–473, 481, 489, 492, 495, 502, 504, 509
Jung, Carl Gustav 483 f.

Kaiser, Margarethe 126f., 135, 141, 144, 225, 432, 435
Karl VI., Kaiser des Heiligen Römischen Reiches deutscher Nation 87
Katharina II. (genannt die Große), Kaiserin von Russland 298, 375
Keeß, Franz Bernhard, Ritter von 237, 465
Keeß, Karoline von 237, 465
Kelly, Michael 17, 76, 218f., 222, 237, 249, 253, 260–262, 274, 293, 385, 400, 449, 457, 466, 471–473, 524
Kesenberg, Jakob Joseph 394
Kierkegaard, Sören 483
King, Andrew P. 459f.
Klass, Carl Christian 85
Kleist, Franz Alexander von 516
Klopstock, Friedrich Gottlieb 159, 439
Knoller, Martin 93
Köhler, Rafael 403
König, Franz Xaver 119
Körner, Christian Gottfried 313, 322, 497
Konrad, Ulrich 440f., 482
Kraft, Anton 496
Kraft, Nikolaus 321, 496
Kreuels, Hans-Udo 408f.
Kronauer, Johann Georg 275
Kucharz, Johann Baptist 287
Kunze, Stefan 411, 483, 488
Kurzböck, Josef 489
Kurzböck, Magdalena 489
Kymli, Franz Peter 157

Lackenbacher, Heinrich 351
Lacy, Franz Moritz, Graf von 306
Lamprecht, Leopold 28
Lange, Aloisia, geborene Weber 140f., 144, 150, 152–154, 158, 161, 176, 182, 185, 187, 199–202, 216f., 219, 231, 237, 246, 307, 318, 385, 397f., 418, 434f., 438, 446, 469, 508, 524
Lange, Joseph 176, 185, 190, 199–202, 215, 231, 246, 301, 318, 463, 496

Langenmantel, Jakob 128
Laschi Mombelli, Luisa 230, 300, 462
Laudon, Ernst Gideon, Freiherr von 334, 360, 506f.
Lederer, Josef-Horst 482
Legros, Joseph 146–148, 324, 436
Leisinger, Ulrich 406, 411
Leitgeb (Leutgeb), Joseph 204, 211f., 367, 452, 455
Lendele, Jacob 407
Leonhart, Dorothea 397
Leopold II., Kaiser des Heiligen Römischen Reiches deutscher Nation (vorher Großherzog der Toskana) 90, 101, 282, 310, 342–346, 348, 351, 354, 358f., 362, 368, 369, 373, 376, 449, 461, 481, 487, 503–505, 509, 516, 520
LePicq, Charles 88
Lessing, Gotthold Ephraim 104, 167, 284
Leszczyńska, Maria 48
Leutgeb, Anton 515
Lichnowsky, Karl Alois Johann Nepomuk Vincenz Leonhard, Fürst von 188, 316–321, 323–325, 330, 345, 347, 368–370, 375, 380–382, 385, 448, 494, 497–501, 504f., 519
Liechtenstein, Jakob Ernst, Graf von 22f.
Link, Dorothea 471f.
Linley, Thomas 76, 238, 418
Liszt, Franz 243, 494
Lodron, Antonia Maria Felicitas, Gräfin von 114, 427f.
Lodron, Ernst, Graf von 114, 147
Lodron, Maria Aloisia («Louise»), Gräfin von 114, 427
Lodron, Maria Josepha («Pepperl»), Gräfin von 114, 427
Lodron, Sigmund 153
Löschenkohl, Hieronymus 328
Lolli, Giuseppe Francesco 155

Lorenz, Michael 215, 430 f., 455, 460, 475 f., 480 f., 496
Lorenzoni, Antonio 31
Lotter, Johann Jakob 24–29, 41, 402
Louis XV., König von Frankreich 48 f., 109
Louis XVI., König von Frankreich 425
Ludovica, Kaiserin des Heiligen Römischen Reiches (verheiratet mit Leopold II.) 362, 375
Lützow, Maria Antonia, Gräfin von 122 f., 422, 430
Lugiati, Carlo Pietro 69, 74

Malibran, Maria 296
Mančal, Josef 401
Manfredini, Giuseppe Maria 75
Manzuoli, Giovanni 51, 54, 76, 90, 421
Marchand, Heinrich 276
Marchand, Margarethe 210
Marchesi, Ludovico/Luigi 168, 248, 443, 466, 469
Maria Fjodorowna (eigentlich Sophie Dorothee Prinzessin von Württemberg), Großfürstin von Russland (verheiratet mit Paul, Großfürst von Russland, später Kaiser von Russland) 180, 183
Maria Josepha, Erzherzogin von Österreich (Tochter von Maria Theresia) 62
Maria Theresia, regierende Erzherzogin von Österreich, Königin von Böhmen, Kroatien und Ungarn 38–40, 62, 67, 86–89, 91 f., 101, 104 f., 163, 189, 235, 285, 412, 421, 425, 442, 504
Marie Antoinette (Maria Antonia), Königin von Frankreich (verheiratet mit Louis XVI., vorher Erzherzogin von Österreich) 421, 425
Marie Christine, Erzherzogin von Österreich, Herzogin von Sachsen-Teschen (verheiratet mit Albert Herzog von Sachsen-Teschen) 244

Marinelli, Karl von 349 f.
Marpurg, Friedrich Wilhelm 32 f.
Marshall, Robert L. 522
Martín y Soler, Vicente 245, 251, 260, 270, 282, 288, 299, 349, 464, 501
Martin, Philipp Jakob 189 f., 212, 455
Martines, Marianna von 261 f., 472 f.
Martini, Giovanni Battista (genannt Padre Martini) 75, 79 f., 119, 121 f., 125, 136, 208, 418 f., 482
Masi-Giura, Maria 82
Mattheson, Johann 414, 444
Maty, Matthew 409
Maurer-Zenck, Claudia 513
Maximilian Franz, Erzherzog von Österreich 31, 180, 429
Maximilian III. Joseph, Kurfürst von Bayern 125 f., 138, 431
Mazzolà, Caterino 318, 369, 372, 495, 509, 513, 516
Mendelssohn, Moses 308
Merck, Daniel 26
Mesmer, Franz Anton 103, 105, 411 f.
Mesmer, Joseph Conrad 103 f., 412, 424
Metastasio, Pietro 53, 56, 75, 87, 261, 372, 409 f.
Molière 144
Moosmüller, Silvan 399, 522
More, Hannah 262, 473
Morella, Francesco 299 f., 487
Morgnoni, Bassano 97 f., 100, 423
Mozart, Anna Maria, geborene Pertl (Mutter von Wolfgang) 23 f., 28 f., 38, 73 f., 82 f., 90, 98 f., 110, 115, 125, 127 f., 130 f., 133–135, 137–139, 141, 143, 145, 149, 155, 182, 335, 401, 427, 435, 437–439
Mozart, Anna Maria (Tochter von Constanze und Wolfgang) 335
Mozart, Carl Thomas (Sohn von Constanze und Wolfgang) 224, 318, 365, 418, 484, 515
Mozart, Constanze, geborene Weber

Namenregister

(Ehefrau von Wolfgang, später Mozart-Nissen) 12, 154, 174, 181–183, 186, 194–197, 199 f., 204–206, 208–211, 213, 215, 223 f., 231 f., 243, 265, 267, 271, 273 f., 291, 293, 315, 318–320, 323, 325–328, 330–332, 346, 348, 351–353, 357, 359, 364–367, 369–371, 373, 378, 380 f., 383–385, 397–399, 415, 418, 429, 434, 438, 445, 448, 451–453, 459, 462, 469, 474 f., 478, 490, 495 f., 498, 501, 506 f., 510, 512 f., 515, 519, 521, 523 f.

Mozart, Franz Alois 128

Mozart, Franz Xaver (Sohn von Constanze und Wolfgang) 243, 371, 418, 513

Mozart, Johann Thomas Leopold (Sohn von Constanze und Wolfgang) 265, 478

Mozart, Leopold (Vater von Maria Anna und Wolfgang) 12, 14, 19–29, 31–57, 60–67, 69 f., 72–83, 86–92, 94–98, 101–107, 110–116, 119–136, 138–155, 158, 160, 164–184, 189 f., 194–197, 201, 204–212, 216–219, 222, 224, 228–234, 238, 248–250, 254, 265, 272 f., 275–281, 297, 303, 306, 308 f., 317, 325, 327, 347 f., 352, 376, 393, 400–408, 410–419, 421, 423–434, 436–439, 441, 443–445, 450, 454, 456, 462 f., 464, 466, 468, 470

Mozart, Maria Anna (Schwester von Wolfgang, später Reichsfreiherrin Berchthold von Sonnenburg) 11, 33 f., 37, 39, 41, 44–46, 48 f., 52, 55 f., 60, 63, 70, 73 f., 79, 82, 89 f., 92, 98, 110 f., 113–115, 120, 124, 133, 150, 160–163, 165, 169, 171, 179, 182 f., 205 f., 208 f., 224 f., 227, 238, 273, 278–281, 291, 294, 307, 309, 318, 353 f., 401, 404 f., 408, 412, 415–417, 427, 431, 437, 453 f., 460 f., 466, 485, 495

Mozart, Maria Anna Thekla («Bäsle»; Cousine von Wolfgang) 129 f., 141, 153, 158–160, 435, 439 f.

Mozart, Raimund Leopold (Sohn von Constanze und Wolfgang) 205, 211, 273, 455

Mozart, Theresia (Tochter von Constanze und Wolfgang) 306, 485

Müller, Johann Heinrich 393, 411

Müller, Joseph Ferdinand 191, 449

Müller, Wenzel 349, 510

Münster, Robert 215, 406, 496

Mysliveček, Josef 102, 127, 161 f., 181, 428, 441

Nägeli, Hans Georg 13 f.

Natorp, Marianne (Maria Anna) Clara («Nanette») von 290, 360, 382, 384, 484

Natorp, Maria Barbara («Babette») von 290, 484

Naumann, Johann Gottlieb 322, 509

Neumann, Johann Leopold 320 f.

Niderl, Franz Joseph 106, 425

Niemetschek, Franz Xaver 417 f., 443, 488, 512, 515, 519, 522

Nissen, Georg Nikolaus 169, 398, 403, 417 f., 429, 438, 443, 451, 454, 459, 498

Nostitz-Rieneck, Franz Anton, Graf von 284, 287

Novello, Mary 205, 399, 429, 445, 452, 501, 522

Novello, Vincent 205, 399, 429, 445, 452, 512, 522

Noverre, Jean Georges 88, 105 f., 123, 147 f., 425, 431, 442

Noverre, Marie Victoire siehe Jenamy, Marie Victoire

O'Reilly, Robert Bray 354 f.

Obermayer, Johann Anton 188, 448

Oehl, Klaus 440 f.

Oetinger, Friedrich Christoph 249

Oettingen-Wallerstein, Kraft Ernst, Fürst von 116
Olimpica, Corilla (eigentlich Maria Maddalena Morelli) 76
Ollivier, Michel-Bathélemy 59
Onofrio, Giuseppe 97
Oranien-Nassau, Carolina, Prinzessin von 55 f.
Oranien-Nassau, Willem V., Fürst von; Statthalter der Niederlande 55 f.
Orléans, Louise-Maria-Thérèse Bathilde de 49
Orsini-Rosenberg, Franz Xaver Wolfgang, Graf von 186, 217, 244–247, 253, 255 f., 260 f., 291, 301, 307, 329, 358, 465, 468 f., 489
Orsler, Josef 491
Ortes, Giovanni Maria 413
Ovid (P. Ovidius Naso) 239, 241, 263, 406

Paar, Johann Wenzel, Fürst von 240
Pacheco, Vincenzia Marchesa 40
Päncklin, Therese 222
Paisiello, Giovanni 202, 221, 224, 375
Pálffy von Erdöd, Karl Hieronymus, Graf von 37 f.
Pallavicini-Centurioni, Giovanni Luca, Markgraf von 78 f.
Parhamer, Ignaz 67
Parini, Giuseppe 88 f., 421
Parthey, Daniel Friedrich 322 f., 417
Parthey, Gustav 497
Paula Grua, Francesco da 166
Paumgarten, Josepha, Gräfin von 164, 442
Pergen, Johann Anton, Graf von 464
Pergmayr, Johann Gottlieb 28
Pertl, Anna Maria siehe Mozart, Anna Maria
Pertl, Eva Rosina 402
Pertl, Wolfgang Nikolaus 28, 401
Petermann, Karl Ludwig, Freiherr von 430

Petrosellino (Pedrosellino), Giuseppe 427
Peyerl, Elise 254
Peyerl, Johann Nepomuk 254, 492
Pezzl, Johann 373, 393
Piccini, Niccolò 145, 150, 348
Piontek, Franz 421
Pisani, Giorgio 358, 508
Plath, Wolfgang 408, 420, 422, 443, 487 f.
Ployer, Barbara 221, 263, 458–460
Ployer, Franz Cajetan 460
Ployer, Ignaz Gottfried von 221, 460
Pokorny, Gotthard 327, 499
Pokorny, Magdalena, siehe Hofdemel, Magdalena
Posch, Leonhard 293
Potjomkin, Gregori Alexandrowitsch, Fürst von 375, 516
Prandau, Maria Anna von 394
Prato, Vincenzo dal 164 f., 442 f.
Predieri, Antonio 87
Preisinger, Josef 475
Prinz, Johann Friedrich 321
Puchberg, Johann Michael 281, 302–307, 309, 315, 317 f., 330–332, 335 f., 338 f., 343–347, 363, 367, 372, 381, 385, 474, 481, 490–492, 502, 515, 523
Puchberg, Josepha 302
Puschkin, Alexander 482

Qualenberg, Elisabeth Barbara 271
Qualenberg, Michael 271
Quantz, Johann Joachim 414

Raab, Maria Anna 111, 114
Raaff, Anton 133, 146, 164 f., 442
Racine, Jean Baptiste 78
Raimondi, Livia 348
Ramlo, Kaspar 271
Ramm, Friedrich 134, 140, 170, 316 f., 319, 324, 443, 494
Ramsauer, Gabriele 422 f.
Rasumowsky (Razumowsky), Andrej

Namenregister

Kyrillowitsch, Graf von 368, 375, 448, 513, 516
Rautenstrauch, Johann 235, 252
Rauzzini, Venanzio 97, 99 f., 102, 219
Rehlingen, Johann Baptist Christoph, Freiherr von 26 f.
Rehm, Wolfgang 487 f.
Reichardt, Johann Friedrich 14, 323
Righini, Vincenzo 178, 247, 251, 253, 282, 336, 348, 471
Rihm, Wolfgang 13
Ritter, Georg Wenzel 134
Robbins Landon, Howard Chandler 337, 509
Rochlitz, Friedrich von 474, 481 f.
Rohringer, Stefan 487 f.
Rosa, Saverio Dalla 69, 73 f., 416
Rosenthal, Albi 337
Roser, Franz de Paula 328, 500
Roth, Gerhard 514
Rothstein, Edward 16
Rousseau, Jean-Jacques 95
Rumbeke, Marie Karoline, Gräfin von Thiennes de 315 f.

Sacco, Johanna 247, 468
Sachsen-Teschen, Albert, Herzog von 244
Sales, Pietro Pompeo 113, 427
Salieri, Antonio 174, 179, 181, 190, 202–204, 216–218, 221, 234–236, 238 f., 243–248, 250 f., 253, 260, 283, 285, 290, 295, 297, 299 f., 302, 307, 315 f., 318, 329, 333, 335, 344 f., 348, 350 f., 358, 369, 371–373, 380, 449, 464–368, 370, 486, 489, 501, 504 f., 513, 516, 519
Sallaba, Matthias 405, 520
Salliet, Elisabeth 490
Salliet, Michael 490
Salomon, Johann Peter 267, 355, 491
Sammartini, Giovanni Battista 75
Sarti, Giuseppe 221, 229, 288, 363, 462
Savioli, Louis Aurel, Graf von 136

Schachtner, Johann Andreas 35, 38, 41 f., 62, 160, 177, 404–406, 411, 414, 440 f.
Schak, Benedikt 349
Schidenhofen, Joachim Ferdinand von 142, 435 f.
Schiedermair, Ludwig 498
Schikaneder, Eleonore, geborene Maria Magdalena Arth 333 f.
Schikaneder, Emanuel (eigentlich Johann Joseph) 163, 165, 225, 235 f., 252, 299, 334, 349 f., 363, 365, 367 f., 373, 376, 378 f., 382, 385, 427, 442, 471, 501, 510 f., 514, 518
Schiller, Friedrich 167, 313, 322, 497
Schink, Johann Friedrich 220, 458
Schlegel, August Wilhelm von 519
Schlichtegroll, Friedrich 401, 431
Schmid, Manfred Hermann 422, 444 f., 458 f., 514
Schmidt, Klamer Eberhard Karl 478
Schmidt, Matthias 480
Schneider, Gabriele 490
Schönau, Franz Ignaz Ludwig, Baron von 434
Schrattenbach, Sigismund, Graf von; Fürsterzbischof 36, 41, 44 f., 61, 87, 92, 104, 163, 420
Schreiber, Johann Georg 407
Schröder, Friedrich Ludwig 342, 463, 503
Schubart, Christian Daniel Friedrich 116, 428
Schwenke, Thomas 56
Sebastiani, Franz Joseph 441
Seeau, Johann Anton, Graf von 112, 125, 163 f., 435
Seidel, Max Johann 498
Seiffert, Wolf-Dieter 480
Serrarius, Anton Joseph 138 f.
Seyfried, Ignaz Xaver, Ritter von 508
Seyser, Sebastian 24
Shaffer, Peter 449
Shakespeare, William 11, 104, 117, 246, 267, 283, 379 f., 429

Namenregister

Sieber, Jean-Georges 355
Sinzendorf, Eleonore Elisabeth, Gräfin von Ernstbrunn 38, 406
Sokrates 15, 389–392
Soliman II., Sultan 114
Sonnleithner, Leopold von 69, 417
Sortschann, Johann 515
Souastre, Adrien-Louis Bonnières de, Duc de Guines 148, 437
Souastre, Marie Luise Charlotte 437
Späth, Franz Xaver Anton 429
Spaur, Friederich, Graf von 424
Spiegelfeld, Franz Kajetan Max, Freiherr von 493
Spielmann, Anton, Freiherr von 201
Spöckner, Franz Karl Gottlieb 24, 36, 111
Sporck, Johann Wenzel, Graf von 66
Springer, Anton David 240
Springer, Vincent 240
Stadler, Anton 219–221, 237, 248, 264, 271, 302, 334, 336, 338, 351, 365, 374, 379, 457–459, 469
Stadler, Johann Nepomuk 351, 457 f.
Stadler, Maximilian (Abbé) 203, 522
Stadler, Sophie 457
Staehelin, Martin 455 f.
Stahl, Philipp 316
Stamitz, Anton 149, 437
Stamitz, Carl Philipp 149, 437
Stamm, Maria Cäcilia siehe Weber, Cäcilia
Starhemberg, Aloisia, Gräfin von 395, 461, 479, 521
Starhemberg, Johann Georg Adam, Fürst von 297
Starzer, Joseph Johann Michael 174, 291, 297, 485
Stegemann, Michael 472
Stein, Johann Andreas 129
Stephanie, Anna Maria 246, 468
Stephanie, Gottlieb 177, 180, 191, 200, 230, 245–248, 393, 468

Stich, Jan Vaclav (genannt Giovanni Punto) 134
Stock, Johanna Dorothea («Dora» oder «Doris») 313, 322 f., 337, 497
Stoll, Anton 364 f., 368, 371
Storace, Ann(a) Selina («Nancy») 219, 224, 236–239, 247 f., 257, 266, 274, 276, 465 f., 468 f., 479
Storace, Stephen 222, 236, 238, 251, 267, 362, 465
Strack, Johann Kilian 346
Strauss, Richard 9, 15, 192, 456, 468
Suardi, Felicità 97
Sühring, Peter 409, 411, 440 f.
Süßmayr, Franz Xaver 371, 373, 476, 513, 522
Sulla (Lucius Cornelius Sulla) 100
Swieten, Gerard, Freiherr van 447
Swieten, Gottfried, Baron van 187, 201, 233, 303, 307, 314, 330, 344, 366, 447

Tanucci, Bernardo Marchese 77
Tenducci, Giusto Ferdinando 51
Terrasson, Jean 424
Theophrast 17
Thorwart, Johann Franz Joseph 183, 186 f., 195, 291, 358, 446
Thun und Hohenstein, Johann Joseph Anton, Graf von 210 f., 272, 287, 444
Thun und Hohenstein, Joseph Maria, Graf von 36 f.
Thun und Hohenstein, Maria Wilhelmine, Gräfin von, geborene Comtesse Ulfeldt 173, 187 f., 190, 314, 316, 444, 448, 493
Thun und Hohenstein, Maria Christina, Gräfin von (verheiratete Fürstin von Lichnowsky) 494
Thurn-Valsassina und Taxis, Johann Baptist, Graf von 21, 333, 400
Tieck, Ludwig 326, 417

Namenregister

Tinti, Anton, Freiherr von 229
Tinti, Bartholomäus, Freiherr von 229
Tissot, Samuel André David 57
Tost, Johann 354 f., 507
Tozzi, Antonio 113, 115, 427
Trani, Josef 297
Trattner, Johann Thomas von 114, 218, 220, 224, 265, 297, 302, 395, 456, 460, 513
Trattner, Maria Theresia von, geborene von Nagel 291, 466
Trenck, Friedrich, Freiherr von der 310

Umlauf, Ignaz 351
Urban, Josef 303, 395

Vanhal, Johann Baptist 222
Varesco, Giambattista 163–167, 207, 442
Vento, Mattia 53
Villeneuve, Louise 340
Vinciguerra, Thomas, Reichsgraf von Collalta 38
Vogler, Georg Joseph (Abbé) 92, 131–133, 139 f., 183, 348, 433
Volek, Tomislav 495, 513
Voltaire 95, 148 f., 152, 160, 440 f.

Wagenseil, Georg Christoph 34, 39
Wahr, Friedrich Carl 429
Waldburg-Zeyl, Ferdinand Christoph, Graf von 104, 112, 126, 424
Waldstätten, Elisabeth, Baronin von 195–197, 205
Wallsegg, Franz, Graf von 372, 384, 514 f.
Weber, Aloisia siehe Lange, Aloisia
Weber, Carl Maria von 397
Weber, Constanze siehe Mozart, Constanze
Weber, Edmund 270, 475

Weber, Fridolin 139 f., 143–145, 150, 161, 397, 434, 437, 445
Weber, Josepha 140, 174, 182, 318
Weber, Maria Cäcilia (Cäcilie), geborene Stamm (Mutter von Constanze Mozart) 174, 176, 195, 231, 331, 394, 397, 434, 463
Weber, Sophie (verheiratete Haibel) 14, 174, 231–233, 417, 463, 501, 521–523
Weidinger, Hans Ernst 477, 481, 487–489
Weiser, Ignaz Anton 410
Weiße, Christian Felix 429, 464
Wendling, Dorothea 164 f., 435, 442
Wendling, Elisabeth Auguste («Gustl») 141, 164, 435, 442
Wendling, Elisabeth Auguste («Lisl») 164, 435, 442
Wendling, Franz Anton 442
Wendling, Johann Baptist 134, 140, 435
West, Meredith J. 459 f.
Wetzlar von Plankenstern, Karl Abraham, Baron 447
Wetzlar von Plankenstern, Raimund Cordulus, Baron 187, 191, 198, 200, 205, 234 f., 250, 267, 338 f., 394, 447, 474
Wetzlar von Plankenstern, Theresia, Baronin 200
Widl, Rufinus 61, 411
Wieland, Christoph Martin 136
Willmann, Johann Ignaz 477
Willmann, Walburga 275, 477
Winckelmann, Johann Joachim 33, 100, 105 f., 129, 180, 423, 425
Winter, Peter 183, 348
Winter, Sebastian 45 f., 49
Woschitka, Franz Xaver 431

Ziegenhagen, Franz Heinrich 514
Zinzendorf, Johann Karl, Graf von 260 f., 314 f., 342, 450, 472, 493

il tuo sdegno   il tuo rigor